CATALOGUE

DES LIVRES RELATIFS A

L'HISTOIRE DE LA VILLE DE PARIS

ET DE SES ENVIRONS

composant la bibliothèque de

M. L'Abbé L. A. N. BOSSUET,

CURÉ DE SAINT-LOUIS EN L'ISLE.

PARIS

DAMASCÈNE MORGAND

Libraire de la Société des bibliophiles françois

55, PASSAGE DES PANORAMAS, 55

—

1888

CATALOGUE

DES LIVRES RELATIFS A

L'HISTOIRE DE LA VILLE DE PARIS

ET DE SES ENVIRONS

composant la bibliothèque de

M. L'Abbé L. A. N. BOSSUET.

LA VENTE AURA LIEU

LE LUNDI 9 AVRIL 1888

et les 11 jours suivants,

à huit heures très-précises du soir,

RUE DES BONS-ENFANTS, 28 (Maison Silvestre)

SALLE Nº 1 , AU PREMIER.

Par le ministère de Mᵉ MAURICE DELESTRE, Commissaire-
Priseur, rue Drouot, 27,

Assisté de M. D. MORGAND, Libraire,
55 , Passage des Panoramas.

*Il y aura exposition chaque jour de vente, de 2 h. à 4 h.
de l'après-midi.*

CONDITIONS DE LA VENTE

La vente se fait au comptant.

Les acquéreurs payeront 5 pour 100 en sus des enchères applicables aux frais.

Les livres vendus devront être collationnés sur place, dans les 24 heures de l'adjudication.

M. D. Morgand remplira les commissions qui lui seront confiées.

M. D. Morgand se réserve la faculté de réunir et de vendre en un seul lot, tels articles du Catalogue qu'il jugera utile à l'intérêt de la vente.

CATALOGUE

DES LIVRES RELATIFS A

L'HISTOIRE DE LA VILLE DE PARIS

ET DE SES ENVIRONS

composant la bibliothèque de

M. L'ABBÉ L. A. N. BOSSUET,

CURÉ DE SAINT-LOUIS EN L'ISLE.

PARIS

DAMASCÈNE MORGAND

Libraire de la Société des bibliophiles françois

55, PASSAGE DES PANORAMAS, 55

—

1888

ORDRE DES VACATIONS

CATALOGUE

DES LIVRES RELATIFS A

L'HISTOIRE DE LA VILLE DE PARIS

ET DE SES ENVIRONS

composant la bibliothèque de

M. L'ABBÉ L. A. N. BOSSUET,

CURÉ DE SAINT-LOUIS EN L'ISLE

I. HISTOIRE GÉNÉRALE.

1. *Histoires générales de Paris.*

1. Histoire générale de Paris. Collection de documents. *Paris, Impr. nationale*, 1866-1874, 10 vol. in-4, cart. et *brochés*, et atlas.

> Introduction, par L. M. Tisserand. — Topographie historique du vieux Paris, région du Louvre et des Tuileries, par Berty, 2 vol. — Plans de restitution, Paris en 1380, par H. Legrand. — Les Prevôts des Marchands antérieurs à Etienne Marcel, par Tisserand. — Paris et ses historiens au XIVe et au XVe siècle, par Le Roux de Lincy et Tisserand. — Les anciennes Bibliothèques de Paris, par Alfred Franklin, (1er vol.) — La première Bibliothèque de l'Hôtel-de-Ville de Paris, 1760-1797, par Tisserand. — Le Cabinet des Manuscrits de la Bibliothèque nationale, par Léopold Delisle. (Tomes 1er et IIe.)
>
> On y a ajouté : Mémoire sur l'œuvre historique de la ville de Paris, par le baron Poisson, 1867. — Etude critique sur les travaux historiques par Deschartes, 1867. — Les donateurs du Musée historique de Paris, 1868.

2. Publications de la Société de l'Histoire de Paris et de l'Ile de France. *Paris*, 1874-1886, 21 vol. in-8, *brochés*, atlas, et bulletin en livraisons.

> Collection complète depuis l'origine jusqu'à l'année 1886 inclusivement comprenant : *Mémoires de la Société*, 13 vol. — *Paris pendant la domination anglaise*, 1 vol. — *Les Comédiens du Roi*, 1 vol. — *Journal d'un bourgeois de Paris sous Charles VI*, 1 vol. — *Documents sur l'iconographie de Saint Louis*, 1 vol. — *Journal des guerres de Dubuisson-Aubenay*, 2 vol. — *Table decennale*, 1 vol. — *Polyptique d'Irminon*, 1 vol. — *Plan de Paris, par Truschet et Hoyau*. — Projet de Pont neuf.

Procession de la Ligue, Plan de l'abbaye St-Antoine, Plan de la censive
de St-Germain- l'Auxerrois, 5 pl. — *Bulletin*, années 1874-1886.

3. La Fleur des Antiquitez de la noble et triomphante
ville et cité de Paris, par Gilles Corrozet (1532), publiée
par le bibliophile Jacob, (Paul Lacroix). *Paris, Léon
Willem*, 1874, in-12, *broché.*

> Réimpression de la seconde édition de la *Fleur des Antiquitez*, avec
> les variantes tirées de la première édition, publiée également en 1532

4. Les Antiquitez, histoires et singularitez de Paris
ville capitale du royaume de France (de Gilles Corrozet)
A Paris, en la boutique de Gilles Corrozet, 1550, in-8 de
16 ff. lim., 200 ff. et 2 ff. pour les *corrections*, mar. brun
jans., tr. dor. (Trautz-Bauzonnet.)

> Très-bel exemplaire de la Première édition des *Antiquités.*
> Dans la Préface, Corrozet annonce que c'est un livre *tout neuf, écrit
> plus amplement, et au long sans comparaison qu'il n'a esté par cy devant
> escrit en un petit livret ainsi intitulé* (La Fleur des Antiquités) *lequel
> j'ai supprimé et mis à néant.*
> Les augmentations portent aussi sur les événements survenus de
> 1532 à 1550 ; cette partie est très-importante. Dans la liste des rues de
> Paris, on y voit figurer la rue du Pélican, avec le nom cynique qu'elle
> portait alors.
> Un exemplaire dans des conditions similaires a été vendu 600 fr. et
> les frais à la vente Béhague.

5. Les Antiquitez, chroniques, et singularitez de Paris
ville capitale du royaume de France, auec les fondations
et bastimens des lieux : les sepulchres et epitaphes des
princes, princesses et autres personnes illustres : Corrigées et augmentées, pour la seconde édition, par G.
Corrozet, parisien. *A Paris, en la boutique dudict Gilles
Corrozet*, 1561, pet. in-8 de 8 ff. lim., 199 ff. et 1
pour *l'achevé d'imprimer* et la marque de Corrozet, mar.
brun, dos orné en mosaïque, fil., tr. dor. (*Lortic.*)

> Cette édition est la dernière des *Antiquitez* publiée par Corrozet qui
> mourut en 1568, et c'est la plus complète.
> Le dernier événement enregistré est de l'an 1560. On y voit aussi
> annoncé, le *Recueil des excellents bastiments et édifices de Paris*, le
> labeur de Jacques du Cerceau, homme très suffisant en l'art de pers-
> pective et ordonnance de bastir, ensuyvant le mandement et permission
> du Roy, pour les dresser en planche de cuyvre et de basse taille, pour
> le bien et honneur de la République Parisienne.
> Bel exemplaire de M. Desq.

6. Les Antiquitez, Croniques et singularitez de Paris.
Ville capitale du royaume de France. Auec les fondations
et bastiments des lieux ; les Sepulchres et Epitaphes des
princes, princesses, et autres personnes illustres. Par

Gilles Corrozet, parisien, et depuis augmentées, par N. B. (Nicolas Bonfons), Parisien. *Paris , Nic. Bonfons,* 1586, in-8, de 16 ff. lim. et 212 ff. — Les Antiquitez et singularitez de Paris. Livre second. De la sepulture des roys et roynes de France, princes, princesses et autres personnes illustres : representez par figures ainsi qu'ils se voyent encores à present es eglises où ils sont inhumez. Recueillis par Jean Rabel, M. paintre. *Paris, Nic. Bonfons,* 1588, in-8 de 4 ff. lim., 119 ff. et 3 ff. de *Table.* En un vol. in-8, fig., mar. rouge, dos orné, double rangée de fil., milieux, tr. dor.

> Première édition ornée de 55 figures de *Rabel* gravées sur bois représentant l'une l'abbaye de St-Germain des Prés et les autres des tombes royales de Saint-Denis, Saint-Germain des Prés, et particulièrement celles élevées dans l'église Saint-Paul par Henri III à ses mignons Maugeron, Samegrin et Quesleus, tombes qui furent détruites en 1589.
> Cette édition est la troisième du livre de Corrozet publiée par Bonfons, avec des augmentations telles que Bonfons la « regarde presque comme son œuvre propre ».
> Légers raccommodages aux premiers feuillets.

7. Les Antiquitez et choses plus remarquables de Paris, recueillies par M. Pierre Bonfons. Augmentées par frère Jacques du Breul, Religieux octogenaire de l'abbaye de Sainct Germain les Prez, lez Paris. *Paris, Bonfons,* 1608, in-8, fig., mar. rouge, dos orné, fil., tr. dor. (*Thibaron.*)

> Cette édition fut soigneusement revue et augmentée par le P. Du Breul dont les recherches sur Paris étaient considérables ; la publication de l'ouvrage de Corrozet lui donna l'idée de mettre au jour son *Théâtre des Antiquitez de Paris,* mieux arrangé, fondé sur de nouveaux documents, et surtout en remontant aux sources historiques.
> Cette importante édition de 1608, dont le titre ne porte plus le nom de Corrozet, contient aussi les figures de *Rabel.*
> Bel exemplaire.

8. Les Antiquitez et choses plus remarquables de Paris, recueillies par M. Pierre Bonfons, augmentées par frère Jacques du Breul. *Paris,* 1608, in-8, demi-rel. dos et coins mar. vert., tr. peigne.

> Le titre est habilement refait à la plume.

9. Etudes sur Gilles Corrozet et sur deux anciens ouvrages relatifs à l'histoire de la ville de Paris, par A. Bonnardot. *Paris,* 1848, in-8, demi-rel.

10. Les Antiquitez et recherches des Villes, chateaux, et places plus remarquables de toute la France. Divisées en huit livres selon l'ordre et ressort des huict Parle-

ments, par André du Chesne Tourangeau. *Paris, Jean Petit-pas*, 1609, 2 vol. pet. in-8, basane.

> Le 1er livre, consacré au Parlement de Paris, renferme l'histoire de Paris et des villes environnantes.

11. Les Antiquitez et recherches des Villes, chasteaux et places plus remarquables de France, selon l'ordre et ressort des Parlement. Œuvre enrichy des fondations, situations et singularitez des villes, places, etc., par André du Chesne, reveu, corrigé et augmenté par Fr. du Chesne, son fils. *Paris*, 1668, 2 vol. in-12, basane.

> L'Histoire de la Ville et des environs de Paris occupe les pp. 1-224 du tome 1er.

12. Le Théâtre des antiquitez de Paris ou est traicté de la fondation des Eglises et Chapelles de la Cité, Université, Ville et Diocèse de Paris, comme aussi de l'Institution du Parlement, fondation de l'Université et Collèges, et autres choses remarquables. Divisé en quatre livres, par le R. P. J. Du Breul. *Paris*, 1612.— Supplementum Antiquitatum Urbis Parisiacæ, quoad Sanctorum Germani à Pratis, et Mauri Fossatensis Cœnobia, auctore Patre Jacobo Du Breul Parisino. Contenta docubit solium tertium. *Parisiis*, 1614, in-4. Ens. 2 vol. in-4 vélin.

> Première édition de cet ouvrage estimé. Elle est ornée de gravures par *Thomas de Leu* et *L. Gaultier*. Bel exemplaire avec le supplément.

13. Le Théâtre des Antiquitez de Paris, ou est traicté de la fondation des Eglises et Chapelles de la Cité, Université, Ville et Diocèse de Paris, comme aussi de l'Institution du Parlement, etc., par le R. P. J. Du Breul. Augmenté en cette édition d'un supplement contenant le nombre des Monastères, Eglises, l'agrandissement de la Ville et Fauxbourgs qui s'est fait depuis l'année 1610 jusques à present, (par D. H. I. Avocat au Parlement?) *Paris*, 1639. — Supplementum Antiquitatum urbis Parisiacæ, quoad Sanctorum Germani à Pratis, et Mauri Fossatensis Cænobia. *Parisiis*, 1614. En un vol. in-4, basane.

> Seconde édition de l'ouvrage de Du Breul. Outre le Supplément en français qui forme une partie séparée de 104 pp., on a ajouté à cet exemplaire le supplément latin paru en 1614 et qui n'a pas été fondu dans le *Théâtre des Antiquités*.

14. Supplément des Antiquitez de Paris, avec tout ce qui

s'est fait et passé de plus remarquable depuis l'année 1610, jusques à présent, par D. H. I. Advocat. *Paris, par la Société des imprimeurs*, 1639, in-4, demi-rel. veau fauve.

> Supplément à la seconde édition du *Théâtre des Antiquités* de Du Breul. Il renferme un certain nombre de détails curieux sur l'état de la capitale au XVIIᵉ siècle, surtout en ce qui concerne les palais et les hôtels.

15. *Notice historique et critique sur la Vie et les ouvrages manuscrits de Dom Jacques Du Breul, par MM. Le Roux de Lincy et Alexandre Bruel. Paris, Franck*, 1868, in-8, demi-rel. veau.

16. Les Antiquitez de la Ville de Paris contenans la recherche nouvelle des fondations et établissemens des Eglises, Chapelles, monastères, hospitaux, hostels, maisons remarquables, fontaines, regards, quais, ponts et autres ouvrages curieux ; la chronologie des premiers présidents, advocats et procureurs généraux du Parlement, Prevosts, gardes de la prévosté de Paris, Prevosts des marchands, etc., par Claude Malingre. *Paris, Pierre Rocolet*, 1640, in-fol., fig., veau.

> Cet ouvrage n'est autre chose qu'une troisième édition du *Théâtre des Antiquités de Paris* de Du Breul, avec des additions et annotations de Cl. Malingre.
> Ces annotations portent surtout sur les travaux exécutés à Paris, pendant la régence de Marie de Médicis et sous le règne de Louis XIII.
> Exemplaire aux armes de G. JOLY, baron de Blaisy, président au parlement de Bourgogne.

17. Abrégé des Antiquitez de la Ville de Paris, contenant les choses les plus remarquables, o tant anciennes que modernes. *Paris*, 1644, in-12, veau,

> Abrégé de l'ouvrage des *Antiquités de la Ville de Paris* de Du Breul et Malingre, par Fr. Colletet.
> Exemplaire avec la signature de TRALAGE, contenant ajoutée la dédicace à M. de Riants de l'*Abrégé des Annales.*

18. Les Annales Générales de la Ville de Paris, représentant tout ce que l'histoire a peu remarquer de ce qui s'est passé de plus memorable en icelle, depuis sa première fondation, jusques à present. *Paris, chez Pierre Rocollet*, 1640, in-fol., veau.

> Cette Histoire de Paris est l'œuvre de Claude Malingre, historiographe du Roi, qui avait déjà publié une édition annotée des *Antiquités de Paris* du P. Du Breul.

19. Abrégé des Annales de la Ville de Paris, contenant

tout ce qui s'est passé de plus mémorable depuis sa pre
mière fondation jusques à présent ; le tout par l'ordre
des années, et règnes de nos roys. *Paris , Jean Guignard
fils , 1664 , in-12 , veau.*

> Abrégé de l'ouvrage de Malingre, par F. Colletet. Exemplaire grand
> de marges.

20. ABREGÉ DES ANTIQUITEZ de la Ville de Paris , contenant
les choses les plus remarquables , tant anciennes que
modernes. *Paris, Sercy,* 1664, pet. in-12. — Abregé des
Annales de la Ville de Paris , contenant tout ce qui s'est
passé de plus mémorable depuis sa première fondation
jusques à présent. *Paris , Sercy,* 1664, pet. in-12. En un
vol. pet. in-12, mar. bleu, fil. à froid, tr. dor. (*Duru.*)

> Ces deux volumes renferment l'Abrégé des ouvrages de C. Malingre,
> publiés sous les titres de *Annales* et *Antiquités* de Paris , que nous
> venons de décrire (nos 16 et 18), par François Colletet, fils de Guillaume
> Colletet.
> Le volume des *Antiquités* est dédié à Monsieur d'Effiat , et celui des
> *Annales* à Armand Jean de Riantz.
> Bel exemplaire aux armes et chiffre de M. le baron J. PICHON.

21. Histoire et recherches des Antiquités de la Ville de
Paris , par Me Henri Sauval , Avocat au Parlement.
Paris , Ch. Moette . 1724. 3 vol. in-fol. , veau marbré ,
dos orné, fil., tr. dor. (*Rel. anc.*)

> Bel exemplaire contenant la partie ayant pour titre : *Amours des
> Rois de France sous plusieurs races.*

22. Histoire et recherches des Antiquités de la Ville de
Paris, par Me H. Sauval. *Paris ,* 1724 , 3 vol. in-fol.,
bas. marbr., tr. rouge.

> Cet exemplaire contient également les *Amours des Rois de France.*

23. Histoire de la Ville de Paris , composée par D. Michel
Félibien, revue, augmentée et mise au jour par D. Guy-
Alexis Lobineau , justifiée par des preuves autentiques
et enrichie de plans, de Figures, et d'une carte topographique. *A Paris , chez Guill. Desprez,* 1725 . 5 vol.
in-fol., front., fig. et pl., veau marbré.

> Bel exemplaire en GRAND PAPIER , provenant de la bibliothèque de
> M. ROBERT, Valet de chambre du Roy.

24. Histoire abrègée de l'Eglise, de la Ville et de l'Université de Paris , par un docteur en théologie de la Faculté
de Paris. (Jean Grancolas). *Paris , J.-B. Lamesle ,* 1728 ,
2 vol. in-12 , veau.

> Cette histoire fut supprimée sur la demande du Cardinal de Noailles ,

qui se trouva maltraité par un passage inséré a la dernière page du deuxième volume.

25. Histoire de la Ville de Paris (par l'abbé Desfontaines, d'Auvigny et de La Barre). *Paris, Giffard*, 1735, 5 vol. in-12, plans, veau.

> Abrégé de l'Histoire de Paris de Félibien.
> Exemplaire aux armes de CRÉMEAUX D'ENTRAGUES.

26. Histoire de la ville et de tout le diocèse de Paris, par M. l'abbé Lebeuf. *A Paris, chez Prault père*, 1754-1758, 15 vol. in-12, veau fauve, dos orné, fil., tr. marbr.

> Très-bel exemplaire de cet excellent ouvrage, précieux par l'exactitude des recherches faites le plus souvent dans les manuscrits originaux et par les nombreux détails historiques qu'il renferme. L'abbé Lebeuf s'est surtout attaché à l'étude de l'histoire ecclésiastique, mais comme il s'est aussi longuement occupé du temporel, son ouvrage appartient aussi bien à l'histoire générale qu'à l'histoire religieuse.

27. Histoire de la ville et de tout le diocèse de Paris, par l'abbé Lebeuf. Nouvelle édition annotée et continuée par Hippolyte Cocheris. *Paris, Aug. Durand*, 1863-1867, 3 vol. in-8, demi-rel. mar. rouge, tête dor., éb. (*Petit.*)

> Tomes 1-3 contenant la réimpression considérablement augmentée des tomes 1 et 2 de l'édition de 1754, qui comprennent la ville de Paris, en entier; les tome III et suivants de l'édition de 1754 contiennent l'histoire de la banlieue.

28. Dissertations sur l'histoire ecclésiastique et civile de Paris, suivies de plusieurs éclaircissements sur l'histoire de France, par M. l'abbé Lebeuf. *Paris, Lambert et Durand*, 1739-1743, 3 vol. in-12, veau.

> M. l'abbé V. Dufour a donné pp. 298-299, de sa *Bibliographie de Paris*, les titres des 27 dissertations intéressant l'histoire de Paris, contenues dans ces 3 volumes.

29. Recueil de divers écrits pour servir d'éclaircissemens à l'histoire de France et supplément à la notice sur les Gaules par M. l'abbé Lebeuf. *Paris, J. Barrois*, 1738, 2 vol. in-12, fig., veau.

> Sur les 19 pièces comprises dans ce recueil, 2 ont trait à l'histoire de Paris, tome I., pp. 88 et suiv. et II., pp. 142 et suiv.

30. Recueil de dissertations sur differens sujets d'histoire et de littérature par l'abbé Le Beuf, avec une introduction, une notice sur l'abbé Le Beuf, le catalogue de tous

ses écrits et des notes par J. P. C. G. (le baron J. Pichon). *A Paris*, 1843, in-12, cart., *non rogné.*

> Contient 17 dissertations diverses, dont quelques-unes curieuses pour l'histoire de Paris.

31. L'Abbé Lebeuf, sa vie et ses œuvres, par Hippolyte Cocheris. *Paris*, *Aug. Durand*, 1863, in-8, demi-rel. veau.

32. Lettre autographe signée de l'abbé Jean Lebeuf, à Mgr. l'archevêque de Paris, du 29 mars 1750, 2 pp. in-4.

> Relative au nouveau bréviaire du diocèse de Paris.

33. Recherches critiques, historiques et topographiques. sur la Ville de Paris, depuis ses commencements connus jusqu'à présent : avec le plan de chaque quartier, par le Sᵣ Jaillot. *A Paris*, *chez l'auteur et chez Lottin*, 1775, 6 vol. in-8 et un vol. in-fol., veau.

> Les plans, au nombre de 30, forment un volume à part, in-fol., intitulé = *Nouveau plan de la ville et des fauxbourgs de Paris*, 1778.
> L'ouvrage de Jaillot est un des plus soigneusement écrits sur l'histoire de Paris, cet auteur ayant eu soin de remonter aux sources historiques les plus autorisées.
> Le volume des plans est aux armes de LA MICHODIÈRE.

34. TABLEAU HISTORIQUE et pittoresque de Paris, depuis les Gaulois jusqu'à nos jours par M*** (J. M. B. de Saint-Victor). *Paris, Nicolle*, 1808-1811, 3 vol. in-4, pl., cart. *non rognés.*

> Cet ouvrage est un abrégé de celui de Jaillot. Ce qui le rend particulièrement intéressant, c'est qu'il est orné de 299 planches et figures gravées à la manière noire, représentant des monuments de Paris.
> Bel exemplaire en PAPIER VÉLIN, du comte de LA BÉDOYÈRE.

35. Histoire physique, civile et morale de Paris, depuis les premiers temps historiques jusqu'à nos jours, par J.-A. Dulaure. *Paris*, *Guillaume et Cⁱᵉ*, 1821-1825, 8 vol. in-8, fig., basane.

> Plans de Paris et figures des monuments et des édifices principaux. On joint à cet exemplaire : Notice sur la Vie et les ouvrages de Dulaure par Taillandier. — Notice sur Dulaure par Fournier et Catalogue des livres provenant de la bibliothèque de Dulaure, 2 vol. in-8, avec lettre et portrait.

36. Mélanges historiques sur Paris, plans, vues, etc., e. un vol. in-4, demi-rel.

> Atlas de l'histoire civile de Paris de Dulaure, 1823, 5 plans. — Ru s de Paris mises en vers, anciens ms. — Nombreuses notes manuscrit s de Dulaure, sur Paris et ses monuments, tirées de Du Breul, Crevier,

Saint-Foix, etc. — 8 plans de Paris de l'Histoire de la Police ·de Delamarre. — Vues de l'Obélisque, de l'Arc-de-Triomphe, de la Colonne Vendôme, etc.

37. Histoire de Paris, composée sur un plan nouveau, par G. Touchard-Lafosse. *Paris, Krabbe,* 1833-1834, 6 vol. in-8, demi-rel. veau.

> Le 6ᵉ volume est formé d'un Atlas représentant les monuments et antiquités de Paris.

38. Nouvelle Histoire de Paris et de ses environs par M. J. de Gaulle, avec des notes et une introduction par Ch. Nodier. *Paris, Pourrat frères,* 1839, 4 vol. gr. in-8, fig., demi-rel.

39. Histoire de Paris, 8 vol. in-12, demi-rel.

> Histoire de Paris, par.Belin et Pujol, *Paris,* 1843. — Histoire de Paris, par Muret, *Paris,* 1851. — Histoire de Paris, par Lavallée, *Paris,* 1857, 2 vol. — Études sur l'histoire de Paris, par Daveriès et Pontès, *Paris.* 1865. — Histoire de Paris, par Grisault, *Paris, s. d.* — Projet d'une histoire de Paris, par Cotte, 1739. —. Robin, Paris considéré depuis son commencement jusqu'à nos jours.

40. Lutèce et Paris. Histoire religieuse, civile, monumentale et morale du vieux et du nouveau Paris, par Victor Herbin. *Paris, Desrez,* 1847, in-8, fig., demi-rel. chagrin rouge.

41. Histoire de Paris et de ses Monuments, par Eugène de La Gournerie. *Tours, Mame,* 1852, in-8, fig., demi-rel. mar. brun, tête dor., éb. — Paris chez soi, revue historique de Paris ancien et moderne. *Paris,* 1855, in-8, fig., demi-rel.

42. Le Nouveau Paris, histoire de ses 20 arrondissements par Emile de Labédollière, illustrations de Gustave Doré, cartes topographiques de Desbuissons. *Paris ; Barba, s. d.* (1860), in-8, cartes et fig., cart. toile.

43. Histoire de Paris, depuis les temps les plus reculés jusqu'à nos jours, par Amédée Gabourd. *Paris, Gaume frères et J. Duprey,* 1863-1865, 5 vol. in-8, fig., cart., *non rognés.*

44. Paris, son histoire, ses monuments, depuis son origine jusqu'à nos jours par Maxime de Montrond. *Paris et Lille, s. d.* (1867), in-4, fig, demi-rel. chagrin noir, *non rogné.*

45. Paris à travers les âges. Aspects successifs des mo-

numents et quartiers historiques de Paris depuis le XIIIe siècle jusqu'à nos jours, fidèlement restitués d'après les documents authentiques par M. F. Hoffbauer, architecte. Texte par MM. Ed. Fournier, P. Lacroix, A. de Montaiglon, A. Bonnardot, J. Cousin, Franklin, Valentin Dufour. *Paris, F. Didot et Cie*, 1875-1882, 14 livraisons in-fol., fig., planches en noir et en couleurs en cartons.

> Cette importante publication comprend : Paris Gallo-Romain, l'Hôtel-de-Ville, le Châtelet et ses environs, le Louvre et ses environs, la Cité, la Tour de Nesle, l'Institut, St.-Germain-des-Prés, Quartiers des Saints-Innocents et des Halles, Palais-de-Justice, Pont-Neuf, Bastille, Arsenal, Tuileries, Palais-Royal, Université, Notre-Dame, l'Hôtel-Dieu, le Temple, etc.

2. *Descriptions, Guides, Dictionnaires, etc.*

46. Collection des Anciennes descriptions de Paris, publiées avec introductions et notes par l'abbé Valentin Dufour. *Paris, Quantin*, 1878-1883, 10 vol. in-8, pl., *brochés*.

> 1. Isaac de Bourges. *Description des monuments de Paris.*
> 2. Ant du Mont-Royal. *Glorieuses Antiquités de Paris*, 1678.
> 3 L'Abbé de Marolles. *Paris ou Description succincte de cette grande ville*, 1677.
> 4. Michel de La Rochemaillet. *Théâtre de la ville de Paris.*
> 5. André Thevet. *La grande et excellente Cité de Paris.*
> 6. Étienne Cholet. *Remarques singulières de Paris*, 1614.
> 7. Fr. de Belleforest. *L'Ancienne et Grande Cité de Paris*, 1572.
> 8. Munster, Du Pinet, Braun. *Descriptions de Paris.*
> 9. J.-P. Marana. *Lettre d'un Sicilien à un de ses amis contenant une critique agréable de Paris.* 1694
> 10. Davity, Ranchin, Rocoles. *Descriptions de Paris.*

47. Paris au treizième siècle, par A. Springer, traduit librement de l'allemand, avec introduction et notes (par V. Foucher). *Paris, Aubry*, 1860, in-12, demi-rel., tête dor., éb.

48. Paris sous Philippe-le-Bel, d'après des documents originaux et notamment d'après un manuscrit contenant le rôle de la taille imposée sur les habitants de Paris en 1292, publié par H. Géraud. *Paris, Crapelet*, 1837, in-4, plan, veau, tr. dor.

> On a imprimé dans l'Appendice un poème des *Rues de Paris en vers*, d'après un ms. du XVe siècle.

49 Éloge de Paris, composé en 1323 (en vers latins) par un habitant de Senlis, Jean de Jandun, publié pour la

première fois par MM. Taranne et Le Roux de Lincy. *Paris*, 1856, in-8, demi-rel. veau.

> Voy. sur ce poème de Jean de Jandun, *Paris et ses historiens*, de MM. Le Roux de Lincy et Tisserand, pp. 1-29, où on trouve la première traduction française de cet *Éloge*.

50. Description de la Ville de Paris au XVᵉ siècle, par Guillebert de Metz, publiée par M. Le Roux de Lincy. *Paris*, *A. Aubry*, 1855, in-12, demi-rel. mar. bleu, tête dor.

> Cette Description a été réimprimée avec une substantielle notice dans *Paris et ses historiens*, par MM. Le Roux de Lincy et Tisserand (pp. 119-236).

51. Lutetiæ Parisiorum descriptio, authore Eustathio à Knobelsdorf Pruteno. *Parisiis, apud Christianum Wechelum*, 1543, in-8, veau, milieux et fleurons d'angles, fil. à froid. (*Rel. du temps.*)

> Très-curieuse description de Paris. Ce poème latin, comprenant environ 1,500 vers, a été réimprimé à la suite du poème *Lutetia* de Rodolphe Boutrays (voy. ci-après).
> On trouve dans le livre de Knobelsdorf un certain nombre de distiques consacrés à Jeanne d'Arc.
> On a relié dans le même volume : Frossardi, *historiarum opus omne, jam primum et breviter collectum et latine sermone redditum*. Parisiis, 1537. (Traduction abrégée des Chroniques par Jean Sleidan), et : *Brevis admodum totius Galliæ descriptio, per Gilbertum* Cognatum *Nozerenum*. Basileæ, 1552 (avec le portrait de Gilbert Cognatus [Cousin] gravé sur bois)
> Jolie reliure bien conservée.

52. Hodœporicorum sive itinerum totius fere orbis lib. VII, opus historicum, ethicum, physicum, geographicum a Nic. Reusnero. *Basileæ*, 1580, in-8, peau de truie estampée. (*Rel. anc.*)

> On trouve page 334 et suivantes un passage relatif à la description de Paris. Raccommodage au titre.

53. Rodolphi Boterei in Magno Franciæ Consilio Advocati Lutetia. Adjuncta est descriptio Lutetiæ Parisiorum, authore Eustathio à Knobelsdorf pruteno, edita apud Wechelum anno 1543. *Lutetiæ Parisiorum*, 1611, in-8, veau.

> Le poème latin de Raoul Boutrays, *Lutetia*, est l'imitation du poème de Eustache de Knobelsdorf qui avait déjà été publié en 1543 (voy. ci-dessus) et qui se trouve réimprimé, pp. 169-219, du présent volume. Raoul Boutrays dédia son livre au prévôt des marchands et aux échevins de la ville de Paris, dont il reçut divers présents en témoignage de reconnaissance. Son livre est devenu rare.

54. La Ville de Paris, contenant le nom de ses rues, de ses fauxbourgs, églises, monastères, chapelles, etc., par le sieur Colletet. *Paris, Ant. Rafflé*, 1692, in-12, veau.

> Ce volume est en partie un extrait de l'*Abrégé des Antiquités de Paris* de Fr. Colletet.

55. PARIS, OU LA DESCRIPTION SUCCINTE, ET NEANTMOINS ASSEZ AMPLE, DE CETTE VILLE, par un certain nombre d'épigrammes de quatre vers chacune, sur divers sujets, par M. de Marolles, abbé de Villeloin. (A la fin) : *Paris. Le 30 de juin 1677.* In-4 de 88 pp., mar. rouge jans., tr. dor. (*Masson-Debonnelle.*)

> L'abbé de Marolles, le célèbre collectionneur d'estampes, est l'auteur d'un certain nombre d'opuscules en vers burlesques d'un faible mérite littéraire, mais du plus grand intérêt au point de vue des renseignements curieux que l'on y rencontre. Ces opuscules, imprimés dans le format in-4, et tirés tous à petit nombre pour l'auteur et ses amis, n'ont pas encore été décrits avec exactitude ; ils sont tous devenus fort rares Brunet en a cité quelques-uns (*Manuel* III, 1444) ; les plus célèbres sont, sans contredit, la *Descriptions de Paris* et la *Liste des peintres et graveurs*.
>
> *Paris* se compose de deux parties : la première, de 88 pp., pour *l. Louvre, Palais et Hôtels, les Eglises, Abbayes, Hôpitaux, Université Recteurs. Professeurs,* l'*Académie, Ecuyers, Bibliothèques, Peintres et Sculpteurs au Louvre, Gouverneurs, Prévots, Personnages religieux. Ordres,* etc., comprend 486 quatrains ; c'est de beaucoup la plus intéressante. Une seconde partie, terminée par la date du 12 juillet 1677, comprenant : 116 pp. (chiff. 89-201 et 3 non chiffr. pour la *Table* et le *Catalogue* des ouvrages de Marolles, traite des *Ordres religieu et de toutes les maisons régulières.* Cette deuxième partie est encore plus rare que la première et on n'en connaît que 2 ou 3 exemplaires ; elle ne se trouve pas dans l'exemplaire ici annoncé, exemplaire grand de marge et bien conservé.
>
> Une réimpression des deux parties a été faite par l'abbé Dufour dans la *Collection des Anciennes descriptions de Paris.* M. l'abbé Dufou n'a pas réimprimé le Catalogue des ouvrages de Marolles, nous donnons ici d'après l'exemplaire appartenant à M. Destailleur, exemplaire qui comprend les 2 parties reliées avec le *Livre des peintres.*
>
> « Ce livre Paris contient 4,832 Vers.
>
> On a composé d'abord un Livre de la mesme manière, concerna t quelques Éloges du Roy, page I.
>
> Un dénombrement assez long des Princes de son Sang, et des autres Princes, Seigneurs, et personnes de la Cour qui ont aimé les lettres. Là, tout de mesme on a parlé des Connestables et Maréchaux de France, depuis 1600. page 19 et 2
>
> Des chanceliers de France, des premiers Présidents et de quelques personnes de qualité de la Robe, 2
>
> De plusieurs autres personnes qui ont flori dans les lettres, 3
>
> De quelques Théologiens, 49 Médecins, 55 Mathématiciens et Géomètres, 57 Iurisconsultes, 59 historiens, 61 Poëtes, 6
>
> Quelques Vertueux, 7
>
> Ensuite il est parlé des Devises et des Médailles, 8
>
> Ce livre contenant 2,964 Vers.

Un autre livre où il est parlé assez amplement des Peintres, Graveurs, Sculpteurs et Architectes, et encore de toutes les choses imaginables, contenant 1,356 Vers.

Un autre livre intitulé Geographie Sacrée ou s'est fait le dénombrement des sept cent dix sièges Episcopaux qui composent à présent toute l'Eglise Latine, y comprenant les Schismatiques de diverses Provinces, avec ce qu'on y a remarqué des Apostres et des saints Docteurs sur la fin, le tout de 376 Vers.

Un autre livre sous quatre tiltres différents sur une matière importante, de 512 Vers.

Un autre livre des Papes, des Cardinaux, des Archevesques, Evesques et Abbez qui ont vescu depuis 1600, ou ce que l'on a dit ensuite de quelques Religieux, se lit ailleurs d'une manière plus correcte, après les Eglises Collegiales de Paris, à commencer en la page 98, cet Ouvrage contenant 1,688 Vers.

Un cahier séparé de ceux de la Famille du nom de l'Autheur contenant 196 Vers.

Le livre du Cantique des Cantiques de Salomon, contenant 464 Vers. Un livre de quatre cent soixante et deux Epigrammes de quatre Vers chacune sur toutes les fables des Métamorphoses d'Ovide, composant en tout 864 Vers.

Et pour tous les traitez contenus dans ce Recueil d'Epigrammes de quatre Vers chacun y comprenant les Vers unis du Cantique des Cantiques, 14,242. »

56. Paris ancien et nouveau, ouvrage très-curieux où l'on voit la fondation, les accroissemens, le nombre des habitans et des maisons de cette grande ville, par M. Le Maire. *Paris, Michel Vaugon*, 1685, 3 vol. in-12, veau.

> Première édition. Le Maire a fait de nombreux emprunts à l'ouvrage du P. Du Breul.

57. DESCRIPTION NOUVELLE de ce qu'il y a de plus remarquable dans la ville de Paris, par M. B... (Germain Brice). *A la Haye, chez Abraham Arondeus*, 1685, 2 tomes en un vol. pet. in-12, mar. rouge, dos orné, fil., tr. dor. (*Duru.*)

> Tome I. 4 ff. lim. 198 pp. et 7 ff. de *Table*. — Tome II, 221 pp. et 7 ff. de *Table et Additions*.
> Jolie réimpression de l'édition originale, publiée en Hollande. Exemplaire de la vente de M. le baron J. PICHON (vendu 110 f. et les frais).

58. Description nouvelle de la Ville de Paris, ou recherche curieuse des choses les plus singulières et les plus remarquables qui se trouvent à présent dans cette grande ville, par G. Brice, Parisien. *Paris, N. le Gras*, 1698, 2 vol. in-12, veau.

> Troisième édition ornée d'un plan de Paris gravé en 1694.

59. Description de la Ville de Paris et de tout ce qu'elle contient de plus remarquable. Par Germain Brice.

Enrichie d'un nouveau plan et de nouvelles figures dessinées et gravées correctement. Septième édition revue
et augmentée par l'auteur. *A Paris, chez François Fournier*, 1717, 3 vol. in-12, fig., veau granit.

> Cette édition, dédiée au duc de Brunswick, renferme un plan et
> 26 figures copiées sur les estampes de Perelle, J. Marot, etc.
> On a ajouté à cet exemplaire 8 figures diverses.

60. Nouvelle description de la ville de Paris et de tout ce
qu'elle contient de plus remarquable, par Germain
Brice. Enrichie d'un nouveau plan et de nouvelles
figures dessinées et gravées correctement. Huitième
édition, revue et augmentée de nouveau. *Paris, Théod.
le Gros*, 1725, 4 vol. in-12, veau.

> Cette édition renferme un plan et 38 planches. La reliure du tome I
> n'est pas uniforme.

61. Description de la Ville de Paris, et de tout ce qu'elle
contient de plus remarquable, par Germain Brice. Nouvelle édition enrichie d'un nouveau plan et de nouvelles
figures dessinées et gravées correctement. *Paris, chez les
libraires associés*, 1752, 4 vol. in-12, fig., veau.

> Cette édition qui avait été préparée par Brice, ne fut publiée qu'après
> sa mort ; diverses additions ont été faites par Mariette et l'abbé Pe-
> reau : les figures y sont au nombre de 41.
> L'*Avertissement* contient la biographie de Brice qui naquit en 1652
> et mourut en 1727.

62. Les Curiositéz de Paris, réimprimées d'après l'édition
originale de 1716 (par M. Anatole de Montaiglon)
Paris, 1883, in-4, fig., *broché*.

> Dans la Préface de cette réimpression de l'édition de 1716 des
> *Curiositez de Paris*, M. A. de Montaiglon attribue ce livre au librai-e
> Saugrain, sans se reporter à l'indication précise donnée par L. Du
> Fresnoy. Tiré à petit nombre.

63. Les Curiositez de Paris, de Versailles, de Marly, de
Vincennes, de Saint Cloud et des environs, avec les
Antiquitez justes et précises sur chaque sujet, etc., par
M. L. R. *A Paris, chez Saugrain père*, 1742, 2 vol.
in-12, veau.

> Cet ouvrage, attribué le plus souvent à Louis Le Rouge, doit être en
> réalité de Claude-Martin Saugrain, libraire. Telle est du moins l'opinion
> de Lenglet Dufresnoy (*Méthode pour étudier l'histoire*, IV, 172), et
> P. Le Long et de M. de Montaiglon (voy. le N° précédent).
> Cette édition de 1742 paraît être la troisième édition parisienne de
> cet ouvrage. Elle n'a pas été citée par M. de Montaiglon.
> Les figures annoncées sur le titre ne se trouvent pas dans cet exem-
> plaire.

64. Curiosités de Paris, de Versailles, Marly. Vincennes, Saint-Cloud, et des environs. Nouvelle édition, par M. L. R. *A Paris, chez libraires associés*, 1778, 2 vol. in-12, front. et fig., veau.

> Sixième édition notablement augmentée de l'ouvrage de Saugrain. Bel exemplaire avec les planches.

65. Histoire de la ville de Paris, contenant le précis des pièces justificatives, en forme de description abrégée de cette ville et de ses faux-bourgs. *Paris*. 1735, in-12, veau.

> Tome cinquième de l'Histoire de la ville de Paris de La Barre, Des Fontaines et d'Auvigny, contenant la Description de Paris. La tomaison a été découpée sur le titre.

66. Description historique de la Ville de Paris et de ses environs, par feu Piganiol de la Force. Nouvelle édition, revue, corrigée et considérablement augmentée (par l'abbé Perreau ou Lafont de Saint Jeune). Avec des figures en taille-douce. *Paris, G. Desprez*, 1765, 10 vol. in-12, plan et fig., veau.

67. Voyage pittoresque de Paris, où indication de tout ce qu'il y a de plus beau dans cette grande ville en Peinture, Sculpture et Architecture, par M. D** (Dezallier d'Argenville). *Paris, De Bure*, 1757, 1770, 1778, 3 vol. in-12, fig., veau.

> Troisième, cinquième et sixième éditions de cet ouvrage intéressant, surtout pour l'histoire des beaux-arts.
> L'édition de 1757 renferme 1 frontispice et 5 figures gravées par *Choffard et Saint-Aubin*.
> L'édition de 1770, 1 frontispice et 7 figures dont la jolie planche de *Moreau* représentant la Place Louis XV.
> L'édition de 1778 renferme 1 frontispice différent et 7 figures, les mêmes que celles de l'édition de 1770.

68. Description de Paris et de ses plus beaux monuments gravés en taille-douce par Martinet, pour servir à l'histoire de Paris, par M. Béguillet. *Paris*, 1779-1781, 3 vol. in-8, fig., veau écaille.

> Cet ouvrage est orné de 3 titres gravés, 2 frontispices, 3 en-têtes 10 planches d'allégories et de portraits et 39 jolies planches de vues de Paris à 2 sujets par planche, le tout gravé par *Martinet*.
> Bel exemplaire provenant de la bibliothèque de M. Emm. MARTIN.

69. Nouvelle Description de Paris, contenant les détails historiques de tous les établissements, monuments, édifices

anciens et nouveaux, etc., par Dulaure. *Paris*, *Le Jay*, 1785, in-12, bas.

> PREMIÈRE ÉDITION. Le titre porte tome premier, le tome second comprenant les environs ne parut qu'en 1786.

70. Nouvelle Description des Curiosités de Paris ; contenant l'histoire et la description de tous les établissemens, monumens, édifices anciens et nouveaux, etc. Seconde édition, corrigée et augmentée ; par J. A. Dulaure. *Paris*, *Le Jay*, 1787, 2 vol. in-12, veau.

71. Singularités historiques sur Paris et ses environs, contenant ce que l'histoire de la capitale et des autres lieux de l'Isle-de-France offre de plus piquant et de plus singulier. Pour servir de suite aux Descriptions de Paris et de ses environs, par J. A. Dulaure. *Paris*, 1790, in-12, demi-rel.

72. Paris et ses Curiosités avec une notice historique et descriptive des environs de Paris : Nouvelle édition entièrement refondue, et considérablement augmentée. *Paris*, *Marchand*, an XII (1804), 2 vol. in-4, front. demi-rel. veau.

73. Les Curiosités de Paris et de ses environs, contenant l'origine de Paris, de ses monuments, leur description, etc., par E. A. P. *Paris*, *Roux*, 1805, 2 vol. in-12, demi-rel. dos et coins mar. brun, éb.

> Cet ouvrage est le même que le précédent.

74. Paris et ses curiosités. Septième édition, revue, corrigée et considérablement augmentée. *Paris*, *Marchand*, 1806, 2 vol. in-12, demi-rel. chagrin vert, éb.

75. Miroir historique, politique et critique de l'ancien et du nouveau Paris, et du département de la Seine (par Prud'homme.) *Paris*, 1807, 6 vol. in-12, fig. demi-rel. dos et coins mar. brun, tête dor.

76. LA GUIDE DE PARIS : contenant le nom et l'adresse de toutes les rues de ladite ville et faux-bourgs, avec leurs tenans et aboutissans : ensemble les places, ponts, portes, églises, collèges, hostels, postes, messageries, coches et autres choses remarquables et nécessaires à sçavoir, par le Sieur De Chuyes, lyonnois. *Paris*, *Brunet*, s. d. (1647) in-12 de 239 pp., mar. rouge, dos orné, fil., tr. dor. (*Masson-Debonnelle*.)

> EDITION ORIGINALE Bel exemplaire, portant l'ex-libris de M. ODI or-

Ce volume rare et curieux a été vendu 180 fr. et les frais à la vente Le Roux de Lincy.

77. La Guide de Paris contenant le nom et l'adresse de toutes les rues de ladite Ville et Faux-bourgs, avec leurs tenans et aboutissans, etc., par le Sieur De Chuyes, Lyonnois. *Paris, Cardin Besongne*, 1654, in-12 de 192 et 34 pp., mar. rouge, dos orné, fil., tr. dor. (*Masson-Debonnelle*.)

> Dans cette édition, la *Liste generalle des Messagers, postes, courriers*, etc., forme une partie séparée avec titre.

78. Les Adresses de la ville et fauxbourgs de Paris, divisés en vingt quartiers pour trouver facilement toutes les Rues, Palais, Châteaux, Hôtels, etc. *Paris, Saugrain*, 1708, in-12, basane.

79. GUIDE DES AMATEURS et des Étrangers Voyageurs à Paris ou description raisonnée de cette ville, de sa banlieue et de tout ce qu'elle contient de remarquable, par M. Thiery. *Paris, Hardouin et Gattey*, 1787, 2 vol. in-12, fig., mar. rouge, dos orné, fil., tr. dor. (*Rel. anc.*)

> Le meilleur guide de Paris du XVIIIe siècle. On y trouve des renseignements nombreux sur les galeries de tableaux, collections d'objets de curiosité, etc.
> L'ouvrage est orné de 12 jolies figures se dépliant représentant des monuments de Paris, dessinées par *Thiery* et gravées par *Jourdan*.
> Bel exemplaire dans une reliure aux armes.

80. Guide des Amateurs et des Etrangers voyageurs à Paris, par Thiery *Paris*, 1787, 2 vol. in-12, fig., veau.

> Bel exemplaire.

81. Guides de Paris. 6 vol. in-8 et in-12. demi-rel. et *brochés*.

> Panorama de Paris et de ses environs. *Paris*, 1805. 2 vol. in-12. — Paris et sa banlieue ou itinéraire de la capitale par Goblet. *Paris*, 1823, in-12. — Guide pittoresque du voyageur (dép. de la Seine). *Paris*, 1835, in-8. fig. et portr. — Description de Paris, des édifices publics de cette capitale, etc. *Paris, Didot*, 1838. in-8, fig et portr. — Promenades dans Paris et description de ses monuments par de Nerval. *Paris*, 1840, in-12, fig.

82. Guides et Indicateurs de Paris. 10 vol. in-12, demi-rel. et veau.

> Panorama de Paris et de ses environs. *Paris*, 1805, 2 vol. in-12. — Le cicerone ou l'indicateur de Paris. *Paris*, 1811, 2 vol. in-12, veau. — Manuel du voyageur à Paris ou Paris ancien et moderne. *Paris*, 1813, in-12. — Voyages de Paul Béranger dans Paris après 45 ans d'absence. *Paris*, 1819, 2 vol. in-12, fig.—Voyage descriptif et historique de l'ancien

et du nouveau Paris (par Prud'homme). *Paris*, 1821, 2 vol. in-12, plan et fig. — Panorama de la ville de Paris et guide de l'étranger à Paris, par J. A. Dulaure. *Paris*, 1824, in-12, fig. — Conducteur de l'étranger dans Paris, par Teyssèdre. *Paris*, 1838, in-12, fig.

83. Guides de Paris, 4 vol. in-18, cart.

Paris, son histoire, ses monuments, etc., nouveau guide des voyageurs. *Paris*, *Hachette*, 1854, fig. et plans. — Cesena. Le nouveau Paris. Guide de l'étranger. *Paris*, *Garnier*, s. d. (1864), fig. et plan. — Alb. Montemont. Guide universel et complet de l'étranger dans Paris. *Paris*, *Garnier*, 1867, fig. — Dictionnaire topographique et historique de l'ancien Paris, par Fr. Lock. *Paris*, s. d.

84. Paris-Guide par les principaux écrivains et artistes de la France. *Paris*, 1867, 4 part. in-8, fig., cart., *non rognés*. (*Lemardeley*.)

Introduction par Victor Hugo. Articles de Renan, Sainte Beuve, Littré, Michelet, Louis Blanc, Ed. Fournier, Despois, Didot, Th. Gautier, Ch. Blanc, Edgar Quinet, Viollet le Duc, Taine, Al. Dumas, etc.
Exemplaire imprimé sur PAPIER DE CHINE.

85. Mémorial de Paris et de ses environs à l'usage des voyageurs par l'abbé Antonini. *Paris*, 1744, in-12. — Les Rues de Paris, avec les Quays, Ponts, Fauxbourgs, etc. *Paris*, 1722, in-12. — Étrennes géographiques et pittoresques du voyageur parisien pour l'année 1765 *Paris*, 1765, in-12. Ens. 2 vol. in-12, veau.

86. Mémorial de Paris et de ses environs (par l'abbé Antonini). Nouvelle édition considérablement augmentée *Paris*, *Bauche*, 1749, 2 vol. in-12, titre gravé, carte et plan, veau.

87. Géographie parisienne, en forme de dictionnaire, contenant l'explication de Paris ou de son plan, par M. Teisserenc. *Paris*, *Vve Robinot*, 1754, in-12, veau.

88. Etat de Paris, contenant sa distribution par quartiers, ses gouvernemens civils et militaires, l'état ecclésiastique, ses institutions pour les sciences et arts libéraux, etc. *Paris*, *Cl. Hérissant*, 1757, in-8. — Etat ou Tableau de la ville de Paris considerée relativement au nécessaire à l'utile, à l'agréable et à l'administration. *Paris*, 1760, 1762, 1763. 3 vol. in-8. Ens. 4 vol. in-8, veau.

On trouve dans ces Etats des détails précieux sur les divers services de la ville, sur ses rues et quartiers, sur l'alimentation, le logement, etc.

89. Les Rues et les environs de Paris. *Paris*, *Langlois*, 1777, 2 vol. in-12. — Mémorial de Paris et de ses envi-

rons, à l'usage des voyageurs, par M. l'abbé Antonini. *Paris*, 1744, in-12. Ens. 3 vol. in-12, veau.

90. Etat actuel de Paris, où le provincial à Paris ; ouvrage indispensable à ceux qui veulent connoître et parcourir Paris, sans faire aucune question. *Paris*, *Watin*, 1788, 4 vol. pet. in-12, mar. rouge, fil., tr. dor. (*Rel. anc.*)

> Quartier Notre-Dame. — Quartier Saint-Germain. — Quartier du Temple. — Quartier du Louvre. (Ce dernier vol. est relié en veau). 5 plans (plan général et plan de chaque division) qui accompagnent ces volumes sont renfermés dans un étui.

91. Dictionnaire historique de la Ville de Paris et de ses environs, dans lequel on trouve la description de tous les monumens et curiosités, l'établissement des maisons religieuses, les communautés d'artistes, etc., par Hurtaut. *Paris*, *Moutard*, 1779, 4 vol. in-8, basane.

92. Dictionnaire historique de Paris, contenant la description circonstanciée de ses places, rues, quais, promenades, monuments et édifices publics, etc., par Béraud et Dufey. *Paris*, 1825, 2 vol. in-8, fig., demi-rel.

93. Dictionnaire historique de Paris, concernant la description circonstanciée de ses places, rues, etc., par Beraud et Dufey. *Paris*, 1828, 2 vol. in-8, fig., demi-rel.

94. Dictionnaire de poche de Paris et de ses environs. *Paris*, *Baudouin frères*, 1826, in-16, fig. et plan, mar. rouge, dos orné, fil., tr. dor.

> Nombreuses figures. Bel exemplaire.

95. Almanach de Paris, ou calendrier historique pour l'année 1729, contenant tout ce qui se passe de curieux à Paris et à la Cour à certains jours de l'année, avec des observations intéressantes sur chaque jour et le prix des marchandises tariffées. *Paris*, *Chardon*, 1729, in-8, veau.

> Rare et curieux.

96. Almanach de Paris, ou calendrier historique pour l'année mil sept cens vingt-neuf, contenant ce qui se passe de curieux à Paris et à la Cour à certains jours de l'année. *Paris*, *Chardon*, 1729, in-8, mar. rouge, fleurs de lys sur le dos et aux angles, tr. dor.

> Copie manuscrite bien exécutée du volume qui précède.

97. Almanach parisien en faveur des étrangers et des per-

sonnes curieuses, indiquant par ordre alphabétique tou-
les monuments des beaux-arts, repandus dans la ville
de Paris et aux environs. *Paris*, 1762-1793, 12 vol. in-12-
veau.

> Années 1762, 1763, 1764, 1766, 1772, 1774, 1784, 1787, 1788
> 1789, 1791, 1793. Les dernières années sont avec figures. La reliure
> n'est pas uniforme.

98. Almanach de Paris, contenant la demeure, les noms et
qualités des personnes de condition dans la ville et fauxbourgs de Paris. *Paris*, 1773. 1775, 1781, 1782, 1783
1784, 1785, 1788, 8 vol. pet. in-12, veau.

> L'année 1773 ne comporte qu'une seule partie ; les autres ont é-
> divisées en deux tomes dont nous ne possédons que le premier, contena-
> les adresses des personnes de qualité. La reliure n'est pas uniforme.

99. Almanach du voyageur à Paris, contenant une de-
cription exacte et intéressante de tous les monuments,
chefs-d'œuvre des Arts, établissements utiles, etc. par
M. Thiery. Années 1784, 1785, 1787, 1790. *Paris*, 1784-
1790, 4 vol. in-12, veau.

100. Almanach du voyageur à Paris, par Thiéry. Année
1785, in-12, mar. rouge, dos orné, fil., tr. dor. (*Rel.
anc.*)

101. Almanach général du département de Paris, pour
l'année 1791. *Paris, Beuvin,* 1791, in-12, plan, vea-.
(Reliure aux armes.)

102. Le Parfait Almanach de Paris et de ses environs.
(1847-1848). *Paris*, 1847, in-12, demi-rel.

3. *Histoire des quartiers*

103. Les Quarante-huit Quartiers de Paris, biographie
historique et anecdotique des rues, palais, hôtels, maisons de Paris, par Girault de Saint-Fargeau. *Paris*,
1846, in-4, front., demi-rel.

104. La Cité de Paris, 3 vol. in-8 et in-12.

> État actuel de Paris, Quartier Notre-Dame. *Paris*, 1789, in-12, veau.
> — Berty. Les trois Ilots de la Cité, compris entre les rues de la Licorne,
> aux Fèves, de la Lanterne, etc. *Paris*, 1860, in-8, pl., demi-rel.—
> Heuzey. Curiosités de la Cité de Paris, Histoire étymologique de ses rues
> nouvelles, anciennes ou supprimées. Dessins de Racinet. *Paris*, 188-,
> in-18, *broché*.

105. Ile Saint Louis. 5 vol. in-4 et in-8.

Notice sur l'origine des maisons de l'Ile St.-Louis et sur les titres anciens par lesquels ont été stipulées les redevances annuelles sous le nom de surcens à la charge des terrains concédés par le sieur Mariect et ses représentants ; origine de la propriété de la maison sise Quai de Béthune, 24. *S. l. n. d*, ms. in-4, veau fauve. — Contract faict par le Roy à Me Jean de La Grange pour la continuation du bastiment, des ponts, quais et revettement des Isles Notre-Dame de Paris, encommencez par Chr. Marie, Fr. le Regrathier, et Lugles Poulletier, premiers autheurs et entrepreneurs desdits ouvrages. *Paris*, 1627, in-4, demi-rel — Avis intéressant pour MM. les propriétaires de l'Isle Saint-Louis et ceux de la Cité ; exposé des moyens par le secours desquels on peut, sans aucune charge pour qui que ce soit, construire un pont pour communiquer de la Cité dans l'Isle. . . *s. d.*, in-4, cart. — Notice sur l'île Saint-Louis à Paris, par l'abbé Pascal. *Paris*, 1841, in-8, veau. — Voyage autour du IVe arrondissement, par M. Ed. Thierry. *Paris*, 1877, in-12, *broché*.

106. Mémoire présenté au Parlement en réponse au mémoire en faveur des Propriétaires des maisons situées autour du Jardin du Palais-Royal , contre le duc de Richelieu. *Paris, Le Breton*, 1755, in-4, *broché*.

107. Histoire de la Butte des Moulins, suivie d'une historique sur les demeures de Corneille à Paris, par Edouard Fournier. *Paris, Lepin*, 1877, in-18, fig., *broché*.

108. Montmartre. 6 vol. in-8 et in-12.

Histoire de Montmartre, par D.-J.-F. Cheronnet, revue par l'abbé Ottin. *Paris*, 1843, in-8, demi-rel. — Montmartre et Clignancourt. Études historiques, par M. Léon de Trélaigne. *Paris*, 1862, in-8, demi-rel. — Abrégé des Antiquitez de Montmartre (par le P. Léon de Saint-Jean, carme). *Paris*, 1661, in-12, demi-rel. (sans titre). — La Retraite des Ouvriers de Montmartre, 1789, in-8. — Les Ouvriers de la montagne de Montmartre à messieurs les habitants de Paris, 1789, in-8. — Démarches patriotiques de M. de La Fayette à l'égard des ouvriers de Montmartre, 1789, in-8.

109. Chaillot , Passy, les Ternes. 3 vol. in-8 et in-12.

Dissertation sur l'antiquité de Chaillot. *Paris, Prault*, 1734, in-12, cart. — Chroniques de Passy et de ses environs par P.-N. Quillet *Paris, Delaunay*, 1836, 2 tomes en un vol. in-8, portr., demi-rel. — Notice historique sur les Ternes et les environs par l'abbé Bellanger. *Aux Ternes*, 1849, in-8, demi-rel.

110. Bercy, Gobelins, 2 vol. in-8 et in-12.

Mes Adieux à Bercy par A. Sabatier (de Bercy). *Paris, Ledoyen*, 1859, in-12, front., demi-rel. — Notice administrative, historique et municipale sur le XIIIe arrondissement de la ville de Paris, par P. Doré fils. *Paris, Dalmont*, 1860, in-8, *broché*.

111. Vaugirard. 3 vol. in-8.

Histoire de Vaugirard, ancien et moderne, par L. Gaudreau. *Paris*.

1842, in-8, demi-rel.— Une page supplémentaire à l'histoire de Vaugirard Dom Groult d'Arcy, par M. Gaudreau, 1858, in-8, demi-rel. — Vaugirard en 1859, par M. Jules de Lamarque. *Paris*, 1859, in-8, demi-rel.

4. *Études et essais historiques sur Paris, Dissertations archéologiques, Mélanges.*

112. Essais historiques sur Paris, de M. (Germain-François Poullain) de Saint-Foix. Quatrième édition, revue, corrigée et augmentée. *Paris*, *veuve Duchesne*, 1766, 5 vol. in-12, veau.

113. Œuvres complettes de M. de Saint-Foix, historicgraphe des ordres du Roi. *Paris*, *veuve Duchesne*, 1778, 6 vol. in-8, portr. et fig., basane.

> Les tomes 3-5 sont occupés par les *Essais historiques sur Paris.*

114. Œuvres choisies de Saint-Foix, avec une notice par M. Collin de Plancy. *Paris*, 1826, 2 vol. pet. in-12, portr., *brochés.*

> Les *Essais* occupent les pp. 3-214 du tome premier.

115. Lettre autographe signée de Poullain de Saint-Foix adressée à d'Arnaud, ce 12 Octobre 1774, 1 p. in-8 oblong.

116. Nouveaux essais historiques sur Paris, pour servir de suite et de supplément à ceux M. de Saint Foix (par le chevalier Alex. Jacques Ducoudray). *Paris, Belin*, 1781-1783, 4 vol. in-12, cart.

117. Paris historique. Promenade dans les Rues de Paris, par MM. Charles Nodier, Aug. Regnier et Champin. Orné de 200 vues lithographiées, avec un résumé de l'histoire de Paris, par P. Christian (Pitois). *Paris, F.-C. Levrault*, 1838-39, 3 vol. in-8, fig., demi-rel. dos et coins mar. brun, tr. dor.

> Bel exemplaire.

118. Paris avant les hommes, par Boitard. *Paris, Passard*, 1861, in-8, fig., cart. toile, tr. dor.

119. Le Cathalogue des Villes et Citez assises ès troys Gaulles, avec ung traicte des fleuves et fontaines (par Gilles Corrozet et Claude Champier), illustre de nouvelles figures. Avec priuilege. *Paris, Anthoine Bonnemere*,

1539, pet. in-12, fig., mar. rouge, fil. à froid, tr. dor. (*Duru.*)

Les fol. 7 v⁰ et 8 r⁹ sont occupés par le chapitre consacré à *La fondation de Paris*. On trouve aussi fol. 65-66 une notice sur Sainte-Geneviève et sur la Sainte-Chapelle de Paris.

Ce joli volume est illustré d'un grand nombre de figures sur bois et de lettres ornées. Les ff. préliminaires renferment diverses pièces de vers de Michel d'Amboyse, G. Moisson et Gilles Corrozet.

Exemplaire grand de marges avec un coin du titre réparé.

120. Origines de Paris. 7 vol. et brochures in-8.

Origines de Paris et de toutes les communes, des départements de Seine et Seine-et-Oise, par Robert. *Paris*, 1864, 2 livr. in-8. — Les Origines de Paris par Mᵐᵉ Blanche de Saffray. *Paris*, 1860, in-8, demi-rel. — Paris tel qu'il était à son origine, Paris tel qu'il est aujourd'hui, par Cointeraux. *Paris*, 1799, in-8, *broché*. — Dissertation sur les Parisii ou Parisiens et sur le culte d'Isis chez les Gaulois, par Déal. *Paris*, 1826, in-8. demi-rel. — Du lieu de la bataille entre Labienus et les Parisiens, par Quicherat. *Paris*, 1852, in-8, demi-rel. — Siège de Paris par les Normands (885-891), par Babinet. *Poitiers*, 1850, in-8, *broché*.

121. Itinéraire archéologique de Paris, par M. F. de Guilhermy. *Paris, Bance*, 1855, in-18, fig. de Fichot, *broché*.

122. Description des Bas-Reliefs anciens trouvez depuis peu dans l'Eglise cathédrale de Paris, par Baudelot. *Paris*, 1711, in-4, pl., *broché*. — Observations sur les Monuments d'antiquité trouvez dans l'Eglise cathédrale de Paris, par Moreau de Mautour. *Paris*, 1711, in-4, pl., demi-rel.

Une des plus importantes découvertes pour l'histoire archéologique de Paris.

123. Antiquités gauloises et romaines, recueillies dans les jardins du Palais du Sénat, pendant les travaux qui y ont été exécutés depuis l'an IX jusqu'à ce jour, pour servir à l'histoire des Antiquités de Paris, précédées de recherches sur cette grande capitale, sur le Palais du Sénat, etc., par Grivaud. *Paris, Buisson*, 1807, in-4, pl., *broché*.

124. Rapport sur les Antiquités Gallo-Romaines, découvertes à Paris, dans les fouilles de Saint-Landri, en l'île de la Cité en 1829, par Dulaure, Jorand et Gilbert. *Paris*, 1830, in-fol., pl., demi-rel.

125. Arènes de Paris. 4 vol. in-8, *brochés*.

Les Arènes de Paris, 1870. — Opinion de la Province sur la question des Arènes gallo-romaines de Paris. — Les Squelettes des Arènes de Paris, 1870. — M. Du Seigneur. Les Arènes de Lutèce, 1886.

126. Collection des Plombs historiés trouvés dans la Seine, et recueillis par Arthur Forgeais. *Paris*, 1862-1866, 5 vol. in-8, fig., demi-rel. dos et coins cuir de Russie, tête dor., *non rognés*.

> Méreaux des corporations de métiers. — Enseignes des pélerinages. — Variétés numismatiques. — Imagerie religieuse. — Numismatique populaire.

127. Dissertation sur les Parisii ou parisiens, et sur le culte d'Isis chez les Gaulois, par J. N. Déal. *Paris, Firmin Didot*, 1826, in-8, demi-rel.

> On a relié dans le même volume :

> Description d'un Monument trouvé rue Vivienne, pl. — Notice historique sur S.-Leu-S.-Gilles, par Vacher. *Paris*, 1843, fig. — Notice sur Saint-Nicolas des Champs. par Pascal, *Paris*, 1841. — Considérations sur l'église de la Madeleine. *Paris*, 1834. — L'œuvre de Saint-Nicolas. *Paris*, 1845. — Des anciennes fourches patibulaires de Montfaucon, par Lavillegible. *Paris*, 1836, fig. — Arcueil. — Mém. sur la Tour de Montlhéry. — etc.

128. Le Roman de la Rose, par G. de Lorris et J. de Meung.

> Manuscrit du XVᵉ siècle, sur papier, bien écrit. A la suite du Roman qui est complet se trouvent deux pièces intéressantes. La première qui commence par ce vers :

> Par plusieurs points peut Paris preceller,

> est un tautogramme dithyrambique, « compilé par un clerc normand en 1418 »; telle est du moins l'indication donnée par un manuscrit de la Bibliothèque de Bruxelles, ms. qui contient aussi la Description de Paris, par Guillebert de Metz. (Voy. *Paris et ses historiens*, pp. 129 et 496 et suivantes.) Ce tour de force poétique qui se compose de 5 strophes de onze vers chacune et dans lesquelles entrent uniquement des mots commençant par une des lettres du mot Paris, P. dans la première, A. dans la seconde, se retrouve encore sous le titre de *Paris ethimologique* dans un ms. de lord Ashburnham, ms. qui a été décrit dans l'introduction du tome II des Œuvres de Eustache Deschamps, publiées par la Société des anciens textes.

> La 2ᵉ pièce de vers se retrouve dans un ms. du Vatican sous le titre *Complainte de Loys de Luxembourg*, et commence ainsi :

> Mirez-vous cy, perturbateurs de paix,
> Faulx tradicteurs, qui par vos doubles faits....

129. Ancien Paris, 6 vol. in-18.

> Promenades dans le Vieux Paris, par P. L. Jacob *Paris, s. d.* in-18 fig., demi-rel. — Curiosités de l'histoire du Vieux Paris. par P. L. Jacob *Paris*, 1858, in-18, *broché*. — Edouard Fournier. Paris démoli 1ʳᵉ et 2ᵉ édition. *Paris*, 1853, 1855, 2 vol. in-18, *brochés*. — A. de Ponthieu Légendes du Vieux Paris. *Paris*, 1868, in-18, *broché*. — Ed Drumont. Mon Vieux Paris. Hommes et choses. *Paris*, 1879, in-12 *broché*.

130. SUITTE DES MÉMOIRES de Michel de Marolles, abbé de Villeloin, contenant douze traitez sur diuers sujets curieux, dont les noms sont imprimez dans la page suivante. *A Paris, chez Antoine de Sommaville*, 1657. in-fol., portr., veau.

> Parmi les douze traités contenus dans ce volume deux sont consacrés à l'histoire de Paris, le premier est intitulé. *Qu'il est injuste d'appeler Paris et les François barbares et que les François ne sont point plus légers que les autres peuples de l'Europe*, le 2° (12° discours) *de l'Excellence de Paris entre toutes les Villes de l'Europe*
> Le premier volume des Mémoires de Marolles avait paru séparément en 1658. La *Suitte* est ornée du portrait de Michel de Marolles, par *Nanteuil* et d'une planche de ses armoiries.
> Bel exemplaire aux armes du duc de RICHELIEU.

131. Mémoires de Michel de Marolles, abbé de Villeloin. Avec des Notes historiques et critiques, par l'abbé Goujet. *Amsterdam*, 1755, 3 vol in-12, portr., mar. brun., dos orné, fil., tr. dor.

> Seconde édition augmentée des Mémoires de l'abbé de Marolles.
> On y trouve réimprimés, avec des différences les deux traités relatifs à Paris, dons nous venons de donner les titres.
> Bel exemplaire du Président PASQUIER dans lequel on a ajouté 25 portraits divers.

132. Michel de Marolles, abbé de Villeloin, par George Duplessis, 1869, in-8, cart.

> Extrait de la *Gazette des Beaux-Arts*.

133. Variétés historiques, physiques et littéraires, ou recherches d'un scavant, (Boucher d'Argis), contenant plusieurs pièces curieuses et intéressantes. *Paris, Nyon fils*, 1752, 6 parties en 4 vol. in-12, veau.

> On trouve dans cet intéressant recueil diverses pièces curieuses pour l'histoire de Paris, savoir :
> Remarques sur une inscription du grand Cloître de la Chartreuse de Paris. — La Cérémonie singulière qui se fait tous les ans dans la rue aux Ours. — Remarques curieuses sur la Boucherie de l'Aport de Paris. — Mémoire hist. concernant le Village de Bretigny sous Montlhéry. — Hist. abrégée des plus célèbres Comédiens de l'Antiquité, et des Comédiens français les plus distingués. — Royaume de la Bazoche — Explication des Cérémonies qui se font tous les ans dans la Chapelle Saint-Nicolas, en la grand salle du Palais de Paris. — De la montre des officiers du Châtelet de Paris. — De la Communauté des Avocats et Procureurs au Parlement de Paris — Eclaircissements sur le Mont-Valérien. — Procession qui se fait à l'abbaye de St-Denis tous les sept ans. — Etablissement de l'Hôpital des Enfants-trouvés.

134 Beautés de l'histoire de Paris, ou précis de ce qu'il y a de plus intéressant dans les annales de cette superbe capitale, par P. J. B. Nougaret. *Paris*, 1824, in-12, fig., veau. — Tableaux poétiques de Paris et de ses environs,

par Volny l'Hotelier. *Paris*, 1836, in-8, demi-rel. —
Paris. Silhouettes par Clémence Robert. *Paris, s. d.* in-8.
fig., *broché*.

135. Poëme sur les Armes de la Ville de Paris, par J. B.
Santeuil. *S. l. n. d.*, in-8, demi-rel.

> Copie manuscrite d'une *Ode de Santeuil : Sur la ville de Paris dont
> les Armes sont un Navire*

5. *Histoire particulière à différentes époques.*

136. Etudes historiques sur les Révolutions de Paris, pa -
par P. Christian. *Paris*, 1840, in-8, *broché*.

> Lutetia Parisiorum, berceau de Paris, Conquête de César, Commerce
> sous Hugues. Capet, Féodalité, Louis XI, Renaissance, Réforme, Révo-
> tion de 1789, Paris avant et depuis 1830.

137. Nouvelles Annales de Paris, jusqu'au règne de
Hugues-Capet. On y a joint le poëme d'Abbon, sur le
fameux siège de Paris, par les Normans en 885 et 886
avec des notes pour l'intelligence du texte, par Dom
Toussaint du Plessis. *Paris, veuve Lottin*, 1753, in-4
veau.

138. Le Siège de Paris, par les Normands en 885 et 886.
poëme d'Abbon avec la traduction en regard, par N. R.
Taranne. *Paris, imprimerie royale*, 1834, in-8, demi-rel.
— Siège de Paris, par les Normands, épisode de l'histoire de France de 885 à 891, par M. J. Babinet. *Poitiers*,
1850, in-8, demi-rel.

139. Abailard et Héloïse, avec un aperçu du XIIe siècle
comparé sous tous les rapports, avec le siècle actuel et
une vue de Paris tel qu'il était alors, par Turlot. *Paris,
Janet*, 1822, in-8, portr. et fig., demi-rel.

140. Conjuration d'Etienne Marcel, contre l'autorité
royale ou histoire des Etats-Généraux de la France
(1355-1358), par J. Naudet. *Paris*, 1825, in-8, *broché*. —
Mémoire sur la mort d'Étienne Marcel, par Lacabane.
Paris, 1839, in-8, cart. — Maillard ou Paris sauvé, tragédie, par Sedaine. *Paris*, 1788, in-8, demi-rel.

141. Quant reviendra nostre roy à Paris. Ballade d'Eustache Deschamps chantée en 1389. *Reims*, 1849, in-8,
demi-rel.

142. Paris pendant la domination Anglaise (1420-1436). Documents extraits des registres de la Chancellerie de France, par Auguste Longnon. *Paris, Champion,* 1878, in-8, *broché.*

143. Mémoires pour servir à l'histoire de France et de Bourgogne, contenant : un Journal de Paris, sous les règnes de Charles VI et de Charles VII, l'histoire du meurtre de Jean sans Peur, les états des Maisons et Officiers des ducs de Bourgogne, etc. *Paris, J.-M. Gandouin,* 1729, in-4, demi-rel., éb.

> C'est dans ce volume publié par l'Académicien La Barre sur les notes de Dom des Salles, que parut pour la première fois le *Journal d'un bourgeois de Paris sous Charles VI et Charles VII*, dont il n'avait été précédemment publié que quelques extraits.

144. Journal d'un bourgeois de Paris sous le règne de François premier (1515-1536), par Ludovic Lalanne. *Paris, Renouard,* 1854, in-8, demi-rel. veau fauve.

> Bel exemplaire de M. de Laborde.

145. Satyre Ménippée de la vertu du catholicon d'Espagne et de la tenue des estats de Paris ; augmentée de notes par Verger, et d'un commentaire historique, littéraire et philologique par Ch. Nodier. *Paris, Delangle,* 1824, 2 vol. in-8. fig., demi-rel. dos et coins mar. brun, dos orné, ébarbés. (*Bibolet.*)

> Papier vélin. Figures sur *Chine.*

146. Paris pendant la Ligue. 7 vol. in-8 et in-12.

> Le Tigre de 1560, reproduit pour la première fois en fac-simile d'après l'unique exemplaire connu, par M Ch. Read. *Paris,* 1875, in-12. portr., *broché.* — Articles remontrez à Mgr le duc de Mayenne, par M. le recteur et université de Paris. *Paris,* 1589, in-12, demi-rel. — Coppie d'une ancienne résulution sur l'estat de la ville de Paris, par M. F. Vatable. *Paris,* 1589, in-12, demi-rel. — Prose du clergé de Paris, adressée au duc de Mayenne, après le meurtre du roi Henri III (par P. Pigenat). *Paris,* 1589 (1786), in-8, veau fauve. — Discours de ce qui s'est passé en la conference des deputez de Paris avec le roy, en l'abbaye St.-Anthoine. *Tours,* 1590, in-12, *broché.* — Parisiensium civium ad illus. 'S. Sedis legatum Henricum Caietanum oratiuncula. *Parisiis,* 1590, in-12, cart. — Advis certain de ce qui s'est passé à Paris à l'arrivée du duc de Mayenne en 1592. *Tours,* 1592, in-12, cart.

147. Recueil de pièces sur les règnes de Henri III et de Henri IV. En un vol. pet. in-8, demi-rel.

> Edit et Declaration du Roy, sur la reduction de la ville de Paris, sous son obeyssance, 1594 — Harangue faite par Henri III à l'ouverture des Etats-Généraux de Blois, 1588. — Advertissement au Roy, Charles

de Bourbon, dixiesme de ce nom, par J. Baron. *Paris*, 1589. — Reponse de D. Bernard, doyen de l'oratoire de St.-Bernard des Feuillantines à une lettre de Henry de Valois, 1589. — Panegyric de Henry IIII, traduit du latin de Monanthueil, 1594. — Discours sur la blessure du Roy, 1595. — Sermon funèbre fait aux obseques de Henri IIII, dans l'église St.-Jacques la Boucherie, par Jacques Suarès, 1610.

148. Relatione dell' Assedio di Parigi. Col dissegno di quella Citta et de' luoghi circonvicini. Alla Sta di N. S. Gregorio Papa XIIII. Principe ottimo. *In Roma, appresso Bartolomeo Grassi*, (1591), in-4 de 2 ff., 88 pp. et un plan, titre gravé, cart., *non rogné*.

> Ce volume qui renferme la Relation du siège de Paris par Henri IV est un des plus curieux documents pour l'histoire de Paris. L'auteur, Ph. Pigafetta, dont le nom se lit à la suite de la dédicace, fut témoin des évènements dont il fait le récit, mais sans se borner aux faits militaires du siège, il a agrémenté sa relation de nombreux détails relatifs à la description de Paris, citant ses fortifications, faubourgs, quais, rues, et aussi sur les environs. Une traduction de cette relation par M. A. Dufour a été donnée dans le 2e volume des *Mémoires de la Société de l'Histoire de Paris et de l'Ile de France*; elle est accompagnée d'une intéressante notice à laquelle nous renvoyons.

> Ce qui ajoute considérablement à l'intérêt de ce volume, c'est qu'il est accompagné d'un plan des plus intéressants de la Ville de Paris et de ses environs. Ce plan, qui mesure 55 cent. sur 40, a été gravé à l'eau-forte en 1591, à Rome, par *Natal Bonifatio* de Sibenicco; il fournit de nombreux et exacts renseignements sur l'état de Paris à cette époque, et est de la plus grande rareté, il a été seulement mis en lumière en 1876 par M. Franklin qui l'a décrit pp. 398-402 du tome 2 des *Mémoires de la Société de l'Histoire de Paris*; sa notice est accompagnée d'une reproduction.

> La plupart des exemplaires du livre de Pigafetta sont incomplets de ce plan; le seul exemplaire le contenant qui ait figuré en vente publique, est celui de M. Bigillion de Grenoble, vendu en 1878, 850 fr. et les frais.

> Superbe exemplaire, entièrement *non rogné* et avec le plan en parfait état.

149. El nuovo et verissimo discorso delle cose piu signalate, seguite nell' assedio della incomparabile citta di Parigi. Dal Signor G. B. M. *In Lione*, 1594, *nel mese di Gennaio*, in-4 de 38 ff., cart.

> Cette *Relation*, qui n'a pas encore été traduite ni rééditée, est de Girard le Ferrarais, dont le nom se lit à la fin d'un *Sonnet* en français, f. 38 r°. Écrit par un ennemi de Henri IV, ce Discours renferme une vive critique des actions de Henri IV, sous Paris. M. A. Dufour qui l'a cité (*Mémoires de la Société de l'Histoire de Paris*, II, p. 7), donne la traduction d'un passage particulièremeut intéressant.

> Cet exemplaire renferme un curieux plan de Paris, gravé sur cuivre, mesurant 24 cent. sur 16, copie de celui de *Mathieu Mérian*. Ce plan n'a pas été cité par M. Bonnardot dans ses *Études sur les anciens plans de Paris*.

> Bel exemplaire de ce très-rare volume.

150. Journal du Siège de Paris en 1590, rédigé par un des

assiégés, publié d'après le manuscrit de la bibliothèque Mazarine et précédé d'une étude sur les mœurs et coutumes des Parisiens au XVIe siècle, par Alfred Franklin. *Paris, Willem*, 1876, in-8, front., *broché*.

> L'original italien a été publié à Turin en 1590, sous le titre : *Relatione fidelissima dell' assedio di Parigi et sua liberatione*, in-4.

151. Siège de Paris en 1590, 4 vol. in-8 et in-12.

> Relation sommaire et véridique des choses dignes de remarques, arrivées pendant le siège mémorable de la fameuse ville de Paris, traduit de l'espagnol de P. Cornejo. *Paris*, 1834, in-8, demi-rel. — Discours véritable de ce qui s'est passé en la réduction de la ville de Paris. *Lyon*, 1594, in-12. — Edit du Roy, sur la réduction de la ville de Paris, soubs son obeyssance. *Paris*, 1594, in-12, cart. — La Destruction de la Ligue, ou la réduction de Paris, pièce nationale (par Mercier). *Amsterdam*, 1782, in-8, cart.

152. Discours lamentable, sur l'attentat et parricide commis en la personne de Henry IIII. *Paris*, 1610, in-12, *broché*. — Arrest de la cour de Parlement, contre le très-meschant parricide François Ravaillac (27 mai 1610). *Paris*, 1610, in-12, demi-rel.

153. Règne de Louis XIII, 17 pièces pet. in-8, en un vol. veau et déreliées.

> Harangue du crocheteur, assis sur la cloche de la Samaritaine, 1610. — Réponse du Crocheteur à Jacques Bonhomme. — Conférence du Crocheteur avec maistre P. du Coignet. — La lettre déchiffrée, l'Horoscope du Roy. — Songe de Me Guillaume, etc.

154. Règne de Louis XIII, 5 vol. in-12, cart.

> Protestations de la ville de Paris faites au Roy sur son voyage, 1615. — Lettre du Roy à MM. le Prévost des Marchands et Echevins de Paris, sur le traité de la paix, 1622. — Lettre du Roy à MM. le Prévost des marchands et echevins de Paris, touchant la deflaicte du sieur de Soubize, 1622. — Lettre du Roy à MM. les prévost et echevins écrite du camp devant La Rochelle, 1627. — Lettre du Roy à MM. les prévost et echevins, 1632.

155. Paris pendant la Fronde; collection de Mazarinades relatives à l'histoire de Paris. *Paris*, 1649-1652, 71 brochures in-4, dont 63 déreliées et 8 cart.

156. Le Courrier burlesque de la Guerre de Paris, envoyé à Monseigneur le prince de Condé pour divertir son altesse durant sa prison. *Paris*, 1650, in-12, demi-rel.

157. Lettre du Roy envoyée à Messieurs les Prévost des Marchands et Echevins de la ville de Paris, sur son départ pour la conclusion de la Paix générale. *Paris*,

1659, in-4, mar. brun , dos et plats fleurdelysés, armes, tr. dor. (*Petit.*)

158. Journal historique de tout ce qui s'est passé depuis les premiers jours de la maladie de Louis XIV, jusqu'au jour de son service à Saint-Denis. *Paris*, 1715, in-12, veau. — Relation de ce qui s'est passé de plus considérable pendant la maladie du roy (Louis XIV) et depuis sa mort. 1715, in-4 de 2 ff., *broché.*

159. Collection complète des tableaux historiques de la Révolution Française (avec Discours de l'abbé Fauchet, Chamfort, Ginguené, etc.) *A Paris, de l'imprimerie de Pierre Didot l'aîné, an VI de la République française*, 1798-1804, 3 vol. in-fol., portr., front. et fig., basane.

Très-bel exemplaire du PREMIER TIRAGE de cet important ouvrage orné de 222 gravures de *Duplessis-Bertaux, Fragonard fils, Girardet, Meunier, Swebach,* etc.

Il existe deux textes pour les 80 premiers tableaux, l'un écrit avec feu par l'abbé Fauchet, révolutionnaire exalté, mort sur l'échafaud en 1793, et un autre dans lequel les passages violents ont été adoucis; nous possédons le texte révolutionnaire, plus rare et qui se trouve avec les figures en premières épreuves. Le troisième volume contient soixante-six portraits, gravés par *Levachez,* ayant au bas de chacun d'eux une vignette dessinée et gravée à l'eau-forte par *Duplessis-Bertaux,* et représentant un épisode de la vie du personnage.

La plupart de ces estampes présentent un grand intérêt pour l'histoire de Paris ; elles nous donnent la représentation de la ville, au moment où elle allait subir les plus importantes modifications.

160. Mémoires de Garat, avec une préface par E. Maron. *Paris, Poulet-Malassis*, 1862, in-8, demi-rel. mar. brun, tête dor. (*Lortic.*)

Exemplaire de Poulet-Malassis en PAPIER DE HOLLANDE.

161. Mémoires de Louvet, avec une introduction par M. E. Maron. — Mémoires de Dulaure, avec une introduction par L. de la Sicotière. *Paris, Poulet-Malassis*, 1862, in-8, demi-rel. mar. brun, tête dor., *non rogné.* (*Lortic.*)

Exemplaire de Poulet-Malassis en PAPIER DE HOLLANDE. On y joint : Quelques notices pour l'histoire et le récit de mes périls depuis le 31 mai 1793, de J.-B. Louvet. *Paris,* 1795, in-8, demi-rel.

162. Histoire de la Révolution. 3 vol. in-12, demi-rel.

Rabaut. Almanach de la Révolution. *Paris,* 1792, fig. de *Moreau.* — Lacretelle. Précis de la Révolution. *Paris,* 1804, fig. de *D. Bertaux.* — Thouret. Abrégé des révolutions, *Paris,* 1800.

163. Assemblées de la Révolution, 19 vol. et brochures in-4 et in-8.

Récit des faits qui se sont passés dans la salle de l'ordre du clergé. 1790, in-8, demi-rel. — Almanach des députés à l'Assemblée. 1790, in-12 (ex. Beauchesne). — Petite biographie conventionnelle. 1815. — Liste des bailliages et senéchaussées des députés de l'Assemblée. 1789. — Liste des représentants du peuple, 1804. — Extraits des registres des délibérations de diverses sections, etc.

164. Paris pendant la Révolution. 6 vol. in-8 et in-12.

Léopold. Paris pendant le cours de la Révolution, 1816. 2 vol. in-12, veau (ex. Beauchêne). — Thureau Dangin. Paris capitale pendant la Révolution. *Paris*, 1872, in 8, demi-rel. — L'Art de vérifier les dates de la Révolution. *Paris*, 1804, in-12, *broché*, etc.

165. Mélanges révolutionnaires, 13 vol. in-8

Dernier tableau de Paris, ou Récit de la révolution du 10 août par Peltier. *Londres*, 1792, 2 vol in-8, portr., demi-rel. — Histoire des Martyrs de la Révolution, 1792, in-8, cart. — Œuvres diverses de Cerutti, 1792, 2 vol. in-8. (Ex. Beauchesne). — Salmigondis révolutionnaire, 33 pièces en un vol. in-8 veau (curieux et rare). — Hre de la conjuration de Robespierre, etc.

166. Pamphlets révolutionnaires, 17 vol. et brochures.

Petit Journal du Palais-Royal, 1789,. Nos 1, 2, 4 et 6. (Rare). — Aneries révolutionnaires, 1800. — Discours de la lanterne de Desmoulins. — La chasse aux bêtes puantes. — Et je m'en fouts — Les souliers de l'abbé Maury, etc.

167. Essai historique et patriotique sur les Arbres de la Liberté, par Grégoire, membre de la Convention. *Paris, imp. Didot, an II* (1794), pet. in-12, veau fauve, dos orné, fil., *non rogné (Petit)*.

Curieux et rare.

168. Personnages de la Révolution. 9 vol. in-8 et in-12.

Vie politique des députés à la Convention, 1814, in-8, veau. — Dictionnaire des Jacobins, 1799. — Vitu, Fr. Suleau. — Vie et mort du petit Emilien. — Farcy, Marat. — Eloge de Mirabeau. — Portraits des principaux personnages de la Révolution. 46 portraits, vues et facsimilés en un vol. in-8, demi-rel. veau. — Figures tirées du journal de Prudhomme, in-8 obl., veau.

169. Almanach historique de la Révolution françoise pour l'année 1792, rédigé par M. Rabaut. *Paris, impr. Didot*, 1792, in-12, basane.

PAPIER VÉLIN. 5 jolies figures de *Moreau* AVANT LA LETTRE.

170. Almanachs de la Révolution, 17 vol in-8 et in-12, reliés.

Almanach des Aristocrates.— Almanach des honnêtes gens. — Almanach des patriotes. — Almanach de la Révolution. — Almanach national. — Constitution de la République, in-12, fig. en couleurs de David, etc.

171. Procès de Louis XVI et de Marie-Antoinette. 1 vol. in-8.

> Jauffret. Histoire impartiale du procès de Louis XVI. *Paris*, 1792-1793, 8 vol. in-8, veau. — Essai sur la vie, les écrits et les opinions de M. de Malesherbes, par le comte Boissy-d'Anglas. *Paris*, 1819. 2 vol. in-8, demi-rel. — Louis XVI et ses défenseurs, 1818, in-8, *broché*. — Notice sur les procès de Marie-Antoinette et de Mme Elisabeth, par Chauveau-Lagarde. *Paris*, 1816, in-8, *broché*.

172. Fac-simile du Testament de Louis XVI. gravé par Picquet, accompagnés d'une notice historique par Audot. *Paris*, 1817. Copie figurée du testament de la Reine. *Paris*, 1816. Supplément à la notice sur le testament de la Reine. *Paris*, 1817. En un vol. in-4, cart

> Exemplaire de M. de MONMERQUÉ contenant ajouté une lettre autographe de Louis XVI à M. de Malesherbes, différentes figures dont une estampe allégorique sur Marie-Antoinette, épreuve AVANT LA LETTRE des fac-similés, brochures, etc.

173. Mort de Louis XVI et de Marie-Antoinette. 7 vol. in-8

> Passion et mort de Louis XVI, 1790, front. — La Passion de 1794 ou Louis XVI sacrifié, 1790. — La Pentecôte, ou descente de l'esprit de Louis XVI. *Jérusalem*, 1790, in-8 demi-rel. (Exempl. de M. de Beauchesne). — Résurrection de Louis XVI, 1790, in-8, broché. — Le 21 janvier 1793, poème. — La Mort de Louis XVI, tragédie, 1796. — Martyre de la Reine, 1822. — Elisabeth de France, tragédie, 1797.

174. Histoire des caricatures de la révolte des Français. Par M. Boyer, de Nîmes, auteur du Journal du Peuple. *A Paris, de l'imprimerie du Journal du Peuple*, 1792. 2 tomes en un vol. in-8, demi-rel.

> Cet ouvrage n'a pas été terminé, il s'arrête à la p. 190 du 2e volume. Il est orné de 38 figures au bistre, des plus curieuses et qu'il est fort difficile de trouver au complet.
> Très-rare. Un coin enlevé au titre et quelques planches légèrement crayonnées.

175. La Démagogie en 1793 à Paris ou histoire, jour par jour, de l'année 1793, accompagnée de documents rares ou inédits recueillis par Dauban. *Paris, Plon*, 1868, in-8, fig. — Paris en 1794 et en 1795, histoire de la rue du club, de la famine, composée d'après des documents inédits par Dauban. *Paris; Plon*, 1869, in-8. Ens. 2 vol. in-8, fig., demi-rel. mar. rouge, tr. dor. ébarbés.

176. Paris en 1794 et en 1795 par Dauban. *Paris, Plon*, 1869, in-8, *broché*.

177. A. Houssaye. Notre-Dame de Thermidor. Histoire de Madame Tallien. *Paris*, 1867, in-8, fig., *broché*.

178. D'Egmont. Paris et Saint-Cloud au 18 brumaire. *Paris*, 1832, in-8, demi-rel. — Histoire du général Pichegru. *Paris*, 1802, in-12, cart. — Portraits (35) de la Conspiration de Cadoudal, en un vol. in-8, cart.

179. Paris sous la Restauration. 3 vol. in-8 et brochure.

> L'attaque de Paris par les troupes alliées (30 mars 1814). *Paris*, 1814, demi-rel. — Histoire de la dernière capitulation de Paris (1815). par le baron Ernouf. *Paris*, 1859, demi-rel. — Ode sur la mort de Louis XVIII.

180. Paris en 1830. 6 vol. in-4 et in-8.

> Marnay, Mémoires secrets. Chute de Charles X. Royauté de Juillet. *Paris*, 1875, in-8, *broché*. — Cinq mois de l'histoire de Paris en 1830, par de Lamothe-Langon. *Paris*, 1831, in-8, *broché*. — Relation chirurgicale des événements de 1830, par H. Larrey. *Paris*, 1831, in-8, *broché*. — Rapport de la commission des Récompenses aux combattants de juillet 1830, in-4, demi-rel. — Journal de Saint-Cloud à Cherbourg, par Th. Anne. *Paris*, 1830, in-8, *broché*. — Le Cloître Saint-Merry, par Rey-Dusseuil. *Paris*, 1832, in-8, *broché*.

181. Revue rétrospective, ou Archives secrètes du dernier gouvernement (1830-1848). Recueil non périodique (publié par M. J. Taschereau). *Paris*, *Paulin*, 1848, gr. in-8, cart., *non rogné*.

> Exemplaire bien complet avec les 33 numéros.

182. Paris sous la 2e République. 8 vol. et brochures.

> Un épisode du 24 Février 1848 (par le Colonel Deniset), 1848, demi-rel. — Faits et actes du Gouvernement provisoire. *Paris*, 1850, cart. — Deux professions de foi en Juillet 1830 et en Février 1848, par Gibon. *Paris*, 1848, *broché*. — La République dans les Carrosses du roi, par Tirel. *Paris*, 1850, cart. — Deux Lettres de Félix Pyat à M. de Chambord et à Barbès. 1851, *broché*.

183. Paris, ses organes, ses fonctions et sa vie dans la seconde moitié du XIXe siècle, par Maxime Du Camp. *Paris*, *Hachette*, 1869-1870, 2 vol. in-8, demi-rel., mar. vert, tête dor., éb.

> Tomes 1 et 2 contenant les 11 premiers chapitres.

184. Siège de Paris. 1870-1871, 10 vol. in-8, in-18 et brochures.

> Jules Claretie. Paris assiégé. *Paris*, 1871, in-18, *broché*. — F. Sarcey. Le Siège de Paris. *Paris*, 1871, in-18, demi-rel. — Mémorial du Siège de Paris, par d'Arsac. *Paris*, 1871, in-18, *broché*. — Lettre-Journal, Gazette des Absents. *Paris*, *Jouaust*, 1870-71, in-8, fig., en feuilles.

— Sept lettres sur le Siège de Paris, par L. Vitet. *Paris*, 1870-
5 fasc. in-12. — Almanach des Assiégés. — L'Isle Saint-Louis pendant
le Siège et la Commune, par Truchon, ms. in-8, demi-rel.

185. Réimpression du Journal Officiel de la Républiqɪe
française sous la Commune. Du 19 mars au 24 mɪı
1871. Première édition. *Paris*, *Brunel*, 1871, in-₄
broché.

186. Maxime du Camp. Les Convulsions de Paris. *Par*.
Hachette, 1879, 2 vol. in-8; *brochés*. (Tomes 1 et 2.)

187. Commune de Paris (18 Mars-28 Mai 1871). 7 vc.
in-8. *brochés*.

> Catulle Mendès. Les 73 Journées de la Commune. *Paris*, 1871. —
> Guerre des Communeux de Paris, par un officier supérieur. *Paris*, 18⁊.
> — L. Enault. Paris brûlé par la Commune. *Paris*, 1871, fig. — A tɪa-
> vers les ruines de Paris. *Paris*, 1871. — Les Eglises de Paris sous ɪa
> Commune, par Fontoulieu. *Paris*, 1873. — La Terreur et l'Eglise ɪ.
> 1871, par l'abbé Delmas. *Paris*, 1871. — Le Vrai Coupable et ɛes
> victimes, par l'abbé Dignat. *Paris*. 1871. — Participation des Polonɪɪ
> à la guerre civile. 1871. — Conspiration des Brassards, 1871. — Joɪɪɪ-
> nal des Evénements auxquels j'ai participé pendant la Commune, pɪr
> E. Mellet, ms. pet. in-8, demi-rel. etc.

188. Otages de la Commune ; leur captivité et leur mor ɪ
13 vol. in-8 et in-18, *brochés*.

> La place Vendôme et la Roquette, par l'abbé Lamazou. *Paris*, 187
> in-18. — La Roquette, (24-28 mai 1871), par l'abbé Amodru. *Paris*
> 1871, in-4; 1873, in-18. — Captivité et mort des RR. PP. Olivant
> Ducoudray, Caubert, etc., par de Ponlevoy. *Paris*, 1871, in-18. — Lɪ
> Martyrs de Picpus, par le P. B. Perdereau *Paris*, 1871, in-18. —
> Discours funèbre en l'honneur des RR.PP. de Picpus, par l'abbé Denyɪ
> *Paris*, 1871, in-18. — L'abbé Crozes, aumônier de la Roquette. Sɪ
> arrestation, sa captivité, sa délivrance. *Paris*, 1873, in-18. — Deuɪ
> mois de prison sous la Commune, par P. Perny. *Paris*, 1872, in-18. —
> Massacre des Otages en 1871, *Paris*. 1876, in-18. — Souvenirs d'uɪ
> Otage, par F. Evrard. *Paris*, 1871, in-18. — Les Martyrs d'Arcueiɪ
> *Paris*, 1871, in-8. — Oraison funèbre du P. Captier, par Ad. Perrauɪ
> *Paris*, 1871, in-8. — Quelques détails sur plusieurs otages de la Com-
> mune. ms. in-8, demi-rel.

189. Le Fond de la Société sous la Commune, décriɪ
d'après les documents qui constituent les archives de lɪ
justice militaire, par C.-A. Dauban. *Paris*, *Plon*, 1873
in-8, fig. et fac-simile, *broché*.

6. *Histoire de la bourgeoisie et Parisiens célèbres.*

190. Histoire de la Bourgeoisie de Paris, depuis son orɪ-

gine jusqu'à nos jours, par M. Francis Lacombe. *Paris, Amyot, s. d.*, 4 vol. in-8, demi-rel. chagrin noir.

191. Histoire de la Bourgeoisie de Paris, depuis son origine jusqu'à nos jours, par M. Francis Lacombe. *Paris, s. d.*, 3 vol. in-8, *brochés*.

> Cet exemplaire ne contient pas le quatrième volume : *Les bourgeois célèbres de Paris.*

192. Histoire de la bourgeoisie de Paris sous le règne de Louis XIII, 3 vol. in-12, demi-rel.

> Les Privileges donnez par le Roy aux bourgeois de Paris. *Paris*, 1615, — Le Privilege faict par le Roy aux bourgeois de Paris, pour l'exemption des Gens de Guerre à sept lieues à la ronde de Paris. *Paris*, 1619. — — Remonstrance aux bourgeois de Paris sur le retardement du Roy. *Paris*, 1619.

193. Histoire de la Bourgeoisie sous le règne de Louis XIV. 8 vol. in-4, cart. et *dereliés*.

> Passion des bourgeois de Paris pour le retour de Sa Majesté. 1648. Contribution d'un bourgeois de Paris. 1649. — Conseil donné de la part de tous les Bourgeois de Paris au duc de Beaufort. 1649. — Remerciemens des Bourgeois de Paris à Mademoiselle pour avoir procuré la paix. 1649. — Remerciement au roy et à la reyne regente par les Bourgeois de Paris, sur le bon traitement qu'ils ont reçu à Saint-Germain. 1649. — Requeste des dames bourgeoises de Paris à la Reine. 1649. — Hist. d'un bourgeois cruellement martyrisé par les Juifs de la Synagogue. 1652.

194. Histoire de la Bourgeoisie au XVIIIe siècle. 3 pièces in-4, demi-rel. et *dereliées*.

> Edit du roy portant que les Bourgeois de toutes les villes du royaume, ne jouiront des franchises et exemptions... qu'en prenant des lettres de Bourgeoisie. 1705. — Arrest du Conseil d'Etat qui decharge les Bourgeois de Paris, de la taille, et les confirme dans leurs privilèges et exemptions. 1716. — Id. qui restablit les privilèges des Bourgeois de Paris, pour les foins et avoines qu'ils font venir pour leur provision. 1722.

195. Biographies diverses. 5 vol. in-8, in-12 et brochures.

> Abailard et Héloïse, avec un aperçu de Paris au XIIe siècle, par Turlot, *Paris*, 1822, in-8 *br.* — Notice hist. sur Malesherbes, par Dubois. *Paris*, 1806, in-8, bas. — Eloge de M. de Malesherbes, par Dumont. 1823, in-8, *br.* — Biographie de Jean de Montagu. *Paris*, 1852, in-8, *br.* — Vie de Voltaire, par Lepan. *Paris*, 1825, in-12, demi-rel.

196. Biographies diverses. 21 vol. in-8 et in-12, *brochés*

> Berlioz. — Berryer. — Rosa Bonheur. — Félicien David. — Davioud, architecte. — Dupin aîné. — Arsène Houssaye. — Ingres. — La Guéronnière. — Abbé Laverdet. — Ledru-Rollin. — de Mirecourt. — Vicomtesse de Noailles. — Et. de Quatremère. — Quicherat. — Récamier. — Abel de Rémusat. — Ricord. — Sylv. de Sacy. — Famille de Ségur.

197. Histoire critique de Nicolas Flamel et de Pernelle, sa femme, par L. V***. *Paris*, 1761, in-12, portr., veau. — Thresor de Philosophie où original du desir desiré de Nicolas Flamel. *S. l. n. d.* in-12, demi-rel. — Des Ouvrages alchimiques attribués à Nicolas Flamel, par V. de Viriville. in-8, *broché*.

II. HISTOIRE PHYSIQUE ET NATURELLE.

Faune, Flore, Catacombes, Eaux, Navigation, Fontaine et Population.

198. Faune Parisienne. 4 vol. in-4 et in-12.

Histoire abrégée des insectes qui se trouvent aux environs de Paris, (par Geoffroy). *Paris, Durand*, 1762, 2 vol. in-4, pl., bas. — Entomologia Parisiensis ; sive catalogus Insectorum quæ in Agro Parisien a. reperiuntur edente A.-F. de Fourcroy. *Parisiis*, 1785, 2 vol. in-12, bas.

199. Flore Parisienne. 7 vol. in-8 et in-12.

D. Joncquet. Hortus, sive index onomasticus Plantarum, quas excoleb at Parisiis annis 1658 et 1659. *Parisiis*, 1659, in-4, vélin. — Tournefort. Histoire des plantes qui naissent aux environs de Paris, Seconde éditicn revue par B. de Jussieu. *Paris*, 1725, 2 vol. in-12, veau. — S. Vaillant. Botannicon Parisiense. *Parisiis*, 1743, in-12, veau. (Ex. de l'abbé Hauy.) — Floræ Parisiensis prodromus, ou Catalogue des plantes qui naissent dans les environs de Paris, par M. Dalibard. *Paris*, 1749, in-12, demi-rel. mar. bleu. (Exemplaire annoté par J.-J. Rousseau.) — Catalogue des plantes du jardin du sieur Royer, marchand droguiste. *Paris*, 1765, in-12, veau. — Thuillier. La Flore des Environs de Paris. *Paris*, an VII, in-8, demi-rel.

200. Flore Parisienne. 9 vol. in-8 et in-12.

Flore parisienne, par M. L. B. F. *Paris*, An IX, in-12, cart. — Synopsis plantarum in flora Gallica descriptorum, auctoribus J.-Bte Lamarck et de Candolle. *Parisiis*, 1806, in-8, cart. — Thuillier. Flore des environs de Paris. *Paris*, 1824, in-8, cart. — V. Mérat. Nouvelle flore des environs de Paris. *Paris*, 1836, in-12, demi-rel. — Mérat. Rev ue de la flore parisienne. *Paris*, 1843, in-8, demi-rel. — Cosson et Germain. Flore descriptive et analytique des environs de Paris. *Paris*, 1845, in-12 et atlas, demi-rel. — Cosson et Germain de Saint-Pierre. Flore des environs de Paris. *Paris*, 1861, in-8, demi-rel. — J. Vallon. Essai sur la flore du pavé de Paris, limité aux boulevards extérieurs. *Paris*, 1884, in-12, *broché*.

201. Album des Mousses des environs de Paris, par R. Kleinhans. *Paris, Savy*, 1869, in-fol., pl., demi-rel. chagrin, *non rogné*.

202. Les Catacombes de Paris, 2 vol. et brochures in-8.

> Description des Catacombes de Paris, par Héricart de Thury. *Paris,* 1815, in-8, demi-rel. — Projet de catacombes pour Paris, 1782. — Les Catacombes de Paris, poëme par Thiessé, 1815. — Fassy, Les Catacombes, étude historique, 1861, etc.

203. Seine et Bièvre, 6 vol. in-4 et in-8.

> La Seine et ses bords par Ch. Nodier. *Paris,* 1836, in-8, fig., demi-rel. — Parent-Duchatelet. Recherches sur la rivière de Bièvre. *Paris,* 1822, in-8, cart. — Delvau. Au bord de la Bièvre. Impressions et souvenirs. *Paris,* 1873, in-8, *broché.* — Bralle. Précis relatif à l'Inondation qui a eu lieu à Paris en l'an x. *Paris,* 1803, in-4, veau. — Détails des malheurs occasionnés par le débordement de la rivière à Paris. *S. l. n. d.,* demi-rel. — Inondations à Paris par Egault. *Paris,* 1814, in-4, *broché.*

204. Ile des Cygnes, 2 brochures in-4.

> Don aux Prévôt des marchands et échevins de Paris de l'isle des Cignes pour servir de port public pour les bois à ouvrer et brûler, 1721. — Lettres au sujet de ce don, 1723.

205. Service des Eaux de Paris, 10 vol. et brochures.

> Girard. Recherches sur les eaux publiques de Paris. *Paris,* 1812, in-4, *broché,* (2 ex.). — Figuier. Les Eaux de Paris *Paris,* 1862, in-12, *broché.* — Boutron. Analyse des eaux. *Paris,* 1848, in-8, demi-rel.

206. Eaux minérales et Bains publics, 5 vol.

> Traité des eaux minérales nouvellement découvertes, au village de Passy près Paris, par M. Moullin de Marguery. *Paris, Barois,* 1723, in-12, veau. — Ordonnance concernant les bains dans la Rivière, 1783, in-4 de 4 ff. — Cuisin. Les Bains de Paris et des principales villes des quatre parties du monde. *Paris.* 1822, 2 vol. in-12, front., demi-rel.— Paris dans l'eau, par Briffault. *Paris,* 1844, in-8, fig. de Bertall, cart.

207. Navigation, Ports et Canaux de Paris. 12 vol. et brochures.

> Déclaration du Roy pour l'establissement des chevaux de courbe pour le tirage des bateaux. *Paris,* 1626, in-12, demi-rel. — Edit qui confirme les anciens maîtres et cableurs des ponts des rivières de Seine, Oyse et autres dans la propriété de leurs charges, 1710. — Réflexions d'un citoyen sur l'inspection des ports et la reconstruction de celui du Quai St-Bernard, 1754. — Ordonnance concernant les promenades sur les ports, 1783. — Id. concernant la seureté des marchandises sur la Rivière et dans les ports, 1783. — Description des ouvrages à exécuter pour la distribution des eaux du canal de l'Ourcq par Girard, 1810, in-4. — Moyens de rendre Paris port de mer, 1824. — Projet d'une place d'un bassin et d'un port sur les terrains de la Bastille, 1804, etc.

208. Pompe de la Samaritaine, 4 vol. in-12, *brochés.*

> Almanach de la Samaritaine avec ses prédications pour 1788. *Paris,* 1788, 2 vol. in-12, front. — Les Adieux de la Samaritaine aux bons parisiens par Pissat. *Paris, s. d.* in-12. — Destruction du palais de la Samaritaine et son apothéose par Cadot. *Paris, s. d.,* in-12.

209. Les Rimes redoublées de Monsieur d'Assoucy. *Par* s. *impr. de C. Nkgo* (*sic*), *s. d.* (1671), in-12, portr. et fig., mar. bleu, dos orné, fil., tr. dor. (*Duru et Cham- bolle.*)

> Parmi les poésies burlesques que ce volume renferme on trouve p. 13-20 : *Plainte de la Samaritaine sur la perte de son Jacquemar et le débris de la musique de ses Cloches.* Ces vers sont précédés d'une curieuse figure où l'on aperçoit la Samaritaine présentant son plan au Roi. Rare.

210. Plans, Coupes et élévations d'une machine à feu propre à épuiser les eaux des mines, par le Sr Mathieu. Présentés à Mgr. de Trudaine par Mathieu fils, élève des Ponts et Chaussées (*Paris*), 1757, in-fol., titre et 5 planches doubles se dépliant, mar rouge, riches et larges dent.

> Manuscrit présenté à Trudaine, dans une riche reliure (fatiguée) à armes, 2 beaux titres manuscrits dont l'un est parfaitement dessiné à l'encre de Chine.

211. Recherches statistiques sur la Ville de Paris. Années 1821, 1823, 1826, 1829, 1844. *Paris*, 1821-1844, 5 vol. in-4, *brochés.*

> On y joint : Recherches statistiques sur la ville de Paris, 1821, in-4 et Mémoire sur le déplacement de la population dans Paris, 1840, in-3

III. HISTOIRE TOPOGRAPHIQUE ET MONUMENTALE.

1. *Topographie et Plans.*

212. Mémoire historique et critique sur la Topographie de Paris. On y fait la critique de l'histoire de l'emplace- ment de l'ancien Hotel de Soissons, par M. Terrasson. et de sa dissertation sur l'Enceinte de la ville par Phi- lippe Auguste, etc. *Paris, Lottin*, 1771, in-4, veau. — Addition à la réfutation du mémoire prétendu historique et critique sur la Topographie de Paris donné par l'historiographe de la ville. *Paris*, 1773, in-4, demi-rel.

213. Études archéologiques sur les anciens Plans de Paris des XVI, XVII et XVIIIe siècles, par A. Bonnardot. *Paris, Deflorenne*, 1851, in-4, fig., demi-rel. dos et coins mar. rouge, éb.

> Tiré à 200 exemplaires.

214. Les anciens plans de Paris, Notices historiques et topographiques par Alf. Franklin. *Paris, Willem*, 1878-1880, 2 vol. in-4, fig., *brochés*.

215. Plan de Paris de G. Braun, gravé à l'eau forte, in-fol.

> Ce plan, qui représente Paris vers 1530, est extrait de l'ouvrage de G. Braun ou Bruyn, publié à Cologne sous le titre de *Civitates orbis Terrarum*, 6 tomes en 3 vol. in-fol.
> Le titre du plan inséré dans un cartouche est ainsi rédigé : *Lutetia Vulgari nomine Paris, urbs Galliæ maxima*, etc ; au bas à gauche on remarque trois personnages debout. Au v° du plan une notice en latin sur Paris.
> La gravure de ce plan a été attribuée à *Hogenberg*. Voy. Bonnardot. *Plans de Paris*, pp. 29-37,

216. Plan de Paris de G Braun, gravé à l'eau forte, in-fol.

> Ce plan, qui est le même que le précédent, est extrait du *Théâtre du monde* de Braun ou Bruyn, publié en 1573. Belle épreuve.

217. Étude historique et topographique sur le plan de Paris de 1540, dit plan de Tapisserie. par Alfred Franklin. *Paris, Aubry*, 1869, in-8, plan, cart., *non rogné*.

218. Notice sur un Plan de Paris du XVIᵉ siècle (par Truschet et Hoyau), nouvellement découvert à Bâle, par Jules Cousin. *Paris*, 1875, in-8, *broché*.

219. Plan de Paris gravé à l'eau forte par Bertellius. *Venise*, 1567, in-4.

> Ce plan, copie de celui de Munster, porte pour titre : *Il vero disegno et ritrati della Cita di Parigi sedia regale della Francia....*; au bas quarante trois renvois. Au v°, une description de Paris en italien.
> Le nom de *Bertelius* se trouve sur une édition, citée par M. Bonnardot, p. 28.
> Ce plan est le même que celui qui était décrit sous le n° 969 du Catalogue Faucheux, signalé comme extrêmement rare et qui a été vendu 44 fr. et les frais, il était attribué à *Giulio Ballino* ; une reproduction en a été donnée dans *les Anciens plans de Paris*, par Franklin.

220. Plan de Paris à vol d'oiseau, gravé par Rota, vers 1572, pet. in-8.

> Ce petit plan en largeur, gravé à l'eau-forte, n'est cité ni par Bartsch ni par Passavant. Il porte au bas au milieu le titre *Parise* (sic) et au-dessous *Martinus Rota for.*
> Passavant dans ses additions à Bartsch, n°ˢ 115-137 signale des vues de Constantinople, d'Alger, de Rome, gravées par *Martinus Rota de Sibenico* en 1572 ; c'est à cette série que ce plan de Paris doit appartenir.
> Cité par Bonnardot, dans les *Études sur les anciens plans de Paris*, p. 29, comme une copie du plan d'Arnoullet de 1531.
> Le plan rarissime qui accompagne l'ouvrage de Pigafetta, *Relation du Siège de Paris*, (Voy. N° 148) a été aussi exécuté par un graveur né à Sibenico en Italie.

221. Deux plans de Paris en 1620 et 1654, gravés par Zeiler, in-4.

> Ces 2 plans extraits du recueil de G. Merian, *Topographia Gall*
> sont des copies des plans de M. Mérian et de J. Boisseau. On y ajou :
> l'explication des renvois 8 pp. in-fol.

222. Plan de Paris, dressé géométriquement en 1649, et publié en 1652, par Jacques Gomboust. Avec le texte, les vues et les ornements qui accompagnent quelques exemplaires, gravé en fac-simile, par Lebel, et publ par la Société des bibliophiles français. *Paris*, 1868, ir-fol. en carton.

> On y joint : *Notice sur le plan de Paris de Gomboust,* (par Le Roux ce
> Lincy). Paris 1868, in-12, demi-rel.

223. Paris, ses fauxbourgs et ses environs, ou se trouve le détail des villages, maisons, grands chemins pavez et autres, etc., par le S\u1d63 Roussel, Capitaine-Ingénieur. *S. æ.* (*vers* 1730), 9 feuilles de 57 cent. sur 38, réunies et montées sur toile.

> Très-beau plan. Edition publiée en l'an IV, par P. G. Chanlaire
> Bonnardot, *Plans de Paris,* p. 196.

224. Plan de Paris commencé l'année 1734. Dessiné et gravé, sous les ordres de Messire Michel Etienne Turgot, levé et dessiné, par Louis Bretez, gravé par Claude Lucas, écrit par Aubin. *Paris*, 1739, in-fol. mar. rouge, dos orné, fil., tr. dor. (*Rel. anc.*)

> Aux armes de la Ville de Paris. Voy. sur ce plan : Bonnardot, *Plans de*
> *Paris,* pp. 199-203.

225. Plan de la Ville de Paris et de ses faubourgs, dédié au Roi, par Jaillot, 1748, 4 feuilles in-fol., mesurant 71 cent. sur 50, réunies et montées sur toile, étui.

> Le titre est compris dans un cartouche gravé par *Aveline.* Une carte
> des environs de Paris, à un des angles porte la signature du graveur
> *Bourgoin,* Bonnardot, *Plans de Paris,* p. 205.

226. Plan topographique et raisonné de Paris. Dédié et présenté à Monseigneur le duc de Chevreuse, par les S\u1d63\u02e2 Pasquier et Denis, graveurs. *A Paris, chez Pasquier,* 1758, in-12, demi-rel. veau.

> Ce volume, entièrement gravé, renferme 3 plans de Paris et des envi-
> rons et 40 plans de quartiers. Il est orné en outre de 12 jolis petits en-
> têtes ou culs-de-lampe représentant des vues de Paris, dessinés et
> gravés par *Pasquier.*
> Première édition. Rare.

227. Tablettes parisiennes, qui contiennent le Plan de la

Ville et des Faubourgs de Paris, divisé en vingt quartiers
avec une dissertation sur ses agrandissements, et une
table alphabétique pour trouver les rues, quais etc., par
Robert de Vaugondy. *A Paris, chez l'Auteur*, 1760,
in-8, veau.

Titre gravé, plan de Paris et 10 plans de quartiers y compris celui
de l'Ecole Militaire. Bonnardot, *Les Plans de Paris*, p. 208.

228. Pouillé historique et topographique du Diocèse de
Paris, par L. Denis, 1767, in-fol. titre et texte gravés,
plan, demi-rel.

Plan de Paris et des environs en 7 feuilles.

229. Conducteur fidèle ou Plan topographique, historique,
chronologique de Paris. *A Paris, chez Desventes de la
Doue*, 1769, pet. in-12, titre gravé et cartes, veau.

Titre gravé, un plan général et 24 plans de quartiers dressés par
L. *Denis*.

230. Petite commodité parisienne pour servir à l'intelligence des plans de Paris, par Mlle***. *Paris, Pasquier*,
1769, pet. in-12, plan, demi-rel. mar. vert.

Titre, vignette en-tête et texte gravés.

231. Plan de la Ville et Fauxbourgs de Paris, divisée en
20 quartiers, dont la plus grande partie a été rectifiée
d'après différents dessins levés géométriquement, mis au
jour par les Srs Deharme et Desnos. *A Paris, chez Desnos*,
1777, 1 feuille gr. in-fol. de 172 cent. sur 145 cent,
monté sur toile.

Voy. sur ce plan de *Deharme* et ses diverses éditions, Bonnardot :
Plans de Paris, p. 209 et *Appendice*, p. 16.
Le plan est accompagné d'une *Table alphabétique des rues, passages*,
etc. composée de 14 feuilles gravées.

232. Plan de la Ville de Paris, avec sa nouvelle enceinte,
levé géométriquement sur la méridienne de l'Observatoire par le C^{en} Verniquet. Parachevé en 1791. Dessiné
et gravé par les C^{ens} Bartholomé et Mathieu. *Paris*,
an IV, in-fol., demi-rel.

Ce plan, un des plus importants et des plus exacts de la ville de Paris,
se compose de 72 feuilles, de 66 cent. sur 44. Bonnardot, *Plans de
Paris*, pp. 217-221.

233. Plans de Paris au XIXe siècle, 7 plans et vol.

Nouveau plan de Paris. *Paris, chez Esnaut*, 1802. — Plan détaillé de la ville de Paris, par Maire. *Paris*, 1808, 20 pl. — Plan de Paris divisé en 12 municipalités, 1810. — Plan routier de Paris, revu par Martin 1815. — Plan de Paris nouveau et réduit géométriquement, *Paris*, 1812 in-4 avec une vue du pont de la Cité, un plan du canal de l'Ourcq. Atlas administratif de la ville de Paris, par Maire. *Paris*, 1821, 14 plans. — Atlas pittoresque du département de la Seine, comprenant les 48 quartiers de Paris, par MM. Perrot et Monin. *Paris*, 1836, in-4, etc.

234. Plans de Paris divers et plans de quartiers, 8 pièces, in-fol. et in-4.

2. *Accroissements, Enceintes, Fortifications.*

235. Accroissement de Paris, 6 vol. in-4 et in-8.

Histoire des agrandissements de Paris, par A. Descauriet. *Paris*, 1860, in-8, demi-rel. — Fondation et accroissement de Paris, de Jules César à Louis XV par le même, in-4, demi-rel.—Observations sur l'origine et l'accroissement de Paris, par M. L.D. Vaugondy (1790), in-8. demi-rel. — Mémoire sur les différents accroissements de Paris, par de Vaugondy. *Paris*, 1760, in-8, plan, *broché*. — Parachèvement de la clôture et adjonction à la ville de Paris des fauxbourgs Sainct-Honoré, Montmartre et de la Villeneufve. *Paris*, 1634, in-4.—Conseil municipal de la Villette. Projet d'extension de la ville de Paris jusqu'aux fortifications, 1859, in-4, demi-rel.

236. Dissertations archéologiques sur les anciennes Enceintes de Paris, suivies de recherches sur les Portes fortifiées qui dépendaient de ces enceintes, par A. Bonnardot. *Paris, Dumoulin*, 1852, in-4, demi-rel. dos et coins chagrin rouge, éb.

237. Clôture de Paris. Années 1787-1788, 28 pièces manuscrites, in-fol.

Recueil *important parmi lequel on remarque* : Registre des délibérations des commissaires, nommés pour l'examen et direction des travaux de la clôture de Paris, du 11 mars au 15 mai 1788 ; divers procès-verbaux de visite faits à la Clôture de Paris en 1787 et 1788, les rapports des inspecteurs des travaux, des copies des lettres de la commission avec les architectes Ledoux, La Boullaye, etc.

La nouvelle enceinte de Paris qui était alors en cours d'exécution, avait été entreprise à la suite d'un arrêt du Roi du 23 janvier 1785.

238. Barrières de Paris, 6 vol. et pièces mss.

Du Poujet. Notice sur les anciennes enceintes. *Paris*, 1818, in-12, demi-rel. — Sentence qui condamne Vautier, pour avoir refusé l'ouverture de la barrière entre le Mail et le Quai des Célestins, 1740. — Arrêt qui ordonne un examen des plans, devis, etc. relatifs à la construction de la Clôture de Paris, 1787, in-4, demi-rel. — Loi relative à l'ouverture des barrières de Paris, 1792, in-4, demi-rel. — Liste des barrières de Paris, ms. — Lettre du préfet Frochot, relative aux barrières, ms.

239. Histoire anecdotique des Barrières de Paris, par Alfred Delvau. Avec 10 eaux-fortes, par Emile Thérond. *Paris, E. Dentu*, 1865, in-18, demi-rel. veau, tr. peigne.

240. Lettres patentes du roy, vérifiées par la court de parlement, concernant la Fortification de la ville de Paris. *Paris, Guillaume Merlin, s. d.* (1552). in-12, demi-rel. veau.

> Pièce rare.

241. Fortifications de Paris aux XVIIe et XVIIIe siècles. 6 pièces in-4

> Arrest relatif aux contracts de ventes et adjudications des Places, maisons et lieux des Fortifications de Paris. 1678, demi-rel. — Edit concernant les detempteurs et possesseurs des places faisant partie des Remparts, murs, fossez, contr'escarpes et dehors de la ville de Paris, 1681. — Arrest qui ordonne la levée du plan figuratif des terrains qu'occupaient les Murs, Fossés, Remparts et contrescarpes de Nesle et lieux adjacents. 1743. — Lettres pour la perfection et l'alignement des remparts de la ville de Paris, 1778. etc.

242. Fortifications de Paris, 3 vol. in-8.

> Fortifications de Paris. Considérations sur la défense nationale et sur le rôle que Paris doit jouer dans cette défense. *Paris*, 1833, in-8, pl., demi-rel. — Paris fortifié, par le général de Richemont. *Paris*, 1838, in-8, demi-rel. — De la défense de Paris, sous les rapports de la fortification, de la stratégie, de la tactique, etc., par le général Rémond. *Paris*, 1850, in-8, plan, demi-rel.

3. *Rues et Voies publiques.*

a. Histoires, Dictionnaires.

243. Rues de Paris, 7 vol. in-12, *brochés.*

> Le Dit des rues de Paris (1300), par Guillot de Paris. *Paris*, 1875. — Les rues et les cris de Paris au XIIIe siècle, pièces historiques publiées par A. Franklin. *Paris*, 1874. — Les Rues et Eglises de Paris, vers 1500 ; une fête à la Bastille (le livre de B. Rince, fêtes des fiançailles du fils de François Ier et de Marie d'Angleterre), etc.., publiés par A. Bonnardot. *Paris*, 1876. — Les rues et les églises de Paris, avec la despence qui s'y fait, 1867. — Estat, noms et nombre des rues de Paris en 1636, publié par Franklin. *Paris*, 1873. — Sur les noms de quelques rues de Paris. 1811. — Physiologie des rues de Paris, par P. Lacroix, 1842.

244. Rues de Paris, 12 vol. et brochures.

> Réponse aux moyens d'opposition que les Jésuites ont fait pour empescher la clôture de la rue des Poirées, 1646. — Lettres qui ordonnent la continuation de la rue de Bourgogne. 1721. — Etablissement, perfection et entretien du Cours de la porte St-Honoré, jusqu'à

celle de St-Antoine. 1721. — Suppression d'une partie de la rue de
Surène. 1773. — Alignement des maisons de la rue des Marais. 1777.
— Titres de propriétés des échoppes des rues aux Fers et de la Barille-
rie. 1784. — Démolition des échoppes de la rue aux Fers adossées au
Cimetière des Innocents. 1785. — Percement d'une rue entre Saint-
Sulpice et la Halle au blé, par L. de La Borde. 1842. — Arcades
de la rue de Rivoli. 1852. — Histoire du boulevard du Temple, par
Faucheur. 1863. — Signification des mots Fromentel, Fromantel ou
Froidmantel. 1870. — Merruau. Rapport sur la nomenclature des rues
et le numérotage des maisons de Paris.

245. Rues de Paris, 8 pièces in-4, demi-rel. et déreliées.

> Déclaration concernant les Alignemens et ouvertures des Rues de
> Paris. 1783. — Arrêt concernant la perfection et les alignemens des
> Boulevards. 1781. — Acquisition de maisons pour l'élargissement de
> Rues, et de nouvelles communications dans les Halles de Paris. 1785.
> — Alignement de la rue de la Rochefoucauld. 1822. — Ordonnance
> concernant l'ouverture de nouvelles Rues. 1779. — Ouverture de la rue
> du Colisée. 1779. — Ouverture de nouvelles Rues sur l'emplacement
> de l'ancien couvent des Capucins, faub. St-Jacques, 1786.

246. Géographie parisienne en forme de dictionnaire, par
Teisserenc. *Paris*, 1754, in-12, veau. — Paris et sa ban-
lieue ou dictionnaire topographique et commercial.
Paris, 1815, in-12 cart.

247. Le Géographe parisien, ou le conducteur chronologique et historique des rues de Paris, par Le Sage.
Paris, 1769, 2 vol. in-8, plans, demi-rel. dos et coins
mar. brun, tête dor., *non rognés*.

248. Le Géographe parisien, ou le conducteur chronologique et historique des rues de Paris, par Le Sage.
Paris, 1769, 2 vol. — Géographie parisienne en forme
de dictionnaire, par Teisserenc. *Paris*, 1754. Ens. 3 vol.
in-8 et in-12, veau.

249. Almanachs des rues de Paris, 6 vol. in-12.

> Table de toutes les rues, culs-de-sacs, passages, etc. *Paris*, 1752
> in-12, cart. — Le Guide Parisien, ou Almanach des rues de Paris
> *Paris*, 1785, in-12, *broché*. — Almanach indicatif des rues de Paris.
> *Paris*, 1795, in-12, cart. — L'indicateur, ou le petit conducteur dan
> Paris. — Les noms historiques et géographiques des rues de Paris.
> *Paris*, 1870, in-12, demi-rel.

250. Dictionnaire topographique, étymologique et historique des Rues de Paris, par de La Tynna. *Paris*, 1812
in-8, plan. — Paris et sa banlieue ou Dictionnaire topo -
graphique et commercial. *Paris*, 1815, in-12. Ens. 2 vol.
cart., *non rognés*.

251. Dictionnaire historique de Paris, contenant la
description de ses Places, Rues, Quais, Promenades.

etc., par Béraud et Dufey. *Paris, Barba*, 1828, 2 vol.
in-8, fig. et plans, demi-rel.

252. Dictionnaire administratif et historique des Rues de
Paris et de ses monuments, par Félix Lazare et Louis
Lazare. *Paris*, 1844, in-4, *broché.*

253. Les Quarante-huit Quartiers de Paris. Biographie
historique et anecdotique des Rues, des Palais, des
Hôtels et des Maisons de Paris, par Girault de Saint-
Fargeau. *Paris, Firmin Didot*, 1846, in-4, front. et fig.,
demi-rel. dos et coins cuir de Russie.

> Exemplaire de M. de La Borde.

254. Les Rues de Paris. Paris ancien et moderne. Origines,
histoire, monuments, costumes, mœurs, chroniques et
traditions. Ouvrage rédigé par l'élite de la littérature
contemporaine, sous la direction de Louis Lurine, et
illustré de 300 dessins exécutés par les artistes les plus
distingués. *Paris, G. Kugelmann,* 1844, 2 vol. in-8, fig.,
cart. toile, fers spéciaux, tr. dor.

> Bel exemplaire.

255. Les Rues de Paris. Biographies, portraits, récits et
légendes, par M. Bathild Bouniol. *Paris, Bray et Retaux,*
1872, 3 vol. in-8, *brochés.*

256. Rues de Paris, 4 vol. in-12.

> Ed. Fournier. Enigmes des rues de Paris. *Paris*, 1860, in 12, *broché* ;
> Chroniques et légendes des rues de Paris. *Paris*, 1864; in-12, demi-rel.
> — F. de Résbecq. Voyages sur les quais de Paris. *Paris*, 1875, in-12,
> demi-rel. — Fournel. Ce qu'on voit dans les rues de Paris. *Paris*, 1858,
> in-12, demi-rel.

b. Places, Ponts, Promenades et Jardins.

257. Places de Paris, 5 vol. et brochure.

> Le Miracle arrivé en la place Royale. *Paris*, 1649; in-4, demi-rel. —
> Idée d'un projet de place au centre de Paris. ms. de 4 pp. — Histoire
> du Roy Louis le Grand, par les médailles, emblèmes, etc., par le P.
> Menestrier. *Paris*, 1691, in-fol., nombr. pl., *broché.* (Ce volume est
> orné d'une vue de la place des Victoires.) — Lettres de divers auteurs
> sur le projet d'une place devant la Colonnade du Louvre, pour y mettre
> la statue équestre du Roy. 1749, in-12, cart. — Formation d'une place
> sur le terrain de la Bastille. *Paris*, 1804, in-4, demi rel.

258. Histoire du Roy Louis le Grand par les medailles,
emblèmes, devises, jettons, inscriptions, armoiries, et

autres monuments publics, recueillis et expliqués par L-
P. Cl. Fr. Menestrier. *Paris*, *J. B. Nolin*, 1691, pe-
in-fol., veau, filets.

> Ce volume, orné de nombreuses planches, contient une grande vue c-
> la place des Victoires.
> On ajoute : Notice sur la statue équestre de Louis XIV, fond--
> d'après le modèle de M. Bosio. *Paris*, 1822. — Le Louis XIV, du cava-
> lier Bernin. — Notice sur la statue élevée à Louis XIII, en 1639, a-
> milieu de la place Royale.

259. Description des travaux qui ont précédé, accompagn -
et suivi la fonte en bronze d'un seul jet de la statu -
équestre de Louis XV; dressée sur les mémoires d-
M. Lempereur, par M. Mariette (sur la place Louis XV)
Paris, *Le Mercier*, 1768, in-fol., pl., demi-rel.

> 58 grandes planches, la dernière gravée par *Prévost*, représente l -
> monument achevé.

260. La Colonne de la Grande Armée d'Austerlitz ou de
la Victoire, monument triomphal, érigé en bronze, su-
la place Vendome de Paris. Description, accompagnée de
36 planches, par Tardieu. *Paris*, *Tardieu*, 1822, in-4 -
fig., demi-rel.

261. A la Colonne de la place Vendome, ode par Victo-
Hugo. *Paris*, *Ambroise Dupont*, 1827, in-8, demi rel.,
non rogné.

> ÉDITION ORIGINALE. Rare. On y ajoute la même pièce. 1827, 2º édi-
> tion, in-12, *broché*. et Description de la Colonne de la Grande-Armée,
> in-12.

262. Obélisque de Louqsor. 3 vol. in-8 et pièces mss.

> Voyage du Luxor en Égypte entrepris pour transporter un des Obé-
> lisques de Sésostris, par M. de Verninac. *Paris*, 1835, pl., demi-rel. —
> Notice historique sur l'Obélisque de Louqsor, par L'Hoste. *Paris*,
> 1836, fig., *broché*. — Sur l'emplacement de l'Obélisque de Louqsor.
> *Paris, s. d.*, *broché*. — Dossier comprenant 28 pièces officielles relatives
> à l'érection et à la décoration du piédestal de l'obélisque, y compris
> 3 dessins.

263. Ponts de Paris, 14 vol. et brochures.

> Récit de la chute du Pont aux Meuniers en 1596, publ. par A. de Mon-
> taiglon, in-8, *broché*. — Arrêt du Parlement en conséquence du feu
> advenu à Paris, qui a embrazé et consommé le Pont-aux-Changeurs et
> Pont-Marchant, par lequel est pourveu à la nécessité des marchands qui
> ont perdu leurs maison audit incendie. *Paris*, 1621, in-12, cart. —
> Incendie du Petit-Pont en 1718, 5 brochures in-4. — Démolition des
> maisons construites sur les ponts de Paris en 1785 et 1786, 4 bro-
> chures in-4. — Concours pour le rétablissement entre les Isles Saint-
> Louis et Notre-Dame de la communication interceptée par la démoli-
> tion du Pont-Rouge. Manuscrit in-4. — Projet de pont de bateaux

entre le Pont-Neuf et le Pont-Royal. — Ponts de bateaux mouvans et suspendus en l'air.

264. **Ponts de Paris.** 13 vol. in-4, in-8 et in-12.

Le Pont-Neuf frondé. *Paris*, 1652, in-4, demi-rel. — Histoire du Pont-Neuf en six volumes, 1750, in-8. çart. — Le Pont-Neuf, poème héroïque et badin (par Levavasseur). *Paris*, 1823 (2 ex.) — Projet d'un monument à élever sur le terre-plein du Pont-Neuf. — Vue du Pont-Neuf, *Paris*, 1819. — Histoire du Pont-Neuf, par Edouard Fournier. *Paris*, 1862, 2 vol. in-12, front., demi-rel. — Plan et élévation du pont de la Cité, in-4, demi-rel. — Affaire des trois ponts des Arts, d'Austerlitz et de la Cité, in-8, demi-rel., etc.

265. **Statue de Henri IV sur le Pont-Neuf.** 6 vol. et brochures.

Mémoires relatifs à la fonte et à l'élévation de la statue de Henri IV, par Lafolie. *Paris*, 1819, in-8, fig., demi-rel. — Notes analytiques sur la statue de Henri IV, 1819. — Détail de ce qui s'est passé à la cérémonie de la pose de la première pierre de la statue de Henri IV. — — Projet d'inscription pour la statue de Henri IV, par E. Johanneau. Manuscrit in-4.

266. **La Perspective du Pont-Neuf de Paris**, estampe dessinée et gravée par Et. de La Belle. 1646, in-fol., oblong.

267. **Les Promenades de Paris.** Histoire, description des embellissements, dépenses de création et d'entretien des bois de Boulogne et de Vincennes, Champs-Elysées, parcs, squares, boulevards, places plantées. Etude sur l'art des jardins et arboretum, par A. Alphand. 487 gravures sur bois, 80 sur acier, 23 chromolithographies. *Paris, J. Rothschild*, 1867-1873, 2 vol. gr. in-fol., *en feuilles.*

Très bel ouvrage. Exemplaire en GRAND PAPIER avec les planches tirées sur Chine.

268. **Jardins et Promenades de Paris.** 6 vol. in-8 et in-4.

Promenade des Tuileries. *Paris*, 1821, in-8, *broché*. — Les Vieillards de la Petite-Provence, par Paillet. *Paris*, 1834, in-8, cart. — Note sur la plantation des Mûriers faite en 1601 dans le Jardin des Tuileries. *Paris*, 1836, in-8, *broché*. — Notice sur le bois de Boulogne. *Paris*, 1855, in-8, demi-rel. — Les Buttes-Chaumont, notice par G. Boué. *Paris*, 1867, in-8. — Le Cours de la Reyne, ou le Promenoir des Parisiens. 1649, in-4, demi-rel.

269. **Jardin de Monceau**, près de Paris, appartenant à Monseigneur le duc de Chartres. *A Paris, chez MM Delafosse, Née et Masquelier, graveurs (de l'impr. de L. Jorry)*, 1779, in-fol., cart.

Cet ouvrage est orné de 18 belles estampes dessinées par *L.-C. de*

Carmontelle, gravées par *Bertaud, Couché, Le Roy, Michault, Croutelle Legrand*, etc., représentant différents sites du jardin. Les planches sont très-intéressantes au point de vue des costumes.

c. Voirie.

270. Ordonnance du 22 septembre 1600 pour la police et règlement de la Voyrie ; contenant les fonctions de l'Office et exercice des Voyers et Commis ; avec les droits qui leur appartiennent, et deffenses à tous Massons, Charpentiers, Menuisiers, Charrons, Sculteurs, Serruriers, etc., de rien entreprendre sur ladite Voyrie, sans la permission du Voyer ou de ses Commis. *Paris*, 1600, pet. in-8, *broché*.

271. Voirie de Paris. 5 vol. et brochures.

> De l'administration de la grande Voirie jusqu'en 1790, par Peigne 1857, in-8, *broché*. — Arrest du 25 janvier 1661 qui confirme les trésoriers dans la jouissance de la grande Voirie du faub. S. Germain et l'abbé en jouissance de la petite, brochure in-4. — Lettres du 11 may 1735 confirmatives des droits de voirie, brochure in-4. — Lettres du 31 décembre 1781 ordonnant l'exécution de différens réglemens de la voirie de Paris, in-4, demi-rel. — Du déplacement de la voirie de Montfaucon, par Girard, in-8, demi-rel.

272. Déclaration du roy, portant que les deniers nécessaires pour le nettoyement des Bouës et entretenement du pavé de la ville de Paris seront pris et levés sur les bourgeois de ladite ville. *Paris, A. Estienne*, 1637, in-12, *broché*.

273. Reçu de 4 livres 18 sous pour l'enlèvement des boues et la dépense des chandelles devant une maison du Louvre, 1690, in-4 obl., demi-rel.

> Ce reçu porte imprimé les prescriptions relatives au balayage et à la propreté des rues.

274. Nettoiement des Rues. 8 vol. et brochure.

> Ordonnances des 6 novembre 1778, 8 novembre 1780 et 28 janvier 1786 concernant le Nettoiement des Rues, 4 vol. in-4 (dont 2 en demi-rel.) — Arrêts du 25 mars 1781, concernant le recouvrement du rachat des boues et lanternes, 2 vol. in-4, demi-rel. — Vues sur la propreté des Rues de Paris (par Ronesse). 1782, in-8, demi-rel. — Du Nettoiement de Paris, par J. Burgy. 1840, in-8, demi-rel.

275. Pavé de Paris 4 vol. et brochure.

> Arrêt du 5 mai 1785 concernant l'entretien du pavé de Paris, in-4, demi-rel. — Ordonnance du 7 mars 1786 concernant la direction du

pavé de la ville, fauxbourgs et banlieue de Paris, in-4, brochure. — Pétition à la Commune de Paris par les maîtres paveurs de Paris, 1790, 2 vol. in-8. demi-rel.

276. Éclairage de Paris. 5 vol. et brochures.

Les lanternes, histoire de l'ancien éclairage de Paris, par Edouard Fournier. *Paris*, 1854, in-8 (2 ex.). — Eclairage des rues en 1832, in-8, demi-rel. — Essai historique, critique, littéraire et galant sur les lanternes, leur origine, leur forme, utilité, etc. (par Dreux du Radier, Lebeuf, Jamet, etc.). *Dôle*, 1755, in-12, veau. (Bel exemplaire aux armes de FORBIN-JANSON). — Ordonnance du 5 Novembre 1778 concernant l'illumination de Paris, in-4, demi-rel.

d. Curiosités de la voie publique. Cris de Paris.

277. Personnages célèbres dans les Rues de Paris, depuis une haute antiquité jusqu'à nos jours, par J.-B. Gouriet. *Paris, Lerouge*, 1811, 2 vol. in-8, cart., *non rognés*.

278. Les Charlatans célèbres ou tableau historique des Bateleurs, des Baladins, etc., et de tous les personnages qui se sont rendus célèbres dans les Rues et sur les Places publiques de Paris (par Gouriet). *Paris, Lerouge*, 1819, 2 vol. in-8, front.; demi-rel. veau.

279. Album des célébrités de la rue. Collection des personnages les plus excentriques de Paris, avec notices historiques et biographiques. *Paris, s. d.*, in-4, obl., pl., *broché*.

Une feuille de notice et 16 planches. On y ajoute 39 figures des Gueux et Mendiants de Paris.

280. Les Spectacles populaires et les artistes des rues, par V. Fournel. *Paris*, 1863, in-12, demi-rel. veau fauve.

281. Les Cris de Paris, que l'on entend journellement dans les rues de la Ville; avec la chanson desdits cris, plus un brief état de la Depense qui se peut faire en icelle Ville chaque jour, ensemble les chapelles et rues, hôtels, etc... *A Troyes, chés la veuve P. Garnier, s. d.* (1720). pet. in-12, mar. bleu, fil. à froid, tr. dor. (*Bauzonnet*.)

Réimpression de l'édition de ce recueil publiée à Paris en 1584, in-16 (Brunet, *Manuel*, II, 425). Parmi les pièces tant en vers qu'en prose contenues dans ce recueil, plusieurs avaient été publiées séparément dès le commencement du XVIe siècle et ont été plusieurs fois réimprimées dans ces dernières années, par MM. Bonnardot et Franklin.

Bel exemplaire provenant de la bibliothèque de M. le baron J. PICHON.

282. Les Voix de Paris, essai d'une histoire littéraire et musicale des Cris populaires de la capitale depuis le moyen-âge, par G. Kastner. *Paris*, 1857, in-4, cart.

283. Etudes prises dans le bas Peuple ou les Cris de Paris. *Paris, Fessard*, 1737-1746, 60 pl. en un vol. in-4, demi-rel. bas.

> Ce rare recueil se compose de 5 séries de 12 planches chacune, représentant les types des différents marchands et ouvriers ambulants de Paris. Ces planches, dessinées par *Bouchardon*, ont été gravées à l'eau-forte par *C. S* ? et terminées par *Fessard*. Exemplaire grand de marges.

284. Recueil de cent sujets de divers genres composés gravés à l'eau-forte, par J. Duplessis-Bertaux. *Paris*, 1814, in-4 obl,. cart , *non rogné*.

> · Plusieurs séries de cet intéressant recueil représentent des scènes populaires parisiennes ; citons notamment celles des *Petits Métiers*, des *Cris des Marchands ambulants de Paris, Charlatans*, etc.
> Bel exemplaire.

285. Les Cris de Paris de Carle Vernet. *Paris, lith. de Delpech*, in-4, demi-rel. mar. rouge, tête dor., éb.

> Suite de 100 planches lithographiées en couleurs. Rare.

4. Monuments publics.

a. Généralités. Inscriptions.

286 DE ARTIFICIALI PERSPECTIVA VIATOR tertio.

> O Bons amis, trespassez et viuens,
> Grans esperiz, zeusins, apelliens,
> Decorans France, Almaigne et Italie,
> Geffelin, Paoul, et Martin de Pavye :
> Berthelemi Fouquet, Poyet, Copin.
> Andre Montaigne, et Damyens Colin,
> Le Pelusin, Hans Fris, et Leonard,.....

(A la fin :) *Impressum Tulli Anno Catholice veritatis Quingentesimo vicesimo primo* [1521] *ad Milesimũ VIIe idus septembres. Solerti opera Petri Iacobi pb̄ri incole pagi Sancti Nicolai*, in-fol. goth. de 30 ff., fig., mar. rouge, fil. à froid, tr. dor. (*Duru.*)

> Troisième édition de l'ouvrage de Jean Pelegrin dit Viator, qui diffère notablement des précédentes pour le texte et pour les planches qui sont en plus grand nombre et mieux gravées. Les vers ci-dessus, qui

ne figurent pas dans les deux éditions précédentes, offrent un grand
intérêt pour l'histoire de l'art.

Le volume est orné de planches au trait avec une explication en latin
et en français. Certaines de ces planches ont une grande importance en
ce qu'elles représentent des monuments aujourd'hui détruits. Citons
notamment la *Grande Salle du Palais* qui n'est connue que par la planche
de *Viator* et la rarissime estampe de *Du Cerceau*. On y trouve
encore représentés : l'entrée du Palais, l'église Notre-Dame de Paris,
l'église d'Angers, et d'autres monuments qu'il serait possible d'identifier
après de plus amples recherches. Pelegrin, dit *Viator*, était originaire de
l'Anjou, il vint à Toul vers 1500 et fut chanoine de la cathédrale de
cette ville.

Exemplaire grand de marges, de ce volume rarissime.

287. Topographia Galliæ, oder beschreibung und contra-
faitung der vornehmvsten und bekantisten Oerter, in
dem màchtigen und grossen konigreich Franckreick...
durch Martinum Zeillerum. *Franckfurt am Mayn, in
verlag Gaspar Merians*, 1655, in-fol, vélin.

Tome premier de la *Topographia Galliæ* de Zeiller, illustrée par
Merian et consacrée à la Ville de Paris et ses environs. Le volume est
orné de plans et de nombreuses vues de monuments. Rare.

288. Médailles sur les principaux événements du règne de
Louis le grand, avec des explications historiques (par
Charpentier, Racine, Boileau, etc.) *Paris, Impr. royale*,
1702, in-4, fig., basane.

Quelques-unes des médailles contenues dans ce recueil ont été frappées
à l'occasion de l'érection de monuments à Paris, tels que les Invalides, le
Pont-Neuf, l'Observatoire, etc.; ces monuments sont représentés sur les
médailles.

289. Voyage pittoresque de Paris, ou indication de tout ce
qu'il y a de plus beau dans cette Ville en Peinture,
Sculpture et Architecture, par M. D. (Dezallier d'Argenville). *Paris, De Bure*, 1757-1778, 2 vol. in-12, veau.

Troisième et sixième éditions, avec figures représentant des Monuments de Paris. L'édition de 1778, renferme la vue de la Place Louis XV,
dessinée par *Moreau*.

On y joint : Étrennes françoises pour l'année jubilaire du règne de
Louis le Bien Aimé, avec les monuments remarquables, érigés à Paris
vers le temps de cette époque, par l'abbé Petity. *Paris*, 1766, in-8,
broché, avec jolies figures de *G. de Saint-Aubin*.

290. Monuments de Paris, 7 vol. in-12.

Examen d'un essai sur l'Architecture. *Paris*, 1753, dérelié. — Dictionnaire pittoresque et historique ou description d'architecture, peinture, des établissemens et Monumens de Paris, Versailles, Marly, etc.,
par Hébert. *Paris*, 1766. 2 vol. cart. — Théâtre des plus beaux Monumens de Paris *Paris*, 1770, demi-rel. — Almanach pittoresque, historique et alphabétique des riches Monuments de Paris, par Hébert.
Paris, 1779-1780, 3 vol. basane.

291. Description historique de Paris, et de ses plus beaux monumens, gravés en taille-douce par F. N. Martinet. Pour servir d'introduction à l'histoire de Paris et la France, par M. Béguillet. *A Paris, chez les Auteurs et Dijon, Frantin*, 1779-1781, 3 vol. in-4, front. et fig , demi-rel veau, *non rognés*.

> Bel exemplaire en GRAND PAPIER de cet ouvrage orné de 3 titres gravés, 2 frontispices, 3 en-têtes, 10 planches d'allégories et de portraits et 39 planches de vues de Paris à 2 sujets par planche, le tout gravé par *Martinet*. Jolies illustrations.

292. Antiquités nationales, ou recueil de Monumens pour servir à l'histoire générale et particulière de l'Empire français, par Aubin Louis Millin. *Paris, Drouhin*, 1790-1799, 5 vol. in-4, pl., cart., *non rognés*.

> Ce grand ouvrage, resté malheureusement inachevé, contient la reproduction des principaux édifices religieux de Paris, avec les monuments qui y étaient conservés.

293. Monuments de Paris, 6 vol. in-4, in-8 et in-12.

> Discours sur les monumens publics, par Guy Kersaint. *Paris*, 1792 in-4, pl., demi-rel. — Monuments historiques. Rapport au Ministre de l'Intérieur, par P. Mérimée. *Paris*, 1840, in-4, demi-rel. — Paris sous le point de vue pittoresque et monumental par Meynadier. *Paris*, 1843 in-8, *broché*. — Observations sur les principaux Monuments et établissements de Paris. *Paris*, 1863, in-12, fig., *broché*. — Souvenirs historiques des principaux Monuments de Paris, par le Vicomte Walsh *Paris, s. d.*, in-8, demi-rel.

294. Description de Paris et de ses Édifices, avec un précis historique et des observations sur le caractère de leur architecture, et sur les principaux objets d'art et de curiosité qu'ils renferment par Legrand et Landon. Seconde édition *Paris, Treuttel et Würtz*, 1818, 2 vol. in-8 fig., demi-rel. dos et coins veau.

> Orné de 120 planches de monuments par *Landon*.

295. Le Vieux Paris. Reproduction des Monumens qui n'existent plus dans la capitale, d'après les dessins de F. A. Pernot, lithographiés par Nouveaux et Asselineau. *Paris, Jeanne*, 1838-39, in-fol., pl., demi-rel. veau.

> 80 planches lithographiées.

296. Monuments de Paris, 3 vol. in-8.

> Dictionnaire historique et descriptif des Monuments de Paris, par Roquefort. *Paris*, 1826, demi-rel. — Soixante vues des plus beaux palais, monuments et églises de Paris, par Couché fils. *Paris, s. d.* demi-rel. — Paris sous le point de vue pittoresque et monumental par Meynardier *Paris* 1843, *broché*.

297. Monuments de Paris, 3 vol. in-8 et in-12.

> Roquefort, Dictionnaire historique des monuments de Paris. *Paris,* 1826, in-8, fig., cart. — Petit dictionnaire des monuments de Paris. *Paris,* 1827, in-12, demi-rel. — Guide dans les monuments de Paris. *Paris,* 1855, in-12, fig., cart.

298. Domaine de la Couronne. *Paris,* 1836-1839, in-fol., demi rel. mar. vert. (*Capé.*)

> Le Palais des Tuileries. — Palais du Louvre. — Le Palais royal. — Palais de Versailles. — Les Palais des deux Trianon. — Château de Saint-Cloud. — Le Château de Fontainebleau. — Château de Compiègne. — Château de Neuilly. — Château d'Eu.

299. Dictionnaire administratif et historique des Rues de de Paris et de ses Monuments, par Félix et Louis Lazare. *Paris,* 1844, gr. in-8, *broché.*

300. Les Monuments de Paris au dix-neuvième siècle. Histoire architectonique de Paris ancien et moderne par Félix Pigeory. *Illustrée de seize gravures sur acier. Paris,* 1849, gr. in-8, fig., *broché.*

301. Les Monuments de Paris. Histoire de l'architecture civile, politique et religieuse sous le règne de Louis-Philippe, par Félix Pigeory. *Paris, Hermitte,* 1847, gr. in-8, front. et 16 fig., demi-rel. mar. noir, tête dor., éb.

302. Statistique monumentale de Paris, publiée par les soins du ministre de l'instruction publique. Cartes, plans et dessins, par M. Albert Lenoir. *Paris, impr. impériale,* 1867, 2 vol. in-fol. contenant 270 pl. en 36 livraisons et 1 vol. in-4 de texte, cart.

303. De Monumentis publicis latine-inscribendis oratio. A Joannes Lucas. *Parisiis, apud Simonem Benard,* 1677, in-12, mar. rouge, dos orné, double rangée de fil., tr. dor. (*Rel. anc.*)

> Bel exemplaire de Lamoignon.
> On a ajouté : *Thesaurus Epitaphiorum veterum ac recentium, selectorum ex antiquis Inscriptionibus... auctore R. P. Philippus Labbe. Parisiis,* 1666, in-8, basane.

304. Inscriptions des Monuments de Paris, 6 vol. et pièces manuscrites.

> Grégoire. Rapport sur les inscriptions des monuments publics. *Paris,* 1794, in-8, demi-rel. — Décret du 4 juillet 1793, qui ordonne d'effacer les attributs de la royauté sur les monuments de Paris, 1793, in-4, demi-rel. — Lettre autographe du commissaire de police Auzolles, à l'effet d'effacer l'inscription *robespierrienne, ou la mort.* 1795 ms. in-4, demi-rel. — Inscriptions françaises et latines pour les principaux monu-

ments de Paris, proposées par Dubos. *Paris*, 1806 et 1810, 2 vol. in-8 et in-4. — Lettre sur l'inscription de la fontaine de l'Ecole de Médecine. *Paris*, 1809, in-8, demi-rel. — Dossier de 7 pièces manuscrites de Bourdelois, contenant des inscriptions pour divers monuments de Paris.

305. Inscriptions de la France, du Ve siècle au XVIIIe, recueillies et publiées par M. F. de Guilhermy. *Paris, impr. nationale*. 1873, in-4, fig., demi-rel., mar. bleu, dos orné, tête dor., non rogné.

> Tome Ier, comprenant l'Ancien diocèse de Paris.

b. Le Louvre et les Tuileries.

306. Le Louvre. 4 vol. in-8 et in-12, demi-rel.

> Le Louvre, par M. L. Vitet. *Paris, Firmin Didot*, 1853, in-8, plan. — Historique du Louvre, par Tintillier des Landes, architecte. Ms. in-8. — Le Louvre. Derniers travaux de M. Duban, par M. de Aguirre. *Paris, s. d.*, in-12. — Comptes des Dépenses faites par Charles V dans le château du Louvre, des années 1364 à 1368, par Le Roux de Lincy. *Paris*, 1852, in-8.

307. Description historique et géographique du Louvre et des Tuileries, par M. le Cte de Clarac. *Paris, imprimerie impériale*, 1853, in-8, fig. et plans, demi-rel. chagrin rouge, tête dor., éb.

308. Le Louvre, monument et musée depuis leurs origines jusqu'à nos jours, par A. Lemaître. *Paris*, 1877, in-4, *broché*.

309. Dufourny. Recueil de matériaux et documents manuscrits réunis pour une histoire artistique du Louvre, et rapport pour l'achèvement de ce palais, une liasse in-4.

310. Ordonnance du roy sur l'establissement des coffres du Louvre. *A Paris, pour Vincent Sertenas*, 1556, pet. in-8, de 20 ff., demi-rel.

> Etablissement, usage et garde des coffres destinés à renfermer le trésor royal, dans le château du Louvre. Pièce très rare.

311. Sommaire des propos que le roy a tenus a sa noblesse assemblée en la salle de son chasteau du Louvre le 28 novembre 1563. *Paris, Rob. Estienne*, 1563, 1 f. in-4.

312. Don fait par le Roi Louis XIII au S^r de La Vieuville, d'un terrain vague situé en face du Louvre, sur l'emplacement de l'hôtel de Matignon, à l'effet d'y établir un

jardin aux frais du S^r de La Vieuville. Pièce autographe sur vélin, signée de Louis XIII et datée du 18 juillet 1610.

313. L'Ombre du Grand Colbert, le Louvre et la Ville de Paris, dialogue. Réflexions sur quelques causes de l'état présent de la peinture en France, avec quelques lettres de l'auteur à ce sujet, (par La Font de Saint-Yenne) *S. l.*, 1752, in-12, front., mar. brun, dos orné, fil., tr. dor. (*Masson-Debonnelle.*)

> Le frontispice représente la Colonnade du Louvre encore dissimulée par les restes des hôtels de Bourbon et de Longueville, etc.

314. Le Louvre. 7 vol. in-fol., in-4, in-8 et in-12.

> Lettre sur les travaux du Louvre et sur le tombeau du maréchal de Saxe. *Paris*, 1756, in-12, demi-rel. — Arrest concernant la confection du Louvre, 1758. *Paris,* 1760, in-4, *broché.* — Rapport sur les domaines nationaux à réserver au roi (Le Louvre, les Tuileries, etc.), par Barrère. *Paris* 1791, in-12, dérelié. — Projet de Propylées pour le Louvre. *Paris,* 1853, in-8, plan, demi-rel. — Description du modèle représentant l'achèvement du Louvre, par M. Visconti, in-8, plan, demi-rel. — Projet de réunion du Louvre aux Tuileries (vers 1810), in-fol., pl., demi-rel. — Le Louvre. Les derniers travaux de M. Duban, par M. de Aguirre. *Paris, s. d.,* in-12, demi-rel.

315. Paris et le nouveau Louvre, ode par Théodore de Banville. *Paris, Poulet-Malassis,* 1857, in-12, demi-rel. mar., *non rogné.*

> Très-rare.

316. Château des Tuileries, 7 vol. in-fol., in-8, et in-12.

> Le palais des Tuileries et le palais du Louvre. *Paris,* 1837, in-fol., plans, demi-rel. mar. rouge. — Description historique et graphique du Louvre et des Tuileries, par le c^{te} de Clarac. *Paris,* 1853, in-8, plans et fig., demi-rel. — P. Vignon. Sur la Nouvelle Salle dans le Palais des Tuileries. *Paris,* 1794, in-8, demi-rel. — Notice historique sur le Palais des Tuileries. *Paris,* 1849, in-12, *broché.* — Le Guide du promeneur aux Tuileries, où description du palais et du Jardin national. *Paris,* 1798, in-12, demi-rel. — Description des Statues des Tuileries, par Millin. *Paris,* 1798, in-12, *broché.* — Etudes sur les fontes du Primatrice (dans le Jardin de l'Empereur aux Tuileries), par Barbet de Jouy. *Paris,* 1860, in-8, *broché.*

317. Veue et perspective du palais des Tuilleries du coste du Jardin, avec le plan du premier estage au rez de chaussée. Estampe dessinée et gravée à l'eau-forte par Israël Silvestre en 1668, in-fol.

> Belle épreuve.

318. La Comédie des Tuilleries par les cinq autheurs (Corneille, Rotrou, Boisrobert, L'Estoile et Colletet).

Paris. Aug. Courbé, 1638, in-4, demi-rel. dos et coins mar. rouge.

> Bel exemplaire de l'ÉDITION ORIGINALE de cette tragédie, la première due à la collaboration des cinq auteurs que Richelieu faisait travailler sous sa direction.
>
> La pièce est précédée d'un long monologue sur les *Tuileries*, qui est l'œuvre de COLLETET.
>
> D'après une ancienne tradition, Corneille serait l'auteur du troisième acte de cette comédie. Voy. Picot, *Bibliographie Cornélienne*, N° 91.

319. Château des Tuileries, 6 vol. in-8.

> Le Château des Tuileries, ou récit de ce qui s'est passé dans ce palais depuis sa construction jusqu'au 18 Brumaire, par P. J. A. R. D. E. (Alexi Roussel). *Paris*, 1802, 2 vol., front., basane. — Les Tuileries en Juillet 1832, par le vicomte de Variclery. *Paris*, 1832, demi-rel. — Le Tuileries et le Palais-Royal, par le vicomte S. de L. (de Villemarest). *Paris*, 1833, demi-rel. — Le Palais des Tuileries en 1848, par l'abbé Denys. *Paris*, 1869, demi-rel. — Le Fou des Tuileries (par le mis de Lonlay). *Paris*, 1867, demi-rel.

320. Chapelle du Château des Tuileries, 4 vol. in-8.

> Instructions sur les béatitudes évangéliques, par Le Courtier. Carême de 1854. *Paris*, 1858, demi-rel. — Discours prononcés par l'abbé Charles de Place. Carême de 1856. *Paris*, 1856, *broché*. — La transfiguration de l'homme. Sermons prêchés en 1861, par l'abbé Deguerry. *Paris*, 1861, *broché*. — Le But de la vie. Sermons prêchés pendant carême 1867, par Mgr Bauër. *Paris*, 1869, port., *broché*.

c. Le Palais-Royal, le Luxembourg et autres édifices publics.

321. Palais-Royal, 5 vol, in-4, in-8 et in-12.

> Six plans du Palais Royal et de ses dépendances, 1679-1829, in-fol. cart. — Histoire du Palais-Royal, (par Vatout). *Paris*, 1830, in-8; mar. bleu, fil. (*Simier*); un double *broché*. — Les Tuileries et le Palais-Royal, (par Villemarest). *Paris*, 1833, in-8, demi-rel. — Histoire des Galeries du Palais-Royal, par Lefeuve. *Paris*, 1863, in-12, *broché*.

322. Les portraits des hommes illustres françois, qui sont peints dans la Galerie du Palais Cardinal de Richelieu, avec leurs principales actions, par M. de Wlson, sieur de la Colombière. *Paris, Collin*, 1669, in-12, port. veau.

> Portraits et notices de P. Séguier, Jeanne-d'Arc, Gaston de Foix, Montluc, Henri IV, etc.

323. Description des tableaux du Palais-Royal, avec la vie des peintres à la tête de leurs ouvrages (par Dubois de St-Gelais). *Paris, d'Houry*, 1727, in-12, veau.

> Exemplaire portant la signature de Favart. Rare.

324. GALERIE DU PALAIS-ROYAL, gravé d'après les tableaux des différentes écoles qui la composent : avec un abrégé de la Vie des Peintres et une description historique de chaque tableau, par M. l'Abbé de Fontenai. *A Paris, chez J. Couché*, 1786-1808, gr. in-fol., fig., en 59 *livraisons*.

> Superbe exemplaire, entièrement NON ROGNÉ de cette splendide galerie; titre gravé, front. gravé d'après *Choffard* et 355 estampes, d'après les plus grands maîtres, gravées par *Guttenberg, Aliamet, Baquoy, Patas, Halbou*, etc.

325. Le Palais-Royal sous la Fronde, 5 vol. in-4. demi-rel.

> Harangue faite à la reyne le 21 Décemb. 1648, par Amelot, pour la révocation du traité des tailles, *Paris*, 1649. — Harangue faite au roy sur son heureux retour en sa ville de Paris, et prononcée au Palais-Royal, le 3 sept. 1649. *Paris*, 1649. — La Harangue faite au roy, par Messieurs de l'élection de Paris. *Paris*, 1651. — Harangue faite au roy, par le recteur de l'Université, le 10 Sept. 1651. *Paris*, 1651. — Relation de ce qui s'est passé mardi 24 Sept. dans le Palais-Royal, avec les noms des principaux de l'assemblée. *Paris*, 1652.

326. Le Palais-Royal (par Restif de La Bretonne). *Paris, Guillot*, 1790. 3 tomes en 1 vol. pet. in-8, fig. veau, 2 figures, *le Cirque* et *la Colonnade*). — Le Censeur ou Voyage sentimental autour du Palais-Royal, (par Rosny), in-12, cart.

327. Le Palais du Luxembourg, fondé par Marie de Médicis. Origine et description de cet édifice, principaux événements dont il a été le théâtre depuis sa fondation (1615) jusqu'en 1845, par M. A. de Gisors. *Paris, Plon frères*, 1847, in-8, fig. et plans, cart., *non rogné*.

> On ajouté : *Lettres du Roi par lesquelles S. M. donne à Monsieur le Palais du Luxembourg*. 1778. in-4 — *Lettres du Roi portant concession à Monsieur, des terrains et emplacements dépendant du Luxembourg*, 1779, in-4 — Iconicæ in palatinoLuxemburgo porticus dictæGalerie de Rubens, 1814,in-8, *broché* — Lacroix. *Histoire de la Chartreuse de Paris, suivie d'une description du Luxembourg*. Paris, 1867, in-12.

328. Hôtel des Invalides, 8 vol. in-12 et brochures.

> Histoire de l'Hôtel des Invalides, depuis sa fondation jusqu'à nos jours, par Aug. Solard. *Paris*, 1845. 2 vol., front., demi-rel. — Description de l'hôtel des Invalides et du tombeau de Napoléon 1er, (par Gérard). *Paris*, 1853, fig., demi-rel. — De l'institution et de l'Hôtel des Invalides, leur origine, leur histoire. *Paris*, 1854, *broché*. — Tombeau de Napoléon 1er, érigé dans le dôme des Invalides, par Visconti. *Paris*, 1853, portr., cart. — Ordonnance concernant les logements dans l'Hôtel des Invalides, 1779, in-4, *broché*. — Lettres qui autorisent l'aliénation des terrains appartenant à l'Hôtel des Invalides, 1782, in-4, *broché*. — Opinion de M. S. Clermont-Tonnerre, sur la question des Invalides. *Paris*, 1791, in-8, *broché*.

329. Eglise des Invalides, 2 vol.

> L'Eglise des Invalides, poëme, (par De Bellocq). *Paris*, 1702, in-fo broché. Orné d'un beau frontispice d'un fleuron de titre, de lettres ornées et d'en-têtes, (le dernier f. rac.). — Description de la nouvelle église des Invalides, par Félibien des Avaux. *Paris*, 1706, in-12, plans et fig. veau, tr. dor.

330. Description de l'Eglise royale des Invalides, (par Félibien des Avaux). *A Paris, (de l'impr. de J. Quillau*, 1706, in-fol., pl., mar. rouge, dos orné, fil., tr. dor. (*Rel. anc.*)

> Frontispice représentant les Invalides. Nombreux en-têtes, lettres ornées, culs-de-lampe, etc.
> Rare exemplaire avec bordures gravées à chaque page. Aux armes de France.

331. Oraison funèbre de Michel Le Tellier, chancelier de France, prononcée dans l'église des Invalides, le 22 Mars 1686, par M. Fléchier, *Paris, Cramoisy*, 1686, in-4, broché.

> Bel exemplaire de l'ÉDITION ORIGINALE, en GRAND PAPIER. Portrait de Le Tellier sur le titre gravé par *Roullet*, en-tête et cul-de-lampe, par *Parrocel*.

332. Oraison funèbre de Charles-Louis-Auguste Fouquet de Belle-Isle, Maréchal de France, prononcée dans l'église des Invalides, le 10 Avril 1761, par le R. P. de Neuville. *Paris, Guérin*, 1761, in-4, *broché*.

333. L'Hôtel de Cluny et le palais des Thermes, 7 vol. in-8 et in-12.

> Notices sur l'Hôtel de Cluny et le Palais des Thermes, (par du Sommerard). *Paris*, 1834, in-8, demi-rel. — L'Hôtel de Cluny au moyen-âge, par Mme de Saint-Surin *Paris*, 1835, in-8, demi-rel. — Du Sommerard. Le Palais Romain de Paris et l'Hôtel de Cluny. *Paris*, 1835, in-8, demi-rel. (Tome Ier des Arts au moyen-age). — Description du Palais des Thermes, (par J. Chenu). *Paris*, 1832, in-12, mar. rouge, jans., tr. dor. (*Duru*). — Le Palais des Thermes et l'Hôtel de Cluny, (par Belin). *Paris*, 1836, in-12, demi-rel. — Notice hist. sur les Thermes et l'Hôtel de Cluny. *Paris*, 1841, in-12, *broché*. — Notice du Musée des Thermes et de l'Hôtel de Cluny. *Paris*, 1844, in-12, demi-rel.

334. LE PALAIS MAZARIN et les grandes habitations de ville et de campagne au dix-septième siècle, par le Cte de Laborde. *Paris, A. Franck*, 1846, in-8, demi-rel. veau.

> Exemplaire avec les *Notes* tirées seulement à 150 exemplaires. Ces *Notes*, fort curieuses, fourmillent d'anecdotes et de faits peu connus de l'histoire politique, littéraire et artistique du XVIIe siècle.

335. Inventaire des merveilles du monde, rencontrées dans

le Palais du Cardinal Mazarin. *Paris, Rolin de la Haye,* 1649, in-4, demi-rel.

On y ajoute ? Avis du Parlement sur la vente de la bibliothèque de Mazarin, par G. Naudé, 1649, brochure in-4.

336. Inventaire de tous les meubles du Cardinal Mazarin, dressé en 1655, et publié d'après l'original, conservé dans les Archives de Condé, (par H. d'Orléans, duc d'Aumale). *Londres,* 1861, in-4, cart., *non rogné.*

Tiré à petit nombre. Rare.

337. Elogium Cardinalis Julii Mazarini apologeticum, seu historiæ Gallo-Mazarinæ compendium. Authore Nicolao Charpy a Sancta Cruce. *Parisiis, typographia regia,* 1658, in-fol., vélin, fil. dorés.

Jolie reliure aux armes royales.

338. Arc-de-Triomphe de l'Etoile, 4 vol. in-8.

Description de l'Arc-de-Triomphe de l'Etoile, et des bas-reliefs dont ce monument est décoré, par Lafitte. *Paris,* 1810, in-8, oblong., fig., cart.—Notice historique sur l'Arc-de-Triomphe de l'Etoile, par Thierry. *Paris,* 1836, pl. *broché,* (1 double demi-rel.) — Esquisses en vers de l'Arc-de-Triomphe de l'Etoile, par Maurbrun. *Paris,* 1837, in-8, *broché.*

339. Monuments de Paris, 8 vol. in-4 et in-8.

Lettre au sujet de la Fontaine de la rue de Grenelle. 1746, in-4, demi-rel. — Lettre pour la construction d'un nouvel Hôtel des Monnoies, 1765, in-4. — Edit portant suppression de l'Arsenal de Paris, 1788, in-4, demi-rel. — Histoire de la Tour-de-Nesle. *Paris,* 1839, in-8, *broché.* — La Tour de Saint-Jacques la Boucherie, par N. M. Troche. *Paris,* 1857, in-8, *broché.* — Le Palais de la Présidence, par G. Bonnefons. *Paris,* 1849, in-12, cart. — Notice historique sur l'Hôtel de Carnavalet, par Verdot *Paris,* 1865, in-8, demi-rel.—Un réveillon à l'Hôtel de Carnavalet, par E. Lacan. *Paris,* 1868, in-12. cart.

5. *Hôtels et maisons privés.*

340. Les Hôtels historiques de Paris. Histoire, Architecture, par Georges Bonnefons. Illustrations par MM. Célestin Nanteuil, d'Aubigny, Bertall, etc. *Paris, V. Lecou,* 1852, in-8, front. et fig., mar. vert, dos orné, fil., tr. dor. (*David.*)

341. Les Peintures de Charles Le Brun et d'Eustache Le Sueur, qui sont dans l'hôtel du Chastelet cy-devant la maison du Président Lambert. Dessinées par Bernard Picard et gravées tant par lui que par différens gra-

veurs. L'on y a joint les plans et les élévations de cette belle maison avec sa description et celle de tous les sujets qui sont représentées dans les tableaux. *Amsterdam, P. Yver,* 1740, in-fol., pl., veau.

> Bel ouvrage reproduisant les peintures de Lebrun et de Le Sueur qu décoraient l'hôtel du président Lambert, situé dans l'Isle Saint-Louis, peintures qui sont passées en partie au Louvre. L'ouvrage est orné da 22 planches, gravées par *Picart, Duflos, Duchange, Dupuis, Desplace* et *Beauvais.* Trois de ces estampes représentent : le *Cabinet de l'Amour* le *Cabinet des Muses* et la *Vue de la Galerie.*
>
> On a relié à la suite : *La Gallerie de Monsr le Président Lambert représentant l'Apothéose d'Hercule... Ce sujet est peint par le fameux Charles Le Brun et gravé par les soins... de B. Picart. Paris, Duchange* s. d., in-fol., titre gravé, dédicace et 14 pl.
>
> Cet exemplaire renferme aussi 6 pl. de vues, coupes et plans de l'hôtel. Portrait ajouté.

342. Hôtels historiques de Paris, 6 vol. in-8.

> Hôtel d'Artois à Paris, par le comte d'Héricourt. *Arras,* 1863, fig , *broché.* — L'Hôtel de Beauvais, rue Saint-Antoine, par Jules Cousin *Paris,* 1864, fig., *broché* (rare) — Mémoire hist. et archéol. sur l'Hôtel du Chevalier du Guet, à Paris, par Troche. *Paris,* 1850, *broché.* — Le Marquis de Lassay et l'Hôtel de Lassay. *Paris,* 1848, *broché.* — Lettre du roi qui ordonnent la démolition de la Maison des Chapelains en Saint-Venant et la réunion du terrain à l'Hôtel du premier Président du Parlement de Paris, 1754, in-4. — L'Hôtel de Soubise, par Guiffrey, cart.

343. Hôtels historiques de Paris, 4 vol. in-8 et placard.

> L'Hôtel de Beauvais (rue Saint-Antoine). Esquisse historique par J. Cousin. *Paris,* 1865, in-8, fig., demi-rel. (Rare). — Sur la porte de l'hôtel Clisson. *Paris,* 1848, in-8, *broché.* — Dix pistoles à gagner pour bijoux perdus à l'hôtel de Condé, placard in-4. — Notice historique sur l'Ecole Massillon (hôtel Fieubet), par le P. Lallemand. *Paris,* 188 , in-8, fig., *broché.* — Notice sur l'état de la galerie de l'hôtel de Toulouse. *Paris,* 1874, in-8, demi-rel.

344. Hôtel de Soissons, 3 vol. in-4 et in-12.

> Histoire de l'emplacemen de l'ancien hôtel de Soissons. (Extrait des mélanges d'histoire et de littérature , par Terrasson. *Paris,* 17 in-12, veau). — Mémoire où on fait la critique de l'Histoire de l'emplacement de l'ancien hôtel de Soissons (par Bouquet). *Paris, Lottin,* 1771, in-4, *broché.* — Réfutation du Mémoire... de M. Bouquet, par M. Terrasson. *Paris,* 1772, in-4, *broché.*

345. État de l'hôtel Meslay, quai des Balcons, dans l'Isle Saint-Louis, en 1764, 3 cahiers manuscrits.

> Trois états de lieux différents de cet hôtel qui appartenait, à cette époque, au maréchal duc de Richelieu.
>
> Cet hôtel, situé au coin de la rue de Bretonvilliers et du quai de Béthune ou des Balcons, avait été bâti par M. de Comans d'Astry. Sa fille Marie le porta à Jean Rouillé, comte de Meslay. Voir les différentes éditions de l'ouvrage de Germain Brice.

346. Le Palais Pompéien. Études sur la maison gréco-romaine, ancienne résidence du prince Napoléon (par Th. Gautier, A. Houssaye et Ch. Coligny). *Paris, au Palais Pompéen, s. d.* (1866), in-8, fig., demi-rel., *non rogné.*

> Exemplaire auquel on a ajouté une figure : *Répétition du Joueur de flûte et de la femme de Diomède, dans l'Atrium de la maison du prince Napoléon.*

347. Les anciennes Maisons de Paris sous Napoléon III, par M. Lefeuve. *Paris*, 1856-1863, 4 vol. in-8, demi-rel. dos et coins chagrin brun, dos orné, tête dor.

> Les 4 volumes renferment ensemble 71 livraisons; le 4ᵉ volume est broché.

6. *Œuvres d'architectes contenant la reproduction de monuments parisiens.*

348. LE PREMIER [ET LE SECOND] VOLUME DES PLUS EXCELLENTS BASTIMENTS DE FRANCE. Auquel sont designez les plans de quinze Bastiments, et de leur contenu : ensemble les eleuations et singularitez d'un chascun. Par Jaques Androuet, du Cerceau, Architecte. *A Paris, pour ledit Jacques Androuet, du Cerceau*, 1576-1579, 2 tomes en un vol. in-fol., vélin.

> PREMIÈRE ÉDITION de cet important ouvrage orné de 125 planches doubles gravées à l'eau-forte par et d'après les dessins de Du Cerceau et dont une partie représentent des monuments de Paris ou des environs.
> Voici les noms des châteaux dont Du Cerceau a donné des vues et des plans dans son ouvrage : le *Louvre, Vincennes, Chambord, Boulogne dit Madrid, Creil, Coussy, Folembray, Montargis, Saint-Germain, La Muette, Valery, Verneuil, Ancy-le-Franc, Gaillon, Maune, Blois, Amboise, Fontainebleau, Villers-Cotterets, Charleval, les Tuileries, Saint-Maur, Chenonceau, Chantilly, Anet, Ecouen, Dampierre, Chaluau, Beauregard* et *Bury.*
> Très bel exemplaire, grand de marges et dans sa première reliure.

349. Recueil des plans, profils et elevations des (*sic*) plusieurs Palais, Chasteaux, Eglises, Sépultures, Grotes et Hostels, batis dans Paris et aux environs, avec beaucoup de magnificence, par les meilleurs architectes du royaume, desseignez, mesurés et gravéz par Jean Marot, architecte parisien. *S. l. n. d.*, in-4, veau.

> PREMIER TIRAGE de ce recueil composé d'un titre et de 114 planches et connu sous le titre de Petit-Marot. Le titre porte la signature de A. ARNAULD.

350. Petit Œuvre d'architecture de Jean Marot, architecte et graveur, ou recueil des plans, élévations et coupes de divers anciens édifices de Paris et de la sépulture des Valois à St-Denis. Avec diverses suites de tombeaux épitaphes, chapelles, retables d'autels, etc. *Paris; Jombert,* 1764; in-4, veau.

> Ce volume renferme 217 planches de *Jehan Marot* en belles épreuves.

351. L'ARCHITECTURE FRANÇOISE ou recueil des plans, élévations, coupes et profils des églises, palais, hôtels et maisons particulières de Paris. *Paris, Mariette,* 1727, in-fol., veau.

> Cet exemplaire comprend 235 planches de *Jean Marot.* C'est le recueil conçu sous le nom de *Grand Marot.* Il diffère complètement des deux volumes décrits sous le n° 353.

352. Recueil de 71 planches de Jean Marot, en un vol. in-fol. obl., cart.

> Extrait du *Grand Œuvre* de *Jean Marot.* Sur les 71 planches, 55 représentent des monuments de Paris.

353. L'ARCHITECTURE FRANÇOISE ou recueil de plans, élévations, coupes et profils des Eglises, Palais, Hôtels et Maisons particulières de Paris et des Chasteaux et Maisons de campagne et de plaisance des Environs *Paris, J. Mariette,* 1727, 2 vol. in-fol., pl., basane.

> Cet important recueil factice, formé par *Mariette,* comprend des planches de *Blondel, Lepautre, Pineau, Chevolet.* etc.; mais la plupart ne portent que *l'excudit de Mariette.*
> Les exemplaires, mis en vente par *Mariette,* diffèrent tous les uns des autres; celui-ci renferme en tout 341 planches, en belles épreuves.

354. Plans de plusieurs Châteaux, Palais et Résidences de Souverains de France et d'Italie. *Paris, s. d.,* in-fol., pl., *broché.*

> Le Louvre, les Tuileries, le château de Versailles, de Saint-Cloud, de Compiègne, etc., planches gravées par *Hibon.*
> On a ajouté à ce volume 10 estampes anciennes et modernes, vues de monuments divers.

7. *Embellissements de Paris. Législation des constructions.*

355. Projet des Embelissemens de la Ville et Fauxbourgs de Paris, par M. Poncet de la Grave, *Paris, Duchesne,* 1756, 3 vol. in-12, front., veau, dos orné, der. (*Rel. anc.*)

> Curieux exemplaire aux armes du duc d'ORLÉANS.

356. Discours sur les Monuments publics de tous les âges et
de tous les temps, suivi d'une description de monument
projeté à la gloire de Louis XVI et par quelques observations sur les principaux monumens modernes de Paris
et plusieurs projets de décoration pour cette capitale,
par M. l'abbé de Lubersac. *Paris*, *Impr. royale*.
1775, in-fol., front. et pl.. veau.

> Très-joli frontispice de *Monnet*.

357. Embellissements de Paris. 5 vol. in-8 et in-12.

> Le Citoyen désintéressé ou diverses idées patriotiques concernant
> quelques établissemens et embellissemens de Paris, par Dussausoy.
> *Paris*, 1778, 2 tomes en un vol. in-8, front. et pl., cart. — Projet
> d'embellissemens et de monumens publics pour Paris, par Mitté. *Paris*,
> 1804, in-8, demi-rel. — Almanach des Embellissemens de Paris.
> *Paris*, 1808, in-12, cart. — Observations sur les embellissemens de
> Paris et sur les monumens qui s'y construisent, par Goulet. *Paris*,
> 1808, in-8, cart. — Les Embellissements de la Capitale, songe d'un
> Français (Cannet). *Paris*, 1809, in-12, cart.

358. Embellissements de Paris, 9 vol. et manuscrit.

> Supplément du baguenaudier, 1787, in-12, *broché*. — Rapport sur
> un monument aux victoires nationales, 1798. — Travaux publics de
> Paris, 1806, in-4, demi-rel. — Monument à ériger en mémoire du cou-
> ronnement de l'Empereur, 2 pièces in-4. — Paris tel qu'il a été, tel
> qu'il est et tel qu'il sera dans dix ans. *Paris*, 1808, in-12 (2 ex.). —
> La Veillée de Thetis. — Projet d'arènes couvertes, mss. — Rapport
> sur une colonne à élever le 14 juillet. 1800.

359. Embellissements de Paris, 5 vol. in-4 et in-12.

> La Borde. Projet pour l'amélioration et l'embellissement du 10e arron-
> dissement. *Paris*, 1842, in-4, *broché*. — Gachet. Paris tel qu'il doit
> être. *Paris*, 1856, in-12, demi-rel. — Couturier Paris moderne, Plan
> d'une ville modèle. *Paris*, 1860, in-12, *broché*. — Vaublanc. Un coup
> d'œil dans Paris. *Paris*, 1861, in-12, cart. — Fournel. Paris nouveau
> et Paris futur. *Paris*, 1865, in-12, *broché*.

360. Projet d'un monument commémoratif à élever en
l'honneur de Louis XVI et de Marie-Antoinette sur la
place de la Concorde, in-fol.

> Très-joli dessin au crayon noir.

361. Législation des constructions dans Paris, 18 pièces
in-4 et in-8, manuscrites et imprimées.

> Deffences à tous maîtres massons, charpentiers et autres, de poser
> aucuns Atres ou Foyers sur poutre ou solives. *Paris*, 1672, in-4. —
> Suppression des Inspecteurs des materiaux servans aux bastimens. 1709,
> in-4. — Règlement concernant la police des bastimens. 1712, in-4. —
> Ordonnance concernant les corniches à la face des maisons. 1776, in-4.
> — Ordonnance qui a condamné le propriétaire d'une maison à réduire
> le bâtiment de sa maison, 1782, in-4. — Suppression des saillies et
> avances en charpente et maçonnerie, 1783 in-4. — Suppression des

saillies des maisons rue de Tournon, 1783. — Suppression de l'office
de maître des bâtiments et maître des œuvres de charpenterie, 1783. —
Lettres concernant la hauteur des maisons, 1784. — Recensement des
constructions nouvelles faites à Paris, 1788, etc., etc.

8. *Vues de Paris.*

362. Recueil de onze Vues diverses de Paris.

> Paris au XV⁰ siècle. — Projet de Pont-Neuf. — Procession de la
> Ligue. — Vues de diverses Eglises, etc.

363. Livre de diverses veues perspectives, paysages fais
au naturel par Israël Silvestre. *A Paris, chez Sylvestre*,
s. d., (*vers* 1680), in-4 obl., pl., basane.

> Recueil de 222 estampes d'*Israël Silvestre*, tirées sur 174 feuilles.
> La plus grande partie de ces gravures, traitées d'une pointe fine et spiri-
> tuelle, nous représentent Paris sous ses divers aspects, dans la seconde
> moitié du XVII⁰ siècle. Belles épreuves.

364. Topographia Galliæ, dat is , een Algemeene en naeu-
keurige Lant en Plaetsbeschrijvinghe van het Machtige
koninckrijck Vranckryck. *Amsterdam*, 1660-1663, 4 vol.
in-fol., pl., veau.

> Ces 4 volumes de la *Topographie* de Math. Zeiller, relatifs à l'histoire
> de la France, sont illustrés d'un grand nombre de planches de *Mérian*,
> qui leur donnent un grand intérêt. Le premier volume est presque
> entièrement consacré à Paris, et renferme des plans et des vues de cette
> ville, de ses monuments et des environs.
>
> Rare et recherché.

365. Huit Vues de Paris, par Israël Silvestre, in-8 oblong

> Hôtel du grand Prévôt. — Pont Saint-Michel. — La Bastille. — Le
> Grand Châtelet, etc.

366. Cinq Vues de Paris, dessinées et gravées par Israë
Silvestre. in-4 oblong.

> Perspective N. - Dame. — Ile Louviers. — Hôtel de Soissons. —
> Hôpital Saint-Louis. Très-belles épreuves.

367. Portrait d'Israël Silvestre, peint par Lebrun, gravé
Edelinck, in-fol.

> Belle épreuve de ce beau portrait qui contient, gravé dans un car-
> touche par Silvestre, une très-jolie vue de Paris.

368. Veues des belles maisons de France et d'Italie, dessinées et gravées par Perelle. *Paris, Langlois, s. d.*, (*vers*
1680), in-fol. obl., bas.

> Bel exemplaire de ce rare recueil composé de 265 pl. dont voici le
> détail : *Vues de Paris*, 60 pl. — *Vues des belles maisons des envi-*

rons de Paris ; *Vincennes et Madrid*, 6 pl.. *Clagny*, 3 pl., *Marly*, 3 pl., *St-Germain*, 7 pl., *Fontainebleau*, 15 pl., *Monceau*, 2 pl., *Chambord*, 1 pl., *Verneuil*, 1 pl. ; *St-Cloud*, 11 pl., *Villers-Cotterets*, 1 pl., *Choisy*, 1 pl., *Raincy*, 2 pl. — *Vues des plus beaux endroits de Versailles*, 50 pl. — *Vues des belles maisons de France*, 51 pl. — *Diverses vues de Chantilly*, 32 pl. (y compris 17 à 2 vues). — *Vues de Rome et des environs*, 19 pl. Un certain nombre de ces planches sont AVANT LA LETTRE et avant les retouches qui furent faites postérieurement ; plusieurs planches ayant subi d'importantes modifications à la suite des changements apportés aux édifices de Paris ; tel est le Pont Royal que l'on voit encore construit en bois sur certaines épreuves, tandis qu'il est figuré en pierre sur des épreuves d'un tirage postérieur.

369. Œuvres choisies de Sébastien Le Clerc, contenant 239 estampes, dessinées et gravées par ce célèbre artiste. *Paris, Lamy*, 1784, in-4, pl., basane.

Les paysages de *S. Le Clerc* représentent souvent des Vues de Paris et de ses environs ; une des suites de 12 planches est intitulée : *Veues de plusieurs petis endrois des fauxbourgs de Paris.*

370. Vue perspective de Paris, dessinée et gravée à l'eauforte par Fr. de Widt, 4 feuilles in-fol.

Cette curieuse vue perspective de Paris vers 1680, se compose de 4 feuilles mesurant chacune 52 cent. sur 41.

Au premier plan, l'artiste a placé un grand nombre de personnages dans des situations diverses. Rare.

371. Ouvrages de Manesson Mallet. *Paris*, 1683-1702, 12 vol. in-8.

1° La Géométrie pratique, divisée en quatre livres. Ouvrage enrichi de cinq cens planches gravées en-taille douce. Par Allain Manesson Mallet. *A Paris, chez Anisson*, 1702, 4 vol. in-8, veau.

Cet ouvrage de Manesson Mallet ne serait plus guère considéré aujourd'hui s'il ne contenait un nombre considérable de vues de Paris et des châteaux de France. Ces vues sont souvent les seules qui nous aient été conservées de beaucoup de monuments de Paris, et pour cette raison, l'ouvrage de Mallet est fort recherché ; citons notamment les vues de St-Yves, St-Jacques-la-Boucherie et du Châtelet.

Les vues de Paris ou de ses monuments sont au nombre de 78 et celles des environs de 200 ;

2° Description de l'Univers, contenant les différents systèmes du monde, les cartes générales et particulières de la Géographie ancienne et moderne, les plans et les profils des principales villes et des autres lieux plus considérables de la terre, par Alain Manesson Mallet. *Paris, D. Thierry*, 1683, 5 vol. in-8, portr. et pl., basane.

Cet ouvrage, entrepris sur le même plan que la *Géométrie pratique*, contient aussi un grand nombre de vues de villes et de châteaux, dont quelques-unes consacrées à Paris et à ses environs ;

3° Les Travaux de Mars, ou l'art de la guerre divisé en trois parties. Ouvrage enrichi de plus de quatre cens planches. Par Alain Manesson Mallet. *Paris, Denys Thierry*, 1685, 3 vol in-8, pl., basane.

Complément de la *Géométrie pratique* et de la *Description de l'Univers*. On y trouve encore des vues de villes et de châteaux.

372. Les Délices de Paris et de ses environs, ou Recueil d ≡ Vues perspectives des plus beaux monuments de Paris ⊑ des maisons de plaisance situées aux environs de cett≡ ville, par Perelle. *Paris, Jombert*, 1753, in-fol., pl., demi-rel.

> Ce recueil formé des vues de Paris, de *Marot, Perelle, Silvestre,* etc
> dont les cuivres étaient entre les mains de Jombert qui les avaient fa □
> retouché, contient un certain nombre de planches nouvelles consacré⊏
> à la banlieue de Paris.

373. Recueil de dix-sept Vues de Paris au XVIIe siècle, in-ℰ

> Hôtel de Ville. — Place des Victoires. — Les Tuileries. — Le Louvr-
> Palais Royal, etc. Ces vues, sans nom d'auteur, sont accompagnées d'⊔⊓
> texte gravé.

374. Recueil de cent vingt une des plus belles Vues d≣ palais, châteaux et maisons royales de Paris et de s⊑. environs, dessinées d'après nature en 1780, et gravé⊑ par J. Rigaud. *Paris, Treuttel et Wurtz, s. d.*, in-fol.. pl., demi-rel.

> Belles épreuves.

375. Description générale et particulière de la France, ⊂⊏ La Borde, Béguillet, Guettard, etc. *Paris*, 1781-179ℰ, in-fol., pl., demi-rel.

> 6 livraisons du Gouvernement de l'Isle de France et première livr≡-
> son des tableaux gravés d'après *Cochin*, ornées ensemble de 103 figur≡
> d'après *Cochin, Hallé, le chevalier de L'Espinasse,* etc., représenta⊓
> des vues fort bien gravées et très intéressantes de Paris et de s⊑
> environs.

376. Recueil de douze Vues de Paris, dessinées par Thiér⊐, gravées par Jourdan, in-8 oblong.

377. Promenades dans Paris, par Victor Adam. *Pari⊏ ⊦ Giraldon Bovinet*, 1830, in-4, obl., cart.

> Recueil de planches lithographiées, par *Motte,* et comprenant 4 séri⊑ :
> *Voitures,* 36 pl. — *Promenades dans Paris,* 24 pl. — *Fêtes des en⊑-*
> *rons de Paris,* 12 pl. — *Janvier 1830. Promenade bittoresque dans Par⊏,*
> 7 pl: Couvertures conservées.

378. Souvenirs du Vieux Paris. Trente vues dessin≣s d'après nature, par le Cte Turpin de Crissé. *Pari⊂, Veith et Hauser*, 1836, in-fol., pl. litographiées, cart.

379. Album parisien. Cent vues gravées au burin, p≡ MM. Dureau et Couché fils, et description historique ⊏⊣ architecturale des principaux Monumens de Paris, p≡ A. M. Perrot. *Paris, Leroi*, 1837, in-8 oblong, fig. demi-rel.

380. Paris historique. Promenade dans les Rues de Paris, par Ch. Nodier, Regnier et Champin. Avec un résumé historique, par P. Christian (Pitois). *Paris, Levrault,* 1836-1839, 3 vol. in-8, fig., demi-rel. dos et coins mar. rouge.

> 200 vues de Paris lithographiées par *Champin*, d'après *Regnier*. Piqûres de vers.

381. Vues de Paris, 4 vol. in-8.

> Soixante vues des plus beaux palais, monuments et églises de Paris, cathédrales et châteaux de la France, gravées par Couché fils, avec leurs explications, *Paris*, s. d., in-8, fig., demi-rel. — Paris. Album historique et monumental, par Léo Lespès et Bertrand, illustré de 250 gravures par Diolot. *Paris,* s. d., in-8, fig., cart., *non rogné.* — Pernot, 70 dessins représentant les monuments qui n'existent plus dans la Capitale. *Paris,* 1837, in-8, demi-rel. — La Cour du Dragon, eaux-fortes, par Martial. *Paris,* 1866, in-8, *broché.*

382. Paris dans sa splendeur Monuments, vues, scènes historiques, description et histoire. Dessins de Ph. Benoist, Chapuy, Ciceri, Clerget, J. David, etc. Texte de Bailly, Darcel, E. Fournier, A. Lenoir, Le Roux de Lincy, Merimée, etc. *Paris, Charpentier,* 1861, 3 vol. in-fol., fig., demi-rel. plats toile, tr. dor.

> Nombreuses planches hors texte représentant les vues de Paris et ses principaux monuments. Bel exemplaire.

383. Paris qui s'en va et Paris qui vient. Eaux-fortes, par Léopold Flameng. *Paris, Cadart,* s. d., in-fol. demi-rel. mar. vert.

> 26 eaux-fortes avec notices par Delvau, Th. Gautier, A. Houssaye, Muller, Duranty, etc.

384. Paris pittoresque, historique et archéologique. Vues générales et particulières. Eglises, Palais, Hôtels, Maisons et Rues anciennes. Dessinées d'après nature et gravées à l'eau-forte par Alfred Delauney *Paris, chez l'auteur,* 1867, in-fol., pl., en 2 *livraisons.*

> 48 planches gravées à l'eau-forte.

385. A. P. Martial. Paris intime. Notes et Eaux-fortes. *S. l. n. d. (Paris,* 1874), in-fol., pl., *broché.*

> Exemplaire sur papier vergé.

386. Le Vieux Paris, ses derniers vestiges, dessinés d'après nature et gravés à l'eau-forte, par J. Chauvet et E. Champollion. Notices par L. V. Dufour, parisien. *Paris, Detaille,* s. d. (1878), in-fol., 21 pl. en 7 *livraisons.*

> Un des 5 exemplaires sur *Japon.*

IV. HISTOIRE RELIGIEUSE.

1. *Liturgie.*

387. Breviarium Parisiense, Ill. et Rev. C. G. G. de Vintimille, Parisiensis Archiepiscopi...; autoritate ac venera-
bilise jusdem Ecclesiæ Capituli consensu editum. *Parisiis,*
1736, 4 vol. in-4, fig., mar. rouge, fil.,tr. dor. (*Rel. anc.*)

> Première édition du Bréviaire de Paris, donnée par M. de Vintimille.
> Elle est ornée de 12 jolies figures de *Boucher*, gravées par *Le Bas*, dont
> 4 frontispices donnant des vues de Paris. On a ajouté 18 jolies figures
> éditées par *Poilly*.

388. Breviarium Parisiense, Ill. et Rev. C. G. G. de Vintimille, Parisiensis archiepiscopi auctoritate, ac venera-
bilis ejusdem Ecclesiæ capituli consensu editum. *Parisiis*, 1745, 4 vol. in-8, basane.

> Deuxième édition du Bréviaire de Paris, donnée par Mgr. de Vinti-
> mille.

389. Brevarium Parisiense. *Lutetiæ Parisiorum*, 1822,
in-12, mar. noir, dent. à froid, coins, tr. dor.

> Exemplaire aux armes de M. de QuÉLEN, archevêque de Paris.

390. Lettres a un chanoine, contenant quelques reflexions
sur les nouveaux bréviaires, 1735, in-12, veau.

> Curieux recueil formé par l'abbé Goujet. On trouve relié à la suite: De
> ritibus ecclesiæ et diœcensis Parisiensis, 1672. — Lettre sur le lieu de
> naissance de S. Louys. — Lettre sur le R. P. Hardouin. — Lettre de
> M. d'Olivet. — Dissertation sur l'antiquité de Chaillot. — Description
> de St-Pierre de Rome. — La Vie de Sainte Julianne, etc.

391. Livre d'Église à l'usage de Paris pour la commodité
des laïques. *Paris, Fr. Muguet,* 1681, in-12, front. et
fig., mar. vert, dos orné, fil., doublé de mar. rouge,
dent., tr. dor. (*Rel. anc.*)

> Reliure de *Boyet*. Très-joli volume portant dans la doublure les armes
> du Président LAMBERT de THORIGNY.

392. Livre d'Eglise latin-françois suivant le bréviaire et le
Missel de Paris. *Paris,* 1778, 2 vol. in-12, mar. rouge,
tr. dor. (*Rel anc.*)

393. Diurnale Parisiense. *Parisiis,* 1745, 2 vol. in-12,
mar. rouge, fil à froid, tr. dor.

> Publié par Mgr. de Vintimille.

Exemplaire aux armes de Mme VICTOIRE de France, dont l'ex-libris est à l'intérieur des volumes.

394. MISSALE PARVUM AD USUM INSIGNIS ECCLESIÆ PARISIENSIS nuper Parisiis accuratissime castigatissime quæ impressum cum pluribus missis nativis. (In fine :) *Impressum autem parisiis per Wolffgangum hopylius, impensis honestorum virorum Simonis Vostre, atque Thielmanni Kerver, anno millesimo quingentesimo quinto* [1505] *kalendas Augusti*, in-8 goth., impr. rouge et noir, veau brun estampé.

> Ce Missel à l'usage de Paris est la réimpression de celui de 1481, édité par Louis de Beaumont, évêque de Paris, qui avait chargé Jean Le Munerat de sa confection.
>
> Cette édition de 1505 n'est connue que par trois exemplaires, deux conservés à la Bibliothèque nationale et à la Bibliothèque Sainte-Geneviève et celui-ci. Voy. Weale, *Catalogus Missalium ritus latini ab anno 1475 impressorum*, p. 113.
>
> Bel exemplaire grand de marges, dans sa première reliure.

395. Missale Parisiense. *Parisiis*, 1738, in-fol., fig., mar. ch. rouge, dos et plats ornés, tr. dor.

> Publié par Mgr. de Vintimille.

396. Missale Parisiense. *Parisiis*, 1776, in-fol., basane.

397. Missale Parisiense. *Lutetiæ Parisiorum*, 1830, in-fol., mar. violet, dos et plats ornés, tr. dor.

> Publié par Mgr. de Quélen.

398. Missale Parisiense. *Lutetiæ Parisiorum*, 1841, in-fol., mar. ch. violet, fil. à fr., coins, tr. dor.

> Publié par Mgr. Affre.

399. OFFICE de la Semaine sainte latin et françois, à l'usage de Rome et de Paris, avec l'explication des cérémonies de l'Eglise. *Paris, Ant. Dezallier*, 1708, in-8, mar. rouge, dos orné, fil., tr. dor. (*Rel. anc.*)

> Bel exemplaire aux armes de la duchesse de BOURGOGNE, portant sur le dos, le chiffre de cette princesse. Les livres de cette provenance sont très-rares.

400. OFFICE de la Semaine Sainte, latin et françois, à l'usage de Rome et de Paris : avec l'explication des Cérémonies de l'Eglise. Nouvelle édition. *Paris, Dezallier*, 1715, in-8 réglé, mar. rouge, riches dorures sur le dos et les plats, tr. dor. (*Rel. anc.*)

> Riche et belle reliure aux armes du cardinal de ROHAN.

401. Office de la Semaine-Sainte, latin et françois, à l'usage de Paris, pour chaque jour de la semaine, sar renvois. *S. l. (Paris)*, 1783, 6 vol. in-8, veau fauve, dc; orné, fil., tr. dor.

402. Office de la Quinzaine de Pâques, noté à l'usage c= Paris. *Vannes*, 1810, in-12, basane verte, tr. dor.

403. Office de la Nuit, et de Laudes, imprimé par l'ord=e de Mgr. l'Archevêque de Paris. *Paris*, 1760, 8 vol. in- ;. mar. rouge, dent., tr. dor. (*Rel. anc.*)

> Manque la 1re partie d'Eté.

404. L'Office de S.-Louys, Roy de France et Confesseu. Avec quelques autres prières tirées du Bréviaire de Paris. *Paris*, 1690, in-12 réglé, front., mar. rouge, d =s orné, fil., tr. dor. (*Rel. anc.*)

405. Rituale parisiense. *Parisiis, Lud. Josse*, 1697, in—. mar. rouge, dos orné, dent., tr. dor. (*Rel. anc.*)

> Bel exemplaire aux armes du Cardinal MAURY. Edition publiée par le Cardinal de Noailles.

406. Rituale Parisiense. *Parisiis, Cl. Simon*, 1777, in-4 veau.

> Publié par Mgr. de Beaumont.

407. Rituale Parisiense. *Lutetiæ Parisiorum*, 1839, in-4, veau fauve.

> Publié par Mgr. de Quélen.

408. Pastorale Parisiense. *Parisiis, Simon*, 1786, 3 v :- in-4, veau, tr. dor.

> Publié par Mgr. Le Clerc de Juigné.

409. Liturgie parisienne, 15 vol. in-8 et in-4.

> Cæremoniale parisiense, auct. M. Sonnet. *Paris*, 1662, in-8, vélim.— Manière de bien entendre la Messe, par de Harlay. *Paris*, 1685, in-8, veau. — Ceremoniale Parisiense. *Paris*, 1703. — Office du St-Sa =- ment. *Paris*, 1701, 2 vol. in-12, mar. — Processionnal Parisien. *Pa= r,* 1740, in-8, mar. — Manuel des cérémonies selon le rite de l'église de Paris. *Paris*, 1846, in-8, demi-rel., etc.

410. Liturgie parisienne, 18 vol. in-4 et in-12.

> Réponse aux libelles qui ont paru contre le bréviaire de Paris, 173E — Chronologie et Topographie du bréviaire de Paris, 1742. — Office c= St. Charles-Borromée, 1738.— Office de la Providence, 1742. — Cœl- varium Parisiense, 1736, etc.

411. Traité historique et pratique sur le chant ecclés=-

tique, avec le directoire qui en contient les principes et les règles, suivant l'usage présent au Diocèse de Paris et autres, par M. l'abbé Lebeuf. *Paris, Hérissant,* 1741, in-8, *broché.*

> Volume rare, et important pour l'histoire de la musique. Les règles de plaint-chant qu'on trouve dans cet ouvrage avaient été composées vers la fin du dix-septième siècle, par l'abbé Chastelain, chanoine de Notre-Dame ; la partie historique est seule l'œuvre de l'abbé Lebeuf ; elle contient des choses curieuses qu'on ne trouve pas dans la plupart des ouvrages sur la même matière.

412. Catéchismes à l'usage de Paris, 8 vol. in-12.

> Catéchisme à l'usage de toutes les Eglises de l'Empire. *Paris,* 1806, *broché.* — Petit cathéchisme à l'usage de l'Empire. *Paris,* 1806, cart. — Catéchisme de toutes les Eglises catholiques de l'Empire. *Lyon,* 1806, cart. — Pièces sur le Catéchisme de l'Empire, cart. etc.

2. *Administration ecclésiastique.*

413. Synodicon Ecclesiæ Parisiensis autoritate Fr. de Harlay, anno 1674 editum. *Parisiis,* 1777, in-4, mar. rouge, dos orné, fil., tr. dor. (*Rel. anc.*)

> Reliure aux armes. Taches d'encre à plusieurs feuillets.

414. Synode de Paris, 3 vol.

> Réglements de Mgr le Cardinal de Retz, contenant l'explication de quelques articles des Statuts Synodaux de son diocèse. *Paris,* 1620, in-8, veau. — Ordre des cérémonies qui se doivent observer au Synode de Paris, 1673, in-4, demi-rel. — Synodicon ecclesiæ Parisiensis. *Parisiis,* 1674, in-8, bas. — Statuts Synodaux publiés dans le Synode de 1697, in-4, *broché.*

415. Administration spirituelle du Clergé, 6 pièces in-4, *brochés.*

> L'obligation des fidèles de se confesser à leur Curé. *Paris,* 1653, in-4. — Extrait du Concile de Latran, Ch 21. (sur la Confession), in-4. — Requête des Soufermiers du domaine pour demander que les billets de Confession soient assujettis au Contrôle, in-4. — Billet de Confession en usage dans la paroisse Saint-Barthélemy à Paris, 1750, in-8, obl. — De Origine Parochiarum Autore R. P. Joanne Frontonis, 1660. in-4, (2 pièces.)

416. Actes de l'Eglise de Paris, touchant la discipline et l'administration. *Paris,* 1854, in-4, *broché.* — La Mission du Curé de Paris, ou lettres sur le Gouvernement spirituel des paroisses, par l'abbé Chabot. *Paris,* 1849, in-8, *broché.*

417. Guillermus episcopus parisiensis de collationibus et

pluralitate ecclesiasticorum beneficiorum. (In fine) : *Impressus parisius impensis Gaufridi de Marnef*, an...
domini millesimo quinquagesimo-quinto, [1505], pet. in-8
goth., vélin.

> Le titre porte la marque de Marnef. Ce traité de Guillaume, évêque de Paris, de 1228 à 1249, fut l'objet de longues discussions de la part des docteurs en théologie, mais Guillaume de Paris, parvint à l'emporter, et empecher la pluralité des bénéfices aux mains d'une seule personne.

418. Administration temporelle des Paroisses de Paris. 7 pièces in-4, in-8 et in-18.

> Arrest ordonnant que les Marguilliers rendront leurs comptes par devant l'Archidiacre. *Paris*, 1662, in-8, cart — Reddition des comptes de fabrique des Eglises paroissiales de Paris, 1673, in-4. — Réglement sur l'honoraire des Curez et ecclésiastiques de Paris, (3 pièces) 16c.. in-4. — Edit portant création d'offices de trésoriers des revenus des fabriques et confréries de chacune des paroisses de Paris. *Paris*, 1701 in-4. — Arrest en faveur des Fabriques pour la concession des chapelles 1711, in-4. — Décret concernant les fabriques, 1809, in-4. — Mémoire sur les revenus du Clergé, par Gaudreau, 1848, in-8, cart. — Traité de l'administration des Paroisses, par Mgr. Affre. *Paris, s. d.*, in- 3 *broché*.

419. Pouillés des diocèses qui composent le Clergé de France, dressés par ordre de l'Assemblée de 1760. S. l. *n. d.* (1760). Manuscrit in-fol., mar. noir, dos orné, fi... tr. dor. (*Rel. anc.*)

> Ce manuscrit qui vient de la bibliothèque de LOMÉNIE DE BRIENNE comprend l'archevêché de Paris et ses suffragants les évêchés de Chartres, Blois, Orléans et Meaux.

420. Etat des Cures du diocèse de Paris, divisé en Archidiaconés, archiprêtrés et doyennés. *Paris, Cl. Simon* 1782, in-fol., vélin. — Lettre pastorale concernant la circonscription des cures et succursales, et réglement des droits respectifs des Curés et desservans. *Paris*, 1803 in-8, *broché*. — Statistique religieuse du Diocèse de Paris, par G. Darboy. *Paris*, 1856, in-8, demi-rel.

421. Mélanges sur l'administration spirituelle et temporelle du clergé de Paris, 7 vol. et brochures.

> Mandement de Mgr. l'Archevêque de Paris, touchant l'établissement des Missions et l'administration de son diocèse. *Paris*, 1672, in-4, demi-rel. — Lettre au sujet des licences de prêche et confesser, accordées aux religieux et sur quelques ouvrages des Jésuites, du 1er mars 1633, manuscrit signé de 8 évêques de Paris, Tours, Constance, etc. — Actes de l'Eglise de Paris, touchant la discipline et l'administration. *Paris*, 1854, in-4, *broché*. — Traité de l'administration temporelle des paroisses, par Mgr. Affre. *Paris*, 1878, in-12, *broché*. — Bulletin du Comité d'histoire et d'archéologie du diocèse de Paris, 9 livr.

3. *Histoire ecclésiastique.*

422, HISTORIA ECCLESIÆ PARISIENSIS. Auctore Gerardo Dubois. *Parisiis, Fr. Muguet,* 1690-1710. 2 tomes en un vol. in-fol., front., basane.

> Histoire de l'Église de Paris, depuis l'introduction du Christianisme dans les Gaules, jusqu'en 1364. Le second volume parut après la mort de l'auteur.

423. Gallia Christiana. *Parisiis, typ. regia,* 1744. 2 vol. in-fol., veau fauve.

> Tomes VII et VIII comprenant : le premier l'Archevêché de Paris, le second les Evêchés suffragants.

424. Calendrier historique et chronologique de l'église de Paris, contenant : l'origine des paroisses, abbayes, monastères, prieurés, collégiales ; la mort des Evêques, Archévêques ; la prélature parisienne ; par A. M. Le Fevre. *Paris, Hérissant,* 1747, in-12, mar. vert, fil. à froid.

425. Les origines de l'Eglise de Paris. Etablissement du Christianisme dans les Gaules. Saint-Denys de Paris, par M. l'abbé E. Bernard. *Paris,* 1870, in-8, fig., demi-rel.

426. Almanach spirituel de l'an 1647, pour la ville et fauxbourgs de Paris, ou sont marquées les fêtes, confrairies, indulgences plénières, etc. *Paris,* 1647, in-12, cart.

> Rare.

427. Almanach spirituel de l'an de grâce 1666, pour la ville, fauxbourgs et environs de Paris, reveu et corrigé, par le père Martial du Mans. *Paris,* 1666, in-8, mar. rouge, jans., tr. dor.

428. Almanach spirituel de Paris, pour l'année 1734. *Paris,* 1734, in-8, cart.

429. Almanach spirituel pour l'année 1753, où sont marquées les solennités, prédications, indulgences, etc *Paris,* 1753, in-12, veau.

> Almanach dit *des Larrons* « parce qu'il indique les lieux, les jours et les heures où il faut qu'ils se trouvent pour couper des bourses ». Note manuscrite sur la garde.

430. Almanachs spirituels, pour les années 1759, 1771, 1775, où sont marqués les solennités, prédications, indul-

gences etc. *Paris*, 1758, 1770, 1775, 3 vol. in-8, mar rouge, veau et demi-rel.

Copies manuscrites.

431. Calendrier historique avec le journal des cérémonie=
et usages qui s'observent à la Cour, à Paris et à la cam--
pagne. *Paris*, 1741, 1744, 2 vol. in-8, cart. et veau.

432. La France ecclésiastique pour l'année 1778 [1787--
1802-1803]. *Paris*, 1778-1802, 3 vol. in-12 , veau e=
cart.

Le Diocèse de Paris occupe la majeure partie de chaque volume.

433. Collection de Brefs et Ordo à l'usage de Paris. *Paris*,
1758-1881, 121 vol. in-12.

· Cette collection de·la plus haute importance, pour l'histoire de l'éta=
du diocèse de Paris et de son nécrologe, est ainsi composée :
Brefs de 1761 à 1880, sauf les années 1762, 1763, 1765, 1766, 177C,
1772, 1777, 1778, 1785, 1788, 1791 à 1794, 1796, 1797, 1801, 187=
1879 et 1881.
Les *Ordo* sont ceux des années 1758, 1776, 1777, 1778, 1782, 178=
1874 à 1878, 1880 et 1881. Quelques années ont en double le *Bref* e=
l'*Ordo* 22 vol. sont reliés en mar. anc. avec dentelle, et 26 vol. en ma
moderne, le reste est cartonné ou broché. On joint à cette collectic=
40 vol. doubles.

434. Vies des Saints du diocèse de Paris, enrichies d=
notes sur les collégiales, monastères, églises etc., qui or=
existé dans cette Capitale, par l'abbe Hunkler. *Pari_*
1833, 2 vol. in-8, basane.

435. Privilèges accordés à la Couronne de France, par D=
Saint-Siège, publiés d'après les originaux conservés au=
archives. *Paris*, 1855, in-4, cart., *non rogné*.

Nombreuses bulles intéressantes pour l'histoire ecclésiastique -C=
Paris.

4. *Histoire des évêques et archevêques de Paris ;*
événements qui se sont passés sous leur épiscopat.

436. La France pontificale. Histoire chronologique =
biographique des archevêques et évêques de tous L=
diocèses de France, par H. Fisquet. *Paris, Repos, s. =*
2 vol. in-8., portr., *brochés*.

Tomes I et II : Diocèse de Paris

437. Evêques et Archevêques de Paris, 4 vol. *brochés*.

> Vicomte G. d'Avenel. Les Evêques et Archevêques de Paris, depuis Saint-Denys jusqu'à nos jours. *Paris*, 1878, 2 vol. in-8. — Les Archevêques de Paris, par l'abbé Michon. *Paris*, 1857, in-12. — Paris et ses Archevêques au XIXe siècle, poème, par Cl. Rodier. *Paris*, 1857, in-8.

438. Anciens évêques de Paris, 10 vol. et brochures.

> V. Dufour. Recherches sur les VII Stations de S.-Denis ; Du lieu de supplice de St-Denis, 2 brochures in-8. — R. P. D. Hugonis Menardi. De Unico S. Dionysio Areopagita, Athenarum et Parisiorum episcopo, adversus Joannis de Lannoy. *Parisiis*, 1644, in-8, vélin. — J. Sirmondi. Dissertation in qua Dionysii Parisiensis et Dyonisii Aeropagitæ discrimen ostenditur. *Parisiis*, 1641, in-8, vélin. — Ad dissertationem nuper evulgatam de duobus Dyonisiis, responsio. Authore D. G. Millet. *Parisiis*, 1642, in-8, vélin. — Joannis Launoii. De duobus Dionysiis Atheniensi et Parisiensi Opuscula, Quorum Fronti-Jac-Sirmondi dissertatio de eadem materia præfigitur.... accessit de Veteribus Basilicis. Parisiensibus. *Parisiis*, 1640, in-8, vélin, etc. (Pour le détail des ouvrages composés lors de la polémique engagée au sujet des deux Saints Denis, l'Aéropagite et le premier évêque de Paris, voy. Lenglet du Fresnoy, *Méthode*, IV. 174-175.) — Notes sur l'évêque de Paris, Hugues de Besançon, par Castan, brochure in-8.

439. Recueil de quelques vies de Saints nouvellement traduites. *Paris, P. Promé*, 1667, in-12, veau.

> Contient p. 233 et suivante : *La Vie de St-Marcel*, évesque de Paris, écrite par Fortunat, évesque de Poitiers. On y trouve aussi la Vie de Ste Geneviève, la Vie de St Eustache, etc.

440. Eloges historiques des Evesques et Archevesques de Paris, qui ont gouverné cette Eglise depuis environ un siècle, jusques au décès de M. François de Harlay-Chanvallon, (par Fr. de Martignac). *Paris, Fr. Muguet*, 1698, in-4, portr., veau.

> Eloges de Pierre de Gondy, Henry de Gondy, François de Gondy, Paul de Gondy, cardinal de Retz, H. de Péréfixe et Harlay de Chanvallon. 6 beaux portraits gravés par *Duflos*.

441. Lettre d'indulgence employée sous l'épiscopat de Etienne V. de Poncher, datée de 1511, in-4 gothique oblong.

442. Episcopat de PIERRE DE GONDY. — La Déclaration d'un comète ou estoille prodigieuse, laquelle a commencé à nous apparoistre à Paris, en la partie septentrionale du ciel, au mois de Nouembre dernier, en l'an présent 1572, et se monstre encore aujourd'huy. Avecques un discours des principaux effects des comètes, tant en François qu'en vers Latins : extraicts des plus notables Autheurs qui en ont escrit. Par I. G. D. V. *A Lyon, Par*

Benoist Rigaud, 1573, in-4 de 4 ff., fig., demi-rel. dos et coins mar. rouge.

Au v⁰ du titre une figure représentant la comète entre les constellations de Cassiope et Céphée.

Pièce non citée. Exemplaire à toutes marges.

L'apparition des comètes ou autres phénomènes météorologiques était presque toujours exploitée en faveur de la cause religieuse. Voyez ci-après une autre pièce sur le même sujet, datée de 1618.

443. Episcopat de PIERRE DE GONDY. In Amplissimos sacræ romanæ purpuræ honores III. et rev. Petro Gondio, Parisiorum antistiti collatos. (Auctore) Carolus-Sansixtus. *Parisiis*, 1588, in-4, mar. rouge, tr. dor. (*Petit.*)

Recueil de poésies en l'honneur de Pierre de Gondy. Outre les vers de Sansixtus, on trouve des poèmes de J. Dorat, R. de Callières J. Morel, etc.

444. Pierre de Gondy. 5 vol. in-12, cart.

Establissement du Conseil général de l'Union des Catholiques *Paris*, 1589. — Requeste présentée au roy par MM. les Cardinaux, Princes, Seigneurs, etc., pour la deffence de la religion catholique. *Paris*, 1588 (2 éditions différentes). — Responce du roy sur la requeste, *Paris*, 1588. — Advis de l'Union des Catholiques de Paris sur la nomination du duc de Mayenne, *Paris*, 1589.

445. Pierre de Gondy. 2 vol. in-12, cart.

Dispute faicte entre un bourgeois et un politique régalisé, sur la célébration de la procession générale, *Paris*, 1589. — Troisième advertissement à la France, et principalement à la Cour et à la grande ville de Paris, par René Benoist, *Paris*, 1591,

446. Episcopat de HENRI DE GONDY. — Panégyrique de Reverend Pere en Dieu Monseign' Messire Henry de Gondy, évesque de Paris, y faisant son entrée le premier jour d'Avril 1598. *Paris*, *Jamet Mettayer*, 1598, in-4 de 19 pp., mar. rouge jans., tr. dor. (*Petit.*)

L'auteur de ce *Panégyrique* en vers ne s'est pas nommé. Les pp. 9-12 sont occupées par une intéressante description de Paris. Très-rare.

447. Henri de Gondy. 4 pièces in-12.

Bulle du pape Clément VIII sur la célébration du Jubilé à Paris. *Paris*, 1601. — Histoire tragique et mémorable advenue à Paris, en ce karesme, 1602 (Curieux et rare). — Apologie pour le Jubilé, par André de Saussay. *Paris*, 1617. — Discours veritable de l'apparition de la Commette qui s'est vue sur la ville de Paris. *Paris*, 1618.

448. — La Police royalle sur les personnes et choses ecclésiastiques, par Jacques Du Hamel, Procureur en la Cour ecclésiastique de Rouen. *Paris*, *Berjon*, 1612, in-12, vélin.

449. **Henry de Gondy.** Réglemens faicts de l'authorité de Monseigneur le Cardinal de Retz, euesque de Paris, contenans l'explication de quelques articles des statuts synodaulx. *Paris, Julliot,* 1620, in-12, mar. rouge jans., tr. dor. (*Chambolle-Duru.*)

> On a relié à la suite le *Discours funèbre sur le trépas du cardinal de Retz* (par J. L. Blanc), Paris, 1622.

450. — Discours funèbre sur le trespas de Monseigneur le Cardinal de Retz, vivant Evesque de Paris, par M. J. L. B. P. P. (Jean Le Blanc.) *Paris, Julliot,* 1622, in-12, veau.

451. — Quittance autographe sur vélin, signée par Henry de Gondy, par son frère François de Gondy, et datée du 2 mars 1613, in-4 oblong.

> On a ajouté 3 portraits de François de Gondy, par *M. Lasne, Moncornet* et *Duflos.*

452. **Episcopat de FRANÇOIS DE GONDY.** — L'Erection de l'Evesché de Paris en Archevesché, à la requisition du Roy. Avec les lettres patentes de S. M. et l'arrest de la Cour de Parlement portans la confirmation et vérification d'icelles. *Paris, Vitray,* 1623, pet. in-8, demi-rel.

> Pièce rare. Voy. le P. Lelong, n° 9322. François de Gondy fut le premier archevêque de Paris.

453. — Harangue prononcée à Mgr. le révérend archevesque de Paris, sur l'occasion de son sacre, par J. Le Magnay. *Paris,* 1623, in-12, cart.

454. **François de Gondy,** 5 vol. in-12.

> Bulle de Urbain VIII sur la célébration du Jubilé en la ville de Paris. *Paris,* 1626, 1628, 1634, 3 vol. *brochés.* — Mandement pour l'oraison des Quarantes heures. *Paris,* 1635, veau. — Mandement pour apaiser l'ire de Dieu et obtenir la paix. *Paris,* 1638, cart.

455. **François de Gondy.** 15 vol. in-4.

> La liste de tous les prédicateurs de quantité d'églises, avec les noms de ceux qui doivent prescher le caresme en cette ville de Paris. Années 1643, 1644, 1645 (2 ex.), 1649, 1647 (3 ex. dont un ms.), 1648 (3 ex. dont un ms.), 1649, 1650, 1652 (2 ex. mss.). 3 vol. cart., les autres *brochés.*

456. **François de Gondy.** 12 pièces in-4 et in-8.

> Bref du pape Innocent X en faveur des réguliers touchant les Confessions. *Paris,* 1645. — Arrest portant réglement touchant les Enterrements des séculiers. *Paris,* 1646. — Arrest obtenu par M° J. Peaucellier, en faveur de tous les Confesseurs. *Paris,* 1648. — Sermon de l'Eucharistie pour l'octave de la Feste-Dieu. *Paris,* 1649. — Ordon-

nance du Coadjuteur sur les entreprises de l'archevesque de Sens.
Paris, 1650. — Lettres monitoires pour avoir preuves de contraven-
tions à la declaration du roy. *Paris*, 1651. — Response de Mgr l'archevesque, président de l'Assemblée du Clergé aux envoyés de la noblesse
Paris, 1651. — Lettre à Mgr. l'archevesque d'Embrun, sur l'opposi
tion formée au sceau par l'Assemblée du Clergé. *Ambrun*, 1651. —
Sentence touchant la sépulture et les prières pour le feu duc de
Nemours. *Paris*, 1652. — Lettre de M. Brousse à Mgr. l'archevesque
de Paris. — Requeste de Gabriel Naudé contre Placide Roussel. —
Histoire horrible et espouventable de ce qui s'est fait et passé au faubourg Saint-Marcel. 1625.

457. François de Gondy. 7 pièces in-4, demi-rel. et *brochées.*

Doctrine catholique et veritable de M. Mercier, touchant l'observation du Caresme. *Paris*, 1649. — Le Caresme des Parisiens pour le
service de la Patrie. *Paris*, 1649. — Réglement touchant ce qui se doit
pratiquer devant ce saint-temps de Caresme. *Paris*, 1649 (5 exempl.)

458. Episcopat de PAUL DE GONDY, cardinal de Retz. 5 vol.
in-4. demi-rel. et *broché.*

Déclarations des Curez de Paris sur le vray sens des propositions.
contre le livre : de l'Obligation des fidèles, de se confesser à leur curé,
par Rousse, 1657. — Censure d'un livre intitulé : Apologie pour les
casuistes. *Toulouse*, 1658. — Difficultez proposées à l'assemblée générale du Clergé sur des délibérations touchant le formulaire. *Paris*, 1661.
— Advis à MMgrs. les Evesques de France sur la surprise qu'on prétend faire au Pape, pour lui faire donner quelque atteinte au Mandement des Vicaires generaux de Paris, 1661. — Considérations sur l'ordonnance de MM. les Vicaires généraux de Paris, pour les souscrip-
tions, 1661.

459. — Mémoires du Cardinal de Retz, contenant ce qui
s'est passé de remarquable en France pendant les premières années du règne de Louis XIV.; nouvelle édition,
revue et augmentée. *Amsterdam, J.-F. Bernard*, 1731,
4 vol. in-12, portr., bas.

460. — COLLECTION D'ARRETS et de pamphlets, relatifs à
l'évasion du Cardinal de Retz en 1654, 17 pièces en un
vol. in-fol., basane.

Curieux recueil de pièces relatives à l'évasion du Cardinal de Retz du
château de Nantes où il était enfermé sous la garde du maréchal de la
Meilleraye, le 8 août 1654.
Le dos de ce volume porte les armes de N. FOUQUET et pour titre :
Affaire du Cardinal de Retz.
Ce recueil comprend : 1° un arrêt du 20 août 1654 ordonnant à tous
gouverneurs de province, d'arrèter le Cardinal de Retz ; 2° Arrêt du
22 août ordonnant aux domestiques du Cardinal de s'éloigner de
Paris ; 3° un arrêt du 29 janvier 1655 ordonnant la destruction de la
fameuse *Lettre du Cardinal de Retz aux archevêques et évêques de France*;
4° une ordonnance du 16 avril 1655, rappelant l'arrêt du 22 août 1654 ;
5° une *Monition* de J.-B. Chassebras, Vicaire général du Cal de Retz
du 8 septembre 1655 pour protester sur les poursuites dirigées
contre lui ; 6° une Ordonnance du Roy contre le sr Chassebras et

ordonnant la destruction de sa *Monition ;* 7° une ordonnance du Roy du 22 septembre 1655 contre les auteurs, imprimeurs et afficheurs des nombreux placards publiés sous le nom de Chassebras ; 8° une *Ordonnance du Roy contre le Cardal de Retz et ceux qui ont intelligence et tiennent correspondance avec luy du 3 mars 1661 ;* 9° et 10° 2 Ordonnances des 28 mars et 2 juillet 1656 contre les sujets et adhérents au Cardal de Retz ; 11° *Aristi ad Philotimum suum, epistola. De Historia Emmi Cal de Retz,* 15 pp. ; 12° *Lettre en vers,* 38 pp. contre Mazarin ; 13° *Seconde lettre d'un bon françois, ou est examinée celle de Mr le Cal de Retz aux Archevesques et Evesques de France.* 1655 ; 14° une ordonnance du pape Innocent X, de 1646 ; 15° *Avis sincère d'un evêque sur une lettre publiée sous le nom du Cal de Retz,* 1655. 126 pp. ; 16° *Reflexions sur une lettre envoyée de Rome aux Archevêques,* etc., 1655, 40 pp. ; 17° *Considérations snr une lettre du Cal de Retz, écrite à MM. les Doyens, Chanoines et Chapitre de l'Eglise de Paris,* 1655, 41 pp.

461. Paul de Gondy, cardinal de Retz. Son portrait gravé par Nanteuil en 1650, in-fol.

Superbe épreuve du PREMIER ÉTAT avec trace d'essai au burin dans la marge inférieure. Très-rare. (Robert Dumesnil, n° 217).
De la collection du comte de Béhague.

462. Pierre de Marca, archevêque en 1662. — Lettre autographe signée, adressée à Mazarin. *Barcelone,* 3 novembre, 1649, 2 pp. 1/2 in-fol.

Il mande que l'entreprise des ennemis sur Barcelone a été heureusement déjouée. Portrait ajouté.

463. Episcopat de Hardouin de Péréfixe de Beaumont, 5 vol. in-4.

Ordonnance pour la signature du formulaire de foy, 1664, cart. — Lettre de Mr. Petit, touchant le jour auquel on doit célébrer la feste de Pâques, 1666, *broché.* — Ordonnance pour la signature du formulaire, 1665, demi-rel. — Præscriptio adversus Canonistas Parisienses, 1665, demi-rel. — Censura in librum : La Défense de l'authorité de N. S. P. le Pape, etc., par J. de Vernant, 1665, *broché.* Ce dernier volume porte la signature de Le Dieu, secrétaire de Bossuet.

464. Hardouin de Péréfixe, 2 vol. in-4, cart.

Oraison funèbre de Messire Hardouin de Péréfixe de Beaumont, prononcée à ses obsèques en l'église des Billettes, par Monsieur l'Abbé Cassagnes. *Paris,* 1671. — Oraison funèbre de Messire Hardouin de Péréfixe, prononcée dans l'église de l'abbaye de Jarcy, pour l'Anniversaire de sa mort, le 13 janvier 1672, par Mre Thomas Beccasse. *Paris,* 1672.

465. Lettre autographe de Hardouin de Péréfixe, signée à Sœur Marie de Sainte-Madeleine, abbesse de Port Royal des Champs. *Paris,* 3 Août 1669, in-4, enveloppe et cachets.

Il la félicite de son élection d'abbesse. On a ajouté une pièce signée sur vélin: la nomination comme diacre de Jean du Tillet, et un portrait.

·466. Hardouin de Beaumont de Péréfixe, archevêque de Paris. Son portrait gravé par Nanteuil, 1665, in-fol.

> Superbe épreuve du PREMIER ÉTAT. Marges. (Robert Dumesnil n⁰ 214).

467. Hardouin de Péréfixe. Son portrait, gravé par Nan - teuil, pet. in-fol.

> Épreuve remargée à plat. (Robert Dumesnil, n⁰ 211).

468. Episcopat de François HARLAY DE CHANVALLON. 10 pièces in-4 , brochées.

> Mandement touchant l'établissement des Missions, et l'administration du diocèse. Paris, 1672. — Lettre de la Reyne pour faire chanter « Te Deum, en actions de grâces de plusieurs villes et places prises sur les Hollandois. Paris, 1672. — Lettre du Roy pour faire chanter : Te Deum pour la prise de Maestricht, 1673 ; pour la victoire remportée sur l'Armée impériale. Paris, 1673-74. — Arrest du parlement pour la remise des foires et marchés, ouvertures de cabarets, etc.. à l'heure de la Grand'Messe et des Vespres, 1673. — Préseances et Pain-bénit en faveur des fouriers des logis, 1677. — Mandement sur le respect q̃ue l'on doit garder dans les Eglises. Paris, 1686. — Mandement touchant les Prières pour l'abondances des récoltes, 1694.

469. — Assemblées du clergé sous l'épiscopat de Harley de Chanvallon , 5 vol. in-4 , cart.

> Contrat entre le Clergé de France assemblé et P. L. de Reich, trésorier et receveur dudit Clergé, 1675, broché. — Remonstrance du Clergé assemblé, faite au Roy, par Mgr. J.-B. Adheimar de Monteil de Grignan, 1680. — Procès-verbal de l'Assemblée tenue en l'Archevêché de Paris en mars et may 1681. — Edit du Roy, sur la déclaration faite par le Clergé de ses sentiments touchant la puissance ecclésiastique 1682. — Actes des assemblées du Clergé de la ville de Paris, tenue à l'Archevêché les 5 et 7 octobre 1688.

470. — EXTRAIT DU PROCÈS-VERBAL de l'Assemblée Générale du Clergé de France. Tenue à Sᵗ. Germain en Laye, du lundi 19 juin 1690, in-fol.

> Précieux document manuscrit formant 9 pages in-fol., écrites sur vélin.
> . L'Assemblée du Clergé, réunie à St.-Germain, ayant voté une somme de douze millions de don à Louis XIV, annonce qu'elle a déjà vré 6 millions 500000 livres. Afin de compléter la somme, l'Assemblée décide d'emprunter au denier dix-huit les 5500000 livres restant. C'est ici l'original du texte de cette délibération de l'Assemblée, signée par l'archevêque de Paris, président, par l'abbé Phélippeaux, secrétaire de l'Assemblée, l'archevêque d'Aix, Daniel de Cosnac, les abbés de Beaulemont et d'Aquin, agents du clergé, etc.

471. — Sommaire et Factums pour les Curez de l'Archidiaconé de Josas, contre Monsieur Coquart de la Motte,

abbé de Notre-Dame de Vertus et archidiacre de Josas. 1684, 3 vol. in-4 et pièce manuscrite.

Procès au sujet des biens des curés de l'Archidiaconé, dont l'archidiacre s'emparait à leur mort.

472. Episcopat de François HARLAY DE CHANVALLON. Éclaircissement de l'ancien droit de l'Evêque et de l'Eglise de Paris sur Pontoise et le Vexin françois, contre la prétention des archevêques de Rouen, par Deslions. *Paris*, 1694, in-8, basane.

473. — Eloge de messire François de Harlay, archevêque de Paris, par Legendre. *Paris*, 1695, in-12, demi-rel.

474. — Eloges historiques des Evesques et Archevesques de Paris, qui ont gouverné cette église depuis environ un siècle jusques au décès de M. François de Harlay (par de Martignac). *Paris, Muguet*, 1698, in-4, portr., *basane.*

6 portraits gravés par *Duflos*. L'éloge de Harlay de Chanvallon occupe les pp. 63-103.

475. — De Vita Francisci de Harlai, Rothomagensis primum, deinde Parisiensis Archiepiscopi Auctore Ludovico Le Gendre. *Parisiis*, 1720, in-4. portr., *basane.*

On a relié à la suite : Legendre : Éloge et Nouvel éloge de Messire Fr. de Harlay. *Paris*, 1695-1696, 2 pièces.

476. — Mémoires de l'abbé Le Gendre, chanoine de Notre-Dame, secrétaire de M. de Harlay, archevêque de Paris, publiés d'après un manuscrit authentique par M. Roux. *Paris, Charpentier*, 1863, in-8, demi-rel.

477. Harlay de Chanvallon. 3 lettres et pièces autographes.

1° Lettre autographe signée, adressée au cardinal de Bouillon, 9 juillet 1671, 1 p. in-4. Cachet.
2° Permission signée et datée du 2 août 1685, in-4 obl. sur vélin.
3° 1 pièce in-4 oblong, signée et cachet, 1692.
Portrait ajouté.

478. Harlay de Chanvallon. Son portrait gravé par Nanteuil en 1673, in-fol.

Belle épreuve du troisième état. Marges. (Robert Dumesnil, n° 108). De la collection du comte de Béhague.

479. Episcopat de Louis-Antoine de NOAILLES. 4 pièces in-4, *déreliées.*

Déclaration du Roy touchant le bref du Pape qui condamne le livre intitulé : l'*Explication des Maximes des Saints*, 1699. — Arrest ordonnant

la suppression du libelle : de la Correction fraternelle, 1705. — Arrêt
qui ordonne la suppression de : III. et Rev. D. Auditoris generalis Reæ
Camera Apostolicæ Litteræ Monitoriæ, etc., 1716, etc.

480. Episcopat de Louis-Antoine de NOAILLES. 22 pièces in-4 et in-12.

Mandement au sujet de l'Incendie des Maisons du Petit-Pont. *Paris*,
1718. — Mandement ordonnant des prières au sujet des calamités
publiques. *Paris*, 1720. — Ordonnance touchant la Vénération due aux
Églises. *Paris*, 1696. — Constitution du Pape Clément XI. Acte d'appel
1713 ; Lettre au Pape, 1717 ; Mandement pour la publication de l'appel
interjeté en 1717, en 1718 ; Mandement — pour l'acceptation de la
Constitution du Pape, 1718 (5 pièces). — Ordonnance révoquant le
droit de prêcher et de confesser aux PP. Jésuites, 1716. — Ouverture
des *Prières de 48 heures*, 1725. — Harangue faite au roy par le card
de Noailles en 1701, en 1707 et en 1710. (3 pièces). — Solution de
divers problèmes pour la paix de l'Eglise. *Cologne*, 1699, in-12.

481. — Echange fait entre le Roy et monseigneur l'Archevesque de Paris, pour raison des censives et droits de lods et véntes sur plusieurs Maisons dans la ville et fauxbourgs de Paris, faisant partie de plusieurs autres maisons qui sont dans les censives de sa majesté et de l'archevêché de Paris. *Paris*, 1718, in-4, cart.

482. Antoine de Noailles. Lettre autographe signée adressée à l'évêque d'Avranches, datée de Conflans, 2 octobre, 2 pp. in-4.

Relative à un prêtre qui a une conduite déréglée.
On a ajouté : *Lettre pastorale et Mandement de Mgr. le Cal de Noailles
au sujet de la Constitution de N. S. P. le Pape du 8 sept.* 1713, 6 ff.
mss.

483. Antoine de Noailles. Son portrait gravé par Drevet, d'après Rigaud, in-fol.

Belle épreuve sans marges.

484. Episcopat de C. GUILLAUME DE VINTIMILLE. Cérémonies qui s'observent à la prise de possession de M. l'archevêque de Paris. *Paris*, *Ch. Osmont*, 1729, in-4, cart.

Publié à l'occasion de l'avènement de Ch. G. de Vintimille.

485. — G. de Vintimille, 16 vol. in-4, déreliés et cart.

Lettre au Roy de l'Assemblée du Clergé, 1730. — Lettre au Roy,
1730. — Requeste des curez de la campagne du diocèse de Paris,
1732. — Cahier presenté au roy par les Archevêques, évêques, etc.
concernant la juridiction ecclésiastique, 1735. — Acta et decreta
sacræ Facultatis Theologiæ Parisiensis, super Constitutione S. D. N.
Papæ Clementis XI. Quæ incipit Unigenitus Dei filius, 1730. — Ordonnance de Messieurs les Vicaires du chapitre, Administrateurs de l'archevêché, le siège vacant, 1746, etc.

486. Mandements de Guillaume de Vintimille, 14 pièces in-4, demi-rel. et *brochées*.

Prières pour l'accouchement de la Reine, 1730. — Te Deum pour la naissance du Dauphin, 1730 ; pour les entreprises du roi, 1733 ; pour la prise du Château de Milan, 1734 ; pour la prise de Fribourg, 1734; pour la victoire de Guastalle, 1734 ; pour la prise du comté de Nice, 1744 ; pour le rétablissement de la santé du Roy, 1744; pour la prise de Fribourg, 1744; pour la prospérité des armes du Roy, 1745 ; pour la victoire remportée sur les alliés, 1745 ; pour la prise de Tournai, 1745; prise de Gand, 1745 ; prise de Tortone, 1745.

487. G. de Vintimille. Lettre autographe signée comme archevêque d'Aix, datée de Fontainebleau, 2 sept. 1712, 2 pp. in-4.

On a ajouté une Permission accordée à M. Thiroux de Cailly, pour faire dire la messe dans sa maison, pièce in-fol. signée de Ch. de Vintimille, 8 août 1739.

488. Episcopat de Gigault de Bellefont. Mandement de Messieurs les Vicaires generaux du Chapitre et Archidiacres de l'Eglise de Paris, administrateurs de l'Archevêché, le siège vacant, portant ordre de faire des prières et services de l'âme de feu Mgr. Jacques Bonne Gigault de Bellefont. *Paris*, 1746, in-4, demi-rel.

489. Gigault de Bellefont. Lettre autographe signée aux consuls d'Arles, datée de Paris, 8 avril 1746, 1 p. in-4.

Nommé archevêque de Paris, G. de Bellefont exprime aux consuls son regret de quitter le diocèse d'Arles. Ce prélat ne prit possession de son siège à l'Archevêché de Paris que le 2 juin 1746, il mourut le 20 juillet suivant.

490. Episcopat de Christophe de Beaumont, 26 vol. et brochures, in-4 et in-8.

Instruction sur les atteintes données à l'autorité de l'Eglise, 1763, in-8, veau. — Lettre de l'Assemblée du Clergé aux archevesques et évesques de France. — Condamnation d'une thèse soutenue en Sorbonne, par J. M. de Prades, 1752, in-4. — Consultation sur le refus de Sacrements aux jansenistes, 1753, in-4. — Liste des Députez qui composent l'assemblée du Clergé, 1755, in-4. — Mandement de Mgr. l'Archevèque de Paris, touchant l'autorité de l'église, l'enseignement de la foi, etc., 1746. — Sentence du Châtelet qui condamne un écrit : Mandement de Mgr. l'Archevesque de Paris, etc., 1746. — Liste des députes de l'assemblée du Clergé, années 1760, 1762, 1766. — Condamnation des Actes d'adhésion aux Actes de l'Assemblée du Clergé de 1765. — Prières ordonnées pour le repos du feu roi, 1774. — Suppressions de quelques fêtes, 1778. — Si M. de Beaumont est schismatique ? — Prières pour le repos de l'âme de M. de Beaumont. — Eloge de M. de Beaumont, 1822, etc.

491. — Inventaire des titres de l'Archevêché de Paris, 1758, forte liasse de papiers manuscrits.

Cet inventaire, dressé sous l'épiscopat de M. de Beaumont, présente un grand intérêt ; il comprend 3 parties : *Domaine de l'Archevêché*, *Rentes dues à l'Archevêché de Paris*, et *Censive de l'Archevêché*.

492. Christophe de Beaumont, 2 vol.

Mandement des Vicaires généraux le siège vacant, ordonnant des Prières pour feu Christophe de Beaumont. *Paris*, 1781, in-4, cart. — Eloge de Christophe de Beaumont, par l'abbé Pichot. *Paris*, 182 , in-12, cart. (2 exempl.).

493. Christophe de Beaumont, 3 pièces autographes.

1º Lettre autographe signée à Louis XIV, datée de Paris, 9 déc. 1765, 4 pp. in-4. — Relative à un prêtre nommé Gilbert qui lui a ren ses pouvoirs parce qu'il voulait absoudre des religieuses réfractaires.

2º Conclusion de l'ordonnance relative à la Constitution Unigenitus. 2 pp. in-4.

3º Pièce signée sur vélin, in-fol. oblong. provision de chanoine l'église de Paris en faveur de Fr. Bénigne du Trousset d'Héricourt. Portraits ajoutés.

494. Episcopat de Ant. L. L. LECLERC DE JUIGNÉ, 18 pièces in-4 et in-8, *déreliées* et cart.

Remontrances du Clergé, présentées au Roi, le 15 juin 1788 sur les droits du Clergé. — Réponse du Roi. — Pétition des Curés aux Etats généraux — L'archevêque de Paris à ses diocésains. — Cahier de doléances du clergé de Paris, 1789. — Electeurs de l'ordre du Clergé de Paris, pour la députation aux Etats-Généraux. — Mandement qui ordonne des prières pour les Etats-généraux, 1789. — Vie de A. E. Leclerc de Juigné par l'abbé Lambert, 1821, in-8, etc , etc.

495. Le Clerc de Juigné. Pièce signée, datée du 18 ju 1785, in-4 oblong.

Nomination d'un abbé. On a ajouté deux portraits de Le Clerc de Juigné dont un gravé par *Varin*.

496. Le Clerc de Juigné. Son portrait dessiné par Nogaret, gravé par Fessard, in-fol.

Belle épreuve avec marge.

497. Histoire du Clergé pendant la Révolution , 8 vol. in-8 et in-12.

L'Eglise de France depuis le 9 mai 1789 jusqu'au 9 nov. 1799, par Delbos. *Toulouse*, 1853, 2 vol. in-8, demi-rel. mar. (Ex. de M. de Beauchesne). — Barruel. Histoire du Clergé pendant la Révolution. 1800, 2 tomes en 1 vol. in-12, basane. — Guillon. Parallèle des Révolutions 1792, in-8, demi-veau. — Fauchet. De la religion nationale 1789, in-8. demi-rel., etc.

498. Histoire du Clergé pendant la Révolution, 105 pièces et brochures in-8 et in-12.

Ouvrages des abbés Fauchet, Grégoire, Sieyès, etc.; protestations faites contre les décrets rendus par les diverses assemblées révolutionnaires, touchant à la constitution du Clergé, à la liberté des cultes, etc

499. Histoire du Clergé pendant la Révolution. 65 pièces sur divers sujets, 4 vol. in-8; demi-rel.

500. Quatre lettres autographes relatives à la liberté des Cultes, in-4.

> 1⁰ Lettre autographe de Fr. de Neufchâteau, ministre de l'intérieur. — Enquête sur les filles de la Maison de l'enfant Jésus, rue de Sèvres, ayant reçu la communion des prêtres insermentés, 17 fructidor an V.
> 2⁰ Lettre de Joubert au sujet de l'exécution des lois relatives au libre exercice des cultes, 8 floréal an VI.
> 3⁰ Lettre du même, sur la Police des Cultes, du 19 messidor an VI.
> 4⁰ Lettre de L. Milly, pour arrêter le fanatisme sacerdotal, qui reprend de nouvelles forces, 27 messidor an VII.

501. La Chasteté du Clergé dévoilée, ou procès-verbaux des séances du Clergé chez les filles de Paris, trouvés à la Bastille (par Dominique Darimajou). *Rome et Paris*, 1790, 2 vol. in-8, demi-rel.

> Ouvrage recherché; il contient les noms des prêtres trouvés par la police chez les filles de joie de Paris.

502. Constitution civile du Clergé pendant la Révolution, 1790-1792, 31 pièces in-8, *déreliées*.

> Projet d'adresse aux Français sur la constitution civile du clergé, par Mirabeau, 1791. — Projet de décret sur le Clergé, par Siéyès, 1790. — Apologie de la constitution du Clergé, par le père La Lande. — Bref du Pape Pie VI, 1792. — Réfutation de toutes les déclamations épiscopales contre le décret sur la constitution du Clergé, par de La Croix, 1791, etc.

503. Serment civique exigé des ecclésiastiques, 61 pièces *déreliées* et cart.

> Exposé des principes sur le serment. — Légitimité du serment, par Grégoire. — Serment civique prononcé par un curé de Paris. — Opinion de Cl. Fauchet sur les prêtres non assermentés — Histoire du serment à Paris, suivi de la liste de ceux qui ne l'ont pas prêté, par de Joly. — Tableau des ecclésiastiques de Paris qui ont prêté le serment, etc., etc.

504. Biens du Clergé, 11 brochures in-8.

> Observations sur les biens ecclésiastiques du 10 août 1789. — Décret qui déclare propriété nationale tout l'actif affecté aux fabriques. — Protestation contre la vente des biens du clergé. — Opinion de l'abbé Maury sur la propriété des biens ecclésiastiques, etc.

505. Épiscopats de Gobel et de Royer, évêques constitutionnels de Paris, 22 pièces *in-4* et *in-8*, demi-rel. et *brochées*.

> Discours de M. de Beauvais avant de proclamer M. Gobel évêque de Paris, 1791. — Lettre pastorale de l'évêque métropolitain aux fidèles, curés, etc.; opinion de l'évêque de Lydda sur l'organisation du Clergé

(3 pièces). — Ordonnance de l'archevêque de Paris (Juigné) contre l'élection de l'évêque Gobel. — Quatre lettres à M. Gobel, évêque intrus de Paris. — Réclamation des Curés de Paris contre l'institut de M. Gobel. — Lettre pastorale des évêques réunis à Paris, 1796. — Lettre pastorale de Royer, etc.

506. J.-B. Gobel. Lettre autographe signée et adressée au Citoyen Curé de Gentilly, datée du 28 mai an II. 1 p. in-4.

> On a ajouté la Copie signée par lui d'un Discours prononcé à l'Assemblée nationale le 17 mars 1791, après sa nomination à l'évêché. 2 pp. in-fol. Portrait.

507. J.-B. Royer. Pièce autographe signée en tête. *Paris*. 1800, 1 p. 1/2 in-4.

> Minute de sa lettre pastorale aux fidèles de son diocèse à l'occasion de l'attentat dirigé contre la personne du premier consul. Portrait ajouté.

508. Curés constitutionnels de Paris, 15 pièces in-8. demi-rel. et *brochées*.

> Discours de M. Pastoret, président l'assemblée électorale du distr. de Paris, 1791. — Discours de M. Sibire, élu curé de Saint François d'Assise, 1791. — Discours et Lettres de M. de Beaulieu, curé de Saint-Séverin, prononcés ou écrites en 1791, 1792 et 1793 (6 pièces). — Réflexions d'un solitaire sur l'élection du P. Poiret à la cure de Saint-Sulpice. — Lettre du P. Poiret. — Entretien d'un curé avec son paroissien sur le schisme, etc.

509. Registre contenant les noms des prêtres non assementés et leurs déclarations conformément à l'arrêté de leur commune de Paris du 2 août 1792, in-fol. de 6 pp. manuscrites.

> Ce registre contient la déclaration de 14 prêtres qui prêtent serment. On y joint : le serment « de haine à la Royauté et à l'anarchie » de G.-A. Boudet, ancien prêtre, écrivain public, place Saint-Sulpice, 1 p. in-4, manuscrite, signée et datée du 7 messidor an VI.

510. Mariage des Prêtres, 4 pièces in-8, *brochées* et 2 lettres autographes.

> Le Mariage des Prêtres. — Réflexions impartiales sur l'ouvrage intitulé : Inconvénient du célibat des Prêtres. — Pétition de Fr.-Et. Bernet (Debois-Lorette), prêtre, marié constitutionnellement à une Anglaise protestante. — Lettre autographe de M. Debois-Lorette à M. Pougens et réponse de celui-ci, 2 pièces autographes. — Mémoire sur le célibat des curés de campagne.

511. Traitement des Ecclésiastiques. 6 pièces in-8, déreliées.

> Observations sur le rapport de M. Martineau sur le traitement des ecclésiastiques, 1790. — Motion de l'abbé Daubecourt sur le traitement des religieux. — Rapports à la Convention, par Forestier, Gambon, etc.

512. Suppression des Cultes et des Ordres religieux, 13 brochures in-8.

> Discours concernant la suppression des ordres religieux. — Mémoire sur le projet de détruire les corps religieux. — Observation des Religieux bénédictins de la Congrégation de S. Maur sur la motion de M. Treilhard, etc.

513. Les Martyrs de la Foi pendant la Révolution française, ou Martyrologue des Pontifes, Prêtres, Religieux, Laïcs, etc., qui périrent pour la foi, par l'abbé A. Guillon. *Paris*, 1821, 4 vol. in-8, demi-rel. — Martyrologue du Clergé français pendant la Révolution. *Paris*, 1840, in-12, demi-rel.

514. Les Eglises de Paris sous la Révolution, 5 vol. in-8, cart.

> Remarques sur les trente-trois paroisses de Paris, d'après la nouvelle circonscription décrétée le 4 février 1791. — Arrêté contenant les églises paroissiales, les chapelles et autres édifices de Paris du 11 avril 1791. — Tableau contenant les nouveaux noms de 15 églises remises à l'usage des citoyens de Paris.. — Remarques sur les Abbayes, Collégiales, Paroisses et Chapelles supprimées dans Paris, etc.

515. Culte de la Raison, 3 vol. in-8 et in-12, cart.

> Discours prononcé par le citoyen Monvel, le jour de la fête de la Raison, célébrée dans la ci-devant Eglise Saint-Roch, 1794. — Recueil des meilleures prières, hymnes et hommages à l'Eternel, 1794. — Hymnes adoptées par la section du Panthéon Français pour être chantées au Temple de la Raison, s. d. (Le premier Hymne contenu dans ce volume est celui des *Marseillais*).

516. Culte des Théophilanthropes, in-fol., demi-rel.

> Recueil de 12 pièces manuscrites relatives au partage de l'église Saint-Sulpice de Paris, entre les catholiques et les théophilanthropes. Ces pièces sont revêtues des signatures des administrateurs du culte théophilantropique et sont la plupart datées de l'an VI.
> Ce curieux dossier provient de la collection de Aug. Laverdet.

517. Culte des Théophilanthropes, 5 vol. in-12, reliés et *brochés*.

> L'origine et les suites du culte romain et de la Théophilanthropie, par Pelissard, 1796. — Le culte des Théophilanthropes ou adorateurs de Dieu. *Basle*, 1797, 3 parties — Rituel des Théophilanthropes, contenant l'ordre de leurs différens exercices. *Paris*, 1798. — Manuel et année religieuse des Théophilanthropes. *Nancy*, 1798 — Recueil de Cantiques, Hymnes et Odes. *Paris*, 1798

518. Episcopat de J.-B. de BELLOY, 5 vol. in-4, in-8 et in-12.

> Loi sur l'organisation des cultes, an X. *Paris*, 1802. — Bulle contenant la nouvelle circonscription des Diocèses, an X. — Prières pour le Jubilé à l'occasion du Concordat, 1804. — Mandement qui ordonne

des prières pour la prospérité des armes de l'Empereur ; pour la victo ɔe
d'Austerlitz, 1805 (2 pièces). — Diverses pièces manuscrites.

519. Épiscopat de J.-B. de Belloy. Copie d'une lettre de
M. de Belloy, archevêque de Paris, du 5 frimaire an X,
dans laquelle il demande que l'heure des mariages civ ɔ
soit avancée, in-fol. ms.

520. J.-B. de Belloy. Lettre autographe signée adress ɛ
au Citoyen Guillon, datée du 17 mai 1803, 1 p. in-4.

> Belle lettre. Deux portraits ajoutés.

521. Épiscopat de J.-S. Maury. — Le Cardinal Maur ɔ
sa vie et ses œuvres, par M. Poujoulat. *Paris, Vermor*.
1855, in-8, portr., demi-rel. veau.

522. Cardinal Maury. Lettre autographe signée à l'ab-ɔ
Guillon, datée du 8 octobre 1803, 1/2 p. in-fol.

> Belle lettre. On a ajouté 3 portraits et une lettre de l'abbé Maury,
> frère du Cardinal.

523. Vacance du Siége de l'archevêché, de 1814 à 181 ɔ
5 vol. in-4 et in-8, cart.

> Mandements qui ordonnent que l'anniversaire de la mort de Louis X-I,
> et de Marie-Antoinette, seront célébrés, 3 vol. — Abbé Dillon. ɔɔ
> Concordat de 1817. — Mandement pour le Saint Temps de Carême 18 ɔ

524. Épiscopat de Alex. de Talleyrand-Périgord — 6 pièces
in-4 et in-8.

> Notice historique sur Mgr. de Talleyrand-Périgord (par le Card. 1:
> Beausset). *Versailles*, 1821, in-8 (3 exempl.) — Mandement ɔɔ
> vicaires généraux ordonnant des prières pour feu le Card. de Talleyra ɔɔ
> Perigord, 1821. — Oraisons funèbres du Card. Talleyrand, ɔɔ
> Frayssinous, par un prêtre de la Mission. 2 vol. in-8.

525. Alex. de Talleyrand-Périgord. Lettre autograp ɔɔ
signée adressée à M. Archambaud, en 1821. 3 pp. in-4.

> Belle lettre où il remercie son neveu de ses bons soins. « J'esp ɔɔ
> avoir terminé cette triste carrière honorablement. » 2 portraits ɔ
> brochure ajoutés.

526. Épiscopat de Hyacinthe Louis de Quélen. — 88 Ma ɔ-
dements divers de 1821 à 1839, in-4, *brochés*.

> Mandement à l'occasion de l'ouverture de l'église de Sainte-Genev ɔɔ
> 1821 — à l'occasion de l'anniversaire de la mort de Louis XVI, 1822.—
> Te Deum à l'occasion du Sacre et Couronnement du Roi, 1825. — a
> l'occasion de la translation du corps de St-Vincent de Paul, 1830.—
> Prières pour la cessation du Choléra-morbus, 1832, etc., etc. Quelq ɔɔ
> doubles.

527. — Mémoires secrets sur M. l'Archevêque de Paris,

.ou adresse au corps épiscopal de l'église de France et à sa Sainteté pour demander sa déposition, par l'abbé Paganel. *Paris*, 1831, in-8, *broché.*

On y a ajouté la seconde édition augmentée. *Paris*, 1833, in-8 *broché.*

528. Louis de Quélen, 3 vol.

Vie de Mgr. de Quélen, par M. d'Exauvillez. *Paris*, 1840, 2 vol. in-8, portr., demi-rel. — Vie abrégée de Mgr. de Quélen, par d'Exauvillez. *Paris*, 1840, in-12, portr., demi-rel. — Oraison funèbre de Mgr. de Quélen, par l'abbé de Ravignan. *Paris*, 1840, in-8, demi-rel.

529. Louis de Quélen. Lettre autographe signée et datée du 17 janvier 1822, 3 pp. 1/2, in-4.

Curieuse lettre où il se plaint qu'on ait nommé sans le consulter un chanoine de Notre-Dame.
On a ajouté la critique par l'abbé Gacher d'un ouvrage intitulé : *M. de Quélen et le gouvernement*, 4 pp. mss. in-fol. et 4 portraits.

530. Episcopat de Denis Auguste AFFRE. 9 brochures in-4 et in-8.

Mandements divers ; Questions proposées aux conférences de 1844, 1846, 1847, 1848, etc.

531. — Eloge de Monseigneur Denis Auguste Affre, archevêque de Paris, par M. l'abbé du Chesne. *Paris*, 1848, in-8, mar. brun jans., armes, tr. dor.

Manuscrit de 63 pages richement relié.

532. Denis Aug. Affre. 5 vol.

Vie de Denis-Aug. Affre, par l'abbé Cruice. *Paris*, 1849, in-8, *broché.* —Histoire de la Vie et de la Mort de Mgr. Affre, par l'abbé Castan. *Paris*, 1855, in-18, *broché.* — Oraison funèbre de Mgr. Affre, par l'abbé Cœur. *Paris*, 1848, in-12, demi-rel. — Eloge de Mgr. Affre, par l'abbé Du Chesne. *Paris*, 1848, in-8, *broché* — La Mort de l'Archevêque de Paris, poème, par Paulin Lacombe. *Paris*, 1849, in-8, *broché.*

533. Denis Aug. Affre. Lettre autographe signée et datée le 21 janvier 1840, 1 p. in-4.

Belle lettre. Portrait ajouté.

534. Episcopat de Marie Dominique AUGUSTE SIBOUR, 17 brochures in-4 et in-8.

17 Mandements divers et lettres synodales.

535. Aug. Sibour. Lettre autographe signée, datée de Nîmes, le 1er mai 1825, 2 pp. in-12.

On a ajouté une lettre autographe signée, datée de Paris, 2 août 1852, et un portrait.

536. Episcopat de Fr. Nicolas, Cardinal MORLOT, 3 brochures in-4 et in-8.

> Darboy. Lettre à l'abbé Combalot en réponse à ses lettres à Mgr l'archevêque de Paris. 1851. — Instruction pour le Carême de 1854. — Maladie et derniers moments du cardinal Morlot, 1863.

537. Cardinal Morlot. Lettre autographe signée, adressée au Prince Léon d'Arménie, datée de Paris, le 3 mars 1859, 1 p. in-4.

> Belle lettre. On a ajouté une lettre autographe, 1 p. in-8.

538 Episcopat de Georges DARBOY, 9 brochures in-8.

> Mandements. — Discours, prononcés dans la discussion de l'adresse, 1865. —. Oraison funèbre de Mgr. Darboy, par le R.-P. Ad. Perraud, 1871, etc.

539. Episcopat de Joseph-Hipp. GUIBERT, 59 brochures in-4 et in-8.

> Mandements et Lettres circulaires. — Oraison de Mgr. le cardinal Guibert, par Mgr. Perraud, 1886.

5. *Personnalités religieuses.*

540. Calendrier historique et chronologique de l'Église de Paris, contenant la mort des évêques, archevêques et des hommes illustres du diocèse... la prélature parisienne, etc., par A.-M. Le Fevre. *Paris, Herissant*, 1742. in-12, basane.

541. VIE DE SAINT ÉLOI DE NOYON, par Saint Ouen archevêque de Rouen, ms. in-fol., reliure en basane sur des ais de bois, coins, clous et fermoirs. (*Reliure originale*.

> Précieux manuscrit du XIVe siècle, qui paraît provenir de l'abbaye de Saint-Éloi de Noyon. Il se compose de 73 ff. sur vélin, mesurant 0ᵐ,3 sur 0ᵐ,253 ; écriture du XIVe siècle à deux colonnes sur les ff. 1 à 47 et à longues lignes sur les ff. suivants.
>
> Il contient : 1° la Vie de Saint Éloi, attribuée à Saint-Ouen, te que qu'elle a été publiée par Luc d'Achery (*Spicilegium*, éd. in-fol., 76-123) ; dans le ms., cette vie est divisée en trois livres, tandis qu'elle est coupée en deux dans l'édition ;
>
> 2° La relation de découvertes de reliques faite en 1183 dans l'abbaye Saint-Éloi de Noyon, relation dont une partie a été publiée dans la *Gallia Christiana*, IX, col. 1058 et 1059 ;
>
> 3° Les vers inscrits sur une croix dont on rapportait l'exécution à Saint Éloi, et que l'auteur de la relation précédente désigne par ces mots : Crux vetustissima, auro gemmisque operata, que de opere manuum ipsius esse ferebatur » ;
>
> 4° Un long office noté de Saint Éloi.

La Vie de Saint-Éloi occupe les 42 premiers ff.; elle commence par ces mots : *Incipit prologus in vitam sancti Eligii episcopi Noviomi edita a beato Audoeno, Rothomagensi archiepiscopo.*

Cette Vie présente un grand intérêt pour l'histoire de la ville de Paris. Saint-Éloi, né vers 588, arriva à Paris vers 620 où il travailla à la monnaie et aux plus beaux ouvrages d'orfèvrerie. Il se fit connaître et aimer du roi Dagobert et il exerça une grande influence sur les évènements de son temps. Il fonda sur la terre de Solignac, près de Limoges, la célèbre abbaye de ce nom ; à Paris, il créa un monastère de filles qu'il plaça sous la conduite de l'abbesse Sainte-Aure, il fit construire aux portes de Paris, l'église Saint-Paul, destinée à la sépulture des religieuses. Toutes ces fondations sont longuement racontées dans ce manuscrit qui ne peut manquer d'intéresser les archéologues parisiens.

Le manuscrit est orné de 8 belles miniatures peintes sur fonds or ; 6 de ces miniatures se rapportent à la vie de Saint-Éloi, une à la découverte faite à l'abbaye de Noyon et une à l'office de St.-Éloi.

Une notice de M. Léopold Delisle, consacrée à ce précieux ms., a été insérée dans le Bulletin de l'École des Chartes, 1886.

542. Vie de Saint Eloi, evêque de Noyon (588-659), par Saint Ouen. Traduite par Charles Barthélemy (de Paris). *Paris, Lecoffre,* 1853, in-8, demi-rel. veau.

543. Panégyrique de S. Probace, prêtre du diocèse de Paris, par J. B. Roux. *Aix, R. Adibert,* 1736, in-4, demi-rel.

Saint Probace vivait vers 986 dans Nogent, à présent Saint-Cloud. On a ajouté une lettre autographe de l'auteur.

544. Vie de M. Olier fondateur de Saint-Sulpice (1608-1657) accompagnée de notices sur un grand nombre de personnages contemporains (par l'abbé Faillon). *Paris,* 1841, 2 vol. in-8, portr., *basane.*

545. Personnalités religieuses du XVIIe siècle. 5 vol. in-8 et in-12.

Les choses plus mémorables arrivées à la mort du R. P. Bernard. *Paris,* 1641, in-12. — La Vie du vénérable Père Bernard, prestre du diocèse de Paris (1588-1641), par Lempereur. *Paris,* 1708, in-12, veau. — Abrégé de la Vie du vénérable Frère Fiacre, augustin-déchaussé (1609-1684). *Paris,* 1605, in-8, cart. — Joannis Launoii Parisiensis Theologi, Elogium (1603-1678). *Londini,* 1685, in-12, vélin. — Vie de M. Singlin (1607-1664), par l'abbé Goujet, in-12, vélin.

546. Personnalités religieuses au XVIIIe siècle. 5 vol. in-8 et in-18.

Essai sur la Vie et les ouvrages du P. Daire, anc. bibliothécaire des Célestins (1713-1792), par de Cayrol. *Amiens,* 1838, in-8, cart. — Vie de l'abbé Nicolle, chanoine honoraire de Paris (1758-1835). *Paris,* 1857, in-18, demi-rel. — Éloges funèbres de J.-B. Sanson et L. Guillaume Minard, membres du presbytère de Paris, par Pierre Brugière. *Paris,* 1798, in-8, demi-rel., etc.

547. Personnalités religieuses du XIXe siècle. Biographies et oraisons funèbres. 20 vol. ou pièces in-8 et in-18, *brochés*.

> Abbé Badiche. — Abbé Bayle. — Abbé de Beauvais. — Abbé Desjardins. — Abbé du Chesne. — Faillon, prêtre de St.-Sulpice. — Mgr. de Frayssinous. — Sœur Gendry. — Mgr. de Girardin. — Abbé Haum-. — Abbé Houssaye. — Abbé Legris-Duval. — Abbé Letellier. — Abbé Manceau. — R. Père Milleriot. — Abbé Henri Planchat. — Abbé F. Richard. — Sœur Rosalie ; inauguration de son buste (Mairie du 12e arrond.). — Paul Seigneret, séminariste, fusillé à Belleville en 18..

6. *Séminaires.*

548. Séminaire de Saint-Sulpice. 10 vol. et *brochures*.

> Réglemens de la Communauté des Prêtres desservant la paroi de Saint-Sulpice. *S. l.,* 1782, in-8, portr., bas. — Éloge funèbre de Faydit de Terssac, curé de St.-Sulpice, par l'abbé Vigneras. *Paris* 17.., in-4, *br.* (2 ex.). — Missæ per sacerdotes recens ordinates pontifici, 18.., in-4. — Missæ a sacerdotibus recens ordinatis... 1826, in-4. — Déclaration du Roy pour l'establissement des séminaires dans les diocèses où il n'y en a point, 1698. *Paris,* 1698, in-4. — Suasoria doctori sorbonici ad nepotem, de seminario a deundo juxta sanctionem ill. Archiepiscopi parisiensis. *Paris,* 1699, brochure in-4, etc.

549. Séminaire de Saint-Sulpice. 4 vol. in-8 et in-12.

> La Vie de M. J.-J. Olier, fondateur du Séminaire de Saint-Sulpice (par Giry et Lechassier). *S. l.,* 1687, in-12, basane. — Vie de M. Olier, (par Faillon). *Paris,* 1841, 2 vol. in-8, *brochés.* — M. Carrière, supérieur de Saint-Sulpice, par l'abbé Lamazou. *Paris,* 1864, in-12, demi-r .

550. Vie de M. Olier, fondateur du séminaire de Saint-Sulpice, par M. Faillon. *Paris, Poussielgue,* 1873, 3 vol. in-8, portr. et fig., *brochés.*

551. La Journée chrestienne, par M. Olier, fondateur du Séminaire de S. Sulpice. *Paris, J. Langlois,* 165., 2 part. en un vol. pet. in-12, vélin. (*Raparlier.*)

> Rare. On y trouve le détail de ce qu'il faut faire à chaque heur de la journée ou à chaque occupation, lorsqu'on sort en carosse, en promenade, en entendant chanter les oiseaux, etc.

552. Vie de M. Emery, neuvième supérieur du Séminaire et de la Compagnie Saint-Sulpice, précédée de l'histoire de ce Séminaire et de cette compagnie (par l'abbé Gosselin). *Paris,* 1861-1862, 2 vol. in-8, portr., demi-rel. chagrin vert.

553. L'Essor, poëme (par le P. Foucault) dedié à MM. les abbés du Séminaire de Saint-Sulpice, prenant l'essor à

Issy pendant les vacances. *Paris*, 1735, in-12, mar. rouge, tr. dor. (*Petit.*)

Satire contre divers ordres religieux. On trouve à la fin une pièce dirigée contre Louis Racine. Remargé.

554. Séminaire de Saint-Nicolas du Chardonnet. 12 vol. et brochures.

La Vie de M. Bourdoise (par Descourveaux). *Paris*, 1784, in-12, bas. — Dessin des assemblées de la Bourse cléricale, establie à Sainct-Nicolas du Chardonnet, pour l'instruction des ecclésiastiques destinés au service des églises paroissiales. *Paris*, 1652, in-12, cart. (Curieux et rare). — Abrégé du réglement du Séminaire paroissial de S. Nicolas du Chardonnet. *Paris*, 1687, in-12, cart. — Instruction sur le Manuel, pour servir à ceux qui, dans les séminaires, se proposent à l'administration des sacrements, par Mathieu Beuvelet, prestre du Séminaire de S. Nicolas du Chardonnet. *Paris*, 1657, in-12, veau. — Manuel des petits séminaires, par l'abbé Dupanloup. *Paris*, 1843, in-12. — Nouveau Recueil d'Abrégez ponr faire prosnes, catechisme et instructions. Recuœilly par les prestres du séminaire du Chardonnet. *Paris*, 1669, in-12, veau. — Analyse de la cause et moyens des curés et marguilliers de S. Nicolas du Chardonnet, contre les prêtres de la Mission de la maison des Bons-Enfans, 1742, in-fol., etc.

554 bis. La Vie de Monsieur Bourdoise, premier prestre de la Communauté de S. Nicolas du Chardonnet (par Ph. Descourveaux). *Paris, Fr. Fournier*, 1714, portr., basane.

555. Séminaires des Missions étrangères et de St Marcel, 3 pièces mss. in-fol. et 2 vol. in-4, *dèreliés*.

Abbé de Fénelon. Mémoire touchant le séminaire des Missions étrangères 1782, manuscrit de 20 ff. in-fol — Discours funèbre pour Mme la duchesse d'Aiguillon, prononcé à Paris dans la chapelle du séminaire des Missions étrangères, par M. Brisacier, le 13 mai 1765. *Paris*, 1765 (1re et 3e édition). — Précis sur les moyens de conserver le séminaire St.-Marcel, 5 fl. mss. — Extrait du registre de l'église St.-Marcel, relatif au séminaire 1779, 2 ff. in-fol.

7. *Confréries.*

556. Le Calendrier des Confréries de Paris par J. B. Le Masson Forésien, précédé d'une introduction avec des notes par l'abbé V. Dufour. *Paris, Willem*, 1875, 2 vol. pet. in-8, en carton.

Exemplaire sur PARCHEMIN.

557. Dictionnaire des Confréries et Corporations d'Arts et Métiers, ouvrage entièrement neuf, dans lequel on trouve : 1° l'Histoire des Confréries des premiers âges du christianisme ; 2° des confréries du moyen-âge, et de

celles de nos jours ; 3⁰ l'histoire des corporations d'art
et métiers, avec leurs statuts ; par M. Toussaint Gautier,
revu par M. l'abbé J. M. Lecarlatte. *Paris, J. P. Migne*
1854, in-4, demi-rel. veau , éb.

558. LE MANUEL DE LA || GRANDE PHRAIRIE des bourgeoys []
et bourgeoyses de || Paris. (A la fin :) *Ce present manu-*
a este achevé de imprimer a Paris le xij iour de decembr
l'an 1534, et se recouvre es mains de maistre Pierre du Pe
prestre et a present clerc de la grāt phrairie au bourgeo
et bourgeoyses de ladicte ville , pet. in-8 goth. de 28 ff
fig. sur bois, veau.

> Ce volume rarissime est le plus ancien document imprimé, existan
> sur la célèbre *Confrairie Notre Dame des prêtres et des bourgeois de*
> *Ville de Paris.* Cette grande Confrérie, qui remontait à la plus hau-
> antiquité, recevait dans son sein les personnages les plus remarquable
> entre autres le roi et la reine de France.
>
> Cette Confrérie, qui n'était composée à l'origine que de 72 membre
> fut portée ensuite à 150 ; 50 prêtres, 50 bourgeois et 50 bourgeoise
> de Paris ; le siège de la grande confrérie était dans l'église de Saint-
> Marie-Madeleine dans la Cité.
>
> Ce *Manuel* qui renferme les prières spéciales à l'usage de la Confrér
> est devenu de la plus grande rareté, (l'ex. de la vente Morel de Lyon, a
> été adjugé 400 fr. et les frais) ; il est imprimé en grosses lettres c
> formes en rouge et noir, sauf les 5 dernières pages qui contiennent un
> avis pour les *Frères et Sœurs de la très-noble phrarie.* Le volume e :
> orné de 5 figures gravées sur bois ; la première au v⁰ du titre est
> copie d'une miniature qui se trouve sur le second feuillet d'un ms. de
> Statuts de la Confrérie qui a été décrit par M. Le Roux de Lincy, p.
> du volume qui suit (n° 560).
>
> Exemplaire bien conservé et grand de marges.

559. Recherche de l'origine, antiquité, prerogative et œcc-
nomie de la grande et royale Confrerie de la Vierge, au
Prestres et Bourgeois de Paris. *Paris, P. Rocolet,* 1660
in-8 de 5 ff., et 80 pp., mar. brun, milieux , tr. dor
(*Petit.*)

> L'auteur de ce volume paraît être M. de Machaut, alors doyen de
> grande confrérie.

560. Recherches sur la Grande Confrérie Notre-Dame au
prêtres et bourgeois de la Ville de Paris , par Le Rou
de Lincy. *Paris,* 1844 , in-8, demi-rel.

> Voy. sur cette Confrérie : *Mémoires de la Société de l'Histoire*
> *Paris,* I, 187-188.

561. Notice sur le sceau inédit de la Confrérie des Pélerins de Saint-Jacques de Paris, par Arthur Forgeais
S. l. n. d. (*Paris,* 1863), in-8, demi-rel.

> Voy. sur la Confrérie de Saint-Jacques aux Pélerins, deux article

de M. Bordier, dans les *Mémoires de la Société de l'Histoire de Paris,* tomes 1 et 2.

562. LA DÉCLARATION DE L'ESTAT ET ORDON || NANCE de la très saincte et profitable con- || frarie du psaultier : rosier : et chappe- || let de la très-glorieuse Vierge-Marie. || *Imprimé à Paris pour Jehan Petit, li-* || *braire démourant en la rue Sainct-Jacques, s. d.* (vers 1525) in-8 goth. de 12 ff. lim., 117 ff. chiff. et 1 f. blanc, veau fauve.

> Cette *Confrérie* fut instituée en 1479 et approuvée par le Pape Sixte IV. Le volume se termine par *un chapelet et rosier en françois et en rithme* et un autre rosier à la Vierge Marie.
> Bel exemplaire, grand de marges.

563. L'ORDONNANCE, || DE LA CONFRARIE du Psautier nostre Dame || contenant c l. Ave et xv. pater noster. || *A Paris, pour Jehan Bonfons, libraire démourant en la rue neufve nostre Dame a len-* || *seigne Sainct-Nicolas. s. d.* (*vers* 1540), petit. in-8 goth. de 16 ff., mar. rouge jans., doublé de mar. brun, riches dorures.

> Le titre porte le cachet de la Confrérie. Ce volume est un court abrégé du précédent.
> Bel exemplaire à toutes marges.

564. Status et ordonnances pour regler les Confréries du Saint-Sacrement de l'Autel, érigées ou augmentées ès Eglises Parrochiales de ceste ville de Paris, pour gaigner les pardons et indulgences données par le Pape Sixte cinquiesme, par I. Prevost. *Paris, M. Prévost,* 1589, pet. in-8, vélin.

565. Exercices spirituels, pour les confrères et sœurs de la confrairie du Très-Saint Sacrement, première érigée à Paris en l'église de Saint-Jacques de la Boucherie. *Paris, Prault,* 1740, in-12, mar. vert. dent:, tr. dor. (*Rel. anc.*)

566. Prières et instructions à l'usage de la confrérie royale de la Sainte-Vierge, St-Sébastien, et St-Roch. Erigée en l'église des Quinze-Vingts à Paris, depuis plus de deux siècles, avec les statuts, réglements et la liste des confrères, recueillie par le Sieur Pierre Racine. *Paris, Cl. Robustel,* 1728, pet. in-8, mar. rouge, dos orné, fil., tr. dor. (*Rel. anc.*)

567. LES STATUS DE LA CONFRAIRIE DE SAINCTE CECILE, establie à Paris, au Monastère des Augustins. Par lectres patentes du Roy, vérifiées en la Cour de Parlement. *A Paris, par Adrian le Roy et Robert Ballard,* 1576, pet.

in-8, de 8 ff , mar. brun jans., doublé de mar. roug:,
dent., tr. dor. (*Petit.*)

Cette Confrérie, instituée en l'honneur des « Musiciens, zelateurs et
amateurs de musique », fut autorisée par lettres patentes de Henri II
du mois de Mai 1575.

Le volume est divisé en 2 parties de 4 ff. chacune, la 1ʳᵉ conterar:
le titre, (au v⁰ fig. sur bois) et les *Status de la Confrairie;* la 2 la
Teneur des lettres du Roy et un poème latin : *Leges conlegii Cæciliorar
Sodalium ejus authoritate principis ex S. C. coierunt.*

Ce volume est de la plus grande rareté et on n'en connaît qu'um an
deux exemplaires. C'est un des premiers documents qui existent sur le
culte rendu à Sainte Cécile comme patronne des musiciens.

Quelques feuillets ont été remargés sur le devant.

568. Status de la Confrairie de Sainte Cécile, *Paris*, 15 :5,
pet. in-8, *dérelié.*

Exemplaire court de marges et incomplet du titre et du feuillet :.

(*Les Confréries des Corporations des Arts et Métiers, se trouvent ci-après
avec les Statuts de ces Corporations.*)

8. *Eglises de Paris.*

a. Généralités.

569. Hadriani Valesii. Disceptatio de Basilicis quas primi
Francorum Reges condiderunt, an ab origine monachos
habuerint, *Parisiis*, 1657. — H. Valesii Disceptatiəris
de Basilicis defensio adversus J. Launoii judicium. Ejusdem de Vetustioribus Luteciæ Basilicis Liber. *Pariris*,
1660. Ens. 2 vol. pet. in-8, vélin.

La réponse de Launoy à Adrien de Valois, sur l'origine des prem ses
églises de Paris, bâties par les Rois de France, et sur la manière-lʲnt
elles étaient desservies, a été imprimée en 1660 à la suite de ses opuscules en latin sur les deux Saint Denis, voy. ci-dessus n° 438.

570. Had. Valesii disceptationis de Basilicis defensio adversus Joh. Launoii judicium. Ejusdem de Vetustjoribus Luteciæ Basilicis liber. *Parisiis*, 1660, in-8, vea :.

Exemplaire de Jean Bigot, avec ses armes et son ex-libris.

571. Etudes chronologiques sur les monumens religiecx,
fondés, élevés à Paris, depuis l'établissement du Christianisme dans les Gaules, par M. le Chᵉʳ Adolphe de
Pierres, 1851, ms. in-8, demi rel.

. Manuscrit de 155 feuillets.

572. Calendrier historique et chronologique de l'Egli æ de
Paris, contenant l'origine des Paroisses. Abbayes, Mo-

nastères, etc. de Paris, la mort des évêques, archevêques etc., par A. M. Le Fevre. *Paris*, 1747, in-12, veau.

573. Description des Curiosités des Eglises de Paris, et des environs; contenant 1º l'année de leur fondation, leurs architectures, sculptures, peintures etc. 2º leurs trésors châsses, reliquaires etc., par Antoine Le Fevre. *Paris, Gueffier*, 1759, in-12, veau.

574. Les Eglises et Monastères de Paris, pièces en prose et en vers du IXᵉ, XIIIᵉ et XIVᵉ siècle, publiées d'après les manuscrits, avec notes et préfaces, par H. L. Bordier. *Paris, Aubry*, 1856, in-12, demi-rel. mar. noir, tête dor., éb.

575. Eglises de Paris, 2 vol. in-8.

Remarques historiques et critiques sur les trente-trois paroisses de Paris, d'après la nouvelle circonscription, décrétée par l'assemblée nationale, le 4 Février 1791, (par Jacquemart). *Paris*, 1791, in-8, demi-rel.—Remarques historiques et critiques sur les abbayes collégiales, paroisses et chapelles supprimées dans la ville de Paris (par Jacquemart). *Paris*, 1792, in-8, cart.

576. Eglises de Paris, 4 vol. in-8.

Les Eglises gothiques (par Schmit). *Paris*, 1837, *broché*. — Abbé Pascal. Notices sur l'église St-Louis-en-l'île, sur St-Nicolas des Champs, sur St-Paul-St-Louis. *Paris*, 1841-1842, *broché*. — Les trois Saint-Germain de Paris, par Quicherat, *broché*. — Itinéraire de l'artiste dans les Eglises de Paris. *Paris*, 1833, demi-rel.

577. Eglises de Paris, (par d'Auvriac, Moreau, Lassène, Aug. Paris, etc.), précédées d'une introduction, par M. l'abbé Pascal. *Paris, J. Martinet*, 1843, gr. in-8, fig., demi-rel. mar. violet.

578. Eglises de Paris, 2 vol. et autographe.

Mémoire au sujet de la location des chaises dans les églises, par M. L*** (Mᵐᵉ Lagneau). *S. l. n. d. (Paris*, 1790), 8 ff. in-8, cart. — Délibération de la section de l'Hôtel-de-Ville, du 5 Novembre 1790, qui fixe le prix de location des chaises à 2 liards pour tous les jours. Pièce autographe signée par Jolly, 1 p. 1/4, in-fol. — De la suppression des Cloches. Dialogue entre un Marguillier et un Député, 1790, in-8, demi-rel.

b. Notre-Dame.

1. HISTOIRE ET DESCRIPTION.

579. Cartulaire de l'Eglise Notre-Dame de Paris, publié par M. Guérard. *Paris, imp. Crapelet*, 1850, 4 vol. in-4, cart., *non rognés*.

580. Notre-Dame de France ou histoire du culte de la Sainte-Vierge en France, (par l'abbé Hamon). *Paris*, 1861, in-8, fig., demi-rel.

> Tome 1er comprenant le diocèse de Paris et en particulier l'égl ٴٴ Notre-Dame.

581. Voyage fait à Paris et en France, à la fin du XVᵉ siècle par Mardyros, évêque d'Ezinga, dans la grande-Arménie. Traduit sur le manuscrit unique de la bibliothèque impériale de Paris et annoté par Aghthagan Anghliatzi (Victor Langlois). *Paris*, 1862, ms. in-8, demi-rel.

> Manuscrit autographe du traducteur, avec introduction et notes. On y trouve une description d'un grand intérêt de Notre-Dame, que l'auteur décrit dans les plus petits détails. Cette relation a été imprimée dans les *Annales archéologiques* (tome I, p. 100), sous le titre : *Statuaire de Notre-Dame de Paris au XVᵉ siècle.*

582. Voyages faits à Munster en Westphalie et autres lieux voisins, en 1646 et 1647, par M. Joly, chanoine de Paris, avec quelques lettres de M. Ogier, prestre et predicateur. *Paris, Pierre Aubouin*, 1670, in-12, mar. bleu, fil. à froid, tr. dor. (*Duru.*)

> Cl. Joly fit ce voyage à la suite du duc et de la duchesse de Longueville qui se rendaient au Congrès de Munster.
> Le volume est surtout recherché à cause d'une curieuse dissertation sur la statue équestre de Philippe-le-Bel qui se voyait autrefois dans l'église Notre-Dame.
> On a ajouté le portrait de Anne-Marie Schurman, illustre savante que Cl. Joly vit en passant à Utrecht.
> De la bibliothèque de M. le baron J. Pichon.

583. Voyages liturgiques de France, ou Recherches faites en diverses villes du royaume, par le sieur de Moleon (Le Brun des Marettes). Contenant plusieurs particularitez touchant les rites et usages des Eglises. *Paris, Delaulne*, 1718, in-8, fig., basane.

> Ouvrage rare et recherché. On y trouve pp. 243-262 une notice sur les églises de Paris et particulièrement de Notre-Dame ; p. 262, l'histoire de l'abbaye de Saint-Denis ; pp. 234-243, l'histoire de l'abbaye de Port-Royal. Une partie importante du volume est consacrée à l'histoire des églises de la ville de Rouen dont Le Brun des Marettes était chanoine.

584. Notre-Dame de Paris. 2 vol. in-12, veau.

> Curiosités de l'Eglise de Notre-Dame de Paris, avec l'explication des tableaux qui ont été donnés par le corps des orfèvres. *Paris, 1753*, in-12. — Description historique des curiosités de l'église (par Monjoye). *Paris, 1763*, in-12, fig. — Almanach spirituel pour l'année 1753. *Paris, 1753*, in-12. Ens. 2 vol.

585. Description historique des Curiosités de l'Eglise de

Paris, contenant le détail de l'édifice, tant intérieur
qu'extérieur, le trésor, les chapelles, les tombeaux, etc.,
par C. P. G. (l'abbé de Montjoye), ornée de figures.
Paris, C. P. Gueffier, 1763, in-12, fig., veau.

586. Notre-Dame de Paris, 2 vol. in-12, fig., cart.

> Description historique des curiosités de l'église de Paris (par l'abbé
> de Montjoye). *Paris*, 1763. — Curiosités de l'église de Notre-Dame de
> Paris, avec l'explication des tableaux qui ont été donnés par le corps des
> orfèvres (par Montjoye). *Paris, 1753.*

587. Notre-Dame de Paris. 4 vol. in-8 et in-12.

> Description historique des Tableaux de l'Eglise de Paris, par Geoffroy.
> *Paris*, 1781, demi-rel. (Ces tableaux étaient offerts à la Vierge le 1er
> mai de chaque année par la corporation des orfèvres de Paris. Cet usage
> disparut en 1708. La plupart de ces tableaux sont aujourd'hui au Louvre).
> — Notice sur la Couronne d'Epines conservée à Notre-Dame de Paris.
> *Paris*, 1828, in-8, *broché.* — Inventaires du Trésor de Notre-Dame de
> Paris, de 1343 et de 1416, par Gustave Fagniez. *Paris*, 1874, in-8,
> *broché.* — Grand Orgue de l'église métropolitaine, reconstruit par M.
> Cavaillé-Coll. *Paris*, 1868, in-8, demi-rel.

588. Notre-Dame de Paris. 5 vol. in-8 et in-18, demi-rel.

> Histoire, description et annales de la basilique de Notre-Dame de
> Paris, par Dubu. *Paris*, 1854, in-18, demi-rel. — Histoire archéologi-
> que des Eglises de Paris, Notre-Dame, par H. Fisquet. *Paris*, 1855,
> in-8. — Description de Notre-Dame, cathédrale de Paris, par Guil-
> hermy et Viollet-le-Duc. *Paris*, 1856, in-8, fig. — Description de la
> Basilique métropolitaine de Paris, par Gilbert. *Paris*, 1811, in-8. —
> Mémoire sur les Bas-reliefs du dehors du chœur de Notre-Dame, par
> Fauris-Saint-Vincent. *Paris*, 1815, in-8. — Anciennes et nouvelles
> Réparations et Embellissemens de l'Eglise de Paris, etc. *Paris*, 1809,
> in-8.

589. Monographie de Notre-Dame de Paris et de la nouvelle sacristie, de MM. Lassus et Viollet-le-Duc. *Paris*,
Morel, s. d., in-fol. en carton.

> 80 planches et photographies en noir et en couleur.

590. Notre-Dame de Paris. 4 vol. in-8 et in-12.

> Description historique de la Basilique métropolitaine de Paris, par
> Gilbert. *Paris*, 1811, in-8, demi-rel. — Histoire archéologique et des-
> criptive de Notre-Dame de Paris, par Fisquet. *Paris, s. d.*, in-8, *broché.*,
> —Notre-Dame de Paris, par Lalande, in-12, *broché.*— Description histo-
> rique des Tableaux de l'Eglise de Paris, par Geoffroy. *Paris*, 1781, in-12,
> demi-rel.

591. Description historique de la Basilique métropolitaine
de Paris, ornée de gravures, par A. P. M. Gilbert. *Paris*,
Adr. Le Clère, 1821, in-8, fig., mar. rouge, dos orné,
dent. tabis, tr. dor. (*Ducastin.*)

> Exemplaire de dédicace aux armes du cardinal de TALLEYRAND-PÉRI-
> GORD, archevêque de Paris.

592. Notre-Dame de Paris. 3 vol. in-4 et in-8.

> Mémoire sur les Bas-reliefs qui décorent les dehors des murs et u
> partie extérieure du chœur de l'église de Notre-Dame à Paris ; par M. :
> président Fauris de Saint-Vincent. *Paris*, 1815, in-8, fig., demi-rel. —
> Explication de quelques Bas-Reliefs de la cathédrale de Paris, p σ
> M. Duchalais. Ms. in-8, veau. — Observations sur des Monumen 3
> d'antiquitez trouvés dans l'église cathédrale de Paris, paa Moreau α:
> Mautour. *Paris*, 1711, in-4, pl., *broché* (incomplet des 2 derniers ff.)

593. Recueil de vues d'ensemble et de détails de l'Eglise
Notre-Dame, en un vol. in-fol., demi-rel.

> 94 planches diverses, vues par *Mérian, Moitte, Soufflot, Gauchere*,
> *Viollet-le-Duc*, etc., et nombreuses planches de détails d'ornements.
> 7 pl. de la Sacristie, Façades extérieures et intérieures, et le plan c 1
> Chœur, dessinées par *Soufflot* et gravées par *Charpentier* provienne t
> du tome 1er de l'ouvrage inachevé de Charpentier, *Description de l'Egli*
> *de Paris* (Voy. n° 595).
> Ces gravures rarissimes sont les seuls documents qui nous reste t
> sur cette sacristie aujourd'hui détruite.
> Curieux recueil.

594. Vues pittoresques de la Cathédrale de Paris , et
détails remarquables de ce monument, dessinés pε:
Chapuy, avec un texte, par de Jolimont. *Paris , Enge*-
mann, 1826, in-fol., 10 pl. lith., *broché*.

595. RECUEIL DES PLANCHES DES PIERRES TOMBALES de Notre-
Dame, destinées à orner la Description historique c:
Notre-Dame, par Charpentier, 1767, in-fol , demi-rel.

> L'ouvrage de Charpentier n'a jamais été publié ; quelques exemplair
> seulement du tome premier ont été mis en circulation. Les planches
> que nous annonçons étaient destinées à orner le deuxième volume d t
> le texte n'a pas été imprimé. Ces planches sont ici au nombre de 4
> M. Dufour : *Bibliographie de Paris* en annonce 52, il nous manque Ls
> pl. 15, 39, 45, 46 et 52, par contre nous avons de plus celle de Fra-
> çois Hallé qu'il ne cite pas et deux dessins originaux, la statue 3 e
> Philippe le Bel et celle de Anthoine des Essarts. Les planches ont et
> gravées par *Boucher de Villiers*, et l'écriture par *Denis*. On a ajou
> 4 pl., tombeaux de Albert de Gondy, Pierre de Gondy et la Chape 2 e
> des Gondy.
> Ce recueil est de la plus grande rareté et on n'en connaît que trois ou
> quatre exemplaires.

596. EPITAPHIER de l'église Notre-Dame de Paris. *S. l. n. a.*,
in-fol., demi-rel.

> Précieux manuscrit autographe de 25 pages, datant de la fin du XI e
> siècle, ou du commencement du XVII e. On y trouve le texte de 3 e
> épitaphes des chanoines inhumés dans l'église Notre-Dame, avec leurs
> blasons en couleurs. (21 blasons sont restés en blanc.)

597. Projet de restauration de Notre-Dame de Paris , par

MM. Lassus et Viollet-Leduc. *Paris*, 1843, in-4, fig., demi-rel.

598. Processionnal de la Cathédrale de Paris. Ms. in-fol. de 84 ff., veau.

> Beau manuscrit sur vélin du XVIIIe siècle ; il est orné de 500 initiales peintes dont 112 grandes et 398 petites.

599. Liber Epistolarum et Evangeliorum in processionibus ad usum Ecclesiæ Metropolitanæ Parisiensis. Anno 1761. Ms. in-fol. de 5 ff. et 151 pp. mar. brun, orn. à froid., tr. dor.

> Précieux manuscrit écrit sur vélin et richement décoré. Il débute par un superbe titre compris dans une large et belle dorure avec sujets de l'histoire religieuse, bandes de fleurs et ornements sacerdotaux. Ce beau frontispice est signé *Ludovicus Aubry*. Le livre est orné en outre de 79 belles lettres peintes en camaïeu dans de ravissants paysages exécutés avec la plus grande finesse.
>
> Le volume débute par l'épître pour la messe du 12 mars en l'honneur des obsèques de Henri IV. A la suite des Epitres et Evangiles on trouve le *Commune Sanctorum* et les *Missæ Votivæ*.

600. Remarques faites sur les cérémonies de l'Eglise de Paris, depuis 1762 [jusqu'à 1823]. Ms. in-8, veau.

> Ce curieux manuscrit, commencé au siècle dernier, abonde en renseignements sur l'exercice du culte dans l'église métropolitaine de Paris. On trouve au haut du 1er f. cette mention : *Ce livre appartient au chapitre de Notre-Dame de Paris*.

601. Clergé de Notre-Dame, 3 brochures in-4 et in-8.

> Arrêt obtenu par Jean Paucellier soubs-penitencier dans Nostre-Dame de Paris en faveur de tous les confesseurs, 1648. — Lettre de consolation à Mgr. le duc de Ventadour, chanoine de Notre-Dame de Paris, sur la mort de son frère (par Suzanne de Nervese), 1649. — M. Lequeux, Chanoine, par Lamazou, 1866.

602. Œuvres de M. de Mondran, chanoine de Notre-Dame de Paris. *S. l. n. d.*, 5 vol. in-4, vélin vert.

> Curieux manuscrit autographe du XVIIIe siècle resté inédit.
>
> Les tomes 1 et 2 contiennent des *Poésies de société*, le tome 3 des *Poésies diverses sans objet de société*, les tomes 4 et 5 des *Discours et Sermons* adressés à des religieuses, aux enfants de chœur Notre-Dame, pour le Chapitre Notre-Dame, etc.
>
> Mondran était né à Toulouse, et on trouve en tête du tome IV un *Discours composé, pour être prononcé par mon père, dans une séance publique de l'Académie des Arts de Toulouse*.

603. Conférence de la Samaritaine avec le coq de Nostre Dame. Dialogue. *S. l.*, 1624. pet. in-8, demi-rel.

> Dialogue satyrique au sujet du chapitre de Notre-Dame qui ne voulait pas consentir à l'aliénation des îles qui lui appartenaient.

604. Arrest du Conseil d'Etat, contre les Doyen, Chanoine et chapitre de l'Eglise Notre-Dame de Paris, par lequel ils sont déboutez de l'opposition par eux formée aus délibérations de l'Assemblée Générale du Clergé de France. *Paris*, 1626, pet. in-8, *broché*.

605. Claude Joly et les Ecoles de Charité, 2 vol in-4 demi-rel.

> Factum pour les Curez de Paris, contre Messire Claude Joly, Chantr- et Chanoine de Notre-Dame de Paris, touchant les Ecoles de charité 1689. — Eclaircissement à Mgr. l'Archevesque de Paris, pour messieurs les Doyen et Chapitre et le sieur Joly, sur ce factum.

606. Arrest du Conseil d'état du 18 avril 1692, pour le Chapitre de l'Eglise de Paris, contre Maistres A. Percheron, L. Le Blond, etc. Vicaires des églises St-Germain l'Auxerrois, Saint-Martin des Champs, Saint-Victor, etc.; les chapitres de St-Germain l'Auxerrois et de Saint-Marcel: Messire Jacques Testu et les Chanoines de Saint-Maur des Fossés. *Paris*, 1691, in-4, demi-rel.

607. Décret de Mgr. l'Archevêque de Paris, qui unit et incorpore le chapitre de l'église Saint-Germain l'Auxerrois à celui de l'église métropolitaine de Paris, du 18 juillet 1740. *Paris*, 1740, in-fol., *dérelié*.

608. Procès entre les Doyen, Chanoines et Chapître de l'Eglise de Paris, Seigneurs de Sucy, contre Messieurs de La Live, seigneurs de fiefs à Sucy, 1769, 6 vol. in-4, *brochés* et fac-simile de charte.

609. Recherches sur la bibliothèque publique de l'église Notre-Dame de Paris, au XIIIe siècle, par A. Franklin. *Paris, Aubry*, 1863, in-8, demi-rel. mar. brun.

2. ÉVÉNEMENTS QUI SE SONT PASSÉS DANS NOTRE-DAME.

610. DE DEDICATIONE ECCLESIE PARISIENSIS. (In fine :) *De dedicatione ecclesie et precipue Parisiensis questio nova feliciter explicit. Advisata seu excogitata atque ordinata Sacra arte multiplicari in regia schola francie vulgo Navarre parisii pro communi utilitate. Multiplicata vero per Guidonem Mercatorem apud amenissimam domū vulgatam du champ Gaillard de possessione dicte schole. Anno m cccc iiii xx xvi* [1496] *mense amenissimo Mayo.* In-8 goth. de 8 ff., mar. rouge jans., tr. dor.

> Ce volume, de la plus grande rareté, est de JEAN LE MUNERAT qui se

nomme ainsi au début de cette pièce : *Reverendo in xp̄o patri domino Joanni divina miseratione parisiensi episcopo. suus Joannes le Munerat Quodam Scholasticus socius....*

L'évêque Jean dont il s'agit ici est Jean V, Simon de Champigny, qui tint le siège de 1494 à 1502. Dans la lettre R ornée par laquelle débute le traité de Jean Le Munerat on trouve les armes de Jean de Champigny, qui portait d'azur à la fasce cousue de gueules, accompagnée en chef de deux glands d'or et en pointe d'une coquille d'argent.

Ce volume de J. Le Munerat a été assez inexactement cité par la plupart des bibliographes parisiens. Exemplaire grand de marges et très bien conservé.

611. LE TRESPAS, Obseques, et Enterrement de treshault, François, par la grace de Dieu, Roy de France, treschrestien, premier de ce nom prince clement pere des arts et sciences. Les deux sermons funebres prononcez esdictes obseques, l'ung à Nostre dame de Paris, l'autre à Sainct Denys en France (par Du Chastel). *De l'imprimerie de Rob. Estienne, s. d.* (1547), in-4 de 50 ff. non chiffr. y compris un f. blanc, demi-rel. veau.

La première partie en 15 ff. comprend la relation des Obsèques. Le Sermon fut prononcé à Notre-Dame par l'évêque de Mâcon, le 23 mai 1547.

Exemplaire grand de marges de ce rare volume. Légers raccommodages aux trois premiers feuillets.

612. Oraison funèbre es obseques de tres haute, tres puissante, et tres vertueuse Princesse Marie, par la grace de Dieu, Royne douairiere d'Escoce. Prononcée à Nostre Dame de Paris, le douzieme d'Aoust, mil cinq cens soixante (par Claude d'Espence). *A Paris, impr. de M. de Vascosan,* 1561, pet. in-12, cart.

Rare. Exemplaire trop rogné.

613. Sermon funèbre prononcé en l'Eglise de Nostre Dame à Paris aux honneurs et pompes funèbres du très puissant Empereur Maximilian d'Austriche deuxiesme du nom, le neufiesme de janvier 1577, avec un brief advertissement pour méditer la mort, par F. S. Henri Godefroy. *Paris, Du Pré,* 1577, pet. in-8, cart., *non rogné.*

614. Les Cérémonies observées à la solennisation de la paix, en l'église Nostre-Dame de Paris, le 21 juin 1598. *Paris, Denis Binet,* 1598, in-12. cart.

Cérémonie à l'occasion de la paix de Vervins. On trouve à la fin 18 sonnets d'esjouissance par C. PAILLOT, Parisien.

615. Ample et Vraye Description des cérémonies observées à la solennisation de la paix de Vervins en Nostre-

Dame de Paris, le 21 juin 1598, par C. Palliot, Parisien.
Lyon, Jacq. Roussin, 1598, pet. in-8 de 24 pp. — Les
Pompes et Cérémonies faites à l'acte solemnel, auquel
le Roy jura publiquement la paix en la présence des
députez d'Espagne, descrittes en une lettre adressée à
un gentil homme d'Auvergne par un sien ami estant à
Paris. *Lyon, Guichard Jullieron*, 1598, pet. in-8 de
14 pp., mar. bleu, fil., tr. dor. (*Duru.*)

    Pièces rares. Exemplaires de M. A. Veinant.

616. Oraison funèbre sur le trespas de Ph. Emmanuel de
Lorraine, duc de Mercœur et de Penthèvre (*sic*), faicte
et prononcée en la grande église de Notre-Dame de
Paris, le 27 avril 1602, par messire François de Sales,
esleu évêque de Genève. *Paris, Rollin Thierry*, 1602,
pet. in-8 de 64 pp., veau fauve, fil., tr. dor.

    ÉDITION ORIGINALE de la plus grande rareté. On n'en connaît que
deux ou trois exemplaires dont un à la bibliothèque Sainte-Geneviève,
et un autre qui a appartenu à M. de Monmerqué (Voy. Cat. Roche-
bilière, n° 20). Titre taché.

617. Cérémonies royales observées aux obsèques de très
haut Prince Mathias, Empereur des Romains, en la
grande Eglise de Nostre-Dame de Paris, le jeudy
18 Avril. Ensemble les noms des princes et grands
seigneurs et prélats qui y ont assisté. *Paris, Josué
Chemin*, 1619, pet. in-8, *broché*.

618. Cérémonies et Solennitez observées en l'église de
Nostre-Dame de Paris, au mariage du Roy de la grand'-
Bretagne, et de Madame sœur du Roy. Accompli le
11 de May 1625. *Lyon, Nicolas Jullieron*, 1625, in-12,
cart.

    Mariage de Henriette-Marie de France, fille de Henri IV et de
Charles Ier roi d'Angleterre.

619. Le Miracle arrivé en l'Eglise Nostre Dame de Paris,
ce vingt-huitiesme Avril 1626. *Paris, Jean Cresonnet*,
1626, in-12, fig., cart.

    Il s'agit d'une fille nommée Anne de Preville, de la ville de Nogent-
le-Rotrou, qui fut subitement guérie d'une paralysie qui durait depuis
six ans.

620. Les Cérémonies observées au triomphe des Enseignes
prises et gaignées en la defaicte des Espagnols et Pied-
montois, et portées en l'Eglise de N. Dame de Paris.
Paris, Jean Brunet, 1630, in-12, *broché*.

    Cette cérémonie eut lieu le 11 août 1630.

621. Récit véritable du miracle arrivé en l'Eglise de Paris,
le 9ᵉ jour de may 1631, en la personne de Marie Brunet,
femme de Jacques Raisin, maistre Brodeur à Paris.
Paris, François Julliot, s. d., in-12, fig., cart.

622. Explication de l'enigme trouvé en un pilier de l'Eglise
Nostre Dame de Paris. Par le sieur D. L. B. *Paris*, 1636,
in-4, *broché*. — Lettre du Roy, à MM. les Prevost des
Marchands et Echevins de Paris, portant mandement de
se trouver en corps en l'Eglise Nostre-Dame pour assister
au Te Deum. *Paris, Pierre Rocolet*, 1638, in-12, *broché*.

> Le *Te Deum* fut chanté le 15 mars 1638 à l'occasion de la victoire
> gagnée par le duc de Weymar sur les Impériaux à Rhinfeld.

623. Les Cérémonies du Te Deum chanté à Nostre Dame,
et des drappeaux qui y ont esté portez en suite de la
reprise des Isles sur les Espagnols. *Paris*, 1637, in-12,
broché. — Lettres du Roy, à MM. les Prevost des
Marchands et Echevins de Paris, portant mandement de
se trouver en corps en l'Eglise Nostre-Dame, pour
assister au Te Deum. *Paris, Pierre Rocolet*, 1638, in-12,
demi-rel.

> Le 1ᵉʳ *Te Deum* fut chanté le 8 juillet à l'occasion de la reprise sur
> les Espagnols des îles de Sainte-Marguerite et de Saint-Honorat sur les
> côtes de Provence ; le 2ᵉ le 15 mars 1638, à l'occasion de la victoire de
> Rhinfeld.

624. Récit véritable de ce qui s'est fait et passé à la Bénédiction et Cérémonie de l'Eglise de Nostre-Dame de
Paris, à cause d'un meurtre qui s'y est commis le
21ᵉᵐᵉ jour de Decembre 1642. *Sur l'imprimé à Paris*,
1642, in-12 de 4 ff., cart.

625. Relation curieuse et remarquable de la Pompe royale
du jour de la Saint-Louis. Ensemble des Harangues et
Cérémonies faictes à Nostre-Dame. — Révélation du
Jeusneur ou vendeur de Gris, estably dans le parvis de
Nostre Dame. *Paris*, 1649, 2 brochures in-4.

626. Pompe funèbre, ou relation, contenant ce qui s'est
fait de remarquable au service pour le repos de l'âme de
Gaston de Bourbon, Fils de France, Oncle du Roy,
dans l'église métropolitaine le 31 janvier 1661. *Paris*,
1661, in-4, mar. rouge, armes, tr. dor. (*Petit.*)

627. La Vie et la Mort du Vicomte de Turenne avec ce qui
s'est passé au transport du corps de ce prince en l'Eglise de

S. Denys, et au service solennel fait pour lui, en l'église
N. Dame de Paris. (*Paris*, 1675), in-4, *broché*.

Ce service eut lieu le 9 septembre 1675.

628. Ordre des Cérémonies qui doivent être observées
pour la bénédiction de la grosse Cloche de l'Eglise de
Paris. *Paris*, 1682, in-8, vélin, plats fleurdelysés,
tr. dor. (*Rel. anc.*)

La bénédiction du bourdon eut lieu le 29 mai 1682 ; le roi et la reine
en furent les parrain et marraine.

629. Mausolée dressée pour la Reyne en l'Eglise de Nostre-
Dame de Paris, avec les cérémonies des services faits en
plusieurs autres villes. *Reims*, *Lelorain*, 1683, in-4,
demi-rel.

630. Lettre du Roy pour faire chanter le Te Deum en
l'Eglise N. Dame en action de grâce de l'heureux accouchement de Madame la Dauphine. *Paris*, 1683, in-4,
cart.

Te Deum chanté le 23 décembre en l'honneur de la naissance du duc
d'Anjou.

631. Les honneurs funèbres. rendus à la mémoire de tres-
haut Mgr. Louis de Bourbon, Prince de Condé, dans
l'église métropolitaine de Nostre-Dame de Paris. *Paris*,
Est. Michallet, 1687, in-4, pl. de Bérain, *dérelié*.

632. Trois estampes représentant les pompes funèbres en
l'église Notre-Dame, in-fol.

Pompe funèbre du Grand Condé par *Bérain* ; d'Elisabeth de Lorraine,
1741 ; de Catherine Opalinska, 1744, par *Cochin*.
Déchirures.

633. Description du Mausolée dressé dans l'église de
N. Dame de Paris, pour la Cérémonie funèbre de Marie
Louise d'Orléans, reine d'Espagne le 30 avril 1689. *Paris*,
1689, in-4, *broché*.

634. Oraison funèbre de Marie-Anne-Christine de Bavière,
dauphine de France, prononcée dans l'église de N. Dame,
le 15 juin 1690, par Mess. Esprit Fléchier. *Paris*, 1690,
in-4, .cart.

ÉDITION ORIGINALE. Raccommodage au titre.

635. Lettre du Roy, pour faire chanter le Te Deum en
l'Eglise Notre-Dame, afin de remercier Dieu de la Victoire
(de Fleurus). *Paris*, 1690, in-4. — Lettre du Roy pour
faire chanter le Te Deum en l'Eglise Notre-Dame, en

action de graces de la paix (avec l'Espagne). *Paris*, 1697, 2 vol. in-4, *brochés.*

636. Explication du Tableau présenté à la Sainte Vierge par Messieurs les Orfèvres de cette ville de Paris, le premier jour de May 1697. *Paris*, 1697, in-4 de 2 ff., *broché.*

637. L'Institution de la Confrairie de Sainte-Anne et l'origine des tableaux votifs presentez à la Sainte Vierge le 1er de May de chaque année avec les noms des Orfèvres Confrères qui les ont presentez et ceux des peintres qui les ont faits. *Paris, J.-B. Coignard*, 1699, in-12, demi-rel.

> Cette Confrérie était instituée en l'Eglise Notre-Dame. On trouve dans ce volume la liste des tableaux, le nom de leur peintre depuis 1630 jusqu'en 1699. Un fragment imprimé prolorge cette énumération jusqu'en 1701. Très-rare.

638. ORAISON FUNEBRE DE HENRY JULES DE BOURBON, prince de Condé, prononcée dans l'Eglise de Paris le 29 août 1709, par le P. Gaillard. *Paris, N. Simard*, 1709, in-4, mar. noir. *(Rel. anc.)*

> Exemplaire en GRAND PAPIER aux armes de LOUIS XIV.

639. Notre-Dame, 3 vol. in-4, *brochés.*

> Oraison funèbre de H. J. de Bourbon, prince de Conde, prononcée le 29 août 1709, par le P. Gaillard *Paris*, 1709. — Oraison funèbre de Mgr. Louis Dauphin, prononcée le 3 juillet 1711, par le P. Delarue. *Paris*, 1711. — Oraison funèbre de Mgr. Louis Dauphin et de Marie-Adelaïde de Savoye, son épouse, prononcée le 10 mai 1712, par le P. Gaillard. *Paris*, 1712. (Avec un très-bel en-tête gravé par *Scotin*, donnant les portraits du Dauphin et de la Dauphine).

640. Notre-Dame, 3 brochures in-4.

> Lettre du Roy, pour faire chanter le Te Deum en action de grâces de la convalescence de Sa Majesté. *Paris*, 1721. — Discours de Mgr. le Cardinal de Noailles fait à la Reine pour sa réception dans l'église N. Dame le 4 octobre 1728. *Paris*, 1728. — Lettre du Roi pour faire chanter le Te Deum (le 14 août) à l'occasion de la victoire d'Hastenbeck. *Paris*, 1757.

641. Oraison funèbre de Mgr. le Cardinal de Fleury, prononcée le 25 mai 1753, par le R. P. de Neuville. *Paris*. 1743, in-4, veau.

> Exemplaire en GRAND PAPIER, vignette de *Cochin*. On a relié à la suite : *Parodie de l'oraison du Cardinal de Fleury, par le P. de Neuville* (avec cette épigraphe : Heureux l'homme qui a trouvé son giton), 12 ff. ms. ; *Lettre sur l'oraison funèbre du Cardinal Fleury ; Réfutation à la lettre,* etc.

642. Oraison funèbre de Mgr le Cardinal de Fleury, prononcée dans l'église de Paris, le 23 mai 1743, par le

R. P. de Neuville. *Paris*, 1743. 3 vol. in-4, *déreliés* ∈ cart.

Trois éditions différentes.

643. Oraisons funèbres prononcées à Notre-Dame. *Paris*, 1752-1766, 5 vol. in-4, *déreliés.*

Oraison de Louis d'Orléans prononcée le 13 mai 1752 par M l'abb de la Tour-du-Pin; de Mme Louise-Elisabeth de France, infante d'Espagne prononcée le 12 avril 1860 par M. Poncet de La Rivière ; de Dom Ph. de Bourbon, infant d'Espagne, prononcée le 13 mars 1766, pa M. l'abbé de Beauvais ; de Mgr Louis, Dauphin, prononcée le 1er mars 1766, par Ch. de Loménie de Brienne; de Stanislas 1er, roi de Pologne prononcée le 12 juin 1766, par R. de Boisgelin de Cucé.

644. Mausolées érigés dans Notre-Dame 2 vol. in-4, *déreliés.*

Mausolée et pompe funèbre faite à Paris, le 15 janvier 1760, pour Ferdinand VI. *Paris*, 1760, in-4, en-tête de *Cochin*. — Mausolée et pompe funèbre faite à Paris, le 12 février 1760, par Louise-Elisabeth de France. *Paris*, 1760, in-4, en-tête de *Cochin*.

645. Mausolées et Catafalques érigés dans Notre-Dame, 4 pièces en un vol. in-4, demi-rel.

Mausolée de Louise-Elisabeth de France, 12 février 1760 ; — de Stanislas Leszcynski, 12 juin 1766; — de Marie Leszcynska, en l'église de Saint-Denis, le 11 août 1768; — de Louis XV, le 7 septembre 1774. En-têtes de *Cochin*, figures d'après *Challe.*

646. Mausolées érigés dans Notre-Dame, 3 vol. in-4, *brochés.*

Description du Mausolée pour Louis, dauphin de France, fait le 1er mars 1766; pour Stanislas Leszczynski, roi de Pologne, fait le 12 juin 1766 ; pour Elisabeth Farnèze, fait le 27 novembre 1766. *Paris*, 1766, 3 vol. in-4, en-têtes de *Cochin*, figures gravées par *Martinet* d'après *Challe.*

647. Oraisons funèbres prononcées à Notre-Dame en 1766, *Paris*, 1766, 4 vol. in-4, cart.

Oraison de Elisabeth Farnèse, par P. de la Rivière ; — de Louis, dauphin, par Loménie de Brienne ; — de Dom Philippe de Bourbon, par l'abbé de Beauvais ; — de Stanislas 1er, roi de Pologne, par Boisgelin de Cucé.

648. Oraisons funèbres prononcées à Notre-Dame en 1766 et 1767, 5 vol. in-4, cart. et *déreliés.*

Oraison de Louis, Dauphin ; de Stanislas 1er .(2 ex.) et d'Elisabeth Farnèse, 1766. — Oraison de Marie-Josèphe de Saxe, par Boisgelin de Cucé, 1767.

649. Mausolées érigés dans Notre-Dame de Paris, 5 vol. in-4, *brochés.*

Description du Mausolée fait le 3 septembre 1767 pour Marie-Josèphe de Saxe ; fait le 25 mai 1773 pour Charles-Emmanuel III, roi de Sardaigne ; érigé le 7 septembre 1774 pour Louis XV (2 ex.); fait le 30 mai 1781 pour Marie-Thérèse d'Autriche ; vignettes en-têtes par *Cochin* et figures par *Challe* et *Paris*.

650. Oraisons funèbres prononcées à Notre-Dame. 3 vol. in-4.

Oraison de Marie-Josèphe de Saxe, prononcée le 3 septembre 1767, par Boisgelin de Cucé, 1767, in-4, cart. — Oraison de Louis XV, prononcée le 7 septembre 1774, par Guill. de La Luzerne, 1774, in-4, vign., *broché*. — Oraison de Marie-Thérèse d'Autriche, prononcée le 30 mai 1781, par A.-A. de Lauzières-Themines, 1781, in-4, *broché*.

651. Notre-Dame de Paris pendant la Révolution, 6 vol. et brochures.

Discours sur le serment civique prononcé le 14 février 1790 par Mulot, in-8, cart. — Discours sur la Constitution, par Ch. Hervier, prêtre, prononcé le 25 sept. 1791, in-8, cart. — Décret du 20 brumaire an II, portant que l'église métropolitaine de Paris est désormais le Temple de la Raison, 1 f. in-4. — Lettre autographe de J. Dupont demandant l'autorisation de faire des conférences dans Notre-Dame. — Eloges de Sanson et Minard, prononcés le 2 mai 1798 par P. Brugière, in-8, demi-rel.

652. Notre-Dame de Paris au XIXe siècle, 8 vol. in-4 et in-12.

Discours pour l'anniversaire du couronnement de l'Empereur et de la bataille d'Austerlitz, par l'abbé Cottret, *Paris*, 1810, in-8, *broché*. — Oraison funèbre de Mme la Duchesse douairière d'Orléans, prononcée le 7 août 1821 par l'abbé Feutrier, in-4, *broché*. — Oraison funèbre de Mgr. de Quélen, prononcée le 25 février 1840, in-8, demi-rel. — Oraison funèbre de Mgr. Affre, prononcée le 7 août 1848, par l'abbé Cœur, in-12 *broché*. — Bénédiction des cloches, par Mgr Sibour, le 4 juin 1856, in-8, demi-rel. — Discours pour la consécration de l'église métropolitaine, par l'abbé Deplace. *Paris*, 1864, in-8, demi-rel., etc.

653. Conférences du Rév. Père de Ravignan, prêchées à Notre-Dame de Paris de 1837 à 1846. *Paris*, *veuve Poussielgue*, 1860, 4 vol. in-8, portr., demi-rel. veau.

654. Conférences de Notre-Dame de Paris par le R. P. Henri-Dominique Lacordaire. *Paris*, *Sagnier*, 1849-1857, 5 vol. in-8, demi-rel. chagrin noir, tr. dor.

655. Conférences à Notre-Dame de Paris, 4 vol. in-8 et in-18 et fascicules.

La Religion et la Liberté considérées dans leurs rapports, par Bautain, 1847-1848. *Paris*, 1848, demi-rel. — Conférences données à Notre-Dame de Paris, par l'abbé Plantier, 1847. *Paris*, 1849, demi-rel. — Retraite annuelle des Dames, prêchée *dans l'église métropolitaine de Paris de 1849 à 1860*, par Le Courtier. *Paris*, 1860, cart. — Conférences sur l'Aumône, prêchées dans l'église métropolitaine de Paris, par M. Le Courtier. *Paris*, 1856, demi-rel. — Conférences de

Notre-Dame de Paris, Avent 1872, par le R. P. Matignon. *Paris*
6 fascicules brochés.

c. Chapelle du Roi.

656. L'Histoire ecclésiastique de la Cour, ou les antiquitez et Recherches de la Chapelle et Oratoire du Roy de
France, depuis Clovis I jusques à notre temps, par
Guill. Du Peyrat. *Paris, H. Sara*, 1645, in-fol., veau
ornements à froid. (*Rel. anc.*)

Exemplaire dans une curieuse reliure.

657. OFFICE de la Semaine sainte, à l'usage de la Maison
du Roi. Conformément aux Breviaires et Missels romair
et parisien. *Paris, J. Collombat*, 1726, in-12, mar
rouge, fil., tr. dor. (*Rel. anc.*)

Aux armes de la Reine MARIE LECZINSKA. Bel exemplaire.

658. Chapelle du Roi, 2 vol. et brochures.

Cantica pro Capella regis, latine composita et Gallicis versibus red-
dita, auth. P. Perrin. *Parisiis*, 1665, in-8, veau.—Arrêt du 11 mars 1787
concernant (la suppression d'une partie) des Saintes Chapelles
brochure in-4.

659. Chapelle-Musique des Rois de France, par Castil-
Blaze. *Paris*, 1832, in-12, front., demi-rel — Thoinan.
Les Origines de la Chapelle-Musique des Souverains
de France. *Paris, Claudin*, 1864, in-12, *broché*.

660. BLANCHARD. MOTETS POUR LA CHAPELLE DU ROI
imprimés par ordre de Sa Majesté. Quartier de janvier-
février, mars, avril, mai et juin. (*Paris*), *de l'impr. de
Chr. Ballard*, 1792, in-4, mar. vert, dos orné, dent.
tr. dor. (*Rel. anc.*)

Ce recueil de musique religieuse a été tiré à très petit nombre pour
le service de la Chapelle du Roi. Bel exemplaire dans une riche reliure
aux armes royales.

d. Sainte-Chapelle.

661. Origine de la Saincte Chapelle de Paris, in-fol. demi-
rel. chagrin.

Copie manuscrite de l'Histoire de la Sainte-Chapelle, composée par
Jean Mortis, chantre et chanoine de cette église, mort en 1481. Cette
histoire est restée inédite. Copie moderne provenant de la vente Lassus

662. Mémoires pour servir à l'histoire de la Sainte-
Chapelle du Palais-Royal à Paris, recueillis par Mre

Gilles Dongois, chanoine de la mesme église. Reveus et mis en ordre après son décès. Ms. in-4 de 816 pp., demi-rel.

Ces Mémoires restés inédits ont été revus et mis en ordre après le décès de Gilles Dongois (1708), par l'abbé de Tronchay, chanoine de la Sainte-Chapelle.

De la vente de Mr J.-B.-A. Lassus (1858), architecte de N. Dame et de la Ste-Chapelle.

663. Traicté de l'antiquité, veneration et privileges de la Saincte Chappelle, du palais royal de Paris, par M. Seb. R.(ouillard). *A Paris, chez Thomas de la Ruelle*, 1606, in-12, veau.

Ce traité fut écrit pour servir de Mémoire à Jacques Guillemin, chanoine de la Ste-Chapelle et de l'église de Chartres, contre les Doyen, Chanoines et Chapitre de la Ste-Chapelle. Rare.

664. Histoire de la Ste-Chapelle royale du palais, enrichie de planches, par M. Sauveur-Jérôme Morand, présentée à l'assemblée nationale le 1er juillet 1790. *Paris, Clousier*, 1790, in-4, pl., cart.

Figures de *Ransonnette*. Exemplaire de la vente EGLÉE.

665. Sainte-Chapelle de Paris. 6 vol. et brochures.

La Sainte-Chapelle, par Troche. *Paris*, 1853, in-12, *broché*. — Isolement de la Ste-Chapelle, rapport par M. Lassus, 1849, in-4, *br*. — Inventaire des Reliques de la Sainte-Chapelle, par M. L. Drouët-d'Arcq. *Paris*, 1848, in-8, demi-rel. — Récit du 13e siècle sur les translations faites en 1239 et en 1241 des s^{tes} reliques de la Passion, in-8, *br*. — Notice sur les Chants de la Sainte-Chapelle, par Félix Clément. *Paris*, 1852, in-8, *broché*. — Documents parisiens sur l'Iconographie de S. Louis, publiés par Aug. Longnon. *Paris*, 1882, in-8, *br*.

666. Sainte-Chapelle de Paris. 4 vol. et brochures.

La Sainte-Chapelle de Paris, notice historique, archéologique et descriptive par Troche. *Paris*, 1855, in-12, demi-rel. — Description de la Sainte-Chapelle, par M. F. de Guilhermy ; avec six gravures de M. Gaucherel *Paris*, 1867, in-12, fig., demi-rel. — Notice historique sur la Sainte-Chapelle. *Paris*, s. d., in-8, *br*. — Isolement de la Sainte-Chapelle, rapport par M. Lassus, architecte, le 15 nov. 1849, in-4, *br*.

667. Sainte-Chapelle de Paris, 8 vol. et brochures.

Constitutions des trésorier, chanoines et collège de la Sainte-Chapelle royale du Palais (par l'abbé S.-H. Morand) *Paris*, 1779, in-8, cart. — Acte de l'assemblée de MM. les trésorier, chantre et chanoines, du 7 oct. 1688, à l'occasion de la lettre du Roy au cardinal d'Estrées. *Paris*, 1688, in-4, cart. — Factum pour les trésorier, chanoines et chapitre de la Ste-Chapelle, contre le chapitre de Langres, 1621, in-4, *br*. — Arrest du Conseil d'Etat qui attribue à la Cour des Comptes l'administration ds plusieurs maisons dépendantes de la Sainte-Chapelle, 1739, in-4, *br*. — Mémoire pour Buffet, chapelain de la Ste-Chapelle, contre Ratillon,

chapelain, et Cochois, clerc de la même église, 1760, in-4, *br.* —
Mémoire à consulter pour les Chapelains de la Sainte-Chapelle contre les
Chanoines de la même église, 1763, in-4, *br.* — Précis pour le Chapi re
de la Ste-Chapelle contre les héritiers Saint-Mesmin, 1790, in-4, *b* .
et ms. sur le même sujet. — Mémoire pour Cl. Pellegrin, Chapelain de
la Ste-Chapelle, contre les Prévôt, Chanoines et Chapitre de l'Egl se
S. Sauveur d'Aix, etc.

668. Représentation des Trésorier et Chanoines de **la**
Sainte-Chapelle au Roy (Louis XVI) contre l'arrêt du
11 mars 1787 qui supprimait leur corps. Manuscn.t
in-fol. de 12 ff.

> On y a ajouté l'Arrêt du 11 mars 1787, concernant les Saintes-Chapell s.
> Consultation pour MM. les trésorier et chanoines. de la Ste-ChapeL :
> 1778, 2 brochures in-4 (rongées par les rats).

669. INVENTAIRE ET DESCRIPTION (et estimation) des reliques,
vases sacrés, argenterie, pierreries, et autres pierr s
précieuses faisant partie de la Sainte Chapelle roialle du
Palais a Paris, renfermés dans trois armoires étant da s
le lieu appelle le Revestiaire de la dite Sainte Chapelle,
fait par nous.... les 4.6.7 et 9 avril 1740. Manusc   t
in-fol. de 12 ff.

> Original de cet inventaire qui comprend 68 numéros, dont le 1er es :
> la Croix d'Argent renfermant la relique de la vraye croix ; le 2e, le c e
> de Saint Louis, etc.

670. Mémoire pour cinq chappes de Damas cramoisi com-
mandées par Monsieur Lourdet, maître des comptes
ordonnateur de la Ste-Chapelle, (et raccommodages d'ornements) 1787, manuscrit de 4 pp. in-fol.

671. Oraison funèbre de Mgr. Louis. dauphin et de
Mme Marie-Adelaide de Savoye, son épouse, prononcée
dans la Sainte-Chapelle de Paris, le 24 de May 1712
par le P. Delarue. *Paris, Et. Papillon,* 1712, in-4, port..
demi-rel.

> Bel en-tête avec portrait du Dauphin, gravé par *N. Pitau.*

672. Sainte-Chapelle, 3 pièces originales sur vélin.

> Deux reçus datés de 1506 et de 1600, et Contrat par lequel Rich d
> Demisy vend 8 livres 5 sols de rente à Mrs de la Ste-Chapelle, 1361

e. Églises diverses.

673. Saint-Ambroise et Saint-André d'Antin (Eglise de
l'Assomption). 4 vol. et brochures in-8 et in-12.

> Gaudreau. Notice sur l'église de Saint-Ambroise, 1847. — Pané r

rique de Saint Ambroise, évêque de Milan, 1847, *broché.* — Hymnes en l'honneur de Saint Ambroise, 1832, *broché.* — Abbé P. Carron, Souvenirs de Saint-André d'Antin. *Paris,* 1866, *broché.*

674. Saint-André des Arcs. 4 vol. et brochure.

La Vie de Jésus-Christ dans le St-Sacrement de l'autel, preschée en 1657, à St-André-des-Arcs, par Jacques Biroat. *Paris,* 1660, in-8. — Offices propres à la paroisse St-André-des-Arcs. *Paris,* 1774, in-12. — Conversion de quatre personnes en 1619, in-12. — Dépouillement de l'Eglise Saint-André-des-Arcs en 1794. Ms. in-8, contenant un inventaire des objets contenus dans l'église.

675. Saint-André des Arcs. 3 vol. in-4 et in-12.

Pièces justificatives du droit de Mc Nicolas Mathieu, prestre, dans la cure de S. André-des-Arcs (contre Jean Robert qui était curé à cette époque, 1678), in-4, demi-rel. — Eloge funèbre de Messire Claude Léger, curé de St-André-des-Arcs, prononcé le 17 août 1781, par M. de Beauvais, évêque de Senez. *Paris,* 1781, in-4 et in-12.

676. Oraison funebre, es obseques de feu Messire Christophe de Thou, premier président en la Cour de Parlement à Paris; prononcée en l'Eglise Saint-André des Artz, par M. Jean Prevost, le 14 Novembre 1582. *Paris, Mathurin Prevost,* 1583, pet. in-8, *dérelié.*

Christophe de Thou, dont J. Prévost donne une généalogie complète, fut le père de Jac.-Aug. de Thou, le célèbre bibliophile.

677. Oraison funèbre de Madame Anne Marie Martinozzi, princesse de Conty, prononcée dans l'Eglise de Saint André des Arts, le 26 Avril 1672, par Messire Gabriel de Roquette, Evêque d'Autun. *Paris, Guill. Desprez,* 1672, in-4, demi-rèl.

ÉDITION ORIGINALE. L'abbé de Roquette passe pour être le prototype du *Tartuffe* de Molière.

678. — Oraison funèbre de François Louis de Bourbon, Prince de Conty, prononcée dans l'Eglise de Saint André des Arcs, le 21ème de Juin 1709, par le Père Massillon. *Paris, Raymond Maziéres,* 1709, in-4, demi-rel.

ÉDITION ORIGINALE. Rare. Elle est ornée d'un très-bel en-tête avec portrait du Prince de Conti par N. *Pittau,* d'un fleuron sur le titre et d'un cul-de-lampe.

679. — Oraison funèbre de Fr. Louis de Bourbon, Prince de Conty, prononcée dans l'Eglise de Saint André des Arcs, le 21 Juin 1709, par le P. Massillon. *Paris,* 1709. — Description de la Pompe funèbre faite dans l'Eglise de Saint André des Arcs à la mémoire du Prince

de Conty. *Paris*, 1709. En un vol. in-12 , portr. et pl.,
basane.

Portrait par *Pitau* et grande planche se dépliant, gravée par *Scotin*,
d'après *Bérain*.

680. Saint-Barthélemy. 3 brochures in-fol. et in-4.

Mémoire pour les Curé et Marguilliers de S. Barthélemy, appelant
comme d'abus contre M. l'archevêque de Paris (1730), in-fol. —
Mémoire pour Guill. Lair, curé de l'église S. Barthélemy (1730), in-fol.
(contre la sentence de l'official qui suspend le curé, attendu l'indécence
et le scandale causés dans la Paroisse, par les fréquentes omissions
faites dans les messes et l'administration des sacrements). — Lettres du
Roi concernant la reconstruction de la nef de l'église St-Barthélemy,
1771, in-4.

681. — Triomphe de la Vie, des Actions et Vertus, de
Louys le Juste, ou Oraison funèbre prononcée dans
l'Eglise de Sainct Barthelemy , au service solennel fait le
mercredy 17 Juin 1643, par Maistre Pierre Roullé, curé
de St-Barthélemy. *Paris*, *Ed. Barrois*, 1643, in-12,
mar. rouge, dos et plats ornés de fleurs de lys, armes,
tr. dor. *(Petit.)*

L'abbé Roullé est célèbre par son venimeux pamphlet contre Molière,
le Roy glorieux au monde, pamphlet auquel Molière fait allusion dans
le premier placet présenté au Roy à l'occasion de la représentation
de *Tartuffe*.
Bel exemplaire de cette pièce fort rare.

682. Saint-Benoît. 2 vol. in-12.

Chronologie historique de MM. les Curés de Saint-Benoist, depuis
1181 jusqu'en 1752, (par Bruté, curé de Saint-Benoît). *Paris*, 1732,
portr. — Office propre à St-Benoît. *Paris*. 1757. — Offices des Saints-.
Serge et Bacque et de Ste-Scholastique. *Paris*, 1757. En un vol. in-12,
veau. — Prières que l'on chante aux saluts de St-Benoît. *Paris*, 1769,
in-12, velours rouge.
Le volume de Bruté est d'une très-grande importance pour l'histoire
de l'imprimerie, on y trouve la biographie des premiers imprimeurs
parisiens, Kerver, Gering, S. Nivelle, Calvarin, les Sonius, les
Cramoisy, les Martin, les Thiboust, etc. etc., qui furent inhumés dans
la paroisse Saint-Benoît.

683. Sainte-Clotilde, Saint-Côme, Saint-Denis de la
Chartre, et Saint-Eugène. 6 vol. in-4, in-8 et brochures.

Eglise Sainte-Clotilde par A. Blanchot. *Paris*, s. d., in-8, fig., demi-
rel. — Gilbert, église Ste-Clotilde. *Paris*, 1851, in-8, br. — St-Côme
(extrait des *Antiquités* de Millin), in-4. fig., *br.* — Saint-Denis de la
Chartre (par Millin), in-fol., fig., *br.* — L'Eglise Saint-Eugène par
Boileau. *Paris*, 1856, in-8, fig., demi-rel. — Histoire de Saint Eugène
et de son époque par Ernest Razy. *Paris*, 1859, in-8, fig., demi-rel.

684. Saint-Etienne du Mont. 6 vol. in-4 et in-12.

Recueil de 10 vues extérieures et intérieures de l'Eglise Saint-Etienne du Mont. In-fol., cart. — Notice historique sur la paroisse par l'abbé Faudet. *Paris*, 1840, fig. — Guide du visiteur de St-Etienne du Mont par Perdrau, in-8. — Note sur les réparations à faire aux Vitraux de St-Etienne du Mont, par Prosper Lafaye, *Paris*, 1849, in-4, cart. — Dénonciation de ce qui se passe en l'Eglise St-Etienne du Mont. 1789, in-8, cart. — Office propre à l'usage de l'Eglise paroissiale de St-Etienne du Mont. *Paris*, 1771, portr., in-12, veau. — Calendrier.

685. Saint-Etienne du Mont. 7 vol. in-12 et brochures in-4.

Notice historique sur la paroisse St-Etienne-du-Mont, par l'abbé Faudet et Mas Latrie. *Paris*, 1840, in-18, fig., demi-rel. — Guide du Visiteur à St-Etienne du Mont, par l'abbé Perdrau. *Paris, s. d.*, in-8, *br.* — Arrêt qui condamne deux vicaires pour refus de Sacrement, 1755, in-4. — Oraison funèbre de l'abbé de l'Epée, prononcée à Saint-Etienne du Mont, par l'abbé Fauchet, 1790, avec la lettre d'invitation. In-8, br. — Dénonciation de ce qui se passe à St-Etienne du Mont, 1789. — Requête de Claude Duval, 1790. — Arrêts du Conseil d'Etat et Consultation de quarante docteurs de la Sorbonne sur ces arrêts relatifs à des Vicaires de St-Etienne du Mont, 1752, 2 pièces in-4. (la Consultation fut saisie, lacérée et brûlée dans la cour du Palais le lendemain de sa publication.) — Confrérie de Sainte Geneviève à St-Etienne du Mont, 1854, in-12.

686. — Sermons catholiques pour tous les jours de Caresme et feriés de Pasques, faits en l'Eglise Saint-Estienne du Mont à Paris, par feu Simon Vigor, reveuz par M. Jean Cristi. *Paris, Hierosme de Marnef*, 1585, in-8, veau.

687. Saint-Eustache. 5 vol. in-12.

Notice descriptive et historique sur l'Eglise et la paroisse Saint-Eustache (par Gaudreau). *Paris*, 1855, in-12, demi-rel. mar. — Offices propres de l'Eglise de St-Eustache. *Paris*, 1740, in-12, basane. — Officia propria ad usum ecclesiæ Sancti Eustachii. *Parisiis*, 1737, in-12, basane. — La Vie de Saint-Eustache, par de Saint Michel, 1647, in-12, basane, etc.

688. — La Vie de S. Eustache, martyr, traduite de l'italien du Mansiny, par le sieur de S. M. (de Saint-Michel). *Paris*, 1647, in-8, mar. rouge, dos et plats semés de fleurs de lys, tr. dor. (*Rél. anc.*)

Jolie reliure aux armes, portant sur les plats un chiffre entrelacé formé des lettres S. E.

689. Saint-Eustache. 4 vol. et pièce manuscrite.

Second advertissement et notable conseil à la France, touchant ses présentes extrêmes miseres et calamitez, et la crainte de plus grandes avec changement de religion, mal extrême et très pernicieux, par R. Benoist. *Paris*, 1589, pet. in-8, cart. — Moyen nécessaire et certain pour oster le différend et la discorde de la Religion et avoir un repos heureux et asseuré, exempt de toutes embuches, tromperies et trahisons, traduit du latin de R. Benoist. *Paris*, 1590, pet. in-8, cart. — Advertissement en forme d'éspitre consolatoire et exhortatoire, envoyée à l'église et paroisse de St-Eustache à Paris, par R. Benoist, leur

pasteur curé justement et raisonnablement absent d'icellé pour quelqu=
temps. *Tours*, 1593, pet. in-8 de 16 pp., mar. rouge, fil à froid, tr
dor. (*Duru.*) (Cette plaquette fort curieuse parut pour la première fois à
Angers en la même année. On sait que René Benoist, le célèbre confesseur de Henri IV, était Angevin.) — Pièce autographe signée de R
Benoît, datée du 8 août 1607 ; reçu de 300 livres pour son état de pré
dicateur. — Le Pape des Halles, René Benoist, évêque nommé de Troyes,
confesseur de Henri IV, curé de Saint-Eustache (1521-1608), par Denais
Paris, 1872, in-8, *broché*.

690. Saint-Eustache. 4 pièces in-4 et in-8.

Oraison funèbre de Abel Servien, surintendant des finances, prononcée
dans l'Eglise St-Eustache, le 24 Mars 1659, par Jacques Biroat. *Paris*,
1659, cart. — Oraison funèbre d'Anne d'Autriche, Reine de France et
mère du Roy, prononcée dans l'Eglise St-Eustache, par le R. P. Senault.
Paris, 1666, demi rel. — Oraison funèbre de Henri de la Tour d'Auvergne, vicomte de Turenne, prononcée dans l'Eglise St-Eustache le 10
Janvier 1676, par M. Fléchier. *Paris*, 1676, in-8. — Oraison funèbre
de Louis-Philippe, Duc d'Orléans, prononcée dans l'Eglise de Saint-
Eustache, le 20 Février 1786, par M. l'abbé Fauchet. *Paris*, 1786,
broché.

691. Saint-Eustache. 8 vol. et brochures.

Discours de l'efficacité de la prière des peuples, prononcé à Saint-
Eustache, par Ch. Aug. Hobonval. *Paris*, 1674, in-4, demi-rel. —
Arrêté qui condamne Ed. Gal au fouet et aux galères pour vol de mou-
choirs dans l'Eglise St-Eustache, 1753. — Cérémonies pour la bénédic-
tion d'une Cloche de St-Eustache, le 1er Mars 1774, in-8, cart. —
Cerutti. Oraison et éloge funèbre de Mirabeau à St-Eustache, 1791. —
Sur le buste de Mirabeau à St-Eustache. — St-Eustache pendant la
Commune, 1871, etc.

692. Saint-François du Marais, Saint-Germain-le-Vieil en la Cité et Sainte Geneviève des Ardens. 5 vol. in-4 et in-8.

Hommage à Mirabeau, par Tallien, prononcé à St-François d'Assise.
Paris, 1791. — Souvenirs et portraits des premiers temps de l'établissement de la paroisse St-Jean-St-François, par Guibert. *Paris*, 1860.
— Eloge funèbre de feu M. Cl. Coutault, curé de St-Germain le Vieil,
prononcé en son église le 10 Janvier 1791, par Lambert, *Paris*, 1791,
broché. — Preuve de la Saincte Relique de Saincte Geneviève. 1638,
2 ff. in-4, sur vélin. — Requête présentée par les curé et marguilliers et
habitants de la paroisse Ste-Geneviève des Ardens, pour demander la
conservation du titre de leur église. 1747.

693. L'Office de St Germain, évesque de Paris et de sa translation, avec les hymnes, proses à l'usage de l'Eglise parochiale de St Germain-le-Vieil à Paris. 1696. Manuscrit in-8, fig. et musique, basane.

Il n'existe pas d'Office imprimé à l'usage de l'église Saint-Germain-
le-Vieux.

694. SAINCTE GENEVIEFVE (L'histoire de), patronne de Paris, avec un brief recueil des choses antiques de la

Maison, par Pierre le Juge Parisien, *Paris*, *Nicolas Bonfons*, 1588, in-12, fig., mar. rouge foncé jans., tr. dor. (*Allô.*)

> Rare. Au v° du dernier f. un sonnet de J. Edouard du Monin. Exemplaire du président PASQUIER.

695. Sainte-Geneviève. 3 vol.

> Histoire generalle de la vie et miracles de Ste-Geneviefve patronne de la ville de Paris, par R. P. Pierre le Juge *Paris*, 1631, in-8, *veau*, (piqures.) — Georgii Wallini, de Sanctà Genovefa, parisiorum et totius regni Galliæ patrona, disquisitio historico-critico-theologica. *Wittebergæ*, 1723, in-4, fig., demi-rel. — Abregé de la Vie de Ste-Geneviève. *Paris*, 1694, in-12, veau gris.

696. — Là Vie de Saincte Genevieve, par le P. Paul Beurrier, chanoine regulier de Saint-Augustin. *Paris*, *Séb. Cramoisy*, 1642, in-8, mar. Lavallière jans., tr. dor. (*Chambolle-Duru.*)

697. Sainte-Geneviève. 7 brochures in-4 et in-8.

> Vision prophétique de Ste-Geneviève, 1649. — Divæ Genovefæ triomphus ex gallico doct. et cl. viri D. D. Perrault, 1695, in-4, (édition originale ; traduction française en regard.) — Ex voto S. Genovefæ Virginis elogium. 1653. — Eloge de Ste-Geneviève, par Joubert, 1783. — Duthozet. Panégyrique de Ste-Geneviève, 1822. — Hymne à Ste-Geneviève par Mme D. Gay, 1825, (2 ex.)

698. Sainte-Geneviève. 4 vol. in-12 veau et *broché.*

> La Vie de Ste-Geneviève, patronne de Paris, à laquelle est ajouté l'office du jour de la feste et de son octave. *Paris*, 1678. — La Vie de Ste-Geneviève, écrite en latin dix-huit ans après sa mort, et traduite par le R. P. Lallemant. *Paris*, 1683. — Eloge ou abrégé de la vie de Ste-Geneviève. *Paris*, 1675. — Les offices propres de Ste-Geneviève, patronne de Paris. *Paris*, 1667.

699. — Histoire de ce qui est arrivé au Tombeau de Sainte Genevieve depuis sa mort jusqu'à present et de toutes les processions de sa chasse, sa vie, etc. (par le P. Charpentier). *Paris*, *Couslelier*, 1697, in-8, front., veau.

700. — La Vie de Sainte Geneviève, avec de courtes Réflexions. *Paris*, 1725. — Prières à Dieu pour obtenir son secours dans les afflictions publiques et particulières par l'intercession de Sainte Geneviève. *S. l. n. d.* — Nouvelles prières pour demander à Dieu par l'intercession de Sainte Geneviève la guérison et la santé du Roy. *Paris*, 1774, Ens. 3 vol. in-12, mar. rouge, dos orné, double rangée de fil., tr. dor. (*Lemardeley.*)

701. Sainte-Geneviève. 4 vol. in-4 et in-12.

Eloge historique et moral de Sainte Geneviève, par l'abbé Joubert. *Paris*, 1783. — Office de Sainte Geneviève. *Paris*, 1765. — Prières à Dieu pour obtenir son secours dans les afflictions publiques et particulières par l'intercession de Sainte Geneviève. — Conclusiones théologicæ. *Parisiis*, 1700, in-4.

702. Sainte-Geneviève. 8 vol.

Essai sur l'histoire de Sainte Geneviève. *Paris*, 1784, in-12, *br*. — — Vie de Sainte Geneviève, par Mlle Brun. *Paris*, 1839, pet. in-12 *br*. — Histoire de Sainte Geneviève, par Max. de M***. *Paris*, 1843 in-24, *br*. — Vie de Sainte Geneviève, suivie de l'histoire de l'abbaye de l'église, etc., par l'abbé Saintyves *Paris*, 1846, in-8, demi-rel. — Vie de Sainte Geneviève, par le P. Lallemant. *Paris*, 1859, in-12 demi-rel. — Histoire de Sainte Geneviève, par Lefeuve. *Paris*, 1861 in-8, front., *broché*. — Vies de Ste-Geneviève et de Mgr S. Denis d'après le P. Géry, 1870, in-12, *br*. — Vie de Sainte Geneviève, par S. D. *Tours*, 1879, in-12, *broché*.

703. Sainte-Geneviève et le Panthéon. 12 vol. et brochures

Notice historique sur l'Eglise de Sainte-Geneviève, par Rondelet. *Paris*, 1852, in-4, *broché*. — Histoire de l'Eglise Sainte-Geneviève, ancien Panthéon français, par l'abbé Ouin-Lacroix. *Paris*, 1852, in-8, fig., *br*. — Le Panthéon, par E. de La Bédollière. *Paris*, 1854, in-24 — Le Panthéon et Sainte-Geneviève, par P. Lachèze, 1877, in-8, *br* — Visite à l'Eglise Sainte-Geneviève, par l'abbé Bonnefoy, 1878, in-12, *br*. — Lettres du Roy ordonnant l'ouverture d'un emprunt de 4 millions pour l'achèvement de la nouvelle église Sainte-Geneviève, 1784, in-4, demi-rel. — Ant. Quatremère. Rapports sur les travaux du Panthéon, 1792, 2 pièces in-8, *br*. — Description de la Coupole de Ste-Geneviève, peinte par M. Gros, 1824, in-8, *broché*. — Récit de ce qui s'est passé à Ste-Geneviève, par les dames de la Halle, 1789, in-8, demi-rel. — Office de Sainte-Geneviève. *Paris*, 1765, in-12, *bas*. — Eloge funèbre de M. Ch. Bayle, archidiacre de Sainte-Geneviève, par l'abbé Bonhomme, 1874, in-8, *br*.

704. Sainte-Geneviève. 8 pièces in-4, demi-rel. et *brochées*.

Explication du tableau présenté à l'Eglise de Sainte-Geneviève p MM. les prevost des Marchands et échevins de Paris, 1696. — Oraison funèbre prononcée aux obsèques du Cardinal de La Rochefoucault, dans l'église Ste-Geneviève, le 21 de Mars 1645, par le R. P. André Castillon. *Paris*, 1645. — Requête pour les abbé, prieur, chanoines de l'abbaye Ste-Geneviève dans l'instance concernant la directe et seigneurie de Place Maubert. *Paris*, 1774. — Arrest du Parlement qui maintient les Officiers du Chastelet... dans l'étendue de la Justice de Ste-Geneviève du Mont, 1725. — Lettres du Roy qui ordonnent l'ouverture d'un emprunt de 4 millions pour achever la nouvelle église Ste-Geneviève, 1784. — La vision prophétique de Ste-Geneviève. *Paris*, 1649. — Les divines Révélations et promesses faites à St-Denys et à Ste-Geneviève contre le tyran Mazarin, 1649. — Révélation de Ste-Geneviève à un religieux de son ordre, 1652.

705. Sainte-Geneviève, 3 vol. in-4 et in-8.

Explication du Tableau présenté à l'église de Ste-Geneviève, par Messieurs les prévost des Marchands et échevins de la ville de Paris.

Paris, 1696, in-4, demi-rel. — Mandement de. Mgr l'Archevêque, qui ordonne des processions à Ste-Geneviève pour le rétablissement de la santé de Mgr le Dauphin, 1765, in-4. — Rapport de A. Lenoir sur la démolition de l'église Ste-Geneviève, de Paris.

706. Sainte-Geneviève. Une liasse de papiers manuscrits.

Nomination de J. Issali à l'office de bailli de Ste-Geneviève, du 3 Octobre 1670, signée par J. F. Blanchard et Du Molinet. — Devis des ouvrages à faire pour les religieux de Ste-Geneviève, 6 Décembre 1691, 3 ff., in-fol. — Qu'il y a eu autrefois un évêque à Ste-Geneviève, 3 pp. in-fol. — Lettre et mémoire sur l'église et l'abbaye de Ste-Geneviève, adressés à M. Beausire, contrôleur des bâtiments du Roi, le 18 Janvier 1722, par F. Futaine, prieur de la paroisse, 7 pp. in-8. — Vers d'Erasme en l'honneur de Ste-Geneviève, traduction autographe du P. Adry, etc.

707. — Proprium Sanctorum ad usum insignis et regalis Ecclesiæ Sanctæ Genovefæ. *Parisiis, Blaizot*, 1665, in-4, front., veau fauve. (Bel ex. de la bibliothèque Bignon.)— Office de Sainte-Geneviève, patrone de Paris. *Paris*, 1765, in-12, basane.

708. Sainte-Geneviève. 9 vol. et brochures.

Châsse de Ste-Geneviève : Antiquitez et remarques de la Châsse, 1625, in-12. — Ordres des cérémonies et prières qui s'observent avant, pendant et après la descente de la châsse, 1782, in-4. — Statuts et règlements de la Compagnie de Messieurs les porteurs de la châsse de Ste-Geneviève, 1731, in-4, front., demi-rel. (2 ex. et une copie ms.) — Office pour la descente et la procession de la châsse, 1675, in-12. — Translation de la châsse de Ste-Geneviève, à St-Etienne du Mont, Pétition, Discours et Avis, 3 pièces.

709. Sainte-Geneviève, 14 pièces et brochures.

Descente de la châsse en 1652, 1664 et 1675. Arrêts du Parlement, Ordre de la Cérémonie, Cérémonies observées, Miracles arrivés aux descentes de la châsse. Tableau présenté par les échevins, etc.

710. — Représentation ou vraye description solennelle, tenue en l'église N. Dame de Paris, où la Chasse de Ste Geneviève et celle de St Marcel est mise en vue. *Amsterdam, Ch. Allard*, 1706, gr. in-fol.

Curieuse estampe représentant la procession de la châsse St-Geneviève et de diverses autres reliques des églises de Paris. Au bas de l'estampe une ample légende en français et en hollandais.

711. Sainte-Geneviève, 12 vol. et brochures.

Descente de la Châsse en 1654 et 1709. — Procès-verbal de ce qui s'est passé du 10 mai au 4 juin 1694, dans la découverte, descente et procession de la Châsse, ms. in-fol de 106 pp., portant les signatures de l'abbé prieur et des chanoines de Sainte-Geneviève. — Arrêts du Parlement, mandement, ordre des cérémonies, etc.

712. Sainte-Geneviève, 16 volumes et brochures.

> Descente de la Châsse en 1725, Arrêts, Mandements, Ordre de la Cérémonie, etc.

713. Sainte-Geneviève, 2 vol. et placard.

> Mandement de l'abbé de Sainte-Geneviève (G. de Riberolles), qui ordonne que la Châsse sera découverte par devant, pour demander à Dieu un Dauphin, 1728, in-4. — Mandement de l'abbé de Sainte-Geneviève (Raymond Revoire), qui ordonne que la châsse sera découverte entièrement et qu'on fera des prières pour le rétablissement du Roi 1774, placard in-fol. — Mandement de l'abbé de Sainte-Geneviève qui ordonne que la châsse sera descendue pour le rétablissement de la santé du Roy, 1774, in-4, demi-rel.

714. ORAISON FUNÈBRE DE LOUIS D'ORLÉANS, duc d'Orléans, premier prince du sang, prononcée dans l'église de l'abbaye royale Sainte-Geneviève, le 23 mars 1752 par le P. Bernard. *Paris, Simon*, 1752, in-4, mar. noir, fil. tr. dor. (*Rel. anc.*)

> Fleuron de titre et en-tête dessinés par *Lorrain*, gravés par *Fessard* Très bel exemplaire en GRAND PAPIER, aux armes du Cardinal de ROHAN.

715. — La Vie du R. P. Charles Faure, Abbé de Sainte Geneviève de Paris, où l'on voit l'histoire des chanoines réguliers de la congrégation de France *Paris, Jean Anisson*, 1698, in-4, portr. d'Edelinck basane.

716. Le Panthéon, 24 vol. et brochures.

> Arrêt du 26 août 1755, qui ordonne que le produit des 3 loterie de Saint-Sulpice, des enfants trouvés, etc., sera employé à la construction de Sainte-Geneviève, in-4. — Arrêté du 7 septembre 1762 qui ordonne la destruction du collège de Lisieux, dont l'emplacement sera occupé par la nouvelle église Sainte-Geneviève, in-4. — Lettres du 6 juin 1784 qui ordonnent l'ouverture d'un emprunt de 4 millions pour achever la construction de Sainte-Geneviève. — Arrêt qui nomme le sieur Rouillé pour recevoir les fonds de cet emprunt, 9 août 1784. — Loi relative aux honneurs à décerner aux grands hommes qui seront inhumés au Panthéon, du 10 avril 1791. — Loi du 28 décembre 179 sur l'achèvement du Panthéon. — Rapport sur l'édifice de Sainte-Geneviève par Quatremère, 1791 ; extrait de ce rapport et rapport des 13 et 17 novembre 1792, 1 vol. in-4 et 3 vol. in-8. — Projet du point central des Arts et métiers pour la restauration du dôme du Panthéon ; 1797, in-4. — Projets de restauration du Panthéon, de Vaudoyer, de Petit-Radel, de Viel, de Peyre, de Giraud, 5 vol. in-4, pl. — Vers proposés pour être gravés au fronton du Panthéon, 1 f. ms. — Rapport de la Commission des Arts sur le Panthéon (1794). 5 ff. ms. — Histoire de Sainte-Geneviève, ancien Panthéon, par Oudin-Lacroix. *Paris*, 1852, demi-rel.

717 Le Panthéon, 7 pièces en un vol. in-4, pl., demi-rel.

> Rapport sur l'édifice dit de Sainte-Geneviève, par M. Quatremère

Quincy, 1791. — Mémoire historique sur le dôme du Panthéon français, par J. Rondelet, 1797. — Restauration des piliers du dôme du Panthéon français, par Vandoyer, 1798. On a ajouté : Catafalque érigé dans l'église de Paris pour Louis XV, 1774, etc.

718. Saint-Germain-l'Auxerrois, 9 vol. et brochures et plan in-fol.

Saint-Germain-l'Auxerrois, par Vallet *Paris*, 1837, in-8, (2 ex.) — Histoire de Saint-Germain-l'Auxerrois, par Lejeune, *Paris*, 1843, in-12, (2 ex.) — Mémoire historique sur la Chapelle de la Vierge à l'Eglise S. Germain l'Auxerrois, par Troche. *Paris*, 1848, in-8, (2 ex.) — Offices propres à l'église de S. Germain l'Auxerrois. *Paris*, 1745, in-12 (2 ex.) - Procession du 3 juin 1790. — Plan de la Censive de Saint-Germain-l'Auxerrois au XVIᵉ siècle, 1 pl. in-fol. (fac-simile).

719. — Mémoires au sujet de l'union du chapitre de Saint-Germain-l'Auxerrois, à celui de Notre-Dame. 1740-1741, 6 vol. in-fol., *brochés* et 1 pièce ms.

Décret de Mgr l'Archevêque, qui unit et incorpore le chapitre de l'église Saint-Germain-l'Auxerrois à celui de l'église métropolitaine du 18 juillet 1740. — Mémoire pour le chapitre de Paris. — Mémoire pour les curés et marguilliers de Saint-Germain-l'Auxerrois, etc.

720. — Offices propres de l'Eglise royale et paroissiale de S.-Germain-l'Auxerrois. *Paris*, *Hérissant*, 1745, in-12, mar. rouge, dos orné, dent., tr. dòr. (*Rel. anc.*)

721. — Oraison funèbre sur le trépas de Messire Pompone de Believre, chancelier de France, prononcée en l'église de S.-Germain-de-l'Auxerrois, le 17 Sept. 1607, par M. Pierre Fenolliet. *Paris*, *R. Thierry*, 1607, pet. in-8, *broché*.

Rare. Voy. au sujet de l'enterrement et de l'oraison funèbre de Fenouillet, les Mémoires de l'Estoile, septembre et octobre 1607.

722. — Le sacré Monument, dédié à la mémoire du très-puissant Monarque Louis le juste, (Louis XIII), compris en trois discours par Ch. Hersent, Chancellier de l'Eglise de Metz. *Paris*, *Noël Charles*, 1643, 3 part. en 1 vol. in-12, mar. rouge, dos orné, fil., armes, tr. tr. dor. (*Petit.*)

Ces discours ont été prononcés en mai et en juin à St-Germain-l'Auxerrois, St-Gervais et St-Jacques la Boucherie.

723. — Oraison funèbre de Messire Charles de Sainte-Maure, duc de Montausier, prononcée à Paris dans l'Eglise de S. Germain l'Auxerrois, le 19 Aoust 1690, par M. A. Anselme. *Paris*, *Josse*, 1690, in-4, cart.

ÉDITION ORIGINALE.

724. Saint-Gervais-Saint-Protais, 7 vol.

> Le Martyre de St-Gervais, poëme dramatique par de Cheffault, curé de S. Gervais. *Paris*, 1685, in-12. — Office de St-Gervais et St- Protais. *Paris*, 1740, in-12, veau (2 ex.). — Oraison funèbre de Mess. L. Boucherat par le P. de La Roche, 1700, in-4, *dérelié*. — Discours de J. Ant. Chevalier prononcé lors de sa proclamation à la cure de St-Gervais, le 20 février 1791, in-8, cart. — Troche. Mémoire sur les stalles de l'Eglise St-Gervais, 1852, in-8, plus une copie manuscrite, in-12, demi-rel.

725. Saint-Gervais-Saint-Protais. 3 vol. in-8, mar., fil., tr. dor. (*Rel. anc.*)

> Officium SS. Gervasii et Protasii ad asum ecclesiæ parochiàlis, *Parisiis*, 1651, front., — L'Office de S. Gervais et de S. Protais, propre à l'église de S. Gervais. *Paris*, 1706. — L'Office de S. Gervais et et de S. Protais, avec les autres offices propres à cette paroisse. *Paris*, 1740.

726. — Oraison funèbre prononcée en l'église Saint-Gervais à Paris, le mardy 22 de juin 1610, sur le trépas du grand Henry IV, Roy de France et de Navarre, par Nicolas de Paris. *Paris, Fr. Jacquin*, 1610, pet., in-8, demi-rel.

727. — Oraison funèbre de Messire Louis Boucherat, chancelier de France, prononcée dans l'Eglise de Saint-Gervais, par le R. P. de La Roche, *Paris, J. Boudot*, 1700, in-4, portr., mar. noir. (*Rel. anc.*)

> Édition originale ornée d'un fleuron de titre, d'une vignette en-tête et d'un cul-de-lampe par *Mariette*. Exemplaire en grand papier dans sa première reliure, auquel on a ajouté un portrait du chancelier et une lettre autographe signée, adressée à M. de Corberon, procureur général de Metz.
>
> Ex-libris de Le Pelletier Saint-Fargeau.

728. Saint-Gervais. Lettre autographe signée de Bazas, secrétaire de la section de l'Hôtel de Ville, au marguillier de Saint-Gervais. *Paris*, 29 juillet 1790, 2 pp. in-4

> Notification d'un arrêté de la section sur la forme et la qualité du pain bénit. Cet arrêté a pour objet de faire cesser un abus inconvenant et *incompatible avec les principes d'une religion austère qui veut l'égalité et qui proscrit tout ce qui porte l'empreinte du faste ou de l'ostentation.*

729. Saint-Hilaire. Offices propres de l'Eglise paroissiale, érigée à Paris sous le titre de S. Hilaire, évêque de Poitiers, avec préface et additions par Bellanger. *Paris, Lottin*, 1768, in-8 réglé, mar. vert, dos orné, dent., tr. dor. (*Rel. anc.*)

730. Saint-Hippolyte, 3 plaquettes, in-8.

> Aglaüs Bouvenne. Ruines de l'Eglise S. Hippolyte. *Paris*, 1861, (2 ex.

Notice sur l'église Saint-Hippolyte. *Toulouse*, 1866 ; Nouvelles recherches sur l'Eglise Saint-Hippolyte. *Paris*, 1866 ; ensemble 2 vol. in-8, cart. et brochure.

731. Saint-Honoré, 2 vol. in-fol. et in-4, demi-rel.

Titres de la fondation et establissement de l'église et chapitre de Saint-Honoré de Paris, 1205-1259. *Paris, s. d.* — Réflexions sur le titre de la prétendue suppression de neuf chanoines et prébendes de l'église S. Honoré. *Paris, s. d.*

732. Saint-Jacques de la Boucherie. 5 vol. in-4 et in-12.

Sermon funèbre fait aux obsèques de Henry IV, le 22 juin 1610, en l'église de S. Jacques de la Boucherie, par Fr. Jacques Suares. *Paris*, 1610, demi-rel. — Panégyrique de S. Charles Borromée, prononcé en l'église S. Jacques de la Boucherie (par l'abbé de Le Chambre.) *Paris*, 1670, fig. de Mignard, *broché*. — Discours prononcé dans l'église S. Jacques de la Boucherie à l'ouverture des prières publiques pour l'heureux succès des armes du roy, etc., par M. Chapelas. *Paris*, 1672, demi-rel. — Discours prononcé par M. Trianon, élu curé de S. Jacques, 1791, demi-rel. — La Tour de Saint-Jacques la Boucherie. par Troche. *Paris*, 1857, *broché*.

733. Saint-Jacques de la Boucherie. 7 vol. in-8 et in-12 et 1 placard.

Essai d'une histoire de la paroisse de Saint-Jacques de la Boucherie, par L. V. (l'abbé Et. Villain.) *Paris*, 1758, veau. — La Tour de S. Jacques de la Boucherie par Troche. *Paris*, 1857, demi-rel. — Ordre des Cérémonies qui doivent s'observer pour la bénédiction d'une cloche *Paris*, 1780, basane. — Estat des fondations de l'église paroissiale de S. Jacques de la Boucherie. *Paris*, 1678, Ms. vélin, tr. dor. — Abrégé de la Vie et de la Mort de M. Charles de la Saussaye, curé de S. Jacques de la Boucherie, par de la Saullaye, 1657 (*Lyon, Perrin*, 1860), vélin, (tiré à petit nombre et non mis dans le commerce. Ex.Yémeniz.) — Office de Saint Jacques le Majeur apostre. *Paris*, 1697, mar. rouge. — Exercices spirituels pour la Confrérie du Saint Sacrement. *Paris*, 1740, mar. rouge. — Lettre de faire part de mariage, 1769.

734. Saint-Jacques de la Boucherie, 4 vol. in-12.

Office de Saint Jacques le Majeur nouvellement dressé pour l'église Saint-Jacques de la Boucherie. *Paris*, 1769, portr., mar. rouge.— Office propre de S. Charles Borromée, à l'usage de S. Jacques la Boucherie. *Paris*, 1738, mar. noir. — Confrairie du S. Sacrement à S.-Jacques la Boucherie. Exercices spirituels. *Paris*, 1740, mar. rouge. — Ordre des Cérémonies qui doivent s'observer à la bénédiction d'une Cloche. *Paris*, 1780, veau.

735. Saint-Jacques de la Boucherie. 4 vol. in-12, mar. et veau.

Offices de Saint Jacques le Majeur, *Paris*, 1754, (2 ex.) — Exercices spirituels pour la Confrairie du Saint Sacrement érigée à S. Jacques de la Boucherie *Paris*, 1740. — Ordre des Cérémonies qui s'observent pour la bénédiction d'une cloche. *Paris*, 1780.

736. Manuscrits du S^r d'Outreleau, sacristain de Saint-

Jacques la Boucherie, relatifs à l'histoire moderne d=
cette paroisse et un peu au jansénisme. In-4, demi-reL
veau.

> Sous ce titre collectif on a réuni divers écrits, mémoires, notes d=
> sacristain-prêtre d'Outreleau, relatifs à l'église Saint-Jacques-la-Bouche-
> rie, de 1750 à 1770.
> De la bibliothèque de M. le baron J. Pichon.

737. Saint-Jacques de l'Hôpital. 3 vol. in-4 et brochure.

> Raisons qui font voir que les Chapellains de l'Eglise S. Jacques de
> l'Hôpital sont seulement obligez à l'assistance du service divin, p=
> Fr. Gougeon, 1651, in-4. — Notice par Fr. Forgeais sur le sceau de C=
> confrérie des Pélerins de St-Jacques 1863, in-8, demi-rel. — Arrest C=
> Conseil d'Etat qui déclare les Chanoines et chapitre de St-Jacque=
> de l'Hôpital, déchus de leurs privilèges et exemption, 1718. in-4, *br*.

738. Saint-Jacques du Haut-Pas, 6 vol. et pièces manu=
scrites et une pl.

> Mémoire pour servir à l'histoire de la Paroisse St-Jacques du Hau ·
> Pas, ou l'on trouve la connoissance de l'état des habitants,., d'c=
> est venu à cette Eglise le nom de St-Jaques du Haut-Pas, la descripti=
> de son bâtiment, etc., par le Sr G. Boulanger. *Paris*, 1775, ms. in-1=.
> demi-rel — Additions a cette histoire. ms. in-4. — Portail de l'Egli=:
> St Jacques du Haut-Pas, par J. Marot.— Maladie et mort de M. Brionn =
> vicaire de St-Jacques. ms. in-8. — Instructions en forme de catéchism =
> qui se font dans la paroisse St-Jacques du Haut-Pas, par Mrs Charpenti- ·
> et Fourgon, ms. in-8. — Offices propres de la paroisse de St Jacqu =
> du Haut-pas, 1740, in-12, veau (2 ex.)

739. Saint-Jean en Grève. 3 vol. in-12.

> Offices propres à l'église paroissiale de Saint-Jean en Grève. *Par*=.
> 1742, fig., mar. rouge, tr. dor. (*Rel. anc.*).— Le même rel. en vea=.
> — Extrait d'un Sermon (sur la Conformité des Eglises de France) préc=:
> le jour de St-Polycarpe à S. Jean en Grève, avec les preuves (par l'ab=
> Faydit.) *Liège*, 1689, veau.

740. Saint-Jean en Grève. 6 vol. in-fol. et in-4, *broché*.

> Plaidoirie, sur une disposition testamentaire, 1696, 4 ff. in-4, dem –
> rel. — Arrest du Conseil d'Etat rendu en faveur des Marguilliers l=
> S. Jean de Grève portant réglement pour élection avec un arrest pour l=.
> construction des bâtiments qui doivent servir de bureau et un acte d'éle=
> tion de Marguilliers en 1420, in-4 1672. — Consultations pour le sie=r
> de Boncours contre le sieur de la Hogue prétendant à la cure de St-Je=r.
> en Grève. 1744. — Mémoire pour Nic. Baron, etc. contre J.-B. de =
> Hogue, curé de St-Jean en Grève, 1751. — Oraison funèbre de Mar=
> Leczinska, prononcée en l'église de Jean en Grève, le 30 sept.1768, p=
> l'abbé Fresneau. *Paris*, 1768, vign. de *Gravelot* (2 ex.).

741. — Divini eloquii preconis celeber rimi fratris Olive=.=
Maillardi, ordinis minorum professoris. Sermones c=
advētu declamati. Parisius in ecclesia sancti Joannis _=
grauia. *Prostant in edibus Joanis Petit*. (Au v^n du f: 116 :

Finis fructuosorum sermonum de adventu precellentis verbi aivini preconis fratris Oliverii Maillardi, in sancto Johanne de Gravia anno 1494... Impensis vero Johannis Petit Parisiensis, anno 1515, *penultima novembris*, 1515, in-8, goth. de 116 ff. chiff. et 5 ff. de *Table*, mar. rouge, dos orné, comp. de fil. à froid et entrelacs, tr. dor. (*Petit-Simier.*)

> Ce rare volume renferme les 44 sermons prêchés par Olivier Maillard à l'église Saint Jean en Grève en 1494.
>
> Les sermons de Maillard sont bien connus pour la forme particulière dans laquelle ils sont écrits. S'adressant au peuple, le fougueux orateur, ne craignait pas d'employer dans ses discours les mots parfois les plus grossiers et les plus violents pour se faire mieux comprendre de ses auditeurs. S'attaquant également aux grands, aux riches et aux puissants, ses œuvres constituent de précieux documents pour l'histoire des mœurs de son époque. Cette édition de 1515 n'a pas été citée par M. de La Borderie dans sa *Bibliographie Maillardine*.

742. Divini eloquii preconis celeberrimi fratris Oliverii Maillardi. Sermones dominicales, una cum aliquibus aliis sermonibus valde utilibus. *Venundantur parhisiis in edibus Iohannis petit sub lilio aureo.* (Au r⁰ du dernier f.) : Sermonum dominicalium..... fratrem Oliuerium Maillard declamatorum nouiter correctorum et impressiorum felix adest finis. *Parisius, Impensis Iohannis petit bibliopole Parisiensis. Anno domini* 1515, in-8 goth. de 108 ff. chiffr., 2 ff. pour la *Table* et 90 ff. non chiffr., vélin.

> Titre imprimé en rouge et noir, avec la marque de *Jehan Petit*.
> Le volume renferme trois séries de *Sermons* :
> 1° *Sermones post Pentecosten* (47 sermons) ;
> 2° *Sermones communis omni tempore predicabilis* (14 sermons) ;
> 3° *Sermones de stipendio peccati* (19 sermons).
> Cette édition n'est pas citée dans la *Bibliographie Maillardine*.

743. — Tractatus Miraculi Biletani super sacratissimo Corpore Christi à Judæo confixo, an 1290. *Lutetiæ, apud Fr. Maellum*, 1604, petit in-8, demi-rel. — Le Sacrifice de la Croix, representé en l'Eucharistie par l'hostie miraculeuse de Paris. *Paris, P. Billaine*, 1634, pet. in-8, 7 fig. de Ragot, in-8, veau.

744. — L'Adoration miraculeuse et royale du tres S. Sacrement de l'Autel dans l'église des RR. PP. Carmes du Convent des Billettes de Paris, pour faire amende honorable à Jésus Christ, de l'outrage commis au très S. Sacrement de l'Autel, par un Juif dans les caves de ce lieu. *Paris, J. Chardon*, 1714, in-12, mar. rouge, dos

orné, fil., doublé de mar. bleu, riches dorures, tr. dor.
(*Petit-Simier*.)

> 10 figures en taille-douce par *Ragot*. Jolie reliure.
> L'Eglise des Billettes fut bâtie sur l'emplacement de la maison du
> Juif, profanateur de l'hostie.

745. — REMARQUES HISTORIQUES données à l'occasion de la
Sainte Hostie Miraculeuse conservée pendant plus de
400 ans dans l'église de St-Jean en Grève à Paris, avec
les pièces originales des faits avancés. Par le P. Theo-
doric de S. René. *Paris*, 1725, 2 vol. in-12, mar. rouge,
dos orné, fil., tr. dor. (*Rel. anc.*)

> Bel exemplaire de M. Gilbert dans une jolie reliure.

746. Saint-Landry. 4 vol.

> Rapport sur les Antiquitez gallo-romaines découvertes dans les fouilles
> de S. Landry au mois de Juin 1829, par MM. Dulaure, Jorand et Gilbert
> *Paris*, 1830, in-fol. pl., cart. — Testament spirituel de Messire
> J.-Fr. Penet, curé de St-Landry en la Cité, 1740, in-4, demi-rel. —
> Offices propres de l'église de Saint-Landry. *Paris*, 1745, in-12, veau
> (2 ex.).

747. Saint-Laurent, 7 vol. et brochures.

> Mémoire pour les Curé et Marguilliers de l'église St-Laurent contre
> les sieurs Curé et Marguilliers de S. Nicolas des Champs et Réponse des
> Curé et Marguilliers de S. Nicolas des Champs, 1733, 2 vol. in-fol. (Au
> sujet des terrains sur lesquels on a ouvert les rues de Meslay et de
> Vendôme). — Notice historique et archéologique sur l'Eglise Saint-
> Laurent, par Troche, 1847, in-8, demi-rel. (2 ex.). — Discours de
> M. Cotterl, curé de St Laurent, prononcé le 30 janvier 1766, pour le
> repos de l'âme du Dauphin. *Paris*, 1766, in-4, demi rel. — Duquesnay.
> Instructions sur les natures et les devoirs de la charge pastorale. *Paris*,
> 1855, in-12, *broché*. — Officium proprium ad usum Ecclesiæ parochialis
> Sancti Laurentii, 1771, ms. avec ornements en couleurs, in-8, mar.

748. Saint-Leu-Saint-Gilles, 3 vol. et brochure.

> Notice historique et descriptive de l'Eglise et de la paroisse, par
> l'abbé Vacher. *Paris*, 1843, in-8, fig., demi-rel.— Sentence du Chastelet
> qui bannit à perpétuité le nommé Maillet, vicaire de la paroisse, pour
> refus de célébrer un service. 1762, brochure in-4. — Offices propres a
> l'église paroissiale S.-Leu S.-Gilles. *Paris*, 1779, in-12, basane.

749. Saint-Louis en l'Isle, 7 vol. in-4 et in-12.

> Etat des fondations qui s'acquittent dans l'église paroissiale de
> St Louis (en l'isle). 1730. Ms. in-8, vélin vert. — Etat de la Recette
> de la fabrique. Ms. in-4, veau fauve. — Réglemens des droits deus à la
> fabrique, aux Mariages, convois, enterremens, etc. *Paris*, 1680. In-12,
> *broché*. — Arrest du parlement du 20 Décembre 1749, portant Règle-
> ment pour l'administration de la Paroisse. Ms. in-12, veau fauve. —
> Mémoire pour les curé et marguilliers, contre M. le Procureur géné-l.
> (suppression du Cimetière de S. Louis en l'Isle) 1782. Ms. in-4, c -l.

— Mémoire et consultation pour les Compagnies de Charité. 1788, in 4, *broché*. — Offices propres de l'Eglise S. Louis. *Paris*, 1742, in-12, basane.

750. Saint-Louis en l'Isle. Offices propres de l'eglise paroissiale Saint-Louis en l'Isle , latin-français , dressés selon le bréviaire et le missel de Paris. *Paris*, 1742, in-12, mar. rouge , dos orné, fil., tr. dor. (*Rel. anc.*)

> 4 autres exemplaires reliés en veau.

751.— Du Pouvoir des Princes au sujet des Mariages, protestation contre une thèse présentée à la faculté de théologie le 8 juillet 1675 par Jacques Lhuillier, curé de St Louis en l'Isle. Manuscrit in-4, veau, fil., tr. dor. (*Petit.*)

752. Saint-Louis en l'Isle, 7 vol.

> Discours de la hiérarchie et des mœurs de l'Eglise, prononcé le 8 Octobre 1664, en l'église Saint Louis dans l'isle, par M. Louis Marais. *Paris, chez Guillaume Desprez*, 1665, in-4, veau. — Cérémonie de la Dédicace faitte le 14 juillet 1726, par M. Caulet , évêque de Grenoble. Ms. de 6 ff. in-4, mar. rouge (*Petit.*) — Lettre des Dames de la paroisse au R. P. Le Fevre relative au sermon où il prétend qu'il n'est pas permis aux femmes de parler de la Religion, 1734, in-4, *broché*.— Etat des Rubriques, Offices et cérémonies qui s'observent à S. Louis en l'Isle. 1747. Ms. in-4, veau fauve. — Pétition au Pape Pie VII pour le déterminer à visiter l'église ; et compliment fait à ce pontife lors de sa visite, le 10 mars 1805, par M· le Curé Coroller. Ms. in-4, mar. rouge (*Petit.*) — Lettre de M. le Curé Coroller, au Cardinal Caprara , pour lui recommander la Congrégation de la Très-Sainte Vierge. 1802. In-4 , veau fauve. — Office propre de l'église S. Louis en l'Isle. *Paris*, 1742, in-12, basane, etc.

753. — Le Bouquet de l'Amour, Cantatille avec symphonie, par M. Le Febvre, organiste de l'église royalle de Saint Louis en l'Isle. Paroles de M. Heurtaux. *Paris, s. d.*, (*vers 1780*), in-4, titre et musique gravés, mar. vert, dos orné, fil., tr. dor. (*Rel. anc.*)

754. La Madeleine, 13 vol. et brochures.

> Mémoire pour Ant. de la Cotte, prêtre curé de La Madeleine, contre J. Cadot, prétendant à la même cure. 1735, in-fol. — Notice historique sur la Madeleine par Luthereau, 1842, in-8 (2 ex.). — Description de la Madeleine, par Halbert, in-12. — Porte de bronze de la Madeleine. — Note des travaux de l'Eglise de la Madeleine, 2 pp. in-fol. — Arrêt qui supprime un écrit de M. Dulin (contenant une critique amère contre le sieur Couture, architecte, relativement à la construction de la Madeleine), 1785. — Concours pour le bas-relief de la Madeleine, 1829. — Concours pour un monument à élever sur l'emplacement de la Madeleine, 1806, in 4, plan. — Plan du temple de la Concorde, projeté sur l'emplacement de la Madeleine. S. d., in-8. — Office de Sainte Marie-Madeleine. *Paris*, 1749, in-12, mar. brun (*Petit.*) — Abbé Deguerry. Carêmes prêchés en 1867-1868-1869 à la Madeleine, 1872, in-12. — Allocution de Mgr. Mermillod au service de M. Deguerry, 1872.

755. Saint-Marcel, 2 vol. in-4 et placard.

Mémoire pour les Doyen et Chapître de l'église St Marcel, contre le Sieur Bruté, Vicaire, les Marguilliers et Paroissiens de la paroisse St Hippolyte, 1700, in-4. — Contredits des Doyen, Chanoines et Chapître de St Marcel contre la production des Doyen, Chanoines et Chapître de St Germain l'Auxerrois, in-4. — Mandement de Mgr. le Cardinal de Noailles du 4 mars 1706 en faveur de l'église St Marcel, placard in-fol.

756. Sainte-Marguerite, 14 vol. et brochures.

La Vie de Mme St^e Marguerite, avec son oraison. S. l., n. d., in-12, cart. — Mémoire sur la fondation, le patronage et le droit de nomination à la cure de l'église St^e Marguerite. 1738, in-12. demi-rel. — Testament de J. B. Goy, curé de St^e Marguerite, 1736, in-4, demi-rel. — 3 arrêts contre des prêtres de la paroisse St^e Marguerite, pour refus de sacrements, 1755. — Discours prononcé par M. Le Maire lors de sa proclamation à la cure le 20 février 1791, in-8, demi-rel. — Adieux de M^r le curé de St^e Marguerite à ses paroissiens, 1791, in-8, demi-rel. — Notice de M. Haumet, curé de St^e Marguerite, 1852. — Réglemens de l'Assistance de la Congrégation de la paroisse St^e Marguerite. Paris, 1785, in-12, mar. rouge. — Propre de l'église St^e Marguerite. Paris, 1737, in-12, bas. (2 ex.) — Office de Sainte Marguerite, 1757, in-12, veau.— La nouvelle église du faubourg St-Antoine par Lasalle. Paris, 1856 - in-8, cart.

757. Sainte-Marguerite, 4 vol. et brochure et une estampe in-fol.

Mandement de Mgr. de Noailles à l'occasion du Miracle opéré dans la paroisse de St^e Marguerite le 31 May (en faveur de Mme de La Fosse) Paris, 1725, in-4. — Cantiques spirituels sur le miracle arrivé l-31 mai 1725, à la procession de la paroisse St^e Marguerite. Paris, 1726 in-12.—Vie de Mme de La Fosse, guérie miraculeusement le 31 mai 1725, (par le P. Laurent). Paris, 1769, in-12, portr., veau. — Le véritable portrait de Mme de La Fosse. Paris, Chereau, placard in-fol. — Procession en action de grâces du miracle opéré sur Mme de La Fosse le 31 mai 1725. 1779, in-12, cart.

758. Eglise des Martyrs. Oraison funèbre d'Anne d'Autriche, prononcée dans l'Eglise des Martyrs à Montmartre, le 6 Mars 1666, par M. l'abbé de Fromentières Paris, S. Cramoisy, 1666, in-4, broché.

759. Saint-Médard, 5 brochures in-4 et liasse de papiers manuscrits.

Papiers concernant les paroisses Saint-Médard et St.-Jacques-du-Haut-pas ; délimitation des deux paroisses, diverses donations et titres, rentes pour les pauvres, etc., forte liasse de pièces originales mss. des XVIIe et XVIIIe siècles, la plupart sur vélin. — Marché du retable d'autel de l'église St.-Médard du 17 janvier 1620, entre le R. P. Duam d, Curé et Cl. Buyrette et G. Noyer, menuisiers. — Nomination d'un prêtre à la paroisse, le 13 mars 1785, pièce originale portant la signature autographe de Mgr. Le Clerc de Juigné. — Dialogue sur les affaires du temps. — Arrêt du 11 juin 1731 portant le règlement entre le curé et les Marguilliers et Paroissiens de St.-Médard, in-4. — Sentence qui bannit Bellanger, Hardy et Lecomte, prêtres de St.-Médard, pour avoir refusé de confesser, 1763, in-4. — Prestation de serment par le clergé de la paroisse St.-Médard, 1791, in-4.

760. Saint-Médard. La Vérité des Miracles opérés à l'intercession de M. de Pâris et autres appelans, démontrée contre M. l'Archevêque de Sens, (par Carré de Montgeron). *S. l.*, 1737, in-4, veau.

> Portrait du diacre Pâris et nombreuses figures des miracles opérés dans le cimetière de St.-Médard. M. de Montgeron fut le champion le plus énergique des convulsionnaires et de leur prototype le diacre Pâris. Tome premier, le seul publié.

761. — La Vérité des Miracles opérés à l'intercession de M. de Pâris et autres appelans, démontrée contre M. l'Archevêque de Sens, par M. Carré de Montgeron. *S. l.*, 1737, 4 vol. in-12, fig., veau fauve.

> Bel exemplaire de Soubise avec ses insignes sur le dos de la reliure. Les figures sont copiées sur celles qui se trouvent dans l'édition in-4.

762. Convulsionnaires de Saint-Médard, 6 vol. et brochures.

> Vie de Monsieur de Pâris, diacre. *En France*, 1731, in-12, portr., basane. — Déclaration de Mme Lemoine au sujet de sa guérison miraculeuse opérée au tombeau de M. de Paris, le 20 Septembre 173, brochure in-4. — Recueil des miracles opérés au tombeau de M. de Pâris, diacre. *S. l.*, 1732, in-12, basane. — Lettre de l'abbé de Lisle, sur les miracles qui s'opèrent par l'intercession de M. de Pâris. *Utrecht*, 1732, in-12, basane. — Ordonnance de Mgr. l'Archevêque de Paris au sujet des prétendus miracles attribuez à l'intercession du sieur Pâris, diacre, inhumé dans le cimetière St.-Médard. *Paris*, 1735, in-4. vélin. — Offices en l'honneur des bienheureux François Pâris, Jean Soanen et M. A. Arnaud, in-12, cart.

763. Saint-Merry, 9 vol. et brochures.

> Sentence rendue entre les chanoines de l'église St.-Méderic et N. Guiche et Claude de Morenne, aussy chanoines en ladite église, 1597, in-4. — Eclaircissement de ce qui s'est passé dans l'église Saint-Méderic le 9 juin dernier (1667), in-4. — Coppie du concordat pour la réunion à perpétuité de la Cure de Saint-Méderic, 1684, in-4. — Pièces qui prouvent que le Curé de St.-Merry est en droit de donner son suffrage et sa signature dans les assemblées des marguilliers, 1685, in-4. — Supplique de Clary, prêtre, à Mgr. Bigot de Préameneu, ministre des cultes, au sujet de son expulsion de l'église St.-Merry, du 9 novembre 1809, ms. de 6 ff in-fol. (Curieux pour certaines expressions relatives à Napoléon Ier). — Offices propres de l'église St.-Merry. *Paris*, 1733, 1761, 2 vol. in-12, basane. — Consécration du maître-autel de St.-Merry, 1865. — L'abbé Benoît, vicaire de St.-Merry, 1876.

764. — Sermons de la simulée Conversion, et nullité de la prétendue absolution de Henry de Bourbon,

Prince de Béarn , à S. Denis en France , le Dimanche 25 Juillet 1593, prononcez en l'Eglise de S. Merry à Paris , depuis le premier jour d'Aoust prochainemenȶ suyvant , jusques au neufiesme dudit mois par Mᵉ Jeam Boucher, docteur en Théologie. *Jouxte la copie imprimée à Paris , chez G. Chaudière, R. Nivelle et R. Thierry,* 1594. in-8, mar. bleu, dos orné, riches dorures, tr. dor.

765. Saint-Merry. Oraison funèbre faite sur le trespas de Henry troisième , Roy de France et de Polongne , pro- noncée en l'Eglise S. Mederic le 21ᵉ jour d'Aoust 1595, par M. Claude Demorenne (*sic*), curé de ladite paroisse. *Paris , Jamet Mettayer,* 1595 , pet. in-8 , mar. rouge, dos orné , double rangée de fil., tr. dor. (*Lemar- deley.*)

ÉDITION ORIGINALE. Pièce rare.

766. — Oraisons Funèbres et Tombeaux. Composez par Messire Claude de Morenne , Euesque de Seez. Avecques les Cantiques, Quatrains et autres Poëmes , tant François que Latins du mesme Autheur. *A Paris , chez Pierre Bertault,* 1605, 4 part. en un vol. in-8, vélin.

Ce volume est divisé en quatre parties, chacune avec un titre distinct, pour les *Oraisons,* les *Cantiques,* les *Quatrains* et les *Poèmes.* On retrouve dans les *Oraisons* celles prononcées par Cl. de Morenne dans l'Eglise Saint-Merry, et en particulier celle de Henri III, dont nous venons de décrire l'édition originale. Cl. de Morenne, protégé par Henri IV, devint évêque de Séez.
Bel exemplaire dans sa première reliure.

767. — Sermons catholiques sur le Symbole des Apostres et sur les Evangiles des dimanches et festes de l'Avent, faicts en l'Eglise S. Merry à Paris, par feu Maistre Simon Vigor ; reveus par Mᵉ Jean Christi. *Paris, Nicolas du Fossé,* 1598, in-8, vélin.

Bel exemplaire.

768. Saint-Nicolas des Champs, 5 vol. et brochures.

Notice sur la paroisse S. Nicolas des Champs, origine historique et description de son église, par l'abbé Pascal. *Paris,* 1841, in-8, *broché* (2 ex.) — Regretz et lamentations sur la mort de François Pigenat, curé de S. Nicolas, par Georges l'Apostre. *Paris,* 1590, pet. in-8, *dérelié* (Pièce en vers fort rare). — Le Thrésor des Prières, par Maistre J. du Ferrier, curé de S. Nicolas des Champs. *Paris,* 1603, pet. in-12, veau. — Office des patrons de l'église S. Nicolas des Champs, *Paris,* 1777, in-12, mar. vert.

769. Saint-Nicolas des Champs, 3 vol. et 2 brochures.

Notice sur la paroisse Saint-Nicolas des Champs, par l'abbé Pascal. *Paris,* 1841, in-8, demi-rel. — Factum du Procès entre Claude Joly, curé de S. Nicolas et M⁰ Jean Obry, trésorier de la cathédrale de Beauvais (à la suite d'une permutation entre leurs offices), 1655, in-4, demi-rel. — Arrest du Parlement contre le curé de S. Nicolas des Champs et contre 3 autres prêtres de la même paroisse pour refus de sacrements, 1754 et 1759, 2 pièces in-4, *brochées.* — Offices des patrons de l'église paroissiale de S. Nicolas des Champs. *Paris,* 1742. in-12, basane

770. Saint-Nicolas du Louvre. Liasse de 7 pièces pet. in-fol. sur vélin et papier.

Pièces originales manuscrites des XVI⁰ et XVII⁰ siècles. Nomination de Ambroise Deschamps à un canonicat à St-Nicolas du Louvre. — Procurations de G. Galicher pour présenter Ambroise Deschamps. — Installation de A. Deschamps. — Permission accordée à P. Lestot de compulser les registres de la paroisse, 1650, etc.

771. Notre-Dame de Lorette, 5 vol. et brochures.

Eloge funèbre de Mirabeau, prononcée le 14 avril 1791, par Cahier *Paris,* 1791, in-8. — Notice explicative des Objets d'arts qui décorent la nouvelle Eglise N.-D. de Lorette, par J.-A. Grégoire. *Paris,* 1837, in-8, demi-rel. — Explication des peintures de la chapelle de l'Eucharistie, de la chapelle de la Vierge, 2 pièces in-4.

772. Nostre-Dame-des-Champs (Histoire de l'église de), siège épiscopal de S. Denys l'Aréopagite, premier évesque de Paris, in-8, veau fauve, dos orné, fil.

Curieux manuscrit du XVII⁰ siècle inédit. Il est d'autant plus important qu'il n'existe pas d'histoires ni de documents imprimés de l'église de Notre-Dame des Champs. (De la bibliothèque de SAINTE-BEUVE.) On y a ajouté : Notice sur l'abbé Duchesne, par l'abbé Fauvage, 1872, in-12 (2 ex.)

773. Notre-Dame des Victoires, 8 vol. demi-rel. et brochés.

Discours prononcé le 6 Mars 1791, par M. Morelle, élu curé de Saint-Augustin, in-8. — Adresse de Valant pour obtenir la cure de Saint-Augustin, 1793. — Observations des paroissiens pour la nomination du curé Leclerc, 1793, 2 pièces in-8. — Notice historique sur Notre-Dame des Victoires, par l'abbé Lambert. *Paris,* 1872, in-8. — Notice sur la Vie de M. le curé Dufriche des Genettes, par de Valette. *Paris,* 1860, in-18. — Mois de Marie de Notre-Dame des Victoires. Conférences par l'abbé Le Bastier. *Paris,* 1855, in-8. — Discours sur le pape Pie IX, par l'abbé Soyer, 1869, in-8. — Le Pèlerin à Notre-Dame des Victoires, par l'abbé Dumax. *Paris,* 1867, in-18.

774. Sainte-Oppootune. La Vie et Miracles de Sᵗᵉ Opportune, abbesse (écrite par S. Adelin, évêque du VIII⁰ siècle); les translations de ses Reliques et fondation de son Eglise à Paris. Par M⁰ Nicolas Gosset, chefcier-curé de la mesme église de Sᵗᵉ Opportune. *Paris, Jean Bessin,* 1654, in-8 réglé, front. et fig., mar. orange, dos orné, riches dorures, tr. dor. (*Rel. anc.*)

Rare. Jolies figures en taille-douce.
Le volume est dédié à Mᵐᵉ Marie-Louise Rouxel de Medavy, abbesse

d'Almenesches, dont les armes sont ºgravées en taille-douce. Rich.. reliure.

775. Sainte-Opportune. La Vie et Miracles de Sᵗᵉ Opportune, abbesse : les translations de ses Reliques et fondation de son Eglise à Paris, par Nicolas Gosset. *Paris* 1654, in-8, front. et fig., vélin. (Rare.) — Offices propres à l'usage de l'église royale de Sainte-Opportune. *Paris* 1704, in-12 réglé, front., basane (2 ex.)

776. Saint-Paul, 2 vol. mss. et liasse de papiers.

Recueil de quelques antiquités de l'église et paroisse de Saint-Paul, ms. du XVIIIᵉ siècle, 6 ff. comprenant : Cérémonie du baptême de Charles VI ; Réception de Charles V à Paris ; Description de l'hôtel Saint-Paul ; Mort de Henri II ; le Maréchal de Biron enterré à Saint-Paul: Mort de Rabelais en 1553. — Déclaration du curé de Saint-Paul qu'Abraham Gadré, ministre converti, est homme de bonne vie, de bonnes mœurs, 1684. — Reçu de 10 l. 5. s de rente signé par un curé de Saint-Paul, 1618. — Compte-rendu par J.-B. Véron, en qualité de marguillier-comptable, aux marguilliers de l'œuvre et fabrique de l'église Saint-Paul, du revenu de l'œuvre pendant l'année 1732, ms. in-fol. — Dépouillement de l'Eglise Saint-Paul en 1792, ms. in-4.

777. Saint-Paul, 7 vol. et brochures.

Acte par lequel le curé de Saint-Paul s'est désisté des cinq chefs de demandes par luy faites contre MM. les Marguilliers, etc., 1648, in-4. — Sermons de la hiérarchie de l'église, prononcez dans l'église de Saint-Paul en 1677 par Jean de Lamont. *Paris*, 1682, in-8. — Oraiso a funèbre du premier Président d'Ormesson, prononcée le 14 Mars 1789, par M. Bossu, in-4. — Le mort de dix-huit francs, ou récit exact de ce qui s'est passé le 30 septembre 1789 dans l'église Saint-Paul, in-8. — Brugière. Discours prononcé le 27 Février 1791 lors de sa proclamatio o à la cure. — Discours prononcé à l'occasion du baptême d'une juive, le 8 Janvier 1797. — Mémoire apologétique de Pierre Brugière, curé de Saint-Paul, 1804.

778. — Propre de l'Eglise paroissiale de S. Paul. Latin-francois. *Paris, Lamesle*, 1714, in-12, portr. — Propr : de l'Eglise royale et paroissiale de S. Paul. Latin-francois. *Paris, Bullot*, 1732, in-12, fig. Ens. 2 vol. in-12, mar. rouge, dos orné, dent., tr. dor. (*Rel. anc.*)

779. — Oraison funèbre de Jacques de Levis, fils de A. de Levis, comte de Kailus, prononcée en l'Eglise S. Paul à Paris, le dernier May 1578, par Arnould Sorbin. *Paris, Guillaume Chaudiére*, 1578, pet. in-8, broché.

780. Saint-Paul-Saint-Louis, 5 vol. et brochures.

Ménorval. Les Jésuites de la rue Saint-Antoine, l'église Saint-Paul-Saint-Louis et le Lycée Charlemagne. *Paris*, 1872, in-8, plan, demi-re.. mar. rouge, dos orné, tête dor. (*Petit.*) — Notice sur la paroisse royale Saint-Paul-Saint-Louis (par Denis de Hansy). *Paris*, 1842, in-8, demrel. — Notice des tombeaux et autres monuments, transférés en 1783 de l'église Sainte-Catherine-la-Couture dans celle de Saint-Louis, rue Saint-Antoine, par l'abbé Mercier de Saint-Léger, ms. pet. in-8, veau fauve. — Sermon de S. Louis, roi de France, par Paul de Gondy (Cardinal de Retz), prononcé en l'église Saint-Louis, 1648, in-4, *br*. — Arrests du Conseil d'Etat des 13 Décembre 1721 et 18 Aoust 1722 qui ordonnent que les PP. Jésuites de la maison professe de Saint-Louis jouiront pour leurs approvisionnements de l'exemption des droits. *Paris*, 1722, in-4, *br*.

781. Saint-Roch, 6 vol. et brochure in-8, in-12 et estampe.

Lettre sur les embellissements de l'église Saint-Roch, 1760. — Physionomie de l'église Saint.Roch, demi-rel. — S. Roch et S. Thomas, nouvelle, (par Andrieux) *Paris*, 1802, *br*. — Offices propres a l'église de S. Roch. *Paris*, 1737, basane. — Saluts qui se chantent en l'église de Saint-Roch. *Paris*, 1760, bas. — Plan et élévation du Portail Saint-Roch, bâti en 1738, sur les dessins de M. Coste, in-fol. — Notice sur le monument érigé à St Roch à la mémoire de Bossuet, 1856, in-8, demi-rel.

782. Saint-Roch, 12 vol. et brochures.

Procès entre les marguilliers de St Roch et le sieur Marduel, curé de cette paroisse. Mémoires et consultation, 1756-1774, 9 vol. in-4, *déreliés*. — Sentence par laquelle l'église St Roch a été érigée pour secours en l'année 1578. — Sentence par laquelle l'église de St Roch a este érigée en titre de paroissiale en 1633. — Eloge funèbre de J. Marduel, curé de St Roch, prononcé dans cette église le 9 novembre 1787, par l'abbé Michel, 1787, in-4, cart.

783. — SALUTS qui se chantent pendant l'année en l'église paroissiale de St-Roch. *Paris, Langlois*, 1754, in-12, mar. rouge, dos orné, dent., tr. dor., *(Rel. anc.)*

Riche reliure portant les armes de Marie-Louise-Victoire de GRAMMONT, née en 1723 morte en 1756. Conservation parfaite.

784. Saint-Roch, 8 vol.

Relation de la maladie et de la guérison miraculeuse opérée le 14 Juin 1759, sur *Marie-Anne Pigalle, épouse du sieur Denis Mascrey*, demeurant paroisse St. Roch, 1789, in-12, demi-rel. — Oraison funèbre de Charles-Ferdinand d'Artois, duc de Berry par l'abbé Enfantin. *Valence*, 1820, in-8, *br*. — Procès-verbaux des Conférences de St-Roch, de 1833 à 1840. Ms. in-4 de 224 pp., cart. — Offices propres de l'église de S. Roch. *Paris*, 1760, in-12, bas. — Saluts qui se chantent à S. Roch. *Paris*, 1754, 1760, 2 vol. in-12, bas. — Office du Triomphe de la Foi, fondé à S. Roch en 1772. *Paris*, 1773, in-12, bas. — Prières et Oraisons de St-Roch. *Rouen, s. d.* in-12, veau.

785. Saint-Sauveur, 2 brochures in-4 et ms. in-fol.

Inventaire des ornements de l'église paroissiale de Saint-Sauveur fait le 18 Octobre 1585. Ms. in-fol de 12 ff. — Arrêt du Parlement entre les Marguilliers de St-Sauveur et G Fournier, curé de la Paroisse, 1640, in-4. — Arrêt du *13 mars 1671*, servant de règlement entre les

Curez et Marguilliers des paroisses de Paris, rendu entre le Curé et les Marguilliers de St-Sauveur, in-4.

786. Saint-Sépulcre. Oraison funèbre qui contient l'histoire des principaux poincts de la Vie et de la Mort de Louys XIII, composée par D. Thomas Bonnet, et prononcée le 13 d'Aoust 1643, dans l'Eglise du Sainct Sepulcre, à la prière de MM. les peintres et sculpteurs. *Paris, L. Boulanger*, 1643, pet. in-8, mar. rouge, armes, tr. dor. (*Petit.*)

Curieux et rare. On trouve à la suite divers sonnets et anagrammes composés par Bonnet.

787. Saint-Séverin. 7 vol.

Guide artistique dans l'église de Saint-Séverin, par de Bullemon - *Paris*, 1866, in-4. fig, demi-rel. — Martyrologe ou Mémoire de toutes les fondations faites dans l'église S. Séverin, *Paris*, 1678, in-fol. fig. — J. N. Hanicle, curé de S. Séverin (1794-1869.) *Paris*, 1870, in-12 *broché*. — Le désespoir des Ministres de Charenton, par Bobye, prestre de S. Séverin. *Paris*, 1650, in-4, demi-rel. — Offices propres de l'église de S. Séverin. *Paris*, 1738-1776, 3 vol. in-12, veau.

788. Saint-Séverin. Recueil de documents mss. réunis pour une histoire de cette église. 1 forte liasse in-fol.

Martyrologe ou fondations faites dans St-Séverin. 1636-1678 — Inventaire des papiers concernant les biens et revenus de la Confrérie de la Ste-Conception de la Vierge, fondée en 1365 à Saint-Séverin. — Divers mémoires artistiques, extrait de Millin, Duplessis, etc., épitaphes, comptes des recettes, etc.

789. — Martyrologe ou mémoire de toutes les fondations faites dans l'Eglise de S. Severin. Renouvelé et rédigé par MM. les marguilliers de ladite église. *Paris, Le Prest*, 1678, in-fol., fig., veau.

790. — Le Victorieux et triomphant combat de Gedeon, presché à Paris, au jour de la Passion, en l'an 1612, en l'église de S. Severin en presence de la Seren. Royne Marguerite, par le R. P. Souffrand. *Bordeaux*, 1616, pet. in-12, mar. vert, dos orné, dent., dor.

Très-rare.

791. Saint-Sulpice. Remarques historiques sur l'église et la paroisse de S. Sulpice (par l'abbé Simon de Droncourt). — Calendrier spirituel et historique à l'usage de St Sulpice, pour 1777. *Paris, Crapart*, 1773-1777, 2 vol. in-12, mar. rouge, dos orné, fil., tr. dor. (*Rel. anc.*)

792. Saint-Sulpice. 5 vol. in-4 et in-12.

Le batiment de St-Sulpice. Ode (par Alex. Piron.) *Paris*, 1744, in-12. front de *Boucher*, *broché.* — Vinchon. Peintures à fresque de la Chapelle Saint-Maurice, 1822. — Description du Mausolée, érigé à feu M. Languet de Gergy, 1757. — Lissajous. Le Grand Orgue, 1864. — Physionomie de Saint-Sulpice, 1840. in-12.

793. Saint-Sulpice. 11 vol. in-4 et in-12, reliés et *brochés.*

Consultations et Mémoires entre le curé Dulau d'Allemaus et le Hoguier vicaires, au sujet de la possession de la Cure, 1764. 5 vol. in-4. — Précis pour les curés de St-Sulpice contre ceux de S. Séverin, au sujet de la possession de maisons situées rue d'Enfer, et du clos des Chartreux, 1769. — Election et proclamation du P. Poiret, curé de St-Sulpice. 1791. — Vie de M. Mollevaut, 1875.

794. Saint-Sulpice. 3 vol. in-4, demi-rel.

Cérémonies de la dédicace et consécration de l'église de St-Sulpice. (pièce de vers signée: Roy) *Paris*, 1745 (Sur le titre une jolie vignette de *Tardieu*, avec une vue de l'église.) — Oraison funèbre du Dauphin, prononcée à St-Sulpice, par l'abbé Clément. *Paris*, 1766. (En-tête de *Cochin.*) — Eloge funèbre de Faydit de Terssac, curé de la paroisse, par l'abbé de Vigneras. *Paris*, 1789.

795. Saint-Sulpice. 12 vol. in-12 et brochures.

Fête de la réparation des outrages faits au Sacrement dans l'Eglise St-Sulpice en 1648. La Fête de St-Sulpice. Prières pour les processions de Saint-Sulpice. Ens. 3 vol. in-12, mar. rouge, dos orné, double rangée de fil., tr. dor. (*Lemardeley.*) — Calendriers et Manuels à l'usage de la paroisse, etc.

796. — Relation de la Maladie et de la guérison miraculeuse opérée par le S. Sacrement, le 5 Juin 1760, sur damoiselle Rose-Marie Jouot, veuve du sieur Mesnard, sculpteur du roi de Suède,... demeurante paroisse Saint-Sulpice. *Paris*, 1760. in-12, cart.

797. Saint-Thomas d'Aquin. 8 vol. in-12 et brochures.

Discours prononcés par Minée et Latyl lors de leur proclamation à la cure de St Thomas d'Aquin en 1791. — Vie de Souquet de Latour, curé, 1852. — Proprium Officii S. Thomæ Aquinatis. 1845. etc.

798. Eglises diverses de Paris. 8 vol. et brochures.

Pose de la première pierre de l'Eglise Notre-Dame-de-Clignancourt à Montmartre, le 2 Mai 1859, in-8, plan, demi-rel. — Arrest du Conseil d'Etat qui déclare les Chanoines et Chapitres de St-Jacques de l'Hospital et de St-Estienne des Grecs, déchus de leurs privilèges, 1718, in-4, *br.* — Office propre de l'église paroissiale de St-Josse. *Paris*, 1743, in-12, bas. — Les Femmes de l'Evangile, homélies préchées à Saint-Louis d'Antin, par le R. P. Ventura de Raulica, *Paris*, 1854; in-8, *broché.* — Ste-Marine en la Cité. 2 pièces impr. sur le curé Isoard, 1757. — Factum pour Me Nicolas Petit-Pied, curé de St-Martial. contre les conseillers-laïcs du siège présidial du Chastelet. 1653, in-fol, demi-rel. — Mémoire pour Me Fr. Michel Grégoire, curé de la paroisse de St-Germain de Charonne-lez-Paris. *Paris*, 1752, in-4, demi-rel.— Vie de M. Portalis, curé de Notre-Dame de Bonne-Nouvelle, par l'abbé Mauran. *Paris*, 1854, in-12, demi-rel. — Histoire de la Statue Miraculeuse de N.-D. de Bonne Délivrance, vénérée en la Chapelle St-Thomas de Villeneuve. *Paris*, 1865, demi-rel. — Vie de St Lambert, évêque de Maestricht, patron de l'Eglise de Vaugirard, par Gaudreau, 1832, in-8, *broché*.

799. Eglises diverses de Paris. 8 brochures.

L'Eglise du Sacré-Cœur à Montmartre, sera-t-elle d'un style national ? 1875, in-8. — La Peinture religieuse à l'extérieur des églises à propos de la décoration extérieure du porche de St-Vincent-de-Paul, par Jollivet. *Paris*, 1861, in-8. — Description de l'intérieur et de l'extérieur de St-Vincent-de-Paul, par Halbert, in-12, demi-rel. — Arrest du Parlement, portant règlement pour l'élection des Marguilliers, la sonnerie des cloches, etc., de la paroisse de Chaillot, 1781, in-4, (2 ex.). — Arrests du Conseil d'Etat et lettres patentes du Roy, concernant la construction de la nouvelle Eglise de Saint-Philippe du Roule. 1770-72. 3 pièces in-4.

800. Chapelles diverses, 5 vol. in-4 et brochures.

Chapelle de St-Julien des Menestriers (extrait des Antiquités de Millin.) — Ordonnances des 16 Février et 29 août 1781, relatives à la suppression de la Chapelle St-Michel, 3 brochures in-4, dont une en demi-rel. — Chapelle de Saint-Yves (extrait des Antiquités de Millin.)

801. Chapelle expiatoire, 4 vol. et brochure.

Notice historique sur les faits qui se rattachent à la Chapelle expiatoire de Louis XVI et de Marie-Antoinette, par l'abbé Savornin. *Paris*, 1865, in-12, cart. (2 ex.) — Projet de chapelle expiatoire sur la place de la Concorde, par Toussaint. *Paris*, 1822, in-4, pl. coloriées, demi-rel. — Description de la Chapelle St-Ferdinand, 1843, in-12, *broché*.

9. *Communautés religieuses.*

a. Généralités.

802. Communautés religieuses, 3 vol. in-fol. et in-8.

Histoire de l'Etablissement des Moines mendiants. *Avignon*, 1767, in-12, *broché* — Remarques historiques et critiques sur les Abbayes, Collégiales, Paroisses et Chapelles supprimés dans la ville et fauxbourgs de Paris. *Paris*, 1791, in-8, demi-rel. — Le Monasticon gallicanum, par Louis Courajod. *Paris*, 1869, in-fol., *broché*.

803. Lettres patentes du Roy, pour faire saisir et arrester tous et chascuns les fruicts, proficts et revenus temporels des Abbayes, & Prieurez, estants au dedans du ressor et jurisdiction de ceste ville de Paris, entre les mains des fermiers et receveurs d'iceulx. *Paris, Rob. Estienne*, 1578 pet. in-8 de 4 ff., *broché*.

804 Arrêts., lettres patentes du roi et ordonnances du bureau des finances concernant les ordres religieux de Paris de 1773 à 1780, 10 pièces en un vol. in-4, demi-rel.

Au sujet du droit d'amortissement ; réforme des réglements des ordres religieux 1768 ; dotations des religieux et religieuses, jouissances attribuées aux communautés, etc.

805. Ordinum religiosorum in ecclesia militanti catalogus, eorumque indumenta, iconibus expressa, a P. Generali Coronelli. (*Venetiis*, 1707), in-4, fig., demi-rel.

111 planches gravées sur cuivre représentant les costumes des religieuses des différents ordres. Explications en latin et en italien

806. Congrégations religieuses de Femmes. 4 vol. in-4, demi-rel.

Déclaration du Roy du 8 Mai 1693 concernant la dotte des Religieuses. — Ordonnance de Mgr. l'archevesque de Paris, en forme de réglement général pour les Religieuses. *Paris*, 1697. — Arrest du 26 Mars 1779 nommant le sieur de Morambert à la place de trésorier des communautés de filles religieuses. — Réglement du 28 Août 1788 pour la composition d'un comité de distribution des fonds affectés au soulagement des Religieuses (2 ex.)

807. Registre ouvert pour l'enregistrement des citoyennes ci-devant religieuses qui conformement à la loi ont prêté serment de fidélité à la République française (Section du théâtre français), 3 octobre an II. Manuscrit in-4 de 6 pp.

Contient le serment de 25 religieuses de divers ordres avec leur signature autographe.

808. HISTOIRE DES DIVERS ORDRES RELIGIEUX. 343 pièces in-4, *déreliées*.

Précieuse collection formée au XVIIe siècle, par le P. Quétif, dominicain et bibliothécaire du couvent de la rue Saint-Honoré à Paris. La plupart des pièces contenues dans cette collection se rapportent à l'histoire religieuse de Paris ; en voici le détail sommaire :

Bénédictins de la Congrégation de S.-Maur 7 pièces.
Carmes — 15 pièces.
Cluny — 7 pièces.
Cordeliers — 10 pièces.
Divers — 22 pièces.
Dominicains — 142 pièces.
Frères prêcheurs — 60 pièces.
Jacobins — 39 pièces.
Mathurins et Rédemption des Captifs — 18 pièces.
Minimes — 7 pièces.
Oratoriens — 3 pièces.
Prémontrés — 13 pièces.

Un certain nombre de pièces sont annotées par le P. Quétif ; il y en a plusieurs de manuscrites et d'autres d'originales ; quelques-unes sont

signées par des généraux de l'ordre, par des prélats .de la cour de
Rome, etc.

b. Communautés d'hommes.

1. ABBAYES.

809. Histoire de l'Abbaye royale de Saint-Germain-des-
Prez contenant la vie des Abbez qui l'ont gouverné
depuis sa fondation : les hommes illustres qu'elle =
donnez à l'Église et à l'État : les privileges accordez par
les Souverains pontifes et par les Evêques, etc. Avec la
description de l'église, des tombeaux et de tout ce quelle
contient de plus remarquable, par Dom. Jacques
Bouillart. *A Paris, chez Grégoire Dupuis,* 1724, in-fol ,
fig., veau, fil., tr. rouge.

> Bel exemplaire en GRAND PAPIER de cet ouvrage important. Le volume
> est orné de plans et figures.

810. Recherches historiques sur l'abbaye royale de
St-Germain des Prés à Paris, depuis sa fondation jusqu'à
nos jours, sur les abbés qui l'ont gouverné.. , sur les
tombeaux que renferme cette basilique, etc., 1790.
Ms. in-4 de 11 ff.

811. Recueil de 9 vues d'ensemble et de détails, anciennes
et modernes de l'abbaye de St-Germain-des-Prés, en un
vol. in-fol., cart.

812. Peintures murales de l'église Saint-Germain-des-
Prés. Examen, par Galimard. *Paris,* 1864.—Réponse à
une critique des peintures de Flandrin, par Cl. Lavergne
Paris, 1864. Ens. 2 vol. in-8, demi-rel.

813. Abbaye Saint-Germain-des-Prés, 4 vol. in-4 et in-8.

> J. Launoii Parisiensis theologi inquisitio in chartam immunitatis,
> quam beatus Germanus Parisiorum episcopus suburbano monaste c
> dedisse fertur. *Lutetiæ Parisiorum,* 1658, in-8, vélin. — Privilegior
> S. Germani adversus J. Launoii doct. Par. Inquisitionem propugnatu 1
> auctore D. Rob. Quatremaires, congregationis S. Mauri Monac-:
> Benedictino. *Lutetiæ Parisiorum,* 1657, in-8. vélin. — Regalis ecclesiæ
> S. Germani de Pratis, ad sedem apostolicam immediate pertinentis jur
> brevi compendio auctore D. Rob. Quatremario. *Lutetiæ Paris,* 160?
> in-4. — Ecclesiæ S. Germanis Parisiensis jura propugnata (extra 0;
> in-4, demi-rel.

814. Supplementum Antiquitatum urbis Parisiacæ, quo ac
Sanctorum Germani à Pratis, et Mauri Fossaten is
cœnobia, auctore patre Jacobo du Breul parisim

Parisiis, ex typographia Joannis Petit-Pas, 1614, in-4, veau.

> Ce volume qui se joint parfois au *Théâtre des Antiquitez de Paris*, du P. Du Breul, est un recueil de documents de dates reculées, extraits des archives de Saint-Germain-des-Prés, et relatifs à l'histoire ecclésiastique de Paris ; citons : la Passion de St-Vincent, la translation de St-Vincent, la Vie de St-Leufroid, du Prieur St-Eloi. Catalogue des abbés de St-Germain-des-Prés.

815. POLYPTIQUE DE L'ABBÉ IRMINON ou dénombrement des manses, des serfs et des revenus de l'abbaye de Saint-Germain-des-Prés sous le règne de Charlemagne publié d'après le manuscrit de la bibliothèque du roi, avec des prolégomènes par M. B. Guérard. *Paris, imprimerie royale,* 1844, 3 tomes en 2 vol. in-4, demi-rel.

816. Abbaye de St-Germain-des-Prés. Recueil de 18 pièces originales manuscrites relatives à cette abbaye.

> Liasse concernant les droits de l'abbaye sur la seigneurie d'Issy les Paris. Chartes mérovingiennes ; inventaire des pièces produites par le seigneur d'Issy contre les prétentions de l'abbaye ; lettre relative aux reliques de St-Robert, lettres du curé de St-Germain-des-Prés, etc.

817. J.-B. Du Hamel ecclesiæ Baiocensis cancellarii dissertatio de privilegiis Monasterii Sancti Germani Parisiensis. *Parisiis,* 1668, in-12, demi-rel.

818. Ordonnance de Mgr. l'archevêque de Paris portant cassation du prétendu mandement du prieur de S. Germain des Prez, pour la publication du Jubilé ; ensemble le décret donné contre ledit prieur, etc. *Paris,* 1636, pet. in-8, *broché.*

819. Abbaye de S.-Germain-des-Prés. 2 brochures in-4.

> Transaction entre Mgr. l'archevêque de Paris, Mgr. le duc de Verneuil, abbé de St-Germain des Prés et les religieux, prieur et convent de ladite abbaye, sur leurs procès et différens, pour raison de la juridiction spirituelle dans l'étendue du fauxbourg et territoire dudit S. Germain des Prez, 1668, in-4. — Mémoire du Chapitre de Paris, au sujet de la juridiction spirituelle dans le faubourg saint Germain pendant la vacance du siège, 1669, in-fol.

820. Abbaye de S.-Germain-des-Prés. 8 vol. et brochures in-4.

> Coppie d'un acte capitulaire des abbé, religieux, prieur et couvent de S. Germain des Prez et les syndicqs des marchands qui ont loges aux Halles et preau de la Foire St-Germain, 1670, demi-rel. — Procès sur le franc-alleu et mémoire pour l'abbaye S. Germain contre le chapitre de S. Louis du Louvre, 1769, 2 vol. — Mémoire pour Marchal de Saniscy, économe des biens de la manse de S. Germain contre les prévosts de Paris, etc. et Mémoire pour Silvy, conseiller du Roy,

contre Marchal de Saniscy, 1770, 2 vol. — 3 arrêts du Conseil d'État de 1731,1766 et 1767 sur des locations diverses de l'abbaye S. Germain.

821. Abbaye St-Germain-des-Prés, 6 vol. et brochures.

> Epistola conventus cleri Gallicani ad universos ecclesiæ Gallicanæ præsules. *Parisiis*, 1682, in-4.— Oraison funèbre de G. E. de Furstensberg, prononcée le 5 juin 1704, dans l'église de St-Germain, par l'abbé Le Prevost (2 ex).—Sermon patriotique, prêché dans l'église St-Germain, le 11 avril 1790, par l'abbé Cassius; in-8, demi-rel. — Les trois St-Germain, par Quicherat. — Commentaire de Jean Scot Erigène sur M. Capella, ms. de St-Germain des Prés.

822. Relation de la feste donnée au Palais Abbatial de St-Germain des Près, le 4 Août 1704, par M. le Cardinal d'Estrées, à l'occasion de la naissance de Mgr. le duc de Bretagne ***, arrière petit fils de S. M. Louis Le Grand. *Paris, Josse*, 1704, in-4, cart.

> Cette Relation est l'œuvre du P. Ménestrier, dont les lettres initiales C. F. M. sont à la fin du volume. Rare.

823. Abbaye de Saint-Germain-des-Prés, 6 vol. et brochures in-4.

> Requête au Roi (du 15 juin 1765, relative à la réforme de l'ordre de St-Benoît). — Réclamations des religieux du monastère des Blancs-Manteaux, contre la requête des religieux de St-Germain-des-Prés, 1765. — Mémoire pour les religieux bénédictins de l'abbaye de St-Germain-des-Prés, 1769, in-4, (réponse aux attaques que la requête de 1765 avait provoquées). — Mémoire pour les religieux bénédictins du monastère des Blancs-Manteaux, en réponse au mémoire des religieux de l'abbaye de St-Germain des Prez, 1769, in-4, demi-rel. — Lettres du Roi qui ordonnent et prescrivent la forme et la tenue de diètes, dans les provinces de la congrégation de St.-Maur, du 21 février 1788, demi-rel. — Arrêt du 18 avril 1788, contenant la tenue des diètes provinciales, demi-rel.

824. Inventaire des Manuscrits de Saint-Germain-des-Prés conservés à la Bibliothèque impériale, par Léopold Delisle. *Paris, Durand*, 1868, in-8, *broché*.

825. Monasterii regalis S. Martini de Campis Paris. Ordinis Cluniacensis, historia libris ex partita per Martinum Marrier. *Parisiis, Sebastianum Cramoisy*, 1636, in-2, fig. et portrait, vélin.

> Rare. Piqûres de vers.

826. Martiniana id est, literæ, tituli, cartæ, privilegia et documenta tam fundationis, dotationis et confirmationis, par Henr. I. Philippum I. etc., quam statua reformationis Monasterii seu prioratus conventuali S. Martini à Campis, Parisiis, ordinis Cluniacens;

Parisiis, apud Nicolaum du Fossé, 1606, in-8, front. de Léonard Gaultier, veau fauve.

> Ce rare volume, complément de. l'ouvrage de Marrier qui précède, renferme le cartulaire de l'importante abbaye de St-Martin-des-Champs, cartulaire dont la plupart des originaux sont détruits. Il est probable que Martin Marrier est un des rédacteurs du *Martiniana*, voy. à ce sujet le *Bulletin du Bibliophile*, année 1862, p. 78, où cet exemplaire est longuement décrit et analysé.

827. La Vie du révérend et vénérable P. Dom Martin Marrier, Prieur de S.-Martin-des-Champs, recueillie par le R. P. Dom. Germain Cheval, religieux du même monastère. *S. l. n. d. (Paris*, 1644), pet. in-8, demi-rel.

> Portrait du P. Martin Marrier, par *Montcornet*.

828. Abbaye de Saint-Martin-des-Champs, 1 liasse de papiers mss. et 2 vol. et brochure.

> 1° Copie manuscrite de neuf chartes originales de 1133 à 1210, concernant l'église de Montmartre et ses dépendances, qui relevait de l'abbaye St-Martin, in-fol.
> 2° Reçu motivé de 2,400 livres, pour indemnité, daté du 10 Nov. 1627 et signé par le prieur Martin Marrier, 2 pp. in-fol.
> 3° Mémoire pour le Sr Catherine, maître-maçon, contre les prieur et religieux de St-Martin-des-Champs, 1765. — Lettre des religieux de St-Martin-des-Champs à l'Assemblée Nationale, 1789, in-8.

829. Registre criminel de la Justice de St-Martin des Champs, à Paris, au XIVe siècle, publié pour la première fois par Louis Tanon. *Paris, Willem*, 1877, in-8, *broché*.

830. Abbaye de Saint-Victor, 3 vol. in-8 et in-12.

> Hugues de Saint-Victor. Nouvel examen de l'édition de ses œuvres, par B. Hauréau. *Paris*, 1859, in-8, demi-rel. — Œuvres poétiques d'Adam de St-Victor, précédées d'un essai sur sa vie et ses ouvrages. Première édition complète par L. Gautier. *Paris*, 1858, in-12, demi-rel. — Essai sur la fondation de l'école de Saint-Victor de Paris, par l'abbé Hugonin. *Paris*, 1854, in-8, demi-rel.

831. Abbaye de Saint-Victor, 3 vol. in-4 et in-12.

> La Vie du P. Simon Gourdan, chanoine régulier de Saint-Augustin, en l'abbaye de S. Victor de Paris. *S.-l.*, 1755, in-12, portr., mar. rouge, dent., tr. dor. (*Rel. anc.*) — Mémoire pour Fr. Valentin Mulot, chanoine de St-Victor, accusé, contre les sieurs Loque et Vaucher, bijoutiers. *Liège*, 1786, in-12, *br*. — Mémoire pour le F. Louis Grisard, chanoine prémontré, contre F. Devaux, chanoine régulier de St-Victor, 1735, in-4, dérelié.

832. Abbaye de Saint-Victor. Procès-verbal d'une visite faite par Le Clerc de Juigné, archevêque de Paris, les 13

et 20 du mois de janvier 1784, signé par l'archevêque,
daté du 28 Août 1784, 8 pp. in-fol. ·

L'Archevêque de Paris était supérieur immédiat de l'abbaye de
St-Victor.

833. Bibliothèque de l'abbaye de Saint-Victor, 6 vol. et
brochures.

Histoire·de la bibliothèque de l'abbaye de Saint-Victor à Paris, par
A. Franklin. *Paris, Aubry*, 1865, in-8, demi-rel., éb. — Mortreuil.
L'ancienne bibliothèque de l'abbaye.Saint-Victor,1854; Nouvelles obser-
vations sur l'ancienne Bibliothèque de l'abbaye S.Victor, 1854; Observa-
tion sur la dissertation intitulée : l'ancienne bibliothèque de l'abbaye
St-Victor, par Augustin Fabre, 1854; Réponse aux observations de
M. Augustin Fabre, 1854. Ens. 4 brochures in-8. — Catalogue de la
bibliothèque de l'abbaye de Saint-Victor au XVIe siècle, rédigé par
Rabelais, commenté par le bibliophile Jacob. *Paris*, 1862, in-8, demi-
rel. éb.

834. Histoire générale de Port-Roïal, depuis la réforme de
l'abbaïe jusqu'à son entière destruction, (par dom Charles
Clemencet). *Amsterdam, Jean Vanduren, (Paris Barrois)*,
1755-1757, 10 vol. in-12, veau.

On y joint : Abrégé de l'histoire de Port-Royal, par M. Racine. *Paris*,
1767, in-12, basane.

2. COMMUNAUTÉS DIVERSES (par ordre alphabétique.)

835. Grands-Augustins. La Forme du Serment de l'Union,
que doivent faire et repeter tous les bons catholiques,
unis pour la deffence de l'église catholique et conservation de l'état royal. Selon qu'il a esté fait solennellement
et publiquement en la ville de Paris, le dimanche 11,
jour de Mars 1590, en l'église et monastère des Augustins, par Messieurs les Prévost des Marchans, Eschevins,
Collonels, Capitaines, Lieutenans et enscignes des
quartiers et dizaines de Paris. *Paris, Guillaume Bichon*,
1590, pet. in-8. de 8 ff., cart.

836. Le Premier article du Cahier général du Tiers Estat
de.France, assemblez à Paris aux Augustins, en l'année
1614. *S. l.*, 1615, pet. in-8, demi-rel.

837. Histoire de l'Ordre du S.-Esprit,par M. de Saint-Foix.
Nouvelle édition. *Paris, Pissot*, 1775, 2 vol. in-12, veau.

Contient la liste des chevaliers de l'ordre, dont les promotions étaient
faites le plus souvent dans l'église des Grands-Augustins.

838. Grands-Augustins, 3 pièces pet. in-8, *brochées*.

Les Cérémonies royalles qui se doivent faire à la réception de MM. les Chevaliers de l'ordre du S. Esprit, en l'Eglise des Augustins à Paris. *Paris, Mesnier*, 1619. — Récit véritable de ce qui s'est fait et passé aux cérémonies observées à la réception des Chevaliers de l'ordre du S.-Esprit, avec l'ordre et rang que chacun a tenu. *Paris, Bourriquant*, 1620, (portrait de Louis XIII). — L'ordre et description générale de tout ce qui s'est faict et passé aux Augustins à la Cérémonie des Chevaliers (du S.-Esprit). Ensemble le nombre des Princes et Seigneurs qui ont reçu l'ordre. *Paris, Moreau*, 1620.

839. Grands-Augustins, 5 vol. in-4, demi-rel. et *déreliés*.

Oraison funèbre prononcée dans l'Eglise des Augustins du Grand Couvent de Paris, le 13 Mars 1666, pour la Reine-mère du Roy, par Mgr. Hyacinthe Serrony. *Paris*, 1666. — Sermon presché à l'ouverture du Clergé, le 9 Nov. 1681, dans l'Eglise des Grands-Augustins, par M. J. B. Bossuet. *Paris*, 1682. — Oraison funèbre de Michel Le Tellier, chancellier, prononcée le 2 Mars 1686, par M. l'abbé Maboul. *Paris*, 1686. — (Un double en copie ms.) — Oraison funèbre de Mgr. Louis, dauphin, prononcée le 12 Mai 1766, par M. J. B. Marie Champion de Cicé. *Paris*, 1766.

840. Augustins, 5 vol. et brochures.

Mémoire pour J. B. Béville et M. F. Béville, contre les supérieurs religieux et couvent des Augustins Dechaussez, 1732, in-fol. — Mémoire pour les Curé et Marguilliers de St-André des Arcs, contre les Grands Augustins, 1735, in-fol. — Arrêt du 14 juin 1778 qui ordonne que le chapitre de la Congrégation des Augustins réformés, se tiendra au couvent de la place des Victoires, in-4. — Lettres-patentes d'évocation, de tous les procès concernant l'ordre de Saint-Ruf, du 14 avril 1730, in-4, etc.

841. Heures latines et françoises à l'usage de l'Ordre de S. Benoist. *Paris, P. de Bats*, 1693, in-12 réglé, front., mar. rouge, fil., tr. dor. (*Rel. anc.*)

842. Blancs-Manteaux, 2 vol. in-4 et planches.

Notice sur le monastère des Blancs-Manteaux, in-4, pl. (extr. des Antiquités de Millin.) — 17 planches diverses, vues et détails du monastère des Blancs-Manteaux dont 8 extraites du *Monasticon Gallicanum* (réimpr.) — Réclamations des religieux du monastère des Blancs-Manteaux contre la requête des religieux de St-Germain des Prés (sur la réforme de la règle de St-Benoît) 1769, in-4, demi-rel.

843. Couvent des Blancs-Manteaux, 5 pièces originales mss. des XVIe et XVIIe siècles, in-fol.

Baux et acquisitions de terres datées de 1597, 1651, etc., signés par les religieux du monastère.

844. Louange de la vie contemplative, dressée sur l'entrée miraculeuse, en la religion réformée de Sainct François, qu'a fait nouvellement le comte de Bouchage, aux

Cappuchains lez Paris. *Paris*, 1587, pet. in-8 de 16 pp.
— Complainte sur la mort de.... Madame Catherine de
Nogarets, vivuante femme de.... Henry de Baternay de
Joyeuse, Comte du Bouchage, P. A. D. M. *Paris*, 1587.
pet. in-8 de 4 ff. Ens. 2 vol. *déreliés*.

> Pièces précieuses et rares. Ce fut à la suite du chagrin éprouvé par
> la mort de sa femme que le comte du Bouchage se fit religieux, il
> quitta pourtant son couvent cinq ans après, devint fougueux ligueur, et
> il y rentra de nouveau en 1600.
> *La Complainte* de P. A. D. M. est en vers.

845. Carmes. 2 brochures in-4 en un vol.

> Fondation ou donation de la maison des Carmes de la place Maubert,
> faicte à leur Ordre par Philippe le Bel, qui les a transferez en l'année
> 1309 du lieu où sont maintenant les Celestins, dans celuy qu'ils occupent
> à présent dans l'Université, etc. 1654. — Decreta Rev. Patris generalis
> pro magno conventu ac collegio parisiensi, facta in visitatione solemni ad
> introducendam strictiorem observantiam, 1663.

846. Carmes. 2 vol. in-8.

> Le Couvent des Carmes et le séminaire de Saint-Sulpice pendant la
> Terreur, par A. Sorel. *Paris, Didier*, 1863, in-8, plan, demi-rel. mar.,
> tête dor., éb. (*Petit.*) — Les Carmes déchaussés à Paris, rue de Vaugi-
> rard, depuis la fondation de leur couvent jusqu'en 1790. *Versailles*,
> 1854, in-8, demi-rel.

847. Déclaration dernière de Feu F. Thomas Beaux-Amis,
docteur en théologie, Carme Parisien, sur le livre par
luy jadis mis en lumiere : Remonstrance au peuple
françois qu'il n'est permis a aucun subjet de prendre les
armes contre son Prince. *Paris*, 1589, pet. in-8, cart.

> Pièce rare. La *Remonstrance* a eu plusieurs éditions. Brunet, I. 719.

848. Examen de conscience très abrégé, pour faciliter la
mémoire du pénitent dans la recherche de ses fautes.
Par le R. P. Ch. de Saint Benoît, affilié au grand
couvent des Carmes à Paris. *Paris*, 1720, pet. in-8
réglé, mar. rouge, tr. dor. (*Rel. anc.*)

849. Histoire du Monastère et convent des Pères Célestins
de Paris. Contenant ses antiquités et privilèges,
ensemble les Tombeaus et epitaphes des Rois, des ducs
d'Orléans et autres illustres personnes, avec le testament
de Louis d'Orléans. Par le Père Louys Beurrier, celes-
tin. *Paris Vefve P. Chevalier*, 1634, in-4, titre gravé,
basane.

> Le frontispice gravé par *Van Lochom* et représentant Charles V et le
> duc d'Orléans a été anciennement remonté ; il porte cette mention ms.
> *Des Célestins de Paris.*

850. Célestins, 3 vol.

> Les Célestins (Extrait des Antiquités de Millin), fig , in-4. — Rapport au préfet de la Seine, sur les fouilles des Célestins, 1848, in-4. — Office du martyre de S. Jean l'évangéliste, qui se célèbre tous les ans. le 6 May dans l'église des Célestins de Paris. *Paris*, 1719, in-8, bas.

851. **Les Tombeaux des personnes illustres, avec leurs éloges, généalogies, armes et devises, par J. Le Laboureur. *Paris, Jean le Bouc*, 1642, in-fol., front. et fig., veau.**

> Les tombeaux des personnes illustres qui sont cités dans ce volume appartiennent en majeure partie à l'église des Célestins où se trouvaient les cœurs de Charles VI, de François Ier et de ses fils, de Henri II, de Catherine de Médicis, de Charles IX, etc., les tombeaux du connétable de Montmorency, d'Anne de Bourgogne, celui de Philippe de Chabot, par Jean Cousin.
>
> Le volume de Le Laboureur renferme de nombreuses planches de blasons gravées par *Pierre Nolin*, de généalogies, etc.
>
> A la suite de l'église des Célestins, on trouve les tombeaux de Sainte-Catherine du Val des Ecoliers, de l'Ave Maria et de la Chapelle de Braque.
>
> Bel exemplaire.

852. Célestins. 7 vol. in-4 et in-8, et brochure.

> Arrest du 20 Mars 1759, qui ordonne que la dépense, tant de l'abatis d'une partie du bosquet et arbres que de l'exécution du parterre dans le jardin du monastère royal des Célestins de Paris, sera alloué à Jacques Meusnier. — Arrest du 29 Mars 1776, qui ordonne que les biens, droits et revenus dépendant du monastère des Célestins de Paris seront régis par le sieur Bollioud de Saint-Julien. — Lettres patentes du 5 Avril 1778, concernant l'Ordre des Célestins. — Lettres patentes du 13 mai 1779, confirmatives des Brefs de suppression des maisons des Célestins. — Arrêt du 5 Mars 1785 ordonnant que les biens des maisons des Célestins de Paris, dont la régie est confiée au sieur de Saint-Julien, seront administrés à l'avenir sous l'inspection de l'Archevêque de Paris. — Véritable idée de la gestion des biens des Célestins de Paris et de Marcoussis. *Paris*, 1790, fig. — L'Office du martyre de S. Jean, évangéliste, qui se célèbre tous les ans, le 6 Mai, dans l'église des Célestins de Paris. *Paris*, 1768, in-8.

853. BREVIARIUM iuxta morem et usum monachorum divi Benedicti congregationis Celestinorum nuper authoritate generalis eorundem capituli accuratissime emendatum, auctum et recognitum ac pulchris imaginibus decoratum. *Parisiis, ex off. Thielmanni Kerver*, 1546, in-8 goth., fig., mar. brun, dorures couvrant entièrement le dos et les plats, tr. dor. (*Rel. anc.*)

> Ce bréviaire, à l'usage des pères Célestins, se compose de 446 ff. impr. à 2 colonnes en rouge et noir.
>
> Le titre porte la marque de *Kerver*, et le volume est orné de grandes figures et de nombreuses petites au Sanctoral.
>
> La reliure de cet exemplaire porte sur les plats la *Crucifixion* et l'*Annonciation*; elle est bien conservée.
>
> Manque 7 ff. dans le corps du volume.

854. Célestins. 3 vol. in-4 et brochures et une pièce manuscrite.

> Ordonnance des Trésoriers de France en faveur des Religieux Prieur et Couvent des Célestins de Paris, 1494, pièce originale sur vélin, signée d'Orgemont. — Arrest du 29 mars 1776 ordonnant que les biens et revenus dépendant du monastère des Célestins de Paris seront régis par le sieur Bollioud de Saint-Julien. — Arrêt du 5 Mars 1785 ordonnant que ces mêmes biens seront administrés à l'avenir sous l'inspection de l'Archevêque de Paris. — L'office du martyre de S. Jean l'évangéliste qui se célèbre tous les ans le 6 May dans l'église des Célestins de Paris. *Paris*, 1719.

855. Oraison funebre pour la memoire de feu Ill. et Rev. Seigneur Fabie Frangipain Meurte, Nunce de nostre S. Pere Xiste V, vers nostre tres-Chrestien Roy de France et de Polongne Henry 3. Faicte et prononcee en l'Eglise des Celestins à Paris par F. Jacques Berson, Parisien, frere Mineur, docteur en Theologie et Pasteur de S. Estienne à Boulleire. *A Paris, chez Guillaume Julien*, 1587, in-8 de 32 pp., *dérelié*.

> Ce Berson était sans doute parent de Jean Berson, docteur en théologie, et traducteur d'un *Sermon sur l'advenement du Saint-Esprit*, cité par Du Verdier et par Brunet ; peut-être même s'est-il glissé une erreur sur le titre de l'un des deux ouvrages, et les deux Berson ne sont-ils au fond qu'un seul personnage.

856. Anagraphe de Origine Cartusiani ordinis, versibus hexametris descripta in minore claustro Cartusiæ Parisiensis. *Parisiis, apud Seb. Nivellium*, 1551, in-4 de 15 ff., mar. brun.

> ÉDITION ORIGINALE fort rare. Au v⁰ du titre une jolie figure sur bois avec une vue de la Chartreuse.
> Cette histoire de l'ordre des Chartreux était écrite en vers latins dans le cloître de la Chartreuse parisienne, « où ils étaient journellement lus, transcrits et admirés d'un grand nombre de gentils esprits. »
> Nous décrivons ci-après une traduction en vers héroïques de Fr. Jary. Bel exemplaire.

857. DESCRIPTION DE L'ORIGINE ET PREMIÈRE FONDATION de l'ordre sacré des Chartreux, naifvement pourtraicte au Cloistre des Chartreux de Paris. Traduite par V. P. Fr. Jary, prieur de Nostre Dame la Pree lez Troyes. *Paris Guillaume Chaudiére*, 1578, in-4 de 32 ff., veau.

> Bel exemplaire de ce rare poème. On a relié à la suite la deuxième édition du poème latin dont Jary a donné la traduction : *Anagraphe de Origine Cartusiani Parisiensis versibus hexametris descripta in minore claustro Cartusiæ Parisiensis*. Parisiis, G. Chaudière, 1578, in-4 de 10 ff. dont un blanc.
> Exemplaire grand de marges.

858. Chartreux, 4 vol. in-4 et in-12.

Histoire de la Chartreuse de Paris, suivie d'une description du Luxembourg, par P. de Lacroix, *Paris*, 1867, (2 ex.). — Description de l'origine et première fondation des Chartreux , pourtraicte au cloistre des Chartreux de Paris, traducte par V. P. Frère Fr. Jary. *Paris*, 1578, (*Gap*, 1838.), in-4, demi-rel. — Marragon. Rapport au Conseil des Anciens, sur une résolution relative à l'Enclos des ci-devant Chartreux de Paris, 1798, in-8, demi-rel.

859. Hymne de Saint Bruno, fondateur de l'ordre des Chartreux (par N. Frenicle). *Paris, Veuve , J. Camusat*, 1651, in-4 de 22 pp., demi-rel.

Le nom de Frenicle se lit à la fin du poème qui est dédié au R. P. Dom J. Pegon, prieur de la Gde-Chartreuse.

860. La Vie de St Bruno, fondateur de l'ordre des Chartreux, peinte au cloistre de la Chartreuse de Paris, par Eustache Lesueur, gravée par F. Chauveau. *Paris, Sarlit, s. d.*, in-fol., cart.

861. Galerie de Saint Bruno, fondateur de l'Ordre des Chartreux, peinte par E. Le Sueur, dessinée et gravée par A. Villerey. *Paris, Villerey*, 1816, in-8, fig., mar. rouge, dent., tr. dor. (*Bozérian.*)

PAPIER VÉLIN. Ce volume est orné de la reproduction des tableaux de Le Sueur, conservés au Musée du Louvre, représentant les principaux faits de la vie de Saint Bruno et aussi les plans et vue de la Chartreuse de Paris.

862. Chartreux. Recueil de 8 pièces originales manuscrites sur vélin et sur papier , se rapportant à l'histoire des Chartreux.

Quittances et reçus, lettres, participation accordées aux bonnes œuvres des Chartreux, etc.

863. Cordeliers. 6 vol. in-4.

Discours de ce qui s'est passé en la réformation des PP. Cordeliers et la rumeur advenue au grand Couvent de Paris, le 26 Febvrier 1622. *Paris*, 1622 ; Factum et defense pour les gardien et conseil des Cordeliers du grand Couvent, 1622 ; Factum pour les Religieuses de Ste-Catherine-lès-Provins contre les Pères Cordeliers, 3 pièces en un vol. — Panégyrique de Saint François d'Assise, prononcé dans l'église des RR. PP. Cordeliers de Paris, le 4 Oct. 1732, par le P. Poisson. *Paris*, 1733. — Représentation au Roy des chevaliers et confrères du S. Sépulchre de Jérusalem formant l'archi-confrairie établie en l'église des Cordeliers de Paris, 1776, etc.

864. Chanoines de Sainte-Croix-de la Bretonnerie. 4 vol. in-4 et brochures.

Arrêt du 10 Juin 1778, qui ordonne que les biens et revenus dépen-

dant de la maison des chanoines , seront régis et administrés a-
MM. Bollioud de Saint-Julien (2 ex.) — Arrêt du 7 Avril 1785 ord—
nant que la régie des biens de la maison des chanoines, confiée au si—
Saint-Julien, sera continuée sous l'inspection de l'Archevêque de Pa—
(2 ex.)

**865. Pères de la Doctrine Chrétienne. 4 vol. demi-rel. :
brochure.**

> Constitutiones congregationis Doctrinæ Christianæ in Comitis ge æ-
> ralibus Lutetiæ Parisiorum habitiis, anno 1782. *Parisiis*, 1783, in- ?
> — Observations sur les actes capitulaires du Chapitre général des Pè—
> de la doctrine chrétienne, assemblée à Paris dans leur maison d—
> S. Charles , le 25 Déc. 1750, in-12. — Lettre du R. P. Général à to—
> les supérieurs des Maisons de la congrégation, 1751, in-4.

866. Feuillants, 4 vol.

> Responce du Père Dom Bernard , doyen des religieux Feuillentins —
> Paris, à une lettre que luy a escrite Henry de Valois. *S. l.*, 1589, —
> in-8. — La Conduite de Dom Jean de la Barrière, premier abbé :
> instituteur des Feuillens durant les troubles de la Ligue, et son attac—
> ment au service du Roy Henry III, par un religieux-feuillent (J. B. d—
> Sainte-Anne Pradillon). *Paris*, 1609, in-12. — Le Combat des Feu—
> lans, 1649, in-4. — Mémoire pour le sieur Richelet contre les Religie—
> Feuillans, du couvent de la rue S. Honoré, 1759, in-4.

**867. Oraison funèbre d'Anne Jule, Duc de Noailles,
mareschal de France , prononcée en l'église des P—
Feuillants, de la rue S. Honoré, le 27 Février 1709, p—
le P. Delarue. *Paris, Josse*, 1709, in-4, demi-rel.**

> Très joli portrait du duc de Noailles gravé par *B. Picart.* ÉDIT—
> ORIGINALE.

**868. Harangue funèbre sur la mort de M. Nicolas —
Verdun, premier Président du Parlement, prononc—
devant ledit Parlement dans l'Eglise des Jacobins ref—
mez au faub. S. Honoré, par un religieux du mes—
convent. le 27 de Mars 1627. *Paris, G. Alliot*, 162—
pet. in-8, *broché*.**

**869. Offices et prières à l'usage des religieux de la Char—
de l'ordre de S Jean-de-Dieu. *Paris, Vᵛᵉ Pierres*, 17—
in-4, *basane*.**

> Saint Jean de Dieu était le fondateur de l'Ordre des Frères religie—
> de la Charité. Taches.

**870. LES PRIÈRES du bien-heureux Jean de Dieu po—
gaigner les pardons et indulgences octroyées par nos—
S. Père le Pape Urbain VIII , en l'Eglise des frères de l—
Charité. *Paris, Rob. Estienne*, 1631, pet. in-8 de 12 f—**

dont 2 blancs, mar. vert, dos orné, double rangée de
fil., milieux, tr. dor. (*Lortic.*)

Hymnes en latin par J. Morel, dont le nom se lit à la page 10 et
leur traduction en vers français par G. Colletet.

Précieux exemplaire à toutes marges provenant de G. Colletet, avec
son nom écrit sur le premier f. blanc et avec des annotations de sa main.
Riche reliure.

871. Jésuites. 6 vol. in-4 et in-12.

Mémoires de Garasse de la Compagnie de Jésus, publiés par
Ch. Nisard. *Paris*, 1861, in-12. — Extrait de plusieurs dangereuses
propositions tirées des casuistes et particulièrement d'Escobar. 1655,
in-4. — Arrests des 14 et 18 Janvier 1763, donnant acte au procureur
général qu'il ne *prétend rien dans la propriété des terrains et bâtimens
des Jésuites*, in-4. — Interdit des Jésuites, Mandement du cardinal de
Noailles du 12 Novembre 1716, in-4, demi-rel. — Oraison funèbre de
Louis de Bourbon, prince de Condé, prononcée le 26 Avril 1687, en
l'église des Jésuites par le P. Bourdaloue. *Paris*, 1687, in-4 (édition
originale). — Oraison funèbre de Fr. Henry de Montmorency, duc de
Luxembourg, prononcée dans l'église des Jésuites, le 21 Avril 1695, par
le P. Delarue. *Paris*, 1695, in-4, portr.

872. Apologie générale de l'institut et de la doctrine des
Jésuites (par Cérutti). *Soleure, Schœrer*, 1763, in-8, mar.
rouge, dos orné, fil., tr. dor. (*Rel. anc.*)

Bel exemplaire.

873. Jésuites, 2 vol. in-4, *déreliés*.

Oraison funèbre de Louis de Bourbon, prince de Condé, prononcée à
Paris le 26 avril 1687, en l'église de la Maison professe des Pères de la
Compagnie de Jésus, par le Père Bourdaloue. *Paris*, 1687. — Oraison
funèbre de François-Henry de Montmorency, duc de Luxembourg, prononcée à Paris, dans l'église de la Maison professe de la Compagnie de
Jésus, par le P. Delarue. *Paris*, 1695, in-4, portr. (Editions originales).

874. Procès-verbal fait du dépôt du cœur de Louis XIV,
dans l'Eglise de la Maison professe des Jésuites rue
Saint Antoine, le 21 Mars 1730, manuscrit de 3 pp.
in-fol.

Ce dépôt eut lieu en présence du duc d'Antin, du sieur de Cotte, des
PP. Supérieurs, etc. On a ajouté une lettre autographe signée de
Maurepas, adressée à M. le duc d'Antin le 19 mars 1730, dans laquelle
le roi lui demande de se trouver présent lors de ce dépôt.

875. Lettre de N. S. Isaac Martineau de la Compagnie de
Jesus, contenant la relation de la mort de Bourdaloue,
décédé en la Maison professe des Jésuites de Paris le
13 mai 1704. *Paris*, 1704, in-4 de 14 pp., *dérelié*.

Pièce curieuse et rare.

876. Catalogue des livres de la Bibliothèque de la maison professe des ci-devant, soi-disans Jésuites. *Paris, Pisso*. 1763, in-8, veau.

> Rare.

877. Mathurins et N. D. de la Merci. 8 vol. et brochure.

> De l'Establissement de la Congrégation réformée de l'Ordre de la Très-Sainte Trinité et rédemption des captifs et du différent renouvelé contre elle par le R. P. général du dit ordre en Avril 1657, in-8, *br.* — *Vera confraternitatis* sanct. *Trinitatis de Redemptione captivorum.* Auctore R. D. Joanne Jennyn. *Romæ*, 1652, pet. in-12. — La Confrérie de la Très-Sainte Trinité et rédemption des captifs, 1705, in-12 — Abrégé des graces et indulgences octroiées aux frères et sœurs de la Sainte Trinité et Rédemption des captifs. *Cambray*, 1745, in-12. — Lettres du Roy, de mai 1716, portant confirmation des questes et priviléges des Religieux de la Mercy. — Exemptions accordez par le Roy à ceux que les PP. de la Mercy, établiront à faire la quête pour la Rédemption. *Pau*, 1739. in 4. — Arrêt qui supprime différentes maisons de la Mercy, 1774. — Arrêt qui supprime les exemptions à ceux préposés pour la quête, 1782.

878. MATHURINS. BREVIARIUM ALIAS SUMMARIUM ad usum fratrum ordinis Sanctissime Trinitatis de Redemptione captivorum nunc felicem accipit finem. Et p. eundem fratrem et directorium noviciorum in lucem parturivi apprime revisum : sed et in novam formam curæ pingli redactum . etc...... *Parisiisq₃ diligentia honestissimi viri Gaufredi de Marnef. Per subtilissimos huinsce art impressorie viros Johannē Bienayse et Jacobum Ferrebo et utilis atque ingeniose impressum. Anno decimo quarto quingentesimoquæ supra millesimum,* [1514] *die vero vicesima prima mensis Marcii,* in-8 goth. de 12 ff. lim., (le premier blanc?) et 240 ff. (chiffr. par 64-48-40 et 88), impr. en rouge et noir, fig., veau brun estampé.

> Bréviaire à l'usage de l'Ordre des Trinitaires ou Mathurins fondé en 1198 par St Jean de Matha ou Félix de Valois pour la délivrance des Chrétiens captifs chez les Infidèles.
>
> Ce bréviaire est de la plus grande rareté : nous l'avons trouvé décrit dans le Catalogue de la collection liturgique du Cte de Villafranca, rédgé par Alès (p. 498).
>
> Le premier f. qui manquait à l'ex. Villafranca et qui n'est pas non plus dans le nôtre, doit être blanc ; le titre que nous avons donné sur la copie de la souscription, qui est imprimée, en rouge et noir et sous la forme de la Croix de l'ordre, au dernier feuillet.
>
> Le Bréviaire comprend la partie d'été seulement.
>
> Précieux exemplaire imprimé sur VÉLIN et qui paraît être le seul complet, celui décrit par M. Alès, étant imparfait de 2 ff. Très bonne conservation.

879. Mathurins et N.-D. de la Merci. 4 vol. in-4 et brochures.

> L'ordre et la marche de la Procession des captifs françois rachetés à

Maroc, qui aura lieu le 26 Sept. 1758; avec la Liste des 70 captifs rachetés, 1758 (2 éditions différentes). — Procession des Captifs rachetés en Alger, 1785, avec la liste des 313 captifs rachetés, 1785. (2 ex.)

880. Notre Dame de la Mercy, liasse de pièces manuscrites.

Correspondance échangée entre les R. P. de l'Ordre de Marseille et M. Heauvard, trésorier de l'ordre à Paris ; Arrêt du Conseil d'état du 5 août 1644 et arrêt du 14 octobre 1765 relatifs au dit ordre, etc.

881. MINIMES. LIBER VITE PATRUM ORDINIS MINIMORUM sancti Francisci de Paula. Sequntur ea que in ipso continentur. In primis : Regula fratrum Minimorum Regula sororum ejusdem ordinis. Regula utriusque sexus fidelium. Correctorium. Cerimonie. Privilegia. Mare magnum , et canonizatio ejusdem S. Francisci de Paula. *S. l.* M. ccccc. xxxiii (1533), xix Dec. (Au recto du fol. 184 :) *Penes conventum Nostre Domine totius gracie vulgariter de Niyion* (sic) *prope Parisios consummatum seu impressum. Anno Mcccccxxxv (1535), die vero mensis Novembris. xxv.* In-16 goth. de 184 ff. chiffr. et 7 ff. non chiffr., lettres rouges et noires, veau fauve.

Petit volume fort rare. Le couvent de Notre-Dame de Toutes-Grâces , ordre des Minimes, vulgairement dit des *bonshommes*, où il a été imprimé, était situé à Nygeon, très-ancien village près Paris, qui occupait alors sur les bords de la Seine une partie de l'emplacement où sont actuellement Chaillot et Passy.
Sur le titre se trouve un petit portrait de saint François de Paule , gravé sur bois, et à côté cette mention ms. : *Ex bibliotheca Nigeonensis Minimorum.*

882. Minimes. Une liasse de pièces originales et un vol. in-4, *dérelié.*

Trois reçus des Minimes du Couvent de Notre-Dame des Grâces ou des *Bonshommes*, sur vélin, de 1566, 1576 et 1610. — Privilège accordé aux Minimes le 9 mars 1648, 3 pp. in-fol. ms. — Arrêt du 11 août 1733 qui condamne les Minimes au paiement des droits de domaine et Barrage , in-4.

883. La Vie du R. P. Marin Mersenne , théologien, philosophe et mathématicien, de l'Ordre des Pères Minimes, par F. H. D. C. (Hilarion de Coste) religieux du même ordre. *Paris , Séb. Cramoisy,* 1649, in-8, portr. par Moncornet, vélin.

884. Les Portraits et les Eloges de quelques personnes signalées en piété de l'Ordre des Minimes. *S. l. n. d.,* in-fol., cart.

Un frontispice et 11 portraits par *Le Brun, S. Vouet,* etc., gravés par *Picart, Pitau, Boulanger,* etc. Belles épreuves.

885. L'Oratoire de France au XVIIᵉ et au XIXᵉ siècle, par le P. Adolphe Perraud. *Paris, C. Douniol,* 1866, in-12 demi-rel. veau, éb.

> On y a ajouté : Eloge funèbre du général Zamoyski prononcé dans l'église de l'Oratoire par le P. Perraud. 1868, in-8, *broché*, et P. Ingolc Essai de bibliographie oratorienne (A-C.)

886. La Vie du Cardinal de Bérulle, supérieur général de la Congrégation de l'Oratoire de J. C. par Germain Habert, abbé de Cerisy. *Paris, Veuve de J. Camusat.* 1646, in-4, front., mar. rouge, dos orné, double rangée de fil. à la Duseuil, tr. dor. (*Rel. anc.*)

> Bel exemplaire en GRAND-PAPIER relié par *Du Seuil.*
> Le Cardinal de Bérulle fut le véritable fondateur de l'Oratoire et le premier supérieur de l'ordre.

887. Oratoriens. 2 vol. in-8 et in-12.

> Officia propria Congregationis Oratorii Domini Jesu. *Parisiis.* Seb. Huré, 1653, in-12, mar. noir, fil., tr. dor. (*Rel. anc.* aux insignes de l'Oratoire) — L'office de Jésus pour le jour et l'octave de sa fête qui se célèbre dans la Congrégation de l'oratoire de Jésus le 28 janvier. — dressé par le Cardinal Pierre de Bérulle. *Paris,* 1673, in-8, veau.

888. Oratoriens. 7 vol. et brochures.

> Récit d'une action prophane arrivée le 11 juin 1649 à la messe du R. P. Benoist, prestre de l'oratoire, dans leur église de S. Honoré à Paris *Paris.* 1649, brochure in-4. (Un jeune père s'était précipité sur l'hosti = de l'officiant). — Oraison de Ch. Marg. de Gondy, prononcée dans l'église des prestres de l'Oratoire (par le P. Perrault). *Paris*, 1650 in-4. — Exercice académique dans la salle des Prêtres de l'Oratoir - pour les élèves de seconde, 1773, in-4, demi-rel. — Discours à l'assemblée prononcé au nom de la députation de MM. de la Congrégation de l'oratoire le 10 juillet 1790, in-8, demi-rel. (2 ex.) — Mémoire pour le membres de l'Oratoire, 1791. — Eloge de Ladislas Zamoyski, par l - P. Ad. Perraud, prononcé dans l'église de l'Oratoire le 30 janvier 1868. *Paris*, 1868, in-8.

889. Oratoriens. 2 vol. et feuille ms.

> Remonstrance aux RR. PP. de l'Oratoire de la Maison de Paris, su leur prétendue réconciliation touchant la doctrine avec les Jésuites, (ver 1670). in-4, demi-rel. (contient les noms des PP. jansénistes). — Jansénius au P. Le Porcq de l'Oratoire, sonnet et épitaphe du P. Fedeau Ms. 4 pp. in-4. — Relation de la persécution et de la captivité de M. Benoît Fourgon, prêtre de l'oratoire en 1715. Ms. in-8 de 85 pp. demi rel. (Le P. Fourgon avait été persécuté comme janséniste).

890. Description des choses plus remarquables qui se sont passées en l'assemblée du chapître général des Frères Prescheurs en leur couvent de Paris le 20 du mois de may 1611. *Paris,* 1611, pet. in-8, mar. bleu, fil., tr. dor (*Petit.*)

891. Abrégé des réglemens et titres authentiques de l'Ordre royal et archiconfrérie du Saint-Sépulchre de Jérusalem erigé à Paris par Saint Louis en 1254. *Paris*, 1771, in-8, front., veau, fil., tr. dor.

Exemplaire aux armes du Maréchal de Cossé-Brissac.

892. Discours prononcé à l'assemblée nationale par la députation de l'archiconfrérie royale du Saint-Sépulchre de Jérusalem, le 10 avril 1790. *S. l. n. d.* — Tableau de l'archiconfrérie royale du Saint-Sépulcre de Jérusalem. (*Paris, Valade*, 1790), in-8, veau fauve, dos orné, fil., tr. dor.

Aux armes de la Comtesse de PROVENCE, qui faisait partie de l'archiconfrairie.

893. Saint-Jean de Jérusalem. 4 pièces in-4 et in-8.

Arrest du 25 Aout 1670 concernant les Commandeurs de l'ordre. — Lettres patentes, Bulles du Pape, concernant l'incorporation de l'ordre de S. Antoine de Viennois à l'ordre hospitalier de S. Jean de Jérusalem. *Paris*, 1777. — Notice sur l'Enclos de S. Jean de Latran, par Troche. 1855, in-8 (un ex. double ms veau fauve).

894. Congrégations religieuses diverses. 9 vol. in-4 et in-12, reliés et *brochures*.

Panégyrique de la Bienheureuse Rose de Sainte Marie de Lima du Pérou prononcé en l'église des Dominicains de la rue S. Honoré (par l'abbé de La Chambre). *Paris*, 1669.—Arrest ordonnant qu'il sera passé outre à la vente des Places, Murs fossez et autres lieux baillez par la Ville aux Jacobins, 1678. — Factum pour les Religieux Jacobins reformez de la rue S. Honoré. — Chronique de S. Magloire, notice par P. Paris. — Recueil sur les cloches, avec la cérémonie de leur bénédiction qui fut faite à l'Abbaye de Penthemont. *Cologne*, 1757. — Picpus, et les constitutions de ses fondateurs, par le R. P. Leriche. *Paris*, 1856. — Oraison funèbre de Pierre Dolet de la communauté de S. Louis en l'Ile, par l'abbé Th. de Rolleau. *Paris*, 1823. — Description de ce qui s'est passé en l'assemblée des Frères prescheurs en leur couvent le 20 May 1611. — A Monsieur de Fieubet sur sa retraite aux Camaduldes. Stances, in-4.

c. Communautés de femmes.

I. ABBAYES.

895. Recueil de diverses pièces concernant le Monastère de Charonne, et le procès-verbal de l'assemblée extraordinaire de MMgrs. les Archêvéques et Evêques, tenue en l'Archêveché de Paris, aux mois de Mars et de May 1681. *Cologne, Nicolas Schouten*, 1681, pet. in-12, mar. vert, dos orné, fil., tr. dor. (*Rel. anc.*)

On y joint : Traduction de la lettre d'un officier de la Cour de Rome, du 22 novembre 1680, in-4 cart. (Relatif au différend qui s'était élevé au sujet de la nomination par Louis XIV, d'une abbesse au Monastère de Charonne, abbesse que le Pape refusait de reconnaître.)

896. Discours funèbre de feu Messire Barthelemy Robin, abbé de Sorèze, prononcé dans l'Eglise de l'Abbaye de Charonne le 15 May 1656 (par l'abbé de Verneuil). *Paris, Florentin Lambert,* 1656, in-8, vélin.

897. Abbaye de Montmartre. 4 vol. in-8.

Forme et manière de donner l'habit de novice aux filles de l'ordre du glorieux S. Benoist, et les recevoir à profession selon la manière et coustume de Montmartre. *Paris*, 1629, vélin. — Offices propres des Saincts de la royale Abbaye de Montmartre lez Paris. *Paris*, 1658. *dérelié.* — Rituel monastique pour l'abbaye royale de Montmartre *Paris*, 1664, mar. noir. — Processional monastique de l'Abbaye royale de Montmartre. *Paris*, 1676, mar. noir.

898. Abbaye de Montmartre, liasse de 23 pièces originales sur vélin et sur papier.

1° 19 reçus des abbesses Marie de Beauvilliers, Françoise de Lorraine, Marie-Anne de Lorraine, Marie Gigault de Bellefonds, Marguerite de Rochechouart, Louise-Emilie de la Tour d'Auvergne et Marie-Louise de Montmorency, 1628-1765 ;
2° Lettre de Mme de La Rochefoucauld, abbesse de Montmartre, 1750 ;
3° Requête de Madame de Montmorency-Laval au roi, 1765 ;
4° Lettre de sœur Marie-Thérèse, supérieure du Calvaire à Montmartre, 1846 ;
5° Conjectures sur la formation de la montagne de Montmartre. 4 pp. in-4.

899. Abbaye de Montmartre. 3 pièces in-4, *brochées.*

Arrest du Parlement donné entre M. l'Archevesque de Paris et l'abbesse de Montmartre pour raison de la supériorité du prieuré de N. D. de Grâce sis à la Ville-l'Evesque. *Paris*, 1631. — Requête de Mlle de Longueville contre l'abbesse de Montmartre, en exécution du contract de fondation du prieuré de N. D. de Grâce, 1631. — Oraison funèbre d'Anne d'Autriche, prononcée dans l'Eglise des Martyrs à Montmartre, le 6 Mars 1666, par M. de Fromentières. *Paris*, 1666. — Notice nécrologique de Marie Eléonore de Bellefons, abbesse de Montmartre, 1717.

900. Abbaye de Montmartre. 2 vol. pet. in-8 et in-12.

Les Devoirs funèbres rendus à l'heureuse mémoire de Madame Catherine Henriette Marie de Beauvillier dite de Saincte-Gertrude, coadjutrice de Mme l'abbesse de Montmartre, par le R. P. Nicolas Caussin. *Paris*, 1634, pet. in-8. — Conférences spirituelles d'une supérieure à ses religieuses par Mme Marie de Beauvilliers, abbesse de Montmartre, d'après un manuscrit revu par L. G. *Toulouse*, 1838, in-12.

901. Val-de-Grâce. 2 vol. in-4 et in-12.

L'Eglise et le monastère du Val-de Grâce, 1645-1665, par Ruprich Robert. *Paris, veuve Morel*, 1875, in-4, fig. et plans, *broché.* — Notice sur le monastère du Val-de-Grâce, par l'abbé de Bertrand de Beuvron. *Paris*, 1865, in-12, demi-rel.

902. Rituel à l'usage des Religieuses Bénédictines de l'Abbaye royalle de Nostre-Dame du Val-de-Grâce. Qui peut être très utile à toutes les autres religieuses. *Paris, R. Ballard*, 1665, pet. in-8 réglé, mar. noir.

903. La Vie de la Vénérable Mère Marguerite d'Arbouze, abbesse et réformatrice de l'Abbaye royal du Val-de-Grâce, par M. Claude Fleury. *Paris, veuve G. Clouzier*, 1684, in-8, portr., veau.

904. Ce qui s'est passé en la maladie et à la mort d'Anne d'Autriche, mère du Roy : avec la cérémonie du transport de son cœur au Val-de-Grâce. *Sur l'imprimé, à Paris*, 1666, in-4 de 4 ff., veau, fil. à froid.

905. Oraison funèbre de Marie-Terese d'Austriche, prononcée à Paris, le 24 nov. 1683, en l'église des religieuses du Val-de-Grâce, où son cœur repose, par M. Fléchier. *Paris, Mabre-Cramoisy*, 1684, in-4. *broché.*

ÉDITION ORIGINALE.

2. COMMUNAUTÉS DIVERSES (par ordre alphabétique).

906. Couvent de Sainte-Avoye, élevé sur la paroisse de Saint-Merry, 2 pièces mss. 6 ff. pet. in-fol.

Pièces manuscrites du XVᵉ siècle, l'une d'elles contient la *Règle* observée dans ce couvent fondé en 1288 pour loger un certain nombre de « veuves et bonnes femmes ».

907. Inventaire des objets contenus dans le couvent des religieuses de Sainte-Avoye, fait le 20 août 1792. 6 ff. in-fol., manuscrit.

Cet inventaire fut fait peu de temps avant la fermeture du couvent ; il est fort *intéressant en ce qu'il relate l'emploi des pièces d'argenteries* qui avaient disparu depuis la déclaration des biens du couvent faite le 22 février 1790. Voy. Hʳᵉ du diocèse de Paris, de Lebeuf, éd. Cocheris, II, 251.

908. Religieuses du Calvaire, 2 vol. in-8.

La Vocation des Religieuses de la première règle de S. Benoist, fondées par la R. Mère Anthoinette d'Orléans sous le tiltre de la Congrégation de N. D. de Calvaire. *Paris*, 1637, vélin. (On a relié à la suite de cet exemplaire six lettres du père Joseph adressées aux *Mères et Sœurs religieuses de Notre-Dame du Calvaire*, imprimées séparément de 1631 à 1637 ; l'une de ces lettres porte la signature autographe de l'*éminence grise*.) — Ceremonial des Religieuses de la Congrégation de Nostre-Dame de Calvaire. *Paris*, 1661, mar. noir.

909. **Religieuses du Calvaire, 7 pièces mss. et imprimées.**

Pièces concernant le bref de Clément XII, qui établit et délègue l'Archevesque de Paris, visiteur des monastères des religieuses du Calvaire, établies à Paris, 1739 ; Mémoire pour les Religieuses (2 ex.) ; Remonstrance à l'occasion du Bref du Calvaire, etc., 5 vol. in-4, *dérelés*. — Acte au sujet de la guérison de Marguerite Loysel, religieuse du Calvaire, 1733, in-4. — Relation de l'entrée de la Mère Dumain au Calvaire du Marais, le 26 janvier 1742, avec la protestation des religieuses du Marais, refusant d'admettre la qualité de Commissaire apostolique à l'Archevêque de Paris. Ms in-fol. de 6 pp.

910. **Carmélites, 5 vol. in-4 et in-12.**

Bref éclaircissement touchant la visite et gouvernement de l'Ordre des religieuses Carmélites de la réformation de Saincte-Thérèse, 1659. — Bref du Pape Alexandre VII, terminant les différents meus en l'ordre des Religieuses Carmélites déchaussées, sur la prétention des supérieurs de visiter les monastères, 1661. — Bref du Pape qui commet le R. P. général de l'ordre pour visiter et réformer les couvents de son ordre en France, 1669. — Manuel de divers Offices divins pour l'usage des religieuses de l'ordre de Nostre-Dame du Mont-Carmel, érigé en France. *Paris*, 1628, in-8, veau. — La Règle et statuts du Tiers-Ordre de Notre-Dame du Mont-Carmel. *Paris*, 1725, basane.

911. **M. de Bérulle et les Carmélites de France (1575-1611), par l'abbé M. Houssaye. *Paris*, *Plon*, 1872, in-8, fig., demi-rel. mar. rouge, tête dor., éb.**

912. **Memorial des Actes de plusieurs Saints et Saintes dont l'on a recouvert des reliques par la zélée vigilance de quelque âme singulièrement dévote aux reliques des saints. *S. l. n. d.*, ms in-4 de 1,100 pp., vélin.**

Ce *Mémorial*, destiné aux Carmélites, a été composé et écrit au XVIIe siècle par la R. M. Marthe de l'Incarnation, décédée le 12 may 1652.

On a intercalé dans ce manuscrit une suite de 12 figures (dont une pl. d'armoiries des Carmélites) de Saints et Martyrs, très finement gravées par *Messager*.

913. **Carmélites de Paris, 10 vol. et brochures.**

Oraison funèbre de Mme Marie de Wignerod, duchesse d'Aiguillon, prononcée en l'église des Carmélites de la rue Chapon, le 12 août 1675, par l'abbé Fléchier. *Paris*, 1675, in-4, et *Lyon*, 1676, in-8. — Procès-verbal du dépouillement de la Maison des Carmélites de la rue Chapon, du 22 août 1792, copie ms. in-4. — Panégyrique de Sainte-Thérèse prononcé en l'église des Carmélites de la rue du Bouloi en 1678, in-4 (manque le titre). — Lettres apologétiques pour les Carmélites du fauxbourg S. Jacques de Paris (par l'abbé J.-B. Gaultier). *S. l.*, 1748, in-12 (2 ex.) — Apologie sommaire des Carmélites du faub. S. Jacques. *S. l.*, 1749, in-12 (2 ex.) — Oraison funèbre de Henry de La Tour-d'Auvergne, vicomte de Turenne, prononcée en l'église des Carmélites du fauxbourg S. Jacques, le 30 oct. 1675, par M. Jules Mascaron. *Paris*, 1676, in-8, *broché*, etc.

914. Oraison funèbre de Henry de La Tour-d'Auvergne, vicomte de Turenne, prononcée à Paris dans l'Eglise des Carmélites du fauxbourg S. Jacques, où son cœur est inhumé, le 30 oct. 1675, par M. Jules Mascaron. *Paris, Dupuis*, 1676, in-4, *broché.*

> ÉDITION ORIGINALE, ornée d'en-tête, fleurons et cul-de-lampe de *S. Le Clerc.* Exemplaire grand de marges.

915. Oraison funèbre de Marie-Terese d'Austriche, prononcée dans l'Eglise des Carmélites de la rue du Bouloy, le 20 déc. 1683, par M. des Alleurs. *Paris, Et. Michallet,* 1684, in-4, en-tête de Guérard, *broché.*

916. Oraison funèbre de Charles de Sainte-Maure, duc de Montausier, prononcée dans l'église des Carmélites du fauxbourg Saint-Jacques, le 11 aoust 1690, par M. Esprit Fléchier. *Paris, Ant. Dezallier,* 1690, in-4, fig., demi-rel.

> ÉDITION ORIGINALE. Bel exemplaire.

917. Constitutions des Religieuses hospitalières de la Charité Nostre-Dame, de l'ordre de S. Augustin, establies à Paris par l'autorité de Mess. François de Gondy. *Paris,* 1635, in-8, basane.

> Piqûres de vers.

918. Filles-Dieu, 5 pièces in-4, *déreliées.*

> Arrest du Parlement contre Henry de Belloy, Sainct-Ange et leurs complices, touchant la violence publique, impietez et autres actes, par eux commis le 25 mars 1648, au Monastère des Filles-Dieu de Paris. *Paris,* 1648. — Factum en forme de mémoire de tout ce qui s'est passé dans la Maison des Filles-Dieu, concernant la conduite de leurs affaires, 1672. — Mémoire pour les prieure, religieuses et communauté du Couvent des Filles-Dieu contre C.-M. Goupy. (Demande en nullité d'un contrat de vente d'un terrain) ; Mémoire pour Claude Martin Goupy ; Précis pour les Religieuses contre Martin Goupy, 1778. Ens. 3 pièces.

919. SENSUYT PLUSIEURS DEVOTES ORAISONS et Méditations pour chacune feste de l'an. *S. l. n. d.*, ms in-8, veau, milieux dorés et fil., tr. dor. et ciselée, clous. (*Rel originale*).

> Curieux manuscrit du XVe siècle, écrit pour un ordre religieux de femmes. On lit sur la garde : *Pour le couvent des Filles-Dieu de Paris.*

920. LA REGLE CONSTITUTIONS || PROFESSIONS ET AULTRES DOCTRINES POUR LES || FILLES PENITENTES : dictes les filles repen || ties utiles et proufitables pour tous ceulx || qui les liront et considereront. || *Et qui en vouldra avoir : on en trouvera au* || *Pellican en la grand rüe Sainct*

Jaques pres Sainct Yves. (*Paris, J. de Marnef, vers* 1500), in-4 goth. de 22 ff. non chiffr., mar. rouge, fil. à froid, tr. dor. (*Capé.*)

Sur le titre une vignette gravée sur bois représentant les filles repenties devant la Sainte Vierge.

Cette *Règle* avait été établie vers 1360 par Jehan I de Meulan, évêque de Paris (1352-1363). Le texte commence ainsi : « Jehan, par la permission divine evesque de Paris, a nos bien aymées et a Dieu données les religieuses et couvent des filles penitentes : dictes les repenties de Paris... tant pour vous que pour vos successeresses... qui seront audit mónastere en l'hostel qui fut appelle de Bochaigne que le Roy nostre sire vous a donné... statuons et ordonnons les choses qui cy apres seront declarees. »

Parmi les conditions d'admission on remarque celle-ci : « Item que nulle ne sera receue en vostre dit monastere sinon qu'elle eust peche actuellement du peche de la chair. Et avant qu'elle soit receue sera par aucune de vous à ce commises et deputées visitées... »

Cette Règle des *Filles pénitentes* qu'il ne faut pas confondre avec les *Filles-Dieu,* religieuses de Fontevrault, est un des livres les plus précieux pour l'histoire des mœurs au moyen-âge ; il est également de la plus grande rareté, et cet exemplaire, qui provient de M. Taillandier, est le seul connu.

Très-bel exemplaire, grand de marges et bien conservé.

921. Relation de ce qui s'est passé au Monastère de Liesse, depuis la mort de la Mère de St Alexis, qui en estoit supérieure. 1680. Ms. in-4, veau fauve, dos orné. fil.

Le Monastère de Liesse était situé rue de Sèvres, à l'endroit où se trouve aujourd'hui l'hôpital Necker ; des religieuses bénédictines, venant de Rethel, s'y étaient établies en 1645. Ce ms. est d'autant plus intéressant qu'il existe peu de documents, soit mss., soit imprimés sur ce couvent.

922. Miramionnes. La Vie de Madame de Miramion. *Paris, Ant. Dezallier,* 1706, in-12, veau.

Madame de Miramion fut la fondatrice, en 1661, d'une Communauté séculière qui s'unit, en 1665, avec une institution toute semblable ; la réunion prit le titre de Miramiones ou filles de Ste-Geneviève.

923. Oraison funèbre de Milord Richard Talbot, Vice-Roy d'Irlande, prononcée dans l'Eglise des Religieuses Angloises du fauxbourg Saint-Antoine, le 22 Aoust 1692 par M. A. Anselme. *Paris, Josse,* 1692, in-4, dérelié.

ÉDITION ORIGINALE. Bel exemplaire.

924. La Vie de la vénérable Mère Elizabeth (Mme de Baillon de l'Enfant Jésus, religieuse de l'ordre de Saint-Dominique au Monastère de S. Thomas d'Aquin à Paris (par Marie Mad. de Mauroy). *Paris, Mabre-Cramoisy,* 1680, in-8, basane.

925. Ursulines. 4 vol. et brochure.

Formulaire de saluts, pour exposer le très-saint sacrement de l'autel et de quelques autres prières, à l'usage des Religieuses de Sainte-Ursule de la congrégation de Paris. *Paris*, 1643, pet in-8, vélin. — Cérémonial des vestures et professions pour les religieuses de Ste-Ursule. *Paris*, 1668, pet. in-8, vélin. — Cérémonial de l'Office divin pour les religieuses de Ste-Ursule. *Paris*, 1707, in-8, veau. — Sentence du 14 mars 1714, rendue en faveur des religieuses Ursulines du faub. S. Jacques. In-fol.

926. Sœurs de Saint-Vincent-de-Paul. 7 vol

Officium S. Vincentii a Paulo ; L'Office de St-Vincent-de-Paul, fondateur de la Congrégation de la Mission, 1741-1745, 3 vol. in-12, basane. — Mémoire pour Anne-Fr. Leudières, contre la communauté des sœurs hospitalières des filles de la Charité. (Acquisition de biens de mineur). 1762. — Retraite prêchée aux Conférences de S. Vincent-de-Paul, par l'abbé Deguerry. *Paris*, 1859, in-12 (2 ex.). — Notice sur sœur Marie-Françoise Gendry, supérieure des filles de S. Vincent-de-Paul de la rue Poulletier, par l'abbé Bossuet.

927. L'Office de S. Vincent de Paul, instituteur de la Congrégation de la Mission et de la Compagnie des Filles de la Charité. *Paris, Veuve Mazières*, 1745, pet. in-8, portr., mar. rouge, dos orné, larges dent., tr. dor. *(Rel. anc.)*

Très-joli volume aux armes de la reine MARIE LECZINSKA. Parfaite conservation

928. Vie de la Vénérable Servante de Dieu Marie Lumague veuve de M. Pollalion, institutrice des Filles de la Providence, sous la conduite de S. Vincent de Paul, morte en 1657, par M. Collin. *Paris, Hérissant*, 1744, in-12, portr. par Roy, veau, tr. dor.

929. Histoire abrégée de St-Vincent de Paul, par Mr Collet. *Paris*, 1764, in-12, veau. — Vie de Saint Vincent de Paul. *Paris*, 1850, in-12, demi-rel. — Panégyrique de Saint Vincent de Paul, par l'abbé de Saint Martin. *Paris*, 1787, in-8, *broché*.

930. Saint Vincent de Paul. Pièce autographe, avec ratures et corrections, 4 pages pleines in-fol., format d'agenda.

Précieuse pièce. C'est le plan d'un sermon pour les dames de la Compagnie de la Charité de l'Hôtel-Dieu de Paris, « pour disposer les pauvres femmes à faire une confession de toute leur vie passée ». Les autographes de Saint-Vincent-de-Paul sont de la plus grande rareté.

931. Visitation de Chaillot. 2 vol. in-4.

Lettre circulaire des Dames religieuses de la Visitation de Chaillot

sur les dernières années de la Vie du feu Roy d'Angleterre, Jacques ⊓.
Paris, 1702. — Oraison funèbre de Jacques II, Roy de la Grand ≃
Bretagne, prononcée le 19 sept. 1702. par M'. H.-E. de Roquett ≃
Paris, 1702.

932. Visitation de Chaillot. 2 vol. in-4 , *dèreliés*.

Oraison funèbre de Jacques II, Roy de la Grande-Bretagne, prononce
le 19 de sept. 1702, dans l'église des religieuses de la Visitation de
Chaillot, par Messire H.-E. de Roquette. *Paris*, 1702. — Oraiso
funèbre de Messire Guy de Durfort, Comte de Lorge, Duc de Quintir,
Maréchal de France, prononcée le 17 Nov. 1703, par M. Antoine
Anselme. *Paris*, 1703.

933. Visitation de Sainte-Marie de Paris. 3 vol.

Manière de donner l'habit aux sœurs de la Visitation Sainte-Marie-
Lyon, 1634, in-8, vélin. — La Vie de Louise-Eugénie de Fontaine
religieuse du Monastère de la Visitation, Rue St-Antoine, morte le 29 sept
1694, in-12, bas. (taches d'encre). — Abrégé de la Vie de Marie-
Séraphine Fournier, décédée le 29 mars 1855, in-4, cart.

934. Communautés de Femmes. 8 vol.

La prise des Annonciades (par Fr. de Bonnay) et Expédition du général
Lameth au Couvent des Annonciades célestes, le 26 Oct. 2 vol. in-8 —
L'Office de N. S. Jésus-Christ, avec la Vie de Mme de Combé, fondatrice
de la Maison du Bon-Pasteur, et règlemens de cette communauté. *Paris*,
1750, in-12. — Guérison miraculeuse de la sœur Ste-Geneviève, reli-
gieuse des Hospitalières de la Miséricorde de Jésus. 1790, in-8. —
Discours funèbre sur M. Gaidechen, curé de l'Abbaye aux Bois, 1791.
— Règles de la Congrégation de Nostre-Dame. *Paris*, 1640, pet. in-12.
— Constitutions, règles et cérémonial des Religieuses Zélatrices. *Paris*,
1872, in-12, etc.

935. Congrégations religieuses de Femmes. 8 pièces in-fol., in-4, *brochées* , et une estampe.

Abbaye S. Antoine : Vue de l'abbaye au XVe siècle, pl. in-fol.; —
Mémoire pour Marie-Gabrielle de Bourbon-Condé, abbesse, contre les
religieuses de S. Michel, in-fol. — Filles de l'Adoration perpétuelle ;
Arrest relatif à une donation, 1716 ; — Sermon pour la fête séculaire
de l'établissement de l'Adoration perpétuelle, prononcé dans l'église du
1er monastère, rue Cassette, 1755 ; — Adresse à l'Assemblée nationale
des religieuses du second monastère, rue S. Louis au Marais. — Sainte-
Périne de Chaillot ; Arrêt de 1788, qui ordonne le sequestre des biens ;
Loi relative au compte de l'économe-sequestre, 1792. — Notice nécrologique de la Mère Marie Le Coigneux, des Urselines du faub. S. Jacques,
1691.

936. Communauté de Femmes. 3 vol. in-12, veau et cart.

La Règle de l'étroite observance de Sainte-Claire, avec les constitutions
tirées sur l'original de l'Ave Maria de Paris. *Paris*, 1733. — Constitutions de la Maison des Nouvelles Catholiques de Paris. *Paris*, *s. d.*
(1703). — Cérémonial à l'usage des chanoinesses régulières de
Saint-Augustin, établies à Picpus-lès-Paris, sous le titre de Notre Dame
de la Victoire, 1746, ms.

937. Communautés de femmes. 9 pièces in-4, *brochées*.

Couvent de Ste-Elisabeth au Temple, factums et adressè, 4 pièces.
— Arrêt concernant les Cordelières du Faubourg St-Germain, 1717. —
Arrêt sur les revenus du prieuré de Ste Catherine, 1716. — Arrêt du
16 sept. 1760 contre les filles de l'Union Chrétienne. — Arrêt du
12 janvier 1765, concernant les religieuses hospitalières du fg. Sr-Marcel.
— Oraison de Mgr. le Dauphin, préchée dans l'église des Capucines,
par le P. Fidèle de Pau, 1766.

10. *Cultes divers.*

938. Protestants 5 pièces in-4, *brochées*.

Sentences des 3 juin et 2 octobre 1681, rendues par le Bailly de
Charenton contre ceux de la religion prétendue réformée pour avoir
contrevenu à l'art. 13 de l'édit de Nantes, et leur faisant deffence de se
servir d'aucuns termes injurieux contre l'église catholique, 1681. —
Réflexions sur la sentence rendue par M. le bailly de Charenton, 1681. —
Déclaration du 15 avril 1766, portant défenses à ceux de la religion
réformée, d'aliéner leurs biens sans permission, etc.

**939. Lettres patentes et mandement du Roy, a lencontre
des conventicules et assemblées des herectiques, avec
l'exemption et don aux denonciateurs desdictz conventicules et assemblées. *Paris, Guill. Nyverd* (1559) pet.
in-8 de 4 ff., cart.**

**940. Lettres patentes et mandement du Roy à messieurs
de Parlement et Prevost de Paris ou ses lieutenans, pour
la brieve expedition et punition des heretiques. *Paris,
Jean Bonfons*, 1559, pet. in-8 de 4 ff., cart.**

**941. Des Corporations monastiques au sein du protestan-
tisme (par Mme Agénor de Gasparin). *Paris, Meyrueis*,
1854-1855, 2 vol. in-8, demi-rel.**

**942. Juifs de la Synagogue. *Paris*, 1652, 3 pièces in-4,
demi-rel.**

Histoire véritable et lamentable d'un Bourgeois de Paris, cruellement
martyrisé par les Juifs de la synagogue, le 26 août 1652. — Monitoire
contre les Juifs de la synagogue, le 1er sept. 1652, pour avoir cruellement
martyrisé, assassiné et tué un notable bourgeois de Paris. — Response
des principaux de la synagogue où il monstre (*sic*) leur ordre, leur reigle,
leur loy et leur procès avec le compleignant.

**943. Trois Conférences au Cirque d'Hiver (15, 22 et
29 Avril 1877) par Hyacinthe Loyson. *Paris, Grassart*,
1877, in-18, demi-rel.**

V. HISTOIRE CIVILE ET ADMINISTRATIVE.

1. *La Cour et Assemblées siégeant à Paris.*

944. Le Prevost de l'hostel, et grand Prevost de France.
Avec les edicts, arrests, reglements et ordonnances con—
cernant sa juridiction, par Pierre de Miraumont. *Paris,*
P. Chevalier. 1615, in-8, cart.

> Le Prevôt de l'hôtel était chargé de tout ce qui concernait la juri-
> diction et police de la Cour.

945. Marchands et Artisans privilégiés suivant la Cour.
2 brochures in-4.

> Don fait à M. Du Plessis Praslin de deux privilegiés marchands (sui-
> vant la cour) en chacun des corps des arts et metiers de Paris du 20 janvie
> 1658. — Lettre du 29 octobre 1725, portant confirmation des mar-
> chands et artisans privilégiez suivant la Cour, sous la charge du prévô-
> de l'hôtel.

946. Almanach royal pour l'année 1721. *Paris, Lauren*
d'Houry, 1721, in-8, mar. rouge, dos orné, fil., tr. dor
(*Rel. anc.*)

> Exemplaire aux armes de Jean-Baptiste COLBERT, marquis de Torcy,
> petit-neveu du Grand Colbert.
> Un des plats de la reliure est légèrement mouillé.

947. Almanachs royaux, Calendriers de la Cour, etc.
Ensemble 9 vol. pet. in-12, mar. rouge, tr. dor. (*Re*
anc.)

> *Almanachs.* Années 1773, 1788, 1790, (2 ex.), 1791, 1793.
> *Calendriers de la Cour.* Années 1759, 1788, 1790, 1793.
> *Almanach des spectacles,* Année 1773.
> *Etrennes mignonnes.* Année 1788.
> *Etats militaires.* Années 1790, 1792, 1793.

948. Almanach de Paris, contenant la demeure, les noms
et qualités des personnes de condition. 5 vol. pet. in-12,
mar. rouge, tr. dor. (*Rel. anc.*)

> Années : 1773, 1778, 1782, 1786, 1792. Reliure aux armes de
> Mme la princesse de LAMBALLE pour l'année 1773, de Mme Adelaïde de
> Bourbon-Penthièvre, duchesse d'ORLÉANS, pour 1778 et 1782.

949. Almanach royal, année 1782. — Almanach nation al
de France, l'an 2 de la République françoise. (2 éditions
différentes). *Paris,* 1782-1793, 3 vol. in-8, cart. et
demi-rel.

950. Assemblées délibérantes séantes à Paris. 3 vol.

Adresse sur la construction d'une salle destinée à l'Assemblée nationale, par Raguin frères, 1789, in-8, demi-rel. — Projet pour une salle
ou basilique nationale pour y assembler les représentans de la nation,
par Petit-Radel, 1790, in-fol., pl., *broché*. — Etat militaire du corps
des Vétérans bourgeois, gardes d'honneur du Sénat. *Paris*, 1808, pet.
in-12, rel.

951. Elections des Assemblées et autres à Paris. 8 vol.
in-4 et in-8, demi-rel. et brochures.

Une élection à Paris au seizième siècle par Taillandier, 1846. —
Mémoire présenté par les juges et consuls de la ville de Paris (au sujet
des élections aux Etats généraux) 1788. — Mémoire sur la question de
savoir quels sont les moyens que doivent employer les habitans de Paris
pour nommer enx-mêmes leurs représentants aux Etats généraux, 1788.
— Discours prononcés à l'assemblée électorale (par Thomeret), 1791.
— Adresse des citoyens facteurs à l'assemblée du corps électorale,
1792. — Liste générale des 75 citoyens élus par les 48 sections, 1792.
— Réunion des électeurs du 2e arrond. par J. Lefebvre. — Histoire
vraie d'une candidature, par E. de Rancy. *Paris*, 1876

2. *Administration municipale.*

a. Généralités.

952. Administration municipale de Paris. 3 vol. demi-rel.

Paris municipe, ou tableau de l'administration de la ville de Paris,
depuis les temps les plus reculés jusqu'à nos jours, par de Laborde.
Paris, 1833, in-8. — Etudes sur l'administration de la ville de Paris et
du département de la Seine, par Horace Say. *Paris*, 1846, in-8. —
Paris, son administration ancienne et moderne, par Louis Lazare, 1856,
in-12.

953. Organisation et administration municipale de Paris.
7 vol. *brochés*.

Projet du plan de municipalité de la ville de Paris, présenté le
12 Août 1789, in-4. — Réflexions sur le plan de municipalité. 1789,
in-4. — Réflexions sur la manière dont la ville de Paris devrait être
administrée. 1789, in-8, demi-rel. — Quelques idées de constitution,
applicables à la ville de Paris en Juillet 1789, par l'abbé Siéyès, in-8,
(2 ex.) demi-rel. — Nouveau plan d'administration pour la ville de Paris
(par de la Saudade). 1789, in-8. — Idées sur la constitution politique
de la ville de Paris par Du Pont, député, 1790, in-8.

954. Administration de la Ville de Paris. 6 vol. in-8,
demi-rel.

Essai sur les Assemblées primaires ou principes sur la future division
de Paris en 48 sections, 1790. — Examen de l'administration actuelle
de la Ville de Paris, par Cronier, 1831. — Mémoire sur un projet de
construction de Maisons communes ou Nouvelles Mairies dans la ville de

Paris, par Roliand et Levicomte. 1833. — Paris municipe, ou tableau de l'administration de Paris, par Alex. de Laborde. 1833. — Discours de M. Thiers sur l'administration de la ville de Paris. 1869. — La Commune de Paris, son passé, son avenir, par Fontaine et Bossaut. 1870.

955. Etudes sur l'administration de la ville de Paris et du département de la Seine, par M. Horace Say. *Paris, Guillaumin*, 1846, in-8, pl., mar. chagrin noir, tr. dor.

> Bel exemplaire au chiffre de Louis Philippe, duc d'Orléans.

956. Administration de Paris. 2 vol. in-8.

> Administration de la Commune de Paris et du département de la Seine, ou traité des lois et réglements qui régissent à Paris et dans le département de la Seine, l'administration municipale, etc., par Jules Le Berquier. *Paris*, 1868, in-8, demi-rel. veau. — La Ville de Paris et le Corps législatif par Augustin Cochin. *Paris*, 1865, in 8, demi-rel.

957. De l'Etat civil et des améliorations dont il est susceptible; par M. Hutteau-d'Origny. *Paris, Demonville* 1823, in-8, demi-rel. chagrin brun.

958. Annuaires de Paris et du département de la Seine par J. Allard et par L. Lacour, pour 1806 et 1860. *Paris*. 1806 et 1860, 2 vol. in-8, demi-rel.

959. Recueil des actes administratifs de la Préfecture du département de la Seine, 1864. *Paris, Paul Dupont*, 1865, in-8, demi-rel. veau.

b. Hôtel de Ville.

960. Histoire de l'Hôtel de Ville de Paris, suivie d'un essai sur l'ancien gouvernement municipal de cette ville, par Le Roux de Lincy. Ouvrage orné de huit planches dessinées et gravées sur acier par Victor Calliat. *Paris*, *J.-B. Dumoulin*, 1846, in-4, fig. et plans, demi-rel. dos et coins mar. vert.

> Exemplaire interfolié.

961. L'Hôtel de Ville et la bourgeoisie de Paris, origines, mœurs, coutumes, institutions municipales, depuis les temps les plus reculés jusqu'à 1789, par F. Rittiez. *Paris, Schlesinger*, 1863, in-8, demi-rel.

962. Notice historique sur l'Hôtel de Ville de Paris, sa juridiction, ses fêtes et les principaux personnages qui se rattachent à son histoire. (1512 à 1839), par A. Bailly. *Paris, Beaulé*, 1840, in-8, plan, demi-rel. veau.

963. Hôtel de Ville. 2 vol. in-8, *brochés.*

> Notice historique sur l'Hôtel-de-Ville de Paris, sa juridiction, ses fêtes par A. Bailly. *Paris*, 1840. — Notice sur l'Hôtel-de-Ville de Paris, par A. F. *Paris*, 1855.

964. Notice sur l'Hôtel de Ville de Paris, par A. F. *Paris*, 1855, in-12, demi-rel., éb.

> On y joint la même Notice, 4ᵉ édition. *Paris*, 1857, in-12, demi-rel.

965. Souvenirs de l'Hôtel de Ville de Paris. 1848-1852. par Ch. Merruau. *Paris*, *E. Plon*, 1875, in-8, demi-rel. veau fauve.

966. Registres de l'Hôtel de Ville de Paris pendant la Fronde, suivis d'une relation de ce qui s'est passé dans la ville et l'abbaye de Saint-Denis à la même époque. Par MM. Le Roux de Lincy et Douët d'Arcq. *Paris*, *Jules Renouard*, 1846-1848, 3 vol. in-8, demi-rel. mar. rouge, tête dor., éb. (*Petit.*)

967. Procès-verbal des séances et délibérations de l'Assemblée générale des Electeurs de Paris, réunis à l'Hôtel de Ville le 14 Juillet 1789, rédigé depuis le 26 avril jusqu'au 30 Juillet 1789, par MM. Bailly et Duvergier. *Paris*, *Baudouin*, 1790, 3 vol. in-8, portr., demi-rel. veau fauve.

968. Hôtel de Ville. 5 vol. in-8 et in-12.

> Procès-verbaux des 15 et 28 Sept. 1786, relatifs à la réception du buste de M. le marquis de la Fayette, à l'Hôtel-de-Ville de Paris. *Philadelphie*, 1786, demi-rel. — Dénonciation d'un fait arrivé à l'Hôtel de Ville, le 6 mai 1791, *broché.* — Mémorial de l'Hôtel-de-Ville de Paris, (1830), par Bonnelier. *Paris.* 1835, demi-rel.— Récit authentique de la séance révolutionnaire tenue à l'Hôtel-de-Ville pendant la nuit du 24 au 25 Févr. 1848, par Laviron. *Paris*, 1848, *broché.* — Mystères de l'Hôtel-de-Ville. Révélation de Drevet père (Février 1848). *Paris*, 1850, demi-rel.

969. Hôtel de Ville de Paris. Recueil de 18 estampes, vues du monument et scènes qui s'y sont passées à différentes époques.

> *c.* Officiers de l'Hôtel de Ville, Prévôts des marchands,
> Echevins, Préfets. Ordonnances.

970. GOUVERNEURS, CAPITAINES, LIEUTENANS GÉNÉRAUX, Prevosts des Marchands, Echevins, Procureurs du Roy, Greffiers, Receveurs, Conseillers, Quartiniers de la

Ville de Paris, par Chevillard. *Paris*, (vers 1740) in-fol ,
veau.

> *Gouverneurs* 4 ff. avec 105 blasons coloriés.
> *Prévosts et Echevins* de 1268 à 1731. 35 ff. avec 679 blasons coloriés
> *Procureurs, greffiers, receveurs.* 2 ff. avec 57 blasons coloriés.
> *Conseillers de la Ville*, 22 ff. avec 402 blasons coloriés.
> *Quartiniers,* 14 ff. avec 275 blasons coloriés.
> Chacune des parties a un titre manuscrit. Table manuscrite à la fin.

971. CATALOGUE DES PREVOSTZ DE PARIS (Connétables .
Grands-Maistres, Chanceliers, Mareschaulx, Admiraulx
depuis le Roy S. Loys, jusques à trespuissant Roy de
France, Henri deuxième, (par Jehan Le Feron). *A Paris
de l'imprimerie de Michel de Vascosan* , 1555 , 6 part. er
1 vol. in-fol. , fig. , mar. rouge jans., tr. dor. (TRAUTZ-
BAUZONNET.)

> ÉDITION ORIGINALE de cet ouvrage divisé en six parties avec un titre
> spécial pour chacune d'elles ; il est orné d'un grand nombre d'armoiries
> très finement coloriées à la main. Superbe exemplaire dans un état de
> conservation parfaite.
> Ce catalogue comprend tous ⚫s Prévots de Paris, depuis Estienne
> Boileau, jusqu'à Antoine du Prat, institué Prévot en 1553.

972. Catalogue des Prevosts de Paris depuis le roy Sainct
Loys, jusques au roy de France et de Navarre Henry IIII,
A Paris, *par Fed. Morel,* 1598, in-fol., fig., cart.

> Seconde édition du Catalogue des Prévôsts de Paris, de Le Feron,
> publiée par C. Morel. Le dernier prévôt cité est Jacques d'Aumont.

973. Histoire des Connestables. Chanceliers , et gardes des
sceaux, mareschaux, admiraux, surintendans de la navigation , et généraux des galères de France ; des grands
maistres de la maison du Roy et des Prévosts de Paris ,
depuis leur origine, avec leurs armes et blasons. Ouvrage
commencé et mis au jour par Jean Le Feron, l'an 1555,
revue et continué jusques à présent , augmenté de
diverses recherches et pièces curieuses , par Denys
Godefroy. *Paris* , *de l'impr. royale* , 1658, in-fol., pl.,
mar. rouge, dos orné, fil., tr dor. (*Rel. anc.*)

> Très-bel exemplaire en GRAND PAPIER de cet ouvrage estimé dans une
> bonne reliure aux armes de Louis XIV.
> Dans cette édition, la quatrième de l'ouvrage de Le Féron, le dernier
> prévôt est Pierre Seguier, qui remplit ses fonctions de 1653 à 1658.

974. DU GRAND ET LOYAL DEVOIR, fidélité et obéissance de
MM. de Paris envers le Roy et couronne de France ,
adressée à MM. Claude Guyot, seigneur de Charmeaux,
Prevost des Marchans, Jehan Le Sueur, Pierre Prevost,
Jehan Sanguin et Jean Méraut, Eschevins de la ditte

Ville de Paris. (Par Regnier de La Planche.) *S. l.*, 1565, pet. in-8, mar. rouge, fil., tr. dor. (*Rel. anc.*)

> Bel exemplaire de GUYON DE SARDIÈRE.
>
> PREMIÈRE ÉDITION de cet important écrit, composé à l'occasion du différend qui survint en 1564 entre le Cardinal de Lorraine et le Maréchal de Montmorency alors gouverneur de Paris.
>
> Une édition publiée en 1567, porte à la suite du titre donné ci-dessus cette addition : *Ou le livre des marchands.*

975. Ordonnance de Louis XIV, concernant la Jurisdiction des Prévost des Marchands et échévins de la Ville de Paris, du mois de décembre 1672. *Paris, Prault père,* 1768, pet. in-12, veau.

976. Edit du Roy, portant création de Maires perpetuels et d'Assesseurs dans les Hôtels de Villes et communau-tés du royaume. Vérifié au Parlement le 29 sept. 1692. *Metz*, 1692, in-4, demi-rel.

> Cet édit créait 12 assesseurs du Prévôt des Marchands de Paris.

977. Harangue de Monsieur le Prévost des Marchands, president pour le tiers Estat. *Paris, Federic Morel,* 1588, pet. in-8, demi-rel.

978. Remerciement au Roy de son ordonnance dernière, envoyée à la Ville de Paris, pour l'élection des Esche-vins d'icelle. *S. l.*, 1615, pet. in-8, demi-rel., veau.

979. Prevôts et Echevins de Paris. 9 brochures in-4 et in-8.

> *Instruction au sieur de Loyaque*, hérault d'armes de France au titre de Navarre s'en allant à Paris de la part du Roy, (faire des déclarations au Parlement aux Prévôt et échevins.) 1649. Manuscrit in-4 de 5 ff. — *La Harangue faite au Roy* par M. Fournier, 1651. — *Lettre de MM. les Prevost des Marchands et Eschevins de la ville de Paris, envoyée aux ville du royaume,* 1652. — *Mémoire pour la Communauté des procureurs au Parlement contre les Prévôt et Echevins de la ville de Paris,* (au sujet de leur exclusion aux places d'échevins,) 1765. — *Requi-sitoire du procureur du Roi et arrêté de MM. les Prevôt des Marchands, échevins de Paris,* 1789. — *Compte-rendu à l'assemblée nationale par les députés du bureau de la ville de Paris, le 10 Mars 1790.* — *Discours prononcé au Conseil général de la Commune par M. Bailly,* 1791. — *Dénonciation de la conduite du maire et des officiers municipaux envers la section de Grenoble,* 1791. — *Les Comtes de Paris,* 1838.

980. Etrennes françoises dédiées à la Ville de Paris pour l'année jubilaire du règne de Louis le bien-aimé, par l'abbé de Petity. *Paris, P. G. Simon,* 1766, in-4, fig., mar. rouge, dos orné, fil., tr. dor. (*Rel. anc.*)

> Ce joli volume est dédié au Prévôt des Marchands et Echevins de la ville de Paris, dont les armoiries gravées occupent 2 ff. Le volume est

en outre orné de 5 jolies figures en médaillon par *G. de Saint-Aubin* représentant divers monuments de Paris, la nouvelle église Ste-Geneviève, la Halle aux blés, la statue de Louis XV, etc., et une figure allégorique par *Gravelot*.

Bel exemplaire aux armes de France et de la ville de Paris.

981. **Prévôts de Paris**, 2 vol. in-8.

Etienne Marcel et le gouvernement de la Bourgeoisie au quatorzièm siècle (1356-1358), par F. T. Perrens. *Paris*, 1860, *broché*. — Hugue Aubriot, prévôt de Paris sous Charles V, par M. Le Roux de Lincy. *Paris*, 1862, demi-rel.

982. **Eloge historique de M. Turgot**, (Prévôt des Marchands), lû a l'Académie des Inscriptions, le 20 Avri 1751, par M. de Bougainville. *S. l.*, (*Paris*), 1759, in-4 mar. rouge, dos orné, fil., tr. dor. (*Rel. anc.*)

Il s'agit ici de Michel Etienne Turgot qui fut prévôt des marchand de 1729 à 1740, et à qui Paris doit d'importantes améliorations. Be exemplaire.

983. **Frochot, préfet de la Seine, par Louis Passy.** *Evreux Hérissey*, 1867, in-8, demi-rel. veau.

984. ORDONNANCÉS ROYAVLX DE LA JVRISDI- || CION DE LA PREVOSTE DES MARCHÃS et escheuinaige de la ville || de Paris. Constituez et ordõnez tant p les feus roys que || p le roy nostre sire Frãcoys premier de ce nom. Et plusieurs arrestz || et ordõnances de la court de parlemẽt, auec plusieurs beaulx priui- || leges donez aux bourgeois de Paris. Extraictz et corrigez sur le re- || gistres de lhoste dicelle ville. Nouuellement imprimé a Paris. || Cum priuilegio regis. || *On les vend au palays... en la boulicque* || *de Jaques Nyuerd. Et en la grant salle...* || *en la bouticque de Pierre le brodeur.* (Au f. cx r° :) *Fin aes ordonnances ... achevees de imprimer ... le* 20 *Novembre* 1528. *par Jaques Nyuerd imprimeur.* Pet in-fol. goth. de 4 fl. lim., 110 ff. chiffr. et 16 ff. non chiffr. pour les *Adicions* impr. en rouge et noir, fig., mar. noir, fil. à froid, tr. dor. (*Koehler.*)

Ce recueil d'*Ordonnances* est de la plus haute importance pour l'histoire de l'administration municipale et commerciale de Paris. C'est un livre fort rare et difficile à trouver surtout complet, les *Additions* ayant été imprimées postérieurement au reste de l'ouvrage.

Le titre est orné d'une grande figure sur bois ou sont naïvemen représentés les echevins, le greffier, le procureur de la ville, le clerc du parloir, etc, et de 64 figures représentant les métiers de Paris et les divers officiers chargés de leur surveillance et juridiction.

Très-bel exemplaire, très grand de marges et avec toutes les figures soigneusement peintes en or et en couleurs. Le titre porte la signature de BRALLET.

De la bibliothèque SOLEIL.

985. LES ORDONNANCES royaux, sur le faict et jurisdiction de la prevosté des Marchans, et echevinage de la ville de Paris. Nouvellement corrigées sur les registres de l'Hostel d'icelle ville. Ausquelles ont esté adjoustées plusieurs anciennes ordonnances, concernans le faict des peages, que doivent toutes marchandises : Ensemble le privilege aux bourgeois. *A Paris, pour Guillaume Merlin*, 1556, in-4, màr. brun, milieux de feuillages, tr. dor.

> Bel exemplaire de cette nouvelle édition augmentée.

d. Finances en général et finances de la ville. Impôts, Octrois, Bourse, etc.

986. Recueil de 35 pièces relatives à la Finance générale du Royaume de 1597 à 1750. *Paris*, 1648-1750, 35 brochures in-4.

> Droits sur les marchandises. — Aides et gabelles. — Prix et vente du sel. — Fermes générales. — Pièces relatives au personnel des finances, etc.

987. Recueil des Réglemens pour l'usage du papier et parchemin timbrez, par M. Denizet. *Paris*, 1715, in-12, veau.

988 Monnaies, 3 vol. et brochure.

> Ensuyt le pris que les maistres des monnoyes et changeurs seront tenuz donner au peuple des espèces de billon estrangeres. *Paris*, 1570, pet. in-8, fig. demi-rel. — Remonstrances au Roy, par les marchands de Paris, sur la fabrication des liards. *S. d.*, in-4.— Arrêt du 8 juillet 1778, portant établissement d'une chaire de Minéralogie, dans l'hôtel des Monnoies de Paris, in-4, demi-rel.

989. Mémoires concernans le controle des rentes ou recueil abregé de tous les titres qui établissent les offices, privileges, droits, fonctions et devoirs des Controleurs des rentes de l'Hôtel de Ville de Paris. *Paris, Le Mercier*, 1717, in-12, mar. rouge, dos orné, fil., tr. dor. (*Rel. anc.*)

990. Recueil de 18 pièces concernant les Rentes sur l'Hôtel-de-Ville de Paris, et les Emprunts ; de 1648 à 1728. *Paris*, 1648-1728, 17 brochures in-4 et une liasse manuscrite.

> Arrêts divers pour le payement et le remboursement des Rentes. — Factum contenant les réclamations des rentiers. — Fonctionnement du service des Rentes. — Autorisation de Fév. 1682, d'un Emprunt de cinq millions, et autres pièces relatives à ce même emprunt, 2 cahiers in-fol. mss.

991. Recueil de 14 pièces relatives aux Octrois, Entrées et Impôts perçus à Paris, de 1568 à 1789. *Paris*, 1648-1789, 14 brochures in-4, dont 2 en demi-rel.

> Droits d'entrée des marchandises en 1648 et 1715. — Pétition sur le droit de patentes, 1789, etc.

992. Paris sous Philippe-le-Bel, d'après des documents originaux, et notamment d'après un manuscrit conte-nant le Rôle de la Taille, imposée sur les habitants de Paris en 1292, publié pour la première fois, par H. Géraud. *Paris, Crapelet*, 1837, in-4, demi-rel. veau.

993. Chronique métrique de Godefroy de Paris, (1309-1316), suivie de la Taille de Paris, en 1313, publiées pour la première fois, par J.-A. Buchon. *Paris, Verdière*, 1827, in-8, demi-rel. veau.

994. Rançon du roi Jean, compte de l'aide imposée pour la délivrance de ce prince levée sur les prévôté, vicomté et diocèse de Paris, par les mains de Jean Le Mire du 17 août 1369 au 17 août 1370, publiée par L. Dessalles. *Paris, impr. de Crapelet*, 1850, in-8, demi-rel. dos et coins mar. bleu, tête dor., éb.

> Tiré à 40 exemplaires.

995. Code des Perceptions municipales de la ville de Paris et des établissements publics productifs, recueil adminis-tratif présentant, depuis 1790, le texte des lois, décrets réglements, tarifs, etc, concernant l'organisation muni-cipale de Paris, par H. Durieu. *Paris*, 1844, in-8, demi-rel.

996. Bourse, Agents-de-Change, etc, 6 brochures in-4 et 1 vol. in-8, demi-rel.

> Statuts et réglements de la communauté des Agents de Change banque et marchandises de Paris, 1699. — 4 Arrêts et Ordonnances d = 1720, relatives à la police et sureté du Commerce à l'hôtel de Soissons; défense de s'y assembler; fermeture de la Bourse établie dans cet hôtel et établissement de soixante Agents de Change. — Ordonnance du 28 mars 1720 portant défenses de s'assembler pour les négociations du papier à l'exception des Agents de change (motivé par les réunions de La rue Quincampoix). — Délibération du 10 mai 1790 relative à la Caisse d'Escompte.

997. Projet de Bourse et de Tribunal de Commerce, sur le terrain des Petits-Pères.

> Plan, coupe et facade de la Bourse, dessins au lavis de P. Vignon gr. in-fol.

998. Bourse et Tribunal de Commerce, 3 vol.

Plan et élévation d'une Bourse et d'un Tribunal de Commerce sur le terrain du Grand Châtelet, par Giraud, 1805, in-4, pl., *broché*. — Lau. Voyage de la Bourse au Palais-de-Justice ou translation du Tribunal de Commerce. *Paris*, 1864, in-8 (2 ex.)

999. Mont-de-Piété, 3 vol.

Histoire des Monts-de-Piété, par Cerreti, 1752, in-12, veau. — Lettres portant établissement d'un Mont-de-Piété, 1777, in-4, demi-rel. — Arrêt de 1782, qui homologue une délibération des administrateurs du Mont-de-Piété, in-4.

3. Consommations.

a. Généralités.

1000. Les Consommations de Paris, par M. Armand Husson. *Paris. Guillaumin*, 1856, in-8, demi-rel. veau.

1001. Ordonnance du Roy sur le faict de la Police générale de son royaume, contenant les articles et reiglemens que sa majesté veult estre inviolablement gardez, suyvis et observez, tant en la ville de Paris qu'en tout autres de sondict royaume. *Paris, Federic Morel*, 1578, pet. in-8, *dérelié*.

Ces ordonnances concernent les divers objets consommés à Paris, les grains, le vin, le bois, le foin, la grosse chair, le fer, le cuir, les draps de soie, etc. On y trouve aussi des ordonnances de voirie.

1002. Consommation. 5 pièces in-4 et pet. in-8, demi-rel. et *brochées*.

Ordonnances du 28 Août 1635 portant deffenses aux Officiers d'Artillerie de prendre les chevaux de ceux qui amenent les denrées et victuailles en la ville de Paris ; du 24 Sept. 1648 par laquelle S. M. veut et entend que le commerce ordinaire des bleds et autres vivres et marchandises soit entretenu en la ville de Paris. — Arrest du Parlement du 28 fév. et 1er mars 1648, pour l'ouverture de la conférence et passage des vivres et autres choses nécessaires en cette ville de Paris. — Ordonnance du 29 Sept. 1651 pour l'ouverture et liberté du passage des bleds, vins, bois, poissons et autres denrées destinées à la ville de Paris. — Arrest du 29 Oct. 1652 portant révocation des droits imposez sur toutes les marchandises destinées pour la provision de la ville de Paris.

1003. Consommation. 4 brochures in-4.

Arrêt du 29 Novembre 1710 qui défend aux charcuitiers de Paris, de faire leurs achats de porcs, ailleurs que dans les marchés de Paris, Poissy et Scéaux, etc. — Edit de 1713 portant réunion de cent nouvelles charges à la Communauté des Controlleurs de la Volaille. — Ordonnance du 11 Avril 1744 concernant le beurre employés par les fruitiers orangers. — Arrêt du 21 Juillet 1759 concernant la communauté des fruitiers-orangers.

1004. Consommation. 3 vol. in-8, demi-rel.

> Mémoire de M. Constantini, sur un moyen d'empecher les accaparemens, et de ramener l'abondance des grains. 1789. — Recherches sur les consommations de tout genre de la ville de Paris en 1817, comparées à ce qu'elles étaient en 1789, par Benoiston de Chateauneuf. 1820. — Sur les Subsistances de la capitale, par H. de la Salle. 1832.

1005. Lettres patentes (du 23 fevrier 1565) portant défenses de ne vendre en public ne privé aucunes espèces de chairs durant le Caresme. *Paris, Estienne*, 1565, pet in-8, dérelié.

> Pièce très-rare.

1006. Arrêts du Parlement, portant permission d'exposer et vendre des œufs dans les marchés et places publiques de Paris pendant le Carême, Années 1755; 1776 à 1782. 1784 à 1787. *Paris*, 1755-1787, 12 vol. in-4, demi-rel.

> L'Arrêt de 1755 est broché.

1007. Vente de la Viande pendant le Carême, 5 vol. in-4 dont 2 en demi-rel. et 3 *brochés*.

> Déclaration du 25 décembre 1774 concernant le Commerce de la Viande pendant le Carême (2 ex) — Arrêt relativement à ce qui doit être observé par les bouchers, rôtisseurs, cabaretiers, etc. pour la vente et débit de la viande pendant le carême. 1783. 1784 (2 ex.)

b. Halles et Marchés.

1008. Halles et Marchés de Paris, 4 brochures in-4.

> Edit de Mai 1715 portant suppression des offices créez sur les ports, quais, halles et marchés de Paris. — Déclaration du 6 août 1715 en interprétation de l'édit du mois de Mai. — Déclaration du 22 octobre 1715 concernant les droits des communautez d'officiers sur les ports halles et marchés de Paris. — Edit de septembre 1719 portant suppression de tous les offices établis sur les Ports, Quays, Halles et Marchés de Paris.

1009. Halles de Paris, 3 vol.

> Remerciment des beurriers de Paris, au sieur de Courbouzon Montgommery. 1610, in-8, mar. vert, double fil., tr. dor. (*Chambolle-Duru*) — Gazette de la place Maubert ou suite de la Gazette des halles, 1649, in-4, *dérelié*. — Cahier des plaintes et doléances des dames de la halle et des marchés de Paris, 1789, in-8, *dérelié:*

1010. Halle à la Marée, 2 vol. in-4, demi-rel.

> Lettres du 21 août 1784, qui ordonnent la construction d'une nouvelle Halle à la Marée. *Paris*, 1784.— Arrêt qui fixe l'époque à laquelle

seront démolies les échoppes du parquet à la Marée, du carreau du pilori, etc. *Paris,* 1786.

1011. Halle aux draps, 2 vol. in-4, demi-rel.

Arrêt du 11 juillet 1755, qui ordonne la démolition des échoppes de la Halle aux draps. — Arrêt du 29 août 1785, qui nomme des commissaires pour la liquidation des prix des maisons et échoppes de la Halle aux draps.

1012. Marchés divers, 4 vol. in-4.

Translation du marché de la place Maubert sur le terrain de la nouvelle place aux veaux. *Paris,* 1779, in-4, demi-rel — Evénement arrivé au marché Saint-Martin, par Lebois. 1789, in-8, demi-rel.— Projet d'une coupole pour la halle au blé par Giraud. *Paris,* 1804, in-4, pl., *broché.* — Arrêt du 6 octobre 1784 qui établit les droits à payer sur les cuirs et peaux pour rembourser le terrain et la construction de la halle aux cuirs rue Mauconseil, in-4, demi-rel.

1013. Marché des Innocents, 2 vol. in-8, demi-rel.

Adresse à M. le Maire, pour les Marchands-Frippiers-Tailleurs, etc., du marché des SS. Innocens, (au sujet de la location qui leur est faite de parasols). *Paris,* 1790. — II° Mémoire pour les Concessionnaires du droit de placer des parapluies sur le terrain du Marché des Innocents. 1792.

1014. Marché de la Couture Sainte-Catherine, 3 vol. in-4, demi-rel. et une *brochure.*

Construction d'un marché dans les terrains et bâtiments du chapitre et communauté du prieuré de la Couture. 1767. — Lettres du 18 octobre 1777 portant établissement d'un marché sur le service de la Couture Sainte-Catherine. — Lettres du 6 janvier 1781 qui autorisent un nouveau plan du marché à établir sur le terrain de la Couture Sainte-Catherine. — Lettres qui autorisent le Sr Marchant à distribuer sur un nouveau plan le marché de la Couture Sainte-Catherine. 1783.

1015. Marchés projetés, 3 vol.

Etablissement d'un marché rue de Baune sous le nom de marché de Boulainvilliers, 1781, in-4, demi-rel. — Projet d'un marché sur la Butte des Moulins, par Giraud, s. d., in-4, pl. — Projets de marchés permanens ou halles aux arbustes et aux fleurs à construire boulevard du Temple et Saint-Antoine par Couverchel. *Paris,* 1836, in-8, demi-rel.

c. Bouchers, Boulangers, Commerce du Vin, du Bois et du Charbon.

1016. Essai historique de la Boucherie de Paris, par Eugène d'Auriac. *Paris, E. Dentu,* 1861, in-8, demi-rel.

1017. Statuts et Règlements de la communauté des Maîtres et Marchands Bouchers de Paris. *Paris, veuve Delatour,* 1744, in-8, demi-rel.

1018. Ordonnance du 13 mai 1572 portant défenses à tous bouchers d'aller au devant de la marchandise destinée au marché de Paris, et defenses d'achepter aucune marchandise sept lieues a lentour de Paris, de vendre aucuns agneaux. *Paris*, 1572, pet. in-8, demi-rel.

1019. Boucheries de Paris, 12 brochures in-4.

> Arrêts de 1726, 1729, 1742, 1749 et 1785 relatifs au commerce de la Boucherie. - Edits de 1713, 1717, 1722 et 1127, concernant les Inspecteurs de la Boucherie. — Arrêts de 1704 et 1723, relatifs aux droits sur les viandes de Boucherie.

1020. Grainetiers et Commerce des Grains, 2 vol.

> Statuts de la Communauté des maîtres et marchands Grainiers, maî tresses et marchandes Grainières de la ville, fauxbourgs et banlieuë de Paris. *Paris*, 1750, in-8, veau. — Recueil des principales loix relative.. au commerce des Grains. En *France*, 1769, in-12, demi-rel.

1021. Grainetiers et Commerce des Grains; 5 vol.

> Juste châtiment dans la mort d'un grenetier pour avoir vendu les grains trop cher et laisser moisir des pains, 1649, in-4, demi-rel. — Arrêt du 17 août 1694 pour la communauté des Maîtres et Maîtresses Grainiers et Grainières de Paris, contre la communauté des maîtres Chandelliers, in-4. — Déclaration du 17 juin 1787 pour la liberté d a commerce des grains, in-4. — Questions sur le commerce des grains et sur le moyen d'assurer la subsistance des villes, 1789, in-8, demi-re . — Projet de greniers a bled sur les terrains de la Bastille par Cathala 1790, in-4, demi-rel.

1022. Statuts, privilèges, ordonnances et reglemens de L communauté des maistres Boulangers, de la ville, fauxbourgs et banlieue de Paris. *Paris, Moreau,* 1757, in-12, veau.

> On a ajouté l'édition de ces *Statuts* publiée en 1766, in-12, demi-rel, *non rogné.*

1023. Ordonnance sur le fait de la police de Paris, contenant les reiglements qui doivent estre gardez par les Boullengers, Bouchers, Chandeliers et autres, avec le pris du pain, suif et chandelle. *Paris*, 1590, pet. in-8. *broché.*

1024. Boulangers de Paris, 5 vol.

> Le Pâtissier en colère sur les boulangers et les taverniers. 16.., in-4. — Lettre du Roi pour aviser à faire apporter incessamment c le blés en la ville, 1649, in-4. — Discours à l'ouverture de l'école de boulangerie, le 8 juin, par MM. Parmentier et Cadet de Vaux, 1780, in 3 demi-rel. (Rare). — Mesures à prendre pour détruire l'esprit de co te parmi les boulangers, 1794, in-8, demi-rel. — Misère des garçons boulangers de Paris, *s. d.*, in-12, cart.

1025. Boulangers de Paris, 4 vol. in-12, mar. rouge et demi-rel.

> Tableau des Boulangers de Paris pour l'exercice de l'an 1829. *Paris*, 1829 (2 ex.). — Annuaires de la Boulangerie de Paris pour 1854 et 1879, 2 vol.

1026. Ordonnances, Statuts et reglements des Marchands de Vins de la ville de Paris et fauxbourgs de Paris. *Paris, Jacques Vincent*, 1732, in-4, veau.

> On a relié à la suite 35 arrêts, ordonnances, édits relatifs au commerce des vins. La liste des *juges et consuls des marchands de vins* s'étend de 1564 à 1763.

1027. Arrêt portant défenses à la Cour des Aydes de cognoistre les taxes faictes sur les taverniers de ce royaume. *Paris*, 1628, pet. in-8 cart.

1028. Rapport sur les Jurandes et Maîtrises, et sur un projet de Statuts et réglemens pour MM. les Marchands de Vin de Paris. *Paris*, 1805, in-8, demi-rel.

1029. Confrérie des Marchands de vins de la Ville de Paris, 2 vol. in-12.

> Les *Offices propres de S. Nicolas, évesque de Myre, à l'usage de MM. les Marchands de Vin de la ville et fauxbourgs de Paris, dont la confrérie est érigée en l'Eglise S. Jacques de l'Hôpital. Paris*, 1717 et 1750, 2 vol. veau et mar. rouge, fil., tr. dor. (*Rel. anc.*)

1030. Recueil de 79 arrêts, édits et ordonnances de Décembre 1360 au 4 Septembre 1772, concernant les droits, vente et tarif des Vins. *Paris*, 1648-1772, 79 brochures in-4.

> Collection importante.

1031. Onze édits et arrêts de 1632 à 1790, concernant les Hôtelliers, Cabaretiers et Taverniers, tant pour la vente des Vins et autres boissons, que pour les prescriptions à observer dans la tenue de leurs établissements. *Paris*, 1714-1790, 11 vol. et brochures in-4 et in-8.

1032. Quatre arrêts concernant le transport des Vins arrivant à Paris et ordonnances relatives aux voituriers des dits vins. *Paris*, 1651-1743, 4 brochures in-4 et in-8.

1033. Nouveau recueil des Statuts et Reglemens de la communauté des Maîtres Distillateurs, Marchands d'Eau-de-vie et de toutes sortes de Liqueurs de la ville et fauxbourgs de Paris. *Paris, J. Chardon*, 1754, in-4, veau.

1034. Recueil de 21 Arrêts et déclarations relatifs à la vente et aux droits des Eaux-de-Vie, Cidres, Poirés, Bières, etc., de 1643 à 1771. *Paris*, 1643-1771, 21 brochures in-4.

1035. Ordonnance du roy sur le pris, débit et vente des busches, cotterets, fagots et bourrées (du 29 avril 1565) *Paris, impr. de Rob. Estienne*, 1565, pet. in-8, *dérelié*.

1036. Réglement fait par Messieurs les Prevôt des Marchands et Echevins, sur la police du Bois et Charbon, le 23 octobre 1648. *Paris*, 1648, in-4, demi-rèl•

1037. Approvisionnement et vente du Bois et du Charbon à Paris, 6 brochures in-4 et in-8.

> Règlement du 23 Oct. 1648, sur la police du bois et du charbon. — Edit de Mars 1714 portant union de six charges à la communauté des Mesureurs de charbon. — Arrêt du 9 Mars 1784 qui supprime l'augmentation du prix du bois à brûler. — Arrêt du 30 Déc. 1785 concernant la coupe et l'exportation des bois destinés à l'approvisionnement de la ville de Paris ; du 30 Août 1786, sur les mesures et dimensions des cordes de bois à brûler. — Adresse des Plumets-Porteurs de Charbon à l'assemblée nationale, 1790.

1038. Approvisionnement et vente du bois et du charbon à Paris. 2 vol. demi-rel.

> Réglement du 23 Oct. 1648, sur la police du bois et du charbon, in-4. — Réglement du 27 Août 1669, portant la taxe du bois, 1699, in-8.

4. *Commerce et Industrie.*

a . Généralités. Juridiction Commerciale, Annuaires, Boutiques, Enseignes, Foires et Expositions.

1039. Commerce de Paris, 5 vol. et brochures.

> Dissertation sur l'état du commerce de Paris au XIIIe siècle par Depping, 1837, in-4. — Paris aujourd'hui, ou idées d'un citoyen sur le commerce, l'opulence et la pauvreté actuelle des habitants de cette ville, 1789, in-8. — Paris depuis un demi-siècle au point de vue commercial par Dewinck, 1874, in-4. — Situation commerciale de Paris en Octobre 1871, in-8.

1040. Livre-Journal de Lazare Duvaux, marchand bijoutier ordinaire du Roy 1748-1758, précédé d'une étude sur le goût et sur le commerce des objets d'art, au milieu du XVIIIe siècle (publiée par L.Courajod). *Paris*, 1873, 2 vol. in-8, fig., *brochés*.

> Le tome premier est orné d'un frontispice (l'Adresse de Gersaint),

dessiné par *Boucher*, gravé par *Gaucherel*, et d'une vignette en tête (le Cabinet de Randon de Boisset) dessinée par *Gabriel de Saint-Aubin*, gravée par *Hédouin*. Ce premier volume qui ne comprend que l'introduction, forme un ouvrage des plus intéressants, rempli de curieux détails sur les amateurs et le commerce de la curiosité sous le règne de Louis XV. Divisé en trois parties, les *Amateurs*, les *Marchands*, les *Artistes*, il est accompagné de citations, de notes, d'appendices et d'une table des noms d'hommes et d'objets cités dans le volume.

Le tome second est entièrement consacré à la réimpression du livre de comptes de Lazare Duvaux, des plus importants pour les noms de ses nombreux clients et le prix courant des objets d'art.

Rare exemplaire en GRAND PAPIER.

1041. Recueil contenant l'édit du roy sur l'establissement de la juridiction des consuls de la ville de Paris, et les déclarations et arretz donnez en suite pour authoriser ladite Justice. *Paris*, *Cramoisy*, 1660, in-4, basane.

1042. Recueil contenant les édits et déclarations du Roy, sur l'établissement et la confirmation des consuls en la ville de Paris et autres *Paris*, *Thierry*, 1705, 2 part. en un vol. in-4, mar. rouge, dent., tr. dor. (*Rel. anc.*)

Aux armes de la ville de Paris.

1043. Juges et Consuls de Paris, 4 brochures in-4, dont une en demi-rel.

Arrêt du 18 Oct. 1729, ordonnant que les Juges Consuls rapporteront les titres de leur juridiction. — Juges et Consuls de Paris, 1787. — Mémoire présenté au Roi par les Juges et Consuls de Paris, 1788, etc.

1044. Ouvriers de Paris, 5 vol. et brochures.

Règlement du 19 décembre 1776 en faveur des ouvriers du faubourg Saint-Antoine, in-4. — Les Misères de ce Monde ou complaintes facétieuses sur les apprentissages, précédées de l'histoire du bonhomme Misère. *Paris*, 1783, in-8. (Contient la Misère des Apprentis imprimeurs, poëme par Dufrène, curieux et rare.) — Réponse des ouvriers de Paris aux jeunes citoyens, 1790, in-8, etc.

1045. Réglement fait par le prévôt de Paris, pour les gaiges journées et payement des Gens des Champs qui travaillent en icelle. *Paris*, *J. Mettayer*, 1602, 2 vol. pet. in-8, demi-rel. et *dérelié*.

Deux éditions différentes.

1046. Journal du citoyen. *Paris et La Haye*, 1754, in-8, veau.

Contient de nombreux détails sur le Commerce, les Manufactures d'Arts et Métiers, etc.

1047. Etat de Paris, contenant sa distribution par quartier : les gouvernemens civils et militaire, ses institutions

pour les Sciences, la finance, le commerce, les manufactures, arts et métiers, etc. *Paris*, *Hérissant*, 1757,
in-8, veau.

> Cet ouvrage est le même que le précédent, le titre seul a été changé.

1048. Tablettes royales de renommées, ou almanach
général d'Indication des négocians, artistes célèbres et
fabricans des six corps, arts et metiers de la ville de
Paris, et autres villes du Royaume, etc. (par R. de
Chantoiseau). *Paris*, *Desnos*, 1772, 1773. 1777; 3 vol.
in-8, veau.

1049. Echoppes de Paris. 3 brochures in-4.

> Ordonnances du 1er Fév. 1776, concernant les Echoppes, (2 ex.). —
> Lettres patentes de Mai 1784, portant suppression des Echoppes de
> Paris.

1050. Enseignes de Paris, 11 brochures in-4.

> Ordonnance du 25 Mai 1761 concernant les Enseignes. — Reflexion
> des six corps des Marchands sur les enseignes, 1761. — 2 Ordonnance
> du 17 décembre 1761, concernant les enseignes (qui seront appliquée
> sur les murs) et étalages des marchands. — Ordonnance du 10 décembr
> 1784 concernant la suppression des enseignes en saillie.

1051. Petit dictionnaire critique et anecdotique des
Enseignes de Paris, par un batteur de pavé (H. de
Balzac). *Paris*, *imprimerie de Balzac*, 1826, in-24,
demi-rel., *non rogné*.

> Curieux et rare.

1052. Adresse de Dessemet, marchand orfèvre à la Gerbe
d'Or, rue Saint Antoine, in-4.

> Curieuse pièce avec modèles de pièces d'argenterie. Un compo
> manuscrit au v°.

1053. Adresses de commerçants de Paris, 3 pièces in-
oblong.

> Adresse du sieur Favé, marchand de perles, rue S. Denis ; — de
> Veuve Gallot, marchande de Galons, rue vieille du temple (gravée pa
> *Bellanger*) ; — Saint-Martin, tailleur rue Bailleul.

1054. Foire Saint-Germain. Contestation entre les religieux
de St-Germain et les syndics de la Foire St-Germain, au
sujet de la propriété de la dite foire. 5 vol. et brochures
in-4, et un manuscrit sur vélin.

> Lettre de don et Octroi de la Foire St-Germain des Prés aux Religieux
> de St-Germain les Prés de 1389, 1482, 1485, 1489 ; copie manuscrite
> sur vélin du XVIIe siècle. Les mêmes lettres imprimées. *Paris*, v
> 1670, in-4. — Extrait des registres du conseil du roy qui confirme

propriété des halles loges, etc: aux syndics (3 ex.) — Copie d'un acte capitulaire des religieux de S. Germain des Prés : Et les Syndics des Marchands qui ont loge à la foire S. Germain, 1670.

1055. La Foire Saint-Germain, dédiée à monsieur (par Paul Scarron.) *Paris, Brequigny*, 1643, in-4, demi-rel.

1056. Plainte du Carnaval et de la Foire S. Germain, en vers burlesques. *Paris, Huot*, 1649, in-4, demi-rel.

Le Cardinal ayant fait sortir le Roi de Paris a troublé tous les plaisirs.

1057. Foire St-Germain, 5 brochures, in-4.

Arrêt de 1728 qui autorise une délibération des syndics concernant un emprunt et le droit de faire sur les loges une levée pour son remboursement (2 ex). — Sentence de 1774 sur le même sujet. — Quittance datée de 1760 pour cette levée. — Prolongation de la foire en 1781.

1058. Expositions de l'industrie à Paris, 3 vol. in-8.

Catalogue des produits exposés en 1806 dans les 124 portiques construits sur la place des Invalides, 1806, *broché.* — Catalogue des produits exposés en 1823 au Louvre. 1823, demi-rel. — Rapport du jury sur les produits exposés en 1819 par Costaz. 1819, *broché.*

b. Arts et Métiers.

1. Généralités.

1059. Réglemens sur les Arts et Métiers de Paris, rédigés au XIIIe siècle, et connus sous le nom du Livre des Métiers d'Etienne Boileau ; publiés, pour la première fois en entier, avec des notes et une introduction, par G. B. Depping. *Paris, impr. Crapelet*, 1837. in-4, demi-rel. mar. noir, éb.

1060. Guide des Corps des Marchands et des communautés des Arts et Métiers, tant de la ville et fauxbourgs de Paris, que du royaume, contenant l'origine de chaque corps, un abrégé de leurs statuts (par Olivier Pary.) *Paris, veuve Duchesne*, 1766, in-12, veau.

1061. Recueil de reglemens pour les Corps de Communautés d'Arts et Métiers, commençant au mois de Février 1776. *Paris, P. G. Simon*, 1779, in-4, veau.

1062. Dictionnaire des Confréries et corporations d'Arts et Métiers, dans lequel on trouve : l'Histoire des Confréries ; l'histoire des Corporations d'arts et métiers, avec leurs statuts ; par M. Toussaint Gautier (de Dol), revu par l'abbé Lecarlatte. *Paris, Migne,* 1854, in-4, *broché.*

1063. Le Calendrier des Confréries de Paris (tant de devotion que de celles des Marchands, Bourgeois, Gens de mestier, Artisans et mécaniques), par J. B. Le Masson Forésien , précédé d'une introduction avec des notes par l'abbé V. Dufour. *Paris, Willem ,* 1875 , pet. in-8, fig., demi-rel. mar. brun, tête dor., éb.

1064. Corporations. 7 brochures in-8 et in-12.

> Corps des Marchands et communautés d'arts et métiers, par Costaz. *Paris,* 1821. — Essai sur l'état des corporations industrielles au moyen-âge, 1840. — Archives des Corporations des arts et métiers par Lavergne, 1879, etc.

1065. Requête des Marchands et Négocians de Paris contre l'admission des Juifs dans les six corps de Marchands de Paris). *Paris,* 1767, in-4 *dérelié.*

1066. Recueil de 30 Edits, arrêts, ordonnances, etc., de 1652 à 1791, concernant les six corps des Marchands et les Communautés d'Arts et Métiers de Paris. *Paris,* 1652-1791, 30 brochures in-4, dont 8 en demi-rel.

> Création de jurés-syndics. — Suppression des jurandes. — Transformation des corps et communautés. — Déclaration des veuves des maîtres. — Répartition et recouvrement des Impositions, etc., etc.

1067. Conservatoire des Arts et Métiers, 3 vol. in-8, demirel. et *broché.*

> Grégoire. Rapport sur l'établissement du Conservatoire. 1795 (2 ex.) — Le Conservatoire pendant le 13 juin 1849, par Pouiller, 1849, in-8.

2. STATUTS DES DIVERSES CORPORATIONS ET COMMUNAUTÉS , ARRÊTS ET RÈGLEMENTS LES CONCERNANT , OFFICES DE CONFRÉRIES (par ordre alphabétique).

1068. Recueil des principaux statuts , arrêts et réglements du corps de la Bonneterie un des six corps des marchands de Paris, 1756, in-4, veau.

> Sous ce titre collectif on a réuni 47 Arrêts, Edits, Statuts concernant les Bonnetiers de 1575 à 1754. On y joint : 3 brochures in-4 dont l'*Instruction concernant l'entrée des Marchandises de Bonneterie à Paris,* 173a et *De la corporation des drapiers-chaussetiers,* par Coutant, 1858.

1069. Statuts et ordonnances des Maîtresses Bouquetières-Chapelières en Fleurs de Paris. 1678, in-4, *broché*

1070. Statuts de la communauté des maîtres et marchands Boursiers, seuls facteurs de brayes, Gibeciers, Culottiers, Faiseurs de bonnets, etc., de Paris. *Paris*, 1774, in-8, veau, tr. dor.

1071. Recueil des statuts, arrêts et sentences, servant de réglement à la communauté des maîtres Chandeliers et des maîtres Huiliers de la ville et fauxbourgs de Paris. *Paris*, *Valade*, 1774, in-12, portr. de Sartine, veau fauve, tr. dor.

> On y joint : Lettres du 25 août 1784 qui défendent aux syndics Chandeliers de faire des visites chez les épiciers, brochure in-4.

1072. Articles, statuts, ordonnances et réglements des gardes et maîtres de la communauté des Chapeliers de Paris, tirés des anciens statuts par R. Harenger. *Paris*, 1755, in-12, veau.

1073. Ordonnances, statuts et réglemens qui seront gardés et observés par la communauté des maîtres Charrons, Carossiers, Faiseurs et Entrepreneurs de carosses, coches, charriots, litières, brancards, calèches, et attirails, concernant l'art de charron, en la ville de Paris. *S. l. n. d.*, (1741), in-12, veau.

1074. Chaudronniers, 5 pièces in-4, dont 2 en un vol. in-4 cart.

> Arrêt du 17 sept. 1743 portant défense d'employer du plomb dans l'étamage. — Arrêt du 30 avril 1754 par lequel il est permis à J. F. Bavard de vendre des marmites, casseroles et autres ustensiles en fer forgé blanchi (étamé). — Mémoire pour la Communauté des Chaudronniers de Paris, contre les Auvergnats et Mémoire pour les Chaudronniers d'Auvergne, 1761-1763.

1075. Statuts, ordonnances et réglemens de la communauté du corps des maîtres et marchands Ciseleurs, Doreurs, Argenteurs, Damasquineurs et Enjoliveurs sur fer, fonte, cuivre et laiton, de la ville, fauxbourg et banlieue de Paris. *Paris*, 1757, in-8, veau.

> On y joint un : Arrêt de la Cour des Monnaies du 29 août 1711 rendu en faveur des Maîtres Doreurs, Argenteurs, Damasquineurs, etc., brochure in-4.

1076. Statuts, ordonnances et réglemens de la communauté du corps des maîtres et marchands Ciseleurs, Doreurs, Argenteurs, Damasquineurs et Enjoliveurs sur fer, fonte, cuivre et laiton, de la ville de Paris. *Paris*, 1774, in-12, portr., veau.

> Portrait de M. de Sartine, gravé par *Ingouf*.

1077. Coiffeurs de dames à Paris, 5 pièces en 2 vol. in-4 ; demi-rel. et brochure.

> Mémoire pour les maîtres perruquiers (contre les coiffeurs de dames), 1768, in-4. — Mémoire pour les Coëfleurs de dames contre la communauté des Maîtres-Barbiers-Perruquiers. 1769, in-4. (Ce Mémoire est des plus curieux pour l'éloge pompeux et maniéré qui est fait des coiffeurs de dames, dont l'art « tient au génie », qui savent « faire épanouir la rose et la revêtir de son éclat le plus beau; tout en respectant leur ouvrage ».) — Précis et Réponse pour les coiffeurs de dames contre les Barbiers, 1769. — Arrêt du 9 avril 1778, concernant la finance à payer par les Coiffeurs de Femme, agrégés à la communauté des Barbiers-Perruquiers de Paris.

1078. Statuts et Réglements pour la communauté des maistres Cordiers Criniers de la ville de Paris. *Paris*, 1743, in-8, basane.

1079. Statuts et Réglements pour la communauté des maistres Cordiers Criniers de Paris. *Paris*, 1773, in-8, cart.

> On a joint un Précis pour un Maître Cordier contre la Communauté, 1773, brochure in-4.

1080. Procuration donnée en l'an 1403 par Jehan Chaupert, principal fermier des cordiers, fillandiers de Paris, pièce autographe sur vélin, in-4 oblong.

1081. Lacroix, Duchesne et Séré. Histoire des Cordonniers et de la Chaussure. *Paris*, 1852., gr. in-8, fig.. cart. (manque le titre). — Histoire de la Cordonnerie, par M. Sensfelder. *Paris*, 1856, in-12, demi-rel. chagrin brun.

1082. Cordonniers. 5 vol. et brochures.

> Epitaphe de la boutique d'un savetier de la rue des Prescheurs. *Paris*, 1669, in-4, demi-rel. — Arrivée du brave Toulousain et devoir des compagnons de la petite Manicle, 1737, in-12, demi-rel. — Sentence du 24 avril 1761 rendue en faveur des syndic et jurés de la Communauté des Cordonniers. — Ordonnance du 2 septembre 1777, concernant les garçons cordonniers, brochure in-4 (2 ex).

1083. L'Artisan chrestien, ou la vie du bon Henry maistre cordonnier à Paris, instituteur et supérieur des frères Cordonniers et Tailleurs, par Jean Antoine Vachet. *Paris*, *Desprez*, 1670, in-12, veau fauve, tr. dor. (*Petit.*)

> Il y avait à Paris deux communautés de Frères-Cordonniers, rue Pavée-Saint-André et rue de la Grande-Truanderie.
> Voy. sur la communauté des Frères-Tailleurs, le n° 1132.

1084. Statuts et ordonnances des maîtres couvreurs de la ville et fauxbourgs de Paris. *Paris*, 1772, in-12, basane.

1085. Recueil d'arrêts, ordonnances, Statuts et Règlemens concernant la communauté des maîtres queulx Cuisiniers-Traiteurs de la ville, fauxbourgs et banlieue de Paris ; fait en Octobre 1761. *Paris*, *Le Breton*, 1761, in-4, veau.

1086. Statuts et ordonnances des maistres ouvriers en Draps d'or, d'argent, et soye de la ville de Paris. *Paris*, 1634, in-4, *broché*.

1087. Ordonnances, statuts et réglemens des marchands et maistres Ouvriers de draps d'or, d'argent, et soye de la ville de Paris. *Paris*, 1667, in-4, veau.

1088. Stauts du corps des marchands fabriquants de draps d'or, d'argent et soie, de la ville, fauxbourgs et banlieue de Paris. *Paris*, 1773, in-12, veau, tr. dor.

> Armoiries de la Corporation et liste des Marchands.

1089. Maîtres Ecrivains de Paris. 16 placards in-fol.

> Liste des experts jurés écrivains. Années 1741, 1743, 1744, 1746, 5 placards in-fol. —. Tableaux de la communauté des maîtres écrivains. Années 1780, 1781, 1782, 1784, 1786, 1789, 1790, 7 placards in-fol. — Bureau d'écriture, 4 placards in-fol.

1090. Mémoires, dissertations et discours lus à l'Académie royale d'Ecriture. 1762-1787, 20 pièces en un vol. in-4, fig. et 8 brochures.

> Discours de Harger, Paillasson, Vallain, Haüy, Bédigis, etc.
> On y a ajouté : le formulaire de l'examen pour la réception des experts-écrivains ; une délibération des maîtres - écrivains de 1630 (copie), etc.

1091. Maîtres Ecrivains de Paris. Collection de plus de 5oo pièces sur papier et sur vélin, contenant des modèles d'écriture, exécutés par les maîtres de l'art calligraphique depuis deux siècles. Une forte liasse in-fol et un vol. in-fol. cart.

> Cette collection considérable peut être considérée comme unique ; on y trouve un grand nombre de pièces de concours présentées à l'Académie d'écriture de Paris pour l'obtention du diplôme de maître-écrivain, et aussi des exemples par Bazin, Bernard, Guillaume Montfort, Vignères, Gailly, etc., etc.

1092. Traité des Inscriptions en faux et Reconnoissances d'Ecritures et Signatures par comparaison et autrement,

par Jacques Raveneau , maître - Ecrivain à Paris. *Paris* ,
1665, in-12, front., vélin.

> 2 planches gravées pour les armes et le chiffre du président Lamoi-
> gnon. Rare.

1093. G. de Montfort. L'Art d'écrire démontré. *Paris* .
Basset, in-4. — Traité de l'art d'écrire. *S. d.*, in-fol. —
Pièces d'écriture anglaise. *Paris* , *Basset* , *s. d.* , in-4. —
Ecritures française et anglaise , par Bourgoin. *Paris* ,
s. d., in-fol. oblong. Ens. 4 vol., dont un relié et
3 *brochés.*

1094. Epiciers , Apothicaires-Epiciers et Epiciers-Confi-
seurs. 17 vol. et brochures.

> 9 Mémoires et arrêts relatifs à des contestations entre les Epiciers et
> les Apothicaires, les Epiciers et les Pâtissiers. — 7 mémoires pour
> César Landais contre les Epiciers (au sujet de leur monopole), 1721,
> 5 vol. in-fol. demi-rel. (Le sieur Landais avait mis en vente à Paris des
> marchandises amenées de Chine ; curieux détails sur sa cargaison). —
> 2 arrêts concernant la vente de l'eau-de-vie et des cendres de varech.—
> Pétition à la Convention.

1095. Offices propres à Saint Nicolas , évêque de Myre , à
l'usage de MM. les marchands Epiciers et Apothicaires-
Epiciers de la ville et fauxbourgs de Paris. *Paris* , 1726-
1746, 1772, 3 vol. in-12, front. , basane et mar. noir.

> La Confrérie des Epiciers célébrait ses offices dans l'Eglise de -
> Grands-Augustins.

1096. Recueil des statuts , ordonnances et privilèges de la
communauté des maîtres Fondeurs , Mouleurs en terre
et sable et Bossetiers de la ville et fauxbourgs de Paris.
Paris, 1774, in-12, veau.

> Excessivement rare. Voy. *Bulletin de l'Histoire de Paris*, II, p. 8-
> Exemplaire incomplet du titre.

1097. Statuts, ordonnances et réglemens de la communauté des marchands Fripiers de la ville et fauxbourgs
de Paris. *Paris,* 1772, in-12, veau.

> On a ajouté : Discours de deux marchands fripiers avec les prop s
> qu'ils ont tenu touchant leur état, 1615, pet. in-8. — Sentences de 160?
> et 1668 qui enjoint aux fripiers du Pont-Neuf, Carrefour des 3 Maries
> etc., de se retirer dans le quartier des halles, 1668, in-4, demi-rel.

1098. Statuts de la communauté des marchands Gantiers-
Poudriers - Parfumeurs de la ville , fauxbourgs et banlieue de Paris. *Paris, Valade,* 1772, in-12, portr., veau.
tr. dor.

1099. Extraits des principaux articles des statuts des maîtres Horlogers de ville et fauxbourgs de Paris, des années 1544, 1583, 1646, 1707 et 1719. Le touf recueilli, mis en ordre et distribué par matières, par Claude Raillard. *Paris*, 1752, in-4, veau fauve.

1100. Statuts, articles, ordonnances et privilèges des principal, jurez, anciens bacheliers et maistres Huchers-Menuisiers de la ville de Paris. *Paris*, 1702, in-12, demi-rel.

> On y joint : Statuts.... des maistres huchers-menuisiers de Paris, 1720, in-12, basane.

1101. Statuts et règlemens de la communauté des maîtres marchands Lapidaires, diamantaires, Jouailliers, de la ville, faubourgs et banlieue de Paris. *Paris*, *Valade*, 1784, in-12, portr., veau.

> Exemplaire aux armes royales sur le dos. Portrait de M. de Sartine, par *Ingouf*.

1102. Lapidaires. 4 brochures in-4.

> Anciens statuts des maîtres lapidaires de l'an 1290, 1331 et 1549. *Paris, s. d.*, in-4. — Articles, statuts et ordonnances des maîtres lapidaires, tailleurs, graveurs de pierres précieuses, etc.; de 1585, in-4. — Arrêt portant défenses aux marchands forains d'apporter et vendre aucunes pierreries et diamants, 1613, in-4. — Arrêt du 14 janvier 1615 par lequel la connaissance dès réglements entre lapidaires et orfèvres de Paris est renvoyé au prévôt de Paris, in-4.

1103. Lingères, 2 vol. in-12, veau et 2 brochures in-4.

> Statuts de la *Communauté des Maîtresses Toillieres-Lingères* à Paris, *s. d.*, in-4. — Arrêt du 18 juin 1749 au sujet des dépenses du bureau de la communauté des lingères, in-4. — Offices de Jésus, de St-Louis, etc. à l'usage de la Communauté des dames marchandes-lingères de Paris, 1711 et 1744, 2 vol. in-12. (Ces offices se célébraient dans l'église St-Eustache).

1104. Maçons, 5 vol. et brochures.

> Arrêt du 21 mars 1617 portant règlement entre les Couvreurs, Serruriers, Menuisiers et les Massons et Charpentiers, contenant défense ausdits Massons de rendre les batiments faits, 1631, pet. in-8, demi-rel. — Mémoire pour les Maçons, 1745, in-fol. — Arrêts portant défense aux Maçons de prendre la qualité d'architectes, etc.

1105. Statuts pour les Maistres marchands Mégissiers de la Ville et fauxbourgs de Paris, accordez par les rois François I et Charles IX, confirmez par Henry IV et Louis le grand. *Paris*, 1696, in-4, demi-rel.

1106. Statuts, privilèges, ordonnances et réglemens de la

communauté des maîtres Menuisiers et Ebénistes de la ville de Paris. *Paris, Chardon*, 1751, 2 vol. in-12, veau.

2 éditions différentes en 192 et 274 pages.

1107. Merciers, 7 vol. et brochures.

Statuts des marchands Merciers grossiers-jouailliers de Paris, 164 ?, in-4. — Les mêmes, 1768, in-4. — Statuts du corps de la Mercerie. 1771, in-4. — Poème à la louange de Louis XIV, présenté par les gardes des Merciers, 1769, in-4. — Arrêt du 5 Août 1746, défendant -aux Merciers de vendre sur le Pont-neuf, etc.

1108. STATUTS, ORDONNANCES et reglemens du corps des Marchands Merciers, Grossiers, Joüailliers de cette ville de Paris, accordez par les Rois Charles VI, Charles IX, Henry IV, Louis XIII et Louis XIV. *Paris, Vve Garnier*, 1727, in-4, reglé, mar. rouge, dos orné, double rangée de fil., tr. dor. (*Rel. anc.*)

Bel exemplaire aux armes de Louis XV.

1109. Recueil d'Ordonnances, statuts et reglemens concernant le corps de la Mercerie. *Paris*. 1752, in-4, veau, tr. dor.

Aux armes de la Corporation.

1110. Registre des délibérations et ordonnances des Marchands Merciers de Paris, 1596-1696. Manuscrit incendié le 24 Mai 1871, reconstitué avec préface, notes, etc. par D.-G. Saint-Joanny. *Paris, Willem*, 1878, in-8, broché.

1111. Recueil de 17 mémoires, arrêts et précis pour la corporation des Merciers, de 1634 à 1781. 17 brochures in-4.

Différends entre les Merciers et les Gantiers, Tailleurs, Perruquiers, Rubaniers, Corroyeurs. Drapiers, Tabletiers, Orfèvres, etc.

1112. L'Office de S. Louys, Roy de France, à l'usage de Messieurs les Marchands Merciers, Grossiers et Jouailliers de Paris. *Paris*, 1742, in-12, réglé, mar. rouge, tr. dor. (*Rel. anc.*) — L'Office de St-Louis, etc. *Paris*, 1749, in-12, front., mar. brun, tr. dor. (*Rel. anc.*)

La Confrérie des Merciers était dans l'église du Saint-Sepulcre, rue Saint-Denis.

1113. Histoire de l'Orfevrerie-Joaillerie et des anciennes communauté et confréries d'Orfévres-Joailliers de France et la Belgique, par Lacroix et Seré. *Paris*, 1850, in-8, fig., demi-rel. dos et coins mar. vert, tête dor., éb.

1114. Ordonnances nouvelles du Roy, touchant le faict et reiglement des orfèvres, merciers, joyailliers de ce royaulme, faites 21 septembre 1543. *Paris, Jehan André*, 1543, pet. in-8, demi-rel.

Très-rare.

1115. Statuts et privilèges du corps des marchands Orfèvres-Joyailliers de la ville de Paris, recueillis par Pierre Le Roy. *Paris*, 1734, in-4, veau.

1116. Statuts et privilèges du corps des marchands Orfèvres-Joyailliers de la ville de Paris, recueillis par Pierre Le Roy. *Paris*, 1759, in-4, veau.

Aux armes de la Corporation.

1117. Code de l'Orfèvrerie, ou recueil et abrégé chronologiques des principaux réglements concernant les droits de marque et de contrôle sur les ouvrages d'or et d'argent ; auquel on a joint les statuts des Orfèvres, Tireurs, Batteurs, et autres qui employent et travaillent l'or et l'argent (par Poullin de Vieville). *Paris*, 1785, in-4, veau.

1118. Orfèvres, 10 brochures in-4 et in-8.

Arrêt du 7 août 1685, au sujet des matrices et poinçons pour marquer les ouvrages d'orfévrerie. — Mémoire pour J. Bastier et 60 orfèvres de Paris contre quelques orfèvres se disant confrères de St-Anne à Notre-Dame, 1690. — Edit de 1717, supprimant les offices d'inspecteurs aux argues de Paris. — Arrêt du 25 janvier 1719, portant règlement pour la communauté des orfèvres. — Mémoire pour les Orfèvres contre les maîtres du corps de la mercerie 1769. — Arrêt du 22 mai 1773 qui défend aux orfèvres de protéger les ouvriers sans qualité. — Projet de règlement pour le commèrce d'orfévrerie 1795 ? — La rue, la chapelle et la maison des orfèvres, par Troche. — Notes sur la chapelle des orfèvres, par le baron J. Pichon, 1882.

1119. Tableau général de tous les maîtres et marchands Orfèvre-Joyailliers-Bijoutiers, batteurs et tireurs d'or, Suivant l'ordre de leurs reception. Année 1786 (1791-92-93). *Paris* (1786-1793), 4 vol. pet. in-12, demi-rel.

1120. L'Office de Sainct Eloy, evesque et confesseur. Ensemble l'office de la nuict de Noël, par Nicolas Langevin, chapellain de la chapelle aux Orfévres. *Paris, Math. Colombel*, 1645, pet. in-8, mar. rouge, dos orné, double rangée de fil., tr. dor. (*Rel. anc.*)

La Chapelle de la confrérie des orfèvres était située rue des Orfèvres. Bel exemplaire dans une jolie reliure.

1121. Mémoire présenté par les Fabricants et Marchands

d'ouvrages d'or et d'argent de Paris, et rédigé par Henri Fournel. *Paris, Bachelier,* 1838, in-4, *broché.*

1122. Passementiers-Boutonniers et Passementiers-Brodeurs, 4 brochures in-4.

> Mémoire pour les Boutonniers contre les tailleurs, 1751. — Mémoire pour les Boutonniers contre les marchands forains de blondes, 1773. — Suppression des Passementiers-brodeurs et réunion aux Tissutiers-Rubaniers, 1784 (2 ex.)

1123. Statuts et réglemens de la communauté des maîtres Paulmiers-Raquetiers de la ville et fauxbourgs de Paris. *Paris*, 1764, in-4, veau.

> On y a ajouté 2 arrêts de 1727 et 1786 rendus pour la Communauté, placards in-fol. et in-4.

1124. Perruquiers-Barbiers. 6 vol. et brochures.

> Edit d'Oct. 1701, portant création de cent places de Barbiers-perruquiers pour la ville de Paris. — Arrêt du 12 Mai 1778 en faveur des maîtres perruquiers de Paris. — Loi du 15 Sept. 1792, liquidation d'offices de Barbiers-Perruquiers. — Trait de bienfaisance patriotiqu-des garçons Perruquiers de Paris, 1789, etc.

1125. Perruquiers-Baigneurs. Recueil de 17 pièces manu-scrites, une liasse in-fol.

> Différentes lettres et pièces relatives à des donations faites pour l'hôtel-Dieu. — Rapport sur la suppression des Offices de Perruquier — Etat du rapport annuel des charges de Perruquier. — Observation aux Etats généraux par la communauté des Maîtres Perruquiers, etc.

1126. Statuts, ordonnances et privileges des maitres Potier d'étain de la ville et fauxbourgs de Paris. *Paris, Gonichon,* 1739, pet. in 8, veau.

1127. Statuts, ordonnances et réglemens de la communauté des maîtres Quinquailliers de la ville et fauxbourgs de Paris. *Paris, Grange,* 1767, in-12, veau.

1128. Statuts, réglemens, arrests et sentences des maîtres Taillandiers-Ferblantiers de la ville et fauxbourgs de Paris. *Paris, Gonichon,* 1754, pet. in-4, veau.

> On a ajouté 2 arrêt et ordonnance concernant les serruriers-taillandiers, etc., de 1727 et 1776, in-4.

1129. Statuts, réglemens, arrets et sentences de la communauté des maîtres Taillandiers-Ferblantiers de la ville et fauxbourgs de Paris. *Paris,* 1774, in-12, portr. de M. de Sartine, veau.

> Exemplaire aux armes royales sur le dos.

1130. Statuts et Ordonnances des marchands maîtres Tailleurs d'habits . Pourpointiers, Chaussetiers de la ville de Paris. *Paris*, 1741, in-12, demi-rel. veau.

1131. Tailleurs d'habits, 4 brochures in-fol. et in-4 et une pièce originale sur vélin.

> Supplique au Parlement sur la question de savoir si les Couturières peuvent faire des paniers de femme (vertugadins), 1727. — Arrêts de 1669 portant règlements entre les Tailleurs-pourpointiers (nouvellement réunis) et les anciens Pourpointiers-Tailleurs. — 2 Memoires pour les tailleurs contre les Boutonniers et les Boursiers. — Brevèt d'admission dans la Communauté des tailleurs d'habits, 1780, in-4 sur vélin.

1132. Reglement des frères Tailleurs établis à Paris en 1647, suivant le texte ancien et nouveau ; avec des eclaircissemens et des additions faites en l'année 1725. *Paris, Delatour*, 1727, in-4, vélin vert.

> Cette Communauté était établie rue Jean Lantier ; · elle avait le droit de faire des apprentis.

1133. Nouveau recueil des statuts et réglemens du corps et communauté des maîtres-marchands Tapissiers-haute-liciers-Sarrazinois-rentrayeurs-courtepointiers-couverturiers-coùtiers-sergiers de la ville, fauxbourgs et banlieue de Paris. Avec une préface qui contient l'histoire des six communautés dont ce corps a été formé , celle de leurs statuts et privilèges. *Paris*, 1756, in-4, veau.

> On y joint · Observations pour les marchands tapissiers de Paris, 1772, brochure in-4.

1134. Recueil de documents et de statuts relatifs à la corporation des Tapissiers de 1258 à 1275. Réflexions concernant cette corporation par l'auteur, J. Deville. *Paris, Chaix*, 1875, gr. in-8, front., demi-rel. mar. brun, dos orné, tête dor.. éb

1135. Ordonnances du Roy Henry troisieme (de 1585), confirmez par Henry IV et Louis XIII , contenant les statuts des maistres Tissutiers , Rubaniers , Ouvriers en draps d'or, d'argent et soye, Tissus, Rubans et Passemens aussi d'or et d'argent, soye, fleuret, filozelle, laine, fil et cotton, etc., de la ville, cité, fauxbourgs et banlieue de Paris. *Paris*, 1650, pet. in-8, demi-rel., *non rogné*.

1136. Ordonnances du roy Henry III confirmées par Henry IV et Louis XIII, contenant les Statuts des maitres Tissutiers, Rubanniers, Ouvriers en draps d'or, d'argent et soye, tissus, rubans, etc de la ville de Paris. *Paris*. 1742, in-12, veau.

1137. Code des Toiles, ou recueil d'édits, déclarations, tarifs, sentences, arrêts et réglemens, concernant la police des toiles. *Paris*, *d'Houry*, 1761, in-12, mar. rouge, dos orné, fil., tr. dor. (*Rel. anc.*)

> On a ajouté : Déclaration du 21 décembre 1712 qui fixe les gages des aulneurs de toiles. — Autorisation des visites dans les magasins pour a vérification des toiles, 1784. — Lettres sur la longueur des mouchoir 1784, 3 brochures in-4.

1138. Tonneliers. 2 vol. in-8, demi-rel. et brochure in-4..

> Arrêts portant règlement entre les jurez Tonneliers et les jur-t courtiers de vins de ceste ville de Paris, 1631 ; ordonnant le rembour- sement des créanciers de la Communauté des déchargeurs et chargeu.s de Tonneaux, 1720. — Réglemens concernant les ouvriers de la comm a- nauté des Maîtres Tonneliers-Boisseliers de la ville de Paris, 1782.

1139. Statuts et Ordonnances des Jurez, Bacheliers et maîtres de la communauté des Vinaigriers. Moustardier-, Saulciers, Distillateurs en Eau de vie et Esprit de vin. Buvetiers de cette ville de Paris. *Paris*, *J. Grou*, 167E, in-4, veau.

> On a ajouté un *Memoire pour les Syndics et Jurés de la Communatz* *des Vinaigriers*, 1769 et arrêt qui autorise à mettre 10 pintes te- Vinaigre dans les tonneaux de vins gâtés, 1725.

1140. Lacroix, Begin, Fournier, Seré, etc. Le Livre d'or des métiers. *Paris*, 1850-1858, 5 parties en 2 vol. g-. in-8, fig. noires et coloriées, demi-rel.

> Orfévrerie-Joaillérie. — Coiffures et Coiffeurs. — Imprimerie. — Cordonnerie. — Charpenterie.

1141. Communautés d'arts et métiers diverses, 14 vol. et brochures.

> Lacroix. Histoire de la Charpenterie, 1851, in-8, demi-rel. — 2 Mémoires pour les Maîtres Couteliers, 1744-1775. — Sentence con- v les Maîtresses filassières, 1760. — Discours de deux Mareschaux == Paris, 1615. — Sentence pour les Oiseleurs, 1763. — Règlemen n concernant les contrefaçons des papiers peints, 1778, placard in-fol. — Arrêt relatif aux porteurs d'eau, 1776. — Mémoires pour les Salpêtrie-s 1790. — Délibération des Maîtres Selliers, 1763. — Statuts et orde t- nances des tisserands, 1736.

1142. Les Règlements des Manufactures et teintures des étoffes qui se fabriquent dans le royaume. *A Dijo*-. 1725, in-8, veau.

5. *Poste et Voitures.*

1143. Histoire de la Poste aux lettres et du timbre-poste depuis leurs origines jusqu'à nos jours, par Arthur de Rothschid. Quatrième édition, illustrée de nombreuses vignettes, par Bertall. *Paris, Lévy,* 1879, gr. in-8, fig., cart. toile, fers spéciaux, tr. dor.

> On y joint Mémoire sur lesquels les marchands, banquiers, etc., sont priés de donner leur avis (sur le transport des objets par la poste), 1767, brochure in-4.

1144. Vingt jours de route et généalogie historique de la famille des coches, messageries, diligence, voitures publiques, malle-postes, etc. (par Grandsire). *Paris,* 1830. — La locomotion, Histoire des chars, carrosses, omnibus, etc., par D. Ramée. *Paris,* 1856. 2 vol. in-8, demi-rel.

1145. Les Carrosses à cinq sols, ou les Omnibus du dix-septième siècle (à Paris), par M. de Monmerqué. *Paris,* 1828, in-12, cart., *non rogné.*

> Curieuse dissertation sur les premières voitures publiques établies dans Paris. On y remarque le fac-similé d'une lettre de Mme Périer à Arnauld de Pomponne, de 1662, apostillée par Blaise Pascal.

1146. Voitures publiques, Voitures de remise et de place de Paris, 12 vol. et brochures.

> Les Carrosses à cinq sols ou Omnibus du XVIIe siècle. *Paris,* 1828, in-12. — Observations sur les grands Chemins. — Propositions à faire aux maîtres des carrosses et diligences, 1775. — Réflexions pour les carrossiers des Places et Remises de Paris, 1779. — Arrêt du 11 nov. 1784 sur le prix des courses et des heures des carrosses de place. — Requête des fiacres contre les cabriolets. — Remontrance des chevaux de fiacre aux députés, 1790. — Doléances de sloueurs de carrosses de place et de remise. — Supplique des mêmes, 1790. (Voy. un article de M. J. Cousin sur ce volume : *Bulletin de l'Histoire de Paris,* I, 49). — Adresse pour les Cochers des Voitures de la Cour. — Règlement du 23 juillet 1793 sur les Carrosses de place. — Ramée, Histoire des chars, carrosses, omnibus, etc., 1856, etc.

1147. État général du service des Diligences, messageries nationales, coches et voitures d'eau de France. *Paris, Ballard,* 1792, in-8, mar. rouge, dent., tabis, tr. dor. (*Rel. anc.*)

> Au chiffre de l'Administration des Messageries.

1148. État général des routes de Poste de l'Empire français, du royaume d'Italie, de la Confédération du Rhin,

etc., dressé pour l'an 1814. *Paris, Impr. imp.*, 1814, in-8.
mar. rouge, dent., tabis, tr. dor.

Bel exemplaire aux armes de Napoléon Ier.

1149. Coches d'eau de Paris, 2 vol. in-4 et in-8, demi-rel.

Arrêt du 15 janvier 1786 qui ordonne que les coches d'eau seront
transférés du port Saint-Paul au port de la Tournelle. — Réflexions d'un
citoyen de Saint-Louis (sur cette translation), 1790.

6. *Charité et Assistance publique, Compagnies de Charité Sociétés de Secours mutuels.*

1150. Tableau de l'humanité et de la bienfaisance ou
précis historique des Charités qui se font dans Paris
contenant les divers établissemens en faveur des pauvres
(par Alletz). *Paris, Musier*, 1769, in-12, veau fauve, dos
orné, fil., tr. dor. (*Petit.*)

1151. La Charité à Paris, 16 vol. et brochures, in-8 et
in-12.

Manuel des œuvres et institutions de charité de Paris. *Paris*, 1852
(6 ex.). — Manuel de Charité, par l'abbé Mullois, 1852. — Livret-
Manuel des établissements d'assistance (2 ex.). — Etrennes de Charité
pout 1812. — Des secours publics en usage chez les anciens, par
J.-B. Dumas. *Paris*, 1813, etc.

1152. Paris catholique au XIXe siècle, tableau des progrès
merveilleux de la Charité contemporaine en France;
suivi de la Vie de la sœur Rosalie (Jeanne Rendu), fille
de S. Vincent-de-Paul, par Mme R. Dubois. *Paris*, 1857,
in-8, *broché.*

1153. Pauvres de Paris, 6 vol. in-4 et in-8, demi-rel. et
broché.

Arrêts du Parlement touchant les Pauvres, 1612, pet. in-8.—Dénombrement des dix.à douze mille pauvres des paroisses des fauxbourgs de
Paris. May 1652. — Arrêt du 25 fév. 1710, ordonnant que les legs faits
aux Pauvres seront exempts des droits d'amortissement. — Arrêt du
16 mars 1718 concernant la taxe pour les pauvres du Grand Bureau,
in-4, demi-rel. — Supplique pour sauver le droit des pauvres, 1789. —
Réclamation pour la conservation distincte des revenus des pauvres de
chacune des paroisses de Paris, 1792.

1154. Secours aux Indigents, 9 brochures in-4.

État de répartition de la somme de cent vingt mille livres accordée
aux pauvres de Paris, pendant l'hiver de 1693, ms in-fol. (2 copies). —
Déclaration concernant les Mendiants et les Ateliers publics, 1709. —
Arrêt du 18 may 1718 au sujet des aumônes à l'occasion de l'incendie

du Petit-Pont. — Mémoire des dames de charité relatif aux secours accordés à plusieurs incendiés en 1741. — Consultation sur la nécessité de l'établissement des écoles et maisons de charité, 1752. — Hiver 1788-1789, 3 pièces concernant les secours accordés aux nécessiteux de Paris.

1155. Destruction de la Mendicité à Paris, 2 vol. in-8, demi-rel.

Moyens de détruire entièrement la mendicité dans cette ville (Paris), par M. B***, 1789. — Mémoire sur la destruction de la Mendicité, par Dutremblay de Rubelle, vers 1789.

1156. Etablissements de Charité, 3 vol. et liasse.

La Police des Pauvres de Paris (par Montaigne), vers 1550. (Copie manuscrite moderne avec annotations), in-fol., demi-rel. — Le Secours des Pauvres par le moyen des directions ou bureaux de charité. Clermont, 1691, pet. in-12, veau fauve. (Rare). — Détails sur quelques établissements de la ville de Paris, par M. Le Noir, lieut. de police, 1780, in-8, veau. — Notes manuscrites sur les établissements de Charité de Paris.

1157. Assistance publique à Paris, 18 vol. et brochures.

Règlemens pour l'administration des secours à domicile, 1829, in-4. — 9 brochures diverses par Payen, Dufillo, etc., sur les secours à domicile. — Indigens de Paris en l'an XII. — Assistance charitable et bureaux de bienfaisance dans divers arrondissements, etc.

1158. Reglemens des Assemblées de Mme de la Moignon, 1re présidente du Parlement, pour assister les Prisonniers, les Pauvres honteux et les Malades. Reglemens des assemblées d'hommes à cette fin, de diverses paroisses de Paris, etc. S. l. n. d. (vers 1670), in-4, demi-rel.

Curieux et rare.

1159. Dames de la Charité, 3 vol. in-8 et in-12.

Histoire des dames, sœurs et filles de la Charité. Paris, 1824, in-8, cart. — Vie de Mlle Le Gras, fondatrice de la compagnie des filles de la Charité, par Gobillon. Paris, 1676, in-12, cart. — Vie de la Sœur Rosalie, fille de la Charité, par le Vte de Melun. Paris, 1857, in-8, portr., broché.

1160. Pauvres de la paroisse Saint-Eustache, 1 vol. in-fol. et brochure in-4.

Compte de J.-B. Trudon de Moissy, notaire administrateur en 1773 de la Compagnie de Charité érigée en la paroisse St-Eustache, manuscrit in-fol., veau. — Consultation pour les administrateurs de la Confrérie, 1752.

1161. Pauvres de la paroisse S. Germain-l'Auxerrois. 3 vol. et brochures.

Réglemens des deux compagnies de Charité de la paroisse Saint-

Germain-l'Auxerrois, pour l'assistance des pauvres honteux et malades. *Paris*, 1737, in-8, demi-rel. — Les Homologations du legs du sieur Rausnay, curé, en faveur des pauvres de la paroisse, 1759. — Réclamation en faveur de la conservation distincte des aumônes de chaque paroisse, au profit des pauvres de Saint-Germain-l'Auxerrois, 1792, in-8, demi-rel.

1162. Réglemens de la Compagnie de Charité que MM. de la paroisse Saint-Louis en l'Isle Notre-Dame ont établie pour le soulagement des Pauvres honteux. *Paris*, 1685, pet. in-8, mar. noir, tabis, tr. dor., armes.

Copie manuscrite moderne bien exécutée. Riche reliure.

1163. Règlement de la compagnie de Charité des dames de la paroisse de S. Louis en l'isle. *Paris, Louis Josse*, 1713, pet. in-12, mar. rouge jans., tr. dor. (*Petit.*)

1164. Lettres patentes pour les statuts et réglemens des compagnies de charité de la paroisse de Saint-Louis en l'isle, du mois de Mars 1714. *S. d.* (vers 1715), ms. in-8, veau, fil., tr. dor.

Manuscrit très-bien écrit.

1165. Statuts et réglemens des compagnies de charité de la paroisse Saint-Louis en l'isle. *S. d.* (vers 1715). Manuscrit in-fol., demi-rel.

1166. Recueil de pièces concernant les compagnies de Charité de la paroisse Saint Louis en l'isle. *S. d.*, in-4, veau fauve, dos orné, fil.

Manuscrit du 18e siècle.

1167. Pauvres de la Paroisse Saint-Sauveur, 3 cahiers, mss. in-fol.

Trois rôles de la collecte des pauvres, contenant les noms des bourgeois et la somme pour laquelle ils étaient taxés pour les mois de mars, juin, novembre et décembre 1590 ; documents originaux signés par le Commissaire des pauvres. 3 cahiers in-fol.

1168. Pauvres des Paroisses S. Paul et S. Severin, 2 vol.

Réglemens de la compagnie des dames de la Charité de la paroisse Saint-Paul. *Paris*, 1715, in-12, *broché*. — Nouveaux Réglemens pour la compagnie des Dames de la Charité de S. Séverin. *Paris*, 1763, in-12 veau.

1169. Pauvres de la paroisse St-Sulpice, 6 vol. et brochures.

Ordre d'administration pour le soulagement des pauvres de la paroisse de Saint-Sulpice. *Paris*, 1777, in-12, veau. — La même brochure in-

(2 ex.) — Compte des dépenses de l'Ordre de 1780 à 1781. — 2 Mémoires pour et contre le Curé de St-Sulpice au sujet de 2 testaments charitables, 1757, 1777.

1170. Pauvres de diverses paroisses. 7 vol. et brochures.

Règlemens pour la compagnie de la charité de la paroisse S. Roch. *Paris*, 1717, in-8, *broché*. — Riz économique à S. Roch. 1769. — 5 Mémoires pour la Confrérie de Charité à St-Jacques la Boucherie, pour le curé de S. Hippolyte et pour les curés et administrateurs des pauvres de S. Merry, S. Severin, Ste Marguerite, etc.

1171. Sociétés de secours mutuels et Société philanthropique. 20 vol. et brochures.

Almanach philanthropique, 1827. — Fourneaux économiques. — Hospitalité du travail.— Hospitalité de nuit. — Sociétés de secours mutuels des couvreurs et diverses. — Plan de la Société philanthropique (vers 1800) in-4, demi-rel. etc.

1172. Calendrier philantropique. Années 1787 et 1790. *Paris*, 1787-1790, 2 vol. in-12, mar. vert et mar. rouge, dos ornés, fil., tr. dor. (*Rel. anc.*)

L'année 1790 est aux armes du comte d'ARTOIS, et porte sur la garde 9 vers autographes de M. A. de Beauchesne.

1173. Assistance de l'Enfance à Paris. 10 vol. et brochures.

L'enfance à Paris, par le vicomte d'Haussonville. 1879, in-8.— Deux mémoires sur la conservation des Enfans, et une destination avantageuse des enfans trouvés (par Piarron de Chamousset). 1756, in-12, demi-rel. — Considérations sur les Enfans trouvés, par M. Benoiston de Chateauneuf. 1824, in-8. — Compte rendu de la Société de Charité maternelle. 1804-6-43, in-4.— Code des Nourrices. 1781, in-8, demi-rel., etc.

7. *Hôpitaux et Hospices.*

a. Généralités.

1174. Mémoires sur les Hôpitaux de Paris, par H. Tenon. Avec figures en taille-douce. *Paris, Ph. D. Pierres*, 1788, in-4, nombreuses pl., cart.

1175. Plans des Hôpitaux et Hospices civils de la ville de Paris. *Paris*, 1820, in-fol. demi-rel.

29 Plans et élévations des hospices de Paris.

1176. Rapport sur les Hôpitaux civils de la ville de Londres au point de vue de la comparaison de ces établissements avec les Hôpitaux de la ville de Paris, par Blondel et Ser. *Paris*, 1862, in-fol., fig., demi-rel. chagrir, tête dor., éb.

1177. Hôpitaux de Paris. 2 vol. in-8 et in-12, basane.

> Tableau de l'humanité ou précis des charités qui se font dans Par s. (par Alletz.) *Paris*, 1769. (Notices sur les hôpitaux de Paris.) — Déta s sur quelques établissements de Paris (dont les hôpitaux et hospices) par Le Noir. *Paris*, 1780.

1178. Edict du Roy (du 25 juillet 1560) sur le reiglement des maisons Dieu, Hospitaux, Maladeries, Aumosneries, Leproseries et autres lieux pitoyables. *Paris, Jean Dallie*. 1560, pet. in-8, demi-rel. veau.

1179. Hôpitaux de Paris, 10 vol et brochures in-4 et in—. dont 2 en demi-rel.

> Déclaration du 28 Oct. 1711 qui adjuge aux hôpitaux les biens ce ceux condamnez pour crime de duel. — 2 Arrêts de 1787 qui fixent l'établissement de quatre nouveaux hôpitaux à Paris (à St-Louis, Ste-Anne, la Roquette et Ste-Perine de Chaillot.) — Arrêt du 3 juin 1788, c r supprime pour les hôpitaux les exemptions de droits d'entrée, et s convertit en une somme d'argent. — Arrêt au sujet des registres c-s hôpitaux. — Compte-rendu à la Commune par le département des Hô-i-taux. 1790. — Rapport fait au conseil général des Hôpitaux et des H s pices à Paris depuis 1804 jusqu'à 1814. *Paris*, 1816. — Observatic-s sur les Hôpitaux par Iberti. *Londres*, 1788, pl. — Idées neuves sur la construction des Hôpitaux, appliquées à Paris, par Chirol. 1787.

1180. Administration des Hôpitaux et des Hospices. 1 parties en 2 vol. in-8, demi-rel.

> Table des réglements relatifs à l'administration générale des Hôpit= c et Hospices de Paris. 1815. — Nouvelle organisation des Hospices. — Bureaux des Hospices. — Hospices civils de Paris. — Admission d : les Hospices. — Visite dans les Hospices, etc.

1181. Hôpitaux de Paris, 14 pièces en 1 vol. in-4, demi-rel.

> Fondation de l'hospital Saint-Jacques aux Pelerins à Paris. — Stats de la Chapelle de St-Jacques de l'hôpital aux Pelerins. — 3 Arrêts dive-s concernant l'hopital St-Jacques aux Pelerins. — Arrêt qui maintient 'e confrères pelerins dans le droit de patronage de l'église S. Jacque. 1712. — 3 Arrêts relatifs aux chapelains de l'église de St-Jacques. — Etablissement de l'hôpital des Incurables. 1672. — Pardons accor-s aux bienfaiteurs de l'hôtel-Dieu. — Proclamation relative aux Pet es Maisons.—Lettres, arrêts, règlements pour l'hôtel-Dieu (de 1208-15e. — Distribution des pauvres et malades dans les hôpitaux, par N- ue-quais. 1780, Ms. — Observations sur l'établissement de la maison es Orphelins du St-Esprit. 1791, Ms.

1182. Hôpitaux et Hospices. 7 vol. et brochures.

> Privilège des pauvres filles orphelines de l'hôpital de Notre Dam- e la Miséricorde, 1659, in-4. (Cet hôpital fut établi en 1624 par A-:

Séguier au faubourg St-Marcel.) — Indemnité due à S. M. sur une maison donnée à l'hôpital des orphelins de S. Sulpice. 1740. — Etablissement d'un hospice dans les écoles de chirurgie, 1774, in-4. — Mémoire au sujet de l'hôpital des orphelines du S. Esprit (place de Grève), 1789, in-4. — Description de l'hôpital des Enfants-Malades (rue de Sèvres) par Corvisart, Leroux, etc. 1805, in-8, demi-rel. — Sceau de la léproserie de S. Lazare, par Forgeais, in-8, demi-rel.

b. Hôpitaux et hospices particuliers (par ordre alphabétique).
Aveugles et Sourds-Muets.

1183. Hôpital de la Charité, 2 vol. in-4 demi-rel. et 1 vol. in-8, *broché.*

> Réglement perpétuel pour l'Hôpital de la Charité. 1620. — Notice sur l'Hôpital de la Charité de Paris, par P. Jourdan. 1837. — Testament du R. P. Thomas Le Gaufre (au profit de la Charité). 1646.

1184. Récit véritable de tout ce qui s'est fait et passé dans l'Hospital de la Charité, depuis la mort du R. Père Bernard jusques à présent. *A Paris, Beauplet,* 1641, 2 part. en un vol. pet. in-8, mar. rouge, tr. dor. (*Chambolle-Duru.*)

> Au v° du titre la liste des personnes incurables guéries par l'intercession du P. Bernard.

1185. Miracles arrivés depuis peu dans l'Hospital de la Charité a la guarison d'une jeune fille qui avoit perdu la parole. *Sur l'impr. à Paris, chez Beauplet,* 1641, pet. in-8, cart.

> Réimpression de la première partie de l'ouvrage précédent.

1186. Réglemens de la maison et hospital des Filles de la Providence de Dieu. *Paris, Jacquin,* 1658, in-12, vélin.

> Cet hôpital était situé au faubourg Saint-Marcel.

1187. Hôpital général de Paris, 2 vol. in-4, demi-rel.

> L'Hospital général charitable. *Paris,* 1657. — Histoire de l'Hospital général de Paris. *Paris,* 1676.

1188. Hôpital général de Paris, 11 vol. in-4 et in-8, basane, demi-rel. et brochures.

> L'Hospital général charitable. 1657. — Histoire de l'Hospital général de Paris. 1676 (2 ex.) — Arrêt du 20 Août 1659, rendu contre Trufault convaincu d'avoir attaqué les archers de l'Hôpital général. — Déclaration du 26 Juillet 1771 attribuant différens droits à l'Hôpital général (2 ex.).— Conservation des biens des Enfants-trouvés par l'Hôpital général. 1773. — Déclaration continuant la levée de cinq sols par cent bottes de foin, au profit de l'Hôpital général. 1788. — Mémoire pour l'Hôpital général et les enfans-trouvés. 1790, etc.

1189. Hôpital Général de Paris, recueil de pièces manuscrites et imprimées en un vol. in-4, veau.

> Edit du roi portant établissement de l'hôpital général, 1661.— Copie des nouvelles ecclésiastiques de 1749, 1750, 1751, 1752 en ce qui concerne l'administration de l'hôpital général. Arrêts et Déclarations du Roi de 1751, etc., portraits de Mgrs. de Beaumont et de Maupeou.

1190. Code de l'Hôpital-général de Paris, ou recueil des principaux édits, arrêts, déclarations et réglements qui le concernent, ainsi que les maisons et hôpitaux réunis à son administration. *Paris*, 1786, in-4, veau.

1191. Hospices qui faisaient partie de l'Hôpital-Général de Paris, 3 vol. et ff. manuscrites.

> Réclamations des malades de Bicêtre. 1790, in-8, demi-rel. — Recueil de chants pour les élèves de l'hospice de Bicêtre, 1840, in-8 — Abrégé historique de l'établissement de l'hôpital des enfans trouvés 1746, in-4, cart. — Notice sur l'abbé Guische, aumonier de l'hospice de la Salpetrière. Ms. in-8.

1192. Essai historique sur l'Hôtel-Dieu de Paris ou tableau de sa fondation, de ses accroissements, etc., par Rondonneau de la Motte. *Paris, Nyon*, 1787, in-8, front. de Monnet, demi-rel. veau, *non rogné*.

1193. Estat au vray du bien et revenu de l'Hostel-Dieu de Paris, et de sa Dépense journalière, pour faire connoistre au public les vrayes nécessitez des pauvres malades qu'on est obligé d'y recevoir de toutes parts sans refus. Et encores és Hospitaux de Saint Louis et de Saint Marcel qui en dépendent. *A Paris*, 1651, in-fol., vélin.

> Très-rare. Ce Mémoire avait pour but d'exciter la générosité des personnes charitables. La dépense s'élevait à cette époque à 325.624 livres et la recette à 258313 livres seulement.
> Bel exemplaire avec une figure collée sur la garde.

1194. Hôtel-Dieu de Paris. 11 vol. in-4 et in-8, demi-rel. et brochures.

> Déclaration du roy pour la subsistance des pauvres de l'Hôtel-Dieu. 1709, 2 pièces. — Lettres permettant à l'Hôtel-Dieu de vendre les maisons qu'elle possède. 1709. — Déclaration de 1738 qui continue à l'Hôtel-Dieu, pendant 6 années, la levée de trente sols par muid de vin entrant à Paris. — Mandement de l'archevêque autorisant la quête pour les malades de l'Hôtel-Dieu. 1730 (2 ex.). — Arrêts de 1735 et de 1769 condamnant la fille Siret et Pierre Ruzé, pour vols à l'Hôtel-Dieu. — Mémoire pour les gouverneurs de l'Hôtel-Dieu contre les gouverneurs de l'Hôpital général. 1767. — Dénonciation des principaux abus de l'Hôtel-Dieu, par Regnier. 1789, etc.

1195. Hôtel-Dieu de Paris. 9 vol. in-4 et in-8, demi-rel. et brochures.

Lettres du 22 Avril 1781 concernant l'agrandissement et l'amélioration de l'Hôtel-Dieu de Paris. — Rapport des Commissaires chargés de l'examen d'un projet d'un nouvel Hôtel-Dieu. 1787 — Récit de ce qui s'est passé tendant à la construction d'un nouvel Hôtel-Dieu, par Antoine. 1773, ms.— Poyet. Mémoire sur la nécessité de transférer et de reconstruire l'Hôtel-Dieu de Paris, pl. ; Renouvellement du projet de transférer l'Hôtel-Dieu à l'île des Cygnes (1787), pl. (3 ex.). — Enquête ouverte sur le projet d'emplacement du nouvel Hôtel-Dieu, par Liouville. 1865.

1196. Mémoires sur la Vie de la Mère de la Miséricorde (Marie Destournelles) Religieuse de l'Hôtel-Dieu de Paris, 1767, 4 vol. in-8, vélin vert.

A la suite de la Vie de la Mère de la Miséricorde (qui occupe seulement une partie du tome 1er) on trouve de nombreuses remarques, notices; etc., concernant les religieuses de l'Hôtel-Dieu ; toutes les indications nécessaires pour les retraites, soins à donner aux malades, actions et paroles remarquables de plusieurs religieuses de la dite Maison, Constitutions, etc., etc. Manuscrit très-intéressant. On y joint : *Vie de la Mère de la Miséricorde.* Ms. in-4.

1197. Mémoire de ce qui est observé par la compagnie des dames de la Charité de l'Hotel-Dieu de Paris. *Paris, s. d.*; in-12, demi-rel.

1198. Incendie de l'Hôtel-Dieu de Paris en 1772. 2 vol. in-4 et in-12.

Relation de l'incendie arrivée dans la nuit du 29 au 30 Déc. 1772 ; in-4, demi-rel. — La Voix des pauvres, épitre sur l'incendie de l'Hôtel-Dieu, par Marmontel. 1773, *broché.*

1199. Hôtel-Dieu de Paris. 3 vol. in-4 et brochures.

Panégyrique funèbre de Pompone de Bellièvre, président du parlement, prononcé à l'Hôtel-Dieu, le 17 avril 1657 (par Lalemant). *Paris,* 1657, in-4, cart. — Service pour Gigault de Bellefonds. 1746. — Offices propres à S. Jean Baptiste, S. Augustin, S. Monique et des autres Saints patrons de l'Hôtel-Dieu. 1654.

1200. Hôpital des Incurables. 3 pièces in-4, cart. et *brochées.*

Sermon panegyrique de S. Joseph en l'église des Incurables l'an 1665, par Mathieu de Morgues. *Paris*, 1665. — Extrait des réglemens du bureau de l'Hôpital des Incurables sur l'âge et les qualités des malades. 1752. — Mémoire contre les administrateurs de l'hôpital des Incurables (au sujet de la fondation d'un lit). 1775.

1201. Mémoire historique et instructif sur l'Hospice de la Maternité (par Hucherard, Sausseret et Girault). *Paris,* 1808, in-4, demi-rel. veau.

On a relié à la suite : Quarante-huit heures de garde aux Tuileries les 19 et 20 mars 1815; in-4, fig. — Tableau de la situation en France des jeunes détenus, par Bucquet. 1853.

1202. Nouveau réglement pour maintenir le bon ordre, la paix, l'union, la tranquilité et la discipline, dans l'intérieur de l'hopital des Petites-Maisons. *Paris*, 1729, in-12, demi-rel.

1203. Hôpital de la Salpétrière. 1 feuille in-8.

Placard d'annonce de la « Vente d'un sachet, pour garantir touttes sortes de personnes de la Vermine et en nettoyer ceux qui en sont incommodez sans Mercure ». Ce placard daté de 1677 et longuement détaillé, porte un *Certificat* d'adoption pour les pauvres de l'Hôpital général, dont la maison de la Salpétrière était le siège.

Cette singulière annonce fut remarquée par Locke, qui en donne la copie dans son *Journal de Voyage*, publié en 1829.

Parfait état de conservation.

1204. Hôpital Saint-Gervais, 3 pièces autographes.

1° Nomination de Julie-Françoise Pasquier, comme prieure de l'hôpital S. Gervais, du 24 mai 1756, pièce autographe in-4, sur vélin, signée par l'archevêque Christophe de Beaumont.

2° 2 lettres autographes signées par l'archevêque Christophe de Beaumont, relative à cette nomination des 31 mai et 9 juin 1756, 2 pp. in-4.

1205. Hôpital Saint-Jacques aux Pélerins, 5 vol. et brochures.

Edit de 1722 portant union de l'Hôpital et de l'Eglise St-Jacques, in-4. — Arrêts de 1635 relatifs à la Confrérie de St-Jacques. — Lettres de 1734, concernant l'hôpital et l'église, in-4. — Lettres de mai 1781, portant union de l'hôpital S. Jacques à celui des Enfants Trouvés, in-4, demi-rel. — Forgeais. Sceau de la confrérie des Pélerins de S. Jacques. 1852.

1206. HÔPITAL de Saint-Jacques du Haut Pas. 1 pièce in-4 obl.

Avis de l'*évêque de Langres*, recommandant aux pèlerins « l'hôpital Saint-Jacques du hault pas pres Paris ou ils sont logés et bénignement soubtenuz » et aussi aux personnes charitables d'y faire des dons, l'hospice n'ayant rentes ni revenus suffisants. *S. d.* (vers 1500), placard pet. in-4 goth. oblong. (Très-curieuse pièce certainement unique. Il s'agit ici de l'ancien hôpital du Haut-pas, fondé vers le milieu du XIIIe siècle et qui disparut au milieu du XVIe. La conservation de cette pièce est parfaite)

1207. Hospice de Saint Jacques du Haut-Pas (plus tard hôpital Cochin). 2 vol. et une feuille gravée.

Projet d'établissement d'un Hospice pour les pauvres malades de la paroisse S. Jacques S. Philippe du Haut-Pas, 1780, in-4. — Plans et élévations de l'hospice; dessinés par *Fr. Viel*, gravé par *Taraval*, 1780, 1 pl. in-fol. oblong. — Comptes-rendus et prospectus concernant l'Hospice de S. Jacques du Haut-Pas, fondé par M. Cochin, curé de ladite paroisse, 1785, in-12.

1208. Observations sur l'agrandissement de l'Hôpital Saint-Louis. *S. d.* (vers 1780) Ms. in-fol.

1209. Troche. Notice sur l'ancien Hopital de Sainte-Catherine , primitivement de Sainte Opportune , rue Saint-Denis, 1 vol. et 2 brochures.

Extrait de la *Revue archéologique*,2 ex. et une copie manuscrite reliée en veau, tr. dor. (*Petit.*)

1210. Hôpital des Quinze-Vingts. 6 vol. in-4 et in-8.

Les Quinze-Vingts, notes et documents par l'abbé Prompsault, chapelain de cette maison, 1863, in-8, demi-rel. — L'abbé J.-H.-R. Prompsault, notice biographique et littéraire, par V. Advielle, 1862, in-8, *broché*. — Arrêt du 29 mai 1731, ordonnant que les boissons vendues dans l'intérieur de l'hôpital des Quinze-Vingts, seront soumises aux droits. — Lettres de Déc. 1779, concernant la translation des Quinze-Vingts dans l'hôtel des Mousquetaires noirs, Rue de Charenton, demi-rel. — Arrêt du 14 Mars 1783, concernant l'administration de l'Hôpital des Quinze-Vingts aveugles de Paris, demi-rel., etc.

1211. Eglise de l'Hôpital des Quinze-Vingts. 2 vol. in-12 , et une brochure in-4.

Prières et instructions à l'usage de la Confrérie royale de la sainte Vierge, érigée en l'église de l'hôpital des Quinze-Vingts, 1728. — Offices propres de S. Louis, fondateur de l'église des Quinze-Vingts, et de S. Remi, patron de ladite église (1737). — Mandement de l'archevêque de Paris, pour la réparation de la profanation d'une hostie, arrivée en l'église des Quinze-Vingts, 1684.

1212. Sourds-Muets. 6 vol. et brochures.

Arrêt du 25 Mars 1785, ordonnant que l'établissement fondé par l'abbé de l'Epée sera placé dans les bâtiments des Célestins de Paris, in-4. — Copie de diverses clauses du testament de l'abbé de l'Epée et résumé d'actes concernant sa mort. Manuscrit, 1 p. 1/2 in-fol.—L'Abbé de l'Epée. sa vie, ses travaux, par Berthier, sourd-muet. *Paris*, 1853, in-8, port. et fig., demi-rel — Eloge de Charles-Michel de l'Epée, fondateur de l'institution des sourds-muets, par Bébian, 1819, in-8, portr. — Observations de deux sourdes et muettes qui entendent et qui parlent, par le Dr Deleau, 1823, in-8.

8. *Inhumations et Cimetières.*

a. Inhumations et Services funèbres.

1213. Statuts des Jurez crieurs de Corps et de Vins de la ville et fauxbourgs de Paris , registrez en parlement , suivant l'arrest du 26 Février 1681, brochure, in-4.

On y joint 3 lettres de faire part de décès de 1770, 1789, 1808.

1214. Le Service funèbre et le clergé de Paris. 3 vol.

Arrêt portant réglement de ce que les Curez doivent prendre pour les sépultures et services de leurs paroissiens, ensemble les salaires des gens d'église, pour les convois, enterrements, messes, etc., 1633, pet. in-8, demi-rel. — Arrêt du 7 mai 1646, portant réglement entre les Curés et religieux, touchant les enterrements des séculiers, 1646, in-4, broché. — Sentence du 30 Mars 1775, qui enjoint aux ecclésiastiques de Paris de faire signer les actes de sépultures aux parents ou amis des défunts, in-4, demi-rel.

1215. Essai sur les lieux et les dangers des Sépultures traduit de l'italien (de S. Piattoli) par Vicq d'Azir. *Paris, Didot*, 1778, in-12, demi-rel., *non rogné*.

Contient entre autres un Rapport sur la nécessité d'éloigner les sépultures de Paris.

1216. Mémoire sur les moyens que la médecine et la police pourroient employer pour prevenir les erreurs dangereuses des Enterremens précipités, par J. B. Prévinaire. *Bruxelles*, 1788, in-4, portr., cart.

1217. Administration des Pompes funèbres de Paris. *Paris*, 1859-1875, 25 vol. et brochures in-4 et in-8.

Projet d'organisation. — Comptes-rendus du Conseil. — Documents relatifs au service. — Tarifs.

1218. Pompes-funèbres, etc. 6 pièces in-8, cart. et *brochées*.

Les mystères des pompes funèbres de Paris dévoilés, par Balard, 1856. — Observations sur la régie des pompes funèbres, 1873. — De l'assainissement des décès et des convois funèbres à Paris, par Suquet, 1869 (3 ex.). — L'Embaumement dans les temps anciens et modernes, par Bayle, 1872.

b. Pompes funèbres solennelles.

1219. Des Décorations funèbres, ou il est amplement traité des tentures, des lumières, des mausolées, catafalques, etc., avec tout ce qui s'est fait de plus considérable depuis plus d'un siècle, pour les papes, empereurs, rois, reines, cardinaux, princes, etc., enrichies de figures, par le P. Menestrier. *Paris*, 1684, in-8, fig., veau.

Piqûres de vers.

1220. LE TRESPAS, OBSÈQUES, ET ENTERREMENT de très hault François, par la grace de Dieu, roy de France, tres chrestien, premier de ce nom, père des ars et sciences. Les deux sermons funèbres prononcez esdictes obsèques, l'ung à Nostre-Dame de Paris, l'autre à Sainct-Denys en France (par Jehan Du Chastel). *De l'imprimerie de Rob. Estienne, s. d.* (1547), in-4 mar. bleu, dos orné, double fil., tr. dor. (*Masson-Debonnelle*.)

PREMIÈRE ÉDITION de cette Relation. Le volume est divisé en 3 parties, la 1re de 16 ff. dont un blanc pour la mort, la translation de Rambouillet et les obsèques à St-Denis ; la seconde de 33 pp. pour le premier sermon à Notre-Dame, le 23 mai, et la troisième de 35 pp. pour sermon à St-Denis le 24 mai ; soit en tout 40 ff.

Bel exemplaire de RUGGIERI.

1221. Le Trespas, Obseques, et Enterrement de François, par la grace de Dieu , Roy de France , tres-chrestien., premier de ce nom. Les deux sermons funebres pro- noncez esdictes obseques, l'ung a Nostre dame de Paris, l'autre à Sainct Denys en France (par Du Chastel). *De l'imprimerie de Rob. Estienne, s. d.* (1547), in-8 de 106 pp. et 1 f. blanc , mar. violet, dos orné, fil., tr. dor. (*Cham- bolle-Duru.*)

Nouvelle édition de cette relation en plus petit format ; elle est égale- ment très-rare.

1222. LE TRESPAS , ET ORDRE DES OBSÈQUES , FUNERAILLES et enterrement de feu de tresheureuse memoire le Roy Henri deuxieme de ce nom, par le Seigneur de La Borde Francois de Signac, roy d'armes de Dauphiné. *A Paris, de l'impr. de Robert Estienne,* 1559, in-4 de 26 ff. — Les deux Sermons funebres es obseques et enterrement du feu Roy treschrestien Henri deuxieme de ce nom , faicte et prononcez par messire Jerome de la Rovere , esleu evesque de Tholon, l'un à nostre dame de Paris, l'aultre à Sainct Denis en France. *A Paris , de l'impr. de Rob. Estienne,* 1559, in-4 de 30 ff., le dernier blanc. — Epita- phium in mortem Henrici Gallorum regis... Epitaphe sur le trespas du Roy Henri II en douze langues avec aultres épitaphes , plus les épitaphes sur le trespas de J. du Bellay. *Paris , Rob. Estienne ,* 1560 , in-4 de 28 ff. En un vol. in-4 mar. bleu, comp. de fil. entrelacés , dos orné d'H. couronnés, tr. dor. (*Lortic.*)

Ces pièces diverses sont de la plus grande rareté : Magnifiques exem- plaires à toutes marges. La dernière partie contient des vers de Du Bellay, Ch. Utenhove, Nic. Denisot, J. Dorat, J. Morel, J. Grévin, Baïf, R. Belleau, Ch. de Rouilon, Ronsard, Jodelle, Magny, etc.
Riche reliure. Exemplaire Ruggieri (Vendu 480 fr. et les frais).

1223. Le Trespas et ordres des Obsèques, funérailles et enterrement, de feu de très heureuse memoire le roy Henry deuxiesme de ce nom etc.... par le seigneur de la Borde, François de Signac. *Paris, Robinot, s. d.,* in-12 , *broché.*

Cette réimpression, exécutée en 1610, ne comprend que le *Trépas.*

1224. Funérailles du roy Henry II ; roole des parties et somme de deniers pour le faisct desdits obsèques et pompes funèbres, publié avec une introduction, par M. le Cte L. de Galembert. *Paris, Fontaine,* 1869, in-8, *broché.*

> Tiré à 140 exemplaires.

1225. L'Ordre des Cérémonies faictes après le trépas de Françoys de Lorraine, duc de Guyse, specialement à Paris. *Paris, s. d.* (1562), pet. in-8, *broché.*

> Le duc de Guise avait été tué devant Orléans, par Jean Poltrot. Cette relation est très-rare.

1226. L'Ordre de la Pompe funèbre, faicte a la reception et convoy du corps de tres-hault Seigneur, Monsieur de Guyse, passant par la ville de Paris. *A Paris, pour Gilles Corrozet,* 1563, pet. in-8, cart.

> Au r° du dernier une *Epitaphe* en vers par Corrozet.

1227. Le Trépas et obsèques du Très-Chrestien Roy de France, Charles neufiesme de ce nom. Plus le Convoy de Messeigneurs les Prevost des Marchans, Escheuins, et autres Estatz, à la suyte de son enterrement. *Paris, Michel Buffet,* 1574, in-12, mar. bleu, dos et coins fleur-delysés, tr. dor. (*Chambolle-Duru.*)

> On a relié à la suite les 2 Oraisons funèbres de Charles IX, par A. Sorbin, prononcées à Notre-Dame et à Saint-Denis, 1574.

1228. L'Ordre tenu aux obsèques et funérailles de très-haut Prince, Monseigneur François de Vallois, duc d'Anjou, fils et frère de Roy, fait à Paris le 25 juin 1584. *Lyon, B. Rigaud,* 1584, pet. in-8, mar. brun et fil. à froid, tr. dor. (*Masson-Debonnelle.*)

> Ce 4e fils de Henri II mourut le 10 juin à Château-Thierry. Rare. Bel exemplaire de RUGGIERI.

1229. Pompe funèbre du grand Henry, Roy de France et de Navarre. Faite à Paris et à S. Denys les vingt-neuf et trentième jours de Juin 1610. Recueillie par C. M. (Cl. Morillon). *Rouen, R. du Petit Val,* 1610, pet. in-8, mar. violet, fil., tr. dor. (*Andrieux.*)

1230. L'Epithete d'honneur d'Henry le Grand IIII du nom, Roy de France et de Navarre, Ensemble ses Obsèques; par André du Chesne. *Paris, Petit-Pas,* 1610, pet. in-8, *broché.*

1231. Funus regium. Les Obsèques du Roy (Henri IV). *Paris, Chevalier,* 1610, pet. in-8, basane.

> Poème latin et sa traduction en vers français.

1232. Le Convoy du cœur de Henry le Grand, IIII du nom, Roy de France et de Navarre depuis Paris jusqu'au collège royal de la Flèche. *Paris, Fr. Rezé,* 1610, pet. in-8, *broché.*

1233. Les Devoirs funebres rendus à Madame Catherine Henriette-Marie de Beauvillier, coadjutrice de Mme l'abbesse de Montmartre, par le R. P. Nicolas Caussin. *Paris,* 1634, pet. in-8, cart.

> Il s'agit ici de Catherine de Beauvillier, née en 1614, morte en 1634.

1234. Le Mausolée royal, ou Eloge funèbre de Louis le Juste, contenant sa naissance, son règne, ses conquestes, son décès, et ses honneurs funèbres, (par d'Allegrain). *Paris,* 1643, in-4, mar. brun, dos et coins fleurdelysés, armes, tr. dor. (*Petit.*)

1235. Pompes funèbres faites à Notre-Dame, 8 part. en 2 vol. in-4, veau et cart.

> Mausolée de Louis Dauphin de France, fait le 1er Mars 1766, in-4, fig. — Oraison de Louis Dauphin, par Mgr. Lomenie de Brienne 1766. — Mausolée de Stanislas Leszczynski le 12 Juin 1766, in-4, fig. — Catafalque et pompe funèbre d'Elisabeth Farnèse le 27 Novembre 1766, in-4, fig. — Mausolée de Marie-Josèphe de Saxe le 3 Septembre 1767, in-4, fig. — Mausolée de Marie Leszczynska le 11 Août 1768, in-4, fig. — Catafalque élevé le 7 Septembre 1774 pour Louis XV, in-4, fig.

1236. Ordre de la marche, translation de Voltaire à Paris, détail du cortège qui sera exécuté dans cette brillante Cérémonie, 1791, in-8, veau.

> On a relié dans le même volume : *Vie de Voltaire*, par M*** (Du Vernet) 1786 et *Voltaire, recueil des particularités de sa vie,* (par Harel), 1781.

1237. Cérémonies funèbres à Paris, 4 vol. et brochures in-8.

> Honneurs funèbres rendus à la mémoire de L. Chénier, 1795. — Honneurs funèbres rendus à Joubert 1799. — Déclaration sur l'assassinat de Rastadt et cérémonie funèbre en l'honnneur des ministres assassinés, 1799, 2 vol.

1238. Funérailles de l'Empereur Napoléon. Relation officielle de la translation de ses restes mortels depuis l'Ile-Sainte-Hélène jusqu'à Paris, et description du convoi funèbre, publiée par F. Langlé. *Paris, L. Curmer,* 1840, in-8, fig. de Daubigny, demi-rel. veau.

1239. Divers Monuments funéraires, suite de 6 planches

gravées par Albert Flamen. (*Paris, Van Merlen excudit,* vers 1650.) Pet. in-4, cart.

> Tombeaux de Guill. de Sève, St-Julien, conseiller d'Etat, à Saint-Sulpice; de J.-A. de Thou et de ses deux femmes, à Saint-André-des-Arcs; de Guill. Douglas, comte d'Anguse, à l'abbaye Saint-Germain; de Guill. de Montleon, cons. d'Etat, aux Feuillans, de Lambert, maître des comptes aux Incurables, etc.
>
> Très-rare.

c. Cimetières en général et cimetières en particulier. Cimetières projetés.

1240. Cimetières de Paris, 5 vol. et brochures.

> Vatflard. Notice sur les champs de Sépultures anciens et modernes de Paris, 1867, in-4, fig. — Tardieu. Voiries et Cimetières, 1852, in-8, demi-rel. — Avril. Rapport sur les Cimetières (1790). — Déclaration de 1783, portant indemnité sur acquisitions de terrains pour cimetières, etc.

1241. Cimetières de Paris, 2 vol.

> Voyage pittoresque et sentimental au champs du repos sous Montmartre, au Père Lachaise, par Caillot, 1808, in-12, *broché.* — Voyage religieux et sentimental aux quatre Cimetières de Paris, par Caillot, 1809, in-8, cart., *non rogné.*

1242. Promenade aux Cimetières de Paris, aux Sépultures royales de Saint-Denis, et aux Catacombes, par M. P. St-A...... *Paris, s. d.* (1820), in-12, plans et fig., demi-rel.

1243. Cimetière des Innocents. 2 vol.

> La Danse Macabre des SS. Innocents de Paris, d'après l'édition de 1484, précédée d'une étude sur le cimetière, le charnier, etc., par l'abbé V. Dufour. *Paris,* 1874, in-12 en carton. (Ex. sur parchemin). — La Grande Danse Macabre, in-8 de 16 pp.

1244. Cimetière des Innocents. 4 vol. et brochures.

> Arrêt du 14 juillet 1677, relatif à l'organisation intérieure du cimetière, les charges imposées au Chapitre de St-Germain l'Auxerrois, etc., in 4. (Très-important). — Arrêt du 6 mai 1684, ordonnant aux religieuses de Ste-Catherine de restituer le terrain usurpé sur le cimetière, et relatif à l'administration de ce cimetière. — Thouret. Rapport sur les exhumations du cimetière des Innocents, 1789, in-4, demi-rel. — Troche. Inhumations provisoires sur la place des Innocens, 1837, in-8, demi-rel.

1245. Cimetière des Innocents. 5 vol.

> Rapport sur les exhumations du cimetière et de l'église des SS. Innocens, par Thouret. *Paris,* 1789, in-4 et in-12, demi-rel. — Troche. Inhumations provisoires de la place des Innocents, 1837, in-8, *broché.* (2 ex.).

1246. Cimetière de la Madeleine. 3 vol.

Liste des Personnes qui ont péri par jugement du Tribunal révolutionnaire, et qui ont été inhumées dans le terrain de l'ancien cimetière de la Madeleine. *Paris*, 1814, in-8, demi-rel. veau. — Le Cimetière de la Madeleine, par Regnault-Varin. *Paris*, 1800, 4 vol. in-12, fig., cart. — Le Cimetière de la Madeleine, par M***. *Paris*, 1801, in-12, front. avec les portraits de Louis XVI, Marie-Antoinette, etc., cart.

1247. Cimetière du Père-Lachaise. 5 vol.

Le Conducteur au cimetière du Père Lachaise, par Marchant de Beaumont, 1820, in-12, fig. — L'Observateur au Cimetière du P. La Chaise, 1822, in-12, fig., *broché*. — Itinéraire du Curieux dans le P. La Chaise, par Marchant, 1825, in-12, fig., veau. — Henry. Le P. Lachaise. — Lenoir. Notice sur les sépultures d'Héloïse et d'Abailard, 1815, in-8, *broché*.

1248. Cimetières parisiens. 4 vol.

Le Charnier de l'ancien Cimetière Saint-Paul, par l'abbé V. Dufour. *Paris*, 1866, gr. in-8, veau. — Fondation de la chapelle funéraire de Picpus ; Liste des Victimes immolées à la barrière du trône, et inhumées au cimetière de Picpus, 1814, in-8, mar. noir, milieux, tête dor. — Le Cimetière de Montmartre, élégie par Paccard, 1820, in-12, demi-rel. — Le Cimetière du Sud (Montparnasse), par Pinard, 1866, in-18, *broché*.

1249. Rapport sur les Sépultures (et projet de cimetiere) par le citoyen Cambry *Paris, Didot*, 1799, in-4, 9 pl., mar. rouge, dent., tr. dor. (*Rel. anc.*)

1250. Cimetières projetés. 2 vol. in-4, cart.

Rapport sur les Sépultures (et projet de Cimetière), par Cambry. *Paris, Didot*, 1799, pl., (2 ex.). — Projet d'un monument à élever aux mânes de Louis XVI dans la plaine de St-Denis, proposé par Raynal. *Toul*, 1824, pl.

1251. Sépultures et projets de nouveaux Cimetières parisiens. 1 vol. et 7 brochures in-4.

Rapport sur les Sépultures (et projet d'un cimetière), par Cambry. *Paris*, an VII-1799, in-4, pl., cart. — Observations sur le projet de transporter les Cimetières hors de Paris (vers 1780), ms. in-4. — Cimetière de Méry-sur-Oise ; 4 pièces ; 1869-1875, etc.

VI. HISTOIRE JUDICIAIRE ÈT DE LA POLICE.

1. *La Justice à Paris.*

a. Palais de Justice.

1252. Histoire et description pittoresque du Palais de Jus-

tice, de la Conciergerie et de la Sainte-Chapelle de Paris,
par B. Sauran et J. P. Schmit. *Paris, Engelmann*, 1825,
in-fol., pl., demi-rel.

> Cet ouvrage est orné d'un plan, de 17 pl. lithographiées et 2 figures
> dans le texte. On a ajouté à cet exemplaire 3 dessins, 14 figures diverses
> et 1 fac-simile.

1253. Recherches archéologiques sur le Palais de Justice
de Paris, principalement sur la partie consacrée au Parlement depuis l'origine jusqu'à la mort de Charles VI
(1422), par M. Edgard Boutaric. *Paris*, 1862, in-8,
demi-rel.

> On y joint : Notice sur un tableau attribué à Van Eyck qui se voi-
> dans la salle de la cour royale, accompagnée de détails sur la grand
> chambre du Parlement, par Taillandier (avec une pl. où s'aperçoit le
> palais). 1844, in-8, *broché.*

1254. Histoire du palais de Justice de Paris et du Parlement : 860-1789. Mœurs, coutumes, institutions judiciaires, procès divers, progrès légal. Par F. Rittiez.
Paris, Schlesinger, 1863, in-8, demi-rel. veau.

1255. Les Galeries du Palais de Justice de Paris. Mœurs -
usages, coutumes et traditions judiciaires(1280-1780), pa
Amédée de Bast. *Paris, Michel Lévy*, 1851, 2 vol. in-8,
demi-rel. veau.

1256. Boutiques établies dans le Palais-de-Justice de Paris.
3 pièces in-4, demi-rel. et *broché.*

> Arrêts du 20 mars 1696 déchargeant les boutiquiers du Palais des
> sommes portées au rôle du 15 Nov. 1695 ; du 3 Nov. 1779 portant di -
> tribution et répartition des Emplacements de la nouvelle galerie ca
> Palais ; du 18 Déc. 1783, portant concession des boutiques établies dan
> la galerie Mercière.

1257. Horloge du Palais, 2 pièces mss.

> Deux reçus sur vélin signés de Michel Dumaine, garde de l'horlog
> du Palais-Royal de la somme de vingt livres pour un terme de ses gages
> payés par Philippe Macé, receveur de l'hôtel-de-Ville, 1516 et 1518 (Vo.
> sur l'Horloge du Palais, *Bulletin de la Ville de Paris*, IV, 80.)

1258. Lettres patentes du 19 juillet 1777, qui ordonnent
que les arbres necessaires pour le Mai et la plantatic
d'icelui dans la cour du Palais à Paris, seront annuel-
lement délivrés dans le bois de Vincennes aux officies
de la bazoche dudit palais. *Paris*, 1777, in-4, demi-rel.

1259. Incendies du Palais, 2 vol.

> L'Incendie du Palais de Paris en 1618, relation de Raoul Boutra
> réimprimée par Bonnardot. *Paris, Willem*, 1879, in-12, *broché.* —

Détail général de l'Incendie arrivé à Paris, le 19 janvier 1776, in-4 demi-rel.

1260. La Découverte des Misteres du Palais, ou il est traité des parties en géneral Intendans des grandes Maisons, Avocats, Notaires, Huissiers, etc. (par Lordelot). *Paris*, 1694, in-12, veau.

1261. Discours veritable des propos tenus entre deux marchandes du Palais, estant aux estuves le Mardy dixiesme de Juin 1614. *Paris*, *Ant. du Breuil*, 1614, pet. in-8, demi-rel.

b. Coutumes de Paris. Ordonnances. Frais de justice.

1262. LE GRAND COUSTUMIER DE FRANCE. Instruction de pratique. Manière de procéder et practiquer es souveraines cours de Parlement. Preuosté et Viconté de Paris et autres jurisdictions du royaulme. De nouvel reueu et corrige oultre les precedentes impressions, 1539. *On les vend à Paris en la rue ñeufve nostre dame à l'enseigne S. Nicolas (chez N. Bonfons)*. (A la fin) : *Imprimé à Paris par Estienne Caueiller.. le 12 septembre 1539*, in-8 goth., mar. brun jans., tr. dor. (*Thibaron.*)

« Le Grand Coutumier de France, compilation de droit rédigée au XIVe siècle offre une importance exceptionnelle pour l'étude des Origines de la Coutume de Paris. » L. DELISLE, l'*Auteur du Grand Coutumier de France*, (J. d'Ableiges), inséré dans les *Mémoires de la Société de l'Histoire de Paris*, VIII-140 et suiv.

Bel exemplaire de cette édition très-rare, qui contient sur un f. séparé à la fin du volume, l'arbre de consanguinité.

1263. Coustume de la ville, prevosté et vicomté de Paris, ou droit civil parisien. Avec les commentaires de L. Charondas le Caron. *Paris*, *P. L'Huillier*, 1603, 2 part. en un vol. in-4, vélin.

1264. Coutumes de Paris. 3 vol. in-12, veau, et une brochure in-4.

Articles de la Coustume de Paris. 1646. — Coustumes de la prévosté et vicomté de Paris, avec les notes de du Moulin. *Paris*, 1665. — Texte des Coustumes de la prevosté et vicomté de Paris. *Paris*, 1669. — Observation analytique sur les Coustumes de la prévoté et vicomté de Paris, par M. Pithou. *Paris*, 1680.

1265. COMMENTAIRE sur la coustume de la preuosté et vicomté de Paris, Fait par Maistre Julien Brodeau. Imprimé après son decés. Auec un recueil des arrests cotez sur chaque titre & article de ladite coustume.

14

Ensemble une table très-ample des articles & des ma
tières. *Paris, P. Rocolet*, 1658, 2 vol. in-fol., mar. rouge,
compart. de fil. à la Du Seuil, fleurons aux angles des
plats, dos orné, tr. dor. (*Rel. anc.*)

> Bel exemplaire aux armes de Nicolas Fouquet.
> En tête du second volume se trouve une pièce en vers latins de Scévole
> de Sainte-Marthe.

1266. Texte des Coutumes de la Prévosté et Vicomté de
Paris, avec les sommaires des articles, distinction des
anciens et nouveaux, et les rapports et conférences des uns
avec les autres. Nouvelle édition. *Paris, Prault*, 1740,
pet. in-12, mar. rouge, dos orné, fil., tr. dor. (*Rel. anc.*)

> On a relié à la suite le *Code Marchand* et diverses *Ordonnances.*
> Bel exemplaire.

1267. Nouveau commentaire sur la coutume de la Prevosté
et Vicomté de Paris ; par M° Claude de Ferrière. *Paris,
Cellot*, 1762, 2 vol. in-12, basane.

1268. La Coutume de Paris, mise en vers avec le texte à
côté par M. G** D** (Deribes). *Paris*, 1768, 1784 et
1787, 3 vol. in-12.

> Trois premières éditions ; les 2 vol. de 1768 et 1784 sont reliés en
> basane et celui de 1787 est relié en mar. rouge, tr. dor. (bel exemplaire)

1269. Les Edicts et ordonnances de feu de bonne mémoire
François Treschrestien Roy de France, deuxième de ce
nom, depuis son aduenement à la Couronne, iusques au
iour de son décès. Extraicts des registres de la Cour de
Parlement. *Paris, Robert Estienne*, 1567, pet. in-8, vélin.

> Parmi les ordonnances contenues dans ce volume, on en remarque un
> certain nombre relatives à la ville de Paris, ff. 8. 9. 20. 54. 63.

1270. Ordonnance du Roy Louis XIII, sur les plaintes et
doleances faites par les deputez des Estats de son
royaume convoquez et assemblez en la ville de Paris en
l'année 1614. Publiée en Parlement le 15 Janvier 1620.
Paris, Antoine Estienne, 1630, in-8, vélin.

1271. Ordonnances nouvelles faites par le Roy (François Ier)
touchant l'abreviation des proces, leues le dixhuytiesme
de janvier 1528. *On les vend a Paris en la boutique de
Galliot du Pré*, 1528, in-4 goth. de 8 ff., demi-rel.

1272. Edict du roy, sur le reglement des taxes et payemens
des fraiz ordinaires de la justice des crimes de lèze
majesté, divine et humaine. *Paris, Jean Dallier*, 155..
pet. in-8, cart.

1273. Assistance judiciaire, 2 vol.

> Recueil de Pièces concernant l'Association de Bienfaisance judiciaire fondée en 1787. *Paris, Clousier*, 1788, in-12, demi-rel. — Extrait des registres de l'Association de bienfaisance judiciaire. 1789, in-4, *broché.*

c. Parlement et Anciennes cours souveraines.

1274. Mémoires de Pierre de Miraulmont, conseiller du Roy en la chambre du Thrésor sur l'origine et institution des cours souveraines et autres Jurisdictions subalternes, encloses dans l'ancien Palais-Royal. *Paris, Abel L'Angelier,* 1584, in-12, veau, dos orné, fil.

1275. Histoire de la Pairie de France et du Parlement de Paris, par Monsieur D. B. (Jean le Laboureur). *Londres,* 1740, in-12, front., veau.

1276. Histoire du Parlement de Paris par M. l'abbé Big... (Voltaire). *Amsterdam,* 1769, 2 tomes en un vol. in-8, basane.

> On y a joint l'édition de *Paris,* 1827, in-8, demi-rel.

1277. Des Recherches de la France. Livres premier et second. Plus un pour parler du prince. Le tout par Estienne Pasquier, advocat en la Cour du Parlement de Paris. *A Paris, chez Pierre l'Huillier,* 1569, in-12, mar. rouge jans., chiffr., tr. dor. (Trautz-Bauzonnet.)

> Première édition des deux livres réunis. On trouve dans les *Recherches* une ample histoire du Parlement et de son établissement à Paris. Bel exemplaire.

1278. Parlement de Paris. 5 vol. in-4 et in-8.

> De la nature et qualité du Parlement de Paris. 1652, *broché.* — Plaintes de MM. de Parlement contre MM. les Evesques et députez du clergé de France (au sujet de la préséance). 1666, demi-rel. — Edit sur un arrêt du Parlement concernant la décence des habits des officiers de cette compagnie 1684, *broché.* — Déclaration du 15 Sept. 1715 ordonnant que les ordonnances, édits et lettres patentes seront adressées au Parlement de Paris avec des lettres de cachet pour les faire enregistrer.

1279. Stilus supremæ Curiæ Parlamenti Parisiensis nuper è suo prototypo et antiquis registis ejusdem curiæ de verbo ad verbum transsumptus, cum novis annotationibus Do. Caroli Molinæi et antiquis additionibus Do. Stephani Auffrerii. *Parisiis, apud Galeotum à Prato,* 1551, in-4, basane.

> La première édition de cet ouvrage de Guillaume du Breuil paraît

avoir été imprimée à *Toulouse*, par Henri Mayer entre 1485 et 1490 ;
cette édition de 1551 est la troisième.

1280. Les Eloges de tous les premiers présidents du Parlement de Paris, depuis qu'il a esté rendu sédentaire jusques à present. Ensemble leurs généalogie, épitaphes, armes et blazons, en taille douce, par J. B. de l'Hermite-Souliers et Fr. Blanchard, sieur de la Borde. *Paris, Cardin Besongne*, 1645, in-fol., fig. de blasons, vélin.

> Bel exemplaire.

1281. Histoire du Parlement, 7 vol. et brochures.

> Mémoires sur les registres du Parlement pendant le règne de Henri II, par Taillandier, 1842, in-8, *broché*. — Propos tenus par le roy à Chartres aux deputez du Parlement de Paris, 1588, pet. in-8, demi-rel. (titre remargé). — Lettres du 28 mars 1594 pour le rétablissement du Parlement de Paris. *Paris*, 1594, pet. in-8, cart. — La Justice au pied du Parlement, par Jourdan, 1614. — Remonstrances au Roy par le Parlement, 1615, in-8, *dérelié*. — Discours de ce qui s'est passé en la présentation des Remonstrances, 1615, in-8, *dérelié* (curieux pour la scène violente que fit la reine-mère aux membres du Parlement). — Requeste envoyée à Messieurs du Parlement, 1631, pet. in-8, eart.

1282. Le Parlement et la Fronde, 1648-1652, 14 pièces in-4, cart. et *brochées*.

> Récit de ce qui s'est passé en l'assemblée des Cours souveraines, en la Chambre de S. Louis, 1648 (2 ex.). — Apologie curieuse pour les justes procédures du Parlement de Paris, 1649. — Contract de mariage du Parlement avec la ville de Paris, 1649. — Justification du Parlement et de la ville de Paris dans la prise des armes, 1649. — Les Raisons ou les motifs véritables de la deffense du Parlement, 1649 (3 ex.). — Journal des délibérations tenues en Parlement, 1650, etc.

1283. Parlement de Paris, 3 vol.

> L'histoire du temps, ou le véritable récit de ce qui s'est passé dans le Parlement depuis le mois d'août 1647 jusques au mois de novembre 1648 (par Du Portail). *S. l.*, 1649, in-4, vélin. — Journal contenant tout ce qui s'est passé en la cour du Parlement, toutes Chambres assemblées, au sujet des affaires du temps. *Paris*, 1652, in-4, vélin. — Le dernier épisode de la Fronde. Lacération des registres du Parlement en 1688, par Lamé-Fleury. *Paris*, 1856, in-8, demi-rel.

1284. Augustissimo Galliarum Senatus à Jac. de la Baune. — Explication de l'appareil pour la harangue prononcée en l'honneur du Parlement de Paris. *Paris*, 168i, 2 part. en un vol. in-4, cart.

> La 2e partie est ornée d'un en-tête représentant le *Parlement* et de 11 pl. avec de nombreux blasons. On y a joint l'*Eloge du Parlement* par *J. de la Baune* (*traduit par Dreux du Radier*), 1753, in-12, veau et l'*Eloge de L. Séguier, par Portalis*, 1806, in-8, *broché*.

1285. Ce qui s'est passé au Parlement à la mort de Louis

quatorze arrivée le 1ᵉʳ septembre 1715, in-12, veau, fil., tr. dor. (*Derome.*)

> Curieux manuscrit du temps, de 487 pp. On trouve à la suite *Les Philippiques* (5), de La Grange-Chancel.
> Chaque feuillet est encadré de filets. De la bibliothèque Monmerqué.

1286. Histoire du Parlement. 6 brochures in-4.

> Procez verbal de ce qui s'est passé au Parlement le 2 septembre 1715. *Paris,* 1715. — Discours prononcé au Parlement par le duc d'Orléans le 2 sept. 1715. — Extrait des registres du Parlement du 12 sept. 1715 (avec le plan de la grande Chambre). — Extrait du 22 février 1723. — Procès-verbal de ce qui s'est fait au lit de justice tenu par le Roi le 12 novembre 1774, etc.

1287. Fragmens d'un catéchisme nouveau à l'usage de nosseigneurs les présidens et conseillers du Parlement de Paris. *Paris* (1752), in-12, demi-rel., *non rogné.* (*Kœhler.*)

> Brochure faite à l'occasion des querelles du Parlement avec M. de Beaumont touchant les billets de confession ; elle a été rigoureusement supprimée. Exemplaire de Coste.

1288. Avocats au Parlement de Paris, 4 vol. in-4 et in-18.

> Pasquier, ou dialogue des Avocats du Parlement de Paris, par Ant. Loisel ; avec la suite des plus notables avocats de 1600-1843, par Dupin. *Paris,* 1844, demi-rel. — Requeste des Avocats au Parlement au sujet de l'arrêt du 30 oct. 1730. — Brévet du régiment de la Calotte, en faveur des Avocats du Parlement de Paris, s. d., demi-rel. — Liste de 400 procureurs tiers référendaires au Parlement, selon l'ordre de leur réception, 1723.

1289. Le grant Stille et Prothocolle de la Chancellerie de France nouellement corrige (*sic*) veu et additionne de plusieurs lettres de la Chancellerie lesquelles defailloient es premieres impressions comme appert auec le Guidon des secretaires nouuellement Imprime a Paris. (A la fin): *Cy finist le grant stille et prothocolle de la chancellerie de france nouuellemeut impresse veu et corrige. Auec le guidon des secrétaires. Ce fut acheue de Imprimer en ceste ville de Paris par Anthoine bonnemere. Mil cinq cens et xviii* (1518), in-8 goth. de 10 ff. pour le titre et la table, 162 ff. pour le Grand Stille et Prothocolle et 8 ff. dont le dernier est blanc pour le Guidon des secrétaires, mar. rouge, dos orné, comp. de fil. à la Du Seuil, armes de France sur les plats, tr. dor. (*Lortic.*)

> Bel exemplaire de cette édition rare et recherchée, portant sur le titre la marque de *Jean Petit.* Le grant Stille comporte 21 chapitres, de grâces, de sauvegardes, de complaintes, d'ajournements, d'hommages, de lettres d'offices, de congez, de lettres de finances, de défenses, etc., etc., subdivisés en un grand nombre de divisions. Le Guidon des

Secrétaires se compose uniquement de 30 lettres écrites du roy au pape, à l'empereur, au cardinal et autres personnages et leurs réponses. Le relieur a placé par erreur le Guidon des Secrétaires avant le Grand Stille.

1290 Portrait des Chanceliers et Gardes des sceaux de France, in-4, cart.

95 portraits gravés par *Th. de Leu*, extraits de la *Chronologie collée*, avec les explications imprimées. La série s'étend de Widiomare (sous Mérovée) à Guill. Duvair (sous Henri IV).

1291. Traicté de la Chambre des Comptes de Paris, divisé en deux parties. Contenant l'establissement d'icelle : le nombre de ses officiers, quelles sont leurs fonctions, etc., par Claude de Beaune. *Paris, Michel Bobin*, 1647, in-8, vélin.

1292. Traité de la Chambre des Comptes, de ses officiers et des matières dont elle connoist (par Morel et Charpentier). *Paris, J. Morel*, 1702, in-12, veau.

1293. Cour des Comptes, 4 vol. in-4 et brochures.

Édits de 1704 portant création de Conseillers-Auditeurs ; désunissant le titre d'Auditeur des Comptes et Conservateur des dépôts publics, 2 pièces, *brochées.* — Arrêt de la Chambre des Comptes de 1756, portant règlement pour la police de ses huissiers, *broché.* — La Chambre des Comptes au XVIe siècle, par le procureur général Petitjean. *Paris,* 1873, demi-rel. — Quittance autographe de L.-F. Dehanet, maître des requêtes en la Chambre des Comptes, à cause de sa réception, 1780, in-8 oblong sur vélin.

1294. ARMORIAL de la Chambre des Comptes depuis l'année 1506. Epoque où la maison de Nicolay a commencé de posséder l'office de 1er président de la Chambre, par Mademoiselle de Denys. *Paris*, 1769, in-8, fig.. mar. rouge, dos orné, tr. dor (*Rel. anc.*)

Première édition, contenant un *Essai sur le blason des armoiries.* Bel exemplaire aux armes du Chancelier MAUPEOU, avec les blasons finement coloriés.

1295. Chambre des Comptes de Paris. Pièces justificatives pour servir à l'Histoire des premiers Présidents (1506-1791), publiées par A.-M. de Boislisle, sous les auspices de M. le Marquis de Nicolay. *Nogent-le-Rotrou, Gouverneur*, 1873, gr. in-4, cart.

Rare. Exemplaire de M. Guizot.

1296. Cour des Aydes, 6 brochures in-4, dont une en demi-rel.

Arrêt du 14 décembre 1683 ordonnant que les déliberez sur le registre seront jugés dans les trois jours. — Déclaration concernant les inscriptions de faux contre les procès-verbaux des commis, 1699. — Arrêt défendant aux officiers d'assister aux audiences autrement qu'en robe, 1715. — Arrêt défendant aux officiers d'annuler les procès-verbaux des employés sous prétexte de réception et de prestation de serment, 1742, etc.

1297. Armorial de la Cour des Aydes de Paris, où sont les noms, armes et blazons de tous nos seigneurs qui la composent, présenté par P.-P. Dubuisson. *Paris* (1764), in-12, veau.

> Rare.

1298. Lettres patentes du 18 juillet 1648 sur l'establissement d'une Chambre de Justice, pour la recherche et punition des abus et malversations commises au faict des Finances. *Paris*, 1648, in-4, demi-rel.

1299. Cours diverses, 3 vol., *brochés*.

> Édit de 1715 par lequel S. M. supprime les Officiers des Chancelleries des Cours supérieures, in-4. — Cour de cassation. Discours de rentrée de M. de Marnas, 1857, in-8. — Organisation du Conseil d'Etat, par Delarbre, 1873, in-8.

d. Le Châtelet. Histoire de la Basoche. Anciennes juridictions.

1300. Histoire du Châtelet et du Parlement de Paris, leur fondation, leurs juridictions, sièges, procès célèbres, chroniques, etc., par Constantin Girard. *Paris*, 1847, gr. in-8, fig., demi-rel. mar. citron, éb.

> Lettre autographe ajoutée.

1301. Le Chatelet de Paris, son organisation, ses privilèges, par C. Desmaze. *Paris, Didier et C*ᵉ, 1863, in-8, demi-rel. veau, éb.

1302. Recueil de pièces (de 1768 à 1776), concernant le Tribunal du Châtelet de Paris. *S. l. n. d.*, (*Paris*, 1776), in-4, cart.

> Exemplaire imprimé sur VÉLIN.

1303. Châtelet de Paris, 10 vol. et *brochures*.

> Coustumes tenues toutes notoires et jugées au Chastelet de Paris. s.d., in-fol., *broché*. — Edit, lettres patentes et arrêts concernant la Compagnie et officiers de robe courte du Châtelet de Paris, 1725, 1761, 1783, 1784, 4 pièces in-4, *brochées*. — Etat des Officiers qui composent le Chatelet de Paris, 1771. Ms. in-4 de 6 ff. (Noms des Officiers, et remarques critiques et satyriques les concernant) — Les grands Jours

tenus à Paris; par M. Muet, 1622, in-12, cart. — L'Idée du bon magistrat en la vie et en la mort de M. de Cordes, conseiller du Chatelet de Paris, (par Godeau). Paris, 1645, in-12, basane.

1304. Exposé de l'affaire d'entre le tribunal du Châtelet de Paris et la communauté des Commissaires, contenant des recherches sur ce tribunal et cette communauté. — Mémoire pour les commissaires-enquêteurs-examinateurs au Châtelet de Paris etc, réponse à ce mémoire. Paris, 1760-1762, 2 tomes en un vol. in-4, veau.

1305. Liste des Huissiers à cheval au Châtelet de Paris, contenant leurs noms, surnoms et demeure. Paris, 1782, in-8, basane.

1306. Les Grands Jours tenus à Paris, par M. Muet, lieutenant du petit criminel. Paris, 1622, pet. in-8, veau.

> Bel exemplaire de cette curieuse facétie, dirigée contre les officiers du Châtelet.

1307. Registre criminel du Châtelet de Paris, du 6 Septembre 1389 au 18 Mai 1392. Publié pour la première fois (sur le seul manuscrit connu par M. Duplès-Agier). Paris, Lahure, 1861-1864, 2 forts vol. in-8, demi-rel. dos et coins mar. rouge, tête dor.

> Ce livre renferme une série de 107 procès criminels instruits par le juges du Châtelet pendant trois ans, et qui nous initient aux détails le plus curieux sur les mœurs, les usages et la vie privée de Paris au quatorzième siècle. Le Registre donne de chaque procès l'instruction, l'interrogatoire des accusés et les jugements rendus. Une excellente introduction, des notes et une table complètent cette importante publication.

1308. Etudes historiques sur les Clercs de la Basoche, suivie de pièces justificatives, par Adolphe Fabre. Paris, 1856, in-8, front., demi-rel. mar. rouge, tête dor., éb.

1309. Recueil des Statuts, ordonnances, reiglements, antiquitez, prérogatives et préminences du royaume de la Bazoche. Augmenté de plusieurs arrests pour l'établissement et conservation de sa juridiction. Paris, Besongne, 1654, pet. in-8, mar. rouge, fil., tr. dor.

> Bel exemplaire. On a relié à la suite : Le miroir de patience ou misère des clercs de procureurs. Paris, 1737; — La beine et misère des garçons chirurgiens. Troyes, s. d.

1310. La Basoche et les Clercs du Châtelet, 9 vol. et brochures.

Recueil des Statuts, ordonnances, réglements, antiquitez, prérogatives, et préeminences du royaume de la Bazoche. *Paris*, 1654, in-12, mar. brun, fil. à froid. (*Kœhler*.) — Le Triomphe de la Bazoche et les amours de M. Sébastien Grapignan. *Paris*, 1698, in-12, veau, (relié à la suite de *La Cacomonade*, 1767.) — Le miroir de Patience, ou la misère des clers de procureurs. *Paris*, 1712, in-12, cart. (Contient ajouté les *Commandements des Clercs*, 2 ff mss.) — Extrait des registres de la Bazoche 1783, in-4, demi-rel. — Almanach de la Bazoche pour l'année 1786, in-12, cart. — Le Roi de la Basoche, poëme de Ph. Girinet. *Lyon*, 1838, in-8, demi-rel. (tiré à 100 ex.), etc.

1311. **Registre criminel de la Justice de St-Martin des Champs à Paris, au XIVe siècle, précédé d'une étude sur la juridiction des religieux de St-Martin, par L. Tanon.** *Paris*, *Willem*, 1877, in-8, *broché.*

> On y a joint les Arrêts des 28 Nov. 1716 et 13 avril 1769; ordonnant que les personnes qui prétendent avoir droit de Justice dans Paris seront tenues de justifier de leurs titres; et au sujet de la prétendue Prévoté de cens commun, faubourg Saint-Laurent.

1312. **Le Bailliage du Palais-Royal de Paris, par C. Desmazes.** *Paris*, *Willem*, 1875, in-12, *broché.*

e. Tribunaux révolutionnaires.

1313. **Histoire secrète du Tribunal révolutionnaire, contenant des détails curieux sur sa formation, sur sa marche, sur le gouvernement révolutionnaire, etc., par M. de Proussinalle.** *Paris*, *Lerouge*, 1815, 2 vol. in-8, veau.

1314. **Le Tribunal révolutionnaire de Paris. Ouvrage composé d'après les documents originaux, suivi de la liste complète des personnes qui ont comparu devant le tribunal par Emile Campardon.** *Paris*, *Plon*, 1866, 2 vol. in-8, fig., *brochés.*

1315. **Histoire du Tribunal révolutionnaire, 5 vol.**

> Histoire anecdotique du Tribunal révolutionnaire, par Ch. Monselet. *Paris*, 1853, in-12, demi-rel. — La Justice révolutionnaire à Paris, Bordeaux, Brest, Lyon, Nantes, par Berriat Saint-Prix. *Paris*, 1861, in-12, demi-rel. mar. — Histoire du Tribunal révolutionnaire de Paris, d'après les documents originaux, par E. Campardon. *Paris*, 1862, 2 vol. in-12, demi-rel. mar. — La Justice sous la Terreur, par Anat. de Barthélemy. *Nantes*, 1862, in-8, demi-rel.

1316. **BULLETIN DU TRIBUNAL CRIMINEL RÉVOLUTIONNAIRE établi au Palais, à Paris.** *Paris*, 1792-1793, 6 vol. in-4, demi-rel. veau.

> 1° Bulletin du tribunal établi par la loi du 17 août 1792, pour juger les conspirateurs; 55 numéros.

2⁰ Bulletin du tribunal criminel révolutionnaire établi par la loi du 10 mars 1793.

> 1ʳᵉ partie, 100 numéros (les nᵒˢ 37 et 73 avec supplément.)
> 2⁰ partie, 100 numéros (le nᵒ 27 avec supplément.)
> 3ᵉ partie, 11 numéros (plus un supplément manuscrit qui forme 34 pp.
> 4ᵉ partie, 100 numéros.
> 5ᵘ partie, 2 numéros avec un supplément manuscrit de 103 pp..
> 6ᵉ partie, 100 numéros.
> 7ᵉ partie, 21 numéros plus deux suppléments.

Procès de Fouquier-Tinville, 48 numéros, et un certain nombre de pièces ajoutées.

Ce recueil est de la plus grande rareté, surtout lorsqu'il est aussi complet que celui-ci, qui a été formé avec le plus grand soin et porte des annotations et augmentations manuscrites de l'époque même de la publication, il est en ce sens plus complet que l'ex. de S. de Forge, (qui avait en plus 4 titres et 3 tables), et qui était signalé comme un des trois exemplaires les plus complets.

On y a ajouté un Placard d'un Jugement rendu par le tribunal le 10 mars 1793, in-fol.

1317. Les Chemises rouges, ou mémoires pour servir à l'histoire du règne des anarchistes (par Ant. Bonnemain). *Paris, Deroy,* an VII (1799), 2 tomes en un vol. in-12, front., veau.

> Nombreux détails sur le tribunal révolutionnaire.

1318. Compte rendu aux sans-culottes de la République française, par très-haute, très puissante et très expéditive Dame Guillotine, dame du Carrousel, de la place de la Révolution, et, contenant le nom, et surnom de ceux a qui elle a accordé des passeports pour l'autre monde, le livre de leur naissance, etc, rédigé et présenté aux amis de ses prouesses par le citoyen Tisset. *Paris, Petit, de l'impr. du calculateur patriote, au corps sans tête,* an II, (1794), 4 parties en 2 vol. in-8, front., veau rouge, fil., milieux, tr. dor. (*Petit.*)

> Excessivement rare, complet avec les quatre parties, les deux dernières étant devenues introuvables.
>
> L'exemplaire Pasquier portait au bas du titre cette note caractéristique :
> « Ce livre est une exécrable infamie d'un des plus grands scélérats, que la terre ait portés, je ne conserve cette monstruosité que comme un monument d'opprobre et d'extravagance. »
> Bel exemplaire.

1319. Compte rendu aux sans-culottes, par dame Guillotine...... rédigé et présenté par Trousset. *Paris,* an II 2 vol. in-8, front., veau fauve, fil., *non rognés.* (*Petit.*)

> Première et deuxième partie.

1320. Liste générale et très-exacte, des noms, âges, qualités et demeures de tous les conspirateurs qui ont été condamnés à mort par le Tribunal Révolutionnaire, établi à Paris par la loi du 17 août 1792, et par le second Tribunal établi à Paris par la loi du 10 mars 1793, pour juger tous les ennemis de la patrie. *Paris, Marchand,* 1794, 11 part. en 1 vol. in-8, front., demi-rel. basane.

> Collection complète.

1321. Liste générale et exacte des Conspirateurs qui ont été condamnés à mort par le Tribunal révolutionnaire établi à Paris. *Paris, Marchand,* 1794, 11 parties in-8, *en feuilles,* dans un carton.

1322. Liste générale des Individus condamnés par Jugegemens, ou mis hors la loi par decrets, et dont les biens ont été confisqués au profit de la République. *Paris, imprimerie des domaines nationaux,* [1794], 1795, 2 vol. in-8, demi-rel. chagrin rouge, *non rognés.*

> Exemplaire bien complet contenant les 7 listes et leurs suppléments, avec les noms des émigrés radiés sur la liste. Très-rare.

f. Arrêts, Sentences, Procès célèbres, etc.

1323. Procès de Nicolas Fouquet. Interrogatoire de Fouquet. Ms. in-4, demi-rel

> Ce ms. très-important pour l'histoire du procès du célèbre surintendant, porte sur un 1er f. les noms des juges et commissaires ayant figuré dans le procès de N. Fouquet. Il donne ensuite la relation de toutes les audiences, déclarations de Fouquet, des témoins, etc., etc. Il s'arrête à la fin des dépositions et ne renferme pas le texte du jugement. Il commence. par les mots : *A' l'Arsenal du Vendredy 14 Novembre 1664 à neuf heures du matin.*
> Le manuscrit est d'une très-bonne écriture du XVIIe siècle.

1324. Arrêts et Sentence contre des criminels. 5 vol. in-4, demi-rel.

> Arrêt du 13 juillet 1666 contre Fortin condamné à être pendu, étranglé, etc., pour vols, sacrilèges. — Arrêt du 5 août 1670, contre Fr. Sarrazin, condamné à l'amende honorable avoir le poing coupé, être brûlé vif, pour avoir assassiné un prêtre, renversé le St-Ciboire (2 ex. dont une édition de Toulouse.) — Arrêt de 1670 contre Raphaël Le Moine, *pour avoir enlevé un enfant.* — Sentence de 1671 contre quatre fameux voleurs, rompus vifs au bout du Pont-Neuf.

1325. Deux arrêts de 1667 et 1679, contre des Blasphemateurs, condamnés aux galères, à être pendu et brûlé vif. 2 placards in-fol.

1326. Arrêts et Sentences contre des Criminels, 4 vol. in-4, demi-rel.

Arrêt de la Tournelle du 31 mars 1729, en faveur des dames qui condamne un particulier qui en a offensé une à lui demander pardon. — Arrêt de 1777 contre Fr. Desrues condamné a être rompu, jetté dans un bucher, etc. — Arrêt de 1779 contre la veuve d'Ant. Desrues. — Arrêt qui condamne J. P. Dupuis à être rompu pour vol d'une montre avec violence. 1783.

1327. Arrêts et Sentences contre des criminels. 7 brochures in-4.

Arrêt de 1762 contre de la Chaux, Garde du roi, condamné à être pendu pour avoir fabriqué des impostures contre la sûreté du Roi.— Arrêt de 1764 contre Ch. F. J. Le Roy de Valine. — Sentence contre And. Guill. Deshayes, notaire au châtelet, condamné à être pendu pour banqueroute frauduleuse. 1764. — Arrêt qui condamne Louise Antoine Fontaine comme bigame, 1788, etc.

1328. Recueil de dix-sept Mémoires et Sentences de Procès célèbres. 17 brochures in-4.

Procès de la veuve de Grimod contre les Administrateurs de l'Hôtel-Dieu. — Procès contre Monsieur de Bercy. — Procès de Mme de La Motte. — Procédure à l'occasion de la demande en nullité du Mariage de Napoléon Bonaparte et de Josephine Tascher de la Pagerie, etc.

1329. Recueil de différents Mémoires plaisants. *S. l. n. d.*, (*Paris, vers* 1780), in-12, fig., demi-rel.

Recueil factice de Mémoires judiciaires curieux pour l'histoire des mœurs et du théâtre. On y trouve réimprimé le Mémoire pour les coiffeurs de dames cité sous le n° 1077; le mémoire de Gaudon, entrepreneur de spectacles sur les boulevards contre Ramponeau, etc., figures ajoutées.

1330. La Correctionnelle, petites causes célèbres. Études de mœurs populaires accompagnées de cent dessins par Gavarni. *Paris, chez Martinon*, 1840, in-4, fig., cart.

Premier tirage. Bel exemplaire dans le cartonnage original.

g. Officiers judiciaires.

1331. Notaires et Avoués. 5 vol. et placard.

Édit de 1706 portant création de douze offices de Syndics des Notaires au Châtelet, in-4, demi-rel. — Considération sur l'état actuel des notaires au Châtelet, 1791, in-4, *broché*. — Pétition des jeunes notaires, 1791, in-8, demi-rel. — Notaires de Paris en 1819 — Arrêt de 1629 concernant les Notaires apostoliques, in-4, demi-rel. — Projet d'une pétition à présenter par les Avoués, etc., 1791, in-8, demi-rel.

1332. Commissaires-priseurs. 4 vol.

Arrêt du 23 janvier 1621 par laquelle les Huissiers sergens à cheval au Chastelet jouissent de la fonction de Maître-Priseur vendeur de biens, tant en la dite ville de Paris, que par tout ailleurs, in-4, demi-rel. — Édit d'août 1712 portant suppression des offices de commissaires controlleurs et vérificateurs des ventes de meubles à Paris, et création d'offices de Commissaires aux prisées et ventes de meubles, brochure in-4. — Arrêt de 1777, portant réglement entre les six corps des Marchands et les Huissiers-Commissaires-Priseurs au sujet des ventes de fonds de boutiques, marchandises et meubles neufs. — Rapport sur la pétition des Huissiers dans leurs fonctions et projet d'établissements publics pour les ventes de meubles, 1790, in-8.

1333. Commissaires-priseurs. 2 vol. in-12.

> L'Hôtel des Commissaires-priseurs, par Champfleury. *Paris, Dentu,* 1867, in-12, front., *broché.* — Les petits Mystères de l'hôtel des ventes par H. Rochefort. *Paris, s. d.,* in-12, cart., *non rogné.*

2. Histoire de la Police.

a. Généralités, Lieutenants et Préfets de police.

1334. Traité de la Police, où l'on trouvera l'histoire de son établissement, les fonctions et les prérogatives de ses magistrats ; toutes les loix et tous les réglemens qui la concernent. On a joint une description historique et topographique de Paris, avec un recueil de tous les statuts et réglements des six corps des Marchands et de toutes les communautés des Arts et Métiers. Par Delamare. *Paris, Cot,* 1705-1738, 4 vol. in-fol., fig. et plans, veau.

> Bel exemplaire de la première édition de cet ouvrage important dont le titre n'indique pas suffisamment le contenu ; le tome IV fut publié par Leclerc du Brillet. (Voy. *Bulletin de l'histoire de Paris,* III, 79 et suiv.)

1335. Dictionnaire universel de la Police, contenant l'origine et les progrès de cette partie importante de l'administration civile en France ; les loix, réglemens, arrêts qui y ont rapport, etc., par M. des Essarts. *Paris, Moutard,* 1786-1790, 8 vol. in-4, veau.

> Ce dictionnaire s'arrête au mot *Police,* et n'a pas été terminé.

1336. La Police de Paris dévoilée, par Pierre Manuel, l'un des administrateurs de 1789. Avec gravure et tableaux. *Paris, Garnery,* an 2, [1794], 2 vol. in-8, front., basane.

1337. De la Police de Paris, de ses abus, et des réformes

dont elle est susceptible, par Claveau. *Paris, A Pillot,* 1831, in-8, demi-rel. mar. brun, tête dor. (*Raparlier.*)

Lettre autographe ajoutée.

1338. Histoire de la Police. 3 vol. in-8, demi-rel.

Histoire de la Police de Paris, par Horace Raisson. 1667-1844. *Paris,* 1844. — Histoire de l'administration de la Police depuis Philippe-Auguste par Fregier. *Paris,* 1850, 2 vol.

1339. Histoire de l'administration de la Police de Paris, depuis Philippe-Auguste jusqu'aux Etats-généraux de 1789, par M. Frégier. *Paris, Guillaumin,* 1850, 2 vol. in-8, demi-rel. veau, éb.

1340. Police de Paris. 13 brochures in-4 et in-8, dont une en demi-rel.

Édit de 1699 portant création des Lieutenants de Police, 2 pièces. — Arrêt du 23 octobre 1729 concernant les comptes des trésoriers de Police. — Ordre et police que le Roy entend être gardé pour la sûreté et conservation de Paris 1567 (1850). — Réglement concernant l'ob--servation de la police à Paris pendant le jour et la nuit. 1716 — Arrêt et requête concernant la sûreté de Paris. 1649, 2 pièces. — Réglement provisoire de la police. 1789, etc.

1341. Le Préfet et les Commissaires de Police de Paris, 2 vol. in-8, demi-rel.

Le Préfet de Police, par Vivien. — Hôtel de la Présidence, actuellement hôtel de la préfecture de police, par Labat. *Paris,* 1844. En un vol. — Biographie des Commissaires de police et des Officiers de paix de Paris, par Guyon. *Paris,* 1826.

1342. Biographie des Commissaires de Police et des Officiers de paix de la ville de Paris, par Guyon. *Paris,* 1826, in-8, demi-rel. veau.

1343. Notes de René d'Argenson, lieutenant de Police intéressantes pour l'histoire des mœurs et de la police de Paris à la fin du règne de Louis XIV. *Paris,* 1866, in-18 demi-rel. veau.

1344. Journal des inspecteurs de M. de Sartines, lieutenant de police sous Louis XIV. *Bruxelles et Paris,* 1863 in-18, demi-rel. mar. citron, tête dor., éb. (*Petit.*)

Les inspecteurs de M. de Sartines étaient chargés de renseigner l-préfet sur les aventures galantes qui arrivaient chaque jour à Paris. Exemplaire sur papier jonquille.

1345. Mémoires de M. Gisquet, ancien préfet de Police écrits par lui-même. *Paris, Marchant,* 1840, 4 vol. in-8, demi-rel. veau, éb.

1346. La Police dévoilée, depuis la Restauration, et notamment sous messieurs Franchet et Delavau, par Froment. *Paris, Lemonnier*, 1829, 3 vol. in-8, demi-rel.

1347. Mémoires de Caussidière ex-préfet de Police et représentant du peuple. *Paris*, 1849, 2 vol. in-8, demi-rel. chagrin noir.

1348. Police de Paris, 3 vol.

> Matériaux pour servir à la vie de J. Fouché, dit le duc d'Otrante. *Paris*, 1821, in-8, demi-rel.— Vidocq. Vie et Aventures, par B. Maurue. *Paris*, 1861, in-12, cart. — Mémoires de Canler, ancien chef du service de sûreté. *Paris, s. d.*, in-18, demi-rel. dos et coins mar. rouge.

b. Ordonnances de police. Salubrité. Voirie. Secours aux noyés, etc.

1349. Ordonnance du Roy sur le faict de la Police générale de son Royaume, contenant les Articles et Reiglemens que sa Majesté veult estre inviolablement gardez, suyuis et obseruez, tant en la ville de Paris, qu'en toutes les autres de son dict Royaume. *Paris, Federic Morel*, 1578, pet. in-8, veau, tr. dor. (*Petit.*)

> Très-rare. Ordonnances pour les grains, le pain, les hôteliers, les serviteurs, la propreté des rues, etc. On y a joint : l'*Ordonnance du Prévost de Paris sur le faict de la Police generalle de Paris.* Paris, 1590, pet. in-8, *dérelié* (titre tâché).

1350. Ordonnance contre les Jureurs, blasphemateurs et autres. *Paris*, 1594, pet. in-8, cart. — Ordonnance concernant l'observation des dimanches et fêtes. *Paris*, 1778, in-4, demi-rel.

1351. Ordonnances de police sur les étalages mobiles, 5 vol. et brochures.

> Ordonnance du 31 juillet 1779 concernant la défense des étalages dans les rues et places de Paris, in-4, demi-rel. — 2 articles manuscrits sur les libraires étalagistes. — Ordonnances de 1830 et 1832 concernant les étalages sur la voie publique.

1352. Ordonnances et Arrêts pour le port d'armes. 5 vol. et brochures,

> Défenses de porter par cette ville de Paris, aucunes arquebuzes, pistoles, pistolets, 1555, pet. in-8. — Les mêmes défenses, 1564, pet. in-8. — 3 arrêts de 1649 et 1788, sur la vente et le prix des armes et la défense de s'attrouper, lancer des pétards, etc.

1353. Ordonnance de police contenant l'ordre qui doit être

observé en cas d'incendie dans la ville de Paris, 1670, in-4, demi-rel.

> On y joint : *Observations sur la Compagnie des pompiers, par Déville,* 1794, in-8.

1354. Monitoire fait à la requeste du lieutenant criminel au sujet du cadavre d'un inconnu. *Paris,* 1747, placard in-4 oblong.

1355. Salubrité, Egouts, Voirie. 9 vol.

> Rapports du Conseil de salubrité de Paris. Années 1825, 1826, 1827 et 1829, 4 vol. in-4, demi-rel. — Détails sur quelques établissemens de Paris, par Lenoir, 1780, in-8, veau. — Rapport sur le curage des Egouts, in-8, pl., broché. — Essai sur les Cloaques ou Egouts, par Parent-Duchatelet, 1824, in-8, broché. — Vues sur la propreté des Rues de Paris (par Ronesse), 1782, in-8, broché. — Des Voies publiques, par Gourlier, 1853, in-8, broché.

1356. Secours aux noyés, la Morgue, 5 vol. et brochures.

> Déclaration du 5 Septembre 1712, au sujet des cadavres trouvés dans la rivière et dans les rues de Paris, brochure in-4. — Avis sur les moyens pour secourir les personnes noyées, asphyxiées, empoisonnées, etc., 1787. — Projet de morgue, par Giraud. *Paris,* 1805, in-4, pl. — Recherches sur la morgue, par Maillard, 1860, in-12 (2 ex.)

3. Crime et Prisons.

a. Larrons, Vagabonds, Filous, etc.

1357. Histoire générale des Larrons, divisée en trois livres, par F. D. C. (François de Calvi), Lyonnois. *Rouen, Jean Viret,* 1666, pet. in-8, veau, dos orné, fil.

1358. Les Ruses des Filous dévoilés, (par Tissot). *Paris Pillot, an* XII (1804), in-12, front., veau.

1359. Vagabonds et Filous, 5 vol.

> Lettres du 20 novembre 1566, portant injonction de repurger la ville de Paris, des vagabonds et gens inutiles. *Paris,* 1566, pet. in-8, cart. — Arrêt du 4 août 1638, contre les soldats sans congé et les vagabonds de Paris. — Récit des vols faits par cinq quidams Boëmes emprisonnés par le sieur Lasnier, 1658, in-4, demi-rel. — Reigles, statuts et ordonnances de la caballe des filous reformez depuis huit jours dans Paris in-12, demi-rel. — La moustache des filous arrachée, par le sieur G. Lorens. *S. l. n. d.* (vers 1630), pet. in-8, demi-rel. (Satire en vers très curieuse).

1360. Vagabonds, Mendiants, 8 brochures in-4.

> Déclarations du 17 juin 1682, contre ceux qui ne gardent pas leu

ban, les vagabons et gens sans aveu; du 1ʐ février 1687, concernant les mendians valides; d'août 1713, réglant les formalités relatives à la correction des femmes et filles de maùvaise vie; du 12 mars 1719, concernant les vagabons et gens sans aveu. — Arrêt du 9 juillet 1740, concernant les vagabonds et les mendiants (2 ex.), etc.

1361. Police sur les Mendians, les Vagabonds, les Joueurs de Profession, les Intrigans, les Filles prostituées, les Domestiques hors de maison, etc. *Paris, Dessaint*, 1764, in-12, demi-rel. veau, éb.

b. Prisons de Paris.

1. Généralités.

1362. Prisons de Paris, 10 brochures in-4.

> Arrêt du 23 Décembre 1732, concernant les Prisons de Paris. — Rapport et projet sur les Prisons, 1802, demi-rel. — Plan d'un monument incombustible pour servir de Prison générale à Paris, par Giraud, 1808, ms. in-4 de 10 ff., pl., cart. — Arrêt de 1717 portant règlement pour les Prisons. — Déclaration du 9 Juin 1782, concernant la délivrance provisoire des Prisonniers, demi-rel. — Déclaration de 1680 et arrêts de 1709 concernant les aliments des prisonniers, 3 pièces. — Correction des enfants, 1696-1697, 2 pièces.

1363. Des lettres de cachet et des Prisons d'Etat. Ouvrage posthume composé en 1778, (par Mirabeau). *Hambourg*, 1778, 2 vol. in-8, cart.

1364. Histoire des Prisons de Paris et des départemens, contenant des mémoires rares et précieux. Le tout pour servir à l'histoire de la révolution française. Rédigé et publié par P. J. B. Nougaret; avec huit figures. *Paris*, *Courcier*, 1797, 4 vol. in-12, fig., demi-rel. chagrin noir.

1365. Prisons de Paris sous la Révolution. 5 vol. in-12, demi-rel. et *brochés*.

> Almanach des Prisons, ou anecdotes sur la Conciergerie, etc. *Paris*, 1795, front. — Tableau [et second Tableau] des Prisons de Paris, sous le règne de Robespierre, *Paris, s. d.*, 2 vol., front., etc.

1366. Prisons de Paris sous la Révolution et l'Empire. 3 vol. in-8.

> Tableau des Prisons de Paris, sous le règne de Robespierre. *Paris*, 1797, 2 tomes en un vol., fig., veau. — Les Prisons en 1793, par Mᵐᵉ la comtesse de Bohm, née Girardin. *Paris*, 1830, demi-rel. — Histoire générale des Prisons sous le règne de Buonaparte (par Giraud). *Paris*, 1814, demi-rel.

1367. Prisons de Paris. 3 vol. in-12.

> Le rideau levé, ou coup-d'œil général sur les Prisons de Paris. *Paris,* 1815, fig., demi-rel. mar. brun. — Description historique des prisons de Paris, par S. E. (Sainte-Edme). *Paris,* 1828, 2 vol. demi-rel.

1368. Mémoires sur les Prisons. *Paris, Baudouin,* 1823, 2 vol. in-8, demi-rel.

> Mémoires d'un détenu, par Riouffe ; l'humanité méconnue, par Paris de l'Epinard ; l'Incarcération de Beaumarchais ; notices sur les prisons de Saint-Lazare, de Port-Libre, du Luxembourg, etc.

1369. Prisons de Paris. 3 vol.

> Des Prisons, et particulièrement de celles de la Capitale, par M*** - *Paris,* 1824, in-8, demi-rel. — Les Prisons de Paris, par un ancien détenu (Pierre Joigneaux). *Paris,* 1841, in-8, demi-rel. — Jules Ambroux. Les Prisons de Paris. *Paris,* 1881, in-18, broché.

1370. Les Prisons de Paris, histoire, types, mœurs, mystères, par Maurice Alhoy et Louis Lurine. Edition illustrée. *Paris, Havard,* 1846, gr. in-8, fig., demi-rel, dos et coins chagrin violet.

1371. Réforme des Prisons. 2 vol.

> De la réforme des prisons en France, par Moreau-Christophe. *Paris,* 1838, in-8, *broché.* — Sur la réforme des Prisons, par V. Foucher, *Rennes,* 1838, in-8, demi-rel.

2. PRISONS DE PARIS.

(Par ordre alphabétique).

1372. Prison de l'Abbaye, 5 vol.

> Relation de ce qui s'est passé à l'Abbaye Saint-Germain, le 30 Juin 1789, in-8, demi-rel. — Mon agonie de 38 heures ou récit de ce qui m'est arrivé, pendant ma détention à l'Abbaye, par Jourgniac Saint-Méard. *Paris,* 1792. (Edition originale), in-8, demi-rel. — Jourgniac Saint-Méard devant le tribunal de l'Abbaye. *Paris,* 1866, in-18, *broché.* — Les Travailleurs de 1792, par H. de Vieil-Castel. *Paris,* 1862, in-8, front., demi-rel. — Legouvé. Le Mérite des femmes, 1801, in-12, *broché.* (Fig. de Bertaux représentant le dévouement de Mlle de Sombreuil à l'Abbaye.)

1373. L'Inquisition françoise, ou l'Histoire de la Bastille, par M Constantin de Renneville. *Amsterdam,* 1715, in-12, fig., demi-rel. — Suplement à l'Histoire de l'Inquisition françoise ou de la Bastille (par C. Delon). *Amsterdam,* 1719, in-12, front., veau, tr. dor. Ens 2 vol. in-12.

> PREMIÈRE ÉDITION fort rare. Exemplaire de M. P. Lacroix.

1374. Mémoires sur la Bastille, par M. Linguet. *Londres*, 1783, in-8. — Observations sur l'Histoire de la Bastille, publiées par Linguet (par J. Dussaulx). *Londres*, 1783, in-8. — Remarques historiques sur la Bastille (par Brossais du Perray), nouvelle édition, augmentée d'un grand nombre d'anecdotes intéressantes et peu connues. *A Londres*, 1783, in-8. En un vol. in-8, portr. et fig., veau fauve, tr. dor. (*Derome.*)

> Très-bel exemplaire provenant des bibliothèques de Méon et de Pixérécourt et dans lequel on a ajouté le portrait de Linguet, dessiné par *Greuze*, gravé par *Saint-Aubin*, celui gravé par *Mariage*, celui gravé par *Delattre* ; et enfin le beau portrait par *Saint-Aubin*, très-belle épreuve avant le nom de *Vincent*.

1375. La Bastille. 3 vol. in-8.

> Mémoires sur la Bastille et sur la détention de M. Linguet, écrits par lui-même. *Londres*, 1783, broché. — Apologie de la Bastille, pour servir de réponse aux mémoires de Linguet, (par Michel Servan.) *A Philadelphie (Lausanne,)* 1784, veau. — La Bastille, mémoires pour servir à l'histoire secrète du Gouvernement depuis le XIVe siècle jusqu'en 1789, par Dufey. *Paris*, 1833, fig. et plan, *broché*.

1376. Apologie de la Bastille, pour servir de réponse aux Mémoires de M. Linguet sur la Bastille, par un homme en pleine campagne (Michel Servan). *Kehl et Lausanne*, *chez Lacombe*, 1784 ; in-12, mar. rouge, dos orné, fil., tr. dor. (*Rel. anc.*)

1377. Mémoires historiques et authentiques sur la Bastille, dans une suite de près de trois cens emprisonnemens, depuis 1475 jusqu'à nos jours (par Carra). *Londres et Paris, Buisson*, 1789, 3 vol. in-8, pl., veau.

> On y a ajouté une vue de la prise de la Bastille.

1378. La Bastille, 3 vol.

> La Bastille, mémoires pour servir à l'histoire secrète du gouvernement français, depuis le 14e siècle jusqu'en 1789, par Dufey. *Paris*, 1833, in-8, demi-rel.. — Remarques historiques et anecdotes sur le Château de la Bastille (par Brossais du Perray). 1774, in-12, plan, demi-rel. — L'Histoire du sieur abbé-comte de Bucquoy, singulièrement son évasion du For-l'Evêque et de la Bastille, par Mme Du Noyer. *Paris*, 1866, in-8 carré, front., demi-rel.

1379. La Bastille sous la Fronde. 2 brochures in-4.

> Lettres de deux amis sur la prise de la Bastille, 1649. — Advis pressant et nécessaire donné aux parisiens, sur la demande que la Cour fait de l'Arsenal, et de la Bastille, 1652.

1380. La Bastille. Recueil de 11 pièces manuscrites.

> 1° 9 mémoires de ce qui est dû pour la nourriture des prisonniers de

la Bastille, de 1716 à 1724, signés par le régent, Philippe d'Orléans,
et par le duc de Bourbon.

2° 3 lettres d'envois de ces mémoires signées de d'Argenson.

3° Une lettre de Cachet de 1724.

4° Une vue de la prise de la Bastille, par *Pernet*.

1381. La Bastille. 4 vol. in-8.

Remarques sur la Bastille, sa démolition, et révolution de Paris en
Juillet 1789. *Londres*, 1789, demi-rel. — De l'Insurrection parisienne
et de la prise de la Bastille, par Dusaulx. *Paris*, 1790, veau fauve. —
Mémoires de Linguet sur la Bastille, et de Dusaulx sur le 14 Juillet
Paris, 1821, demi-rel. — La Bastille, mémoires pour servir à l'histoire
secrète du Gouvernement, depuis le XIVᵉ siècle jusqu'en 1789, par Dufey
Paris, 1833, demi-rel.

1382. Prise de la Bastille, 14 Juillet 1789. 14 brochures in-4 et in-8.

Le langage des Murs ou les cachots de la Bastille dévoilant leurs
secrets, 1789. — Adresse au sujet des papiers de la Bastille, 1789. —
Copie de quelques pièces trouvées à la Bastille, 1789. — Histoire d u
fils d'un roi prisonnier à la Bastille, 1789. (2 éditions différentes.) —
L'homme au masque de fer dévoilé, 1789. — Mémoire de Latude, 1789.
— Voyage à la Bastille, 1789. — Procès-verbal relatif à la remise d'une
pierre-modèle de la Bastille, 1791. — Procès-verbal de fouilles exécutées
à la Bastille, 1790. — Lois de Novembre, Décembre 1790 et Juin 1791,
relatives aux récompenses et à l'habillement des vainqueurs de la
Bastille.

1383. Prise de la Bastille. 14 Juillet 1789. 13 brochures in-8.

Précis exact de la prise de la Bastille, 1789. — Récit parfaitement
exact de la prise de la Bastille, 1789. — Service fait à l'attaque et à
prise de la Bastille, 1789. — Récit fidèle de la prise de la Bastille. —
Voyage à la Bastille, le 16 Juillet 1789. — La gloire immortelle ou
prise de la Bastille, par Mᶫᶫᵉ Disdier, (cantate), 1789. Histoire du fi
d'un roi prisonnier à la Bastille, 1789, etc.

1384. Mémoires de Henri Masers de Latude, prisonnier pendant trente-cinq années à la Bastille et à Vincennes Nouvelle édition, revue par le citoyen Thiery. *Paris*, *Latude*, 1793, in-8, 2 portr., demi-rel., éb.

1385. Bicêtre. RELATION DE LA CÉRÉMONIE qui s'est faite au château royal de Bicestre, le premier dimanche de l'Avant, premier jour du mois de Décembre de l'année 1765, à l'occasion du vœu des prisonniers des cabanons...... pour le rétablissement de Monseigneur le Dauphin. *S. d.*, (1765) ms. in-4, mar. rouge. (*Petit.*)

Curieux manuscrit sur papier adressé à Mgr.de Beaumont, archevêque
de Paris ; le titre et chaque page sont encadrés d'ornements en
couleur.

1386. Bicêtre. 4 vol.

Ordonnance du 17 avril 1778, contenant de nouvelles précautions à prendre pour la sûreté et la police des Prisonniers renfermés dans Bicêtre, in-4, demi-rel. — De la maison de force appelée Bicêtre, par le comte de Mirabeau, 1788, in-8, (2 exemplaires différents *brochés.*) — Bicêtre reformé, par Musquinet de la Pagne. *Paris*, (1784), in-8, demi-rel.

1387. Conciergerie. 4 vol.

Consolations de ma captivité, ou correspondance de Roucher. *Paris.* 1797, 2 vol. in-8, portr., cart. — Lettres du 27 Mars 1782, relatives à l'agrandissement des prisons de la Conciergerie ; in-4, demi-rel. — Les nuits de la Conciergerie, rêveries, (par Mercier de Compiègne.) *Paris*, 1795, in-12, front., *broché*

1388. Prison du For-l'Evêque, 2 vol.

Dissertation sur le progrès des sciences à l'occasion de l'enlèvement d'un prisonnier du For-l'Evêque, par les déguisements de sa maîtresse. *Paris*, 1780, pet. in-8, demi-rel. — Arrêt du 2 Mai 1782, qui ordonne la vente et adjudication des terrains et matériaux de la Prison du For-l'Evêque, in-4, demi-rel.

1389. Prison de la Force, 3 vol. et un cahier ms.

Arrêt du 19 Février 1782, portant règlement de la prison de la Force, in-4, demi-rel — Lettres de 1785, portant réunion de la prison de St-Martin à la Force, in-4, demi-rel. — La Princesse de Lamballe et la Force par Fassy, 1868, in-8, *broché.* — Observations relativement aux maisons de la Force et de Pélagie, *1801*, manuscrit de 7 pp. in-fol.

1390. Prison de Saint-Lazare. 10 pièces en 4 vol.

L'agonie de Saint-Lazare, par Dusaulchoy. *Paris, s. d.* ; Assassinats commis sur 81 prisonniers à Saint-Lazare, 1794; les Représentants du peuple détenus aux Carmes, 1795. — Cange ou le commissionnaire de Saint-Lazare, par Boissy d'Anglas, 1825, *broché.* — La mort de Loizerolles, poème, par de Loizerolles. *Paris*, 1828, in-8, portr., demi-rel. (Ex. de La Bédoyère). etc.

1391. Sainte-Pélagie, prison du Luxembourg et Madelonnettes. 4 vol.

Alfred Sirven. Sainte Pélagie. *Paris*, 1868, in-18, cart. — La Marotte de Sainte-Pélagie ou Momus en prison, par Béranger, Jouy, de Pradel, etc. *Paris*, 1825, in-12, front., *broché.* — La prison du Luxembourg sous le règne de Louis-Philippe, par l'abbé Grivel. *Paris*, 1862, demi-rel. — Restauration de la Chapelle des Madelonnettes, in-12, demi-rel.

1392. Recherches historiques sur le Temple. Notice sur l'origine de cet enclos, ci-devant grand prieuré de France, de son état à l'époque de la révolution, etc., par Barillet. 1808, in-8, veau.

Manuscrit original de l'auteur.
On y joint un exemplaire imprimé de cet ouvrage. *Paris, Dufour,* 1809, in-8, pl. bas.

1393. Le Temple. 4 vol.

> Recherches historiques sur le Temple, par Barillet. *Paris*, 1809, in-8, demi-rel. — Mémoires de M. Cléry, ou journal de ce qui s'est passé dans la tour du Temple pendant la détention de Louis XVI. *Londres*, 1800, in-12, front., *broché*. — Relation de la captivité de la famille royale au Temple, par la duchesse d'Angoulême (Marie-Thérèse-Charlotte de France).*Paris*,1862, in-12, *broché*. — L'orpheline du Temple, élégie par M. Treneuil. *Paris, Didot*, 1814, in-8, veau, tr. dor. (aux armes de Talleyrand).

1394. Le Temple. 4 vol. in-8.

> Recherches historiques sur le Temple, par Barrillet. *Paris*, 1809, front., cart. — Histoire de la captivité de Louis XVI et de la famille royale, tant à la tour du Temple qu'à la Conciergerie. *Paris*, 1817, front., *broché*. — Récit des évènements arrivés au Temple depuis le 13 août 1792 jusqu'à la mort du dauphin (par Marie-Thérèse-Charlotte-de France). *Paris*, 1823, cart. — Mon témoignage sur la détention de Louis XVI et de sa famille dans la tour du Temple, par Ch. Goret. *Paris*, 1825, *broché*.

1395. Journal de ce qui s'est passé à la Tour du Temple pendant la captivité de Louis XVI, roi de France, par Cléry. *Londres*, 1798, in-8, front., mar. noir, fil. à froid, tabis, tr. dor.

> EDITION ORIGINALE.
> Curieux exemplaire de M. de Beauchesne provenant de Gomin, dernier gardien de Louis XVI au Temple.

1396. Histoire de la captivité de Louis XVI et de la famille royale, tant à la tour du Temple qu'à la Conciergerie ; comprenant le Journal de Cléry, l'extrait des ouvrages les plus authentiques qui ont paru sur ce sujet. *Paris*, *Michaud*, 1817, in-8, fig., demi-rel. dos et coins mar. vert, tête dor., éb.

> On a joint à cet exemplaire : *Notice sur J. B. C. Hanet Cléry, et sur le Journal de la Tour du Temple. Paris*, 1825, portr. — *Mémoires particuliers formant avec l'ouvrage de M. Hue et le journal de Cléry, l'Histoire complète de la captivité de la famille royale à la tour du temple. Paris*, 1817, fig.
> On a ajouté une lettre autographe de Cléry, diverses figures, etc.

1397. Louis XVII, son enfance, sa prison et sa mort au Temple, d'après des documents inédits des Archives nationales, par R. Chantelauze. *Paris*, *Firmin Didot*, 1884, in-8, portr. et fig., *broché*.

> Envoi d'auteur.

c. Exécutions. Gibet. Pilori.

1398. Supplices, Prisons et Grâce en France, d'après des

textes inédits, par Ch. Desmaze. *Paris*, *Plon*, 1866,
in-8, demi-rel. mar. violet.

1399. Arrest de la Cour de Parlement, portant defenses
d'executer les condemnez à mort, ailleurs qu'ès places
publiques. Avec injonction à tous filloux, soldats et gens
sans adveu, de vuider la ville de Paris dans vingt-quatre
heures, sur peine de galères. etc. *Paris*, *Estienne*, 1633,
pet. in-8, demi-rel., veau.

1400. Exécuteur des Hautes-œuvres et la guillotine.
9 brochures in-8.

> Mémoire pour les Exécuteurs des jugements criminels. *Paris*, 1790.
> — Plaintes de l'exécuteur de la haute justice contre ceux qui ont exercé
> sa profession sans être reçus maîtres, 1789. — Anecdotes sur les déca-
> pités, 1796. — Opinion du Dr Sive sur le supplice de la Guillotine.—
> Notice historique sur la Guillotine, 1830. — Recherches sur la Guillo-
> tine et Lanson, par L. du Bois, 1843. — Guillotin et la Guillotine. par
> Ach. Chereau, 1870. (2 ex.)

1401. Mémoires de l'Exécuteur des hautes-œuvres, pour
servir à l'histoire de Paris pendant le règne de la Terreur,
publiés par M. A. Gregoire. *Paris*, 1830, in-8, demi-
rel. veau rouge, éb.

> Exemplaire Beauchesne.

1402. Mémoires des Sanson mis en ordre, rédigés et
publiés par H. Sanson, ancien exécuteur des hautes
œuvres de la Cour de Paris. *Paris*, *Dupray*, 1862-63,
6 vol. in-8, demi-rel. chagrin rouge, tête dor., éb.

> Exemplaire Lebert.

1403. Exécution de mort donnée contre un jeune garçon
agé de dix-sept ans, lequel a tué son maistre le jour de
sainct Barnabé dernier, dans la commanderie de Sainct
Jean de Latran, etc. *Sur l'imprimé à Paris*, 1641, pet.
in-8, demi-rel. veau.

1404. Gibet de Montfaucon. 4 vol.

> Des anciennes Fourches patibulaires de Montfaucon ; origine, empla-
> cement, usage, etc., par A. de Lavillegille. *Paris*, 1836, in-8, fig. et
> plans, *broché*. — Le Gibet de Montfaucon, par Firmin Maillard. *Paris*,
> 1863, in-8, front., (2 ex. demi-rel. et *broché*.) — Montfaucon et ses
> souvenirs, par Henri Parrot. *Paris*, 1863, in-8, demi-rel.

1405. Lettres patentes du Roi, du 16 Septembre 1785, qui
ordonnent la démolition du bâtiment du Pilori. *Paris*,
Simon, 1786, in-4, demi-rel.

4. *Armée de Paris. Guet. Garde nationale.*

1406. Gendarmerie et gens de guerre. 6 vol. et brochures.

Edit de 1563 sur le faict de la Gendarmerie, conteñant suppression d'aucunes compagnies, Mandements de 1565, pour faire la monstre de la Gendarmerie. *Paris*, 1563, 1565, 3 vol. pet. in-8 cart. — Ordonnances de 1636 et 1639, sur la levée de gens de guerre et sur l'incorporation des vagabonds de Paris, 2 vol. pet. in-8. — Vente des deux hôtels des deux Compagnies de Mousquetaires du Roi, 1777, in-4, demi-rel.

1407. Garde et sûreté de Paris. 3 vol. pet. in-8.

Ordre a observer en la ville de Paris pour la seureté et conservation d'icelle. *Paris, Rob. Estienne*, 1567, dérelié. — Arrêt de 1585 qui défend d'aller par les rues et remparts avec des armes, cart. — Ordonnance pour la sécurité des bourgeois et habitants de Paris, 1616, cart.

1408. Garde et sûreté de Paris, 9 vol. et brochures.

Arrêts et Ordonnances de 1649, 1652 et 1716.

1409. Guet de Paris, 3 vol. pet. in-8.

Edict sur le Reiglement des chevaliers et lieutenants du Guet de la ville et faubourgs de Paris, et cottisation pour le payement d'iceulx. *Paris, par Rob. Estienne*, 1563, pet in-8, cart. — Lettres pour l'establissement des Capitaines de la Ville de Paris et permission donnée aux citoyens de prendre les armes pour la Garde et sécurité de la Ville. *Paris, Guill. de Nyverd,* 1567, pet. in-8, *dérelié.* — Reiglement pour fortifier et faciliter les Gardes du Guet et sentinelles, tant la nuict que le jour. *Paris, G. de Nyverd,* 1567, pet. in-8, *dérelié.*

1410. Recueil des chartes, créations et confirmations des colonels, capitaines, majors officiers, arbalestriers, archers, etc., de la ville de Paris, par M. Hay. *Paris, G. Desprez,* 1770, in-4, veau.

Portraits de Hay et Bignon. Exemplaire aux armes de la ville de Paris.

1411. Controlle des Compagnies de la Garde de Paris, des Ports, des Remparts et de célle du Guet qui ont été passées en revues devant Monseigneur le duc de La Vrillière, Ministre et secrétaire d'Etat, au mois de may 1774. *S. l. n. d.*, ms. in-8, mar. rouge, dos orné, dent., tabis, tr. dor. (*Rel. anc.*)

Très-joli manuscrit sur papier, contenant les noms des hommes composant des différents corps de police de Paris en 1774.

Chaque feuillet est entouré d'encadrements dessinés à la plume. Les titres et lettres ornés sont de diverses couleurs.

Jolie reliure aux armes de Le Laboureur, commandant de l'état-major de la Garde de Paris.

1412. Garde de Paris. 7 vol. et brochures.

Mémoire sur l'hôtel du chevalier du guet, par Troche, 1850, in-8, demi-rel. — Finance due par la Communauté des Gardes de nuit des remparts, 1714. — Etat Militaire des forces des parisiens, etc., 1789, in-8. — Défense à ceux non enregistrés dans la Garde nationale d'en porter l'habit, 1789, in-4, demi-rel. — Histoire de la Garde républicaine, par A. Balleydier. *Paris*, 1848, in-8, fig. *broché*, etc.

1413. Histoire de la Garde nationale de Paris, depuis sa fondation jusqu'à 1827, par Ch. Comte. *Paris, A. Sautelet*, 1827. in-8, demi-rel. veau.

1414. L'Hôtel des Haricots, maison d'arrêt de la garde nationale de Paris, par Albert de Lasalle; 70 dessins par Edmond Morin. *Paris, Dentu, s. d.* (1865) in-8, fig., cart., *non rogné*.

Premier tirage. On y joint les *Confidences de l'hôtel de Bazancourt ou un jour de détention, par Pigeon*, 1818, in-8, demi-rel.

VII. HISTOIRE DES LETTRES, DES SCIENCES ET DES ARTS.

1. *Instruction publique.*

a. Généralités. Professeurs. Ecoliers.

1415. Histoire de l'Instruction publique en Europe et principalement en France, depuis le christianisme jusqu'à nos jours. Universités, colléges, écoles des deux sexes, académies, bibliothèques publiques, etc., par Vallet de Viriville. *Paris*, 1849; (1851) in-4, front. et fig.; demi-rel. chagrin vert, tête dor.

1416. Instruction publique, 4 vol. in-8 et in-12.

Histoire de l'Education en France depuis le Ve siècle jusqu'à nos jours, par Théry. *Paris*, 1861, 2 vol. in-12, *brochés*. — Les Ecoles épiscopales et monastiques de l'Occident depuis Charlemagne jusqu'à Philippe-Auguste (768-1180), par Léon Maitre. *Paris*, 1866, in-8, demi-rel. — Histoire des Lycées et Collèges de Paris, par Victor Chauvin. *Paris*, 1866, in-12, cart.

1417. Ecoles de Paris, 3 vol. in-8, *brochés*.

Guillaume de Champeaux et les Ecoles de Paris au XIIe siècle, par l'abbé Michaud. *Paris, Didier*, 1867. — Histoire de l'Enseignement secondaire en France au XVIIe siècle, par H. Lantoine. *Paris*, 1874. —

. Journal professionnel d'un maître de pension de Paris au XVIIIe siècle, publié par Victor Advielle. *Pont-l'Evêque*, 1868.

1418. Joannis Launoii Constantiensis, Paris, theologi, de Scholis celebrioribus seu a Carolo Magno, seu post eundem Carolum per Occidentem instauratis liber. *Lutetiæ Parisiorum, viduæ Edmundi Martini*, 1672, in-8, vélin.

1419. Jo. Mabillonii et Jo. Launoii, de Scholis celebribus a Carolo M. et post Carolum M. in occidente instauratis liber. Accedunt Facultas Parisiensis de doctrina pronuncians, et veteres formulæ protestationum Romæ apontificibus in Parisiensi.... *Hamburgi*, 1717, in-8, vélin.

> Armes de la bibliothèque du Sénat de Leipzig sur les plats.

1420. Ordonnance du Roy, sur les defences de tenir Escolles, principaultez, collèges ; ny lire en quelque art ou science que ce soit, en public, privé où en chambre s'ilz ne sont congneuz et approuvez estre de la Religion catholique. Avec l'arrest de la court de Parlement *Paris, Guillaume de Nyverd, s. d.* (1570), pet. in-8 de . . 8 ff., *broché.*

> Très-rare.

1421. Ecoles de Paris, 4 brochures in-4 et 1 vol. in-8, demi-rel.

> Arrêts et Ordonnance du 31 Octobre 1725 qui défend aux revendeuses de s'attrouper à la porte des collèges et a toute personne de prendre en paiement des écoliers, des livres, hardes, etc. (un coin rongé) ; — du 6 août 1779 enjoignant aux maîtres de pension de mener aux collèges les pensionnaires étudiant la langue latine ; — du 2 Avril 1784 interdisant aux Maîtres de Pension l'instruction de la langue latine, sauf gratuitement — du 10 juillet 1784 concernant la discipline des classes — Lettre pastorale pour l'établissement de la fête des écoles. 1853.

1422. Recueil de 72 brochures concernant l'instruction publique, les écoles primaires et normales, etc. 1792-1831. 3 vol. in-8, demi-rel.

> 46 brochures sont de l'abbé Grégoire ; on y trouve en outre : Lakanal. Ecoles normales ;— Fourcroy. Etat des sciences et des arts, Discours sur l'instruction publique ; — Lanthemas. Ecoles primaires, etc.

1423. Instruction publique, 8 vol. et brochures.

> Rapport sur l'Instruction publique, par M. de Talleyrand-Périgord. *Paris*, 1791, in-4, demi-rel — Rapport de Dulaure sur la surveillance .t la police dès Ecoles. 1799, in-8, *broché.* — Projet de réforme, par Rivail. 1847, in-8. — Etat de l'Enseignement scientifique dans les collèges de 1815 à 1847. — Le Ministère de l'Instruction publique en

des Cultes depuis le 24 février jusqu'au 5 Juillet 1848, par H. Carnot.
1848, in-8. — Le Budget de l'instruction publique, par Jourdain.
1857, etc.

1424. Recueil de 69 brochures concernant l'instruction
publique et les écoles de Paris sous la Révolution, premier
Empire, etc. 3 vol. in-8, cart.

> Lakanal. Projet d'éducation du peuple, 1793. — Robespierre. Projet
> d'éducation publique, 1793. — Condorcet. Organisation de l'instruction
> publique 1792. — Daunou. Essai sur l'instruction publique. — Thibau-
> deau. L'Education publique. — Fourcroy. Projet concernant l'Instruction
> publique ; — Guizot. Essai sur l'instruction publique. — Le rêve d'un
> pauvre gâcheux. — Notice sur la Sorbonne, 1818. — Cousin. Défense
> de l'Université, etc.

1425. Avis important, touchant l'etablissement d'un' espèce
de Séminaire pour la formation des Maîtres d'école; et
pour faire un utile emploi des biens des Huguenots
fugitifs. 1688, in-4 de 4 ff., *broché*.

1426. Series magistrorum honorandæ gallorum nationis.
Parisiis, 1783, in-8, cart.

> On a relié à la suite : De Decanatu nationis gallicanæ. 1662. —
> Représentation de la Faculté de Medecine au Roy, contre la Société de
> Médecine, 1776. — Lettre d'un bachelier de Sorbonne de la tribu de
> Bourges, au sujet de la déposition du sieur Poirier; recteur. 1716, etc.

1427. Ordonnance du 5 décembre 1671, portant défense
aux Ecoliers de porter l'épée, placard in-fol.

1428. Sixain sur l'usage du vin. *S. l. n. d. (vers* 1750), in-4
oblong.

> Placard gravé que l'on affichait dans les écoles de Paris. Curieux et
> rare.

b. Université de Paris.

I. HISTOIRE. PRIVILÈGES. PROFESSEURS, etc

1429. Compendium recenter editum du multiplici pariensis
universitatis magnificentia, dignitate, et excellentia, ejus
fundatione, mirificoq 3 suorum suppositorum, ac officia-
riorum et collegiorum nomine. Preterea supplementum
de duabus artibus et heptadogma perigendo recenter
gymnasio, multis cum aliis utilibus documentis (auctore
Robert Goulet d'Avranches). *Parisiis, Toussanum Denis,*
1517, in-8 goth. de 4 ff. lim. et 20 ff. chiffr., veau brun.

> Le nom de ce premier historien de l'Université se lit au 3e f. v°. Ce

volume, fort rare, porte au titre la marque de *Toussaint Denis*. Petites piqûres de vers.

1430. De l'Université de Paris, et qu'elle est plus ecclésiastique que séculière (par Antoine Loisel). *Paris, Abel L'Angelier*, 1587, pet. in-8, veau fauve.

Rare. Bel exemplaire.

1431. De Academia Parisiensi. Qualis primo fuit in insula et episcoporum scholis liber. Auctore Claudio Hemeræo. Regalis ecclesiæ S. Quintini Canonico. *Lutetiæ, Seb. Cramoisy*, 1637, in-4, vélin.

1432. Historia Universitatis Parisiensis, ipsius fundationem, nationes, facultates, magistratus, decreta, censuras et Judicia in negotiis fidei, privilegia, comitia, legationes, reformationes. Item antiquissimas Gallorum academias, aliarum quoque Universitatum et religiosorum ordinum, qui ex eadem communi matre exierunt, institutiones et fundationes, alia que id genus cum instrumentis publicis et authenticis à Carolo M. ad nostra tempora ordine chronologico complectens. Authore Cæsare Egassio Bulæo. *Parisiis, Franç. Noel*, 1665-1673, 6 vol. in-fol., basane.

Cet ouvrage s'étend depuis les origines les plus anciennes de l'Université de Paris, jusqu'à la fin du seizième siècle. Du Boulay a compulsé avec une singulière patience, les archives dont il était le dépositaire, et il en a extrait d'innombrables pièces, bulles, chartes, etc., qui, reliées par de courtes explications, forment l'histoire la plus authentique de l'Université.

Ce recueil est devenu fort rare. Bel exemplaire.

1433. Université de Paris, 4 vol. in-4.

Abregé de l'Histoire de l'Université de Paris, touchant son origine, ses parties et ses deux gouvernemens sous un chef et recteur commun. (par Du Boullay. 1662), veau fauve. — Mémoire touchant le Seigneurie du Pré-aux-Clercs, appartenante à l'Université de Paris (par Pourchot). *Paris*, 1674, plan. — Eloge historique de l'Université de Paris par Jacques Hazon, prononcé le 11 Oct. 1770 aux Ecoles de Médecine. (Cet éloge fut supprimé par arrêt du Conseil). — Exscriptum e commentariis Parisiensis studiorum Universitatis, 1671, cart.

1434. César Egasse du Boulay, recteur et historien de l'Université, 4 pièces originales manuscrites et 2 brochures.

1° 3 pièces autographes signées par Egasse Du Boulay, relatives à l'Université, extrait des registres, Nomination, etc., datées de 1662, 1671.

2° 2 Factums de Pierre Egasse du Boulay, professeur de l'Université, pour justifier la mémoire de son frère César. 1679, 2 brochures in-4.

3° Lettre autographe signée de Pierre du Boulay ; frère de César, à

M. Lenglet, principal du collège des Grassins, sur le même sujet, du 1er février 1679, 2 pp. in-4.

1435. Orbis literatus Germanico-Europæus in synopsi repræsentatus. (a J. G. Hagelgans). *Francofurli*, 1736, in-fol., pl., cart.

> Le chapitre : *Academiæ per universam Europam Florentes*, p. 29, contient divers renseignements sur l'Université de Paris.

1436. La Nouvelle Athènes, Paris le sejour des muses, divisé en deux parties ; par Antoine-Martial Le Fevre. *Paris, Gueffier*, 1759, in-12, veau fauve.

> La première partie est consacrée à l'histoire de l'Université, des Collèges, Académies, etc.

1437. Histoire de l'Université de Paris, depuis son origine jusqu'en l'année 1600, par M. Crevier, professeur de rhétorique au collége de Beauvais. *Paris, Desainct et Saillant*, 1761, 7 vol. pet. in-8, basane.

> Cette histoire a été tirée en grande partie de l'histoire de Du Boulay.

1438. Histoire de l'Université depuis son origine jusqu'à nos jours, par M. Eugène Dubarle. *Paris, Brière*, 1829, 2 vol. in-8, cart. toile, *non rognés*.

1439. Index Chronologicus chartarum pertinentium ad historiam Universitatis Parisiensis, ab ejus originibus ad finem decimi sexti sæculi adjectis insuper pluribus instrumentis quæ nondum in lucem edita erant studio et cura Car. Jourdain. *Parisiis, L. Hachette et Cie*, 1862, in-fol. — Histoire de l'Université de Paris au XVIIe et au XVIIIe siècle par Ch. Jourdain. *Paris, Hachette*, 1862-1866, in-fol. Ens. 2 vol. in-fol., *brochés*.

> Complément de l'histoire de l'Université de Du Boullay, qui s'arrête à la fin du XVIe siècle.

1440. Université de Paris. 5 vol. in-8 et in-12, demi-rel. et *brochés*.

> Histoire de l'Université de Paris, par Charles Richomme. *Paris*, 1840, in-8. — Origine de l'Université, par Hamalgrand. *Paris*, 1845, in-8 — L'Université de Paris. 1200-1875, par Charles Desmaze. *Paris*, 1876, in-18. — Entretien de Charlemagne et du sénateur Tronchet de l'Elysée, sur le rétablissement de l'Université, par Crouzet. *Paris*, 1806, in-8. — De l'Université nouvelle, fille aînée de la Révolution. *Paris*, 1828, in-8

1441. Origine de l'Université par Hamalgrand. *Paris*, 1845. — De l'organisation de l'enseignement dans l'Université de Paris au Moyen-Age, par Charles Thurot. *Paris*, 1850. En un vol. in-8, demi-rel.

1442. Université de Paris. Recueil de 17 vol. et brochures en 1 vol. in-8, demi-rel.

> Taranne. De la discipline de l'Ancienne Université. 1856. — Jour—dain. Un collège Oriental à Paris au XVIᵉ siècle ; Enseignement de l'hébreu dans l'Université au XVᵉ siècle. — Notice sur le Collège des Trésoriers. — Notice sur Harcourt et St-Louis. — Eclaircissements sur le Collège de France. — Adry. Collège de Juilly. 1816, etc., etc.

1443. Université de Paris. 3 vol. et brochures.

> Université de Paris, autres en général, ensemble de leurs privilèges et réglements concernans les docteurs, regens, suppots, et officiers d'icelle, (extrait d'un vol. in-fol.). — Mémoire pour l'Université de Paris et les graduez par elle nommés contre les Etats de Flandre, l'Université de Douay, etc., contenant la deffence du droit de nomination de ladite Université de Paris, sur les collateurs du comte de Flandre, de la Flandre Gallicane et du diocèse de Tournay, etc. par Fr. Cuvelier. *Paris, La Caille, s. d.* (1692) 3 part. en un vol in-4, *broché.* — Mémoire pour l'Université de Paris (par Edme Pourchot). *S. d.* (1701) in-4, demi-rel. (Ce Mémoire concerne le droit de préséance de l'Université sur le corps de Ville.)

1444. Indignatio Valeriana, sive Parisiensis Academiæ Querimonia, ad virum C. de Mommagny. Nicolaus Borbonius. *S. l. n. d.* (*Paris, vers* 1635), pet. in-8 de 8 pp.

> Satyre en vers latins de Nic. de Bourbon de Vandeuvres contre un arrêt du Parlement qui supprimait un certain droit de *Landy* que les Régents prélevaient sur les écoliers.

1445. Mémoire touchant la seigneurie du Pré-aux-Clercs, appartenante à l'Université de Paris. Pour servir d'instruction à ceux qui doivent entrer dans les charges de l'Université, (par Edme Pourchot) *Paris, Vve Claude Thiboust*, 1694, in-4, demi-rel. mar. rouge.

> On trouve dans cet important volume un plan du Pré aux Clercs.

1446. Cæsaris Egassii Bulæi, ex-rectoris Academiæ Parisiensis De Patronis IV Nationum Universitatis. *Parisiis* 1662, in-8, veau.

> On a relié à la suite : *Carlomagnalia seu feriæ conceptivæ Caroli Magni in scholis Academiæ Parisiensis observandæ.* Parisiis, 1662.

1447. Remarques sur les bédeaux de l'Université par César Egasse Du Boullay. *Paris*, 1670. in-4, veau fauve, tr. dor.

> Raccommodages aux 2 derniers ff.

1448. Preuves et défense du droict de l'Université touchant les Messagers. *Paris*, 1635, in-4, demi-rel.

1449. Messagers de l'Université. 3 vol. in 4, demi-rel. et brochure.

> Intérêt des principaux des collèges dans les causes concernant les Messageries. — Seconde responce des recteurs et Université de Paris prenant le fait et cause de Ch. Maguet, messager de Senlis. 1664. — Sentence du 5 juillet 1777, qui maintient les grands Messagers dans l'exemption du droit de gros à la vente du vin de leur crû.

1450. Calendrier et liste des Noms, surnoms et demeure de MM. les grands Messagers jurés de l'Université de Paris. 1773-1777, 2 vol. pet. in-12, veau.

1451. Varii articuli Parisius Studiose condemnati et in quibus magister in sententius non tenetur. *S. l. n. d.* (*Parisiis, circa* 1495), in-4 goth. de 22 ff., demi-rel. vélin.

> Ce rare volume renferme les propositions condamnées comme hérétiques qui étaient enseignées dans les écoles.
>
> Ces condamnations portant sur des erreurs qui s'étaient introduites aussi bien dans l'étude de la Grammaire que dans celles de la philosophie, de la théologie, etc., furent faites à différentes reprises ; le volume que nous décrivons contient les articles condamnés en 1276, 1318, 1344, 1348 et 1351. Voy. Du Boullay, III, 433, IV, 308. Duplessis d'Argentré, II, 184-200, etc.
>
> Ce rare volume décrit par Hain, n° 1876, n'a pas été signalé par Brunet.
>
> Bel exemplaire.

1452. Harengue faicte deuant le roy Charles sixième et tout le Conseil, contenant les remonstrances touchant le gouuernement du Roy et du royaulme moult utile et proufitable fait par maistre Jehan Gerson de par l'université de Paris. *S. l. n. d.* (*Paris, vers* 1500), in-8 goth. de 36 ff., mar. bleu, fil. à froid, tr. dor. (*Lebrun.*)

> Cette curieuse harangue fut prononcée devant le roi Charles VI en 1405. Le titre de cette édition porte la marque de *Durand Gerlier*, qui a exercé à Paris de 1489 à 1529, suivant Lottin.
>
> Cet exemplaire qui est celui de YÉMENIZ, a été cité par Brunet comme offrant la particularité de commencer par les mots : *Harangue faicte devant le Roy*, tandis que les autres exemplaires commencent : *Sermon faict devant le Roy.* (Manuel, II, 1561).

1453. Appellatio uni-|| versitatis Parisiensis. (In fine :) *Lappellation de Luniuersite de Paris pour les Recteur Do-|| cteurs Maistres Regens estoliers* (sic) *et suppostz d'icelle et leurs adherens des greiefs et causes cy dessus declarez. S. l. n. d.* (*Paris,* 1517) in-4 goth. de 4 ff., *dérelié.*

> Cet *Appel* eut lieu à la suite de la proclamation du Concordat entre

François Ier et Léon X, auquel l'Université faisait opposition. Les députés de l'Université s'assemblèrent le 27 Mars chez les Bernardins et prirent des conclusions qui se trouvent rapportées dans *l'Appellatio*. Voy. Du Boullay, VI, pp. 88-92.

1454. Université de Paris, 4 pièces originales sur vélin et un registre de comptes in-4.

1° Concession de privilèges par le recteur à G. Galicher, étudian 18 février 1543.

2° Recommandation de G. Galicher à l'évêque de Limoges par recteur, 1543.

3° Diplôme de baccalauréat en droit de G. Galicher, 1543.

4° Diplôme de Licencié en droit de G. Eulart, 1698, signé par Le Gendre et d'Aguesseau.

5° Comptes présentés par Samuel Dacolle, receveur de l'Université en octobre 1654, cahier in-4.

1455. Gallandii literarum latinarum professoris Regii contra novam academiam Petri Rami oratio. *Lutetiæ apud Vascosani*, 1551, in-4, *dérelié*.

Cette attaque contre Ramus par Galland, eut lieu à l'occasion des réformes que Ramus voulait introduire dans la langue latine, et aussi à propos des éditions de Cicéron et de Quintilien que le célèbre professeur avait publiées.

Galland ayant mêlé le nom de Rabelais dans le débat, le joyeux écrivain ne laissa point passer cette attaque et dans le prologue du IVe livre publié en 1552, il se moque cruellement de « ce Rameau et de ce Gallant, qui capparassonnez de leurs marmitons suppous et astipulateurs, brouillent toute ceste académie de Paris. » Cette querelle donna lieu également au poëme de Du Bellay : *La Satyre de Maistre P. du Cuignet sur la Petromachie de l'Université de Paris*.

1456. Maldonat et l'Université de Paris au XVIe siècle, par le P. J. M. Prat. *Paris*, 1856, in-8, demi-rel. dos et coins mar. rouge, tête dor., éb.

1457. Advertissement sur la reformation de l'Université de Paris, au Roy. 1562. (*Paris, André Wechel*,) pet. in-8, demi-rel.

Pierre de La Ramée ou Ramus, professeur d'éloquence, est l'auteur de cet Avertissement. On a ajouté une réimpression moderne.

1458. Arrestz de la court de Parlement, donnez par provision les 13 d'Aoust 1575, et 20 de Sept. 1577, pour réglement et reformation de l'Université de Paris. *Paris, Féd. Morel*, 1577, pet. in-8 de 38 pp., demi-rel.

1459. Université de Paris, 30 pièces in-8 en 2 cartons. 1578-1770.

J. Buchæri... pro iure pergameni, 1581. — G. Critonnii oratio habita Lutetiæ in collegio Harcuriano. — Th. Marcilii Orationes IV de laudibus Academiæ Parisiensis, 1586. — Discours sur la mort de

M. Cahier, professeur es langues orientales, 1600. — Arrest portant
defenses d'empecher Escholiers et autres personnes de venir en cette
ville de Paris, 1606. — J. Turnerii doct. medici ad Collegium medico-
tum Parisien. Gratiarum actio, 1610. — Richer, de la puissance ecclésiastique. — Dartis, Harangue au Roy pour l'Université, 1621. — Oratio... super confirmatione electi a Societate Sorbonica, in suum provi-
sorem. Rev. D. Armandi Joan. Plessæi de Richelieu. 1622. — Que les
lecteurs de l'Université sont tenus d'observer les loix et ordonnances de
l'Université, 1626. — Cenomanica, 1632. — Gratulatio Facultatis
theologicæ Parisiensis, eminent. D. D. J. P. de Gondy S. R. E.
Card. de Retz, 1652. — Résolution sur le serment fait par les Docteurs en Médecine de la Faculté de Paris avec aucun docteur en médecine des autres universités. 1678, etc.

1460. L'Université et les Jésuites. 3 vol. pet. in-8 et in-4.

Plaidoyé de M. Antoine Arnauld, avocat en parlement, pour l'Université, demanderesse, contre les Jésuites défendeurs, des 12 et 13 Juillet
1594. *Paris, Mamert-Patisson,* 1594, veau fauve. (*Petit.*) — Harangue
de M. Pierre Hardivillier, recteur de l'Université de Paris, prononcée
par luy en Parlement pour l'Université, contre les Pères et escholiers du
Collège de Clermont, le 22 Déc. 1611. Traduitte de latin en françois.
Paris, 1612, *broché.* — Arrêt du Parlement du 22 Déc. 1611, donné
entre les presbtres et escholiers du collège de Clairmont, soy disants
Jésuites, et les recteur, doyens de l'Université. *Paris,* 1618, in-4.

1461. Les Œuvres d'Estienne Pasquier, contenant ses recherches de la France ; son plaidoyé pour M. le duc de Lorraine ; celuy de M. Versoris pour les Jésuites contre l'Université de Paris ;...... ses lettres, ses œuvres melées, poésies, etc. *Amsterdam,* 1723, 2 vol. in-fol., basane.

Une partie de l'ouvrage les *Recherches de la France* est consacrée à
l'histoire de l'Université de Paris, dont Pasquier se fit le défenseur
contre les Jésuites.

1462. La Chasse du renard pasquin, découuert et pris en sa tannière, du libelle diffamatoire faux marqué le Caté-chisme des Jésuites, par le sieur Fœlix de la Grâce, gentilhomme françois, seigneur dudict lieu. *Jouxte la copie imprimée à Ville-Franche (Holl.), chez Hubert le Pelletier,* 1603, in-12, mar. rouge, fil. (*Simier.*)

Pamphlet publié par les Jésuites contre Estienne Pasquier à la suite
de sa plaidoirie en faveur de l'Université.

1463. Réformation de l'Université de Paris. *Paris, Met-tayer et L'Huillier,* 1601, in-8, vélin, fil., milieux, tr. dor. (*Rel. anc.*)

Cette Réformation fut faite par René de Beaune, archevêque de
Bourges.
On a relié à la suite : Libellus supplex pro Academia Parisiensis,
1601 et Gratiarum actio pro instaurata Parisiensi Academia, 1601.
Très-joli volume bien conservé.

1464. Université de Paris, 5 pièces en un vol. pet. in-8 - demi - rel., dos et coins mar. vert, ébarbé, et une brochure.

> Réformation de l'Université de Paris, 1601. — Gratiarum actio a- augustissimum senatum, pro instauratâ Parisiensi Academiâ, 1601. — Libellus supplex ad Augustissimum Senatum, pro Academiâ Parisiensâ. 1601. — Arrest de la Cour pour l'exécution de la reformation de l'Université, 1601. — Le Remerciement de l'Académie de Paris au Roy, sur le rétablissement de l'Université. *Paris*, 1618, pet. in-8.

1465. Reformation de l'Université de Paris. *Paris, Claude Thiboust*, 1667, in-8, veau.

> Réimpression du volume publié en 1601. On trouve dans cet ouvrage les Statuts des Quatre Facultez.
> Bel exemplaire.

1466. Université de Paris. 4 vol. in-4.

> Mémoires pour le règlement de l'Université, 1610, demi-rel. — Abrégé de l'Histoire de l'Université de Paris, touchant son origine, ses parties et son gouvernement, (par du Boullay) ; 1662, 2 éditions différentes. 2 vol. veau et demi-rel. — Eloge historique de l'Université de Paris, prononcé le 11 Oct. 1770, (par Jacques Hazon.)

1467. L'Université et les Jésuites, 1610-1646, 20 pièces in-8, dans un carton.

> Remonstrance à MM. du Parlement en recommandation du bon droit des PP. Jésuites sur leur rétablissement en l'Université, 1610. — Prosopopée de l'Université sur l'issue de son procès. — Harangue de P. Hardivillier contre les Peres et Escolliers du Collège de Clermont 1611. — La même, texte latin, 1612. — Apologie pour les Pères Jésuites, (par Du Perron), 1615. — Arrêt du Parlement en la cause d'entre les Jésuites et l'Université, 1618. — Arrêt touchant la permission octroyée par S. M. aux PP. Jésuites d'enseigner la jeunesse à Paris 1618. — Harangues faites au Roy et à la Royne, par M. le Recteur en l'Université (Jean Dossier), 1618. — Raisons de l'arrêt contre les Jésuites, 1624. — Arrêt du 19 sept. 1625 pour l'Université contre les Jésuites. — Observations sur la requète des Jésuites tendante à l'usurpation des privilèges de l'Université, 1643, etc.

1468. Université de Paris. 4 pièces in-4 et pet. in-8- brochées.

> Le Cayer général des remonstrances de l'Université de Paris à l'Assemblée générale du royaume. 1615, pet in-8. — Les Harangues faictes au Roy, à la Royne et à Monsieur, frère du roy, par M. le Recteur de l'Université de Paris. *Paris*, 1618, pet. in-8. — Harangue faite au Roy par le recteur de l'Université, au Palais-Royal, le 10 Sept. 1651, in-4. — Discours de Me Caffin, recteur de l'Université, au Roy et à Mgr le duc d'Orléans, sur l'instruction gratuite dans l'Université. *Paris*, 1714, in-4.

1469. Université de Paris. 8 vol. et brochures.

> Le Cayer général des remonstrances de l'Université de Paris, u

l'Assemblée générale du royaume, 1615, pet. in-8. — Extrait des registres de l'Université, contenant ce qui s'est passé le 8 Oct. 1688, (déclaration contre les procédés du pape.) *Paris*, 1688, in-4. — Remontrances des Ecoliers de l'Université de Paris. Le Limonadier du Palais, 2 pièces in-8. — Observations pour l'Université au sujet de l'assemblée des Etats généraux, 1788, in-4. — Arrest du 16 Sept. 1760, qui déboute l'Université dans son intervention en prise de fait et cause pour les collèges des Cholets et de Justice, in-4. — Arrests fixant la limite d'âge pour les prix de concours à l'Université, 1785 ; ordonnant que les principaux des collèges tiendront la main à l'exécution des Arrests et réglements de l'Université, 1786 ; 2 pièces in-4. — Discipline dans l'ancienne Université, par Taranne, 1856, in-8. — Un compte de la nation d'Allemagne au XV⁰ siècle, par Jourdain. *Paris*, 1875, in-8.

1470. Université de Paris. 1615-1788. 2 vol. demi-rel.

> Le Cayer général des remonstrances que l'Université de Paris a dressé, pour présenter au Roy, en l'Assemblée générale des trois Ordres de son royaume, qui se tient à Paris, 1615, pet. in-8. — Observations pour l'Université de Paris au sujet de la prochaine assemblée des Etats-généraux du Royaume. 1788, in-4.

1471. Arrest de la cour de Parlement pour le reglement des Lecteurs et professeurs du Roy en l'Université de Paris, donné le 8 Aoust 1626. *Paris*, *P. Durand*, 1626, pet. in-8, demi-rel.

1472. L'Université et les Jésuites. 1643-1644. 12 pièces en 4 vol. in-8, vélin et demi-rel.

> Apologie pour l'Université de Paris, contre le discours d'un Jésuite, par une personne affectionnée au bien public (Godefroy Hermant). S. l., 1643. — Visite faite par le recteur de l'Université de Paris au Collège de Mair-Montier, usurpé par les soy-disants Jésuites. *Paris*, 1643. — Seconde apologie pour l'Université de Paris, contre le livre fait par les Jésuites pour réponse à la première Apologie (par Godefroy Hermant), 2 parties. *Paris*, 1643. — Response au livre intitulé : Apologie pour l'Université de Paris contre le discours d'un Jésuite (par le P. Jacques de la Haye, jésuite). *Paris*, 1643. — Traictez pour la deffence de l'Université de Paris contre les Jésuites (5 parties). *Paris*, 1643. — Requestes, Procès-verbaux et advertissemens faits à la diligence de M. le Recteur de l'Université pour faire condamner une doctrine pernicieuse enseignée au Collège de Clairmont, détenu par les Jésuites à Paris (3 parties). *Paris*, 1644.

1473. L'Université et les Jésuites. 1643. 4 pièces en un vol. in-8, demi-rel.

> Apologie pour l'Université de Paris, contre le discours d'un Jésuite, (par Hermant). *S. l.* 1643. — Visite faite par le Recteur de l'Université de Paris, le 8 avril 1643 au collège de Mair-Montier, usurpé par les Jésuites. *Paris*, 1643. — Observations importantes sur la requeste présentée au Conseil du Roy par les Jésuites, le 11 Mars 1643, tendante à l'usurpation des privilèges de l'Université. *Paris*, 1643. — Véritez académiques ou réfutation des préjugés populaires dont se servent les Jésuites contre l'Université de Paris. *Paris*, 1643.

1474. Université de Paris, 25 pièces en un vol. in-4, demi-rel.

Mémoires contre les entreprises de quelques Hibernois, la plupart estudiant en l'Université, 1651. — Reponse du Syndic, des Lecteurs et Professeurs du Roi au Mémoire pour l'Université, 1773. — Mémoire pour l'Université ou l'on montre qu'elle ne peut recevoir la constituti Unigenitus, 1739. — Arrest qui ordonne la suppression de ce Mémoire 1739. — Procession de M. le Recteur, 1789, 2 pièces. — Translati du collège de Beauvais, 1764. — Divertissement pour être exécuté concert en faveur de l'école de dessin, 1769.

1475. Université de Paris. 3 vol. in-12.

De varia Aristotelis in academia parisiensi fortuna; extraneis hinc inde adornata præsidiis liber. Auctore Joanne de Launoy. *Lutetiæ Parisiorum*, 1653, veau gris (*Petit*). — Manuale rhetorices ad usum studio juventutis academiæ. Authore Hurtaut. *Parisiis*, 1782, basane. — modèle des jeunes gens dans la vie édifiante de Claude le Peletier de Sousi, étudiant de l'Université, par l'abbé Proyart. *Paris*, 1789.

1476. Université de Paris, 3 vol in-4.

Partie des pièces et actes qui concernent l'estat present et ancien de l'Université de Paris, M. le Recteur, les trois facultés, les quatre nations, etc. *Faris*, 1653. *broché* (Ce livre connu sous le nom de *Livre bleu*, contient toutes les pièces qui concernent le différend entre trois facultés, de théologie, droit canon et médecine et la faculté des arts Composé par Jacques de Chevreul, il fut publié par Pierre Pade. — Discours sommaire pour l'Université de Paris, sur le différend doyens, docteurs et suppots des trois facultés supérieures, contre prétentions de la faculté des arts inférieurs, 1652, demi-rel. — Defense des droits de l'Université de Paris, de son recteur, de ses quatre nations, etc., contre les entreprises faites sous les noms des Doiens docteurs des trois facultez de théologie, de droit canon et de médecine. *Paris*, 1657, demi-rel.

1477. Université de Paris, 6 vol. in-4, *déreliés*.

Oratio in hononario funere ill. viro Audomaro Talæo a P. Lalemant 1653. — Oratio ab ampl. rectore M. Joanne-Gabriele Petit Demov Tempuys. *Lutetiæ*, 1716. — Carmina a viris Academicis scripta. (au Fr. Guerin, Thiberge, J. Dupuis, etc.) 1719. — M. Fauriel par Ozanam, 1845. — Ambroise Rendu par Eug. Rendu, 1861.

1478. Recueil de plusieurs conclusions et autres actes concernant la Nation de France, fondée en l'Université de Paris, depuis la reformation de ses nouveaux statuts. l'an 1661 jusques à présent. Fait par Me Remy Durel. censeur de ladite Nation de France. *S. l. n. d. (Paris. 1676)*, in-4, demi-rel.

1479. Vindiciæ doctrinæ majorum Scholæ Parisiensis, s constans et perpetua Scholæ parisiensis doctrina authoritate et infallibilitate ecclesiæ in rebus fidei morum, contra defensores Monarchia universalis absolutæ curiæ romanæ. Authore Edmondo Richerio *Coloniæ, Balthazarum ab Egmond*, 1683, fort vol. in-4, chagrin violet, fil., tr. dor.

> Opinion de l'Université au sujet des démélez entre Louis XIV et la cour de Rome.

1480 Mandement de Ch. Rollin recteur de l'Université sur la discipline de l'Académie, Octobre 1695, placard in-fol.

> Ce mandement en latin est fort curieux pour les recommandations et défenses faites aux étudiants parisiens. Il a été réimprimé dans les œuvres de Rollin. Déchirures. On y a ajouté un Mandement de Balthazar Gibert sur l'institution de la fête de St-Denis, 1735.

1481. Université de Paris. 3 vol. in-4, demi-rel.

> Harangues (4) faites à Mgr le duc d'Orléans, régent au Royaume, par M. Demontempuys, recteur de l'Université, *Paris*, 1716, 2 vol. — Mémoire présenté à Mgr le duc d'Orléans, régent, pour la défense de l'Université contre un mémoire de quelques prélats de France (intitulé Entreprises de quelques Universitez, Facultez de Théologie....) *Paris*, 1717.

1482. Palmarès de l'Université de Paris, contenant les noms des lauréats à la distribution des prix fondée par Louis Legendre, Chanoine de Nôtre-Dame, 6 brochures in-fol.

> Années 1757-1760-1784-1785-1786-1788.

1483. Les Jésuites et l'Université, par F. Génin. *Paris, Paulin*, 1844, in-8, *broché*.

1484. Jean Gerson, chancellier de l'Eglise et de l'Université de Paris. 8 vol. in-8 et brochures.

> Vie de Gerson, par l'Ecuy, 1832, 2 vol.; par Aubé, par Ch. Labitte, etc. — Eloge de Gerson, par Faugère, 1838. — Gerson dans l'exil, par Henry, etc.

1485. Jean Gerson, Chancellier de l'Eglise et de l'Université, 3 vol.

> Apologia pro Joanne Gersonio, per E. R. D. T. P. (Edmond Richer). *Lugduni Batavorum*, 1676, in-4. — L'Esprit de Gerson et instructions catholiques touchant le Saint-Siège. *Paris*, 1801, in-8, cart. — Doctrina Johannis Gersonii de Theologia mystica (par Jourdain). *Parisiis*, 1838, in-8.

1486. Jean Gerson, Chancellier de l'Université, 6 vol. et brochures.

> Excellente prédication du grand Gerson, chancellier de l'Eglise de Paris. *Rouen, D. du Petit-Val*, 1622, in-8, vélin. — Sermon de Maistre

Jean Gerson, touchant la hiérarchie de l'Eglise, et les devoirs que les paroissiens doivent à leurs paroisses. *Troyes*, 1622, in-8, vélin. — Quatre exhortations faictes par Jean Gerson dont pourra user le prêtre envers le malade en péril de mort, 4 ff. in-4 (extrait rare). — Harengue faicte au nom de l'Université devant le roy Charles sixiesme en 1405, par Gerson. *Paris*, 1824, in-8, cart. — Sermon inédit de Gerson sur le retour des Grecs à l'unité, prêché en 1409, publ. par le prince Galitzin. *Paris*, 1859, in-4, *broché*.

1487. Jean Gerson et l'Imitation de Jesus-Christ. 8 brochures in-8.

Nouvelles considérations sur l'auteur de l'Imitation de J.-C par Gence, 1832. — Jean Gerson restitué et Considération sur l'auteur de l'Imitation, par Gence, 1836. — De l'auteur de l'Imitation, discours, par Villenave, 1838. — Corneille et Gerson dans l'imitation de Jésus-Christ, par O. Leroy, 1841. — Gerson, auteur de l'imitation de Jésus-Christ, Monument à Lyon, (par O. Leroy), 1845. — L'imitation de Jésus-Christ, par Lamartine.

1488. Ramus (Pierre de La Ramée). Sa Vie, ses écrits et ses opinions, par Ch. Waddington. *Paris*, 1855, in-8, *broché*.

1489. Religiosissimi doctissimique viri Joannis Frontonis; sanctæ Genovefæ, et Universitatis parisiensis cancellarii memoria disertis per amicos, virosque clarissimos encomiis celebrata. *Parisiis, e typographia Cramosiana*, 1663, in-4, basane, fil., tr. dor.

On trouve dans ce volume des éloges en vers et en prose par Lenglet, Fléchier, Poirée, Ch. Du Perrier, Balesdens, etc.
Exemplaire Rich. Héber.

1490. La Vie d'Edmond Richer, docteur de Sorbonne, par Adrien Baillet. *Liége*, 1714, in-12, veau.

Edmond Richer est l'auteur d'une Histoire de l'Université restée manuscrite.
Exemplaire aux armes de G. de VINTIMILLE, archevêque de Paris.

1491. Edmundi Richerii, doctoris theologi parisiensis Testamentum. *Coloniæ, Balthasarum ab Egmond*, 1863, in-8, cart.

1492. Rollin, recteur de l'Université, 4 vol. et brochures.

Opuscules de feu M. Rollin, recteur de l'Université avec son éloge historique, par M. de Boze. *Paris*, 1771, 2 vol. in-12, veau. — Eloge de Rollin, par Trognon, 1818. — Discours sur la Vie et les Ouvrages de Rollin, par Rivarol, 1819.

1493. Selecta carmina orationesque, ou recueil de Poésies de plusieurs professeurs très célèbres de l'Université de Paris. Avec notes françoises et historiques. *Paris, Gab.*

Fr. Quillau fils, 1727, 2 vol. in-12, veau fauve, dos orné, fil., tr. dor. (*Rel. anc.*)

Curieux exemplaire portant des armes semblables à celles d'ANNE D'AUTRICHE.

2. FACULTÉ DE THÉOLOGIE.

1494. Faculté de Théologie. 3 vol. in-4.

Statuta sacræ Facultatis Theologiæ parisiensis. *Parisiis*, 1715, in-4, demi-rel. (ex. Soubise.) — Prima [secunda] pars articulorum doctrinæ sacræ Facultatis theologiæ parisiensis. *Parisiis*, 1717, 2 vol. in-4, *déreliés*.

1495. COLLECTIO JUDICIORUM de novis erroribus, qui ab initio duodecimi seculi post incarnationem Verbi, usque ad annum 1632 in Ecclesia proscripti sunt et notati : censoria etiam judicia insignium academiarum, inter alias Parisiensis et Oxoniensis tum Lovaniensis et Duacensis in Belgio, aliorumque Collegiorum Theologiæ apud Germanos, Italos, Hispanos, Polonos, Hungaros, Lotharos, etc., Cum notis, observationibus, et variis monumentis ad Theologicas res pertinentibus. Opera et Studio Caroli Duplessis d'Argentré. *Lutetiæ Parisiorum, apud Andream Cailleau*, 1728-1736, 3 vol. in-fol., veau, tr. rouges.

Cet ouvrage de Du Plessis d'Argentré contient une foule de documents fort précieux pour l'histoire littéraire aussi bien que pour l'histoire religieuse. D'Argentré a publié en grande partie les registres de la Faculté de théologie de Paris, qui renferment l'histoire pour ainsi dire quotidienne de l'Université. (Voy. C. Jourdain, *Histoire de l'Université*, p. vi). Ce livre est cependant très-peu connu aujourd'hui, au point que M. Brunet n'en a fait aucune mention. On prétend qu'une partie des exemplaires périt dans un naufrage, ce qui en expliquerait l'extrême rareté.

1496. Edict du Roy sur les articles faictz pour la faculté de théologie de l'université de Paris concernans nostre Foy et Religion chrestienne et forme de prescher. Aultre edict touchant la juridiction des prelatz et inquisiteurs de la foy : a lenconstre des personnes layes et ecclesiastiques chargees ou accusees de heresie. *S. l.*, *Imprime le xi jour d'aoust* (1543), pet. in-8-goth. de 8 ff. non chiffr. de 26 lignes à la page, veau fauve, fil., tr. dor.

Ces édits, rendus à Paris le 25 juillet 1543, concernaient divers Prédicateurs *preschantz et publiant diverses doctrines.... qui pouvoient apporter à notre religion aulcuns inconvéniens et dommaiges irreparables.* Cette édition a été imprimée à *Rouen*.

1497. LE CATALOGUE DES LIURES EXAMINEZ et censurez par la Faculté de Théologie de l'Université de Paris, depuis l'an mil cinq cens quarante et quatre, jusques à l'ar present, mil cincq cents cinquante et un, suyvant l'édicᴛ du Roy, donné à Chasteau-Briant audict an 1551. *Oɪ les vend à Paris par Jehan Andrè, demourant en la rue de la Calandre*, in-8 de 52 ff., mar. rouge, fil., tr. dor.

« Ce Catalogue, que l'édit donné à Châteaubriand enjoignait à touᵗ libraire d'avoir dans son magasin, est resté une curiosité bibliographique, parce qu'il nous conserve le titre d'un certain nombre d'ouvrages qui ne se trouvent plus, ou qui sont au moins devenus très-rares. » BRUNET, *Manuel*, I, 1640.

Les ouvrages protestants figurent en majorité dans ce catalogue ; on y voit aussi cités le *Gargantua* et le *Pantagruel*, dont le *Tiers livre* édition de 1545 ?

Une réimpression a été donnée par d'Argentré dans son *Coll. judiciorum de novis erroribus*. Voy. encore Jourdain, *Histoire de l'Université*.

Bel exemplaire de ce très-rare volume.

1498. Les Censures des théologiens de Paris, par lesquelles ils auoyent faulsement condamne les Bibles imprimees par Robert Estienne, imprimeur du Roy : auec la response d'iceluy Robert Estienne. Traduicte de latin en françois (par R. Estienne). *S. l. (Genève), L'Oliuier de Robert Estienne*, 1552, in-8, demi-rel.

Bel exemplaire de ce livre fort rare.

La Faculté de Théologie avait accusé d'hérésie Rob. Estienne pour les modifications introduites par lui dans une édition du *Nouveau-Testament*. Obligé de se réfugier à Genève, Rob. Estienne publia pour sa défense : *Ad censuras theologorum Parisiensium, quibus Biblia a Rob. Stephano typographo regio excusa calumniose notarunt, ejusd. Rob. Stephani Responsio*. Genevæ, 1552, in-8. Cet ouvrage fut traduit en françois par Rob. Estienne lui-même et publié sous le titre : *Les Censures des théologiens*.

Annotations manuscrites.

1499. Faculté de Théologie. 7 vol. in-4 et pet. in-8, demi-rel. et *brochés*.

Discours sur la résolution de la faculté de Théologie de Paris, du 7 janvier 1589 (prise contre Henri IV, relevant le peuple du serment d'obéissance à lui juré et l'excitant à la sédition), pet. in-8. (Rare). — Arrests du Parlement : du 22 janvier 1663, contre une thèse de théologie qui devait être soutenue par M. Gabriel Drouet de Villeneufve ; — du 30 mai 1663 portant que les propositions de la Faculté de Théologie touchant l'autorité du Pape seront enregistrées, 2 pièces. — Extractum ex registris sacræ facultatis Theologiæ parisiensis (Censure de la thèse de Michel Bourdaille, 10 sept. 1665). — Conclusiones facultatis Theologiæ parisiensis, pro regendis baccalaureis, 1680. — Ecrit de feu M. Faure, pour diriger les études de ceux qui sortent de Licence. — Décision de la faculté de Théologie relative aux lettres attribuées à l'Université de Salamanque, 1716. — Arrêt du 18 mai 1756, ordonnant à la faculté de théologie de rien soutenir qui soit contraire aux droits de la Souveraineté du Roi ni aux maximes du Royaume.

1500. Faculté de Théologie. 2 vol. pet. in-8, cart.

> Advis et resolution de la sacrée Faculté en Théologie de Paris sur ceste question, asçavoir s'il est loisible jurer l'edict d'union. *Paris, G. Chaudière,* 1589. — Acte de ce qui s'est passé au collège de Sorbonne en l'assemblée de la Faculté de Théologie, le dixiesme de Febvrier et jours consécutifs, pour confirmer l'Union. *Paris, Chaudière,* 1590.

1501. Censures de la Faculté de Théologie de Paris, 4 vol. pet. in-8, *brochés.*

> Censure du livre du Plessis Mornay. (De l'Institution, usage et doctrine du Sacrement de l'Eucharistie), le 2 jour de Juin 1599. *Paris,* 1599. — Arrêt du 4 Sept 1624, contre de Claves, Villon et Bitauld, pour les thèses de philosophie par eux publiées. *Paris,* 1624. — Censure contre un livre intitulé : la Somme Théologique des veritez capitales de la religion chrestienne, par le R. P. Fr. Garassus. *Paris,* 1626, (2 éditions en latin et français.)

1502. Censure de la sacrée Faculté de Théologie de Paris, contre les impies et exécrables parricides des Rois et des Princes. *Paris, Heureux Blanvillain,* 1610, pet. in-8, cart.

1503. Censure par la Faculté de Theologie de Paris, de la doctrine d'assassiner les Roys, contenue au livre : La Responce à l'Anticoton. *S. l.,* 1612, pet. in-8, mar. vert, dos orné, fil., tr. dor. (*Rel. anc.*)

> On a relié à la suite : Le droit des roys contre le cardinal Bellarmin, 1611. — La doctrine de J. C. et celle de Robert, cardinal Bellarmin, touchant les roys et les princes, 1611.

1504. Les Decrets irrevocables tant de la sacré faculté de Theologie que celle des Arts, donnez contre ceux qui abandonnent les Escoles approuvées de la très-noble Université de Paris, pour estudier ailleurs. *Paris,* 1618, pet. in-8, *broché.*

1505. Relation des délibérations de la Faculté de Théologie de Paris, au sujet du pretendu decret du 5 Mars 1714, (pour l'acceptation de la Constitution Unigenitus.) *S. l.,* 1716, 2 vol. in-12, basane.

1506. Université catholique de Paris, 7 brochures in-8.

> Assemblées générales, 3 années, 1877 à 1879. — Leçons d'ouverture du cours d'éloquence latine, par M. Auguste Nisard, 4 années, 1877 à 1880.

3. Faculté de Droit.

1507. Panegyricus, seu relatio, pro Schola juris parisiensi (Auth. Cl. Minos). *Parisiis, Amb. Drouart,* 1600, pet. in-8 réglé, vélin, fil. et milieux dorés, tr. dor.

1508. Moyens pour remettre les Universitez de Droit dans l'ordre, la pureté, et l'éclat de leur fondation et institution, proposez par M. Jean d'Avezan. *Paris,* 1664, in-4, broché.

1509. Ecole de Droit, 10 brochures in-4.

> Edit du mois d'Avril 1679 portant réglement pour le rétablissement des études du droit. — Déclaration du roy sur l'exécution de l'Edit de 1679, (2 éditions différentes en 8 et 23 pp.) — Discours sur l'Edit de 1679 touchant l'étude de la jurisprudence française. —Ordonnance du lieutenant civil du 5 Janvier 1680, relatif au rétablissement des leçons publiques de droit civil et canonique. — Déclarations du roy du 19 Janvier 1700, concernant les estudes de droit. — Déclarations du 20 Sept. 1707, concernant les dégrez qui appartiennent aux doyens, servant de Réglement pour l'élection des doyens. — Mémoires pour Claude de Ferrier et Pierre Ruelle, docteurs de la Faculté de Droit, contre N. Hullin et MM. Berthelot et Thomassin, 1703, 1779.

1510. Corpus juris civilis Academicum Parisiense. Opéra et cura C. M. Galisset. *Lutetiæ Parisiorum, Janet et Cotelle,* 1830, 2 tomes en un vol. in-4, basane.

1511. Ecole de Droit, 3 vol. in-4, demi-rel.

> Joannis Dartis. De recta docendi et discendi ratione. *Parisiis,* 1647.— Protrepticum ad regem et omnes per Europam principes. De usu et necessitate juris civilis romanorum, 1666. — Oratio in propugnatione theseon utriusque juris, Marc. Ren. de Voyer d'Argenson, 5 Sept. 1712 in cameracensi juris auditorio.

1512. Faculté de Droit, 5 placards in-fol.

> Deux avis de discours qui se feront les 13 décembre 1732 et 2 décembre 1734; Examen de Jos. Pellerin, 1736; Acte public pour la licence soutenue par Bonneville, 1823. On y ajoute Virgini dei-paræ quæstia theologica theses a Ant. Courbon des Gaux du Terney, 1760, in-fol. en tête.

1513. Ecole de Droit, 2 vol. in-4.

> Oratio a consultissimo antecessore D. Edmundo Martin, in Juriura Scholis habita, die 24 mensis Novembris 1772, cum consultissima facultas in suas novas ædes, juxta beatæ Genovefæ Basilicam. *Parisiis,* 178. —Oratio a consultissimo antecessore D. Edmundo Martin, die 2 Decer. 1777, in solemni scholarum instauratione. *Parisiis,* 1781. En un vo in-4, mar. rouge, dos orné, fil., tr. dor. (*Rel. anc.*) — Lettre du roy du 19 Décembre 1777, qui ordonnent la vente des batimens des ancienne Ecoles de Droit, in-4, demi-rel.

4. Faculté de médecine.

a. Médecins, Chirurgiens, Apothicaires, etc.

1514. Mémoires littéraires, critiques, philologiques, bio-graphiques et bibliographiques pour servir à l'histoire ancienne et moderne de la Médecine, (par Jean Goulain.) *Paris, Pyre*, 1775, in-4, front. par Ingouf, mar. rouge, dos orné, fil., tr. dor. (*Rel. anc.*)

> Bel exemplaire de dédicace aux armes de Hue de Miromesnil, garde des sceaux.

1515. Statuts de la faculté de Médecine en l'Université de Paris, avec les pièces justificatives de ses privilèges et des droits et soumissions a elle deubs, par les Apothicaires et Chirurgiens. Recueil mis en ordre par Denis Puylon. *Paris, Fr. Muguet*, 1672, in-4, basane.

1516. Faculté de Médecine, 3 vol. in-12, veau.

> Statuta Facultatis Medicinæ Parisiensis. *Parisiis*, 1696, front. — Traduction des Statuts des docteurs de la Faculté de Médecine de Paris, par Bermingham. *Paris*, 1754. — Ritus et insigniora saluberrimi Medicorum Parisiensium ordinis decreta a J. B. Doye. *Parisiis*, 1716.

1517. Ecoles de Médecine, 2 vol. et une pièce ms.

> Curieuses recherches sur les Escholes en Médecine de Paris et de Montpellier, (par Riolan). *Paris*, 1651, pet. in-8, vélin. — Programme pour la construction d'une Ecole de Médecine, ms. in-4 de 2 ff. — Notice sur les anciennes Ecoles de Médecine de la rue de la Bucherie, par Ach. Chereau. *Paris*, 1866, in-8, demi-rel.

1518. Faculté de Médecine, 7 vol. et brochures in-4.

> Edit de 1707 portant réglement pour l'étude et l'exercice de la méde-cine. — Déclaration de Septembre 1711 en faveur des étudiants en médecine de Paris. — Arrêt du 12 avril 1749 au sujet des contestations entre les médecins et les chirurgiens de Paris. — Mémoire de la Faculté de Médecine (au sujet des Patentes), 1792. (On a ajouté à ce mémoire diverses pièces mss. et journaux). — De la patente des médecins 1834. — Panegyris seu Agon studii Jatricii Parisiensis, a N. Morino, 1657, demi-rel.

1519. Recherches sur la Bibliothèque de la Faculté de Médecine de Paris, suivies d'une notice sur les manus-crits qui y sont conservés, par Franklin. *Paris, Aubry*, 1854, in-8, front., demi-rel. veau, éb.

1520. Procès entre les Médecins et les Chirurgiens, 1743-1750, 30 pièces en un vol. in-4, veau.

> Déclaration du 23 avril 1743 concernant la communauté des chirur-

giens. — Observations sur cette Déclaration. — Précis pour les chirurgiens contre les médecins. — Pièces du Procès de F. de La Peyronie, de La Martinière, etc, chirurgiens du Roy et les prévots et collège des maîtres en chirurgie contre la Faculté de Médecine et l'Université.1746, 1748, etc.

1521. La Faculté vengée, comédie en trois actes, par M*** (de La Mettrie), *docteur régent de la Faculté de Paris. Paris, Quillau*, 1747, in-8, mar. rouge, tr. dor.(*Rel. anc.*)

> Comédie satyrique au sujet du procès des médecins avec les chirurgiens.

1522. STATUTS, PRIVILÈGES et réglemens du Collège de Chirurgie de la ville de Paris. *Paris, Ch. Osmont,* 1743, in-4, mar. rouge, dos orné de fleurs de lys, dent., tr. dor. (*Rel. anc.*)

> Bel exemplaire imprimé sur VÉLIN, aux armes de Louis XV.

1523. Statuts, privilèges et réglemens du Collège de Chirurgie de Paris. *Paris,* 1743, in-4. — Recherches critiques et historiques sur l'origine, sur les divers états et sur les progrès de la Chirurgie en France (par Fr. Quesnay). *Paris, Osmont,* 1744, en un vol. in-4, basane.

1524. Chirurgiens de Paris. 6 vol. in-4, in-12, demi-rel. et brochures.

> Arrêt en faveur des Chirurgiens de Paris, 1685. — Arrêt du 25 oct. 1783 enjoignant à un chirurgien de porter secours aussitôt qu'il en sera requis, notamment aux noyés. — Index funereus Chirurgorum parisiensium ab anno 1315 ad annum 1714, opera M. J. D. V. (Joanne Devaux) *Parisiis,* 1714 (une addition ms. continue cette liste jusqu'en 1717). — La peine et misère des garçons Chirurgiens autrement appelés Fraters *Troyes,* 1729 (2 ex.).

1525. Académie de Chirurgie de Paris, 33 pièces en 2 vol in-4, cart.

> Règlement du 18 mars 1751. — Déclaration du 23 avril 1743. — Règlements de 1768-1784 pour le Collège de Chirurgie. — Pièces diverses du procès entre les médecins et chirurgiens. — Statuts des maîtres de chirurgie, 1765-1772. — Statuts pour les Apothicaires épiciers, 1720. — Arrêt du 4 juillet 1750 portant règlement entre la Faculté de médecine et les maîtres en chirurgie de Paris. — Arrêt contre les charlatans, empiriques et vendeurs d'orviétan, 1755. — *Police dans les écoles de chirurgie.* — Règlement des écoles, etc., etc.

1526. Stephani Gormeleni curiosolitæ parisiensis Medic. Synopseos Chirurgiæ libri sex. *Lutetiæ, Ægidium Gorbinum,* 1566, pet. in-8, veau, tr. dor. (*Petit.*)

> Trop rogné.

1527. Histoire de deux monstres nouvellement veus à Paris. Le premier est d'un corps humain, qui fut trouvé il y a quelque temps par Monsieu Pac, Chirurgien-jure, l'autre est d'une brute, qui a esté depuis peu rencontré par Messieurs Rochette, Apotiquaire et Rousseau, Chirurgien, avec les figures qui les représentent au naturel et un récit de tout ce qui a esté remarqué en l'anatomie qui en a esté faicte. *Paris, Edme Martin*, 1655, in-4, fig., cart.

> Ce curieux et très-rare volume est orné de 5 figures, dont 2 consacrées à l'enfant à 2 têtes né à Paris en 1650.

1528. La Semaine des Medicaments observée es chef-d'œuvres des maistres Barbiers, Chirurgiens de Paris, où il est traicté des vertus, proprietez et usage des plantes, minéraux et animaux, par Jean Bonnart, barbier-chirurgien de Paris. *Paris, Baraignes*, 1629, in-8, basane. `

1529. Calendrier à l'usage des membres du collège de pharmacie et de leurs élèves pour l'an IX. *Paris*, 1801, in-12, veau.

1530. Les Six Couches de Marie de Médicis, racontées par Louise Bourgeois, dite Boursier, sa sage-femme, étude par le docteur Chéreau. *Paris*, *Willem*, 1875, in-12, portr., *broché*.

b. Jardin des Plantes.

1531. Le Jardin du Roy tres chrestien Henry IV, roi de France et de Navarre, par Pierre Vallet, brodeur ordinaire du Roy, 1608, pet. in-fol., veau.

> Rare et beau volume contenant un beau titre gravé avec portrait de C. Celse et M. Lobel, et une vue du Jardin des Plantes établi alors au Louvre ; le portrait de J. Robin et 47 planches représentant des plantes. *Toutes ces estampes sont très habilement gravées sur cuivre par Pierre Vallet.* `

1532. De la Nature, vertu et utilité des Plantes, divisé en cinq livres, par Guy de La Brosse. *Paris*, *Rollin*, *Baragnes*, 1628, in-8, front., vélin.

> On trouve à la suite du cinquième livre : Dessein d'un jardin royal pour la culture des plantes médecinales à Paris, où est amplement déduit la raison de sa nécessité et quel bien il peut apporter au public, par Guy de la Brosse, désigné pour Intendant de ce Jardin. *Paris*, 1628.

1533. Jardin des Plantes, 2 vol. demi-rel.

> Déclaration du 23 mars 1673 pour faire continuer les exercices au jardin royal des Plantes, in-8. — Décret du 10 juin 1799 sur le Jardin national des Plantes, précédé du rapport de Lakanal, in-8.

1534. Catalogue des Plantes du jardin de Messieurs les Apoticaires de Paris, suivant leurs genres et les caractères des fleurs, conformément à la méthode de Tournefort (par Descemet). *Paris*, 1741, in-8, basane.

> Quelques taches.

1535. Deux rapports adressés au Comité de Salut public par la Commission des travaux publics relativement au jardin des plantes. *S. l. n. d.* (vers 1795). Manuscrit de 11 pages in-fol.

> Ce rapport, qui embrasse les vues les plus étendues sur les développements à donner à cet établissement national, est conçu dans un esprit philosophique très élevé. C'est un rare et intéressant morceau de littérature révolutionnaire.

1536. Jardin des Plantes, 5 vol.

> Voyage au Jardin des Plantes, par Jauffret. *Paris*, 1798, in-12, fig., cart. — Notice des principaux objets d'histoire naturelle conservés dans les galeries du Muséum. *Paris*, 1801, in-12, *broché*. — Promenade au Jardin des Plantes, par Pujoulx. *Paris*, 1804, 2 vol. in-12, fig., basane. — Album du Jardin des Plantes de Paris, par Agarie Baron. *Paris* 1838, in-4 obl., cart.

1537. Histoire et Description du Muséum royal d'histoire naturelle, par Deleuze. *Paris, Royer*, 1823, 2 vol. in-8, plans et fig., demi-rel. veau.

1538. Le Jardin fruitier du Muséum, ou iconographie de toutes les espèces et variétés d'Arbres fruitiers cultivés dans cet établissement, par J. Decaisne. *Paris, F. Dido* 1858, 2 vol. in-4. pl. coloriées, demi-rel. dos et coins mar. orange, tête dor., éb. (*David.*)

c. Hygiène de Paris. Épidémies.

1539. Essais sur l'histoire médico-topographique de Paris ou lettres à M. d'Aumont, sur le climat de Paris, sur l'état de la médecine, par Menuret de Chambaud. *Paris*, 1786. in-12, mar. rouge, dos orné, fil., tr. dor. (*Rel. anc.*)

> Jolie reliure aux armes.

1540. Hygiène de Paris et service médical. 7 vol. et brochures.

> Essai sur l'histoire médico-topographique de Paris, par M. de Chambaud, 1786, in-12, *broché*. — Essai sur la topographie médicale de Paris, par A. Ronviere, 1794, in-8, cart. — Hygiène des vieillards, 1813. — Paris-Médical, par le Dr Meding, 1853, 2 vol. in-12, *brochés*. — Service médical en 1871, etc.

1541. Lettre autographe signée de Chateaubriand à un curé de Paris, 1832, 1 p. 1/2 in-4.

> Au sujet des secours en argent faits par la duchesse de Berry à l'occasion du choléra.

1542. Epidémies à Paris, 2 vol.

> Les Ordonnances faictes et publiées à Paris pour éviter le dangier de Peste, 1531, précédées d'une étude sur les épidémies parisiennes par le Dr Chereau. *Paris, Willem*, 1873, in-12, fig., demi-rel. mar. brun, tête dor., éb. — Copie d'une missive envoyée à Lyon, contenant nouvelle de la santé et du nombre des morts de la contagion à Paris, 1580 (Paris, 1850), in-8, *broché*.

5. COLLÈGES ANCIENS ET MODERNES (par ordre alphabétique), ÉCOLES SUPÉRIEURES, PETITES ÉCOLES.

1543. Collèges des Bernardins, de Boncourt, des Bons Enfants et du Cardinal Le Moine. 8 vol. et brochures.

> Arrêt qui maintient les PP. de l'ordre des Citeaux dans la possession et jouissance du *Collège des Bernardins.* 1679. — Ordonnance pour que les principal procureur, etc., du collège Boncourt fassent enlever les immondices déposées rue Clopin. — Thèses soutenues au collège des Bons Enfants par des Rémois, Soissonnais, etc., 1718. — Lettres pour l'union de la Chapelle des Bons Enfants à la Congrégation de la Mission 1773. — Fundatio seu institutio domus olim extructæ in gratiam antiquorum Soc. Coll. Cardinalitii. 1637. — Advis à MM. les Doyens de Nostre-Dame, Cornet, Maistre de Navare, etc. pour le règlement du collège du Cardinal le Moyne, 1655. — Dénonciation d'une thèse soutenue au collège du Cardinal Le Moine, 1784.

1544. Histoire du Lycée Bonaparte par Lefeuve. *Paris, 1862, in-8, broché.*

1545. Musæ juveniles. S. l. n. d. *(Paris, 1701),* in-8, mar. rouge, dos orné, fil., tr. dor. (*Rel. anc.*)

> Recueil de poésies latines composées en l'honneur de Louis XIV et de Philippe V, roi d'Espagne, par différents élèves de rhétorique du Collège Bourbon. Portrait de Philippe V, par *Desrochers*.
> Exemplaire aux armes du GRAND DAUPHIN, fils de Louis XIV.

1546. Collèges de Cluny, de Dainville, des Grassins, des Irlandais et de Lisieux, 7 vol. et brochures.

> Arrêt qui commet Louis Vassort à l'administration du collège de Cluny,

1724. — Statuta Collegia de Dainvilla Parisiis fundati anno 1308 et a[illegible] quædam eodem spectantia, 1703. — Arrest du 4 mai 1710 relatif à l'administration du collège des Grassins. — Deux Adresses des Administrateurs, préfet et procureur du Collége des Irlandais, 1792. — Mémoire pour J. F. Playne, professeur au collége de Lisieux, 1739.

1547. De l'estat du collége de Dormans, dit de Beauvais, fondé en l'Université de Paris. Par Jean Grangier, principal. *Paris*, *Aug. Taupinart*, 1628, in-4, demi-rel.

1548. Brief traicté de la fondation du Collége de Dormans, dict de Beauvais ; fondé en l'Université de Paris ou il est montré que les originaires de la ville de Dormans ont droit de préference aux petites Bourses, et aux charges de maistre, sous-maistre, etc., pourvu qu'ils en soient capables. *S. l.*, 1638, pet. in-8, mar. rouge, dos orné, fil., tr. dor. (*Lemardeley.*)

1549. Collége de Dormans-Beauvais. 5 vol. in-fol. et in-4, demi-rel.

Ill. viro D.D. Henrico Fr. Daguesseo, ode a Ant. Korais (græce), 1712. — A Monseigneur le Chancelier sur la traduction latine et françoise de l'Ode grecque de M. Korais, par Poubeau de Bellechaume, 17[illegible]. — Ill. viro D. V. Henr. Fr. Daguesseau, Galliæ cancellario, Ode A Fr. Guérin, 1717. — Deo adjuvente theses de universa philosophia propugnatur a J. B. P. Daguesseau de Fresnes, die 6 August 17[illegible], en-tête par *Audran*. — Nobiliss. adolescenti J. P. P. Daguesseau de Fresne, cum theses de universa philosophia, Carmen a Theodorus d'H[illegible]. 1719.

1550. Collége de Dormans-Beauvais. 3 vol. in-4, demi-rel. et 2 placards.

Ampliss. viro D. Petro de Lenglet, scholarum omnium matris et principis, patri et rectori. Carmen (a Claudius Le Duc, in schola Be[illegible] professor), *s. d.* — Deo adjuvante, theses philosophicæ propugnabuntur a Stephano Daligre de Boislandry, 1er Augusti 1734, in collegio Dormano-Bellovaco. — Ludovico, victori moderato, oratio habita in collegio Dormano-Bellovaco, a Joanno Vauvillers, 4 Oct. 1745.

1551. Collège de Dormans-Beauvais. 4 vol. in-4, demi-rel. et brochures.

Lettres patentes : du 7 avril 1767, portant translation du Collège de Beauvais dans celui de Louis-le-Grand ; — du 14 Fév. 1779 concernant les boursiers du collège de Dormans-Beauvais (2 ex.). — Lettre du sieur Guenon, régent de philosophie au Collège de Beauvais à M[illegible], percepteur, des enfants de Monsieur, . . de Rouen (Satire contre le p[illegible]tisme des professeurs de l'Université).

1552. Le Collège de Dormans-Beauvais et la chapelle Saint Jean l'évangéliste, par le R. P. M. D. Chapotin. *Paris*, *Durand*, 1870, in-8, fig. et plan, demi-rel., mar. brun, dos orné, tête dor. (*Petit.*)

1553. Collèges de Fortet, de La Marche, Maître-Gervais et du Mans, 6 vol. et brochure et liasse de documents originaux.

> Mémoire contre Bernard Collot, principal du collège de Fortet, appellant comme d'abus de la supériorité du Chapître de Paris sur le Collège de Fortet. 1728. — Recueil de pièces concernant la Contestation au sujet de la principalité du collège de La Marche. 1695. — III. Fr. Harlæo Paris, archiep. Sorbonæ et Collegii Marchani provisori symbolum via lactea a J. B. Couture 1683. — 9 pièces originales sur vélin de 1536 à 1647, fondations de bourses au Collège de La Marche par M. Gallicher et L. du Bellay. — Collége de Maître-Gervais, réuni a celui de Louis le Grand, 1778.— Fundatio et Statuta Collegii et capellaniæ Cenomanensis pro pauperibus diœceseos Cenomanicæ (1635). — Cenomañica. 1632.

1554. Le Collége royal de France , ou Institution, establissement et Catalogue des Lecteurs et professeurs ordinaires du Roy, fondez a Paris par François Ier et autres roys ; avec la reverence et requeste des lecteurs du Roy, faite le 16 juillet 1643 (par Guill. du Val.) *Paris* , 1644, in-4, veau.

> Curieux exemplaire avec une longue dédicace autographe de l'auteur à Ph. Du Bois, professeur en langue grecque, qui y a ajouté 23 pièces diverses, lettres de faire part du décès de divers professeurs annonces de thèses ou discours, etc., de 1625 à 1647.
> On a relié à la suite : Gratulatio Ludovico XIII. auth. Joanne Berault, 1628. — Panegyricus Ludovici XIII du même. — J. Grangier. Gratulatio de instauratis schola regiis. 1634, etc.

1555. Mémoire historique et littéraire sur le Collége royal de France par M. l'abbé Cl. P. Goujet. *Paris* , *Lottin* , 1758, 3 vol. in-12, vélin à recouvrements, *non rognés*.

1556. Mémoire historique et littéraire sur le Collége royal de France, par M. l'abbé Goujet. *Paris, Lottin*, 1758, 3 vol. in-12, basane.

1557. Lettre de l'auteur de l'Histoire du Collége royal de France (l'abbé Goujet) à l'auteur de l'Histoire de l'Université de Paris (Crevier), au sujet du Collége royal de France. *A Amsterdam*, (*Paris, Lottin*), 1761, in-4, *broché*.

1558. Collége de France. 3 vol. in-4 et in-8, demi-rel., *broché*.

> Lettres patentes du 16 mai 1772 concernant le réglement du Collége Royal. — Discours sur la naissance de Mgr. le Dauphin, prononcé au Collége Royal, le 18 Fév. 1782, par M. Poissonnier. *Paris* , 1782. — De l'enseignement de l'Hébreu dans l'Université de Paris au XVe siècle, par Charles Jourdain. *Paris*, 1863.

1559. Recueil de pièces sur la mort d'Adrien TURNÈBE, lecteur du Roi et professeur de littérature grecque et latine au Collège de France. *Paris*, 1565, 15 pièces en 1 vol. in-4, rel. en vélin.

Ad. Turnebi, Tumulus (en vers grecs, latins et français), par Passerat, Ronsard, Joachim du Bellay et d'Elbène. — Jac. Preuosteau de obitu Adr. Turnebi Elegia. — De Adr. Turnebi Morte Dialogismus, auctore Mich. Ripautio Pariensi.—De immaturo Adr. Turnebi obitu N. Chytræi Carmen. — In Adr. Turnebi obitum græco-latino-gallica carmina... auctore Philb. Milesio campano Vitriacensi.. — Complaincte funèbre sur le triste décès d'Adrien Turnèbe. — Complaincte sur la mort d'Adr. Turnèbe, par J. Guersent. — Complainte sur ceus qui se sont efforcez de violer la bonne renommée d'Adr. Turnebe, par Fr. le Picard de Caux. — In Adr. Turnebi obitum J. Passeratii elegia et autres pièces par Fr. le Picard, Ch. Roillet, Léger Du Chesne, etc.
Joli volume portant l'ex-libris de Emeric Bigot.

1560. Tumulus Leodegarii a Quercu, clariss. academiæ doctoris et eloquentiss. quondam Professoris Regii. *Lutetiæ, Fr. Morellum,* 1588, in-4.

Léger du Chesne fut le cinquième professeur d'Eloquence au Collège de France. Poèmes de Dorat, F. Morel, Séb. Rouillard, de Thou, Maugeant, etc. Très-bel encadrement au titre.

1561. Poésies latines de Pierre de Lenglet, professeur d'Eloquence au Collége de France, 4 vol. in-4, mar. rouge (*Petit*) et 2 brochures.

Regiæ musæ sereniss. Delphino Xenium. *S. l. n. d.* (1676). — Serenissino Delphino carmen. *S. l. n. d.* (circa 1675 vel 1680). — Ludovico Magno pacificio Victori carmen. 1679. — Regio Delphini puero iambus. 1682. — Expeditio Sabaudica Ludovico Magno suscepta et confecta, duce Catinato, regiorum exercitum (1690). — Montes expugnati. 1691.

1562. Collége d'Harcourt. 9 vol.

Fondations, donations, legs et acquisitions faites en faveur des Boursiers du collège d'Harcourt (1697). — Contestations entre Thomas Fortin proviseur et les régents-boursiers du collège d'Harcourt, relativement à la direction et à l'administration de ce collège. 1666. 7 pièces — Epistola ad amicum, a Benignus Grenan, professor in Harcurio, 1717.

1563. Histoire du Collège de Louis-le-Grand, depuis sa fondation jusqu'en 1830, par G. Edmond. *Paris, Durand,* 1845, in-8, plan, cart. toile.

1564. Collège Louis-le-Grand. 4 vol. in-4, demi-rel et une brochure.

Lettres du 1er Février 1769, portant règlement pour l'administration du collège de Louis-le-Grand ; des 1er Juillet 1769, 30 Août 1777 et 19 Mars 1780, concernant l'organisation et les délibérations du bureau d'administration du Collège Louis-le-Grand. — Arrêt du Parlement portant homologation d'une délibération relative aux Boursiers-Juristes, 1788.

1565. Collège de Clermont. 17 pièces en 7 vol. pet. in-8 et brochures.

Arrests du Conseil d'État du 25 Fév. 1618, sur le restablissement des lectures publiques au collège des PP. Jésuites à Paris (2 ex) ; du 26 Avril 1618, par lequel il casse et révoque tous les décrets contraires à son arrest du rétablissement des lectures publiques au Coll. de Clermont. — Arrest du Parlement du 17 Mars 1626, contre les PP. du collège de Clermont. — Requeste, procès-verbaux, etc., pour faire condamner une doctrine pernicieuse particulièrement à la Vie des Rois, enseignée au collège de Clermont. *Paris*, 1644, 6 pièces en un vol. — Les mêmes avec la Reponse de l'Université à l'Apologie pour les Jésuites, 1644, etc.. 8 pièces en 2 vol.

1566. Tragédies representées au Collège de Clermont. 3 vol. in-12, basane.

Hadr. Jordani. Susanna, tragœdia. *Parisiis*, 1654. — Josephus fratres agnoscens, tragœdia. Auctore Gab. Fr. Le Jay. *Parisiis*, 1695. fig. (Première édition) — Martyre des SS. Innocens. — Sainte Herme-negilde (par Le Bas). — Martyre de St-Sébastien.
Louis XIV assistait à la représentation de Suzanne, et c'est à la suite de ce spectacle qu'il accorda une large protection au collège des Jésuites. L'ex. de Suzanne ici décrit porte une fleur de lys couronnée, répétée 4 fois sur chacun des plats.

1567. Collèges de Clermont et de Louis-le-Grand. 6 vol. in-4 et in-8, demi-rel. et 2 placards.

Agones mathematici ad arcem Copernicani systematis. Expugnatum in collegio Claromontano (p. Chr. Fr. de Lamoignon). *Parisiis*, 1663. — De Mundi systemate et architectura militari, positiones mathematicas propugnabit J. B. Colbert de Seignelay, in collegio Claromontano, Augusti 1668. — Exercice sur l'Histoire de France, par P. L. de Mortemart de Tonnay-Charente, au collège Louis-le-Grand. le 17 Août 1722. — Exercice sur l'Histoire romaine par B. Moufle de Georvile au collège Louis-le-Grand, le 9 Mars 1725. — Exercice de physique et de mathématiques, par R. N. C. A. de Maupeou, au collège Louis-le-Grand, le 13 Juillet 1731. — Programme d'études du collège Louis-le-Grand, 1791.

1568. Ludovico Magno. Theses ex universa philosophia dicat et consecrat Ludovicus a Turre-Arverniæ, princeps Turennis ; propugnabit in aula colleg. Claromontani, societ. Jesu die 13 Augusti anno 1679. (*Paris*, 1679), in-fol., cart.

Frontispice allégorique avec portrait de Louis XIV et encadrements gravés à chaque page par *Cassin*.

1569. Augustissimo Galliarum Senatu Panegyricis dictus in Regio Ludovici Magni Collegio a Jac. de La Baune. *Parisiis*, 1685, in-4, vign., veau.

La deuxième partie est intitulée : *Explication de l'appareil pour la harangue prononcée en l'honneur du Parlement de Paris.*
Deux en-têtes représentant l'Assemblée du Parlement, gravés par

Dolivar, d'après *Sevin,* et 11 planches avec de nombreux blasons des membres du Parlement, gravées par *Sevin.*

1570. Collège Louis-le-Grand, 4 vol. in-4, *brochés.*

Laudatio funebris Lud. Borbonii principis Gondæi, dicta die 17 Maii 1687, in regio Ludovici Magni Collegio a Jac. de La Baune. *Parisiis,* 1687, en-tête. — Devoirs funèbres rendus à la mémoire du prince De Condé, dans le collège des Jésuites (extrait). — Ser. Princip. Ludovici Franciæ Delphini laudatio funebris dicta IV. nonas Junias in Regio Ludovici Magni Collegio a P. Car. Porée. *Parisiis,* 1711. — Ludovici Magni Franciæ et Navarræ Regis laudatio funebris dicta in regio ejusdem Ludovici Magni Collegio a C. Porée, 1 Nov. 1715 *Parisiis,* 1715, en-tête avec portrait.

1571. Tragédies représentées et Ballets donnés au Collège Louis-le-Grand. 7 pièces in-4 en 4 vol., demi-rel. et 2 brochures.

L'Empire du Temps, ballet dansé le 12 Août 1705. — Cyrus, tragédie représentée le 12 Août 1705. — Saül, tragœdia, dabitur 10 Feb. 1706. — Le Mariage de Thésée et d'Hippolyte, ballet dansé le 1er Août 1725. Jonathas Machabée, tragédie, représentée le 5 Août 1733. — La Curiosité, ballet moral, dansé le 7 Août 1737. — Régulus, tragédie, représentée le 7 Août 1737.

Simples livrets, ces volumes présentent un certain intérêt, celui de donner les noms des élèves qui figuraient dans ces tragédies ou ballets.

1572. Collège Louis-le-Grand. 3 vol. in-4.

De principe qualis futurus sit oratio in Regio Ludovici Magni Collegio, a C. Porée, 6 Mart. 1717, *dérelié.* — In regales Ludovici XV et Mariæ nuptias, Carmina recitata in regio Ludovici Magni Collegio à Car. Porée, 1726 (portraits et emblèmes gravés par *Simonneau*; autographe du P. Porée et portraits ajoutés), in-4, demi-rel. — De Romæ regis ortu Carmen, (poème latin, par Mouzard) 1811, in-4, demi-rel.

1573. Collège Louis-le-Grand. 6 vol. et brochures.

In recuperatam Ser. Carnutensium Ducis Valetudinem editi in regio Ludovici Magni Collegio, 1739 (pièces en vers et en prose sur la convalescence du duc de Chartres.) — Sospiti Delphino regis semper Victoris filio optimo, gratulatur regium Ludovici magni Collegium, 1752. — 13 pièces, par les pensionnaires et professeurs du Collège Louis-le-Grand, sur la convalescence de Louis XV, dont 11 en un vol. in-4, demi-rel., etc.

1574. Collège Louis-le-Grand. 4 vol. in-4, demi-rel. et *brochés.*

Lettres du roy du 22 Sept. 1763, pour la translation et l'établissement dans le Collége Louis-le-Grand, du collège de Lisieux. — Représentation de l'archevêque de Paris au Roy (relatives à la réunion au Collége Louis-le-Grand, des Colléges de Cornouailles, de Presles et des Bons-Enfans.) *Paris,* 1769. — Lettres du 25 Juin 1769, accordant au Collège Louis-le-Grand, la jouissance des biens du Collège de Grandmont de Paris. — Déclaration du Roy du 3 Sept. 1778, concernant le Collége de Maître-Gervais, réuni à celui de Louis-le-Grand.

1575. Catalogue des livres de la Bibliothèque des ci-devant soi-disans Jésuites du collége de Clermont, dont la vente commencera le Lundi 19 Mars 1764. *Paris*, *Saugrain*, 1764, in-8, basane.

> Rare.

1576. Projets pour l'Amélioration et l'embellissement du 10⁰ Arrondissement, par Léon de Laborde. *Paris*, 1842, gr. in-8, pl., *broché*.

> On trouve dans cet ouvrage une excellente notice sur la construction du Collège Mazarin.

1577. Recherches historiques sur le collège des Quatre-Nations, d'après des documents inédits, par A. Franklin. *Paris*, *Aubry*, 1862, in-8, demi-rel. veau.

1578. Lettres du Roi du 30 mars 1781 portant réglement pour le Collège Mazarin. *Paris*, 1781, in-4, demi-rel.

> 2 autres exemplaires non reliés.

1579. Collége Mazarin, 3 vol. in-4.

> Ser. Principo Ludovico Burgundium duci. Cum Joannes Baptista et Jac. Cassini fratres, theses mathematicas de Optica in Collegio Mazarinæo die 10 aug. et in Observatorio die 2 Sept. 1691 (auth. M. Morain), 1691, in-4, en-tête, mar. rouge, armes, tr. dor. (*Petit*.) — Jonathas ou l'Innocent coupable, tragédie représentée au Collège Mazarin, le 8 août 1689. *Paris*, 1689, in-4, demi-rel. On y joint : Orpheus tragico-comoedia in aula Regia Palatii Parisiensis coram rege Christ. Ludovico XIV. *Parisiis*, 1647, in-4. demi-rel. (Dédié au Cardinal Mazarin et avec son portrait.)

1580. Thèses prononcées au Collège Mazarin. 3 vol. in-4, demi-rel.

> III. Nob. viro D. D. Henr. d'Aguesseau, theses philosophica IV aug. 1694 (par G. du Puys). — Nob. Nicolao de Saulx de Tavannes cum theses de universa philosophia VIII Maii 1708 (p. M. Brochard). — Theses philosophicas vovet ac consecrat. Nic. de Saulx de Tavannes, 24 Junii 1708, pro laurea artium.

1581. Collége Mazarin, 2 vol. in-4.

> Le Triomphe de la Reine après sa mort, poëme prononcé à la rentrée des classes le 3 oct. 1768, par Coger. *Paris*, 1769, in-4, *dérelié*. (On retrouve dans ce volume le ravissant portrait de la reine, gravé par *Gaucher*, d'après *Nattier*.) — In Aug. Serenissimi Delphini nuptias ode (p. F. Coger), 1770, in-4, demi-rel. (Armes de Louis XIV et de Marie-Antoinette sur le titre.)

1582. Introduction à la vie dévote du bien heureux François de Sales, evesque de Geneve. *Paris*, *Imprimerie royale*, 1641, in-fol. réglé, titre gravé, veau.

> Exemplaire donné comme prix au Collège Mazarin et aux armes du

Cardinal. Sceau du collège sur la feuille qui porte le nom de Basile Le Jeune, élève de rhétorique à qui fut décerné ce prix en 1719.

1583. Joannis Launoii Constantiensis, Parisiensis theologi, Regii Navarræ Gymnasii Parisiensis Historia. *Parisiis, apud viduam Edmundi Martini*, 1677, 2 tomes en un vol. in-4, basane.

L'auteur, Jean de Launoy était docteur de Navarre. Son histoire est pleine de recherches curieuses.

1584. Academia Parisiensis illustrata, quatuor partibus divisa, Iᵃ continet quæ ab anno 1304 usque ad annum 1640 in Regio Navarræ Gymnasio gesta sunt. IIᵃ Regiæ Navarræ Elogia. IIIᵃ Scriptores 134 scriptorumque vitam seu elogium, cum operum indice. IVᵃ Doctorum 163 qui bene acta vita clarverint, Elogium. Auctore Joan. Launoio, Constantiensi, Paris. Theologo. *Parisiis, apud viduam Edmundi Martini et Joannem Boudot*, 1682, 2 vol. in-4, vélin.

Cet ouvrage n'est autre que le précédent dont le titre et la dernière page ont été changés. Bel exemplaire.

1585. Collège de Navarre. 4 vol. et brochures.

Arrêt du 18 février 1677 concernant la réception des Bacheliers du collège de Navarre, in-4, *dérelié*. — Ser. principi Emm. Mauritio a Lotharingia cum theses philosophicas propugneret in Regia Navarra. Die 26 julii 1693 (auth. Benig. Caillet), in-4, demi-rel. — Mémoire pour Mess. Ph. Drouyn, docteur de la maison de Navarre et bibliothécaire de cette maison. 1699, in-fol. — Lettres du Roi du 19 déc. 1767, portant règlement du Collège de Navarre, in-4.

1586. Itinerarium Paridisi religios. patris artium ac sacre pagine prof. Parisiensis magistri Johannis Raulin.... complectens Sermones de Penitentia, etc...*Venundantur Parisius a Johanne Parvo* (In fine :) *Impressi Parisius per Bertholdum Rembolt. opera et expensis Johannis Petit*, anno 1518, in-4 goth. — Joannes Raulin, Sermones de eucharistia... *Parhisiis, Joanne Parvo* (1519) in-4 , fig. En un vol. in-4. fig. sur bois, vélin.

Les Sermons de Raulin doivent être rapprochés de ceux de Maillard, Menot, Barlette, etc. Ils sont entremêlés de citations, d'apologues et d'historiettes ; ainsi on y trouve la fable des *Animaux malades de la peste* et aussi un conte dont Rabelais a profité, celui de la veuve qui a dessein d'épouser son valet. Le curé qu'elle consulte lui répond d'écouter les cloches, et elle croit entendre alternativement les célèbres *Mariez-vous, Ne vous mariez pas.*

La plupart des sermons de Raulin furent prononcés à Paris où Raulin était directeur du collège de Navarre.

Bel exemplaire de ce rare volume.

1587. Recueil de pièces en prose et en vers latins adressés à M. Ant. Le Clerc de Juigné, archevêque de Paris, par les élèves du collége de Navarre. *S. l.*, 1753 , Manuscrit in-4, mar. rouge, dos orné, dent., tr. dor. (*Rel. anc.*)

Ce manuscrit d'environ 40 pages renferme des éloges en prose et en vers ; chacun de ces éloges est écrit et signé par son auteur:

Riche et belle reliure aux armes de M. de Juigné, qui avait été élève du collège de Navarre.

De la bibliothèque de M. le baron J. Pichon.

1588. Collège Sainte-Barbe, 2 vol. et mémoire ms.

Histoire du Collège Rollin (ci-devant de Sainte-Barbe) et des pension, communauté et collège qui constituent son origine, par Lefeuve. *Paris*, 1853, in-8, cart. toile. — Sainte-Barbe et les Barbistes, par M. Célestin. *Paris*, 1863, in-12. — Relation de la destruction des Communautés de Sainte-Barbe, 26 oct. 1730 , ms. autographe de 4 ff. in-4.

1589. Histoire de Sainte-Barbe, collège, communauté, institution, par J. Quicherat. *Paris*, *Hachette*, 1860, 3 vol. in-8, cart., *non rognés*.

1590. Sorbonne. 2 vol. in-4, demi-rel. et broché.

La Sorbonne en gloire et en deuil, ou discours historique de sa fondation, de son accroissement. *Paris*, 1643. — La Sorbonne, poëme, par M. Antoine Godeau, *Paris*, 1653.

1591. Sorbonne. 4 vol.

Histoire de la Sorbonne dans laquelle on voit l'influence de la théologie sur l'ordre social, par l'abbé J. Duvernet. *Paris*, 1790, 2 vol. in-8, basane — Notice sur la Sorbonne (par l'abbé de Foucault). *Paris*, 1818, demi-rel. — Une station à la Sorbonne, par l'abbé Henri Perreyve. *Paris*, 1865, in-8, *broché*.

1592. La Sorbonne, ses origines, sa bibliothèque, les débuts de l'imprimerie à Paris et la succession de Richelieu, d'après des documents inédits par Alfred Franklin. *Paris*, *Willem*, 1875, in-8, front. et fig., *broché*.

1593. Sorbonne, 2 vol. in-12.

P. Gemellii, doctoris theologi, orationes duæ pro Sorbonicis disputationibus habitæ, cum prioris personam in Sorbona Parisiensi sustineret. *Parisiis*, 1574, pet. in-8, veau, tr. dor. (*Petit*. — Arrest de la cour de Parlement, sur ce qui s'est passé entre les docteurs regënts de Sorbonne. et les religieux docteurs des quatre mendians, les 6 et 24 juillet et 1 août 1626. *Paris*, 1626, pet. in-8.

1594. Sorbonne. 3 vol. in-4, demi-rel. et *brochés* et 1 lettre.

Oratio in recenti funere Michaelis Tellerii, cum ei parisiensis Academia in æde Sorbonics parentaret, a M. A. Hersan, 4 Feb. 1686. *Parisiis*, 1686. — III. abbati de Fleury, cum pro tentativa a these - theologicas in Sorbona propugnaret, 7 Feb. 1737, carmen (a Steph. Jom Danet).— Discours sur la situation de l'Eglise prononcé dans l'Eglise d - la Sorbonne, le 6 janvier 1862, par Mgr. de Sura (Maret). *Paris*, 1862. — Lettre d'invitation à la thèse de l'abbé Desmaretz, 1714.

1595. La Sorbonne, 2 vol.

Les Tombeaux des Richelieu à la Sorbonne, 1867, in-8, demi-rel. — Plusieurs sortes de vers sur M. le Card. de Richelieu. Manuscrit in-fol de 24 pp., *broché*. (Curieux manuscrit du XVII⁰ siècle renfermant d = nombreuses pièces à la louange ou contre le Cardinal ; on y remarqu = plusieurs épitaphes pour son tombeau.)

1596. Collège du Plessis - Sorbonne. 3 brochures in - 4 e in-12.

Dessin d'une nouvelle méthode pour instruire la jeunesse présenté o MM. de Sorbonne sur l'établissement et l'ouverture du nouveau Colleg = de Plessis Sorbonne. *Paris*, 1653. — Factum pour la communauté de procureurs et boursiers du collége du Plessis, contre M. Ricard, maîstre-boursier, prétendant la principauté. S. l. — Arrêt du 27 août 177 a maintenant la veuve Michel et les grands-maîtres du collège du Plessis dans la possession et jouissance d'un droit de péage sur la Marne, a Gournay.

1597. Collège du Plessis-Sorbonne, 3 vol. in-4, demi-rel. et *dérelié*.

Ser. Delphino, theses philosophicas offerret die 21 Julii 1715 (a Thūberge). — Ser. Princeps. Emm. Th. a Turre Arveniæ Bullonio epicædium (à M. Ant. Hersant), 1675. — In institutam solemnem præmiorurn distributionem oratio die 4 Aug. 1749 a Fr. Nic. Guérin.

1598. Collège Stanislas, 5 vol. et brochures.

Mémoires de M. l'abbé Liautard, fondateur du Collège Stanislas, recueillis par M. l'abbé Denys. *Paris*, 1844, 2 vol. in-8, cart. toile. (L'abbé Liautard était fils de Mᵐᵉ Victoire fille de Louis XV et d'un argentier de la Couronne). — Annuaires du Collège Stanislas, 1872. 1873 et 1873-1874, 2 vol. in-12 , *brochés*. — L'abbé Lalanne, par d Lagarde, 1879.

1599. Collèges divers, 7 vol. et brochures.

Reconnaissance de revenus faits par le principal, receveur, etc., d Collège de Treguier au chapitre de l'église S. Marcel, pièce autographe signée par le principal, les receveurs, etc., 1634. 2 pp. in-fol. — Mis de Belbœuf. Notice sur le Collège des Trésoriers, 1861, (2 ex.) — Le Dialogue de la fortune et des habitans du collège des Trésoriers, par G. Pileur. 1649. — Lamartine. Inauguration du collège Arménier 1846. — Jourdain. Un collège oriental au 13ᵉ siècle. — La jeuness du collège à Mᵐᵉ la Dsse d'Orléans.

1600. Ecoles supérieures diverses. 7 vol. in - 4 , in - 8 e in-12, demi-rel.

L'Ecole des Carmes, par l'abbé Demimuid. *Paris*, 1871. — Recue des discours et pièces de poésie prononcés le 1er Brumaire an VII, aux Ecoles centrales, 1797. — *Dialogi selecti ad usum scolæ Regio-militaris,* curante Jos. Valart. *Parisiis,* 1768. — L'école des Mines, par Jaubert, 1867, *broché.* — Ecole vétérinaire d'Alfort : Mémoire sur les Epizooties, 1770 ; Raisons de l'inutilité de cet établissement, par Lafosse. — Mémoire pour Louis Delhéraud, baron de Bornes, pour instruire le comité des Finances de ce qui s'est passé au sujet de la vente du château d'Alfort au Roi, pour y établir l'école vétérinaire (en 1765). *Paris,* 1790, in-4, demi-rel.

1601. Ecole des Chartes et Musée des Archives, 10 vol. in-4, demi-rel. et brochures.

Delpit. Notice sur l'école des Chartes. *Paris,* 1839 — Réglement de de la société de l'école des Chartes, fondée le 24 Mars 1839. — Séance d'inauguration de l'école des Chartes, 5 Mai 1847. (On a relié à la suite 12 lettres autographes de savants ayant fourni des articles au Bulletin, MM. Eug. Janin, Bordier, Barthélémy, Floquet, etc.) — Requête par la société de l'école des Chartes à l'effet d'être reconnue d'utilité publique. *Paris,* 1854. — Livret de l'Ecole des Chartes, 1852. — Lettre sur l'article de M. Paris, insérée dans la bibl. de l'Ecole de Chartes, par Genin, 1851. — N. de Wailly. Mémoire sur les tablettes de cire conservées au trésor des Chartes et Addition à ce Mémoire, 1849, in-4. — Douet d'Arcq, chef de la section historique aux archives, notice par Bordier, 1885. — Le musée des Archives de l'Empire, par Léon Gautier. *Paris,* 1868.

1602. Histoire de l'Ecole polytechnique, par A. Fourcy. *Paris,* 1828, in 8, demi-rel. (ex. Guizot). — Précis historique sur l'Ecole polytechnique licenciée sous le ministère Soult-Guizot. *Paris,* 1844, in-18, demi-rel.

1603. Petites Ecoles de Paris, 6 vol. in-4 et in-12.

De Academia Parisiensi. Qualis primot fuit in insula et episcoporum scholis liber. Auct. Cl. Hemeræo. 1637, in-4, vélin. — Statuts et Réglemens des Petites Ecoles de Grammaire de la Ville, Cité, Université, Fauxbourg de Paris, avec quelques arrêts touchant les dites écoles, imprimez par l'ordre et authorité de Cl. Joly et par les soins de Mre Martin Sonnet. *Paris,* 1672, in-12, vélin. — Traité historique des écoles épiscopales et ecclésiastiques, pour les droits des chantres, chanceliers et écolastres des églises cathédrales de France et particulièrement du chantre de l'Eglise de Paris sur les écoles qui leur sont commises, par Mre Claude Joly. *Paris,* 1678, in-12, veau. —Ecritures pour Me C. Joly contre les Recteur, Doyen de l'Université de Paris pour servir de réponse au libelle intitulé : Factum ou traitté historique des écoles de l'Université de Paris en général, in-4. demi-rel. — Instruction méthodique pour l'école paroissiale dressée en faveur des petites écoles, par M. I. D. B. *Paris,* 1685, in-12, veau. —Réponse pour Marie Willerwal, Marie Fouillet, etc, ouvrières en linge et en dentelle, au mémoire des maîtres des Petites-Ecoles, (qui les avaient fait saisir, comme ayant des jeunes filles en pension chez elles), 1766.

Volumes fort rares. Cl. Joly, Chanoine de Notre-Dame, fut poursuivi par l'Université pour son *Traité des écoles,* dans lequel, après Claude Hémery, il considère l'Université comme un simple développement des écoles fondées par les évêques autour du Cloître de Notre-Dame. L'Université y répondit par un *Factum* fort violent, attribué à Pourchot, et auquel Joly opposa les *Ecritures* ci-dessus. A la fin du volume des

Ecritures, on trouve la liste des chantres de l'église de Paris de 990 à 1671. Voy. Ch. Jourdain, *Histoire de l'Université*, p. 268. L'ex. des *Statuts* a été vendu 55 fr et les frais à la vente Le Roux de Lincy.

1604. Première éducation des Enfans, ou l'on trouve un alphabet ingénieux pour apprendre avec la plus grande facilité à bien lire le françois, dressée en faveur des Petites-Ecoles, par M. Pitel-Préfontaine. *Paris*, 1786 pet. in-8 carré, mar. rouge, dos orné, fil., tr. dor.(*Rel. anc.*

> Exemplaire aux armes de Cʜ. ᴅᴜ Pʟᴇssɪs ᴅ'Aʀɢᴇɴᴛʀᴇ́, évêque d - Tulle. On a ajouté deux charmantes gravures coloriées à l'époque, représentant l'intérieur d'une école de garçons et une de filles.

1605. Ecoles primaires de Paris, 19 vol. et brochure; in-8.

> Observations pour les instituteurs par Larret, 1799. — Mémoire sur la méthode Jacotot, 1826. — Manuel de la citolégie. 1828. — Des besoins de l'enseignement; guide des maîtres pour la lecture —Rapport au Roi sur l'instruction primaire, 1834. — De la construction des Maisons d'Ecole, par Bouillon. 1834. — Guide des écoles primaires. — Rapport sur les écoles primaires de Paris par Pompée, 1839. — De l'instruction intermédiaire par St-Marc Girardin, 1847.

1606. Ecoles chrétiennes de Paris, 8 vol in-8, demi-rel et *brochés*.

> Mémoire historique sur la ci-devant Communauté des Ecoles chrétiennes du faub. S. Antoine, par Renaud. *Paris*, 1804. — L'Institut des frères des Ecoles chrétiennes et les nouvelles écoles à la Lancastre *Paris*, 1817 (1ʳᵉ et 2ᵉ édition). — Des nouvelles écoles à la Lancastre comparées avec l'enseignement des frères, par D. Bergeron. *Paris*,1817. — Vie de M. Foissin, supérieur des écoles chrétiennes du faub S.Antoine, 1804.—Vie du frère Philippe, supérieur général de l'Institut des frères des Ecoles chrétiennes, par Poujoulat. *Tours*, 1874, port. d'après *H. Vernet*, etc.

2. *Histoire Littéraire.*

a. Institutions littéraires. Académie française.

1607. Institutions littéraires et scientifiques de Paris 6 vol. in-8, demi-rel. et *brochés*.

> Recueil comprenant : Séance de l'Académie française du 30 Mars 1789; Des Académies par Chamfort; De l'Académie réponse à Chamfort par M. Morellet; Création de l'Institut ; Ecole centrale des travaux publics; Ecole polytechnique par Prieur; etc. (17 pièces). — Les Compagnies littéraires en France avant le XVIIᵉ siècle par Le Roux de Lincy. 1841. — Les petits Mystères de l'Académie française, par Arthur de Drosnay, 1844. — Etude sur l'abbé Dubos, secrét. perpét. de l'Académie française par Aug. Morel, 1850. — Académie des Inscriptions : Rapport sur les antiquités historiques de la France, 1821. — Programme de l'Athénée de Paris pour 1813.

1608. RELATION contenant l'Histoire de l'Académie Françoise, (par Pellisson). *A Paris, chez Pierre le Petit*, 1653, in-8, veau.

> Bel exemplaire en GRAND PAPIER de l'EDITION ORIGINALE portant sur les plats de la reliure les armes et le chiffre de Denis de SALLO, sieur de La Coudray. De la bibliothèque de M. Guizot.

1609. Relation contenant l'Histoire de l'Académie françoise (par Pellisson). *Paris, Aug. Courbé*, 1653, in-8, mar. rouge, dos orné, double rangée de fil., tr. dor. (*Hardy.*)

> EDITION ORIGINALE. Bel exemplaire.

1610. Histoire de l'Académie françoise, depuis son établissement jusqu'à 1652, par M. Pellisson. Avec des remarques et des additions (par d'Olivet). *Paris, J. B. Coignard*, 1730, 2 vol. in-12, veau fauve.

1611. Histoire de l'Académie française par Pellisson et d'Olivet, avec une introduction, des éclaircissements et notes par M. Ch. L. Livet. *Paris, Didier*, 1858, 2 vol. in-8, *brochés*.

1612. Histoire des quarante Fauteuils de l'Académie française, depuis sa fondation jusqu'à nos jours, par M. Tyrtée Tastet. *Paris*, 1844-1855, 4 vol. in-8, *brochés*.

1613. Les Sentimens de l'Académie Françoise sur la tragicomédie du Cid (rédigés par Chapelain, assisté du cardinal de Richelieu). *A Paris, chez J. B. Coignard*, 1701, in-12, mar. brun, fil. à froid, tr. dor. (TRAUTZ-BAUZONNET.)

> Edition très-rare, non citée par M. PICOT dans sa *Bibliographie Cornélienne*.

1614. Le Duel aboli. *Paris, P. le Petit*, 1671, in-4 de 4 ff. dérelié.

> Poème ayant remporté à l'Académie le prix fondé par Balzac.

1615. Académie française, 2 vol. in-4, veau fauve et cart.

> Panégyrique du Roy Louis quatorzième, prononcé dans l'Académie française (par Pellisson, le 3 février 1671, à la réception de Harlay de Chanvallon, archev. de Paris). *Paris*, 1671. — Panégyrique de Saint Louis prononcé à l'Académie françoise, le 25 Août 1743, par le P. Griffet. *Paris*, 1743.

1616. Oraison funèbre de Marie Terese d'Austriche, prononcée dans la Chapelle du Louvre, le 24 jour de Janvier 1684, en présence de MM. de l'Académie françoise, par

M. l'abbé de la Chambre. *Paris, G. Martin*, 1684, in-4, *dérelié*.

> Fleuron de titre avec le portrait de la reine, en-tête, lettre ornée et cul-de-lampe par *S. Le Clerc*.

1617. Académie française, 2 vol. in-12, basane.

> Factum (3) pour Messire Antoine Furetière, abbé de Chalivoy, contre quelques-uns de l'Académie françoise. *Amsterdam*, 1688. — Plan et dessein du poëme intitulé les Couches de l'Académie, par Furetière, 1687. — L'enterrement du dictionnaire de l'Académie. (attribué à Furetière). *S. l.*, 1697.

1618. Académie française, 3 vol. in-12, basane.   •

> Recueil de plusieurs pièces d'Eloquence et de Poësies, présentées à l'Académie française pour les prix de l'année 1691. *Paris*, 1691. — Recueil des deux premières pièces d'Eloquence qui ont été imprimées par ordre de l'Académie françoise depuis l'année 1671 jusqu'à présent. *Rotterdam*, 1707, 2 vol.

1619. Académie française, 6 brochures in-4 et in-12.

> Remerciement de M. de La Monnoye à MM. de l'Académie françoise, 1726. — Discours qui a remporté le prix d'Eloquence en 1741, par M. de Montmirel. — Etude sur la Vie et les ouvrages de Saint-Evremond, par Gidel. *Paris*, 1866, etc.

1620. Oraisons funèbres prononcées dans la Chapelle du Louvre, en présence de MM. de l'Académie française, par M. l'abbé de Boismont. *Paris*, 1766-1774, 3 vol. in-4, cart.

> Oraisons funèbres de Mgr le Dauphin, 1766; de Marie Leczinska 1768 ; de Louis XV, 1774.

1621. Discours de reception prononcés à l'Académie française, 8 brochures in-4, demi-rel. et *brochés*.

> D'Alembert, 1754. — Parny, 1803. — Lacretelle aîné et réponse de Morellet, 1804. — De Quélen. — Ponsard. — Prince de Broglie. — Duc d'Aumale. — Réponse du duc d'Aumale à M. Rousse, 1881.

1622. Académie française, 3 vol. in-4, *brochés*.

> Discours de réception de Victor Hugo, 1841 ; d'Alfred de Musset 1852 (ex. taché). — Discours prononcés par Alfred de Musset et de Salvandy à l'inauguration des statues de B. de Saint-Pierre et de C. Delavigne, au Havre, 1852.

1623. Discours de réception prononcés à l'Académie française, 24 vol. in-4.

> Ancelot. — Duc de Broglie. — Daru. — Camille Doucet. — Doucet. Dupanloup. — Lacordaire. — Card. Maury. — Ponsard. — De Quélen, etc.

b. Académie des Inscriptions et Belles-Lettres.

1624. Histoire de l'Académie royale des Inscriptions et Belles-Lettres, depuis son établissement jusqu'à présent (par Gros de Boze). *La Haye*, 1718-1724, 2 vol. in-12, front. et fig., veau.

1625. HISTOIRE de l'Académie Royale des Inscriptions et Belles-Lettres, depuis son établissement, avec les éloges des académiciens morts depuis son renouvellement. *Paris, H.-L. Guérin*, 1740, 3 vol. in-8, front., mar. rouge, dos orné, fil., tr. dor. (*Rel. anc.*)

> L'*Histoire* est l'œuvre de Gros de Boze, une partie des *Eloges* de l'abbé Tallemant, le Catalogue des ouvrages des Académiciens décédés de l'abbé Goujet.
> Bel exemplaire aux armes du Chancelier D'AGUESSEAU. –

1626. Histoire de l'Académie Royale des Inscriptions et Belles-Lettres, depuis son établissement. *Paris, Guérin*, 1740, 3 vol. in-8, front., veau.

c. Bibliothèques publiques et particulières.

1627. L'ancienne Académie des Inscriptions et Belles-Lettres, par Alfred Maury. *Paris, Didier*, 1864, in-8, demi-rel., mar. bleu.

> Exemplaire du comte de Laborde.

1628. Alfred Maury. L'ancienne Académie des Inscriptions et Belles-Lettres. — L'ancienne Académie des Sciences. *Paris, Didier*, 1864, 2 vol. in-8, *brochés*.

1629. De l'organisation des Bibliothèques dans Paris, par le comte de Laborde (1re, 2e, 4e et 8e lettres). *Paris, A. Franck*, 1845, 4 vol. in-8, fig., demi-rel. mar. rouge, tête dor.

> La Bibliothèque occupe le centre topographique et intellectuel de Paris ; Critique des projets présentés pour le déplacement de la Bibliothèque ; le Palais Mazarin et les habitations de ville et de campagne au XVIIe siècle ; Etude sur la construction des Bibliothèques.

1630. Bibliothèques parisiennes, 9 vol. in-8 et in-12, demi-rel. et brochures.

> Essai historique sur la Bibliothèque du Roi (par Le Prince aîné.) *Paris*, 1782, in-12. — Lettre sur l'état actuel des Bibliothèques publiques de Paris, par Ternaux-Compans. *Paris*, 1837. — Missel de

Jacques Juvénal des Ursins, cédé à la ville de Paris, par A. Firmin-Didot. *Paris*, 1861. — Rapport sur les pertes éprouvées par les Bibliothèques de Paris en 1870-1871, par Baudrillart. *Paris*, 1871. — Un coin du tableau, mai 1871. Catalogue raisonné d'une Collection d'ouvrages détruite au palais du Conseil d'Etat, par Patrice-Salin. *Paris*, 1872. — Voyages littéraires sur les Quais de Paris, par Fontaine de Resbecq. *Paris*, 1857. — Rapport sur la bibliographie, par Grégoire, an 2. — Notices biographiques sur Charles de l'Escalopier. *Paris*, 1866.

1631. Inventaire de la Bibliothèque du roi Charles VI, fait au Louvre en 1423 par ordre du régent, duc de Bedford (publiés par L. Douet d'Arcq). *Paris, Société des bibliophiles*, 1867, in-8, demi-rel. mar. vert, tête dor.

> Ce catalogue, qui comprend 832 numéros, est un des plus anciens connus ; il est précédé d'une introduction et suivi d'appendices, parmi lesquels nous remarquons un *Legs de Livres faits à la Sorbonne par Nicolas de Wrigny, chanoine et pénitencier de Coutances en décembre 1624*, et d'une table.

1632. Advis a nosseigneurs sur la vente de la bibliothèque de M. le Card. Mazarin (par G. Naudé). *S. l. n. d.* (*Paris*, 1649), in-4, demi-rel.

> Contient aussi l'inscription faite par Naudé pour consacrer l'établissement de la Bibliothèque de Mazarin, 1 placard in-4.

1633. Bibliothèque nationale, 7 vol. et brochures.

> Essai historique sur la Bibliothèque du Roi et sur chacun des dépôts qui la composent (par Le Prince aîné). *Paris*, 1782, in-12. (Voy. sur cet ouvrage un article de M. Omont dans le *Bulletin de l'Histoire de Paris*, XI, 139). — Recherches sur une ancienne Galerie du palais Mazarin où se trouve maintenant le département des Estampes, par Duchesne aîné, 1854, in-8 (2 ex.). — De la Bibliothèque royale et de la nécessité de commencer, achever et publier le catalogue général des livres imprimés, par M. Paulin Paris. *Paris*, 1847, in-8. — Recherches sur la classification bibliographique, suivies d'une application à la bibliothèque royale, par Albert. *Paris*, 1847, in-8. — La Bibliothèque impériale, son organisation, son catalogue, par un bibliophile (Alfred Franklin). *Paris*, 1861, in-2. — Georges Duplessis. Le Cabinet du Roi *Paris*, 1869, in-4.

1634. Bibliothèque du Roi, 2 vol. in-4 et in-8.

> Eloge historique du Père G.-F. Berthier, garde de la Bibliothèque du Roy, par Montjoye. *Paris, Impr. royale*, 1817, portr., cart. (Curieux exemplaire aux armes de la duchesse d'Angoulême avant qu'elle fût dauphine).—Ill. abbati Camillo de Louvoy, regiæ bibliothecæ præposito. cum loca Virgilii difficillima enodaret et exponeret. Ode à Nic. Tavernier, 1688, demi-rel.

1635. Bibliothèque du Louvre. 2 vol. et brochures.

> Édit de janvier 1720, portant réunion de la charge de garde particulier des livres au Louvre, à celle de maistre de la librairie et garde de la bibliothèque du Roy, 2 ff. in-4, br. — Les Manuscrits de la

Bibliothèque du Louvre brûlés dans la nuit du 23 au 24 mai 1871, sous le règne de la Commune, par Louis Paris. *Paris*, 1872, in-8, demi-rel., chagrin vert.

1636. Bibliothèque Mazarine, 3 vol. in-8 et in-12.

Notice historique sur la Bibliothèque Mazarine, par Petit-Radel. *Paris*, 1819, portr. — Histoire de la Bibliothèque Mazarine, depuis sa fondation jusqu'à nos jours, par Alfred Franklin. *Paris*, 1860, demi-rel., mar. — Préface du Catalogue de la Bibliothèque Mazarine rédigée en 1751 par P. Desmarais, traduite et annotée par Franklin. *Paris*, 1867.

1637. Bibliothèque Sainte-Geneviève, 2 vol. in-8, demi-rél.

Histoire de la Bibliothèque Sainte-Geneviève, précédée de la Chronique de l'abbaye, de l'ancien collège de Montaigu et des monuments voisins, par A. de Bougy; suivi du catalogue des ouvrages manuscrits et imprimés relatifs à Sainte-Geneviève, par P. Pinçon. *Paris*, 1847. — — Rapport sur les collections scandinaves de la Bibliothèque Sainte-Geneviève, par Mongin. *Paris*, 1873.

1638. Le Cabinet de la Bibliothèque de Sainte-Geneviève, divisé en deux parties. Contenant les antiquitez de la religion des chrétiens, des égyptiens et des romains ; des tombeaux, des monnoyes, des pierres antiques gravées, etc., par le R. P. Claude du Molinet. *Paris, Ant. Dezallier*, 1692, in-fol., front. et pl., basane.

1639. Rymaille sur les plus celebres Bibliotieres de Paris, par le Gyrouague Simpliste. *S. l.*, 1649, in-4 de 2 ff., *dérelié*.

Première édition fort rare.

1640. Rymaille sur les plus célèbres Bibliotieres de Paris, par le Gyrouague Simpliste. *S. l.*, 1649 (*Paris, vers 1830*), in-4, demi-rel. — Rymaille sur les plus célèbres Bibliotières de Paris en 1649, avec des notes par Alb. de La Fizelière. *Paris*, 1869, in-8, *broché*.

1641. Rymaille sur les plus célèbres bibliotières de Paris en 1649. Avec des notes et un essai sur les autres bibliothèques du temps, par A. de la Fizelière. *Paris, Aubry*, 1868, in-8, demi-rel. dos et coins mar. brun, tête dor., éb. (*Raparlier.*)

Papier teinté, tiré à petit nombre.

1642. Le Mirouer du Bibliophile parisien, où se voyent au vray le naturel, les ruses et les joyeulz esbattements des fureteurs de vieilz livres (par Bonnardot). *Paris, Giraudet et Jouaust*, 1848, in-12, veau rouge, dos orné, fil., tr. dor. (*Raparlier.*)

d. Imprimerie et Librairie.

1. HISTOIRE. RÈGLEMENTS.

1643. Imprimerie et librairie de Paris. 3 vol. et *brochure.*

Histoire de l'Imprimerie et des arts et professions qui se rattachent à la typographie, par P. Lacroix, Ed. Fournier et F. Seré. *Paris,* 1852, in-8, fig , demi-rel. — Voyage pittoresque en France, par Dibdin, (lettre 30e concernant l'imprimerie et la librairie de Paris.) *Paris,* 1821, in-8, cart. — Aperçu sur les progrès de la Typographie depuis le XVIe siècle et sur l'état de l'imprimerie à Paris, par A. Duprat. *Paris,* 1863, in-8.

1644. Histoire de l'Imprimerie et de la Librairie., où l'on voit son origine et son progrès jusqu'en 1689. Divisée en deux livres (par La Caille). *Paris, Jean de la Caille,* 1689, in-4, fig., veau.

La plus grande partie de l'ouvrage est consacrée à l'histoire de l'imprimerie à Paris. On a relié à la suite l'*Edit du Roy pour le règlement des Imprimeurs et Libraires de Paris,* du 21 août 1686. Paris, 1687.

1645. L'Origine de l'imprimerie de Paris. Dissertation historique et critique. Divisée en quatre parties, par André Chevillier. *Paris, Jean de Laulne,* 1694, in-4, bas

Ouvrage estimé.

1646. Origine de l'imprimerie a Paris, d'après des documents inédits, par Jules Philippe. *Paris, Charavay.* 1885, in-8 carré, fig. et fac-similés, *broché.*

Travail remarquable par sa précision.

1647. Histoire de l'Imprimerie royale du Louvre, par Auguste Bernard. *Paris, Impr. impériale,* 1867, in-8 demi-rel. mar. vert, tête dor., éb.

1648. Imprimerie et librairie. 3 vol. in-4, cart.

Pièce pour le Recteur de l'Université pour justifier du droit d'avc̄ 24 libraires jurez d'après l'édit de mai 1571. — Lettres pour le règlement des libraires, imprimeurs et relieurs de Paris du 13 juillet 161 . *Paris,* 1621, (ex. portant la signature de Chappelet, syndic). — Régle ment pour la librairie et imprimerie de Paris, arrêté le 28 février 17 ; *Aix,* 1744. A la suite, Arrêt du 10 juillet 1745 portant règlement s : l'examen, impressions et débit des livres et Arrêt du 14 juillet 17 portant règlement pour les inventaires et prisées des bibliothèques cabinets de livres, manuscrit.

1649. Imprimerie et librairie. Arrêts, Ordonnance. Réglement, etc. 21 pièces in-4, *déreliées.*

Remerciment des imprimeurs à Mazarin, 1649. — Actes concerne le pouvoir et la direction de l'Université de Paris, sur les écrivains des livres et les imprimeurs qui leurs ont succédé, comme aussi sur les libraires, relieurs, etc. 1652. — Arrêt du 6 oct. 1667, règlement pour l'impression, vente et débit des livres. — Lettres et arrêts portant règlement pour la librairie du 2 octobre 1701. — Arrêt portant défense aux compagnons imprimeurs de faire aucune communauté, confrairie, 1702, — Déclaration du 6 oct. 1703, qui confirme les libraires et imprimeurs de Paris dans leurs droits. — Arrêt du 3 Mars 1704, règlement pour la réception d'imprimeurs-libraires au nombre de trente-six. — Arrêt du 3 déc. 1705 servant de règlement pour les libraires et imprimeurs, etc., etc.

1650. Edit du Roy du 21 Août 1686, pour le réglement des Imprimeurs et Libraires de Paris. — Edit du Roy du 7 Septembre 1686, pour le réglement des relieurs et doreurs de livres. *Paris, D. Thierry*, 1687, in-4, *broché.*

1651. Edit du Roy, pour le Règlement des Imprimeurs et des Libraires de Paris, registré en Parlement le 21 Août 1686. *A Paris, de l'Impr. de Le Mercier*, 1731, in-12, mar. rouge, dos orné, dent., tr. dor. (*Rel. anc.*)

Exemplaire aux armes de la Corporation des libraires et imprimeurs de Paris. On trouve à la suite : *Règlements pour la librairie et l'imprimerie de Paris arresté au conseil d'état du Roy le 28 février 1723.*

1652. Imprimeurs et Libraires de Paris. 3 vol. in-12, veau et *broché.*

Edit du Roy pour le règlement des Imprimeurs et des Libraires de Paris. *Paris*, 1731. — Règlement pour la Librairie et Imprimerie de Paris, 1731. — Code de la Librairie et Imprimerie de Paris ou Conférence du règlement arrêté au conseil d'Etat, le 28 Fév. 1723 ; avec les anciennes ordonnances (par Saugrain). *Paris*, 1744. — Almanach de la Librairie, 1778.

1653. Code de la Librairie et Imprimerie de Paris, ou conférence du réglement arrêté le 28 février 1723 (par Saugrain). *Paris*, 1744, in-12, mar. rouge, dos orné, dent., tr. dor. (*Rel. anc.*)

1654. Imprimerie et librairie. 38 pièces en un vol. in-4, demi-rel. mar. rouge.

Arrêts et déclarations portant règlement de la librairie et imprimerie, 1749 (20 pièces séparées réunies sous ce titre collectif imprimé.) Rymaille sur les plus célèbres bibliotières de Paris (vers 1830), ex. sur papier rose. — Musique typographique — Nos 102-105 du *Blätter für literarische Unterhaltung*, 1841, (contenant 4 articles sur l'Imprimerie.) — (Mémoire sur la litho-typographie par P. Dupont, 1839. — Daunou. Notice sur les ouvrages de Van Praët. — Nodier, l'Amateur de livres. — Pertz, Über die gedruckten ablassbriefe von 1454 und 1455. *Berlin*, 1857. — Notice sur la gravure sur pierre en relief, etc., etc. De la bibliothèque de M. de LABORDE.

1655. Imprimerie et librairie de Paris. 11 vol. et brochures.

> Mémoire présenté à l'Assemblée pour le corps des libraires et imprimeurs, 1790. — Trois lettres de M*** (de Miremont) à un libraire de ses amis, 1779-1780. — Mémoire sur le rétablissement de la communauté des imprimeurs de Paris, 1806. — Idée sur les causes de l'anéantissement de l'imprimerie, par Jacob, 1806. — Jacquemin Gringonneur et N. Flamel, par D'Ouet. — Notices sur L. C. Silvestre, sur A. F. Didot, etc.

1656. Papier et Parchemin, Arrêts de 1674, 3 pièces in-4 *déreliées*.

> Arrêts portant établissement d'un droit sur le papier et le parchemin ; qui règle ce nouveau droit; exemption du droit de marque sur le papier servant aux impressions.

1657. Arrêt (du 30 juin 1565) contenant défenses d'imprimer ne vendre certains livres défendus et outre d'imprimer nuls autres livres sans la permission du Roy ou du Parlement. *Paris, Jehan Dallier*, 1565, pet. in-8 *dérelié*.

> Pièce très-rare. On y trouve les titres des livres interdits parmi lesquels nous citerons l'*Alcoran des Cordeliers*, le *Livre des Marchands*, la *Vie des papes*, les *Remontrances de la Noblesse du Maine*, etc.

1658. Imprimerie et librairie, Arrêts, Défenses d'imprimer, Suppression de livres, etc. 15 pièces in-4, *déreliées*.

> Défenses d'imprimer aucuns arrêts sans permission expresse du 1 Janvier 1690. — Défenses d'imprimer aucuns factums, requêtes ou mémoires pour les Parties, 11 août 1696. — Arrêt du 5 Nov. 1705 portant défense d'imprimer aucuns libelles sur les contestations concernant la doctrine de Jansenius. — Arrêt qui confisque la bibliothèque critique de Saint Jore, etc.

1659. Arrêts et mandements portant condamnation de divers ouvrages, 1 vol. in-12 veau et 7 brochures.

> Mandement portant défense de lire l'Histoire du peuple de Dieu, 1753. — Mandement portant condamnation du livre : de l'Esprit, 1758 ; du livre Emile ou de l'Education, 1762 ; du livre Bélisaire, 1768. — Censure de la faculté de théologie contre Bélisaire, 1765, in-12, etc.

2. Libraires, Ventes de livres, Imprimeurs en taille-douce, Relieurs.

1660. Catalogue chronologique des Libraires et Libraires-imprimeurs de Paris, depuis l'an 1470, jusqu'à présent (par Lottin). *Paris, Lottin*, 1789, 2 parties en un vol. in-8, demi-rel.

> Très-rare. Livre indispensable à quiconque s'intéresse à l'histoire de

l'imprimerie de Paris. Les recherches ont été faites sur l'ancien registre de la corporation.

1661. **Chronologie historique de Messieurs les Curés de Saint-Benoît. Depuis 1181 jusqu'en 1752, avec quelques anecdotes sur plusieurs Personnes de considération enterrées dans Saint-Benoît et sur différens articles qui concernent la Paroisse, par Jean Bruté, curé de Saint-Benoît.** *Paris, Guill. Desprez,* 1752, in-12, 8 portr., veau. *(Padeloup.)*

> Ce rare volume est important pour l'histoire des imprimeurs célèbres demeurant dans le quartier Saint-Benoît ; on y trouve la biographie des *Lenoir, Chaudière, Badius, Vascosan, Morel, Harsy, Gering, Kerver, Chevillier,* etc., et aussi quelques renseignements sur les graveurs *Lenfant, Randon, Hortemels, Poilly, Edelinck, Audran, Cars, Scotin, Tardieu,* etc.
>
> Bel exemplaire.

1662. **Mémoire sur les vexations qu'exercent les libraires et imprimeurs de Paris.** *S. l. n. d., (Paris, vers* 1720), in-fol. de 16 pp., cart.

> Ce libelle très-rare et très-curieux est attribué à l'abbé Blondel.

1663. **Imprimerie et librairie de Paris, 8 pièces en un vol. in-8, veau.**

> Discours sur les affaires actuelles de la Librairie, 1777. — Lettre à M. de *** (Neuville), au sujet des nouveaux arrêts de la librairie, 1778. — Lettre sur la suppression de la charge de Bibliothécaire du Roi. 1787. — Mémoire sur le rétablissement de la communauté des Imprimeurs de Paris, par Stoupe, 1806. — Commentaire et éclaircissement sur l'imprimerie et la librairie, par Ravier, 1808, etc.

1664. **Vente des livres à Paris, 4 pièces in-4, *déreliées.***

> *Règlement pour la vente des livres à Paris du 5 sept.* 1711. — Id. du 25 novembre 1711. — Du 25 février 1716 qui ordonne que les prisées des imprimeries et des livres seront faites par des imprimeurs ou libraires, etc.

1665. **Imprimeurs en taille-douce. 3 pièces in-4, *déreliées.***

> Érection et établissement des imprimeurs en taille-douce en corps et communauté du 27 février 1692 ; Règlements et statuts pour la communauté des imprimeurs en taille-douce de Paris, 1694, etc.

1666. **Relieurs. Arrêts, Mémoires, etc. 5 pièces in-4, *déreliées.***

> Arrêt du 11 janvier 1698 portant défenses de recevoir à la maîtrise d'imprimerie et de librairie aucun fils de relieur. — Arrêt du 26 juillet 1700 qui permet aux relieurs de continuer à relier à la grecque tous les petits usages, livres classiques et autres petits livres. — Sentence du 6 mai 1712 qui ordonne que les relieurs et doreurs feront des apprentis. — *Sentence entre les maîtres relieurs et doreurs et les maîtres peaus-*

siers-teinturiers en cuirs concernant les achats des cuirs de peau de veaux dits d'alun du 10 juillet 1714.

1667. STATUTS ET RÉGLEMENTS pour la communauté des maistres relieurs et doreurs de livres de la Ville et Université de Paris, entrepris et rédigés du tems et par les soins des sieurs Bonnet, Alexis Ducastin, P. Anguerrand et Monvoisin ; obtenus du tems et par les soins des sieurs P. Anguerrand, Monvoisin, Auvray et Boutault et enregistrés et imprimés du temps et par les soins des sieurs Auvray, Boutault, Sauvage et Badeirre, tous anciens gardes en charge de ladite communauté. *Paris, Le Mercier*, 1750, in-12, mar. bleu, dos orné, fil. à froid, tr. dor. *(Rel. anc.)*

Livre rare et curieux, indispensable pour l'histoire des relieurs du dix-huitième siècle, contenant les statuts qui règlent :

1º Les prérogatives, immunités, droits des maistres *Relieurs* et *Doreurs* de Paris.

2º Les Arrêts rendus contre la Communauté des maîtres Papetiers s'opposant à l'enregistrement des Statuts ci-dessus.

3º L'Édit du Roi pour les Relieurs et Doreurs de livres du 7 septembre 1686.

4º Différentes délibérations de la Communauté des Maîtres relieurs.

5º La Liste des Maîtres Relieurs et doreurs de livres de Paris qui ont été Gardes de la Communauté depuis l'année 1686, jusqu'à présent (1750).

Bel exemplaire provenant de M. le baron Jérôme PICHON, avec une note de sa main sur la garde. L'exemplaire de la vente Béhague a été vendu 245 fr. et les frais.

3. SPÉCIMENS D'IMPRESSIONS PARISIENNES.

1668. CHRONIQUES DE FRANCE (appelées Chroniques de Saint-Denys, depuis les Troïens jusqu'à là mort de Charles VII en 1461). *Fait à Paris, en lostel de Pasquier Bonhome.... le XVIᵉ jour de janvier, l'an de grace mil cccc lxxvi*, [1476], 3 vol. in-fol. goth. à 2 col., veau.

PREMIÈRE ÉDITION de ces Chroniques et le premier livre avec date imprimé à Paris.

Nous ne possédons que le 1ᵉʳ volume sur les trois dont se compose l'ouvrage. La souscription que nous avons donnée ci-dessus se trouve à la fin du 3ᵉ vol. La réunion des 3 volumes est de la plus grande rareté et on n'en peut guère citer un exemplaire complet.

Ce premier volume comprend 295 ff., dont les deux premiers renferment le *Prologue* et la *table des chapitres* ; au vº dn dernier f. on lit : *Cy finissent les fais et gestes du roy loys fils de loys le Gros et pour ce premier volume des croniques de-france,*

Ce volume est ici superbe de marges et bien conservé, sauf quelques fortes piqûres de vers aux premiers et derniers feuillets.

1669. Novum Jesu Christi Testamentum, vulgatæ editionis, Sixti V, jussu recognitum, atque editum *Parisiis, e typographia regia*, 1649, 2 vol. pet. in-12, front., mar. rouge, dos orné, dent., tr. dor. (*Rel. anc.*)

> Joli spécimen d'ouvrage sorti des presses de l'imprimerie royale.
> Curieux exemplaire dans une reliure exécutée à l'imprimerie même et dite *reliure du Louvre*, portant sur le dos et au milieu des plats une fleur de lys couronnée.
> De la bibliothèque de M. le marquis de COISLIN.

1670. Hymne au Soleil, par l'abbé de Reyrac. *Paris, Imprimerie royale*, 1781, in-8, mar. rouge, fil., tabis, tr. dor. (*Rel. anc.*)

> Aux armes de l'Imprimerie royale. Le faux titre porte : *Première épreuve d'une nouvelle presse inventée pour le service de l'impr. royale.*

1671. Des Pierres précieuses et des Pierres fines, avec les moyens de les connoître et de les évaluer. Par M. Dutens. *Paris, F.-A. Didot*, 1776, in-12, mar. rouge, dos orné, fil., tr. dor. (*Derome.*)

> Ce joli livre, parfaitement imprimé, a fondé la réputation de la maison Didot. Bel exemplaire.

c. Journaux et Journalistes parisiens.

1672. Les Consultations Charitables pour les Malades. Dédiées à Mgr. de Noyers, par Th. Renaudot. *Paris, du bureau d'Adresse* 1740, in-4, demi-rel. veau

> Proposition faite par Renaudot d'instituer au bureau d'adresse un traitement gratuit pour les pauvres malades. Voy. le n° suivant.

1673. Arrêst de la Cour pour les doyen et docteurs régents de la faculté de Medecine, contre Théophraste Renaudot, Gazetier, soi disant médecin du Roy, etc., prononcé le 1er mars 1644 avec les plaidoyers de Mr Talon. *Paris*, 1644, in-4, *dérelié.*

> Curieuse pièce dirigée contre Renaudot et son bureau d'adresse où on donnait gratuitement des soins aux pauvres malades. Le fondateur du journalisme est traité d'Ardelio, de proxénète, etc. On trouve à la suite *M. Mich. de La Vigne orationes duæ adversus Th. Renaudot*, 1644. Exemplaire de M. le docteur Payen.

1674. Journaux parisiens. 5 vol. in-8 et in-12. demi-rel. et *brochés.*

> Les Actes des Apôtres. 1789-1791, par Marcellin Pellet. *Paris*, 1873. — Le Père Duchesne d'Hébert ou notice sur ce journal publié en 1790, 1791, etc., par Ch. Brunet. *Paris*, 1859. — Revue critique des

Journaux publiés à Paris depuis la Révolution de février, par Wallon, 1849. — Firmin Maillard. Histoire des Journaux publiés à Paris pendant le siège et sous la Commune. *Paris*, 1871, etc.

1675. Presse parisienne. 5 vol. in-18, *brochés.*

Vaudin. Gazetiers et gazettes; Hist. de la presse parisienne. 1860-1863, 2 vol. — Maillard. Hist. de la Presse parisienne. 1859. — Journaux et journalistes, par Alf. Sirven, 1866. — Quand j'étais journaliste, revue drôlatique de la Presse, par E. Domenech, 1869.

f. Le langage parisien. Argot. Langage poissard.

1676. Langage parisien, 2 vol. in-8 et in-12, demi-rel.

Détachement de la Langue primitive, celle des Parisiens avant l'invasion des Germains et la venue de César, par Le Brigant, *Paris*, 1787. — Le Jargon, ou langage de l'Argot réformé. *Troyes, veuve Oudot, s. d.*

1677. Le Jargon, ou langage de l'Argot réformé, comme il est à présent en usage parmy les bons pauvres. Tire et recueilly des plus fameux argotiers de ce temps Composé par un pilier de boutanche qui maquille er mollanche en la vergne de Tours ; (Ollivier Chereau) *A Lyon*, 1630, in-12 de 60 pp., mar. rouge jans., tr. dor *(Masson-Debonnelle.)*

Édition la plus ancienne connue de cet ouvrage, la première qui a peut être été publiée à *Tours* ne peut être antérieure à 1628 ca on trouve à la fin du livre une Chanson sur la prise de la Rochelle Rare.

1678. Etudes de philologie comparée sur l'Argot et su les idiomes analogues parlés en Europe et en Asie, pe Francisque Michel. *Paris*, *Firmin Didot*, 1856, in-8, demi-rel. chagrin bleu.

1679. Dictionnaire historique, étymologique, et anecdotique de l'Argot parisien. Sixième édition des excentricités de langage, par Lorédan Larchey. Illustrations de J. Férat et Ryckebusch. *Paris, F. Polo,* 1872, in-4, fig. demi-rel. veau gris, *non rogné.*

1680. Etude sur le langage populaire ou Patois de Paris et de sa banlieue, par Charles Nisard. *Paris, France* 1872, in-8, demi-rel. mar, vert, tête dor., éb.

1681. Proverbes et dictons populaires, avec les dits En Mercier et des marchands, et les crieries de Paris, au XIII° et XIV° siècle publiés d'après les manuscrits de la Bibliothèque du roi, par G. A. Crapelet. *Paris, imr.*

Crapelet, 1831, gr. in-8, fac-simile, demi-rel. mar. rouge, tête dor., éb.

1682. Le Dictionnaire des Halles, ou extrait du dictionnaire de l'Académie françoise. *Bruxelles, Fr. Foppens*, 1696, pet. in-12, vélin.

> Attribué à Artaud et à Furetière.

1683. Langage populaire parisien. 9 vol. in-4, in-8 et in-12, cart. et *brochés*.

> La suitte des complimens de la place Maubert, ou dictionnaire des bons mots des Harangères, poissonnières, beurrières, grenetières, etc. *Paris*, 1628, pet. in-8. — Caquet des marchandes poissonnières et harangères des halles. 1649, in-4. — Testament serieux et burlesque d'un maitre Savetier. *Troyes*, s. d., 4 ff. in-12. — Vadé. Bouquets poissards ; Le déjeuné de la Rapée ou discours des Halles et des Ports, etc. (*sic*). 1759, 3 pièces in-12. — La Jubilation ou la ribotte des Mariniers et tous les ouvriers de la rivière de la Seine. 1774, in-8. — Motion curieuse des Dames de la place Maubert. 1785, in-8. — Plaintes et Doleances des dames de la halle. 1789, in-8.

1684. Le Déjeuné de la Rapée ou discours des Halles et des ports. Nouvelle édition, revue et augmentée des étrennes aux riboteurs et des Chansons (par Vadé). *A la Grenouillère, et à Paris*, s. d. (1755), in-12, veau. — Le grand et nouveau Cathechisme poissard, ou Vadé ressucité. *Paris*, s. d., in-12, demi-rel.

1685. L' Pompier de l'hôtel Soubise ou l' jasement du Marais et d' partout : ouvrage en deux morceaux. *S. l. n. d.* (*Paris*, 1770), in-8, mar. rouge jans., tr. dor. (*Chambolle-Duru.*)

> Chanson composée par *Georget l'Eteignoir* au sujet du mariage du Dauphin avec Mamsell' Marie-Antoinette. L' Maréchal ferrant, la R'vendeuse et l' Suisse d' la Merci.

1686. Recueil des mots peu en usage dans la Société civile et dont on se sert le plus communément sur les Ports, Rivières et autres lieux dont les affaires ressortissent au bureau de l'hôtel de ville de Paris. *S. l. n. d.*, ms. in-fol., veau, dos orné, tr. dor. (*Rel. anc.*)

> « Recueil précieux et bon à consulter sur l'histoire et la langue de Paris ; quelques articles sont traités de main de maître, il faudrait en citer beaucoup si l'on voulait signaler tous ceux dignes d'attention ; mais nous ne pouvons passer sous silence la notice chronologique des fontaines de la capitale au mot *fontaines* et la liste des ouvrages imprimés et manuscrits qui ont trait à la description et à l'histoire de Paris ; elle ne contient pas moins de 15 folios, on trouve ce catalogue au mot même de PARIS. » Note ms. de M. A. Dinaux.
>
> Ce ms., d'une bonne écriture du XVIIIe siècle, porte des fleurs de lys aux angles des plats.

3. *Histoire artistique.*

a. Histoire de l'Art à Paris.

1687. Histoire des Arts en France, prouvée par les Monumens, par Alexandre Lenoir. *A Paris*, 1810, in-4,
demi-rel.

> On a relié à la suite le manuscrit autographe signé de Lenoir : *Journal
> d'exhumation des corps de la ci-devant abbaïe de St-Denis, commencé le
> 12 Octobre 1793.* 12 ff. in-4.
> Taches d'humidité à la fin du volume.

1688. Essai sur la Peinture, la Sculpture et l'Architecture
(par Bachaumont). *Paris*, 1751, in-12, cart.

> Première édition. On a relié à la suite : les deux Mémoires sur le
> Louvre. — Discours sur l'Architecture par Patte. 1754. — La Méthode
> de déterminer les longitudes par Cassini.

1689. Essai sur la Peinture, la Sculpture et l'Architecture
par M. de B** (Bachaumont). Seconde édition. *S. l.
(Paris)*, 1752, in-12, front., demi-rel. mar. rouge.

> Contient : 2 Mémoires sur le Louvre et Epître sur la Colonne de
> l'Hôtel de Soissons.
> Exemplaire de M. le Comte de Laborde.

1690. Curiosités artistiques de Paris. 4 vol. in-12.

> Description d'Architecture, peinture, sculpture, gravure, antiquités de
> Paris, par Hébert. 1765, demi-rel. (ex. du Comte de Laborde).— Alma-
> nach parisien indiquant tous les Monumens des beaux-arts repandus dans
> la ville. 1765, veau. — Almanach pittoresque, historique des riches
> Monumens, que renferme la ville de Paris, par Hébert. 1779, *broché.*—
> Almanach du voyageur à Paris contenant une description des Monumens,
> chefs-d'œuvre des arts et objets de curiosité (par Thiéry). 1783, veau.

1691. Rapports déposés au Comité de salut public par la
Commission des Arts sur les Moyens de régénérer la
France par les Arts (1792). Ms. in-fol. de 4 ff.

> Important et curieux.

1692. Rapports du citoyen Dufourny adressés au comité
d'instruction publique au nom du jury des Arts institué
pour juger les concours de peinture, sculpture et architecture, 1 liasse de 16 pièces manuscrites.

> Cette collection présente un vif intérêt pour l'histoire des Arts pendant
> la Révolution. On y a ajouté : *Rapport de David sur la nomination de
> 50 membres du jury.* 1792.

1693. **Beaux-Arts. 5 vol. , demi-rel. et brochures.**

> Manière d'inventorier et de conserver les Objets qui peuvent servir
> aux arts , aux sciences et à l'enseignement. 1794, in-4. — Idées sur la
> disposition , l'arrangement et la décoration du Muséum national , par
> J. B. P. Lebrun, peintre. 1795 , in-8 (2 ex.) — Notice sur les statues ,
> bustes et bas-reliefs (rapportés d'Italie pour la plupart) du musée cen-
> tral des arts. 1800, in-12. — Peintures à fresque de S. Sulpice, par
> Vinchon. 1822, in-8.

1694. **Beaux-Arts. 10 vol. in-8 , demi-rel. et brochures et
2 pp. in-fol. mss.**

> Organisation d'une Ecole des Beaux-Arts (2 ex.) — Adresse des repré-
> sentants des Beaux-arts à l'assemblée nationale. 1790. — Rapport sur
> les destructions opérées par le Vandalisme, par Grégoire, 1794. — Obser-
> vations pour la Conservation des Monumens de la littérature et des arts.
> 1794. — Relevé des objets d'arts commandés de 1816 à 1830 par la
> ville de Paris, par Grégoire 1833. — Projet d'Ecole des Beaux-Arts par
> Debret. 1832, ms., etc.

1695. **Recueil de questions soumises au comité d'instruction publique par le Club des Artistes sur l'état actuel
de la France. *S. l. n. d.* (vers 1795), ms. in-fol. de 8 ff.**

1696. **Projet d'un grand monument destiné à assurer la
conservation de tout ce que les sciences et arts ont de
plus précieux , par Liégeon et Morainville (vers 1800).
manuscrit in-fol. de 4 ff. — Projet d'un Institut National,
(vers 1780) , manuscrit in-fol. de 7 ff.**

1697. **Projets et fêtes artistiques, 13 pièces en un vol. in-4,
pl., cart.**

> Fêtes de la liberté et entrée triomphale des objets de sciences et d'arts
> recueillis en Italie. *Paris*, 1798. — Projet d'un monument à la gloire de
> l'empereur par Peyre. 1805. — Concours pour le monument a élever
> sur l'emplacement de la Madeleine. 1806. — Concours d'Architecture
> pour des projets d'orangerie. 1807 — Projet de promenades à couvert.
> 1817. — Sur la nécessité d'ériger un monument à Louis XVI. 1816, etc.

b. Musées. Expositions.

1698. **Musées de Paris. 7 vol. in-8 et in-12, demi-rel et
*brochés.***

> Alex. Lenoir. Notice sur les objets de sculpture et architecture réunis
> aux Petits-Augustins. 1793. — Nouvel essai sur la Table isiaque. 1809. 1
> pl. — Etat actuel du Musée royal des monumens français. 1814. —
> Notice des statues, bustes et bas-reliefs de la galerie des Antiques du
> Musée central. 1799. — Observations sur l'enlèvement des chefs-d'œuvre
> du Musée de Paris (par Mazier de Haume). 1815. — Notice des Tableaux
> du Musée Napoléon III exposés au Louvre, par F. Reiset. 1868, etc.

1699. Description historique et chronologique des Monumens de Sculpture réunis au Musée des Monumens
français, par Alexandre Lenoir. *Paris*, 1798-1800-1803,
3 vol. in-8, demi-rel. et cart.

> Quatrième, cinquième et septième édition.

1700. Description des Tableaux du Palais-Royal avec la
vie des peintres à la tête de leurs ouvrages (par Dubois
de Saint-Gelais). *Paris, d'Houry*, 1727, in-12, veau.

> Exemplaire aux chiffres du duc de VALENTINOIS et avec sa signature
> sur le titre.

1701. Expositions de Peintures et de Sculpture des Artistes
vivants. 17 brochures in-12.

> Salons de 1804 (2 ex.), 1806, 1808 (2 ex.), 1812, 1822, 1831,
> 1835, 1836, 1840, 1841, 1845, 1846, 1847 (relié), 1878, 1879.

1702. Musées et expositions de peinture et de sculpture.
15 brochures in-12.

> Musée du Louvre, 7 notices, 1801-1814. — Musée du Luxembourg,
> 3 notices 1803-1814. — Tableau de M. Paul Delaroche (Hémicycle)
> exposé au Palais des Beaux-Arts, 1842. — Copies des fresques de
> Raphaël et de Michel-Ange exposées au Panthéon, 1847, etc.

1703. Critique artistique. 4 vol. *brochés*.

> L'Observateur au Muséum ou le critique des tableaux du vaudeville,
> 1802, fig., in-12. — Arlequin au Muséum, 1804. — L'Artiste et le phi-
> losophe, entretiens critiques sur le salon de 1824, par Jal. 1824, in-8, fig.
> — Le peuple au sacre, critiques faites devant le tableau du baron Gérard
> par Jal., 1829, in-8, fig.

c. Académie de peinture et sculpture.

1704. Etablissement de l'Académie royale de Peinture et
de Sculpture, par lettres patentes du roy, vérifiées au
Parlement. *Paris, J. Collombat*, 1723, in-4, demi-rel.

> Le titre porte la signature du peintre Descamps.

1705. Mémoires pour servir à l'Histoire de l'Académie
royale de peinture et de sculpture, depuis 1648 jusqu'en
1664, publiés pour la première fois par M. Anatole de
Montaiglon. *Paris, Jannet*, 1853, 2 vol. in-12, mar.
rouge, fil. à froid, tr. dor. (*Hardy*.)

> Rare. Bel exemplaire.

1706. Académie de Peinture et de Sculpture. 3 vol. in-8
demi-rel.

> L'Académie royale de Peinture et de Sculpture. Étude historique p.

L. Vitet. *Paris*, 1861, (ex. du comte de Laborde.) — Notices historiques sur les anciennes Académies de peinture, sculpture de Paris, par Deseine. *Paris*, 1814. — Précis historique de l'origine de l'Académie de Peinture, sculpture et gravure, depuis sa fondation, par de Paroy. *Paris*, 1816.

1707. L'Académie royale de Peinture et de Sculpture. Etude historique par L. Vitet. *Paris. Michel Lévy*, 1861, in-8, demi-rel. mar. rouge, éb.

1708. TRAITÉ DES PASSIONS, discours fait par Monsieur Le Brun, premier peintre de France aux accadémistes en l'accademie royalle à Paris. *S. l. n. d.* (*Paris*, 1667) in-fol. *broché*.

> Manuscrit autographe de l'auteur avec ratures et corrections ; il se compose de 15 feuillets y compris celui du titre qui porte le titre que nous avons donné ci-dessus La marge supérieure a été un peu endommagée par l'humidité.

1709. Conférence de Monsieur Le Brun, premier peintre du Roi de France, sur l'expression générale et particulière des Passions. Enrichie de figures gravées par B. Picart. *Amsterdam, B. Picart*, 1713, in-12, fig., demirel. dos et coins mar. rouge, éb.

1710. DISCOURS prononcez dans les conférences de l'Académie royale de Peinture et de Sculpture, par M. Coypel. *Paris, Collombat*, 1721, in-4, mar. rouge, dos orné, dent., tr. dor. (*Rel. anc.*)

> En-tête dessiné par *Coypel*, gravé par *Audran*.
> Bel exemplaire aux armes de Louis de Rochechouart, duc de MORTEMART.

1711. Conférences de l'Académie royale de Peinture et de Sculpture, pendant l'année 1667 (par Félibien). *Paris, Fr. Leonard*, 1669, in-4, basane.

1712. Académie des Beaux-Arts. 3 brochures in-4.

> Plaidoié, pour le Sr Girard Van Opstal, un des recteurs de l'Académie royale de la Peinture et de la Sculpture (par M. de Lamoignon). *Paris, S. Cramossy*, 1668. — Précis sur appointement à mettre pour les Directeurs-gardes et communauté des maîtres Peintres et Sculpteurs de l'Académie de S. Luc, contre les sieurs Attiret et consorts. 1767. — Déclaration du 15 Mars 1777, en faveur de l'Académie de Peinture et sculpture.

d. Peintres, Sculpteurs, Curieux et Manufactures artistiques.

1713. Une famille de peintres parisiens aux XIVᵉ et XVᵉ siècles, documents et pièces originales précédés d'un aperçu sur l'histoire des Beaux-Arts de France avant la Renaissance, par l'abbé V. Dufour. *Paris, Willem et Daffis*, 1877, pet. in-8, en feuilles.

Exemplaire sur PARCHEMIN.

1714. Une famille de Peintres parisiens aux XIVe et XVe siècles, par l'abbé Dufour. *Paris*, 1877, pet. in-8, *broché*.

1715. Personnalités artistiques. 5 vol. in-8, demi-rel. et brochures.

Les Androuet du Cerceau et leur maison du Pré aux Clercs, par Adolphe Berty, 1549-1645. *Paris*, 1857. (Rare.) — Jean du Seigneur, statuaire, notice par Th. Gautier, Lacroix, Burger, etc., 1866, phot. — Notice sur N. M. Gatteaux, graveur en médailles, par Miel, 1832. — Michel de Marolles, abbé de Villeloin, amateur d'estampes, par Georges Duplessis, 1869. — Notice historique sur la vie et les ouvrages de M. Millin, par Dacier, 1821, portr.

1716. Le Livre des Peintres et Graveurs par Michel de Marolles, abbé de Villeloin. Nouvelle édition revue par M. George Duplessis. *Paris, P. Jannet*, 1855, in-16, cart. toile rouge, *non rogné*.

La première édition parue vers 1670 est de la plus grande rareté, on n'en connaît que 2 ou 3 exemplaires dont l'un appartient à l'éditeur de cette réimpression.

1717. Le Livre des Peintres et des Graveurs, par Michel de Marolles, abbé de Villeloin. Seconde édition de la bibliothèque elzévirienne revue et annotée par M. Georges Duplessis. *Paris, Paul Daffis*, 1872, in-16, cart. toile rouge, *non rogné*.

Cette nouvelle édition contient de nombreuses notes sur les Artistes cités par l'abbé de Marolles.

1718. La France littéraire ou almanach des Beaux-Arts, contenant les noms et ouvrages des gens des lettres, des savants et des artistes (par Duport du Tertre). *Paris*, 1754-1755, 2 vol. in-12, demi-rel. et basane.

1719. Almanach historique et raisonné des architectes, peintres, sculpteurs, graveurs et cizeleurs. Année 1777. *Paris, Veuve Duchesne*, 1777, in-12, demi-rel. chagrin vert.

1720. Extraits des registres de baptêmes de l'église St-Severin, 1° de Marie Thérèse baptisée le 8 novembre 1780 2° de Charles M. Hyppolyte, né le 24 juillet 1786, fille et fils de Hyppolyte Le Moyne, Architecte et Inspecteur des batiments du Roi, 2 pièces originales manuscrites.

1721. Noms des curieux de Paris avec leur demeure et la qualité de leur curiosité, 1673. *Paris, Académie des bibliophiles*, 1866, in-12, demi-rel.

1722. Manufacture des Gobelins. 4 vol. in-8 et in-12, demi rel. et *brochés*.

> Guillaumot. Notice sur la Manufacture de tapisseries des Gobelins, 1880 — Rapport sur la manufacture des Gobelins, 1801. — Notice sur les manufactures de tapisseries des Gobelins, par L. Lacordaire. *Paris,* 1853 (2 éditions.)

1723. Manufactures Nationales, 15 brochures in-4 et in-8.

> Établissement d'une manufacture royale d'horlogerie à Paris, 1787, in-4. — Mémoire pour la manufacture royale de glaces contre le Sieur Le Clerc et Réponse de Le Clerc, 1758, 2 brochures. — Extrait du règlement de la manufacture nationale de fusils, établie à Paris, maison de l'Oratoire, 1794, in-8. — Notices sur les Gobelins par Guillaumot (1800), par Lacordaire (1853), sur la manufacture de Sèvres, 1875. — Établissement du Conservatoire des Arts et Métiers par Grégoire. 1795, etc.

VIII. HISTOIRE DES MŒURS ET DES COUTUMES.

1. *Généralités, Tableaux et Romans de mœurs, Satires, etc.*

(Par ordre chronologique).

1724. Dictionnaire historique des mœurs, usages et coutumes des François (La Chesnaye Desbois). *Paris, Vincent,* 1767, 3 vol. in-8, veau,

1725. Tableaux de mœurs. 4 vol.

> Notice (par P. Paris) de deux manuscrits contenant l'Apparition de Jean de Meun, par H. Bonnet, gr. in-8, demi-rel. — Le Génie de Paris descouvrant la cause des malheurs de ce temps, 1652, in-4, demi-rel. — Les Tracas de Paris, en 1660, par François Colletet. *Alençon,* 1854, in-8, cart. — Notes de René d'Argenson, *intéressantes pour l'histoire* des mœurs et de la police de Paris à la fin du règne de Louis XIV. 1866, in-12, demi-rel.

1726. L'Advocat des dames de Paris || touchăt les pardõs saĩt Trotet. || Les femmes de Paris allant en pe || lerinaige. *S. l. n. d.,* pet. in-8 goth., mar. rouge, fil., tr. dor. (*Rel. anc.*)

> Poème satirique contre les femmes par MAXIMIEN, dont le nom est donné par un acrostiche final ; une réimpression en a été donnée dans le tome XI du *Recueil des poésies françoises, de Montaiglon et Rothschild,* pp. 1-36. Dans cette réimpression on donne la description de deux

éditions de cette pièce dont on ne connaît qu'un seul exemplaire de chacune ; celle que nous annonçons est différente, le titre porte un bois représentant le Christ prêchant.

Cet exemplaire est malheureusement incomplet, il ne comprend que 6 ff. avec 259 vers, tandis que le poëme en comprend 654.

1727. **Le Débat des Lavendières de Paris avec leur caquet.** *Rouen , Abraham Cousturier , s. d. (Paris , 1830) , pet.* in-8, veau fauve, dos orné, fil., tr. dor. *(Lemardeley.)*

Tiré à 42 exemplaires.

1728. **Filiabus Sion , Lutetiæ virginibus votivum carme - gallico-latinum.** *S. l. n. d.,* pet. in-8 réglé, demi-rel.

Epître aux Filles et Femmes de Paris sur leurs mœurs, imprimée en 1560. Rare.

1729. **Il Viaggio fatto in Spagna, et in Francia dal Andrea Navagiero, con la descrittione particolare delli luochi, e costumi delli popoli.** *Vinegia ,* 1563, pet. in-8 cart.

Le chapitre relatif à Paris commence au f. 55 v°.

1730. **L'Enfer de la mère Cardine , traitant de la cruelle et terrible bataille qui fut aux enfers entre les diables et les maquerelles de Paris aux nopces de Cerberus et de Cardine.....** est adjoutée une chanson de certaines bourgeoises de Paris qui furent surprinses au logis d'une maquerelle à S. G. des Prez. 1597. *(Paris, Didot, 1793 ,* gr. in-8, demi-rel., *non rogné.*

Tiré à 108 exemplaires. On a ajouté à celui-ci, qui est en PAPIER VÉLIN, le *Ban de quelques marchands de graines à poil et d'aucunes filles à Paris,* 1570.

1731. **Semonce a une Damoiselle des champs pour ven : passer la foire et les jours gras à Paris. Incerto Authore.** *A Paris,* 1605, pet. in-8 de 14 pp., mar. bleu, fil. à froid, tr. dor. *(Duru.)*

Curieuses pièces de vers sur la foire de Saint-Germain, dont l'auteur donne une description très-détaillée ; il y est parlé longuement des filles de joie qui y faisaient leurs caravanes.

1732. **Recueil de quelques pièces sur les Chambrières et Bourgeoises de Paris.** *Se vend à Paris, aux étuves,* 16c? *(Paris, Gay, vers 1870)* 39 pièces en un vol. in-8 , fig., demi-rel. dos et coins mar. vert, tête dor., éb.

1733, **Brief discours pour la reformation des Mariages.** *Paris , Ant. du Brueil ,* 1614, pet. in-8 de 13 pp., dérelié.

Satire contre la loi du mariage que l'auteur intitule le Bréviaire des Malheureux.

1734. Les Caquets de l'Accouchée, nouvelle édition, revue sur les pièces originales et annotée par M. Edouard Fournier avec une introduction par M. Le Roux de Lincy. *Paris, P. Jannet*, 1855, in-12 cart., *non rogné*.

1735. Le Voyage racourcy, de trois bourgeoises de Paris, auec leurs ruses et finesses nouuellement descouuertes par leurs marys. Ensemble tout ce qui s'est passé à ce subiect. *Paris, veufve Ducarroy, s. d. (vers* 1628), in-8 de 24 pp., *dérelié*.

> Volume de toute rareté. C'est le récit d'une aventure galante arrivée à trois bourgeoises de Paris, qui furent dupées par leurs amants.
> Cette pièce est la même que les *Plaisantes ruses et Cabales de trois bourgeoises de Paris*, réimprimée dans les *Variétés historiques et littéraires* (VII, p. 16-36). M. Edouard Fournier, dans ce Recueil, avait supposé que ces deux pièces devaient être semblables, mais il n'a jamais pu trouver un exemplaire du *Voyage* pour faire la comparaison.

1736. Le Brevière des Courtisans, enrichy d'un grand nombre de figures. Par le S^r de La Serre, Historiographe de France. *Bruxelles, Vivien*, 1630, pet. in-8, front. et fig., mar rouge, dos orné, fil., tr. dor. (*Chambolle-Duru*.)

> PREMIÈRE ÉDITION de cet ouvrage dans lequel La Serre passe en revue les défauts et les vices des courtisans, ce qui lui donne l'occasion de fournir un certain nombre de détails curieux pour l'histoire des mœurs. Lacombe, *Bibliographie Parisienne*, N° 31.
> Ce joli volume est orné d'un frontispice, de 2 portraits, d'une vignette sur le titre et de 7 jolies figures; intéressantes pour les costumes, dessinées par *Van Horst*, gravées par *C. Galle, P. de Jode, Ph. de Mallery*.

1737. La Consolation des femmes Vefves de Paris, touchant la mort de leurs marys. *Paris*, 1648, in-4, *dérelié*.

1738. Lettre touchant l'attentat commis aux filles Dieu à Paris, en la personne de Madamoiselle de Sainte Croix. *Paris, J. Henault*, 1649, in-4, demi-rel.

> Le titre de départ de ce roman porte : *L'Amant obstiné dans ses recherches et la fille constante en ses refus, histoire du temps.*

1739. Journal d'un Voyage à Paris (par Messieurs de Villiers) en 1657-1658, publié par A. P. Faugère. (*Paris*), *Benjamin Duprat*, 1862, *broché*.

> « Publication intéressante et curieuse, elle est devenue rare et mérite d'être recherchée. » Lacombe. n° 41.

1740. Paris ridicule par Petit, ou il y a cent vingt-six dizains, c'est-à-dire 1620 vers. Pièce satyrique. *S. l.*

(*Paris*), 1672, in-12, mar. bleu, fil. à froid, tr. dor
(*Duru.*)

> Edition fort rare de ce curieux poème burlesque de Le Petit renfermant des dizains sur les principaux monuments de Paris. Lacombe-n⁰ 47.

1741. Paris ridicule par Petit, où il y a cent vint-six dixains, c'est à dire 1260 vers. Pièce satyrique. *S. l* 1672, demi-rel. chagrin brun.

1742. Claude le Petit, sa fin tragique en place de Grève à Paris et ses ouvrages par Ed. Tricotel. *Paris, Techener* . 1863, in-8, demi-rel.

1743. La Ville de Paris, en vers burlesques. Contenant les galanteries du Palais, la chicane des plaideurs, les filouteries du Pont-Neuf, l'eloquence des harengères de la Halle par le sieur Bertaud. Dernière édition. Augmentée de nouueau de la foire Sainct-Germain par le sieur Scarron. *Paris, Rafflé*, 1665, in-12, demi-rel.

> Lacombe, n⁰ 41.

1744. Paris, ridicule et burlesque au dix-septième siècle par Claude Le Petit, Berthod, Scarron, François Colletet, Boileau, etc. Nouvelle édition revue et corrigée avec des notes par P. L. Jacob. *Paris, Adolphe Delahays*, 1859, pet. in-8, demi-rel. dos et coins mar. bleu, dos orné, tête dor., éb.

> PAPIER VERGÉ. Lacombe, n⁰ 52.

1745. Le Roman bourgeois. Ouvrage comique par Ant. Furetière. Nouvelle édition avec des notes historiques et littéraires, par M. Ed. Fournier, précédée d'une Notice par M. Charles Asselineau. *Paris, Jannet*, 1854, in-12, veau fauve, dos orné, fil., tr. dor. (TRAUTZ-BAUZONNET)

> Bel exemplaire avec une lettre autographe d'Asselineau ajoutée.

1746. Korte Beschrijvinge van Parys ; en de manieren en zeden van die haer dar onthouden. *Tot Vlissinghe, gedruckt by Abraham van Laren, s. d., (vers 1670)*, in-4 de 42 ff., *broché*.

> Courte description de Paris.
> Ce petit poème hollandais est rare et contient des particularités curieuses sur les mœurs parisiennes au XVIIᵉ siècle. Sa date de publication est sûrement postérieure à 1666.
> La brochure contient deux pièces de vers : la 1ʳᵉ a pour titre : « Korte Beschryvinge... » (26 pages, en vers alexandrins). La 2ᵉ est intitulée « Af-scheyt of Vaer-wel van Parys. » (Adieux à Paris), elle est écrite en vers de 8 syllabes (49 pages). Ce sont évidemment des imitations

d'opuscules en vers, relatifs aux mœurs de la ville de Paris, au milieu du XVIIᵉ siècle, et qui ont été publiés par le Bibliophile Jacob dans son *Paris ridicule et burlesque*. Lacombe, nº 57.

1747. Voyage de Lister à Paris en 1678, traduit pour la première fois, publié et annoté (par M. de Sermizelles). On y a joint des extraits des ouvrages d'Evelyn relatifs à ses voyages en France de 1648 à 1661. *Paris, pour la Société des bibliophiles*, 1873, in-8, fig., *broché*.

1748. Tableaux de Mœurs, 4 vol.

> Annales de la Cour et de Paris pour les années 1697 et 1698, (par Sandras de Courtilz.) *Cologne, Pierre Marteau*, 1701, 2 tomes en un vol. in-12, veau. — Les mêmes. *Amsterdam*, 1707, 2 tomes en un vol. in-12, veau. — Amusemens sérieux et comiques (par Rivière Dufreny). *Paris, Barbin*, 1699, in-12 (Ed. originale), veau. — Le même. *Amsterdam*, 1700, in-12, front., *broché*.

1749. Les Français sous Louis XIV et Louis XV, texte par MM. Audebrand, de Beauvoir, Labédollière, Paul Lacroix, Privat d'Anglemont, etc, etc. Vignettes par MM. Tony Johannot, Fragonard, Gavarni, Ch. Jacques, Marville, E. Wattier. *Paris, Challamel, s. d. (vers 1845)*, in-8, fig., demi-rel. chagrin rouge.

1750. SATYRES sur les Femmes bourgeoises qui se font appeller Madame, avec une distinction qui sépare les véritables d'avec celles qui ne le sont que par le caprice de la fortune, la bizarerie et la vanité du siècle, par M. le Chevalier D✱✱✱ (d'Hénissart). *A La Haye, chez Frik*, 1713, 2 vol. in-8, veau.

> Satires très-curieuses sur les mœurs du temps. L'auteur ne put obtenir un privilége pour son livre que par ruse ; la fraude ayant été découverte, le chevalier d'Hénissart fut emprisonné et la plupart des exemplaires de son ouvrage détruits. (Voy. Cat. J. Pichon, nº 627). Lacombe nº 78.

1751. Histoire journalière de Paris, par Dubois de Saint-Gelais (1716-1717), (publié par Maurice Tourneux). *Paris, pour la Société des bibliophiles françois*, 1885, in-4, fig., *broché*.

> Exemplaire en GRAND PAPIER avec le frontispice en double épreuve.

1752. Histoire journalière de Paris, par Dubois de Saint-Gelais. *Paris*, 1885, in-8, fig., *broché*.

1753. Séjour de Paris, c'est-à-dire Instructions fidèles pour les voyageurs de condition, comment ils se doivent conduire s'ils veulent faire un bon usage de leur tems et argent, comme aussi une description de la cour de France, du Parlement, des bibliothèques, avec une liste des savants., artisans, etc., par le Sʳ J. C. Nemeitz. *Leide, Jean van Abcoude*, 1727, 2 vol. pet. in-8, veau.

> Ouvrage curieux et recherché pour les renseignements qu'on y trouve sur Paris à cette époque, aussi bien sur les monuments que sur les mœurs, usages, etc. Nombreuses figures. Lacombe, n⁰ 84.

1754. Entretiens des Cheminées de Paris. Ouvrage rempli de caractères vrais et fidellement copiez d'après les originaux (par l'abbé Bordelon). *La Haye, Pierre de Hondt*, 1734, in-12, mar. ch. Lavallière, dos orné, fil., tr. dor.

> On trouve à la suite : *Apologie de la livrée* (en vers), 1745.

1755. Histoire d'un voyage littéraire fait en 1733 en France, en Angleterre et en Hollande (par Jordan). *La Haye, Moetjens*, 1735, in-12, veau.

> Nombreux détails sur les bibliothèques publiques et particulières, sur les libraires, auteurs et collectionneurs de l'époque.
> On trouve (p. 148) un curieux récit d'une visite faite à Londres à l'abbé Prévost. Lacombe, n⁰ 90.

1756. La Promenade du Luxembourg (par le chevalier de Mailly). *A La Haye*, 1738, pet. in-12, demi-rel. dos et coins mar. bleu., *non rogné. (Bauzonnet-Trautz.)*

> Lacombe, n⁰ 79. Exemplaire du comte de LA BÉDOYÈRE.

1757. Tableaux de Mœurs, 5 vol. in-12.

> Tableau de Paris pour l'année 1759. *Paris*, 1759. — Paris, histoire véridique, anecdotique, par Chevrier. *Paris*, 1767, cart. — Paris, le modèle des nations étrangères ou l'Europe française, (par de Caracioli) *Paris*, 1777, veau. — Le petit Tableau de Paris, (par Rulhière), 1783, veau. — Paris en miniature, (par Luchet). *Amsterdam*, 1784, *broché*.

1758. Tableaux de Mœurs, 6 vol. et brochures.

> La Capitale des Gaules, ou la nouvelle Babilonne, par Fougeret de Montbron. *Paris*, 1760. 3 parties (avec l'Anti-Babylonne) en un vol. in-12, veau. — Les Nuits parisiennes, à l'imitation des nuits antiques d'Aulu-Gelle, (par Chomel). *Paris*, 1769, 2 vol. in-12, veau. — Tableau de Paris pendant la maladie du Roi, et depuis sa convalescence, 1744, in-4, *broché*. — Le Russe à Paris, composé de Paris en Mai 1760, par Ivan Alethof (Voltaire), in-8, demi-rel.

1759. Le Colporteur, histoire morale et critique par M. de Chevrier. *A Londres, chez Jean Nourse*, (1761), pet. in-8, veau fauve. (*Derome.*)

> Bel exemplaire de cet ouvrage satirique qui fut l'objet de poursuites de la police. Lacombe, n⁰ 163.

1760. Le Colporteur, histoire morale et critique par M. de Chevrier. *Londres, J. Nourse* (1761), in 12. — Paris, histoire véridique, anecdotique, morale et critique ;

avec la clef, par M. Chevrier. *La Haye*, 1767, in-12. En un vol. in-12, demi-rel., *non rogné.*

Exemplaire de Lebert.

1761. Idées singulières. (par Restif de La Bretonne). *Londres, La Haye et Amsterdam*, 1770-1789, 5 vol. in-8, demi-rel. dos et coins mar. citron, tête dor., *non rognés.*

Très-bel exemplaire. Ces cinq volumes comprennent : le *Pornographe*, le *Mimographe*, les *Gynographes*, l'*Androgaphe* et le *Thesmographe.*

1762. Le Ménage parisien, ou Déliée et Sotentout, par Restif de la Bretonne. *Imprimé à la Haie*, 1773, 2 vol. in-12, *brochés.*

1763. Paris et Versailles, il y a cent ans, par Jules Janin. *Paris, Firmin Didot,* 1874, portr., demi-rel. chagrin rouge.

1764. Les Astuces de Paris; anecdotes parisiennes. dans lesquelles on voit les ruses que les Intriguans et certaines femmes mettent communément en usage pour tromper les gens simples et les étrangers, par M. N*** (Nougaret). *Paris, Cailleau,* 1775, 2 tomes en un vol. in-12, demi-rel.

Lacombe, nº 211.

1765. La quinzaine anglaise à Paris, ou l'art de s'y laisser ruiner en peu temps. Ouvrage posthume du docteur Stêarne, (par le chevalier de Rutlidge). *A Londres,* 1776, in-12, veau.

Edition originale. Lacombe, nº 215.

1766. Ouvrages de Mercier, 3 vol. in-8.

L'an deux mille quatre cent quarante, récit s'il en fut jamais. *Londres,* 1776, cart. — L'observateur de Paris et du royaume. *Londres,* 1785, demi-rel. mar. — Les Entretiens du jardin des Thuilleries de Paris. *Paris,* 1788, cart.

1767. Tableaux de Mœurs, 5 vol. in-12.

Les Sottises et les folies parisiennes; aventures diverses, par Nougaret. *Londres,* 1781. 2 vol. *brochés.* — Paris vu tel qu'il est. *Londres,* 1781, demi-rel. — Le petit Tableau de Paris, (par Rulhière ou de Luchet), 1783, demi-rel. — Paris en miniature, (par Luchet). *Amsterdam,* 1784, demi-rel.

1768. Tableaux de Paris (de S. Mercier). *A Londres,* 1781, 2 tomes en un vol. in-8, veau.

Première édition de ce célèbre ouvrage. Voici la collation de cet exemplaire. Tome 1, 12 ff. lim. et 271 pp. à 36 lignes à la page. —

Tome II, 2 ff. lim. et 240 pp. On y a joint : *Le nouveau Tableau de Paris*, Paris, 1790, in-8; demi-rel. Lacombe, nᵒˢ 303 et 338.

1769. Tableau de Paris, (par Mercier). Nouvelle édition corrigée et augmentée. *A Amsterdam, (Paris)*, 1782-1788, 12 tomes en 6 vol. in-8, portr., basane. — Le Nouveau Paris, par le Cit. Mercier. *Paris, Fuchs, s. d.* (1799) 6 tomes en 3 vol. in-8, demi-rel.

Edition complète. Lacombe, nᵒ 305.

1770. Tableau de Paris, (par Mercier). Nouvelle édition corrigée et augmentée. *A Amsterdam*, 1783-1788, 12 tomes en 6 vol. in-8, demi-rel.

1771. TABLEAU DE PARIS, ou explication de différentes figures, gravées à l'eau-forte (par Dunker) pour servir aux différentes Editions du Tableau de Paris, par M. Mercier. *Yverdon*, 1787, in-8 carré, 63 pp. de texte et 86 fig., 62 feuilles.

Très-belles épreuves des figures, tirées à deux sur la même feuille. On a ajouté deux titres dont un en allemand et l'autre en français ainsi conçu : *Dunker, graveur, Esquisses pour les Artistes et Amateurs des Arts, sur Paris. Nonante et six figures gravées à l'eau-forte dont l'explication se trouve dans le tableau de Paris par Mercier.*

1772. Mercier. Tableau de Paris. Etude sur la vie et les ouvrages de Mercier, par Gustave Desnoireterres. *Paris, Pagnerre*, 1853, in-12, demi-rel. veau fauve.

Excellente notice sur Mercier.

1773. L'An deux mille quatre cent quarante. Rêve s'il en fût jamais, suivi de l'homme de fer, songe,(par Mercier). Nouvelle édition, avec figures. S. l. (*Paris*), 1786, 3 vol. in-8, fig., mar. vert, dos orné, dent., tr. dor. (*Rel. anc.*)

Très-bel exemplaire de l'édition la plus complète. Jolis frontispice par *Marillier.* Lacombe, nᵒ 202.

1774. Le Petit tableau de Paris. S. l. (*Paris*), 1783, in-8 de 108 pp., veau.

Attribué à Rulhière, mais est en réalité du marquis de Luchet. On relié à la suite : *Monsieur Guillaume ou le Disputeur, nouvelle édition enrichie du portrait de M. Guillaume disputant dans le café du Patureau avec M. Larcher de l'Académie. Amst., 1781.*

1775. Tableaux de Mœurs, 4 vol. in-12.

Paris en miniature. (par de Luchet). *Amsterdam* 1784, broché (2 ex). — Diogène à Paris, (par Dufour). *Paris,* 1787. demi-rel. — Numéros parisiens, par M. D*** (Devilliers ou Nougaret). *Paris,* 17.. cart.

1776. Choix des Mémoires secrets (de Bachaumont), depuis l'année 1762 jusques 1785. Mis en ordre par M. Ch(oppin) de V(illy). *A Londres,* 1788, 2 vol. in-12, mar. rouge, dos orné, comp. de fil., tr. dor. (*Rel. anc.*)

> Bel exemplaire.

1777. Histoire des Mœurs, modes, etc. pendant la Révolution, 19 pièces en un vol. in-8, demi-rel.

> Influence de la Révolution sur nos moeurs. — Influence sur le caractère. — Les Visites. — Les Gobe-mouches. — Comment m'habillerais-'s. — Avantages de changer le costume français. — Origine et forme du nnet de la liberté par Gibelin. — Critique de la Titus pour les ımes, etc.

1778. Paris pendant la Révolution (1789-1798), ou le Nouveau Paris, par Sébastien Mercier. Nouvelle édition annotée, avec une introduction, (par Louis Lacour).. *Paris, Poulet-Malassis,* 1862, 2 vol. pet. in-18, demi-rel. dos et coins mar. brun, tête dor. (*Petit.*)

> PAPIER DE HOLLANDE.

1779. Un Provincial à Paris pendant une partie de l'année 1789. *Paris,* 1789. — Le Provincial à Paris, à l'époque de la révolution de 1789. *Paris,* 1790, Ens. 2 vol. in-8, cart.

1780. Procès-verbal et protestations de l'Assemblée de l'ordre le plus nombreux du Royaume. *S. l. n d.* — Second procès-verbal de l'assemblée ... tenu à la plaine de Longs-boyaux. *Coǹcornibus,* 1789. — Nouvelle assemblée des notables cocus du royaume. *S. l. n. d.* [1790]. En un vol. in-8, demi-rel. dos et coins mar. Lavallière.

> Ces 3 volumes renferment la liste des prétendus Cocus de Paris; on y voit figurer les principaux personnages de la Cour. En tête de la 3e de ces satires est une curieuse figure représentant l'abbé Maury, sollicitant les faveurs de Mme de Fontanges.

1781. Edmond et Jules de Goncourt. Histoire de la Société française pendant la Révolution. *Paris,* 1854. — Histoire de la Société française pendant le Directoire. *Paris,* 1855, 2 tomes en un vol. in-8, demi-rel. veau.

1782. La Petite Lutèce devenue grande fille. Ouvrage où l'on voit ses avantures et ses révolutions, depuis son origine jusqu'au 14 juillet 1790. (Par Caraccioli.) *Paris,* 1790, 2 vol. in-12, demi-rel. chagrin rouge, tête dor., éb.

> On y joint *Paris révolutionnaire.* Paris, 1848, in-12. *broché.*

1783. Tableaux de la vie, ou les Mœurs du dix-huitième siècle, (par Restif de la Bretonne). Nouvelle édition. *Londres*, 1791, 2 tomes en un vol. pet. in-12, cart., non rogné.

> Volume rare, contenant dix-sept jolies figures, réduction de 12 estampes de *Moreau*, et de 5 de *Freudeberg*, du Monument du costume.
> Exemplaire dans son cartonnage original.

1784. LES NUITS DE PARIS, ou le Spectateur nocturne (par Restif de la Bretonne). *A Paris, chez Mérigot*, 1790-1794, 16 part. en 8 vol. in-12, 18 fig., demi-rel. dos et coins mar. orange, dos orné, tête dor., *non rognés* (*Cuzin.*)

> Bel exemplaire bien complet avec la figure représentant l'exécution de Charlotte Corday.

.1785. L'Année des Dames nationales ou Histoire, jour par jour, d'une Femme de France. Par N. E. Restif de la Bretonne. *Genève et Paris*, 1791-1794, 12 vol. in-8, fig., cartonnés, *non rognés*.

1786. Charles Monselet. Rétif de la Bretonne. Sa vie et ses amours, avec un beau portrait gravé par Nargeot et un fac-simile. *Paris, Aubry*, 1858, pet. in-8, port., demi-rel. mar. brun, éb.

1787. Le Voyageur à Paris, tableau pittoresque et moral de cette capitale (par P. de La Mésangère). *Paris, Chaigneau*, 1793, 3 vol. in-12, demi-rel.

1788. Fragments sur Paris, par Frédéric Jean Laurent Meyer. Traduits de l'allemand par le général Dumouriez *Hambourg*, 1798, 2 vol. pet. in-8, demi-rel.

> Traduction de : *Fragmente aus Paris im IVten Jahr der franzosische Republik, von Fr. G. L. Meyer.* Hambourg, 1797. Ouvrage plein d'intérêt.

1789. Le Nouveau Diable boiteux, tableau philosophique et moral de Paris (par Chaussard). *Paris, Buisson*, an VII (1799), 2 vol. in-8, demi-rel. dos et coins veau, tête dor. *non rognés.*

> Deux curieuses figures. Lacombe, n° 383.

1790. Tableaux de Mœurs, 3 vol.

> Paris tel qu'il étoit à son origine, Paris tel qu'il est aujourd'hui, par le citoyen Cointeraux. *Paris*, an VII (1799). — Notice sur l'arc de Triomphe de l'Étoile, in-8. En un vol. in-8, cart. — Tableau de Paris, au commencement de l'année 1799 (attribué à Rivarol). *Hambourg*, 1800, in-8, demi-rel. — Paris métamorphosé ou, histoire de Gô

Claude Ragot pendant son séjour dans cette ville, par Nougaret. *Paris,* 1799, 3 tomes en 1 vol. en-12, fig., demi-rel.

1791. Paris, Versailles et les provinces, au dix-huitième siècle, par un ancien officier aux gardes françaises (Dugast de Bois-St-Just). Quatrième édition. *Paris, Nicolle,* 1817, 3 vol. in-8, cart., *non rognés.*

1792. Tableaux de Mœurs, 3 vol. in-12.

> Encore un Tableau de Paris, par Henrion. *Paris,* 1800, in-12, veau. — Première promenade d'un solitaire provincial depuis le faubourg Saint-Honoré jusqu'au palais du Tribunat (par Gallet). *Paris,* 1802, in-12, front., demi-rel. — Voyage d'un habitant de la Lune à Paris à la fin du XVIIIe siècle par P. Gallet. *Paris,* 1803. in-12 cart. Lacombe, n°s 395, 419, 440.

1793. Paris à la fin du XVIIIe siècle, ou esquisse historique et morale des monumens et des ruines de cette capitale, par J.-B. Pujoulx. *Paris,* 1801, 2 vol. in-8.

> Première et seconde édition datées toutes deux de 1801.
> La première est en demi-rel. basane, la seconde en demi-rel. mar. Lacombe, n° 412.

1794. Tableaux de Mœurs, 3 vol.

> Lettres d'un Mameluck, ou tableau moral et critique de quelques parties des Mœurs de Paris par J. Lavallée. *Paris,* 1803, in-8, veau Paris et ses modes ou les soirées parisiennes, par L..... *Paris,* 1803. in-12, front., demi-rel. — Des Parisiens, de leurs mœurs, par Brassempouy. *Paris,* 1806, in-12, demi-rel. Lacombe, n°s 434, 436 et 464.

1795. Souvenirs de Paris en 1804, par Auguste Kotzebue; traduits de l'allemand (par G. de Pixerecourt). *Paris, Barba,* 1805, 2 vol. in-12, demi-rel. mar. vert, tête dor.

> Lacombe, n° 449.

1796. Paris dans le dix-neuvième siècle ou réflexions d'un observateur sur les nouvelles institutions, les embelissements, les femmes, le théâtre, etc., par Pierre Jouhaud. *Paris, Denlu,* 1809, in-8, veau.

> Curieux et rare. Voy. Lacombe, n° 474. On y joint : *Le Pariseum ou tableau actuel de Paris, publié par Piranési.* Paris, 1809, in-12, demi-rel.

1797. Tableaux de Mœurs, 3 vol.

> Itinéraire de Pantin au mont Calvaire, ou lettres inédites de Chactas à Atala, ouvrage écrit en style brillant par M. de Chateauterne. *Paris,* 1811, in-8, cart. — L'Hermite de la Chaussée d'Antin, (par Jouy). *Paris,* 1812, in-12, veau. — Saint-Géran, ou la nouvelle langue française, suivie de l'itinéraire de Lutèce au mont Valérien (par Cadet-Gassicourt). *Bruxelles,* 1812, in-12. front., demi-rel. Lacombe, n°s 479, 480 et 500.

1798. Tableaux de Mœurs, 2 vol.

> Chronique de Paris. Les Portraits ou tableaux des mœurs, et usages, caractères, anecdotes et ridicules du jour, par M. M. (ossé). *Paris*; 1812, in-8 de 400 pp., demi-rel. (Exemplaire de Louis-Philippe). — De Paris, des mœurs, de la littérature et de la philosophie, par J. B. S. Salgues. *Paris*, 1813, in-8, cart. Lacombe, n°s 481 et 485.

1799. L'Hermite de la Chaussée d'Antin, ou observations sur les mœurs et les usages français au commencement du XIXe siècle, par M. de Jouy. *Paris*, *Pillet*, 1815-1824, 5 vol. in-12, fig., demi-rel.

> Lacombe, n° 500. On y a joint : L'*Ermite du Faubourg St-Honoré à l'Ermite de la Chaussée d'Antin*, (par Fortia de Piles.) *Paris*, 1814, in-8, *broché*.

1800. Romans parisiens et pièces de vers satyriques, 8 vol.

> La Galerie des Badauds célèbres, par Jacquelin. *Paris*, 1816, in-12, *broché*. — Scènes de la vie malheureuse, ou Paris, vallée de larmes, par Paccard. *Paris*, 1835, in-8, *broché*. — Légendes vertes. *Paris*, 1837, in-8, *broché*. (Ce recueil contient le Paris de J. Resseguier). — Paris, revue satirique, par Barthélemy. *Paris*, 1838, in-8. — Paris à l'envers, par Villedeuil. *Paris*, 1853, in-18, demi-rel. — Paris, par A. du Clésieux. *Paris*, 1857, in-8, demi-rel. — Paris n'existe pas, par de Rattier, 1857, in-12, cart. — Satires parisiennes du XIXe siècle par Gabriel Rey, *Paris*, 1860, in-12, *broché*.

1801. Pièces de théâtre, 3 vol.

> Le Marguillier de Saint-Eustache, comédie par M. le comte Roederer. *Paris*, 1818, in-8, veau. — Les Tourniquets, revue de l'année 1861, par Lemercier de Neuville. *Paris*, 1862, in-12, *broché*.
> On y joint : Les œuvres de Mr de Champmellé. *Paris*, 1696, in-12, basane. (Cet exemplaire contie t seulement : Le Parisien, les Grisettes, Delie et la Rue S. Denis); chaque pièce a une pagination et un titre séparés.

1802. Tableaux de mœurs, 2 vol. in-12.

> Petit Tableau de Paris par M. le chevalier de Propiac. *Paris*, 1820 in-12, fig., cart. — Mémorial parisien ou Paris tel qu'il fut, tel qu'il est, par Dufey. *Paris*, 1821, in-12, front., demi-rel. mar. rouge, éb.

1803. Life in Paris : comprising the Rambles, Sprees and Amours, of Dick Wildfire, of Corinthian Celebrity and his Bangup Companions Squire Jenkins and Captain O'Shuffleton : with the Whimsical Adventures o the Halibut Family : Including Sketches of a Variety of other Eccentric Characters in the French Metropolis by David Carey. *London*, *printed for John Fairburn* 1822, in-8, demi-rel.

> Ce curieux et rare volume est orné de 20 planches coloriées, dessinée et gravées par *George Cruikshank* et de 22 gravures en bois gravée d'après les dessins du même artiste. Le titre est un peu froissé.

1804. Voyage d'un jeune grec à Paris, par Hippolyt

Mazier du Heaume. *Paris, Fr. Louis*, 1824, 2 vol. in-8, fig., *brochés*.

Lacombe, n° 613.

1805. Tableaux de mœurs, 3 vol. in-12.

Voyage de Cadet-Roussel à Paris en 1824 (par Félix Bodin). *Paris*, 1824, demi rel. — Almanach de Paris et des départemens. *Paris*, 1826, demi-rel. — L'invisible au milieu de Paris, esquisse de mœurs, par Paccard. *Paris*, 1833, 2 tomes en un vol., basane.

1806. Tableaux de mœurs, 3 vol.

L'Hermite du faubourg Saint-Germain, ou observations sur les mœurs et les usages. par M. Colnet. *Paris*, 1825, 2 tomes en un vol. in-12, fig., cart , *non rogné*. — L'Hermite de Belleville, ou choix d'opuscules politiques, littéraires et satiriques, par Colnet. *Paris*, 1833, 2 vol. in-8, demi-rel.

1807. Voyage autour du Pont-Neuf et promenade sur le quai aux fleurs , par Rossignol Passepartout (Aug. Imbert). *Paris, chez A. Imbert*, 1824-1825, 2 vol. in-12, fig., *brochés*.

Première et seconde édition. Lacombe, n°s 610, 611.

1808. Paris, tableau moral et philosophique, par M. Fournier-Verneuil. *Paris*, 1826, in-8, demi-rel. veau, *non rogné*.

L'auteur de ce violent pamphlet fut poursuivi et son ouvrage saisi. Lacombe, n° 626.

1809. Paris en province et la Province à Paris, par Mme G^{tte} Ducrest, suivi du Château de Coppet en 1807, nouvelle de Mme de Genlis. *Paris, Ladvocat*, 1831, 3 vol. in-8, demi-rel. veau.

1810. Notre-Dame de Paris, par Victor Hugo. Huitième édition. *Paris, Eug. Renduel*, 1832, 3 vol. in-8, demi-rel.

Première édition complète, renfermant une nouvelle préface et 3 chapitres inédits.

1811. Paris malade, esquisses du jour, par Eugène Roch. *Paris, Moutardier*, 1832-1833, 2 vol. in-8, *brochés*.

Tableau de la vie parisienne au moment où le choléra faisait ses ravages. Bel exemplaire. Lacombe, n° 687.

1812. Nouveau Tableau de Paris au XIXme siècle. *Paris*, Mme *Charles Bechet*, 1834-1835, 7 vol. in-8, demi-rel.

Notices d'Henry Martin, Gozlan, Karr, Alhoy, Reybaud, de Vaulabelle, Janin, Soulié, etc. Lacombe, n° 695.

1813. Nouveau Tableau de Paris au XIXme siècle. *Paris*, 1834, 3 vol. in-8, demi-rel. veau, éb. Tomes 1-3.

1814. Mauléon de Saint-Pair, ou huit jours à Paris il y a trente ans. Mémoires philosophiques par Maurice Naudé. *Paris, E. Dentu*, 1864, 2 vol. in-8, *brochés*.

1815. Les Français peints par eux-mêmes. Encyclopédie morale du XIXᵉ siècle, texte par les sommités littéraires. *Paris, L. Curmer*, 1840-1842, 8 vol. gr. in-8. — Le Prisme. Encyclopédie morale du dix-neuvième siècle. *Paris, L. Curmer*, 1841, gr. in-8. Ensemble 9 vol. gr. in-8, figures noires, demi-rel. chagrin rouge, *non rognés*.

> Les Français peints par eux-mêmes sont ainsi composés : 5 vol. pour *Paris* et 3 vol. pour la *Province*.
> Le texte est signé : Balzac, Jules Janin, Karr, F. Soulié, Méry, Pétrus Borel, Henri Monnier, Ch. Nodier, Roger de Beauvoir, Th. Gautier, L. Gozlan, Fertiault, etc., etc.
> Gravures d'après : *Bellangé, Charlet, Daubigny, Daumier, Delacroix, Gavarni, Gigoux, Grandville, Jacques, H. Vernet, Tony Johannot, Eugène Lami, Meissonier, H. Monnier, Pauquet*, etc., etc.

1816. Muséum parisien, histoire, physiologie, pittoresque, philosophie et grotesque de toutes les bêtes curieuses de Paris et de la banlieue. Texte par M. Louis Huart. 350 vignettes par MM. Grandville, Gavarni, Daumier, Traviès et Henri Monnier. *Paris, Beauger et Cⁱᵉ*, 1841, in-8, fig., *broché*.

> Exemplaire du PREMIER TIRAGE avec la couverture conservée.
> Lacombe, n° 740.

1817. Les Bourgeois de Paris, par Amédée de Bast. *Paris, Baudry*, 1841, 2 vol. in-8, veau vert, *non rogné*.

> PREMIÈRE ÉDITION.

1818. Les Mystères de Paris, par M. Eugène Sue. Nouvelle édition revue par l'auteur. *Paris, Gosselin*, 1843-1844, 4 vol. in-8, fig., demi-rel. basane.

1819. Les Étrangers à Paris par MM. Louis Desnoyers, J. Janin, Old-Nick, Stanislas Bellanger. Illustrations de MM. Gavarni, Guérin, Frèbe, etc. *Paris, Charles Warrée, s. d.* (1844), in-8, front. et fig., demi-rel. mar. brun, dos orné, tête dor., *non rogné*.

> Bel exemplaire du premier tirage.

1820. La Grande Ville. Nouveau tableau de Paris comique critique et philosophique par MM. Paul de Kock, Balzac, Dumas, Soulié, Gozlan, Briffault, H. Monnier, etc. illustrations de Gavarni, Victor Adam, Daumier, d'Aubigny, Traviès, Henri Monnier, etc. *Paris, Marescq,* 1844, 2 vol. in-8, fig., cart., toile.

Lacombe, n° 881.

1821. Le Diable à Paris. Paris et les Parisiens. Mœurs et Coutumes, Caractère et portraits des habitants de Paris, tableau complet de leur vie privée, etc. *Paris, Hetzel,* 1844-1846, 2 vol. in-8, fig., cart. toile, tr. dor.

Texte par Sand, Balzac, Nerval, Gozlan, Musset, Gautier, Karr, Briffaut, etc. Figures de *Gavarni.*
Exemplaire du PREMIER TIRAGE dans le cartonnage original.

1822. Paris marié, philosophie de la vie conjugale, par H. de Balzac, commenté par Gavarni. *Paris, Hetzel,* 1846, in-8, fig., demi-rel.

1823. Paris, où les sciences, les institutions et les mœurs au XIX⁰ siècle, par M. Alphonse Esquiros. *Paris, Comon et Cⁱᵉ,* 1847, 2 vol. in-8, demi-rel. veau vert, ébarbés.

Le Jardin des Plantes. — Les Maisons de fous.— Les Enfans trouvés. — Les Sourds-Muets. Lacombe, n° 934.

1824. Quinze ans à Paris (1832-1848). Paris et les Parisiens, par Charles de Forster. *Paris, Firmin-Didot,* 1848, 2 vol. in-8, cart., *non rognés.*

« Cet ouvrage amusant, écrit avec esprit, est substantiel et passe pour exact. » Lacombe, n° 939.

1825. Tableau de Mœurs et Almanachs parisiens, 9 vol. in-12.

Paris incompatible avec la République, par Lecouturier, 1848, cart. —Paris à vol de canard, par Eug. Furpille. *Paris,* 1857, *broché.*—Fernand Desnoyers. Almanach parisien, années 1860, 1867, 1868, 1869.

1826. Le Tiroir du Diable. Paris et les Parisiens, mœurs et coutumes, caractères et portraits des habitants de Paris, tableau complet de leur vie privée, publique, politique, artistique, littéraire, industrielle, etc., etc., par MM. de Balzac, Eugène Sue, Georges Sand, Alphonse Karr, etc. Illustrations par Gavarni, etc., etc. *Paris, s. d.* (1850). 2 vol. in-8, fig., *brochés.*

1827. Tableau de Paris, par Edmond Texier. Ouvrage illustré de quinze cents gravures d'après les dessins de Blanchard, Cham, Champin, Forest, Gavarni, J.-J. Grandville, Lami, Vernet, etc. *Paris, Paulin et Le Chevalier,* 1852-1853, 2 tomes en un vol. in-fol., cart. toile, tr. dor.

1828. Romans parisiens, 5 vol. in-18, *brochés.*

Paris à l'envers, par le comte de Villedeuil. *Paris*, 1853. — Les
Matinées du Louvre. Paradoxes et rêveries, par Méry. *Paris*, 1856. —
Méry. Les Nuits parisiennes. *Paris*, 1860. — Murger. Scènes de la
Vie de Bohême. *Paris*, 1864. — Paris avant le déluge, par Mettais.
Paris, 1866.

1829. Figurines parisiennes, par Charles Monselet. *Paris,
Jules Dagneau*, 1854, in-12, *broché.*

ÉDITION ORIGINALE. Lacombe, n° 968.

1830. Paris anecdote, par Alex. Privat d'Anglemont. *Paris,
Jannet*, 1854, in-12, *broché.*

Première édition.

1831. Les Petits Paris, par les auteurs des Mémoires de
Bilboquet (Alhoy, Delord et Texier). *Paris, Taride,*
1854-1856, 26 vol. in-18, *brochés.*

1832. Tableaux de Mœurs, 5 vol.

Les Mœurs d'aujourd'hui, par Luchet. *Paris*, 1854, in-18, *broché.* —
H. de Pène. Paris intime, *Paris*, 1859, in-18, *broché.* — Promenades
dans Paris, par Léo Lespès. *Paris*, s. d. (1867), in-18, *broché.* — Notes
inédites sur Paris actuel, par Lambert. *Londres*, 1865, in-12, demi-
rel. — Paris et la Province, par Mignard. *Paris*, 1866, in-8, demi-rel.

1833. Paris et les Parisiens au XIXe siècle, mœurs, arts et
monuments, par MM. Alex. Dumas, Th. Gautier,
A. Houssaye, P. de Musset, Louis Enault et du Fayl,
illustrations par Eugène Lamy, Gavarni et Rouargue.
Paris, Morizot, 1856, in-8, 25 fig., demi-rel. mar.
brun, tête dor., *non rogné.*

Bel exemplaire.

1834. Gavarni. Masques et Visages, *Paris*, 1857, in-12,
broche.

ÉDITION ORIGINALE. On trouve à la suite le Catalogue de l'Œuvre de
Gavarni.

1835. Les Tréteaux de Charles Monselet, avec un frontispice dessiné et gravé par Bracquemond. *Paris, Poulet-
Malassis et de Broise*, 1859, pet. in-8, front., mar.
orange, dos orné, dent., tête dor., *non rogné. (Thierry,
succ. de Petit.)*

ÉDITION ORIGINALE. Exemplaire dans une riche reliure.

1836. Ombres et Vieux Murs, par Auguste Vitu. *Paris,*

Poulet-Malassis et de Broise, 1859, in-8, veau racine, *non rogné*.

Exemplaire en GRAND PAPIER.

La Grange-Batelière. — L'Hermite de la Chaussée-d'Antin. — L'Almanach royal. — P.-L. Courier, etc.

1837. Paris anecdote. — Paris inconnu, par d'Anglemont. *Paris, A. Delahays*, 1860-1861, 2 vol. in-12, *brochés*.

Lacombe, nᵒˢ 972 et 976.

1838. Les Bas-fonds de la Société, par Henry Monnier. *Paris, Claye*, 1862, in-8, mar. brun jans., tr. dor. (*Hardy-Mennil.*)

Bel exemplaire de cette édition tirée à très petit nombre.

1839. Les Heures parisiennes, 25 eaux-fortes d'Emile Benassit. *Paris, Librairie centrale*, 1866, in-12, front. et fig., *broché*.

ÉDITION ORIGINALE. Exemplaire avec la figure de *Minuit*. Couvertures conservées.

1840. Paris, par Victor Hugo (Introduction au livre Paris-Guide). *Paris, Lacroix*, 1867, in-8, demi-rel. mar. rouge, tête dor., éb.

On y joint : *Paris nouveau jugé par un flâneur*. Paris, 1868, in-8, demi-rel. mar. rouge.

1841. Alfred Delvau. Les Lions du jour, physionomies parisiennes. *Paris, Denlu*, 1867, in-18, demi-rel., *non rogné*.

1842. Les Odeurs de Paris, par Louis Veuillot. *Paris, Palmé*, 1867, in-8, *broché*.

Édition originale.

1843. Notes sur Paris. Vie et opinions de M. Fréderic Thomas Graindorge, recueillies et publiées par H. Taine. *Paris, Hachette*, 1867, in-8, *broché*.

1844. Tableaux de Mœurs. 3 vol. in-12, demi-rel., ébarbés.

Promenades dans Paris par Léo Lespès (Timothée Trimm). *Paris*, s. d. (1867). — Paris nouveau et Paris futur par V. Fournel *Paris*, 1868. — La Vie parisienne par N Roqueplan. *Paris*, 1869.

2. *Spécialités.*

a. Table, Cafés, Cabarets, Hôtelleries.

1845. Promenades gastronomiques dans Paris, par un ama-

.teur. Ouvrage orné de six gravures. *Paris*, 1833, in-12, fig., *broché*.

> On y joint : *Le Gastronome à Paris (par Croze-Magnan)*. Paris, 1803 in-12, *broché*.

1846. Paris à Table, par Eugène Briffault. Illustré par Bertall. *Paris, Hetzel,* 1846, in-8 carré, fig., *broché*.

1847. Histoire des Hôtelleries, Cabarets, Hôtels garnis, Restaurants et Cafés, et des anciennes communautés et confréries d'hôteliers, de marchands de vins, de restaurateurs, de limonadiers, etc., etc., par Francisque Michel et Edouard Fournier. *Paris, Seré,* 1851, 2 vol. in-8, fig., demi-rel. mar. Lavallière, *non rognés.*

1848. Vins à la mode et Cabarets du XVIIIe siècle, par Albert de la Fizelière frontispice à l'eau-forte de Maxime Lalanne. *Pars, chez René Pincebourde,* 1866, in-12, *broché.*

> PEAU DE VÉLIN. Frontispice en 3 états, bistre, rouge et noir.

1849. Cabarets parisiens. 8 vol. et brochures.

> Plaidoyé de Ramponeau, honnête cabaretier à la Courtille, prononcé par lui-même. In-8, *broché.* — Mémoire pour Jean Ramponeau ci-devant cabaretier à la Courtille, contre Gaudron, bateleur sur le boulevard. 1760, cart.—Prospectus du Jardin des Marronniers, barrière St. Jacques, 1 f. in-8. — Carte du Restaurant du père Lathuille, vers 1810, in-fol. — Les dernières Tavernes de la Bohème. Le Cochon fidèle et le temple de l'humanité, par Monteil et Tailliar, in-8, *broché.* — Vins à la mode et Cabarets du XVIIe siècle, par de la Fizelière. *Paris,* 1864, in-12, front., *broché.*

1850. Amusemens rapsodi-poétiques contenans : le galetas, mon feu, Les Porcherons, poëme en VII chants et autres pièces. *Stenay, J. B. Meurant,* 1773, in-8, demi-rel.

1851. Ordonnance du 20 Novembre 1573, portant defenses à tous Taverniers, Cabarestiers, et autres qui vendent vin à pots et en détail, de ne mesler cidre ny eau avec le vin : Et a tous artisans, gents de mestier, clercs, etc., de n'aller ny eux transporter ès jeux de paume ou escrime es estuves, ou logis de menestriers, pour y jouer, boire, ne prendre aucun repas. *Paris, Morel,* 1573, pet. in-8, cart.

1852. Les Entretiens des Cafés de Paris et les diférens qui y surviennent par Mr le C de M*** (chevalier de Mailly) *A Trévoux, chez Etiénne Ganeau,* 1702, in-12, front., veau.

1853. Bouis-Bouis, bastringues et caboulots de Paris. *Paris*, 1861, in-12, demi-rel. chagrin, *non rogné*.

1854. Alfred Delvau. Histoire anecdotique des Cafés et Cabarets de Paris, avec dessins et eaux-fortes de Gustave Courbet, Léopold Flameng et Félicien Rops. *Paris, E. Dentu*, 1862, in-8, front. et fig., demi-rel. veau, tr. peigne.

1855. Cafés de Paris, 4 vol.

> Le Desœuvré ou l'espion du Boulevard du Temple (par M. de Saint Paul). *Londres*, 1781, pet. in-8, *broché*. (Notices sur le café Turc, le café de Crète, etc.) — Les Cafés de Paris, revue (par Bazot.) *Paris*, 1819, in-12, portr., demi-rel. — Auguste Lepage. Les Cafés politiques et littéraires de Paris. *Paris, Dentu*, 1875, in-12, *broché* — Les Garçons de café, par G. Voilac. *Paris*, 1856, in-8, demi-rel.

1856. Edict du roy nostre syre, par lequel est defendu à tous Hostelliers de exiger plus grand somme de deniers qu'il est conteuu, pour journée, disnée, et souppée de leurs hostes, passans et rapassans. Publié à Paris, le Jeudy quatriesme jour de Nouembre, l'an mil cinq cens quarante. *Paris*, 1540, in-4 de 4 ff., mar. vert, fil., tr. dor.

1857. Ordonnance du roy sur le reiglement des Hosteliers, taverniers et cabaretiers de son royaume, et pris des viures en chascune saison de l'année. *Paris, Estienne*, 1563, pet. in-8, veau, fil., tr. dor. (*Koehler.*)

1858. Ordonnances de polices sur les hôteliers, 3 brochures in-4 et un vol. pet. in-8.

> Ordonnance sur le faict de la police des hosteliers, cabaretiers et autres personnes. *Paris*, 1562, pet. in-8, *dérelié*. — Trois Sentences de 1731 et 1732 concernant les Chambres garnies, les Marchands de vin, Cabaretiers, etc.

1859. Arrêt du 28 juin 1786 qui permet aux Traiteurs-Restaurateurs de recevoir du monde dans leurs salles, et y donner à manger jusqu'à onze heures en hiver, et minuit en été, etc. *Paris*, 1786, in-4, demi-rel.

b. Logement, Vêtement, Lois sur le luxe, Ménage, Domestiques.

1860. Arrest de la cour de Parlement (du 15 avril 1589), pour la diminution du loyer des Maisons. *Paris, Rolin Thierry*, 1589, pet. in-8, mar. rouge jans., tr. dor. (*Masson-Debonnelle.*)

1861. Loyer des Maisons. *Paris*, 1649, 5 brochures in-4, dont une en demi-rel.

> Arrêt sur la diminution des loyers ; Requeste pour être exempt de payer les loyers ; Arrêt pour la décharge entière du loyer des maisons, etc.

1862. L'Edile de Paris, journal des propriétaires. *Paris*, 1833, 12 numéros en un vol. in-8, demi-rel. bas.

1863. Maisons et loyers de Paris, 4 vol. in-18, *brochés*.

> Pierre Ladronneau à la recherche des Loyers à bon marché, par A. Humbert. *Paris*, 1859. — Les Portiers de Paris. 1861. — Les Maisons comiques, par Ch. Viremaitre et Elie Frébault. *Paris*, 1868 — La Misère à Paris. Les Mauvais Gîtes, par P. Mazerolle. *Paris,*1875

1864. Costumes anciens et modernes. Habiti antichi et moderni di tutto il mondo di Cesare Vecellio. *Paris* F. *Didot*, 1859, 2 tomes en un vol. in-8, fig. et texte encadré, demi-rel. veau.

> On trouve dans ce volume la représentation des Costumes des Parisiens à la fin du XVIe siècle.

1865. Ordonnance du 20 Octobre 1559, sur les defences de ne porter Chausses chicquetées et bouffantes de taffetas, Dagues, Espées ne autres bastons offensibles, sur les peines y contenues. *Paris, Nyverd*, 1559, pet. in-8, dérelié.

1866. Ordonnance (du 10 février 1563) sur le reiglement d s usaiges de draps, toilles, passements et broderies d'o., d'argent et soye, et aultres habillements superflus : et encores sur la reformation des grosses chausses. Ensemble sur le transport des laines hors le royaume. *Paris*, R. *Estienne*, 1563. — Ordonnance de Janvier 1563, sur le taux et imposition des soyes, florets et fillozelles entrants dans le royaume. *Paris*, R. *Estienne*, 1563. En un vol. pet. in-8, veau fauve, tr. dor. (*Koehler*.)

1867. Edit portant défenses a toutes personnes de porter en leurs habillemens aucuns draps ny toiles d'or ou d'argent, clinquans, et passemens. *Paris*, 1601. — Ordonnance du Roy pour reprimer le luxe et superfluité qui se voit ès habits de ses subjets, et ornemens d'iceux. *Paris*, 1620. Ens. 2 vol. pet. in-8, cart.

1868. Déclaration du Roy (du 29 Janvier 1635), pour le reglement général des passemens et dentelles. Avec defenses d'en porter, vendre et trafiquer de celles des Pais estrangers : ensemble de tenir aucunes Academies ou

Brelands pour le Jeu de hazard. *Paris, Est. Mettayer*, 1635, pet. in-8, *dérelié*.

1869. Edit du 26 Octobre 1656, portant réglement sur le fait, tant des passemens d'or et d'argent, et dorures des carosses, chaises et caleches, que passemens et dentelles de fil, et autres choses concernant la parure des Vestemens. *Paris*, 1656, in-4, demi-rel.

> Le titre porte la signature du duc de Valentinois.

1870. Edit portant réglement pour l'or et l'argent qu'on employe tant en vaisselle, que sur tous les meubles, habits, carosses, etc. *Paris*, 1700. — Arrêt concernant la réformation du luxe. *Paris*, 1701, 2 brochures in-4.

1871. LE MÉNAGIER DE PARIS, traité de Morale et d'Economie domestique composé vers 1393, par un bourgeois parisien; contenant des préceptes moraux, quelques faits historiques, des instructions sur l'art de diriger une maison, des renseignements sur la consommation du Roi, des Princes, et de la ville de Paris, à la fin du quatorzième siècle, des conseils sur le jardinage et sur le choix des chevaux; un traité de cuisine fort étendu, un autre non moins complet sur la chasse à l'épervier. Ensemble : l'histoire de Grisélidis, Mellibée, de Prudence par Alberdan de Brescia (1246), traduit par frere Renault de Louens; et le chemin de Poureté et de Richesse, poème composé en 1342, par Jean Bruyant, notaire au Châtelet de Paris; publié pour la première fois par la Société des Bibliophiles François (par M. le baron J. Pichon). *A Paris, de l'Imprimerie de Crapelet*, 1846, 2 vol. gr. in-8, cuir de Russie, dos orné, fil., tr. dor. (TRAUTZ-BAUZONNET.)

> Exemplaire de Sociétaire, en GRAND PAPIER DE HOLLANDE, avec le carton. Très-rare.
> De la bibliothèque YÉMENIZ.

1872 Les Blasons domestiques par Gilles Corrozet. Nouvelle édition publiée par la Société des Bibliophiles françois. *Paris*, 1865, pet. in-12, fig., mar. rouge, dos orné, fil., tr. dor.

> Contient de curieux détails sur l'organisation et l'ameublement des maisons au XVIe siècle.

1873. Edit du Roy (du 21 Février 1565) pour contenir les Serviteurs et Servantes en leurs devoirs. *Paris, Rob. Estienne*, 1565, pet. in-8, *dérelié*.

1874. La Maltote des Cuisinières ou la Manière de bien

ferrer la Mule. Dialogue entre une vieille cuisinière et une jeune servante. *A Rouen, chez F. J. Behourt, s. d.,* in-8, *broché.*

> Réimpression donnée par M. G. Véricel, imprimée par L. Perrin à Lyon. PAPIER VERGÉ tiré à 25 exemplaires. On y joint : *L'etat de servitude ou misere des domestiques.* Troyes, in-12, cart.

1875. La Comédie des Chansons. *A Paris, chez Toussaint Quinet,* 1640, in-12. — La Disgrâce des Domestiques. Comédie par le sieur Chevalier. *La Haye, A. Moetjens,* 1683, in-12. En un vol. in-12, demi-rel. veau.

> La première de ces deux pièces est attribuée à Timothée de Chille ou à Ch. Beys ; elle renferme la plupart des chansons en vogue vers 1640. La seconde pièce fut représentée en 1662 sur le théâtre du Marais

c. Société, Salons, Clubs, Le Duel.

1876. L'Espion russe ou la société parisienne, par madame la comtesse O. D. {baron Etienne de Lamothe-Langon *Paris Lachapelle,* 1841, 2 tomes en un vol. in-8, demi-rel. veau.

1877. Histoire des Salons de Paris. Tableaux et portraits du grand monde, par la duchesse d'Abrantès. *Bruxelles* 1837-1838, 6 vol. in-12, demi-rel. tr. jaspée.

1878. Salons célèbres, par Madame Sophie Gay. *Paris, Dumont,* 1837, in-8, *broché.*

1879. Madame Ancelot. Un Salon de Paris. 1824 à 1864. *Paris, Dentu,* 1866, in-8, photographies, *broché.*

1880. Salons de Paris. 4 vol.

> Les Salons de Paris, par Mme Ancelot. *Paris,* 1858, in-12, *broché.* — Ruelles, salons et cabarets par Emile Colombey. *Paris,* 1858, in-12, *broché.* — Grand monde et Salons politiques de Paris après la Terreur, par Louis Lacour. *Paris,* 1860. in-12, demi-rel. — Sur les soirées littéraires des deux derniers siècles, par l'abbé Badiche. 1844, in-8, demi-rel.

1881. Biographie des Dames de la cour et du Faubourg Saint-Germain, par un valet-de-chambre congédié. *Paris, chez les marchands de nouveautés,* 1826, in-18, *broché.*

> On y joint : *Le faubourg Saint-Germain par Tony Revillon.* Paris, 1868, in-18, *broché.*

1882. Le Faubourg St-Germain, Gérard de Stolberg, par

M. le comte Horace de Viel-Castel. *Paris, Ladvocat*, 1837. 2 vol. in-8, demi-rel. veau.

1883. Les Clubs et les clubistes. Histoires des clubs fondés à Paris depuis 1848, par Alphonse Lucas. *Paris, Dentu*, 1851, in-18, *broché*.

> On y joint : *Almanach du Club de Valois pour l'année*, 1790, in-12, mar. vert.

1884. Les Cercles de Paris (1828-1864), par Charles Yriarte. Illustrés par l'auteur. *Paris*, 1864, in-8, front., cart., *non rogné*.

1885. Discours notable des Duels, de leur origine en France, et du malheur qui en arrive tous les jours au grand interest du public. Ensemble du moyen qu'il y auroit d'y pourvoir, par Jean de la Taille. *Paris, Cl. Rigaud*, 1607, in-12, vélin.

> Rare.

1886. Arrêts et Edits sur les Duels. 13 vol. pet. in-8, cart.

> Arrêt du 26 juin 1599 contre les Duels. — Edit d'avril 1602 pour la défense des duels. — Edit du 27 juin 1609, sur la prohibition et punition des querelles de duels. — Déclaration sur cet édit de 1611. — Déclaration sur les édits des duels, 1613. — Déclaration sur les édits de pacification des duels, combats et rencontres. *Saumur*, 1614. — Advis sur le faict des duels, 1615. — Lettres sur l'observation des édits et déclarations pour la défense des duels, 1617. — Arrêts de 1614, 1618, 1619, 1620 et 1621 contre les Duels. — Edit de 1643 sur la prohibition et punition des duels. — Edit de 1676 portant règlement général sur les duels, etc.

1887. Edit du Roy, (d'Aout 1679), portant réglement général sur les Duels ; avec le nouveau reglement de MM. les Mareschaux de France sur le mesme sujet. *Paris, Cramoisy*, 1679, in-4, *dérelié*.

1888. Statuts et règlements faits par les maîtres en fait d'armes de la Ville et fauxbourgs de Paris, 1644. Publiés par Henry Daressy. *Paris, Vasseur*, 1867, in-8, demi-rel.

d. Charges. Caricatures.

1889. Musée Dantan. Galerie des charges et croquis des célébrités de l'époque, avec texte explicatif et biographique. *Paris, chez H. Delloye*, 1839, in 8, fig., demi-rel.

> Volume très curieux publié par Louis Huart. Il se compose de cent caricatures parmi lesquelles on remarque celles faites sur *Balzac*,

*Berlioz, Bouffé, Daguerre, Dantan, Alex. Dumas, Victor Hugo, Frédéric
Lemaître, Musard, Fr. Soulié, Carle et Horace Vernet,* etc.
Chaque figure est accompagnée d'un rébus.

1890. Les Cent et un Robert Macaire, composés et dess-
nés par H. Daumier, sur les idées et les légendes de
M. Ch. Philipon, réduits et lithographiés par M**. Tex-e
par MM. Maurice Alhoy et Louis Huard. *Paris, Aube-t
et Cⁱᵉ,* 1839, 2 vol. in-4, demi-rel. bas.

Exemplaire bien complet avec titres et table. Rare. On y joint :
Robert Macaire, roman en cinq chapitres. Paris, 1834, in-12, broché.

1891. Musée ou Magasin comique de Philipon, contenant
près de 800 dessins par MM. Cham, Daumier, Gavarn-,
Grandville, Eugène Lami, Lorentz, etc. Textes pe-
MM. Bourget, P. Borel, Cham, L. Huart, Lorentz,
Marco Saint-Hilaire et Ch. Philipon. *Paris, Aube-t
et Cⁱᵉ, s. d.* (1844-45), 2 part. en un vol. in-4, fig,
demi-rel.

Bel exemplaire bien complet. Chaque partie se compose de 2e
livraisons.

1892. Grand chemin de la postérité. *Paris, Aubert,* 4 F
in-fol. en travers, lithographiées par Benjamin.

Portraits-charges d'hommes de lettres, acteurs et actrices.

IX. FÊTES ET DIVERTISSEMENTS.

1. *Généralités.*

1893. Le Cérémonial français, contenant les cérémonie
observées en France aux Sacres et Couronnements, entrée
solennelles, mariages, festins, naissances, baptèmes. etc
de roys, et roynes, et de quelques anciens ducs de Normandie, d'Aquitaine et de Bretagne, etc. Recueilly pa
Théodore Godefroy, et mis en lumière par Denis Godefroy. *A Paris, chez Cramoisy,* 1649, 2 vol. in-fol. veau ver1
(*Lefebvre.*)

1894. TRAITÉ DES TOURNOIS, Joustes, Carrousels, et autre
spectacles publics (par le P. Menestrier). *A Lyon, che
Jacques Muguet,* 1669, in-4, fig., veau olive, fil., tr. dor-

Exemplaire YÉMENIZ.

1895. Histoire des inaugurations des rois, empereurs e1

autres souverains de l'univers , par M*** (Dom Charles-Joseph Bévy). *Paris, Moutard,* 1776, in-8, fig., veau.

> Ouvrage illustré de 14 planches contenant 81 dessins de costumes dessinés par *Mich. Rieg* et gravés par *Trière* et *Ingouf.*

1896. Instruction populaire touchant l'origine de façon de faire le feu de la Saint-Jean-Baptiste, pour en ôter les abus et les superstitions. *Paris, P. Trichard,* 1659, pet. in-12 de 6 ff., vélin.

> Pièce rare.

1897. Des Fêtes publiques chez les modernes, par J. Grobert. *Paris ,* an X (1802), in-8, *broché.*

> On y joint : *Discours sur les plaisirs populaires , bals, etc., par l'abbé Auzou,* 1834, in-8.

1898. Précis historique sur les fêtes, les spectacles et les réjouissances publiques, par Claude Ruggieri, artificier du Roi. *Paris,* 1830, in-8, mar. rouge, dos orné, fil. et dent., tr. dor.

> Exemplaire aux armes du duc d'ORLÉANS.

2. *Cérémonies officielles et fêtes publiques à différentes époques.*

1899. Entrées à Paris, Obsèques, Naissances, etc. *S. l. n. d.* Ms. in-4, veau brun.

> Curieux manuscrit du XVIIe siècle qui comprend :
>
> 1° Rolle de tous les officiers de la prévosté de Paris qui touchent des gages du Roy.
> 2° Ordre tenu par le prévôt de Paris à l'enterrement de François Ier.
> 3° Entrée de la reine Anne à Paris en 1504.
> 4° Enterrement de Louis duc d'Orléans en 1504.
> 5° Enterrement de la Reine Anne 1513.
> 6° Ordre du Châtelet dans l'entrée de la Reine en 1530.
> 7° Entrée du Dauphin à Paris en 1549.
> 8° Entrée du roy Henri II à Paris, 1549.
> 9° Entrée du roi Henri III, 1573.
> 10° Enterrement du duc de Joyeuse, etc., etc.
> La dernière pièce est le service fait en 1608 à Notre-Dame pour le duc de Montpensier.
> Ce curieux ms. provient de la bibliothèque de Cl. B. Rousseau. auditeur des comptes, les ff. sont chiffrés 105-351, les premiers ont été enlevés.
> On y joint le *Triomphant mariage de Renée de France, fille de Louis XII, avec le duc de Ferrare,* copie manuscrite moderne.

1900. Lentree du tres. ‖ chrestiē Roy de Fran ‖ ce Francoys De Val ‖ loys premier de ce nō ‖ En sa noble: ville cité ‖ et universite de Pa ‖ ris faicte le ieudy. XV ‖ iour de feuvrier. Lan ‖ de grace mil cinq ‖ cens et quatorze. *S. l. n. d. (Paris,* 1514,) in-4 goth. de 4 ff.. mar. rouge, dos orné, fil., tr. dor.

> Le titre ci-dessus est compris dans 3 fragments de bordure emprunté aux livres d'heures de *S. Vostre.*
> Le volume est imprimé en très petits caractères gothiques, sauf « titre, 2 lignes de privilège à la fin et 2 intitulés.
> Le volume débute et se termine par une pièce en vers français.
> Cette édition de l'entrée de François Ier à Paris est la seule signalé jusqu'ici et cet exemplaire qui provient des bibliothèques Audene-, Sauvageot et Ruggieri est le seul dont les adjudications aient été signalées par Brunet et ses continuateurs.
> Bel exemplaire, grand de marges et sans défauts.

1901. C'est l'ordre qui a esté tenu a la nouvelle et joyeuse entrée, que tres hault, très excellent et tres puissant prince le Roi tres chrestien Henry deuzieme de ce nom a faicte en sa bonne ville et cité de Paris, capitale de son Royaume le sezieme iour de Juin M.D.XLIX. *On les vend à Paris, par Jean Dallier, s. d.* [154c]. In-4, pl., mar. rouge, dos orné, milieux, fil. droits et courbés, tr. dor. (*Hardy-Mennil.*)

> Bel exemplaire de ce livre remarquable, chef-d'œuvre de la gravure sur bois en France au XVIe siècle.
> On a relié à la suite · *C'est l'ordre et forme qui a esté tenu au sacr et Couronnement de .... Catharine de Médicis, le x de Juin* 1549. Paris, J. Dallier, 1549.

1902. Le Recueil des inscriptions, figures, devises, et masquarades, ordonnees en l'hostel de ville à Paris le jeudi 17 de fevrier 1558. Autres inscriptions en vers heroïques latins, pour les images des Princes de la Chrestienté. Par Estienne Jodelle Parisien. *A Paris, chez André Wechel,* 1558, in-4, veau.

> Bel exemplaire de ce rare volume, renfermant le texte complet du divertissement. Jodelle ayant composé des mascarades fort compliquées, les acteurs ne purent apprendre leurs rôles et il en résulta une sie confusion que l'auteur, désolé, en tomba gravement malade.

1903. Regales Gallorum regis triumphi Parrisiis celebrati in gratiam nuptiarum filiæ illius Elizabet cum Hispaniarum regem, et Margaritæ sororis illius cum Insubum duce à Claudio de Vaulx, nobili Gallo. *Parisiis, Caroli Perier,* 1559, in-4, de 8 ff., cart.

> Ce poème de Cl. de Vaulx fut composé à l'occasion du maria = de

Marguerite, fille de François Ier, avec Emm. Philibert de Savoie, et de Elisabeth, fille de Henri II, avec Philippe II, roi d'Espagne.
Bel exemplaire avec des corrections du temps.

1904. Mandement du Roy pour le jour de son entrée en sa bonne ville de Paris. Plus, l'ordonnance de sa majesté sur les défences de porter masques et armes. *A Pàris, de l'impr. de Guill. de Nyverd,* (1569), pet. in-8 de 8 pp., cart.

Bel exemplaire de cette pièce rare. Elle est ornée de jolis ornements typographiques.

1905. Le Magnifique Triomphe et esjouysance des Parisiens, faictes en la décoration des Entrées du tres chrestien Roy Charles (IX), feicte le vj Mars, (en sa ville de Paris), et de la Royne, (son Espouse,) faicte le xix dudict mois, l'an mil cinq cent soixante et unze, par N.N.D.L.F. (Nic. Natey de La Fontaine). *Paris, G. de Nyverd, s. d.* (1571). Pet. in-8 de 8 ff., *dérelié.*

Pièce en vers de la plas grande rareté. Le titre porte les armes accolées de Charles IX et de la reine Elisabeth. Les 2 pp. suivantes sont ornées de deux jolis portraits gravés sur bois de Charles IX et de la reine.
Ce poème de Nic. Natey est signé de sa devise : *Avec le temps;* il a été cité par Brunet, et décrit au Catalogue Ruggieri (n⁰ 273, vendu 175 fr.) sans que l'auteur ait été nommé.
Exemplaire grand de marges, avec un léger morceau enlevé au titre.

1906. Description des Appareils, Arcs Triumphaulx, Figures et Portraictz dressez en l'hõneur du Roy, au iour de son entrée en la ville de Paris, le sixième iour de Mars, 1571. *A Paris, de l'impr. de Guill. de Nyverd,* pet. in-8 de 12 ff.—Allegresses au Peuple et Citoyens de Paris, sur la reception et entrée de tres illustre Princesse Elizabeth d'Austriche en sa bonne ville de Paris. Ensemble la Genealogie et Aliances de la maison d'Austriche, par F. D. B. C. (François de Belleforest Comingeois). *Paris, G. Mallot,* 1571, pet. in-8 de 19 ff. Ens. 2 vol. pet. in-8, *déreliés.*

La *Description* est écrite sous la forme d'*Hymne* en vers par Jacques Prevosteau, Chartrain, dont le nom se lit à la suite de l'épître dédicatoire à Mess. Ch. de Guillard, évêque de Chartres! Le titre est orné d'un portrait du roi et le livre contient au v⁰ du dernier f. un très joli fleuron gravé sur bois.
Les *Allégresses* de Belleforest sont en prose, entremêlée de pièces de vers. Cette pièce seule figurait à la vente Ruggieri où elle a été vendu *103 fr.* et les frais.

1907. Description des appareilz, arcs triumphaux, figures et portraictz dressez en l'honneur du roy, au jour de son Entrée en la ville de Paris, le sixième jour de Mars,

1571. *A Rouen, chez Martin le Mesgissier, s. d.*, pet. in-:
de 11 ff., demi-rel.

Réimpression publiée à Rouen du poème de J. Prévosteau.

1908. Entrée de Charles IX à Paris le 6 mars 1571. *Paris,
Aubry,* 1858, in-8, mar. rouge, dos et coins fleurdelysés
tr. dor. (*Petit.*)

Réimpression tirée à 50 ex. du poème de Jac. Prévosteau, Chartrain

1909. C'est l'Ordre et forme qui a este tenu au Sacre e
Couronnement de tres-puissante princesse Madame
Elizabet d'Autriche royne de France ; fait en l'église de
l'abbaye sainct Denis en France, avec son entrée faite :
Paris, le 25 jour de Mars 1571. *A Paris, chez Giles
Robinot,* 1610, pet. in-8 de 86 pp., cart.

On a ajouté les portraits du Roi et de la Reine.

1910. BREF ET SOMMAIRE RECUEIL DE, CE QUI A ESTÉ FAICT, e
de l'ordre tenue à la joyeuse triumphante Entrée de trespuissant, tres-magnanime et tres-chrestien Prince Charles IX, de ce nom Roy de France, en sa bonne ville &
cité de Paris, capitale de son Royaume, le Mardy sixie-
me iour de Mars. Avec le Couronnement de tres-haute,
tres-illustre et très-excellente Princesse Madame Elizabe
d'Austriche son espouse, le dimanche vingt cinquiesme
et entrée de ladicte dame en icelle ville le jeudi XXIX dudic
mois de Mars MDLXXI. *A Paris,. De l'Imprimerie de
Denis du Pré, pour Oliuier Codoré.* 1572, gr. in-8, fig
sur bois, mar. bleu, dos orné.

Le volume se compose de 4 parties: la première (*Entrée du Roi*
comprenant 54 ff. et 2 pl.; la deuxième (*Couronnement de la Reine*
10 ff., la troisième (*Entrée de la Reine*), 26 ff., cette partie est suiv.
d'une page, imprimée en italiques, de Simon Bouquet ; la quatrième
9 ff.; est intitulée : *Au Roy, Congratulation de la paix faite par
sa Majesté entre ses subiectz, l'unziesme iour d'Aoust,* 1570, poème p
Est. Pasquier.
Les 16 gravures sur bois de ce beau volume, sont dues au ciseau
Olivier Codoré, tailleur et graveur de pierres, à qui est accordé un pr-
vilège pour 10 ans le 9 février 1571, sur son desir de *graver ou fair
imprimer par figures et lettres toute l'ordre qui sera tenue à l'Entrée....*
Bel exemplaire, avec témoins, de ce rare volume portant le chiffre
M. RUGGIERI.

1911. BALLET COMIQUE DE LA ROYNE, faict aux nopces de
Monsieur le duc de Joyeuse et Madamoyselle de Vaude-
mont sa sœur. Par Balthasar de Beaujoyeulx, valet de
chambre du Roy, et de la Royne sa mère. *A Paris, par
Adrian le Roy, Robert Ballard, et Mamert Patisson,*
1582, in-4 de 8 ff. lim., 75 ff chiffr. et 1 f. non chiffr.

pour *le Privilège*, fig., mar. rouge jans., tr. dor. (*Cuzin*.)

Ce *Ballet de la Reine* est le premier essai d'opéra musical en France. Le scenario en fut tracé par Balthasar de Beaujoyeulx, ou mieux, Balthazarini, italien venu en France en 1577. Il eut pour collaborateur dans cette entreprise La Chesnaye, aumônier du Roy qui fit les vers ; le sieur de Beaulieu, aidé par maître Salmon fit la musique et enfin Jacques Patin, peintre du roi, fut chargé par la reine de dessiner les décors et les costumes ; tous ces personnages sont nommés par Beaujoyeulx lui-même au commencement de la description du ballet.

Le volume est orné de curieuses figures gravées en taille-douce représentant : la *figure de la salle* [de Bourbon, où l'on voit M. de la Roche, prononçant sa harangue], la *figure de la fontaine*, la *figure des Tritons*, la *figure des Satyres*, la *figure du chariot de bois*, la *figure des quatre vertus*, la *figure du chariot de Minerve* et enfin *dix-huit médaillons* offerts par les dames aux seigneurs de la cour. La musique, notée sans barres de mesures, est imprimée en caractères mobiles.

Le sujet du Ballet est l'histoire de *Circé* ; il fut dansé le 15 octobre 1581.

Très-bel exemplaire, en parfaite condition, de ce rare et précieux volume.

1912. **Demandes faites au Roy de France, par les Ambassadeurs du roy d'Espagne, touchant l'alliance de mariage entre Mgr. le dauphin, avec Madame l'infante d'Espagne. Et de Madame Elisabeth, fille aisnée de France avec dom Philipes Dominique Victoria, fils et premier prince d'Espagne. Avec reponses de Sa Majesté faictes aux susdits ambassadeurs** *Imprimé suivant la coppie de Paris*, 1608, pet. in-8 de 8 ff., cart.

1913. **Stations faictes pour l'Entrée de la Royne, a Paris, après son coronnement. Par Antoine le Clerc, Escuyer Sieur de la Forest.** *A Paris*, 1611, pet. in-8, mar. rouge, dos et coins fleurdelysés. tr. dor. (*Petit*.)

Exemplaire court de marges. Armes.

1914. **Le Carousel des pompes et magnificences faites en faveur du mariage du Tres-chrestien Roy Louys XIII avec Anne Infante d'Espagne, le Ieudy, Vendredi, Samedy, 5, 6, 7 d'Avril, 1612 en la Place Royalle à Paris. Par tous les Princes et Seigneurs de France, avec leurs noms** *A Paris*, *Louys Mignot*, 1612 ; pet. in-8, mar. rouge, fil., tr. dor. (*Andrieux*.)

Pièce très-rare. Bel exemplaire de RUGGIERI (adjugé 51 francs).

1915. **Ordonnances de la jouxte royalle. Cartels de deffy des cheualiers de gloire. Responce d'Armorat le grand, etc. Ensemble les Triomphes Royaux, faicts à Pari au Parc Royal, en faveur du Mariage du Roy, et de l'Infante** d'Espagne. *Iouxte la coppie Imprimée à Paris, chez Gilles Robinot et Micard.* (Troyes, *Iean Berthier*, 1612). Pet. in-8, mar. rouge, dos et coins fleurdelysés, armes, tr. dor. (*Petit.*)

Exemplaire court de marges.

1916. L'Histoire du palais de la Félicité, contenant les aventures des chevaliers qui parurent aux courses faictes à la place royale, pour la feste des alliances de la France et de l'Espagne, par François de Rosset. *Paris, Fr. Huby,* 1616, in-4, vélin.

On trouve, dans cet intéressant ouvrage, la relation des fêtes de la place Royale en 1612. Déchirure au dernier feuillet.

1917. Réjouissances sous Louis XIII. 3 vol. in-8, *déreliés.*

L'Ambition de l'Espagnol en son artifice par luy faict, en la solemnité de la vueille de la S. Iean Baptiste, au feu de joye que la ville de Paris a accoustumé faire par chacun an, par M. C. I. H. D. C. *Paris*, 1614. — Advertissement aux Bourgeois de Paris de se préparer à la venue du Roy. *Paris*, 1615. — L'Ordre des Cérémonies faictes par le commandement du Roy, en sa ville de Paris, le lundy 26 de ce mois pour la réjouyssance de son Mariage. *Paris*, 1615.

1918. Préparatifs pour aller au devant du Roy et de la Reyne à leur retour à Paris. *Paris,* 1616. — L'Ordre tenu à la réception du Roy et de la Royne en leur bonne ville de Paris, le lundy seiziesme de May. *Paris*, 1616. Ens. 2 vol. pet. in-8, *déreliés.*

1919. L'Ordre tenu à la Reception du Roy et de la Royne en leur bonne ville de Paris. Le Lundy seiziesme de May. *Paris, du Brueil,* 1616, pet. in-8. — Les Triumphes preparez pour l'Infanterie des Bourgeois de Paris à la prochaine réception de leurs Majestez. *Paris, J. du Brueil.* 1616, pet. in-8 En un vol. pet. in-8, mar. rouge, dos et coins fleurdelysés, chiffre, tr. dor. (*Masson-Debonnelle.*)

Exemplaire Ruggieri (vendu 75 fr. et les frais).

1920. La Reception faicte à la bienvenue de l'Ambassadeur de la Grand' Bretaigne envoyé à S. M. le 1er d'Aoust. *Paris,* 1616. — L'Audience donnée à l'Ambassadeur extraordinaire du Roy de la Grand' Bretaigne. Ensemble l'ordre tenues aux Pompes et Magnificences faictes à son Excellence à sa conduite au Louvre, le 7 d'Aou 1616 *Paris,* 1616. Ens. 2 vol. pet. in-8, *déreliés.*

1921. Discours sur le sujet du feu artificiel lequel doit estre posé, et faire jouer la veille de sainct Jean Baptiste en la place de Grève. *Paris, J. Trichard*, 1619, pet. in-8 de 8 pp., mar. Lavallière jans., tr. dor. (*Masson-Debonnelle.*)

> Pièce très-rare. Exemplaire Ruggieri (vendu 140 fr. et les frais).

1922. La Publique resjouissance de la Ville de Paris. Sur l'Heureux Retour de sa Majesté en sa dicte ville de Paris. *Paris, Alexandre*, 1623, pet. in-8, mar. rouge, dos et coins fleurdelysés, tr. dor. (*Masson-Debonnelle.*)

> Bel exemplaire de RUGGIERI (vendu 90 fr. et les frais).
> On a relié à la suite : Panégyrique à Louis XIII à son retour en sa ville de Paris, 1623, et l'Horoscope du Roy, 1623. — Stances sur l'absence de Louis XIII.

1923. La publique rejouissance de la Ville de Paris, sur l'heureux retour de sa Majesté en ladicte ville de Paris. *Paris, N. Alexandre*, 1623, pet. in-8. — Le retour du Soleil à Paris et remerciement de ladicte ville au Roy, de la paix que sa majesté a donnée à ses subjets. *Paris, Vve P. Berlault*, 1623, pet. in-8. Ens. 2 vol. pet. in-8, déreliés.

1924. L'honorable Entrée et magnifique réception de Mr le légat en la ville de Paris, envoyé en France par nostre S. Père le pape Urbain VIII. *Paris, Jean Bessin*, 1625, pet. in-8, dérelié.

> On y joint : *L'Ordre tenu et observé à l'arrivée de Mgr. le légat depuis l'église sainct Magloire jusques à Nostre Dame de Paris*. Lyon, 1625, pet. in-8, cart. Exemplaire un peu court de marges.

1925. Les Trophées de la victoire du Roy et les pompes de son Entrée à Paris. Par le sieur du Bail. *Paris, J. Martin*, 1628, pet. in-8 de 15 pp., cart.

> Poème. On a relié à la suite : *Chant de resjouyssance sur le retour du Roy en sa ville de Paris*, Paris, J. Martin, 1628. Pièce en vers se rapportant comme la précédente au retour du roi à Paris, après la prise de La Rochelle.

1926. Eloges et discours sur la triomphante réception du Roy en sa ville de Paris, après la réduction de la Rochelle (par J.-B. Machaud) accompagnez des figures tant des Arcs de Triomphe, que des autres préparatifs. *Paris, P. Rocolet*, 1629, in-fol., fig., vélin.

> Cet ouvrage est orné d'une belle gravure d'*Abraham Bosse*, représentant les échevins aux pieds du Roy et de 15 pl. par *Melchior Tavernier* et *Pierre Firens*. Exemplaire avec les figures en bonnes épreuves mais qui a été rongé par les rats.

1927. Le grand Feu de joye de Paris, fait devant l'Hostel de Ville, pour l'heureuse naissance de Monseigneur le

Dauphin. *Paris, P. Rocolet*, 1638, in-4, mar. rouge, dos et coins fleurdelysés, armes, tr. dor. (*Petit.*)

1928. L'Entrée pompeuse et magnifique du Roy Louis XIV en sa bonne ville de Paris, par N. I. T. *Paris, impr. A Cotinet*, 1649, in-4, mar. rouge, dos et coins fleurdelysés, armes, tr. dor. (*Petit.*)

1929. Descriptions des magnificences et feux de joye, Faits à Paris le 28 Juillet 1649 par Monseigneur l'Ambassadeur de la République de Venise, pour la victoire navale obtenue contre l'armée turquesque en Asie. *Paris, Ant. Estienne*, 1649, in-4, mar. rouge, dos et coins fleurdelysés, armes, tr. dor. (*Petit.*)

1930. Exposition et explication des devises, emblemes et figures Enigmatiques du Feu construit devant l'Hostel de Ville, par Messieurs les Prévost des Marchands et Eschevins de Paris, sur l'heureuse Naissance et Retour du Roy. Faite par Henry Estienne, Escuyer, sieur des Fossez. *Paris, Antoine Estienne*, 1649, in-4, mar. rouge, dos et coins fleurdelysés, armes, tr. dor. (*Petit.*)

1931. Vers presentez au roy a son retour en sa ville de Paris, par le sieur du Pelletier, parisien. *A Paris, chez Jean Julien*, 1649, 4 ff. in-4, mar. rouge, dos orné, double rangée de fil., armes; tr. dor. (*Lemardeley.*)

1932. Entrée de Louis XIV à Paris. *Paris*, 1649, 5 vol in-4, dont 4 cart.

> Le Retour désiré de Louis XIIII à Paris. — L'Entrée pompeuse et magnifique de Louis XIV à Paris. — La Magnifique entrée de la Paix ou les superbes portiques et arcs de triomphe préparez à Paris. — La Resjouissance publique au retour du Roy à Paris. — Le Triomphe Roya et la réjouissance des bons François sur le retour du Roy, de la Reyne avec la harangue qui leur a été faite.

1933. Description des magnificences et feux de joye, faits à Paris le 28 juillet 1649, par Mgr. l'Ambassadeur de la République de Venise, pour la grande victoire navale obtenue contre l'armée turquesque. *Paris*, 1649. — Description burlesque du combat naval des Venitiens et des Turcs; avec la solemnité du feu de joye fait par M. l'ambassadeur de Venise devant le pont des Tuilleries à Paris. *Paris*, 1649. Ens. 2 pièces in-4, déreliées.

1934 Feu d'artifice du 5 Septembre 1649. *Paris*, 1649, 3 vol. in-4, cart.

> Exposition et explication des devises, emblèmes, devises du fe

construit devant l'Hôtel de Ville, par H. Estienne. — Le present
d'immortalité offert au Roy, representées au feu de la Grève. — Vers
sur l'effigie de la Justice qui estoit au haut du feu d'artifice fait en la
place de Grève.

1935. Relation curieuse et remarquable de la pompe royale
du jour de la Saint Louis. *Paris*, 1646. — La Cavalcate
royale faite le jour de la S. Louis par leurs Majestez, de
leur Palais-Royal à la maison professe des Jésuites, 1649.
Ens. 2 vol. in-4, cart.

1936. Réjouissances publiques sous Louis XIV, 4 brochures in-4.

> La magnifique entrée des Ambassadeurs polonois, dans la ville de
> Paris, 1645. — Le triomphe royal, et la réjouissance des bons françois
> sur le retour du Roy, de la Reine et des princes, 1649. — L'heureuse
> et triomphante arrivée de Monsieur le Prince dans la ville de Paris,
> 1652. — Le véritable Journal de ce qui s'est passé au sacre de Louis XIV,
> à Reims, 1654.

1937. LES EMBLESMES et Devises du Roy, des Princes, et
Seigneurs qui l'accompagnèrent en la Calvacate Royale,
et Coürse de bague que sa Majesté fit au Palais Cardinal
recueillies et dédiées à son Altesse de Guise par Gissey.
Paris, 1657, pet. in-4, fig., veau fauve, fil., tr. dor.

> Ce curieux et très rare recueil comprend 25 planches gravées sur
> cuivre et 2 ff. pour le titre et la dédicace au duc de Guise.
> Le même volume comprend 12 ff. de texte imprimé ayant pour titre
> *Explication des emblesmes et devises du présent Livre.* Paris, Ant. de
> Sommaville, 1657.
> Cette explication paraît être l'œuvre de La Gravette de Mayolas. On
> connaît de lui plusieurs autres volumes du même genre, où ainsi que
> dans ce volume les explications se trouvent en français et en espagnol.

1938. L'Explication du feu de la veille de St Jean Baptiste,
fait devant la Maison de Ville (par le sieur Caresme),
1659, in-4, mar. rouge, dos et coins fleurdelysés, tr.
dor. (*Petit.*)

> Bel exemplaire de cette pièce fort rare.

1939. ENTRÉE DE LOUIS XIV et de Marie-Thérese à Paris
en 1660. *Paris*, 1660, 19 pièces en un vol. in-4, vélin.

> Réunion des plus importantes des pièces publiées en 1660 à l'occasion
> de l'entrée du Roi et de la Reine à Paris ; elle provient de la vente
> Ruggieri (Cat. de 1873, n° 490, vendu 300 fr. et les frais.)
> On trouve dans ce volume : Journaux historiques contenant le voyage
> du Roi. — Entrevue et serment des Rois pour la Paix. — Triomphe de
> la France sur l'entrée dans Paris. — Relation des particularitez de
> l'entrée. — Requeste de cent mille provinciaux ruinés attendant l'entrée.
> — Liste des colonels capitaines avec l'ordre de leur marche. — Ordre
> de la marche pour l'entrée. — La Cavalcade royale et revue des
> colonels et bourgeois de Paris au parc de Vincennes. — Nouvelle

relation de l'Entrée. — Arcs de triomphe des places publiques. —
Explication des tableaux, figures en relief, etc., etc. — Le Parnasse
royal ou réjouissance des Musées sur l'entrée. — Remerciement des
provinciaux sur l'entrée. — Conférences de Janot et Piarot sur l'entrée.
— La Muse en belle humeur contenant la magnifique entrée. Cette
dernière pièce est ornée d'une curieuse pl. de *Ladame* représentant
l'entrée et qui est ici en belle épreuve et très bien conservée.

1940. Entrée de Louis XIV et de Marie-Thérèse d'Autriche à Paris en 1660. *Paris*, 1660, 9 vol. et brochure in-4.

> Ordre de la marche qui doit estre observée pour l'Entrée dans Pari
> — La Magnifique et superbe entrée du Roy et de la Reyne. — Descrip
> tion des arcs de triomphe élevés pour l'entrée de la Reyne. — Le Feu
> royal tiré sur la Seine, le 29 août 1660. — Feu de joye à la place de
> Grève le 14 février 1660. — La Marche royale de leurs Majestés ::
> jour de leur entrée. — Sur le triomphe et les cérémonies de l'entrée
> du Roy et de la Reyne — Explication de la Danse des Fées et des
> Barbons du Pont Nostre-Dame orné pour l'Entrée.

1941. Ordre de la Marche qui doit estre observée dans les trois jours consécutifs pour l'Entrée de leur Majeste dans leur bonne Ville de Paris, par Messieurs du Clergé, par Messieurs des Cours Souueraines, Messieurs les Prévost des Marchands, Eschevins etc. *Paris*, *Loyson*, 1660, in-4, mar. rouge, dos et coins fleurdelysés, armes, tr. dor. (*Petit.*)

> Court de marges.

1942. La Marche Royale de Leurs Majestez depuis le Chasteau de Vincennes jusqu'au Throsne, et du Throsne jusqu'au Louvre le jour de leur magnifique Entrée en leur bonne Ville de Paris. *Paris*, *Loyson*, 1660, in-4, mar. rouge, dos et coins fleurdelysés, armes, tr. dor. (*Petit.*)

> Exemplaire très grand de marges.

1943. Relation de toutes les particularitez qui se sont faites et passées dans la célèbre Entrée du Roy et de la Reyne, avec l'ordre de la marche du Clergé et des Cours Souveraines. *Paris, Loyson*, 1660, in-4, mar. rouge, dos et coins fleurdelysés, armes, tr. dor. (*Petit.*)

1944. Entrée de Louis XIV et de la Reine à Paris, 1660, in-4, de 4 ff. mar brun, dos et coins fleurdelysés, armes, tr. dor. (*Petit.*)

> Lettre autographe de 4 pages, datée d'aout 1660; à la suite de diverses
> nouvelles politiques on trouve la relation de l'entrée du roi.

1945. Description de tous les Tableaux, Peintures, Dorures, Reliefs, Figures, et autres enrichissemens, qui sont exposez à tous les Arcs de Triomphe, Portes, et Portiques, pour l'Entrée triomphante de leurs Majestez. *Paris, Loyson*, 1660, in-4, mar. brun, dos et coins fleurdelysés, armes, tr. dor. (*Petit.*)

1946. Description de l'arc de la Place Dauphine. Présentée à son Eminence (le Cardinal Mazarin). *Paris, Le Petit,* 1660, in-4, mar. rouge, dos et coins fleurdelysés, armes, tr. dor. (*Petit.*)

1947. Les Devises et Emblèmes royales et historiques qui sont peints sur le Pont N. Dame, pour l'entrée triomphante du Roy et de la Reyne. *Paris, M. Léché,* 1660, in-4, mar. brun, dos et coins fleurdelysés, armes, tr. dor. (*Petit.*)

1948. Description du Feu d'artifice préparé pour l'Entrée de Leurs Majestez, par les soins du sieur Liegeois, Ingénieur du Roy. *Paris, Du Hamel,* 1660, in-4, mar rouge, dos et coins fleurdelysés, armes, tr. dor. (*Petit.*)

1949. Le Feu royal et magnifique qui s'est tiré sur la Rivière de Seine vis à vis du Louvre, en présence de leurs Majestez, par ordre de Messieurs de Ville, pour la Resjouyssance de l'entrée du Roy et de la Reine, le 29 Aoust 1660, *Paris, Loison,* 1660, in-4, mar. rouge, dos et coins fleurdelysés, armes, tr. dor. (*Petit.*)

1950. La Ville de Paris en triomphe pour l'Entrée de Leurs Majestez : ou les peintures et tableaux de tous les Portiques sont expliqués en vers François, par M. Canu, sieur de Bailleul. *Paris, Cardin Besongne,* 1660, in-4, mar. rouge, dos et coins fleurdelysés, armes, tr. dor. (*Petit.*)

1951. Le Triomphe de la France sur l'Entrée Royale de leurs Majestez dans leur bonne ville de Paris. *Paris, Loyson,* 1660, in-4, mar. rouge, dos et coins fleurdelysés, armes, tr. dor. (*Petit.*)

Frontispice gravé avec le portrait de Louis XIV.

1952. Le Parnasse Royal et la Rejouyssance des Muses sur les grandes magnificences qui se sont faites à l'Entrée de la Reyne. *Paris, Loyson,* 1660, in-4, mar. rouge, dos et coins fleurdelysés, armes, tr. dor. (*Petit.*)

1953. La Conférence de Janot et Piarot Doucet de Villenoce, et de Jaco Paquet de Pantin, sur les merveilles qu'il à veu dans l'entrée de la reyne, ensemble comme

Janot luy raconte ce qu'il à veu au Te Deum et au feu
d'artifice. *Paris*, 1660, in-4, veau fauve, fil.

1954. L'Entrée Triomphante de leurs Majestez Louis XIV,
Roy de France et de Navarre, et Marie Therese d'Autriche son Espouse, dans la ville de Paris, au retour de
la signature de la Paix Generalle et de leur heureux
mariage. Enrichie de plusieurs Figures, des Harangues
et de diverses Pièces considérables pour l'Histoire. Le
tout exactement recueilly par l'ordre de Messieurs de
Ville (par Jean Tronçon, avocat). *Paris, P. Le Petit*
1662, in-fol., front., portr. et pl., basane.

> Frontispice de *Chauveau*, dédicace gravée avec un riche encadremen:
> formé d'un seul trait continu et 22 pl. de *Jean Marot, Flamen* et *Lepaut-*
> dont voici les principales :
> Une grande planche non signée mais qui est de *Flamen*, la *Revue de*
> *la milice de Paris, devant le bois de Vincennes*, (cette revue fut :
> dernière de la *milice* que Louis XIV ne réunit plus jamais) ; la *Por-*
> *Saint-Antoine* du côté de la Ville avec de riches montants qui ont été
> gravés par *Flamen;* le *Pont Notre-Dame*, la *Place Dauphine*, l'*Obélisque*
> *de la place Dauphine*, la façade de l'*Hôtel de Ville*, et 5 pl. qui se suivent
> et représentent le cortège. La représentation de cette Cavalcade offre le
> plus grand intérêt au point de vue des usages, du costume et de l'histoire
> Ces planches ont été attribuées *Cochin* de Troyes dont le talent offre
> beaucoup d'analogie avec celui de *Callot*.

1955. Les Rejouissances faites à Paris, pour la Naissance
de Monseigneur le Dauphin. *A Paris, du Bureau*
d'Adresse, Novembre, 1661. in-4, mar. rouge, dos et
coins fleurdelysés, armes, tr. dor. (*Petit.*)

1956. COURSES DE TESTES ET DE BAGUES faites par le Roy et
par les Princes et Seigneurs de sa Cour en l'année 1662
(rédigé par Ch. Perrault), avec une relation en vers
latins par (Fléchier). *Paris, imprimerie royale*, 1670, in-
fol., pl., mar. rouge, fil., tr. dor (*Rel. anc.*)

> Ce beau volume, orné de 96 pl. par *Israël Silvestre* et *Chauveau*
> nous donne la représentation d'une des fêtes les plus magnifiques qu-
> furent données pendant la jeunesse de Louis XIV. Ce spendide carrousel
> eut lieu dans les terrains vagues qui s'élevaient à l'Est des Tuileries e
> qni depuis ont, pour cette raison, pris le nom de place du Carrousel.
> Les planches représentent l'itinéraire du cortège dans les rues Saint-
> Honoré, de Richelieu et Saint-Nicaise ; les figurants des différents
> quadrilles, les trompettes, timbaliers, palefreniers, qui accompagnaien-
> les princes et seigneurs, et enfin le Carrousel.
> Bel exemplaire.

1957. Festiva ad capita annulumque Decursio, a rege
Ludovico XIV edita anno 1662, scripsit Gallice Carolus
Perrault latine reddidit, et versibus heroicis expressit

Spiritus Flechier. *Parisiis, typ. regia*, 1670, in-fol., pl., veau.

> Cette édition est ornée des mêmes planches que l'édition française, mais en moins belles épreuves Quelques planches sont fatiguées.

1958. Le Grand Carouzel du Roy, ou la Course de Bague, Ordonnée par Sa Majesté. Avec les Noms de tous les Princes et Seigneurs qui la doivent courir, et qui s'y exercent tous les jours. *Paris, Cardin Besongne*, 1662, in-4, mar. rouge, dos et coins fleurdelysés, armes, tr. dor. (*Petit.*)

1959. Carrousel de 1662. *Paris*, 1662, 3 vol. in-4, demi-rel.

> Journal du Grand et Magnifique Carousel ou Tournoy de Louis XIV, Roy de France, et de Navarre, contenant ce qui s'est fait les 5 et 6 de juin 1662. — Le Grand Carouzel du Roy ou la course de bague ordonnée par S. M. — Les Devises de tous les Princes et Seigneurs du Grand Carouzel ... avec le nom des victorieux.

1960. Relatione Delle Solenni Entrate fatte A Fontanablo, e successivamente in Parigi dall'Eminent. Sig. Card. Chigi Legato à Latere di Sua Santita alla Maesta cristianissima. *Bologna, Monti*, 1664, in-12, demi-rel. veau.

1961. La Statue de Louis Le Grand, placée dans le Temple de l'Honneur. Dessein du feu d'artifice dressé devant l'Hôtel de Ville de Paris, pour la Statuë du Roy, qui y doit estre posée. *Paris, Cailleau*, 1689, in-4, mar. rouge, dos et coins fleurdelysés, armes, tr. dor. (*Petit.*)

> On a joint à cet exemplaire une planche-in-fol. représentant le *Temple de l'honneur*.

1962. Description du feu d'artifice, Dressé devant l'Hôtel de Ville par ordre de Messieurs les Prevost des Marchands et Echevins de la Ville de Paris, La veille de la Saint Jean 1694. *Paris, Claude Mazuel*, 1694, in-4, mar. rouge, dos et coins fleurdelysés, armes, tr. dor. (*Petit*).

1963. Feux d'artifice. *Paris*, 1694-1697, 4 brochures, in-4.

> Feux de Saint-Jean de 1694 et de 1697. — Feu au sujet de la paix avec la Savoie, 1696. — Feu en actions de grâce de la paix, 1697.

1964. Explication du feu d'artifice dressé devant l'Hostel de Ville, Par l'ordre de Messieurs les Prevost des Marchands et Eschevins. Pour la Solemnité ordinaire de la Veille de Saint Jean, 1697. *Paris*, 1697, in-4, mar. rouge, dos et coins fleurdelysés, armes, tr. dor. (*Petit.*)

1965. La Statue équestre de Louis Le Grand, Placée dans
le Temple de la Gloire. Dessein du feu d'artifice élevé
sur la Rivière de Seine, Par les ordres de Messieurs les
Prevost des Marchands et Echevins de la Ville de Paris,
le 13 Aoust 1699. *Paris,* 1699, in-4, mar. rouge, dos et
coins fleurdelysés, armes, tr. dor. (*Petit.*)

1966. Explication du feu d'artifice, dressé devant l'Hôtel
de Ville, par l'ordre de Messieurs les Prevôts des Marchands, et Eschevins ; pour la Solemnité de la veille de
Saint Jean. *Paris*, 1699, in-4, mar. rouge, dos et coins
fleurdelysés, armes, tr. dor. (*Petit.*)

1967. Rejouissances faites pour la Naissance de Monseigneur le duc de Bretagne. Juillet 1704. *Toulouse, Boude*,
1704, in-12, demi-rel. mar.

> On y joint : l'*Ordre de la Marche pour la publication de la paix*,
> 1714, brochure in-4.

1968. Fêtes sous le règne de Louis XV, 4 brochures. in-4.

> Ordonnance du 23 Février 1722 ordonnant que le jour de l'Entrée de
> l'Infante d'Espagne, toutes les rues, places, qui se trouveront sur son
> passage soient ornées, et les maisons illuminés. — Arrêt du Parlement
> au sujet du mariage du Roy (avec Marie Leckzinska). 1725. — Nais-
> sance de Mgr le Dauphin. — Relation des rejouissances faites en
> Espagne à ce sujet, 1729.

1969. Description de la Feste et du Feu d'Artifice qui doit
être tiré à Paris, sur la rivière, au sujet de la Naissance
de Monseigneur le Dauphin par ordre de S. M. C. Philippe V. et par les soins de leurs excellences M. le Marquis de Santa Cruz et M. de Barrenechea Ambassadeurs
le XXI janvier 1730. *Paris, P. Gandouin,* 1730, in-fol.,
pl., cart.

> 3 grandes planches très-bien gravées, dessinées par *Servandoni, Baus-
> sire, Pitouit*, gravées par *Dumont* et *Demarne*. •
> Il s'agit ici de Louis Dauphin, fils de Louis XV et de Marie Leczinska,
> né le 4 septembre 1729.
> Ouvrage très-rare non cité par Brunet.

1970. Fêtes à l'occasion de la Naissance du duc d'Anjou,
second fils de Louis XV, 4 vol. in-4, demi-rel.

> Compliment fait au Roy par les Parisiens, sur la naissance de Mgr. le
> duc d'Anjou, le 3 août 1730. Manuscrit in-4 de 3 pp. — Ordonnance
> de police du 30 août 1730 qui prescrit des feux de joye et des illumina-
> tions. — Ordonnances des Marchands et échevins concernant des
> feux devant les portes et illuminations du 30 août. — Ordonnance
> du 31 août des marchands et échevins concernant la construction des
> echaffaux dans la place de Grève, pour le feu d'artifice qui sera tiré
> samedi.

1971. L'Agenda du Voyageur ou journal des fêtes et Solennités de la Cour et de Paris, dressé en faveur des
étrangers pour l'année 1736, par M. S. de Valhebert.
Paris, 1736, in-12, cart.

A la suite des Fêtes de chaque jour de l'année on trouve des détails
sur les Bibliothèques, les Cabinets des Curieux, les spectacles, etc.

1972. Fêtes sous Louis XV. 7 brochures in-4.

Ordre et marche à l'entrée de l'ambassadeur de l'Empereur, le 21 décembre 1738, demi-rel. — Relation de l'ordre de la marche pour la
publication de la paix, qui se fera le 1er Juin 1739 (2 pièces). — Au
Roy entrant à Paris à son retour de Metz, 1744. — Chanson nouvelle
sur le retour du Roy dans Paris, 1744. — Les fêtes de Paris et de la
France à l'occasion du rétablissement de la santé du Roy, ode par l'abbé
de Ponsignon, 1744. — Complimens à Mgr. le Dauphin et à Madame
la Dauphine au sujet de leur Mariage, par Anglès, 1745.

1973. Description des festes données par la Ville de Paris,
à l'occasion du Mariage de Madame Louise-Elisabeth de
France et de Dom Philippe, Infant et Grand-Amiral
d'Espagne, les 29 et 30 août 1739. *Paris, Le Mercier*,
1740, in-fol., pl., veau, tr. dor.

Sur le titré fleuron de *Bouchardon* gravé par *Soubeyran*, 13 planches
ou plans, dont 8 doubles, dessinées par *Blondel, Gabriel, Sallev* et
Servandoni, gravées par *Blondel*, et une vignette par *Rigaud*.
Aux armes de Paris.

1974. Relation de ce qui s'est passé à l'arrivée et pendant
le séjour du Roi à Paris, et à l'occasion du retour de Sa
Majesté à Versailles. *Reims, Regnauld Florentain*, 1744.
in-4, mar. rouge, dos et coins fleurdelysés, armes, tr.
dor. (*Petit.*)

Le volume renferme une planche pliée représentant le feu d'artifice
tiré le 10 septembre 1744.

1975. FÊTES publiques données par la Ville de Paris, à
l'occasion du Mariage de Monseigneur le Dauphin, les
23 et 26 février 1743. (*Paris*, 1745), in-fol., pl. — Fête
publique donnée par la Ville de Paris à l'occasion du
Mariage de Monseigneur le Dauphin, le 13 février 1747.
(*Paris*, 1747), in-fol., pl. En un vol. in-fol., pl., veau.

Ces deux volumes renferment la représentation des fêtes données par
la Ville de Paris, lors des deux mariages du Dauphin, fils de Louis XV,
avec Marie-Thérèse d'Espagne et Marie-Josèphe de Saxe.
Les deux volumes sont ornés de 26 planches par *Cochin, Eisen, Blondel*,
etc.; le texte est encadré à chaque page.
Ces deux volumes ainsi réunis portent sur le feuillet de garde un titre
gravé portant : *Recueil des festes données par la Ville de Paris au sujet des
deux Mariages de Monseigneur le Dauphin, exécutés sur les dessins de Fr.
Blondel. Ce vend à Paris chez l'auteur, rue du Croissant.*

1976. Mariage de Louis XVI et de Marie-Antoinette 5 vol. et brochures, in-4.

Rejouissances publiques à cause du mariage de Mgr. le Dauphin avec l'archi-duchesse Marie-Antoinette, Mai 1770. — Ordonnance qui enjoint aux habitants de Paris de fermer leurs boutiques et d'illumine - le 30 Mai. à l'occasion du Mariage de Mgr. le Dauphin, 1770. — Ordonnance du 13 Juin 1770, pour la remise des Vêtements des personnes qui ont péri le 30 Mai 1770, (2 ex.) — Discours prononcé à l'occasion du Mariage de Mgr. le Dauphin, le 12 Juin 1770, in-12, cart

1977. Réjouissances sous le règne de Louis XVI, 8 vol. e brochures in-4.

Ordonnance du 26 juin 1775 qui enjoint aux habitants d'illuminer la façade de leurs maisons, à l'occasion du Te Deum pour le Sacra (2 ex.) — Ordonnance du 5 décembre 1783, qui enjoint d'illumine le Dimanche 14 pour le Te Deum de la paix. — Détail des fêtes ordonnées pour le dimanche 14 décembre 1783, à l'occasion de la paix. — Ordonnances des 29 mars et 20 mai 1785 à l'occasion d'illuminations pour la Naissance du duc de Normandie et les relevailles de la Reine — Arrêt du 29 septembre 1788, qui fait défenses de lancer aucuns pétards, fusées, etc.

1978. Fêtes à l'occasion de la Naissance de la duchesse d'Angoulême en 1778 et du Dauphin en 1782, 8 vol. et brochures in-4.

Ordonnance. du 21 Décembre 1778 qui enjoint aux habitants d'illuminer le samedi 26 (2 éditions différentes.) — Fêtes préparées par la ville de Paris à l'occasion de la naissance du Dauphin 21 et 23 janvier 1782. — Route que tiendra la Reine le 21 janvier 1782. — Ordonnance du 15 janvier qui ordonne que toutes les boutiques demeureront fermées. — Arrivée et départ de l'hôtel de ville les 21, 23 et 24 janvier 1782, 3 pièces.

1979. FÊTES ET CÉRÉMONIES sous la Révolution, 114 pièces en 3 vol. in-8, cart.

Essai sur les fêtes nationales par Boissy d'Anglas. — Noverre. Lettres sur les fêtes publiques. — Robespierre. Rapport sur les idées religieuses et les fêtes. — Chénier. Rapport sur les fêtes décadaires.— Monument élevé dans le jeu de paume de Versailles. — Cérémonie de la Confédération Nationale — Détail des fêtes au Champ de Mars du 18 juillet. — Fêtes de l'unité. — Fête des récompenses à Versailles, 1794. — Fête de la réunion républicaine, 10 août. — Fédération du 18 août 1793. — Cérémonies de la Fête de l'Etre suprême. — Fête à l'Eternel, l'an II. — Carnot. Discours à la fête de la Reconnaissance et des Victoires célébrée au Champ de Mars l'an IV. — Fête à la pudeur, an III. — Fête des Victoires, an III. — Fête de la Vieillesse. — Fêtes du 14 juillet. — Fête de la fondation de la République. Fête des époux, etc.
Réunion des plus importantes.

1980. Fêtes de la Révolution, 14 brochures in-4 et in-8.

Essai sur les Fêtes Nationales par Boissy d'Anglas. — Fêtes de la Fédération au Champ de Mars, 14 juillet. — Louis XVI proclamé empe-

reur. — Célébration de l'Anniversaire de la juste punition du dernier
Roi des Français. — Fête de la Souveraineté du Peuple, etc.

1981. Histoire du Couronnement ou relation des cérémonies religieuses, politiques et militaires qui ont eu lieu
pendant les jours mémorables consacrés à célébrer le
couronnement et le sacre de sa majesté impériale Napoléon 1er, Empereur des Français. *Paris, Dubray,* 1805,
in-8, 7 portr., mar. vert, tabis, tr. dor.

1982. Fêtes du Couronnement de Napoléon 1er, 7 vol. et
brochures.

> Procès-verbal de la cérémonie du sacre et du couronnement de l'Em-
> pereur Napoléon et de l'Impératrice Joséphine. *Paris, impr. impériale,*
> 1805, in-4. — Cérémonial relatif au sacre et au couronnement de leurs
> Majestés impériales. *Paris,* 1805, in-4, veau. — Histoire du Couron-
> nement, ou relation des cérémonies religieuses, politiques et militaires
> du sacre de Napoléon 1er. *Paris,* 1805, in-8, demi-rel. — Couplets
> chantés à la fête donnée par les Maires de Paris, 1805, in-8, demi-rel.
> — Les Cinq Ponts de Paris en conversation à l'occasion du couronne-
> ment de l'Empereur, in-8. — Fêtes du Couronnement. Rapport sur les
> inscriptions de la salle du banquet de l'Hôtel de-Ville de Paris, par
> Petit-Radel, an XIII, in-8, demi-rel. — Discours de l'évêque de Cou-
> tances, prononcé à l'occasion de l'anniversaire du Couronnement, in-4.

1983. Trasibule, cantate scénique, composée par M. A.-L.
Beaunier, pour la fête donnée à l'Hôtel de Ville de Paris,
à leurs Majestés impériales, le 25 frimaire an XIII
(24 décembre 1804). *Paris, P. Didot aîné,* 1804, in-fol.,
cart.

1984. Fêtes à l'occasion du Mariage de S. M. Napoléon,
empereur des Français, roi d'Italie, avec Marie-Louise,
archiduchesse d'Autriche. *Paris, Soyer,* 1810, in-8, fig.,
demi-rel. veau, *non rogné.*

> Ce volume est orné de nombreuses planches gravées au trait repré-
> sentant les principales décorations qui furent faites à ce propos. Un
> certain nombre de ces planches ont été dessinées par *Prud'hon.* On a
> relié à la suite : *Salon de* 1810, *par Landon.* Paris, 1810, in-8, fig.
> au trait.

1985. Fêtes diverses sous le premier Empire. 5 vol. et
brochures.

> Cérémonie de la distribution des aigles au Champ-de-Mars, an XIII,
> in-4, demi-rel. — Fête pour l'anniversaire de la naissance de Napoléon,
> in-8, demi-rel. — Cantate exécutée le jour de la fête donnée par la
> ville de Paris au sujet de la naissance du roi de Rome, par Arnault,
> 1811, in-4, *broché.* — Programme de la cérémonie du Champ-de-Mai,
> 30 mai 1815, in-4, *broché.* — Mes Loisirs, par Mme la baronne de***.
> (Cet ouvrage contient : Ce que j'ai pu voir au couronnement ; Arrivée
> de Marie-Louise ; Baptême du roi de Rome ; Fête aux Tuileries, etc.).
> *Paris,* 1841, in-12, *broché.*

1986. Fêtes diverses sous Napoléon Ier, 18 pièces manuscrites.

> Fêtes données à Neuilly en 1810. Devis de la dépense. Ordre du
> Cérémonial. Etats de la dépense, etc.

1987. Fêtes sous la Restauration, 4 vol.

> Cérémonial pour la réception du Roi. *Paris* (1814), in-4, demi-rel.—
> Programme des fêtes et réjouissances qui auront lieu à Paris, le 29 août
> 1814, une feuille. — Cantate pour le jour de la fête de Saint-Louis
> par Désaugiers et Gentil, demi-rel.— Fête donnée le 15 décembre 182_
> à l'Hôtel-de-Ville. Notice sur les tableaux et sculptures de la salle du
> café, demi-rel.

1988. Relation des fêtes données par la ville de Paris, et
de toutes les cérémonies qui ont eu lieu dans la capitale,
à l'occasion de la naissance et du baptême de Mgr. le
duc de Bordeaux. *Paris.* 1822, in-12, fig., mar. rouge.

> Aux armes de la ville de Paris. On y joint : *Allons à Paris, ou les
> fêtes du baptême,* 1821, in-12, *broché.*

1989. Relation de la Fête du Roi, des grandes revues et
des deux voyages de sa majesté dans l'intérieur du
royaume, en mai, juin et juillet 1831. *Paris, Veuve
Agasse,* 1831, in-8, veau fauve, dos orné, comp. de fil.,
milieux à froid, tr. marb. (*Simier.*)

3. Théâtre.

a. Généralités.

1990. Des Représentations en musique anciennes et
modernes (par le P. Ménestrier). *Paris, René Guignard.*
1681, in-12, basane.

1991. Recherches sur les costumes et sur les théâtres de
toutes les nations, tant anciennes que modernes. Ouvrage
utile aux Peintres, Architectes, Décorateurs, Comédiens, Costumiers, etc. (par Le Vacher de Charnois).
Avec des Estampes en couleur et au lavis, dessinées par
M. Chéry, et gravées par P.-M. Alix. *Paris, Drouhin,*
1790, 2 tomes en un vol. in-4, demi-rel. bas.

> Un frontispice et 53 figures, la plupart en couleur. Rare.

1992. Le Théâtre et les Mœurs. 10 vol. et brochures.

> Les Leçons de Thalie ou les tableaux des divers ridicules que la
> Comédie présente (par Alletz). *Paris,* 1751, 2 vol. in-12, veau. —
> Lettre de M. Gresset à M*** sur la Comédie, 1759, in-12. — Apolog.
> de M. Gresset au sujet de sa lettre sur la Comédie, 1759, in-12. —

Discours sur les moyens de nationaliser les spectacles, en les rendant utiles aux mœurs, 1801, in-8, *broché.* — Sur les Spectacles (par Nogaret), 1802, in-8. — Antidote contre la manie des Spectacles, par l'abbé Remard, 1836, in-12. — De l'influence de la littérature et du Théâtre sur l'esprit public et les mœurs, par J. Jolly, 1851, in-8. — Le Théâtre moral, par Paul Féval. 1874, in-12, etc.

1993. Le Théâtre et le Clergé, 6 vol. et brochures.

Traitté contre les danses et les comédies, par Ch. Borromée. *Paris,* 1664, in-12, basane. — Lettre d'un théologien (le P. Caffaro) en faveur des spectacles, 1826, in-8, *broché.* — Lettre du P. F. Caffaro à Mgr l'archevêque de Paris, 1694. in-4. — Epistre sur la condamnation du théâtre, par Bardou, 1694, in-4 — La Comédie justifiée (par Gacon). — Le Triomphe de la Comédie (par Ch. de St-Martin), 1706, in-12. bas. — Discours sur la Comédie ou traité des jeux de théâtre, soufferts ou condamnés par l'Eglise, par le P. Le Brun. *Paris,* 1731, in-12, veau

1994. Le Théâtre et le Clergé, 4 vol. in-12.

Lettre d'un ancien officier de la Reine à tous les Français sur les spectacles (par Trébuchet), 1759, cart. — Libertés de la France contre le pouvoir arbitraire de l'excommunication, dont on est redevable à Mlle Clai*** (Clairon), par (Huerne de la Mothe). *Amsterdam,* 1761.— Lettre à Mlle Cl*** (Clairon), au sujet d'un ouvrage écrit pour la défense du théâtre. En un vol. veau. — Lettres historiques et critiques sur les spectacles adressées à Mlle Clairon (par le P. Joly). *Avignon,* 1762, veau. — Le Pour et contre des spectacles, par l'abbé M*** (Mann). *Mons,* 1782, veau.

1995. Le Théâtre et le Clergé, 7 vol. in-8 et in-12, *brochés.*

Discours sur la Comédie de nos jours, par l'abbé Paris. *Valenciennes.* 1789, *broché.* — Instruction sur les spectacles, par l'abbé Hulot. *Paris,* 1825. — Des Comédiens et du Clergé, par le baron d'Hénin de Cuvillers *Paris,* 1825 (2 ex.). — Encore des Comédiens et du Clergé, par le même. *Paris,* 1825. — Instruction contre le Théâtre, par le B. Boone, 1846. — Discours sur les spectacles, *broché.*

1996. Décadence et réforme du théâtre, 9 vol. et brochures.

Causes de la décadence du goût sur le théâtre (par Charpentier). *Paris,* 1768, 2 vol. in-12. — Du Théâtre et des causes de sa décadence (par Billard), 1771. — Lefortier. Aperçu sur les causes, progrès et décadence de l'art dramatique, 1799. — Cailhava. — Les causes de la décadence du théâtre, 1789-1807. — Mauduit-Larive. Réflexions sur l'art théatral et Moyens de régénérer le théâtre, 1799.

1997. Lettres sur les spectacles ; avec une histoire des ouvrages pour et contre les théâtres, par M. Desprez de Boissy, septième édition. *Paris, Boudet,* 1780, 2 vol. in-12, veau fauve, tr. dor.

On y joint : *Lettré de M. des P. de B. à M. le chevalier de ··· sur les spectacles,* 1756, in 12, veau. *Lettre de M. le chevalier de... à M. de C..., au sujet de la lettre de M. des P. de B. sur les spectacles* (par D. de Boissy), 1759, in-12, veau.

1998. Esquisses dramatiques du gouvernement révolu-

tionnaire de France aux années 1793, 1794 et 1795, par
M. P.-C. Ducancel. *Paris*, 1830, in-8, demi-rel.

L'Intérieur des Comités. — Le Tribunal révolutionnaire, etc.

1999. Les Théâtres, Lois, Règlements, Institutions, etc.
par un amateur (F. Grille). *Paris, Eymery*, 1817, in-8
broché.

2000. Epoques de l'Histoire de France en rapport avec le
Théâtre français, de la formation de la langue jusqu'à
la Renaissance, par Onésime Leroy. *Paris, Hachette*
1843, in-8, demi-rel., mar. rouge.

Exemplaire de M. de Laborde.

2001. Histoire composée du Théâtre et des mœurs en
France, dès la formation de la langue par Onésime Leroy
Paris, Hachette, 1844, in-8, demi-rel. dos et coins mar
bleu, tête dor., éb.

2002. Théodore Muret. L'Histoire par le Théâtre. 1789-
1851. *Paris, Amyot*, 1865, 3 vol. in-18, *brochés.*

2003. Le Théâtre, par Charles Garnier. *Paris, Hachette*
1871, in-8, *broché.*

On y joint : *Traité de la police administrative des théâtres de Paris
par Simonet.* Paris, in-8, *broché.*

2004. Administration du théâtre, 10 vol. et *brochures.*

Déclaration du 18 août 1779 portant règlement pour les spectacles
la suite de la Cour, les appointements des Comédiens, etc., in-4 (2 ex.)
— Etablissement d'une école dramatique, par Ducoudray, 1779, in-8
— Réponse des départements publics au sujet des spectacles.— Décret
des 12 et 16 janvier 1793 relatifs aux représentations des pièces d -
théâtre, in-4. — Arrêté du 18 prairial an II sur les spectacles. in-8. —
Décret du 8 août 1807, relatif au théâtre, in-4. — Observations sur l =
projet de loi des théâtres 1831 — Recueil d'ordonnances, décrets ==
documents divers concernant les théâtres, 1844, in-4. — Conseil d'Etat
Enquête et documents officiels sur les théâtres, 1849, in-4, cart.

2005. Le Théâtre et les Pauvres par Ed. Fournier. *Paris
Dentu, s. d.*, in-12, demi-rel.

Tiré à 150 exemplaires.

2006. De l'Origine du Théâtre à Paris, par Paul Milliet.
Paris, 1870. in-12, front., demi-rel. mar. brun, tête
dor., éb.

2007. Histoire du Théâtre. 6 vol. et brochures.

Notice sur les Confrères de la Passion, par A H. Taillandier, in-8
cart. — Le Cry et proclamation publique : pour jouer le mistere de

Actes des Apostres, en la ville de Paris : faict le jeudy 16ᶜ jour de décembre 1540 *Paris*, 1541 (1830), in-8, *broché*.— La Salle du Théâtre de Molière au port Saint-Paul, par Collardeau. *Paris*, 1876, *broché*. — Notice sur les anciens Bâtiments de la Comédie française, par J. Bonnassies. *Paris*, 1868, in-8 , plans , *broché*. — Mémoire pour les entrepreneurs du spectacle des Variétés , contre les Comédiens françois (où l'on examine les privilèges de ces derniers). 1785, in-4, *broché*. — Le Théâtre des Dlles Verrières La comédie de société dans le monde galant au siècle dernier, par Jullien. *Paris*, 1875, gr. in-8, *broché*.

2008. Dictionnaire des Théâtres de Paris, contenant toutes les pièces qui ont été représentées jusqu'à présent sur les différens théatres françois et sur l'Académie royale de Musique, les extraits de celles qui ont été jouées par les Comédiens italiens...... Des faits anecdotes sur les auteurs qui ont travaillé pour ces théâtres. Et sur les principaux acteurs , actrices , danseurs , danseuses , etc. (par les frères Parfaict et Godin d'Abguerbe). *Paris, Lambert*, 1756, 7 vol. in-12, veau, tr. dor.

2009. Histoire des Théâtres de Paris, 3 vol. cart.

Dictionnaire portatif des théâtres, contenant l'origine des théâtres de Paris, par de Leris. *Paris*, 1763, pet. in-8. — Les Spectacles de Paris. (Mercure de France, 1787, t. III), in-12. — Les trois Théâtres de Paris, Comédie Françoise, Comédie Italienne et Opéra, par des Essarts. *Paris*, 1777, in-8.

2010. Anecdotes dramatiques, contenant toutes les pièces de théatres ; tous les ouvrages dramatiques ; un recueil de tout ce qu'on a pu rassembler d'anecdotes ; le nom de tous les auteurs, etc. (par Clément et l'abbé de la Porte). *Paris, Vᵛᵉ Duchenne*, 1775, 3 vol. pet. in-8, cart.

2011. Histoire des Théâtres de Paris, 4 vol. in-8.

Les trois théatres de Paris, Comédie Francoise, Comédie Italienne et Opéra , par Des Essarts. *Paris* , 1777, demi-rel. — De l'organisation des spectacles de Paris, ou essai sur leur forme actuelle (par Framery). *Paris*, 1790, demi-rel. — Histoire critique des théâtres de Paris pendant 1821 (par M. Chaalons d'Argé). *Paris*, 1822, *broché*. — La même. Année 1822, demi-rel.

2012. Adolphe Jullien. La Comédie à la Cour ; les théâtres de la société royale pendant le siècle dernier. *Paris* , *Firmin Didot*, 1883 , in-4 , fig. en noir et en couleur, *broché*.

Grandes nuits de Sceaux. — Théatres des Petits Cabinets.— Théâtre de Trianon.
Exemplaire sur PAPIER DE CHINE.

2013. Histoire des Théâtres de Paris, 5 vol. et brochures.

Histoire critique et littéraire des Théâtres de Paris , par Chaalons d'Argé 1822. *Paris*, 1823, in-8 *broché*. — Guide dans les Théâtres (par Darthenay). *Paris*, 1855, in-12, cart. — Petit Dictionnaire des Coulisses. 1835. — Histoire populaire de tous les Théâtres de Paris par Vanel. 1841. — Les Théâtres de Paris depuis 1806 jusqu'en 1860 par L. Véron. *Paris*, 1860, in-18, fig., *broché*.

2014. Le Gil Blas du théâtre par Michel Morin (MM. Aug Dubois et Charles Chabot). *Paris, A.-J. Denain et Delamare,* 1833, 2 vol. in-8, *brochés*.

> Deux curieuses eaux-fortes de *Alfred Albert*, représentant *l'Intérieur d'une loge d'actrice légère* et *une pièce de théâtre huée et sifflée par des spectateurs*.

2015. Mystères des Théâtres, 1852, par Edmond de Goncourt, Jules de Goncourt, Cornelius Holff. *Paris, Librairie Nouvelle,* 1853, in-8, *broché*.

> Curieux détails sur les pièces représentées sur les différents théâtres de Paris, en 1852.

2016. Déclaration du Roy Louis XIII du 16 avril 1641 au sujet des Comédiens. — Arrêt du 10 septembre 1668 en faveur du sieur de Floridor, comédien du Roy, contre les commis à la recherche des usurpateurs de noblesse, qui prouve que la qualité de Comédien ne déroge point 2 *brochures* in-4.

> Pièces fort rares. La première interdit aux Comédiens de représenter aucune action malhonnête, ni d'user d'aucunes paroles lascives ou à double entente.

2017. Nouvelles observations au sujet des condamnations prononcées contre les Comédiens, par Fagan. *Paris, Chaubert,* 1751, in-12, demi-rel. veau.

> On a relié à la suite : *Essai sur la comédie moderne où l'on réfute les observations de M. Fagan (par Meslé)*. Paris, 1752, in-12, front.

2018. J. J. Rousseau à d'Alembert, sur son article Genève de l'Encyclopédie et particulièrement sur le projet d'établir un théâtre de comédie en cette ville. *Amsterdam, Rey,* 1758, in-8, veau.

> On y joint : *Dancourt, arlequin de Berlin à J. J. Rousseau*. Berlin ou Amsterdam, 1769, in-8, *broché*.

2019. Comédiens, 8 brochures in-8 et in-12.

> Lettre du chevalier M.... à milord K..., traduire de l'anglais. *Londres* 1765. — De la Police sur les Comédiens. 1789. — Courte réflexion sur l'état civil des Comédiens. par J. de Chénier. 1789. — Questions sur l'état des Comédiens français. 1789. — La régénération des Comédiens en France ou leurs droits à l'état-civil, par Laya. 1789. — Evénement concernant l'éligibilité de MM. les Comédiens, le Bourreau et les Juifs. 1790. — Réflexions sur l'art théâtral, par Mauduit-Larive. 1801, veau. (Exemplaire de l'acteur Guérin.)

2020. Galerie théâtrale, ou Collection des portraits en pied des principaux acteurs des trois premiers théâtres de la capitale. Gravé par les plus célèbres artistes. *Paris*, *Bance*, *s. d.*, 3 vol. in-4, fig., cart., éb.

> 144 portraits d'acteurs et d'actrices avec notices pour chacun d'eux. Bel exemplaire.

2021. Comédiens. 5 vol. et *brochures*.

> Cours de déclamation, par Larive. *Paris*, 1804, in-8, portr., demi-rel. — Code-manuel des artistes dramatiques et des artistes musiciens, par Emile Agnel. *Paris*, 1851, in-18, *broché*. — Les Comédiens de Paris, 1856, in-12, *broché*. — Le mariage religieux d'une Danseuse, par Ch. Leguay, 1869, in-8, etc.

2022. Acteurs et Actrices de Paris, 3 vol.

> Théâtres, acteurs et actrices de Paris. Biographie des artistes drama-tiques. *Paris*, 1842, in-12, demi-rel.—Arnoldiana, ou Sophie Arnould et ses contemporaines. Recueil d'anecdotes, réparties, bons mots de S. Arnould. *Paris*, 1813, in-12, portrait, *broché*.— Notice sur l'enterrement de Mlle Raucourt, actrice du Théâtre-Français, morte en 1815. *Paris*, 1821, in-4, pl., demi-rel.

2023. Poisson comédien aux Champs-Élisées. Nouvelle historique, allégorique et comique, où l'on voit les plus célèbres orateurs représenter une comédie intitulée la Comédie sans femme, par M. D. (l'abbé Laurent Bordelon). *A Paris, chez Charles le Clerc*, 1710, in-12, mar. rouge, fil. à froid, tr. dor. (*Duru.*)

> C'est ici, dit l'auteur, un ouvrage véritablement réjouissant, et ins-tructif. Il est réjouissant, par les plaisanteries et les traits également critiques et enjoués, qui y sont de tous côtés répandus. Il est instructif, par l'abrégé qu'il contient de la vie, et par la connaissance qu'il donne du caractère de *chacun des plus célèbres orateurs*; et le tout dans un goût tout-à-fait comique, et amusant.

2024. Almanach historique et chronologique des Spectacles de *Paris*, 1751-1837, 62 vol. in-12.

> Collection complète très-rare.
> Les volumes sont ainsi distribués :
> 1° Almanachs de 1751-1794 inclus, sous les divers titres *Almanach des spectacles, Calendrier historique* et *Spectacles de Paris*. (l'année 1794 est en 2 volumes) 45 volumes.
> 2° 44e, 45e et 46 parties publiées en 1800, 1801 et 1815. 3 vol.
> 3° Almanach de 1822-1838, en 14 vol.
> Tous les volumes sont reliés en veau, sauf les années 1751, 1753, 1755, 1756, 1758, 1762, 1765, 1772, 1794, 1815, 1822 à 1838 qui sont *brochés* (l'année 1823 a été rongée par les rats.)

2025. Almanach des Spectacles. Années 1751-1828, 31 vol. in-12.

> Années 1751-1761-1765-1767-1770-1771-1772-1774-1775-1776-1778

à 1793, 1801-1802, 1828 (les années 1789 et 1793 en double). 14 volumes sont reliés en maroquin, 6 *brochés* (dont l'année 1751), le reste en veau.

2026. Almanachs divers des théâtres de Paris. 19 vol. dont 10 *brochés.*

> Agendas des théâtres de Paris en 1735-1736-1737 (1876). — Almanach général des spectacles, 1791-1792. — Petit almanach des grands spectacles, 1792. — Indicateur dramatique, 1800. — Année théâtrale, 1801-1804. — Annuaire dramatique, 1805 et 1819. — Mémorial dramatique, 1807 et 1811, etc.

2027. Le Monde dramatique. Histoire des spectacles. *Paris*, 1835-1837, 4 vol. in-8, fig., demi-rel. veau, tr. jasp.

> Recueil devenu fort rare. Articles de F. Soulié, Karr, Gautier, Alex. Dumas, Lasailly, Marmier, etc., nombreuses figures et portraits par *Nanteuil, Rogier, Johannot, Gavarni,* etc.

2028. Almanach de la Littérature, du Théâtre et des Beaux-Arts. Précédé d'une histoire littéraire et dramatique de l'année par Jules Janin. *Paris, Pagnerre,* 1853-1869, 17 années en 3 vol. demi-rel. et 4 brochures in-8, fig.

> Manque l'année 1867.

2029. Théâtres de Paris. Réunion de 15 programmes annonces, etc.

> Machine du sieur Favier. — Ombres chinoises au Palais Royal de Séraphin, 1786, 1787, 1789.— Fête au Waux-hall, 1785.—Machine du Grand Thomas, foire St-Germain. — Equilibriste Mignard, 1727. — Combat de sanglier et d'un taureau avec les dogues du duc d'Aumont, 1721. — Théâtre des Associés, 1789. — Cabinet de Curtius, 1787. — Jardin Elisée. — Prix des Abonnements sous la 1re république aux deux Théâtres-français et au Théâtre lyrique, etc.

b. Théâtres divers.

2030. Expédition faite le 18 décembre 1765, par le notaire Arouet (père de Voltaire) d'un enregistrement, en la Chambre des Comptes de lettres patentes de janvier 1566 en faveur des Confrères de la Passion, relatives à une masure en l'hôtel de Bourgogne. Manuscrit in-fol. de 4 ff.

2031. Les Chansons folastres de Gaultier Garguille, comédien ordinaire de l'hostel de Bourgongne, nouvellement reuues, corrigées et augmentées, oultre les précédentes impressions. *Paris, A. Claudin,* 1858, in-12 carré, pap. de holl., *broché.*

2032. Le Théâtre-françois par Samuel Chappuzeau, accompagné d'une préface et de notes par Georges Monval. *Paris, Jules Bonnassies*, 1875, in-8, *broché.*

2033. Abrégé de l'histoire du Théâtre-francois, depuis son origine jusqu'au 1er Juin de l'année 1780, par M. le chevalier de Mouhy, *Paris*, 1780, 3 vol. in-8, portr., demi-rel. basane.

2034. Jules Bonnassies. Les auteurs dramatiques et la Comédie-française à Paris aux XVIIe et XVIIIe siècles. — Les auteurs dramatiques et les théâtres de Province aux XVIIe et XVIIIe siècles. — La Comédie-française et les comédiens de Province aux XVIIe et XVIIIe siècles. *Paris, Willem*, 1874-1875, 3 vol. in-12, *brochés.*

2035. Théâtre-français. 7 vol. et brochures.

> Notice sur les anciens Bâtiments de la Comédie, par Bonnassies. *Paris*, 1868, in-8, demi-rel. — La Salle de théâtre de Molière au Port-Saint-Paul, par Collardeau. *Paris*, 1876, in-8, plans, *broché.* — Jullien. Les Spectateurs sur le théâtre. Suppression des bancs à la Comédie française. *Paris*, 1875, gr. in-8, *broché.* — Ordonnance du 22 Janvier 1783, concernant la suppression des saillies pratiquées le long des maisons, rue de Tournon (Création d'un emplacement destiné aux voitures pendant la durée du spectacle de la Comédie française), in-4, *broché.* — Mémoire pour le sieur Palissot, contre la troupe des comédiens françois (au sujet du refus de représenter la comédie des *Courtisanes*), 1775, in-4, cart. — Mémoire pour le sieur Mercier contre la troupe des comédiens françois (qui refusaient de jouer une pièce de Mercier reçue par le Comité), 1775, in-4, cart. — La Musique à la Comédie française, par Jules Bonnassies. *Paris*, 1874, gr. in-8, demi-rel.

2036. Théâtre-Français, 12 brochures in-8.

> Etablissement d'une école dramatique par les Comédiens français, 1789. — Essai critique, par Chapuis, 1827. — Requête des auteurs tragiques du Français, 1829. — Lettre sur le Théâtre-Français, par Duval. Du Théâtre-Français, 1842, etc.

2037. Journal intime de la Comédie française (1852-1871) publié par Georges D'Heylli. *Paris, É. Dentu*, 1879, in-12, demi-rel. mar. rouge, tête dor., éb.

2038. Molière. 4 vol. et brochures.

> Bazin. Notes historiques sur la vie de Molière. *Paris*, 1851. — La Mort de Molière, par l'abbé Davin. *Paris*, 1875. — Histoire du monument élevé à Molière, 1845. — Description de ce monument.

2039. L'Odéon, 1782-1818, par Paul Porel et Georges Monval. *Paris, Lemerre*, 1876, in-8, *broché.*

> Exemplaire avec un envoi de M. Monval. On y a joint une lettre autographe de M. Porel, une vue de l'Odéon, et une brochure in-12 : *Obser-*

vations sur la nécessité d'un second théâtre françois, (par Rochon de Chabannes), 1780.

2040. Arrêts du Conseil d'état du Roi, lettres-patentes acte de société, administration intérieure et réglemens pour les Comédiens italiens ordinaires du roi. S. .. (*Paris*), 1782, in-8, mar. rouge, dos orné, fil., tr. dor (*Rel. anc.*)

> Bel exemplaire aux armes du duc de RICHELIEU.

2041. Théâtre des Boulevards, ou recueil de parades (de Piron, Collé, etc.). *A Mahon, de l'enseigne de Gilles Langlois* (*Paris*), 1756, 3 vol. pet. in-8, cuir de Russie. (*Simier.*)

> Le premier volume est orné d'une jolie figure dessinée par *Eisen ?*

2042. Histoire des petits Théâtres de Paris, depuis leur origine, par Brazier. Nouvelle édition. *Paris, Allardin,* 1838, 2 tomes en un vol. in-12, demi-rel., dos et coins chagrin vert.

> On y joint : *Lettre d'un père de famille* (Nic. Sélis), *sur les petits spectacles de Paris,* 1789, in-8, demi-rel.

2043. Petits Théâtres de Paris. 5 vol.

> Le Chroniqueur desœuvré ou l'espion du Boulevard du Temple (par Mayeur de Saint-Paul). *Londres,* 1782, in-8, *broché.* — Histoire des petits Théâtres depuis leur origine, par Brazier. *Paris,* 1838, 2 tomes en un vol. in-12, demi-rel. — Histoire du boulevard du Temple, depuis son origine jusqu'à sa démolition, par Th. Faucheur. *Paris,* 1863, in-12, *broché.* — Histoire de l'Ambigu, par Eug. Deligny, 1841, in-24. — Histoire des Délassements-Comiques (par J. Prével et E. Cardon). *Paris,* 1862, in-24, *broché.*

2044. Histoire des Marionnettes en Europe, depuis l'antiquité jusqu'à nos jours, par Charles Magnin. *Paris, Michel Lévy frères,* 1852, in-8, *broché.*

> Marionnettes aux Foires Saint-Germain et Saint-Laurent, au Palais-Royal, sur les boulevards, etc.

c. Musique. Danse. Ballets. Histoire de l'Opéra, de l'Opéra-Comique, etc.

2045. Recherches sur l'histoire de la corporation des Ménétriers ou Joueurs d'instruments de la Ville de Paris, par B. Bernard. (*Paris,* 1841), gr. in-8, demi-rel. mar. rouge, tête dor., éb.

2046. Recueil d'édit, arrêt du conseil du Roi, lettres-patentes, mémoires et arrêts du Parlement, en faveur des Musiciens du royaume. *Paris*, *P.-R.-C. Ballard*, 1774, in-8, mar. rouge, dos orné, fil., tr. dor. (*Rel. anc.*)

Bel exemplaire aux armes du Maréchal DURFORT-DURAS.

2047. La Musique à Paris. 5 vol.

La musique chez le peuple. *Paris*, 1847, in-12, *broché*. — Histoire du Conservatoire de musique, par Lassabathic. *Paris*, 1860, in-18, demi-rel. — Histoire de la Société des Concerts du Conservatoire de musique, par Elwart. *Paris*, 1860, in-18, *broché*. — Les petits mystères de l'École lyrique. *Paris*, 1862, in-18, *broché*. — La musique à la Comédie-française, par Bonnassies. *Paris*, 1874, in-8, *broché*.

2048. Conservatoire de Musique. 2 vol. in-12, demi-rel. veau.

Histoire du Conservatoire de Musique et de Déclamation, par Lassabathie. *Paris*, 1860: — Histoire de la société des Concerts du Conservatoire de Musique, par Elwatt. *Paris*, 1860.

2049. Etat Actuel de la Musique du Roi et des trois spectacles de Paris. *Paris*, *Vente*, 1772, in-12, titre gravé par Moreau, mar. vert, fil., tr. dor. (*Rel. anc.*)

Exemplaire de Louis XVI, Dauphin.

2050. Etat actuel de la musique du Roi et des trois spectacles de Paris. *A Paris*, *Vente*, 1768, 1773-1784, 3 vol. in-12.

L'année 1768 est en demi-rel., 1774 *brochée* et 1774 en mar. rouge (le titre est fatigué).

2051. Chansons républicaines. 4 vol. in-12 et brochures.

Nouveau chansonnier patriote, 1794 ; La lyre de la raison, 1794. 2 vol. in-12, front., demi-rel. — Catéchisme des décades ou instruction sur les trente-six fêtes républicaines, avec un couplet à chacune de ces fêtes, 1794, in-12, front., veau. — Recueil d'hymnes républicaines qui ont été chantées aux fêtes nationales, 1794, in-12, *broché*. — Recueil de chansons républicaines.

2052. Lettres sur la Danse, sur les ballets et les arts, par M. Noverre, ancien maître des ballets de l'Opéra de Paris. *Saint-Pétersbourg*, 1803, 2 tomes en un vol. in-4, portr., cart.

2053. Abrégé de la nouvelle méthode, dans l'art d'écrire ou de tracer toutes sortes de danses de ville, mise au jour par le Sr Rameau. *A Paris*, *chez l'auteur*, s. d. (1725), in-8, fig., veau.

Ce curieux et rare volume orné de planches est suivi d'une *Seconde partie contenant douze des plus belles danses de M. Pecour, et remis en chorégraphie suivant la nouvelle correction du Sr Rameau*, et contenant 83 pl. gravées.

2054. Les Œuvres de Monsieur de Benserade. *Paris*, *Sercy*, 1697, 2 vol. in-12, front., basane.

> ÉDITION ORIGINALE, donnée par le P. Tallemant. On trouve dans le second volume les Mascarades et Ballets composés par Benserade, et dansés en partie à Paris, aux Tuileries, au Palais Cardinal, etc.

2055. L'Académie impériale de Musique de 1645 à 1855, par Castil-Blaze. *Paris*, *Castil-Blaze*, 1855, 2 vol. in-8, cart., *non rognés*.

2056. Permission pour tenir Académie royale de Musique, en faveur du sieur de Lully. *Paris*, 1672, in-4, demi-rel.

> Texte du célèbre privilège obtenu par Lully, en mars 1672, pour établir une Académie de Musique en France. Ce privilège avait tout d'abord été octroyé à l'abbé Perrin à la suite de sa *Pastorale* en musique, mais devant le peu d'activité de Perrin, ce privilège fut ensuite transmis à Lulli.

2057. Histoire de l'Opéra. 4 vol.

> L'Opéra, par Eugène Briffault. *Paris*, 1834, in-8, *broché*.— Histoire de l'Opéra, par Alph. Royer, avec 12 eaux-fortes. *Paris*, 1875, in-8 *broché*. — Le Nouvel Opéra, par Ch. Nuitter. *Paris*, 1875, in-18, fig. *broché*. — Les Coulisses de l'Opéra, par Nestor Roqueplan. *Paris*, 1855 in-12, demi-rel.

2058. Le Nouvel Opéra de Paris, par M. Charles Garnier, Architecte, Membre de l'institut. *Paris*, *Ducher et Cie*, 1878, 2 vol. in-8 de texte et 10 livraisons in-fol. de planches, portr., en *feuilles*.

> Splendide publication, contenant 100 planches gravées dont 17 en chromolithographie.

2059. Histoire de l'Opéra. 34 vol. in-8.

> Jullien. Un Potentat musical. Papillon de la Ferté; son règne a l'Opéra de 1780 à 1790. *Paris*, 1876, in-8, *broché*. — Didron aîné. Iconographie de l'Opéra. *Paris*, 1864, in-8, *broché*. — Projet d'un théâtre d'Opéra pour Paris, par Lusson. *Paris*, 1846, in-8, fig., cart.

2060 Le Code lyrique ou réglement pour l'Opéra de Paris. Avec des éclaircissements historiques, (par de Querlon. *A Utopie, chez Thomas Morus*, (*Paris*), 1743, in-12. — Réglement pour l'Opéra de Paris avec des notes historiques. *Utopie*, 1743, in-12, front. — Requeste de deux actrices d'Opéra (M^elles Coupée et Desgranges), à Momus, avec son ordonnance. *A La Haye*, 1743. En un vol. in-12, veau.

> Curieux recueil. Le *Code* et le *Règlement* ne sont qu'un seul ouvrage avec un titre différent ; le 2e est orné d'un joli titre gravé.

2061. Le Code lyrique ou réglement pour l'Opéra de

Paris avec des eclaircissemens historiques, (par Querlon). *A Utopie, chez Thomas Morus, (Paris)*, 1743, in-12, veau.

> Clef manuscrite.
> On y joint : *Relation du combat des Fourches Caudines livré Place Maubert, au sujet des Bouffons. S. d.*, in-8, cart. (Relatif à la querelle des Bouffons à l'Opéra.)

2062. Notice historique des événements qui se sont passés dans l'administration de l'Opéra, la nuit du 13 février 1820, par Roullet. *Paris de l'imprimerie de Didot l'aîné*, in-8, mar. rouge jans., tr. dor. (*Chambolle-Duru.*)

> Pièce originale relative à l'assassinat du duc de Berry. Très-rare, tous les exemplaires en vente ayant été saisis dès l'apparition, à cause du style ridiculement exalté de l'auteur.
> Roullet était libraire de l'Opéra, et son épouse ouvreuse de la loge du Roi.

2063. Le Mariage forcé, Comédie-Ballet en 3 actes (par Molière), ou le Ballet du Roi, dansé par le Roi Louis XIV, le 29e jour de janvier 1664. Nouvelle édition, publiée d'après le ms. de Philidor l'aîné, par Celler. Avec des fragments inédits de Molière et la musique de Lully. *Paris, Hachette*, 1867, in-8, mar. bleu, dos orné, fil., tr. dor. (*R. Petit.*)

> Exemplaire sur PAPIER DE CHINE, dans lequel on a ajouté 14 vignettes et portraits de *Desenne*, *Moreau*, *Hillemacher*, etc., en très-belles épreuves.

2064. Titon et l'Aurore, pastorale héroïque, dédié à Monseigneur le Prince de Soubise, mise en musique par Monsieur Mondonville, maître de musique de la Chapelle du Roy. Représentée par l'Académie royalle de musique pour la première fois, le 9 Janvier 1753. Gravé par le sieur Hue. *A Paris, chez l'auteur, Mad. Boivin et le sieur Le Clerc, imprimé par Montulay*, gr. in-4, mar. rouge, dos orné, fil., tr. dor. (*Rel. anc.*)

> Titon et l'Aurore, opéra en 3 actes et un prologue, est le meilleur ouvrage du célèbre violoniste-compositeur Jean Joseph CASSANEA DE MONDONVILLE, et son succès mit fin à la discorde musicale connue sous le nom de *Guerre des Bouffons*, guerre entre les musiciens italiens et les musiciens français. Mondonville encouragé par la marquise de Pompadour se proposa comme champion et remporta une brillante victoire.
> Les armes qui étaient sur les plats de la reliure ont été grattées.

2065. L'Opéra-Italien de 1548 à 1856, par Castil-Blaze. *Paris, Castil-Blaze*, 1856, in-8, demi-rel. veau, éb.

2066. Théâtre Royal de l'Opéra-Comique. Recueil de

divers documents relatifs à ce théâtre. *Paris*, 1827, in-4, demi-rel.

4. *Jardins publics. Bals. Prostitution. Jeux. Courses.*

2067. Le Palais-Royal, (par Restif de la Bretonne). *A Paris, au Palais-Royal d'abord, puis, partout, même chez Guillot,* 1790, 3 vol. in-12, fig., mar. rouge, dos orné, fil., tr. dor. *(Bertrand.)*

   Bel exemplaire avec les trois figures représentant *l'Allée des Soupirs,* le *Cirque* et la *Colonnade.*

2068. Le Censeur ou Voyage sentimental autour du Palais-Royal (par Rosny). *Paris,* 1802, in-12, demi-rel. — Biographie des Nymphes du Palais-Royal et autres quartiers de Paris, par Modeste Agnès, l'une d'elles. *Paris,* 1823, in-12, fig. en couleurs, *broché.*

2069. Bals. Jeux Gymniques, 2 brochures, in-8.

   Essai de discussion oratoire sur les bals. *Paris,* 1832. — Programme des jeux gymniques ouverts à Paris rue de Varenne. *Paris,* 1798.

2070. De la Prostitution dans la ville de Paris, considérée sous le rapport de l'hygiène publique, de la morale et de l'administration, par A. J. B. Parent-Duchatelet. *Paris Baillière,* 1836, 2 vol. in-8, demi-rel. chagrin rouge ébarbés.

2071. Les Filles publiques de Paris et la police qui les regit, par F. F. A. Béraud. *Paris,* 1839, 2 vol. in-8 demi-rel. chagrin rouge, *non rognés.*

2072. S'ensuivent les tenebres du Champ Gaillart ; composées selon l'estat dudict lieu, et se peuvent chanter ou lire à plaisir. *Imprimé à Paris, par Nicolas Buffet, s. d.,* pet. in-8, demi-rel. dos et coins mar. violet, tête dor. éb.

   Réimpression faite par les soins de M. A. Veinant en 1856; un des six exemplaires imprimés sur PAPIER DE CHINE.
   Le Champ-Gaillard était le lieu de réunion des femmes débauchées de Paris.

2073. La Blanque des Filles d'Amour. Dialogue, où la Courtisane Myrthale, et sa mère Philire, devisent du rabais de leur mestier, et de la misere de ce temps. *A Paris, chez Nic. Alexandre,* 1615, pet. in-8, *dérelié.*

   Curieux *Dialogue* entre une courtisane et sa mère, qui se plaignent de la dureté des temps. Il a été imprimé sous différents titres notamment sous celui de *Le Pot aux Roses découvert, ou le rabais des Filles d'Amour*.

2074. La Déroute et l'Adieu des Filles de Joye de la ville et faubourgs de Paris, avec leur nom, leur nombre, les particularitez de leur prise et de leur emprisonnement. Requeste à M. D. L. V. (Mlle de La Vallière). *Jouxte la copie. A Paris*, 1667, pet. in-12 de 33 pp., *vélin*.

> Pièce de vers anonyme. La première édition avait été publiée en 1666 à Paris, mais sans la *Requète* à Mlle de La Vallière.
> Cette édition publiée en *Hollande* est devenue fort rare; elle s'annexe à la collection des Elzevier, voy. Willems, *Les Elzevier*, n° 1765.

2075. Police sur les Mendians, les vagabonds, les joueurs de profession, les intrigans, les filles prostituées, les domestiques hors de maison depuis longtemps, et les gens sans aveu. *Paris, Dessaint junior*, 1764, in-12, veau.

> Aux armes du duc de JOYEUSE.

2076. Les Sultanes nocturnes, et Ambulantes de la Ville de Paris, contre les Réverbères. *A la petite Verlu*, 1768, in-8. — Complainte des filles auxquelles on vient d'interdire l'entrée des Thuilleries, à la brune (par Jean H. Marchand). *S. l. n. d.*, in-8. — Testament d'une fille d'amour mourante. *A Londres*, 1769, in-8.— Brevet d'apprentissage d'une fille de modes. *A Amatonte*, 1769. in-8. — Les Coeffeurs de Dames, contre ceux des Messieurs. *A Paris*, 1769, in-8. En un vol. in-8, cart., toile.

> Curieuses pièces en vers dont le titre fait assez connaître le sujet.

2077. Code ou nouveau réglement sur les lieux de prostitutions dans la ville de Paris. *A Londres*, (*Paris*), 1775, in-12, demi-rel. chagrin.

2078. Plainte et revelations nouvellement adressées par les filles de joie de Paris à la congregation, contre l'ordonnance de M. Mangin, qui leur défend de circuier dans les rues pour offrir leurs charmes aux passans ; précis historique contenant les hauts cris des nymphes du Palais-Royal, etc., par une Matrone... *Paris, Garnier et aussi chez beaucoup de femmes sensibles*, 1830, in-8, broché.

> Frontispice en couleur attribué à *Henri Monnier*.

2079. Alphonse Esquiros. Les Vierges folles. — Les Vierges martyres. — Les Vierges sages. *Paris, Delavigne*,

1842 , 3 vol. pet. in-12 , demi-rel. mar. vert , tête do::
éb.

2080. Jeux de hazard, 3 vol. et brochures.

> Arrêt du 9 janvier 1789, qui ordonne de veiller sur les maisons où ::
> pourrait etre tenu des Assemblées de jeux prohibés, in-4. — Essai ::
> les jeux par Charon, 1791, in-8. — L'Histoire des Grecs, ou de ceux ::
> corrigent la fortune au jeu, (par Goudar). La Haye, 1757, in-12, de::-
> rel.

2081. Loteries, 3 vol. ·

> ·· Arrêt du 20 Aout 1788, committant le sieur de Morambert, au titre ::
> payeur des fonds affectés sur les indemnités des Petites Loteries, ::·
> églises et couvents, in-4, demi-rel. — Le Voisin de la Samaritaine, ::·
> l'on trouve les numéros qu'il faut prendre pour gagner à la loterie. Par::.
> 1788, in 12, frontispice, cart. — Plaidoyer contre les Loteries étra::-
> gères, par Charrié, 1826, in-8, broché.

2082. Observations sur les Courses du Champs-de-Mar::.
et sur quelques nouvelles dispositions du réglement ::
1822, relatif à ces courses, par A. Séguin. *Paris*, 182::.
in-8, mar. vert, dos orné, dent. et ornements à froid, ::.
dor. (*Simier.*)

> Exemplaire aux armes de la duchesse de Berry.

X. ENVIRONS DE PARIS

1. *Généralités*.

2083. Mémoire concernant la Généralité dressé p::
M. Phélipeaux, conseiller d'Etat et intendant de ladi::
généralité en 1700. Ms. in-4 de 711 pp., carte, vélin.

> Cette statistique importante de la généralité de Paris est divisée ::
> plusieurs parties : état ecclésiastique, gouvernement militaire, finan::
> et justice. On y trouve de curieux renseignements sur le caractère ::
> peuple, l'industrie, le commerce, etc.
> ·· De la bibliothèque du baron Taylor.

2084. Environs de Paris. 3 vol. in-12, veau.

> . La Généralité de Paris, divisée en ses 22 élections, ou descript::
> exacte et gérérale de tout ce qui est contenu dans ladite général ::
> par le sieur D*** (Chalibert-Dangosse). *Paris*, 1712. — Archevêché ::
> Paris divisé en ses archidiaconés, archiprêtrés, etc., par Desnos. Par::.
> s d., cartes. — Almanach des Environs de Paris contenant la topog::-
> phie de l'archevêché et des différens endroits du diocèse, par Desn::
> *Faris*, 1773, cartes.

2085. Description de la généralité de Paris, contenant l'ét ::
ecclésiastique et civil de cette généralité, etc. (par Ph::-

lippe Hernandez). *Paris*, *Moreau*, 1759, in-8, basane.
— Archevêché de Paris, divisé en ses archidiaconés,
archiprêtrés, etc., par L. Denis et Berthault. *Paris*,
s. d., in-8, cartes, cart.

2086. La Géographie ou description générale du royaume,
par M. de *** (Dumoulin). Tome 1er contenant la
généralité de Paris. *Amsterdam*, 1762, in-8, cartes, veau.
— Archevêché de Paris, divisé en ses archidiaconés,
archiprêtrés, etc., par Berthault, *Paris*, *s. d.*, in-8,
cartes, basane.

2087. Atlas chorographique, historique et portatif. Généralité de Paris, divisée en 22 élections... avec le nombre
des Paroisses et des feux, la position des villes, des
bourgs. des villages, des hameaux, des abbayes, etc.,
par Desnos accompagnées d'une description par l'abbé
Regley. *Paris*, 1763, in-4, cartes et texte, veau.

2088. Description historique de la Généralité de Paris,
divisée en ses 22 élections... on y trouvera exactement
toutes les villes, bourgs, villages et hameaux, bois,
chemins etc., par Desnos. *Paris*, 1777, in-4, titre gravé
et cartes, cart. — Atlas chorographique, historique et
portatif. Généralité de Paris divisée en ses 22 élections,
par Desnos. *Paris*, 1763, in-8, cartes, veau.

2089. Environs de Paris. 4 vol. in-12.

Itinéraire portatif ou Guide du Voyageur dans les environs de Paris
(par L. Denis). *Paris*, 1781, plans, bas. — Manuel du Voyageur aux
environs de Paris, par Villiers. *Paris*, 1802, 2 vol., cartes, veau. —
Promenades de Jauffret à la campagne (à Trianon, Marly, St-Germain,
Auteuil, Meudon). *Paris*, 1803, demi-rel.

2090. Environs de Paris. 5 vol.

Guide des Amateurs et des étrangers voyageurs, dans les maisons
royales, châteaux, villages, etc., aux environs de Paris (par Thiery).
Paris, 1788, 2 vol. in-12; demi-rel. tête dor., éb. — Dictionnaire
topographique des environs de Paris, par Oudiette. *Paris*, 1817, in-8,
carte, veau. — Mes Voyages aux Environs de Paris. par J. Delort.
Paris, 1821, 2 vol. in-8, fig., fac-similés, demi-rel. mar. vert, tête
dor., éb.

2091. Dictionnaires des Environs de Paris. 4 vol. demi-rel.

Dictionnaire des Environs de Paris, par Oudiette. *Paris*, 1817, in-8,
carte. — Dictionnaire historique, topographique, etc., des environs
(par Saint-Allais.) *Paris*, *s. d.*. in-12. — Les Environs de Paris, histoire,
monuments, paysages, publiés par Nodier et Lurine. *Paris*, 1855, in-8,
fig. — Les Environs de Paris, par Joanne, 1856, in-12, fig.

2092. Histoire des Environs de Paris, par M. G. Tou-

chard-Lafosse. *Paris. P.-H. Krabbe*, 1834-1835, 3 vol.
in-8, fig., *brochés*.

2093. Les Environs de Paris, paysage, historique, monuments, mœurs, chroniques et traditions. Ouvrage
rédigé sous la direction de MM. Ch. Nodier et Louis
Lurine, et illustré de 200 dessins par les artistes les plus
distingués. *Paris, P. Boizard et G. Kugelmann, s. d.*
(1844), gr. in-8, fig., demi-rel. dos et coins chagrin
violet, tête dor., *non rogné*.

> Bel exemplaire du premier tirage.

2094. Atlas chorographique, historique et portatif. Généralité de Paris divisée en vingt-deux élections, par Desnos.
Paris, 1763, in-8, cartes, veau. — Almanach des Environs de Paris avec la description des beautés qui s'y
trouvent, par Desnos. *Paris*, 1767, in-8, texte et cartes,
veau.

2095. Département de Seine-et-Oise, 10 vol.

> Géographie du département de. Seine-et-Oise. *Paris*, 1847, in-12,
> demi-rel. — Biographie des hommes remarquables de Seine-et-Oise,
> par Daniel. *Paris*, 1832, in-8, demi-rel. — Dictionnaire des anciens
> noms de communes de Seine-et-Oise, par Cocheris. *Paris*, 1874, in-8,
> demi-rel. — Annuaire du département de Seine-et-Oise, 1851, 1863,
> 1865 à 1868, 1870, 7 vol. in-12, cart.

2096. Mémoires intéressans pour servir à l'Histoire de
France, ou Tableau historique, chronologique, pittoresque, ecclésiastique, civil et militaire, des Maisons
royales, Chateaux et Parcs des Rois de France. Avec
figures gravées en taille douce. Par M. Poncet de La
Grave. *A Paris, chez Nyon l'aîné*, 1788-1789, 4 vol. pet
in-8, portr. et fig., cart.

> Intéressants détails sur les châteaux de *Vincennes, Saint-Cloud*
> *Meudon, Boulogne* (dit *Madrid*) et *La Muette*.

2097. Souvenirs historiques des Résidences royales de
France, par J. Vatout. *Paris, Firmin Didot frères*, 1837 -
1849, 7 vol. in-8, demi-rel. chagrin rouge.

> Palais de Versailles, Fontainebleau, Saint-Cloud, Compiègne, etc.

2098. Les Tourelles, histoire des Châteaux de France,
par M. Léon Gozlan. *Paris, Dumont,* 1839, 2 vol. in-8,
demi-rel., *non rognés*.

> Chantilly, Ecouen, Brunoy. Vaux, Villeroi, Voisenon, Petit-Bourg.

2099. Environs de Paris, 2 vol. pet. in-8, cart.

> Arrest du Parlement (du 21 Janvier 1616), contre les Capitaine-

Soldats et autres Gens de guerre, qui commettent extortions, voyes de faict et violences, leurs faisant deffences d'approcher plus près de la ville de Paris que six lieues. *Paris*, 1616 — Arrest du 7 Août 1623. portant defenses à tous Gouverneurs, Maires, Eschevins et autres qui commandent ès villes, bourgs et villages qui sont sur les grands chemins, advenues et ès environs de la ville de Paris, d'empescher de passer et loger ceux qui sortiront de ladite ville. *Paris*, 1623.

2100. Arrêt du 25 juin 1648, deschargeant du droict d'entrée les vins qui entreront et se distribueront dans les villages des Environs de Paris, 1648, in-4. — Pétition des Marchands de bois de la Banlieue de Paris, contre les droits illégalement perçus sur eux par les fermiers généraux, 1790, in-8. 2 vol. demi-rel.

2101. Estat sommaire des miseres de la campagne, et besoins des Pauvres, aux environs de Paris, des 20, 22, 24 et 25 octobre 1652. *Paris*, 1652. — Abregé véritable contenant le particulier de ce qui s'est fait pour le soulagement des Pauvres des villages du diocèse de Paris. 1653. Ens. 2 vol. in-4, demi-rel.

2102. Environs de Paris. 4 vol. et brochures.

Observations sur la Prononciation et le langage rustique des environs de Paris, par Agnel. *Paris.*, 1855, in-12, demi-rel. peau de truie. — Table des fiefs du Vexin francais, par Arthur de Marsy. *Paris*, 1864, in-8, *broché*.—Saisie des places fortes des environs de Paris. 1652, etc.

2103. Forêts des environs de Paris. 3 vol.

Ordonnance de Louys XIV du 13 Août 1669 sur le fait des Eaux et Forests. *Paris*,1670, in-12, veau. — Les Forêts de la France dans l'antiquité et au moyen-âge, par Alfred Maury. *Paris*, 1856, in-4, *broché*. — Recueil contenant les délibérations de la société d'agriculture de la généralité de Paris, du 12 Mars au 10 Septembre 1761. *Paris*, 1761, in-8, veau. (On trouve dans ces volumes différentes notices sur les forêts de Fontainebleau, Mantes, etc.)

2104. RECUEIL de 48 estampes d'Israel Silvestre, Perelle, de Chartres, représentant des châteaux des environs de Paris. In-4 oblong, veau.

Très-intéressant recueil où l'on trouve des vues de Chantilly, Meudon, Chaillot, Saint-Cloud, Vaux, Grosbois, Ruel, St-Maur, de Fresne, Ecouen, Fremont, Lusigny, Chantemesle, etc. Ces figures en ancien tirage sont très belles d'épreuves. On a relié dans le même volume : *Nouveau atlas françois... par Chiquet*, 1719, contenant un titre, 15 cartes et 3 ff. gravés pour la liste des Archevêchés et des suffragans, avec leurs revenus ; *Les veritables portraits des rois de France*. Paris, Vve Chiquet, 1724, 1 titre et 6 ff. avec 66 portraits ; 21 pl. de *J. Lepautre* de jardins, parterres, fontaines, grottes, etc.; belles épreuves. Ensemble 95 pièces,

2105. Environs de Paris. Recueil de 18 vues par Silvestre, Merian, Meunier, etc.

> Châteaux de Versailles, Fontainebleau, Anet, Berny, Meudon, Madrid, etc.

2. Localités diverses (par ordre alphabétique).

2106. Anet. — Histoire et Description du Château d'Anet, depuis le dixième siècle jusqu'à nos jours. Précédé : d'une notice sur la ville d'Anet ; terminée par un sommaire chronologique sur tous les seigneurs qui ont habité le Château et sur ses propriétaires et contenan: une étude sur Diane de Poitiers, par Pierre-Désiré Roussel d'Anet. *Paris, Jouaust,* 1875, pet. in-fol., fig. cart., *non rogné.*

> Bel ouvrage enrichi de nombreuses reproductions phototypiques et chromolithographiques. Cartonnage d'après une reliure de Diane de Poitiers.

2107. Arcueil, Aubervilliers, Bagneüx et Bagnolet. 5 vol et brochures.

> Arcueil, notice par Duchalais, in-8, demi-rel. — Le Siège d'Auber villiers en vers burlesques. 1649, in-4, *broché.* — Notice sur le pélerinage et l'église N. D. des Vertus à Aubervilliers, par l'abbé Cottin 1865, in-8, *broché.* — Mémoire historique et archéologique sur la commune et l'église de Bagneux, par Troche. 1866, in-8, demi-rel. — Arrêt du 17 Janvier 1783, portant réglement de la fabrique de la paroisse de Bagnolet, in-4, demi-rel.

2108. Argenteuil. — Recueil de pièces manuscrites relatives aux couvent des Ursulines et des Bernardines d'Argenteuil, une liasse in-fol.

> 1° Lettre de la supérieure des Ursulines datée du 30 août 1683, relative à une maison qui leur appartient. 3 pp. in-4.
>
> 2° Déclaration des religieuses Ursulines au sujet des maisons qui leur appartiennent à Argenteuil du 3 octobre 1689, 4 pp. in-fol. avec la signature des Religieuses
>
> 3° Déclaration de 1704, signée par les religieuses au sujet de la profession de l'une d'elles.
>
> 4° 10 lettres. Mémoires, Plan, etc., datés de 1749 et 1750, relatifs au Monastère des Bernardines d'Argenteuil. Cette Communauté ayant été réunie à la communauté de Pantemont, située dans Paris, les biens avaient été mis en vente dès 1747. Parmi les pièces ici annoncées on trouve des devis estimatifs des bâtiments et terrains qui dépendaient de la communauté d'Argenteuil et des dépenses qui devraient être faites pour mettre les locaux en état. Grand plan du Monastère.

2109. Argenteuil. 3 vol. et brochures.

> L'histoire de la Robe sans couture de N. S. Jésus-Christ qui est révérée

dans l'église du monastère des religieux Bénédictins d'Argenteuil, (par dom G. Gerberon.) *Beauvais*, 1706, in-12, front., veau. — Histoire de la Robe sans couture, par Aug. Follet. 1842, in-12, *broché.* — La Sainte tunique. Discours prononcé dans l'église d'Argenteuil, le 5 Juin 1865, par l'abbé V. Davin. *Paris*, in-8, *broché.*

2110. Argenteuil. Mémoires, etc. du Procès de M. de Jabin, bailli d'Argenteuil contre les seigneurs, les procureurs du siège et le Sr Liénart, notaire royal. 1785, in-4, veau.

> Discours préliminaire et Conclusions manuscrits.

2111. Arpajon. Etat des lieux et estimation du château de Saint-Maurice près Arpajon, et des terres qui en dépendent fait par Pierre Taboureur, architecte juré expert bourgeois des bâtiments en 1784. Un fort volume in-fol. manuscrit de 270 feuillets.

> Inventaire dressé à la suite du décès de Marie-Thérèse de Saint-Maurice, veuve de Louis-Charles Le Mairat.

2112. Asnières, 4 vol.

> Le Grand poëte burlesque de l'escole d'Asnière. *Paris*, 1649, brochure in-4. — Réflexions sur la nouvelle liturgie d'Asnière 1724, in-4, *dérelié.* (remonté). — Observations sur l'examen du Cérémonial d'Asnières par Grandcolas. Manuscrit in-4. — Le Voyage d'Aniers, par M. H. (urtaud). *Bruxelles (Paris)*, 1748, in-8, demi-rel. (Récit en prose, entremêlé de vers On a relié à la suite : *Epître à Madame*, 1748.)

2113. Auteuil. 4 vol. et brochures.

> Histoire d'Auteuil depuis son origine jusqu'à nos jours par Adolphe de Feuardent. *Paris*, 1855, in-18, demi-rel. (un double *broché.*) — Réponse pour M. Joseph Barré, curé d'Auteuil, au précis distribué par les sieurs J. B. Marot, maçon, et Guill. Seminé, menuisier, sous le nom de l'œuvre et fabrique d'Auteuil. 1778, in-4, *broché.* — Arrêt du 21 avril 1787, portant réglement pour la fabrique de la paroisse S. Eparche d'Auteuil, in-4, demi-rel.

3114. Bazauches, Breteuil, Bruyères, Canly, La Celle-Saint-Cloud et Champlieu. 6 brochures in-4 et in-8.

> Mémoire par les habitants du hameau de Bazauches contre le duc d'Orléans. 1784. — Précis pour la veuve Lefranc, contre Fr. Guédé de la commune de Breteuil, 1781. — Arrêt du 21 Juillet 1727, confirmant le sieur l'Epinette le Mairat dans un droit de péage par terre qu'il perçoit au village de Bruyères. — Mémoire pour le Mis de Gouy contre le curé et la fabrique de Canly (relatif au refus, par ces derniers, de payer le droit de *Champart*). 1779. — Statistique de la commune de la Celle-Saint-Cloud (par Morel Vindé). *Versailles*, 1834. — L'Hypocauste de Champlieu, près Pierrefont, par le Dr Peigné-Delacourt. *Beauvais*, 1867.

2115. Belesme, Bercy, Béthencourt, Boigneville, Bois-d'Arcy, Bréval. 6 pièces manuscrites sur papier et sur vélin.

> 1^0 Lettre de l'abbé Perot recommandant M. Perceval pour l'office de substitut au siège de Belesme. 1733. 3 pp. in-4.

3° Procès-Verbal de la visite de l'église de Bercy, par le vicaire de l'Archevêque de Paris. 1806, 6 pp. in-fol.

3° Vente de deux pièces de vignes à Béthencourt, 1562, in-8 sur vélin.

4° Echange de pièces de terre fait à Béthencourt en mai 1359, in-4 oblong, sur vélin.

5° Pièce autographe signée de l'Archevêque de Paris, Ch. de Beaumont, relative aux reliques de St Barbolein conservées en l'église de Bois d'Arcy, in-4 sur vélin.

6° Quittance de Guill. Beuzeville, prieur du Hamel, près Bréval datée du 12 décembre 1412, in-4 obl. sur vélin.

2116. **Berny.** — Le Comte de Clermont, sa Cour et ses Maîtresses. Lettres familières, recherches et documents inédits publiés par Jules Cousin. *Paris, Acad. des Bibliophiles*, 1867, 2 tomes en un vol. in-8, portr., mar. rouge fil. à froid, tr. dor.

Un des 12 exempl. sur papier de Chine.

Le Comte de Clermont possédait le château de Berny ; ce fut là où se retira vers 1747 et où il tint sa cour. L'ouvrage contient de curieux détails sur les représentations théâtrales données à Berny.

2117. **Bicêtre.** 3 vol. in-12, demi-rel.

Histoire mémorable et espouventable, arrivée au chasteau de Bissestre près Paris. *Paris*, 1623. — La Chasse donnée aux espouvantables esprits du chasteau de Biscestre, par la démolition qui en a esté faite. *Paris* 1634. — Les cérémonies faictes dans la Nouvelle Chappelle du chasteau de Bissestre, le 25 Aoust 1634. *Paris*, 1634.

2118. **Billancourt.** 2 vol. demi-rel.

Nouveau village de Billancourt. 1826, in-4, plans. — Notice sur l'émigration paroissiale de Billancourt-lès-Paris, par l'abbé Gentū. *Billancourt*, 1871, in-8.

2119. **Bonvilliers.** — Charte d'Eudes, évêque de Paris, sur la vente des dîmes de Bonvilliers au Chapître de Saint - Cloud, mars 1205, pièce autographe sur vélin, in-8 oblong.

2120. **Boulogne.** 2 vol. in-8, demi-rel.

Le Château du Bois de Boulogne dit château de Madrid, étude sur les arts au seizième siècle par le comte de Laborde. *Paris*, 1855. (Tiré à 100 exemplaires.) — Madrid, notes sur l'ancien château, bâti par François Ier dans le Bois de Boulogne en 1530, démoli en 1792, par Vaudoyer, architecte. *Paris*, 1837, manuscrit in-8 avec dessin original au crayon noir.

2121. **Boulogne.** 2 pièces sur vélin.

Deux lettres patentes de Henri IV des 4 septembre et 15 novembre 1597 relatives à la propriété de M. de Marescot, médecin de Sa Majesté dans le bois de Boulogne. (Pièces originales sur vélin portant la signature autographe de Henri IV.)

2122. — Mémoires et autres pièces manuscrites relatives au différend entre les Curé, Marguilliers de l'œuvre, fabrique et confrérie royale de Notre-Dame de Boulogne près Saint-Cloud, contre Fr. Barbara, huissier au Châtelet, au sujet de la succession d'un sieur Vezude, 1729, une liasse in-4.

2123. **Brunóy.** 4 vol in-12, *brochés.*

Les Folies du marquis de Brunoy, ou ses mille et une extravagances. *Paris*, 1804, 2 vol. front. — Brunoy, par Pinard. — Brunoy et ses environs, par A. Saint-Hilaire. *Paris*, 1849.

2124. **Champs sur Marne.** Recueil de onze pièces originales de 1330-1548 sur papier et vélin.

1^0 Vente de propriétés sises à Champs sur Marne à la reine Jeanne d'Evreux, veuve du roi Charles le Bel, le 26 mars 1330. 7 pp. in-fol. sur papier.

2^0 Vente par Berthault de Fresnoy de la terre et seigneurie de Champs au roi Charles V pour 1,600 francs d'or, le 1er mars 1379. gr. in-fol. sur vélin.

3^0 4 pièces relatives à des cens et rentes de propriétés sises à Champs, appartenant au chapître de la Chapelle royale de Vincennes, à Marie Boucher, dame de Merry et de Champs, de 1416, 1457, 1467, 1475, 4 pièces sur vélin.

4^0 3 lettres de baux de la terre de Champs à Guill. Toustain, à Nic-Muhel et G. d'Orgement en 1480, 1511 et 1548, 3 pièces sur vélin.

2125. **Chantilly,** 5 vol.

Histoire de Chantilly, depuis le dixième siècle jusqu'à nos jours, par M. l'abbé Fauquemprez. *Senlis*, 1840, in-8, demi-rel. — Chantilly ancien et moderne, par Elisa Aclocque, 1845, in-8, *broché.* — Chantilly, étude historique (900-1858), par Rousseau-Leroy. *Chantilly*, 1859, in-18, *broché.* — Le Château de Chantilly pendant la révolution, par Alex. Sorel. *Paris*, 1872, in-8, fig., *broché.* — Le Voyageur curieux et sentimental ; ouvrage contenant le voyage de Chantilly et d'Ermenonville, etc., par Louis D*** (Damin). *Paris*, 1801, in-12, *dérelié.*

2126. — **Promenades** ou itinéraire des Jardins de Chantilly, orné d'un plan et de vingt estampes qui en représentent les principales vues, dessinées et gravées par Mérigot. *Paris, Desenne*, 1791, in-8, fig., veau.

2127. — La Fête royale donnée à Sa Majesté par Mgr. le duc de Bourbon à Chantilly, les 4, 5, 6, 7 et 8 Novembre 1722 ; où l'on verra un détail fidèle de tout ce qui s'y est passé de curieux et qui n'a point été imprimé. 1722, ms. in-4, mar. rouge, fleurs de lys sur le dos et aux angles, tr. dor. (*Petit-Sémier.*)

Copie manuscrite moderne.

2128. **Charenton,** 8 brochures in-4.

Attaques et prises de Charenton, Harangue à la garnison de Charenton; Foudroyement des Mazarinistes abimez à Charenton ; Dernières paroles de M. de Chastillon, tué à Charenton. *Paris*, 1649. — 3 Arrêts et Sentences de 1720, 1746 et 1772 relatifs à la communauté et hôpital de la Charité de Charenton.

2129. Châtillon-sous-Bagneux , Chevilly , Chevreuse , Chilly et Choisel, 6 brochures.

Notice sur la commune de Châtillon-sous-Bagneux, par Troche. *Paris*, 1850, in-8. — Histoire de la baronnie de Chevilly, par E. de Torquat. *Orléans*, 1869, in-8. — Le canton de Chevreuse, par Morize. *Rambouillet*, 1859-1869, 2 pièces in-8. — Testament spirituel de M. Delaune, prêtre, mort à Chilly en odeur de Sainteté, le 19 Mai 1775, in-12. — Notice sur la paroisse de Choisel , par Aug. Moutié. *Rambouillet*, 1874, in-8.

2130. Chelles. 4 vol. demi-rel. et broché.

Oraison funèbre de Louis le Grand, prononcée dans l'église de l'abbaye de Chelles, le 27 Octobre par l'abbé Lafargue. *Paris*, 1717, in-4. — Discours sur les cérémonies faites dans le monastère de Chelles, le jour qu'on bénit son altesse Madame l'Abbesse, (Louise-Adelaïde d'Orléans) 1719, in-4. — Copie d'une lettre de Mme d'Orléans, abbesse de Chelles, écrite le 1er Octobre 1720, in-8. — Les Blasphèmes de la fausse lettre de Chelles, 1725, in-4.

2131. Choisy-le-Roi. 4 vol. in-8, demi-rel.

Le Château de Choisy, études historiques et monumentales. *Paris*, 1867, fig. — Ismenie et Ismenias; ou la fête de Jupiter, opéra (de Laujon) représenté à Choisy le 13 juin 1763. *Paris*, 1763. — Il n'y a plus d'Enfans, comédie (par Nougaret) ; la Guinguette, ambigu-comique ; le Chat botté, pantomime : représentés à Choisy-le-Roi, le 8 avril 1772. — Erosine, pastorale héroïque (par Moncrif), représentée à Choisy en septembre 1778, *Paris*, 1778.

2132. — PLANS, COUPES ET ÉLÉVATIONS du Petit-Château de Choisy, 1754, 7 ff. in-fol.

Dessins originaux de l'architecte *Gabriel* qui fut chargé par Louis XV d'édifier à Choisy un pavillon particulier dit Petit-Château, à côté de l'ancien château bâti par Mansard.

Ces dessins côtés sont consacrés :

1° Au *Plan des fondations et souterrains*.

2° *Coupe au travers de la pièce des buffets*.

3° 3 dessins d'élévation des façades du côté de la cour et du côté des jardins.

4° *Elévation du côté du gouvernement*.

5° *Coupe du Salon et du Vestibule* (très-joli dessin avec l'indication précise des décorations).

Ces dessins sont d'autant plus importants que ce château a été détruit.

2133. — Arrêt du 12 Août 1781 qui maintient le sieur Marchal de Sainscy, comme administrateur de l'Abbaye de S. Germain des Près , dans le droit de tenir un Bac sur la rivière de Seine, au lieu de Choisy-le-Roi, in-4 demi-rel. (2 éditions différentes).

2134. Clichy la Garenne. Histoire de Clichy-la-Garenne, par M. l'abbé Lecanu. *Paris, Poussielgue*, 1848, in-8, portr., demi-rel., veau.

Lettre autographe ajoutée.

2135. Compiègne. 4 vol. et planches.

Description ou abrégé historique de Compiègne, avec le guide de forêt (et la liste des rendez-vous de chasse), *S. l.* 1769, in-12, carte, veau. — Compiègne et ses environs, par Léon Ewig. *Paris; Renduel* 1836, in-8, fig., cart. — Notice historique sur Compiègne et Pierrefonds. *Compiègne*, 1856, in-8, fig., *broché*. — Notice sur les peintures placées dans les appartements du palais de Compiègne. *Paris*, 1841, in-8, mar. violet, double rangée de fil., tr. dor. (Ex. de la reine Amélie.) — Cartes de la forêt et de la route de Paris à Compiègne, 7 pièces. — Profil de la ville de Compiègne, au XVIIᵉ siècle.

2136. — DESCRIPTION de la Forêt de Compiègne, comme elle étoit en 1765 ; avec le Guide de la forêt : Par Louis Auguste Dauphin (plus tard Louis XVI). *A Paris, de l'imprimerie de Lottin l'aîné*, 1766, in-8, carte, mar. rouge, dos orné. fil., tr. dor. (*Rel. anc.*)

Ce volume destiné à servir de guide dans les chasses royales n'a été tiré qu'à 36 exemplaires, avec la collaboration du Dauphin, dont *Lottin* était l'imprimeur.

2137. — Abbaye Saint-Corneille de Compiègne, 2 vol. et 2 estampes.

Inventaire du trésor de l'abbaye royale de S. Corneil de Compiègne. *Paris, P. de Bast*, 1698, in-8, demi-rel. — Oraison funèbre de Mgr le Dauphin prononcée dans l'église de l'abbaye le 25 janvier 1766, par J. B. Huet. *Compiègne*, 1766, in-4, *broché*. — Vue de l'abbaye, pl. du *Monasticon Gallicanum* (réimpr.) — Ruines de l'abbaye, lith. de Bourgeois, 1819, in-fol.

2138. Coucy, Enghien et Germainville. 3 vol. et brochure.

Notice sur les sires de Coucy, accompagnée d'une description du Château de cette ville, par Jérôme Ulauss. *Coucy*, 1862, in-18, fig., *broché*. — Arrêt du 8 mars 1704, pour la reddition des comptes des fabriques des Églises paroissiales du duché d'Anguien, 1704, in-4, *broché*. — Arrêt du 19 juillet 1672 levant les défenses faites aux domiciliez de la prévosté de Germainville, d'aller au cabaret, à l'exception des heures du service divin, les jours de dimanches et festes, in-4, demi-rel.

2139. — Mémoires historiques sur Raoul de Coucy. On y a joint le recueil de ses Chansons en vieux langage avec la traduction et l'ancienne musique (par J. B. de La Borde). *A Paris, de l'Imprimerie Ph. D. Pierres*,

1781, 2 tomes en un vol. in-12, portr., fig. et musique, mar. rouge, enc. de fil., tr. dor. (*Rel. anc.*)

Bel exemplaire avec témoins. 3 jolis portraits et une vue de Coucy-le-Château.

2140. Ermenonville. Promenade ou itinéraire d'Ermenonville (par de Girardin) auquel on a joint vingt-cinq de leurs principales vues, dessinées et gravées par Mérigot fils. *Paris, Mérigot père*, 1788, in-8, demi-rel., veau.

Jolies figures à l'aqua-tinte.
Bel exemplaire de De Bure.

2141. Ermenonville et l'île des Peupliers, 3 vol.

Voyage à l'isle des Peupliers, par Arsenne Thiébaut. *Paris*, 1799, in-12, fig., cart. — Lettres à Sophie, ou itinéraire de Paris à Montmorency, à l'hermitage et à l'île des Peupliers, par M***. *Paris*, 1812, in-8, demi-rel. — Voyage à Ermenonville, par Arsenne Thiébaut de Berneaud. *Paris*, 1819, in-12, plan, *broché*.

2142. Ermenonville, 3 vol.

Voyage à Ermenonville, contenant des anecdotes inédites sur J.-J. Rousseau. etc., par Th. de Berneaud. *Paris*, 1819, in-12, plan, cart. — L'Hermitage de J.-J. Rousseau et de Grétry, par Flamand Grétry. *Paris*, 1820, in-8, portr. et fig., demi-rel., dos et coins mar. — Théorie des Jardins (par Morel). *Paris*, 1776, in-8, veau. (Les pages 236 à 266 sont consacrées à une description des jardins d'Ermenonville).

2143. Étampes, 3 vol.

Arrêt du 21 juin 1624, sur les privilèges des Officiers, domestiques et commensaux de la Maison de la Royne, pour le trafic de marchandise rendu au profit de P. Bredet contre les habitans d'Estempes. *Paris*, 1624, pet. in-8, demi-rel. — Oraison funèbre de Louis-Joseph de Vendôme, duc d'Estampes, prononcée à Estampes dans l'église N. D. 13 septembre 1712, par le P. Germain. *Paris*, 1712, in-4, demi-rel. — Le Chien pêcheur, ou le barbet des Cordeliers d'Estampes, poëme héroi-comique, par C.-C. Hémard de Danjouan. *Paris*, 1875, in-4, *broché* (ex. sur papier de Chine).

2144. Favières. — L'Eglise de Saint-Sulpice de Favières, par M. Patrice Salin. *Paris, Ad. Le Clere*, 1865, in-4, fig., mar. violet, dos orné, entrelacs de fil. sur les plats, tr. dor. (*Petit.*)

On y joint : *Notice sur l'Eglise de S. Sulpice de Favières, par l'abbé Maury*. Paris, 1867, in-8, demi-rel.

2145. Fontainebleau, 3 vol.

Fontainebleau, Versailles. Paris (juin 1837). par M. J. Janin. *Paris*, 1837, in-12, portr., demi-rel. — Fontainebleau, paysages, légendes, souvenirs, fantaisies, par Asselineau, Th. de Banville, Baudelaire, Banville, Béranger, Th. Gautier, V. Hugo, Musset, etc., *Paris*, 1855, demi-rel. — Notice sur la vie et la mort de l'abbé Josse, curé de Fontainebleau, par Houdin, 1855, brochure in-18.

2146. Fontainebleau. Six vues du Château de Fontainebleau, dessinées et gravées à l'eau-forte par Israël Silvestre, in-8, oblong.

Très-belles épreuves du premier tirage.

2147. — Les Noms, Surnoms, Qualitez, Armes et Blasons des Chevaliers et Officiers de l'ordre du S. Esprit, creez par Louis XIII, à Fontainebleau, le 14 may 1633... par d'Hozier. *Paris, Tavernier*, 1634, in-fol., demi-rel.

Ce curieux volume est orné d'un frontispice représentant le roi Louis XIII, donnant l'accolade ; de 3 grandes planches d'*Abraham Bosse* consacrées au *Défilé*, à la *Création* et au *Festin* des Chevaliers. Ces trois cérémonies se firent dans la Cour, la Chapelle et la grande salle de Bal du Château de Fontainebleau, que *Bosse* a soigneusement représentées. A la suite, 57 planches de blasons.

On a relié dans le même volume : *Les Armes, blasons des chevaliers de l'ordre du St-Esprit, creez par Louis XIII, par Jacques Morin.* Paris, P. Firens (1623), titre gravé, 4 ff. de texte y compris le privilège et 79 pl. de blasons.

2148. Fontainebleau, 2 vol.

Le Messager de Fontainebleau, avec les nouvelles et les paquets de la Cour. *S. l.*, 1623, pet. in-8, mar. rouge, dos orné, fil., tr. dor. (*Capé.*) Lettre du Roy, du 27 juillet 1659, envoyée à M. le Mareschal de L'Hospital, gouverneur de Paris, sur son départ de Fontainebleau pour la Paix générale. *Paris,* 1659, in-4, mar. brun, armes, tr. dor. (*Petit-Simier.*)

2149. Gâtinais. — Histoire generale des pays de Gastinois, Senonois et Hurepois. Contenant la description des antiquitez des villes, bourgs, chasteaux, abbayes, églises, et maisons nobles desdits pays, avec les généalogies des seigneurs et familles qui en dépendent. Composée par feu R. P. Dom Guil. Morin. *Paris, vefve Chevalier*, 1630, in-4, front. gr., veau fauve, tr. rouge.

Très rare.

Dom Morin, historien français, mourut pendant l'impression de cet ouvrage, que surveillèrent les religieux de Ferrières. Cette histoire, la seule que l'on ait publiée jusqu'à ce jour sur cette partie de la France, est très estimée. On y trouve l'histoire de Montargis, Corbeil, Etamp s, Fontainebleau, Melun, Monthléry, Sens, etc., etc.

2150. Gonesse, 4 vol.

Fragments de l'histoire de Gonesse, par Léopold Delisle. *Paris,* 1859, in-8, *broché.* — Arrêt du 10 mars 1670, permettant aux cabaretiers et autres vendant vin, de Gonesse, d'en faire le débit à toutes heures, hors celles du service divin, 1723, in-4, demi-rel. — Arrêt du 18 juillet 1785, portant règlement pour l'administration de l'Hôtel-Dieu de

Gonesse, in-4, demi-rel. — Relation de la guérison opérée le 30 juin 1785, par l'intercession de S. Pierre à Gonesse, in-8, fig., *broché*.

2151. Grigny. — Vie de M. Delalande, curé de Grigny, dans le diocèse de Paris, mort en odeur de sainteté le 25 janvier 1772, par M. Ameline. *Paris, Valleyre*, 1773, in-12, veau.

2152. Issy, 2 vol.

Le Petit Olympe d'Issy, à la Royne Marguerite, duchesse de Valloys, 1609, in-12, demi-rel., dos et coins cuir de Russie (*Behrends*). (Poème de Bouteroue contenant une belle description du Palais de la reine Marguerite, femme divorcée de Henri IV. — Exemplaire Cocheris). — Notice sur le château seigneurial d'Issy, connu sous le nom de Château de Childebert, et sur quelques antiquités qui y ont été découvertes, par M. de Brière. *Paris*, 1841, in-8, pl., *broché*.

2153. Juilly. — Histoire de l'abbaye et du collège de Juilly, depuis leurs origines jusqu'à nos jours, par Charles Hamel. *Paris, Douniol*, 1868, in-8, fig., portr. et fac-similé, *broché*.

2154. La Grange, Larchant, 2 vol. in-18.

Le Château de la Grange. *Coulommiers*, 1866, *broché*. — Chroniques de Saint-Mathurin de Larchant en Gastinais, par Bellier de la Chavignerie. *Pithiviers*, 1863, demi-rel.

2155. L'Hay. — Bulle du pape Clément X au sujet de la Confrérie de St-Léonard établie dans l'église de l'Hay, datée de 1670 et signée par Fr. Harlay de Chanvallon, in-fol.

Pièce autographe sur vélin, elle est partagée en deux.

2156. Limours. — Lettres patentes du 22 octobre 1721 et du 5 février 1725, ordonnant la coupe de seize cens quarante arbres du Parc de Limours, et la vente de la futaye qui est dans le Parc de Limours, 2 brochures in-4 dont une en demi-rel.

2157. L'Isle-Adam. — Table des Titres, Chapitres et Sections de l'Inventaire des Titres de la baronnie de l'Isle-Adam, composée des Seigneurs de l'Isle-Adam, Nogent, Valmondois et Fiefs y réunis, et des Seigneuries de Jouy le Comte, Champagne, Verville, Fontenelles, Butry, Auvers, Villiers-Adam, etc. — Table des titres, chapitres et sections de l'inventaire des titres du Comté de Baumont, Châtellenie de Chambly, seigneuries et fiefs du Menil-Ste-Honorine, la Motte, etc. *S. l. n. d.*, en un vol. pet. in-12, mar. vert, dos orné, fil., tr. dor. (*Rel. anc.*).

Manuscrit de la fin du XVIIIᵉ siècle.

2158. Longchamps, 2 vol.

La Vie de Ste Isabelle, sœur du roi Saint-Louis et fondatrice du Monastère royal de Longchamps, par le R. P. Nicolas Caussin. *Paris*, 1644, in-12, vélin. — Lettre de S. Vincent de Paul au Cardinal de La Rochefoucauld sur l'état de dépravation de l'abbaye de Longchamps (1652) avec la traduction par J.-L. (J. Labouderie). *Paris*, 1827, in-8, broché.

2159. Longjumeau. — Histoire, archéologie, biographie du canton de Lonjumeau, par Pinard. *Paris, Durand*, 1864, in-8, *broché*.

On y joint 3 brochures in-24 sur *le Pèlerinage et les reliques de Long-pont*.

2160. Luzarches. — Essai sur l'histoire de Luzarches et de ses environs, par Alex. Hahn. *Paris, E. Ducrocq*, 1864, in-8, demi-rel.

On y a joint : Notice archéologique et historique sur le canton de Luzarches, par Alex. Hahn. *Versailles*, 1860, in-18, plan, cart.

2161. Maisons. — Le Château de Maisons, son histoire et celle des principaux personnages qui l'ont illustré, par Henri Nicolle. *Paris, Ledoyen*, 1858, in-8, fig., *broché*.

2162. Mantes. — Statistique de l'arrondissement de Mantes, par Amand Cassan. *Mantes*, 1833, in-8, demi-rel.

2163. Marly. 4 vol. pet. in-8, demi-rel.

La tyrannie des fées détruite, ou l'origine de la machine de Marli, (par Louise Bossigny, comtesse d'Auneuil). *Amsterdam*, 1756, 2 vol. *non rognés*. — Notice sur l'ancienne Machine de Marly, par l'abbé Caron. (2 ex.).

2164. — Office de Saint-Vigor, patron de l'Eglise royale et paroissiale de Marly-le Roi ; avec les offices propres à la même église. *Paris, Ballard*, 1746, in-12, basane.

2165. — Le Jardin anglois, poème en quatre chants, par M. Masson ; traduit de l'anglois. Orné de cinq planches représentant le Jardin anglois du château de Prunay, près Marly. *Paris, Leroy*, 1788, in-8, fig., à la manière noire, cart.

2166. Marne les St-Cloud. — Requête présentée à

Mgr. l'archevêque de Paris, par les curé, marguilliers et habitants de la paroisse de Marne les St-Cloud. (au sujet de l'établissement d'une confrérie). *S. d.* Lettre autographe ms., 1 p. in-fol.

2167. Marcoussis. — Histoire de Marcoussis de ses seigneurs et de son monastère par V. A. Malte-Brun. *Paris*, *Aug. Aubry*, 1867, pet. in-8, fig. et plan. *broché*.

2168. Abbaye de Maubuisson. 3 vol.

> Recherches archéologiques sur l'abbaye de Maubuisson par Herard. *Paris*, 1855, in-8, demi-rel. — Les Abbesses de Maubuisson, par Demarsy. *Paris*, 1868, in-8, *broché*. — Oraison funèbre de Marie-Anne-Christine de Bavière, prononcée le 27 juin 1690, dans l'église de l'abbaye de Maubuisson, par l'abbé Du Jarry. *Paris*, 1690, in-4, cart.

2169. — Dénombrement et acte d'hommage au roi des propriétés de l'abbaye royale de Maubuisson, près Pontoise, 1680-1681, in-4, cart.

> Manuscrit autographe sur vélin, provenant de la bibliothèque de M. P. Lacroix

2170. Meaux. — Histoire de l'Eglise de Meaux, avec des notes ou dissertations, et les pièces justificatives ; on y a joint un recueil des Statuts synodaux de la même église ; divers catalogues des Evêques, etc., par Dom Toussaint du Plessis. *Paris*, *Gandouin*, 1731, 2 vol. in-4, veau.

2171. — La Cathédrale de Meaux, par J. Taylor. *Paris*, *Lemaitre*, (typ. *F. Didot*), 1858, in-fol., 12 pl., en feuil. dans un carton.

2172. — Oraison funèbre de Messire J. B. Bossuet, évêque de Meaux, prononcée dans l'église de Meaux, le 23 juillet 1704, par le P. Delarue. *Paris*, 1704, in-4. *dérelié*.

> Édition originale. Portrait de Bossuet gravé par *Pitau*.
> On y joint la Relation de la mort de la Mère Marguerite Morin, décédée le 5 avril 1715 à la Maison des Ursulines de Meaux, 7 pp. in-4.

2173. — Etude historique et paléographique sur le rouleau mortuaire de Guill. des Barres, comte de Rochefort, Sénéchal de Philippe-Auguste, décédé au couvent de Fontaine les Nonains (près Meaux) par Eug. Grésy. *Paris*, *Aubry*, 1865, in-fol., pl., cart.

> Planche en chromolithographie et 3 fig. sur bois. On y joint : L'*Abbaye de Faremoutiers*, *au diocèse de Meaux*, *par Fontaine de Resbecq*. Paris, 1863, in-12, *broché*.

2174. Melun. — Histoire de Melun, contenant plusieurs raretez notables, et non descouvertes en l'histoire générale de France ; plus la vie de Bourchard, comte de Melun, la vie de Messire Jacques Amyot, avec le catalogue des seigneurs et dames illustres de la maison de Melun, par Sébastien Rouillard. *Paris, Guignard.* 1628, in-4, portr., vélin.

> Bel exemplaire portant l'ex. libris de LE PELLETIER SAINT-FARGEAU.

2175. — Histoire et description de Notre Dame de Melun, par B. de la Fortelle. *Melun,* 1843, in-4, *broché.*

> On y joint : *Réglement de la Journée, prières et exercices pour les sœurs de la Visitation de Ste-Marie de Melun,* 1756, in-12, vélin.

2176. Méry. — Le domaine et les seigneurs de Méry. Notice historique. *Paris, Talra et Haton,* 1869, in-8, phot., demi-rel.

2177. Meudon. — Histoire et description naturelle de la commune de Meudon par L. Eugène Robert. *Paris, Paulin,* 1843, in-8, demi-rel. veau fauve.

> On y joint : Le Monument et les Ossements celtiques découverts à Meudon en 1845, par M. Serres, in-4, *broché.*

2178. — Floretum philosophicum seu ludus Meudonianus in terminos totius philosophiæ. Autore Antonio Le Roy. Opus elucubratum Meudonii in musæo Clariss. Fr. Rabelæsi... Adjectis diversis Meudonij elogiis et amplissima ejusdem Rabelæsi commendatione. *Parisiis, apud J. Dedin,* 1649, in-4, demi-rel.

> Le *Floretum Philosophicum* est une espèce de glossaire latin où sont expliqués les mots appartenant à la philosophie. C'est un ouvrage sans intérêt; mais la préface, qui comprend 52 ff., est des plus curieuses et pour l'histoire de Meudon et pour celle de Rabelais. Le Roy l'a composée dans la maison même de Rabelais à Meudon, de là le titre de *Ludus Meudonianus ;* il a fait usage d'une grande partie des matériaux qu'il avait rassemblés pour une histoire complète de Rabelais, *Rabelæsina elogia,* histoire qui est restée manuscrite et est conservée à la Bibliothèque Nationale.
> Nous possédons ici la Préface seulement.

2179. Meudon, 2 brochures in-4.

> Epitaphe pour le mauzolée de Mgr. le Dauphin avec une lettre sur sa mort, arrivée au Château de Meudon le 15 avril 1711 (par Chevrier). — Arrêt du 10 janvier 1724 servant de Règlement pour le bailliage royal de Meudon.

2180. Montargis. — Les Privileges, franchises et libertez des bourgeois et habitans de la ville et Faux bourgs de

Montargis le Franc. *Paris, Chevalier*, 1608, in-8, mar. brun jans., tr. dor. (*Hardy-Mennil.*)

> Rare. A la suite de l'ouvrage on a relié différentes pièces, *Arrest du Parlement, Extraict des registres du Parlement*, etc., se rapportant toutes aux privilèges de la ville de Montargis.
>
> Sur le titre armes de la ville de Montargis.

2181. Montfort-l'Amaury. 7 vol. et brochures.

> Précis sur la ville de Montfort-l'Amaury, et histoire chronologique des seigneurs de cette ville, par J. L'Hermitte. *Paris*, 1825, fig., demi-rel. — La Chapelle de N. D. du Chêne. Les Ruines de Montfort-l'Amaury, poèmes par Saint-Valry. *Paris*, 1826, in-8. — Rapport et notice descriptive de l'Eglise de Montfort-l'Amaury et de ses vitraux. 1839, 1864, in-8. — Ordonnance du 2 Octobre 1717, condamnant à l'amende Gervain et Brisset, greffiers à Montfort, faute d'avoir fait sceller et controller des inventaires, in-4. — Lettres du 8 Septembre 1772, ordonnant que les droits réservés seront perçus a Montfort-l'Amaury conformément à la déclaration du 3 Janvier 1759, in-4. — Eloge de Quesnay, médecin du Roi, né à Méray près Montfort, par le Comte d'Albon. *Paris*, 1765, in-12, demi-rel.

2182. Montfort-l'Amaury. 3 vol. in-8, *brochés*.

> Catalogue des Actes de Simon et d'Amauri de Montfort, par A. Molinier, *Paris*, 1874. — A. de Dion. Les Fiefs du comté de Montfort-l'Amaury; Du Guesclin comte de Montfort. Les écoles de Montfort-l'Amaury. Publication de la paix d'Arras à Montfort, en 1415. Nobiliaire et armorial du comté de Montfort-l'Amaury, 1879.

2183. — Coutumes du Comté et baillage de Montfort-Lamaury, Gambais, Neauphle-le-Chastel, Saint-Liger en Yveline; avec le commentaire de Claude Thourette. *Paris, Clousier*, 1731, in-8, basane.

2184. — Factum pour Me Jacques Amyot, prieur commendataire du Prieuré de Sainct Laurens de Montfort l'Amaury, contre Charles Martineau, œconome de l'archevesché de Paris. 1657, in-fol., cart.

2185. — Recueil de 5 pièces originales sur vélin, datées de 1496-1672, 5 lettres et mémoires mss. sur papier, 1 brochure, 4 estampes et portraits.

> Collection importante :
>
> 1° Reçus de R. Dauy, écuyer, de 1496; de Ch. de Cocherel, gouverneur de Montfort, 1640 et 1660; de Marie de Rohan, comtesse de Montfort, 1672.
>
> 2° Inventaire des papiers pour la justification des droits sur la forêt de Montfort; 2 reçus de Claude de Ladehore, de 1661 et 1662; 2 Mémoires au sujet de la Mouvance de Rochefort tenant au comté de Montfort.
>
> 3° Lettres du 8 sept. 1772 relatives aux droits à percevoir dans Montfort l'Amaury, brochure in-4.
>
> 4° Vues de Montfort par *Chastillon, Peteers*, etc.

2186. Montfort-l'Amaury. — Recueil de 25 lettres, décrets et autres pièces administratives relatives à l'histoire de Montfort l'Amaury pendant la Révolution. .

> Curieux dossier. Lettres au sujet de la cérémonie d'inauguration d'une pierre de la Bastille. — Requête au sujet d'un prêtre exilé. — Certificat de résidence, etc.

2187. Montlhéry, son château et ses seigneurs. Notice historique et archéologique par V. A. Malte-Brun. *Paris, Aug. Aubry.* 1870, pet. in-8, fig. et plan, *broché.*

> On y a joint : *Mémoire archéologique sur la Tour de Montlhéry, par Duchalais,* in-8, demi-rel.

2188. Montmorency. — Description d'une partie de la Vallée de Montmorency et de ses plus agréables jardins, ornée de gravures, par M. (Le Prieur). *A Tempé, et se trouve à Paris, chez Moutard,* 1784, in-8, fig., veau.

> 19 jolies figures gravées à l'eau-forte d'après les dessins de *Marie de Lussy* et de la *Comtesse d'Albon.* La dernière planche représente le *ballon de Franconville,* parti le 16 janvier 1784. Curieux volume.

2189. —— Itinéraire historique, géographique, etc., de la Vallée de Montmorency, par Flamant-Grétry. *Montmorency,* 1835-1840, 2 vol. in-8, portr. et fig., demi-rel.

2190. Montmorency et sa Vallée. 5 vol.

> Lettres à Jennie, sur Montmorency, l'Hermitage, Andilly, Saint-Leu, Chantilly, Ermenonville et les Environs, par M. F. L*** (F Le Normand). *Paris,* 1818, in-12, fig., demi-rel. — Itinéraire de la Vallée de Montmorency, par Flamand-Grétry. *Montmorency,* 1835, in-8, portr. et fig., demi-rel. — Duché de Montmorency. Notice historique et généalogique. *Paris,* 1864, in-8, cart. — Histoire féodale, paroissiale, amoureuse, etc., de la Vallée de Montmorency, par Lefeuve. *Paris,* 1868, in-18, demi-rel. — Jeanne d'Arc à Montmorency, par M. A. de Latour. *Paris,* 1873, in-8, demi-rel.

2191. Montreuil, Montrouge et Nantouillet. 4 vol.

> Mémoire pour le Curé et les Marguilliers de Montreuil, contre le procureur général, les sieurs Beausse et le Mis de Sourdis, seigneur de cette paroisse. 1764, in-4, demi-rel. — Arrêt du 22 Mars 1721 rendu coutre le curé de Montrouge et habitans du lieu dit le Petit-Montrouge, et qui fixe le territoire de la paroisse S. Hippolyte. In-4. — Voyage à Montrouge, par Aug. de Labouïsse. *Paris,* 1809, in-12, *broché.* — Le reliquaire de Nantouillet, par de Longpérier-Grimoard. *Senlis,* 1878, in-8, *3 chromolithographies, broché.*

2192. Mont-Valérien, 2 vol. in-12.

> Histoire du Mont-Valerien, dit le Mont de Calvaire, près Paris. *Paris,* 1658, in-12, vélin. (Curieuse vue du Mont). — Le Mont-Valérien, ou histoire de la Croix, lieux saints et du calvaire (par C. Leber). *Paris,* 1826, in-12, front., cart.

2193. Mont-Valérien. 3 vol. in-12.

La règle des Hermites du Mont Valérien près Paris. *Paris* (1712), demi-rel. — Règle et constitutions des frères hermites du Mont-Valérien près Paris. *Paris*, 1776, portr., basane. — Notice et prospectus de souscription pour le Calvaire du Mont-Valérien. *Paris*, 1823, vélin.

2194. Mont-Valérien. 4 vol.

Livre d'église et cérémonial des hermites du Mont-Valérien. *Paris*, 1786, in-8, portr., basane. — Pélerinage du Calvaire sur le Mont-Valérien, par de Pontbriand. *Paris*, 1745, 1775, in-12, front., basane (2 éditions différentes), — Notice et prospectus pour le Calvaire du Mont-Valérien. *Paris*, 1823, in-8, demi-rel.

2195. Mont-Valérien. 6 vol. et brochures.

Factum pour les Prestres et les Hermites du Mont-Valérien. Pour servir de réplique aux Jacobins Réformez de la rue St-Honoré. (1663), in-4, demi-rel. — Factum en réponse au Factum publié par les Jacobins pour justifier l'usurpation qu'ils ont faite de tout ce qui appartenait a m. prêtres et hermites du Mont, in-4, demi-rel. (La lutte pour la possession du Mont fut très-vive, il y eut même une bataille à main armée, dans laquelle plusieurs personnes furent tuées. En 1664, le Mont fut définitivement rendu aux ermites). — Méditation de l'hermite du Mont-Valérian, traduites de bon normand en vieux gaulois 1621, in-12. broché. — L'apparition de la paix et de la guerre à l'hermite. 1649.— La grande conférence des hermites. 1649. — Reflexions chrestiennes de l'hermite. 1649, demi-rel.

2196. — Le Calvaire prophané ou le Mont-Valérien usurpé par les Jacobins reformez du fauxbourg Saint-Honoré à Paris. *Cologne, Pierre Marteau*, 1670, pet. in-12, mar. rouge, dos orné, fil., tr. dor. (*Rel. anc.*)

Poëme par Jean Duval. Bel exemplaire de Millot, dans une jolie reliu. de ce volume qui se joint à la Collection des Elzevier.

2197. Poissy. L'Oraison de Mgr. le Cardinal de Lorraine, faicte en l'assemblée de Poyssi, le Roy y étant présent, le 16 jour de septembre 1561. *Paris, Guill. Morel*, 1561, pet. in-4, dérelié.

Ce discours prononcé par François de Lorraine, duc de Guise, est un des plus importants documents relatifs au célèbre colloque de Poissy, entre les théologiens Catholiques et les Réformés, parmi lesquels Th. de Bèze et Pierre Martyr, qui eut lieu en présence du roi Charles IX et de Catherine de Médicis. Très-rare.

On y a joint : Déclaration du 1er Juillet 1539 ordonnant que le droit du sol pour livre sera perçu sur le bétail à pied-fourché, qui sera vendu au marché de Poissy, Houdan et Pontoise. 1723, in-4.

2198. Pontoise. 4 vol. et brochures.

Recherches historiques, archéologiques et biographiques sur la ville de Pontoise, par l'abbé Trou. *Pontoise*, 1841, in.8, fig. et plans, chagrin violet, tr. dor. — Eclaircissement de l'ancien droit de l'Evêque et de l'Eglise de Paris sur Pontoise et le Vexin françois, contre les prétentions des archevêques de Rouen, par Deslions. *Paris*, 1694, in-8, basane. — Anoblissement de deux simples soldats, après la prise de Pontoise en 1441, par Chazaud. In-8, *broché*. — Le pèlerinage de N.-D. de Pontoise depuis son origine jusqu'à nos jours, par l'abbé Marchand. *Paris*,1873, in-18, *broché*.

2199. Pontoise. 12 vol. et brochures.

Chanson nouvelle ou est décrite la vertu et valeur des lyonnois en la deffence de Pontoise. 1589. *Paris*, 1873, pet. in-8, demi-rel — Eclaircissement de l'ancien droit de l'Evêque et de l'Eglise de Paris sur Pontoise. et le Vexin françois, contre les prétentions des archevêques de Rouen, par Deslions. *Paris*, 1694, in-8, basane.—Arrêts du 31 Janvier 1736 en faveur des habitans de Pontoise ; avec le tarif des droits perçus à l'entrée ; du 26 Aoust 1741 concernant la vente du poisson de mer frais, sec et salé, dans Pontoise et environs ; du 7 Novembre 1769, cassant une sentence de l'élection de Pontoise, et ordonnant l'exécution des règlements de la marque des Ouvrages d'or et d'argent ; de septembre 1773, portant création de 3 offices de Conseillers au bailliage de Pontoise ; du 30 Avril 1775 et du 8 Juillet 1776, relatifs au droit de minage, Edit de Janvier 1779, portant suppression de l'Office de Lieutenant général de Police de Pontoise. 8 pièces in-4, *déreliées*.— Oraison funèbre de Louise-Marie de France, religieuse carmélite, prononcée dans l'eglise de Pontoise, le 10 Juin 1788, par l'abbé de Serre-Figon. *Paris*, 1788, in-8, veau fauve. — Abrégé de la relation de dom Jeson, religieux benedictin, de l'abbaye St Martin de Pontoise. 1723. Manuscrit in-12, basane.

2200. Neuilly-sur-Seine, 5 vol.

Histoire de Neuilly et de ses châteaux, par l'abbé Bellanger. *Neuilly, Notre-Dame et Dreux*, par C. F. (Cuvillier-Fleury). *Paris*, 1842, in-8, *broché*. — Neuilly sous la Commune. *Paris*, 1871, in-18, *broché*. — Déposition de l'abbé Roy, curé de Neuilly. 2 Mémoires au Conseil d'Etat. *Paris*, 1864-1866, in-4, *brochés*.

2201. Nogent-sur-Marne, Noisy-le-Sec, Pierrefonds et Piscop, 4 vol.

Notice historique sur Nogent-sur-Marne, par le Mis de Perreuse. *Paris*, 1854, in-8, *broché*. — Arrêt du 13 Mai 1782, portant règlement pour l'administration de la fabrique de Noisy-le-Sec, in-4, demi-rel. — Pierrefonds ancien et moderne ; ses ruines, ses eaux minérales, ses bains, par V. Tremblay. *Paris*, 1858, in-8, fig., *broché*. — Piscop, par Lefeuve, 1866, in-8, demi-rel.

2202. Ourscamps. — Cartulaire de l'abbaye de Notre-Dame d'Ourscamps de l'ordre de Citeaux, fondée en 1129 au diocèse de Noyon, publié par M. Peigné-Delacourt. *Amiens*, 1865, in-4, demi-rel. mar. rouge, éb.

Exemplaire de M. Cocheris.

2203. Presles, le Raincy, Ris et Romainville. 4 vol. et brochures.

Précis de l'affaire de Presles, 1794, in-8, demi-rel. — Notice historique sur le Raincy, par Beauquier. *Paris*, 1864, in-8, demi-rel. — Lettre d'un laboureur de Villers-Cotterets à un laboureur du Raincy,

1788, in-8, cart. — Ris, par Pinard, in-8. — Souvenirs du Bois de Romainville, par Quinchez, in-8, front.

2204. Rambouillet. 3 vol. et brochure.

Notice historique sur la ville et le domaine de Rambouillet, pa - M. S. (Séguin). *Rambouillet*, 1836, in-8, demi-rel. — Le Luxe de palais et la richesse des champs ou Rambouillet et ses dépendances par Delandine de S. Esprit. *Paris*, 1823, in-8, fig., *broché*. — Oraison funèbre de Mgr Louis, dauphin, prononcée le 27 Février 1766, dan à l'église de l'abbaye de S. Remi des Landes près Rambouillet. *Chartres* 1766, in-4, dérelié.

2205. — Brevêt pour le don de l'Hôtel-de-ville, de Rambouillet et de ses dépendances aux habitants de la commune de Rambouillet, 24 mars 1809, in-fol.

Pièce originale sur vélin, signée par Napoléon Ier, avec son sceû. On y joint une *Notice historique sur Rambouillet*, cahier manuscrit peu in-fol.

2206. Rueil, le château de Richelieu, la Malmaison, ave : pièces justificatives, par MM. Jul. Jacquin et Jos. Duesberg. *Paris, Dauvin et Fontaine*, 1845, in-8, fig., demi-rel. veau vert, éb.

2207. — Catalogue historique et raisonné des antiquités et des marbres du château impérial de Malmaison. Ordonné par Sa Majesté l'impératrice et Reine à M. Alexandre Lenoir, Administrateur du Musée des Monuments français, le 28 octobre 1809. *Fait à la Malmaison novembre et décembre 1809*, in-fol., cart.

Manuscrit autographe de Lenoir, composé de 62 pp. in-fol. avec ratures, corrections et annotations sur des feuillets blancs intercalaires. Le Catalogue divisé en 10 chapitres : Monuments égyptiens ; Vases étrusques ; Peintures antiques ; Marbres ou sculptures antiques ; Sculptures modernes ; Tables de marbre, etc., comprend la description raisonnée de 284 objets. On y joint : Catalogue des tableaux de S. M. l'Impératrice, fait à Malmaison le 26 prairial an XIII, 1 p. in-fol. contenant la liste de 44 tableaux.

2208. Saint-Cloud. 2 vol. in-12, veau et brochure in-4.

La Vie de S. Cloud, prestre, petit-fils de Clovis. *Paris*, 1696. — Histoire abrégée de la conversion de M. Chanteau, écrite par feu M. Feuillet, chanoine de Saint-Cloud. *Paris*, 1706. — Arrêt du 5 juillet 1713, en faveur des Hôpitaux de Saint-Cloud.

2209. Saint-Cloud. 3 vol.

Traité de morale pour l'éducation des Princes, tiré des peintures de Saint-Cloud, par l'abbé de Morelet. *Paris*, 1686, in-12, cart. — Curiosités du château de Saint-Cloud. *Paris*, 1783, in-8, demi-rel — Notices des peintures et sculptures placées dans les appartements et dans les jardins du palais de Saint-Cloud. *Paris*, 1847, in-8, mar., dos orné, fil., tr. dor.

2210. Saint-Cloud. — Palais de Saint-Cloud, résidence impériale, par MM. Philippe de Saint-Albin et Armand Durantin. *Paris, librairie centrale,* 1864, in-8, plan, demi-rel. mar. vert, tête dor., éb.

2211. — La Fatalité de S. Cloud près Paris (par le P. B. Guyart). *S. l.*, 1672, in-12, veau.

> Curieuses révélations sur l'assassinat de Henri III à Saint-Cloud par Jacques Clément, et sur ce que devint l'assassin après son crime.

2212. Saint-Cloud, 2 placards in-fol. et une lettre manuscrite.

> Sentence de la prévôté de Saint-Cloud qui condamne Prosper Hubert, vigneron, en douze livres d'amende pour avoir manqué de respect envers les officiers de cette juridiction. — Ordonnance de police concernant les illuminations à faire le dimanche 3 avril 1785 à l'occasion de la naissance du duc de Normandie (Ex. portant une attestation manuscrite de la publication et de l'affichage de cette ordonnance dans la ville de Saint-Cloud). — Lettre relative à une fête à St-Cloud en 1830, 2 pp. in-4, mss.

2213. — La Promenade de Saint-Cloud, par Monsieur Le Sage (Fromaget). *A La Haye,* 1738, 2 vol. in-12, veau.

2214. — La Promenade de Saint-Cloud ou la Confidence réciproque (par Fromaget). *Amsterdam et Paris, Brocal,* 1755, 2 tomes en un vol. in-12, demi-rel.

2215. — Voyage de Paris à St-Cloud par mer et retour de S. Cloud à Paris par terre (par Néel). Quatrième édition, revue, corrigée et augmentée. *Paris, Duchesne,* 1754, in-12, veau.

> Cette édition contient la carte qui se déplie. On a ajouté à l'ex. 2 ff. de *Notice sur Néel,* 2 jolies figures et le *Retour de Saint Cloud, par mer et par terre, (par Lottin)* 2e *édition augmentée des Annales et Antiquités de Saint Cloud.* Paris, 1753.

2216. — Voyage de Paris à St-Cloud par mer et retour par terre. *Paris,* 1787, in-12, demi-rel.

> Première partie avec la carte.
> On y joint : le *Voyage de Paris à S. Cloud et retour (par Néel et Lottin).* Paris, 1865, in-12, plan, demi-rel., tête dor., éb.

2217. — Voyage de Paris à Saint-Cloud, par mer et par terre, par L.-Balthazar Néel (de Rouen), suivi du Retour, par Aug.-Martin Lottin. Avec introduction et douze eaux-fortes,. par J. Adeline. *Rouen, E. Augé*, 1878, in-4, fig., *en feuilles*, dans un carton.

GRAND PAPIER DE HOLLANDE, tiré à 45 exemplaires numérotés e ʟ renfermant une série complète des épreuves oblitérées.

2218. Saint-Cyr. — Etablissement de la maison de St-Louis à St-Cyr. *S. l. n. d.*, in-8, mar. vert, dos et plats fleurdelysés, armes. (*Petit.*)

Très-curieux manuscrit du XVIIe siècle qui paraît avoir été écrit par Madame de MAINTENON.

2219. — Saint-Cyr, histoire de la maison royale de Saint-Louis établie à Saint-Cyr, pour l'éducation des demoiselles nobles du royaume (par le Duc de Noailles). *Paris, Lacrampe*, 1843, in-8, fig., demi-rel. veau.

2220. — Histoire de la Maison royale de Saint-Cyr (1686-1793) par Th. Lavallée. *Paris, Furne*, 1856, in-8, portr., *broché*.

2221. Saint-Cyr. 5 vol. demi-rel. et 2 brochures in-4.

Lettres du 3 mars 1694, portant règlement pour la Maison et Communauté de Saint-Louis à Saint-Cyr. *Paris*, 1694. — Actes concernant l'union de l'abbaye de S. Denis à la maison royale de S. Louis à St-Cyr. *Paris*, 1694. — Lettres d'avril 1707 qui règlent le nombre des religieuses de la maison de S. Louis (2 ex.). — Déclaration du 16 mai 1712 au sujet des demoiselles renvoyées de la maison de S. Louis avant l'âge de 20 ans. — Lettres de mars 1718 de confirmation d'établissement de la maison de St-Louis. — Déclaration du 8 sept. 1781 concernant la maison royale de S. Louis à St-Cyr.

2222. Saint-Cyr, 3 vol. et 2 brochures.

Offices divins à l'usage des dames et demoiselles de Saint-Cyr. *Paris*, 1686, in-12, veau. — Heures, prières et offices à l'usage des demoiselles de la maison de Saint-Louis à Saint-Cyr. *Paris*, 1769, in-12, front., basane. — Discours pour la fête séculaire de la Maison royale de Saint-Cyr, prononcé dans l'église des dames de Saint-Louis, le 27 juillet 1786, par l'abbé du Serre-Figon. *Paris*, 1786, in-8, *broché*. — Epitaphe de Madame de Maintenon, 1719, in-4. — La Convalescence du Roi, célébrée à Saint-Cyr, par Roy, in-8.

2223. — HEURES NOUVELLES dédiées aux Dames de S. Cyr, contenant les devoirs du chrétien, les offices de l'église, etc. *Paris*, 1752, in-8, mar. rouge, dent., fleurs en mosaïque de mar. vert, tr. dor. (*Rel. anc.*)

Curieuse reliure.

2224. — Instructions de Madame de Maintenon aux religieuses de St-Louis. *S. l. n. d.*, in-8, veau.

Manuscrit du XVIIe siècle composé de 616 pp., provenant de la bibliothèque du chanoine Eglée. On y joint : *L'Esprit de l'Institut des filles de St-Louis*, par Mme de Maintenon. *Paris*, 1808, in-12, *broché*.

2225. Saint-Cyr. — Le Théâtre de Saint-Cyr, 1689-1792, d'après des documents inédits, par Achille Taphanel. *Versailles, Cerf*, 1876, in-8, portr., *broché.*

Portrait de Mme de Maintenon, gravé par *Waltner*.

2226. — Nouveaux principes d'Ecriture italienne, avec des exemples, suivant l'ordre de Madame de Maintenon, pour les demoiselles de la Maison royale de St-Louis, établie à Saint-Cyr. Par le maistre à écrire de Madame la duchesse de Bourgogne (Louis Marchand). *Paris, Collombat*, 1721, in-4 oblong, *broché.*

Ce très-rare volume de Marchand, le calligraphe préféré de Louis XIV, se compose de 5 ff. imprimés, de 15 ff. de modèles gravés et d'une très-jolie figure gravée par *Tardieu*, d'après *Bertin*, représentant la Duchesse de Bourgogne écrivant.

2227. Saint-Denis. — Histoire de l'abbaye de St-Denys en France. Contenant les Antiquités d'icelle, les fondations, prérogatives et privilèges, ensemble les tombeaux et épitaphes des Roys, Reynes, etc., par Jacques Doublet. *Paris; M Soly.* 1625, in-4, portr., veau.

Bel exemplaire.

2228. — Histoire de l'abbaye de St-Denys en France, par F. Jacques Doublet. *Paris*, 1625, in-4, basane.

Exemplaire de SULLY, avec ses armes sur le dos du volume.

2229. — Histoire de l'abbaye royale de Saint-Denys en France, contenant la Vie des Abbez qui l'ont gouvernée depuis onze cens ans ; les hommes illustres qu'elle a donnez à l'Eglise et à l'Etat, avec la description de *tout ce qu'elle contient de remarquable*, par dom Michel Félibien. *Paris*, *F. Léonard*, 1706, in-fol., pl., veau.

2230. Abbaye de Saint-Denis, 9 vol.

Description historique de l'Église de Saint-Denys, par Gilbert. *Pris*, 1815, fig., pet. in-8, demi-rel. — Notice sur l'abbaye de Saint-Denis, par Mme Leharivel-Durocher. *Paris*, 1842, in-12, *broché.* — Saint-Denis, sa basilique et son monastère, par F. d'Ayzac. *Saint-Denis*, 1867, in-12, *broché.* — Mémoire sur trente-deux Statues symboliques observées dans la partie haute des tourelles de Saint-Denys, par Mme F. d'Ayzac. *Paris*, 1847, in-8, demi-rel. — Orgue de l'église de Saint-Denis. *Paris*, 1845, in-8, demi-rel. — Les Tombeaux de Saint-Denis, ou description de cette abbaye (par Abel Hugo.) *Paris*, 1825, in-12, fig., demi-rel. — Le Trésor de l'abbaye de S. Denis. *Paris*, 1752, in-12, *broché.* — Les Tombeaux des rois, des reines et des autres. *Paris*, s. d., *broché.* — Chapitre de S. Denis. Histoire de sa fondation, etc. *Paris*, 1847, in-12, demi-rel.

2231. Abbaye de Saint-Denis, 5 vol. in-12.

> Monographie de l'Eglise de Saint-Denis, par de Guilhermy. *Paris.* 1848, fig. et plan, demi-rel. — Saint-Denis, sa basilique et son monastère, par Mme F. d'Aysac. *Saint-Denis,* 1867, demi-rel. — L'Eglise de Saint-Denis, sa crypte, ses tombeaux, etc., par J. Jaquemet. *Paris,* s. d., plan, demi-rel. — Les Tombeaux de Saint-Denis, ou description de cette abbaye (par Abel Hugo) *Paris,* 1825, fig., demi-rel. — Le Trésor de l'abbaye de Saint-Denis. *Paris,* 1752, *broché.*

2232. — Histoire de l'abbaye de Saint-Denis en France, par Mme Félicie d'Ayzac. *Paris, imprimerie impériale,* 1860-1861, 2 vol. in-8, demi-rel. mar. vert, dos orné, tête dor., éb.

2233. — Le Trésor sacré ou inventaire des sainctes reliques, et autres précieux joyaux qui se voyent en l'église, et au trésor de l'abbaye royale de S. Denis en France. Ensemble les tombeaux des roys et reines ensepulturez en icelle depuis le roy Dagobert jusques au roi Louis le Juste, par dom Germain Millet. *Paris, Jean Billaine,* 1645, in-12, front., mar. brun, fil. à froid, tr. dor. (*Closs.*)

2234. — Recueil de pièces sur le Trésor et les Tombeaux de Saint-Denis, in-8, demi-rel. dos et coins mar. vert.

> Abregé de l'inventaire du Trésor. *Paris,* 1658. — Inventaire de tous les corps Saints et des Tombeaux des Roys. *Paris,* 1659. — Inventaire du Thrésor. *Paris,* 1713. — Les Raretez qui se voyent dans l'Eglise. *Paris,* 1720. — Tombeaux des Rois, Reines et autres. *Paris,* 1721. — Le Trésor de l'abbaye *Paris,* 1730.
> Exemplaire Yemeniz.

2235. — Inventaire du trésor de St-Denys, où sont déclarées brièvement toutes les pièces, suivant l'ordre des armoires dans lesquelles on les fait voir. *Paris, de Bats,* 1684, in-8, mar. rouge, armes, tr. dor. (*Petit.*)

2236. Abbaye de Saint-Denis. 2 vol. in-8, veau et demi-rel.

> Inventaire du Trésor. *Paris,* 1714. — Dénombrement des corps des Saints, des Rois, des Reines et autres. *Paris,* 1715. — Les Raretez qui se voyent dans l'église de S. Denis. *Paris,* 1715. — Les Tombeaux des Rois, Reines, qui sont à S. Denis. *Paris,* 1715.

2237. — Le Trésor de l'Abbaye de S. Denis. *Paris,* 1742. —Les Tombeaux des rois, des reines et des autres qui sont dans l'église de Saint-Denis. *Paris.* 1739 — Les Raretez qui se voyent dans l'Eglise de S. Denis. *Paris,* 1739, 3 tomes en un vol. in-8, mar. bleu, fil. à froid, tr. dor.

2238. Abbaye de Saint-Denis Les Tombeaux et Mausolées des roys, inhumez dans l'église de S. Denys, depuis le roy Dagobert, jusques au roy Louis XIV. Avec un Abbrégé de leurs actions plus memorables, en vers françois. Par un religieux de Sainct-Denys (Brosse). *Paris, Estienne Pépingué,* 1656, in-8, vélin, plats fleurdelysés, tr. dor.

2239. Tombeaux de Saint-Denis. 7 vol. et brochures.

Profanation des Tombes royales de St-Denis en 1793, par Mme de Vannoz, née Sivry (1re, 2e et 4e éditions). *Paris,* 1806-1810, 3 vol. in-8, *brochés.* — Les Tombeaux de l'abbaye royale de St-Denis, par M. Treneuil. *Paris,* 1806-1808, 1814, 3 vol. in-8, cart., demi-rel et veau aux armes de Talleyrand. — La Violation des Tombes royales et leur rétablissement, par Cauchy *Paris,* 1817, in-8, demi-rel.

2240. Abbaye de Saint-Denis, 5 vol.

Des sépultures nationales et particulièrement de celles des Rois de France, par Legrand d'Aussy ; *suivi des funérailles des rois, reines, princes, princesses,* etc., par de Roquefort. *Paris,* 1824, in-8, *broché.* — *Recherches historiques sur les derniers jours des Rois de France, leurs funérailles, leurs tombeaux ;* suivies d'une notice sur Saint-Denis, par Berthevin. *Paris,* 1825, in-8, demi-rel. — Les Tombeaux des Rois, Reines, Princes et Princesses qui sont dans l'église de l'abbaye de S. Denys en France. *Paris,* 1783, in-12, *broché.* — Les Tombeaux de Saint-Denis ou les autels expiatoires, poëme, par Treneuil. *Paris,* 1818, in-12, demi-rel. — La tradition sur le premier tombeau de Saint-Denys, par l'abbé Davin. *Paris,* 1875, in-8, demi-rel.

2241. Abbaye de Saint-Denis. 5 vol. et brochure.

Les Tombeaux de Saint-Denis, ou description historique de cette abbaye, par J. A*** (Abel Hugo). *Paris,* 1825, in-12, fig., demi-rel. Les Tombeaux des Rois, des Reines qui sont dans l'Eglise de S. Denis. *Paris,* 1731, in-8, *broché.* — Le Trésor de l'abbaye de Saint-Denis en France. *Paris,* 1733, in-8, *broché.* — Déclaration des Sainctes reliques trouvées le 22 may 1577 dans l'Eglise de S. Denys, par H. Godefroy. *Paris,* 1577, in-8, demi-rel. (Copie ms. moderne). — Inventaire du Trésor de l'abbaye de Saint-Denis en 1793, in-8, demi-rel., etc.

2242. — Georges d'Heylli. Les Tombes royales de Saint-Denis. Histoire et nomenclature des tombeaux. Extraction des cercueils royaux en 1793. Ce qu'ils contenaient, etc. *Paris,* 1872, in-12, demi-rel. mar. vert, dos orné, tête dor., éb.

2243. — Georges d'Heilly. L'Odieuse profanation faicte des cercueils royaux de l'abbaye Sainct-Denys en l'année 1793. *Imprimé à Lutece,* 1868, in-12, demi-rel. dos et coins mar. brun, tête dor., éb. *(Brany.)*

Un des 20 exemplaires sur PAPIER DE HOLLANDE.

2244. — Documents concernant la grande Aumonerie

de France et le chapitre de Saint-Denis. *Paris, impri-merie impériale*, 1854-1855, 2 vol. in-4, *brochés.*

2245. Saint-Denis, 8 brochures et une estampe.

> Acte d'appel du Grand prieur et des religieux de l'abbaye de S. Denis, 1718, brochure in-4 (au sujet de la Constitution Unigenitus). — Consultation sur les propriétés des biens des églises pour l'abbaye royale de S. Denis en France, 1786, brochure in-4. — Notice de M. L. Delisle sur les Grandes Chroniques de S. Denis. — Combat devant S. Denis, 1652. — Vue de la ville de S. Denis, par Aveline, estampe in-fol. oblong, etc.

2246. Abbaye de Saint-Denis, 3 vol.

> Messe grecque en l'honneur de S Denis, S. Rustique et S. Eleuthère. *Paris, Lottin,* 1777, 1779, 2 vol. in-12, basane (2 éditions différentes). — Note sur la messe grecque qui se chantait autrefois à l'abbaye de Saint-Denis, par Vincent. *Paris,* 1864, in-8, demi-rel.

2247. — Vita Sugerii Abbatis Sancti Dionisii, auctore Willelmo ejusdem cænobii Monacho et Sugerii contubernali. Fr. du Chesne nunc primum in lucem emissit. *Lutetiæ Parisiorum.* 1648, pet. in-8, vélin.

> Très-rare.

2248. — Éloges de Suger, abbé de Saint-Denis. *Paris.* 1779-1780, 6 pièces en un vol. in-8, basane.

> Eloges de Suger, par Garat, Jumel, Delamalle, d'Espagnac, Saint-Martin.

2249. — Les Cérémonies et ordre tenu au sacre et couronnement de la Royne Marie de Médicis Royne de France et de Navarre, dans l'église de Sainct-Denys le 13 May 1610. Ensemble la mort du roy, et comme Monsieur le Dauphin a esté déclaré Roy et la Royne regente. *S. l.,* 1610, pet. in-8, mar. rouge, armes, tr. dor. (*Masson-Debonnelle.*)

> Exemplaire à toutes marges. On y a joint : *Cerémonies de l'abjuration à S. Denis le 25 juillet* 1593 *et Discours des Cérémonies observées à la Conversion de Henri IV.* Lyon, Perrin, 1868, in-12, demi-rel. (Réimpression tirée à 50 ex.)

2250. — L'Ordre des Cérémonies observées aux Funérailles de feu Madame à S. Denys en France, le dernier Juin 1627. *Paris, J. Mestais* 1627, pet. in-8, *broché.*

> On y a joint l'édition publiée à *Paris, par P. Ramier, jouxte la coppie de J. Mestais,* 1627, pet. in-8, *broché.*

2251. — La Pompe funèbre de Louis XIII, Roy de France et de Navarre. Faite en l'Eglise de S. Denis en France le Lundy 22 Juin 1643. *Paris; Sommaville,* 1643, in-4, mar. rouge., dos et coins fleurdelysés, armes, tr. dor. (*Petit.*)

2252. Abbaye de Saint-Denis. — Les Dernières Cérémonies faites à Sainct Denis en France.; ensemble les derniers adieus de la France à son cher Louis XIII, honoré des derniers devoirs rendus nagueres au corps de ce grand monarq. *Paris, Fr. Beauplet*, 1643, in-4, cart.

2253. — Harangue funèbre prononcée aux obsèques de M. le duc de Coligny, faites à St Denys, le samedy 20 Février 1649, par le R. P. Favre. *Paris, Preuveray*, 1649, in-4, mar. noir jans., tr. dor.

2254. — La Pompe funèbre faite pour la reyne (Anne d'Autriche) dans l'église de l'abbaye de Saint Denys. *Reims, Lelorain*, 1683, in-4, demi-rel. — Description de la décoration funèbre de Saint-Denis pour les obsèques de la Reine. *Paris*, 1683, brochure in-4 (trop rognée).

2255. — Oraison funèbre de Marie Térese d'Austriche, prononcée à Saint-Denis, le 1er Septembre 1683, par M. Jacques Bénigne Bossuet. *Paris, Cramoisy*, 1683, in-4, *dérelié* (édition originale). — Description de la décoration funèbre de Saint-Denis pour les obsèques de la Reyne. 1683, in-4, *broché*. (Copie manuscrite moderne.)

2256. — Oraison funèbre de Marie Anne Christine de Bavière, dauphine de France, prononcée à Saint-Denis le 5 Juin 1690, par M. Pierre de la Broue. *Paris, Cramoisy*, 1690, in-4, cart.

2257. — Oraison funèbre de (Mademoiselle) Anne Marie Louise d'Orléans, duchesse de Montpensier, prononcée à Saint-Denis le 7 May 1693, par M. Anselme. *Paris, Josse*, 1693, in-4, cart.
Edition originale.

2258. — Oraison funèbre de Mgr. Louis Dauphin, prononcée en l'église de l'abbaye de Saint-Denis, le 18 Juin 1711, par M. Poncet de la Rivière. 1711, in-4, *dérelié*. — Oraison funèbre de Louis XIV, prononcée à Saint-Denis le 23 Otobre 1715, par Honoré de Quiqueran de Beaujeu. *Paris*, 1715, in-4, portr. en-tête, cart.

2259. — Oraison funèbre de Charles de France, duc de

Berry, prononcée dans l'abbaye de Saint-Denis, le 16 Juillet 1714, par M. l'abbé Le Prevost. *Paris*, 171⸗ in-4, portr. en-tête, cart., toile.

2260. Abbaye de S¹-Denis, 3 vol. in-4.

Oraison funèbre de Marie, princesse de Pologne, Reine de France, prononcée à Saint-Denis, le 11 Août 1768, par Le Franc de Pompignan. *Paris*, 1748, in-4, *dérclié*. — Description du Mausolée de Marie Leszczynska, érigé en l'église de l'abbaye de Saint-Denis, le 11 Août 1768. — Lettres autographes de dom Pihan de La Forest, bénédict - de l'abbaye de S. Denis, à son père, relatant les cérémonies des obsè⸗ ques de Marie Lecksinska, 1768, 24 pp. in-4. — Oraison funèbre de Louis XV, prononcée à St-Denis, le 27 Juillet 1774, par M. J. B. de Beauvais. *Paris*, 1774, in-4, *broché*.

2261. Abbaye de Saint-Denis, 3 vol. in-4.

Oraison funèbre de Marie, reine de France, prononcée à Saint-Denis, le 11 Août 1768, par Le Franc de Pompignan. *Paris*, 1768, in-4, por⸗. en-tête, demi-rel. — Description du Mausolée de Marie Leszczynska, éri⸗ en l'église de Saint-Denis, le 11 Août 1768, in-4, *broché*. — Oraison funèbre de Louis XV, prononcée en l'église de Saint-Denis, le 27 Juillet 1774. *Paris*, 1774, in-4, *broché*.

2262. Abbaye de Saint-Denis, 2 vol in-4.

Description du Mausolée érigé dans l'abbaye de Saint-Denys, pour les obsèques de Louis XV, le 27 Juillet 1774, in-4, fig. — Oraison funèbre de Louis XV, prononcée à Saint-Denis, le 27 Juillet 1774, par J. B. de Beauvais. *Paris*, 1774, in-4, *broché*. — Description des honneurs funèbres rendus à Louis XV, dans l'église N.-D. de Paris, le 7 septembre 1774, in-4, fig. vélin.

2263. Abbaye de Saint-Denis, 3 vol.

Oraison funèbre de Ch.-F. d'Artois, duc de Berry, le 14 Mars 182⸗ par M. de Quélen. *Paris*, 1820, in-8, *broché*. — Oraison funèbre de Louis XVIII, prononcée dans l'église de Saint-Denis, le 25 Octobre 1824, par l'évêque d'Hermopolis (Frayssinous). *Paris*, 1824, in-4, ca ⸗ et in-8, *broché*, (2 éditions différentes.)

2264. — DISCOURS PRONONCÉ le mardi 1ᵉʳ octobre 1771, en l'église des religieuses carmélites de S. Denys, pour la cérémonie de la prise du voile de profession de Madame Louise-Marie de France, par Armand de Roquelaure. *Paris, Lottin*, 1771, in-4, mar. rouge, dos orné, fil, tr. dor. (*Rel. anc.*)

Exemplaire en GRAND PAPIER, aux armes du comte de PROVENCE (depuis Louis XVIII). Ce discours était adressé à la comtesse de Provence, qui assistait à la cérémonie.
Cet exemplaire faisait partie de la bibliothèque du Temple et on aperçoit encore sur la garde l'étiquette apposée lors de l'inventaire qui fut fait de la bibliothèque de *L. Capet*.
On a ajouté le portrait de Mᵐᵉ Louise-Marie de France, gravé par Lebeau, d'après *Queverdo*.
De la bibliothèque du baron J. PICHON.

2265. Saint-Denis. — Discours prononcé pour la prise d'habit de Madame Louise-Marie de France, par Poncet de la Rivière. *Paris, Guill. Desprez*, 1790, in-4, *broché.*

On y joint le même *Discours.* Paris, 1770, in-12, demi-rel.

2266. — Louise-Marie de France, fille de Louis XV, religieuse Carmélite de St-Denis, sous le nom de Sœur Thérèse de St-Augustin, 3 lettres autographes in-4.

1° Lettre autographe à l'abbé Bertin, 1772, 1 p. 3/4 in-4. Rongée par les rats en tête. (Relative à ses pensions et à la santé de la mère Eléonore.)

2° 2 lettres autographes à l'architecte Mique, 1783-1785, sur la construction de l'église des Carmélites.

2267. Saint-Fiacre, Saint-Gratien et Saint-Vrain, 3 vol.

Voyage à Saint-Fiacre, village voisin de Meaux, (par Denis Le Fèvre). *Paris*, 1817, in-8, cart. — St-Gratien, par Lefeuve, 1866, in-8, demi-rel. — Mémoire pour les enfants de J. A. Boileau, contre le curé de Saint-Vrain, sur un refus de Sacrémens et de de sépulture ecclésiastique, 1755, in-4, demi-rel.

2268. Saint-Germain-en-Laye. Histoire de la ville et du château de St-Germain-en-Laye, par A. Goujon. *Saint-Germain, Goujon*, 1829, in-8, fig. et plan, demi-rel. veau.

On y joint : *Notice historique sur les terres et seigneuries de la Borde et de Mondidier*, 1877, in-8.

2269. Saint-Germain en Laye, 2 vol. in-12, demi-rel.

Précis historique de Saint-Germain-en-Laye, par MM. Rolot et de Sivry. *Saint-Germain-en-Laye*, 1848, fig. — Le Château de Saint-Germain en Laye, par F. de Lacombe. *Paris*, 1869, fig.

2270. Saint-Germain en Laye. 3 pièces in-4, dont une en demi-rel.

Les cérémonies du Baptesme de Mgr. le Dauphin (Louis XIV), le 21 avril 1643 à S. Germain en Laye. — Harangue prononcée devant la reyne d'Angleterre par Mgr l'évesque de Nismes, à S. Germain en Laye, le 4 juin 1695. — Oraison funèbre de Jacques II, roy de la Grande-Bretagne, prononcée dans l'église de la paroisse de S. Germain en Laye, le 8 novembre 1702, par Mess. Anselme. *Paris*, 1702.

2271. Saint-Germain en Laye pendant la Fronde. 1649-1652. 12 vol. in-4, demi-rel.

Diverses pièces de ce qui s'est passé à S. Germain en Laye, le 23 Janvier 1649, et suivans. — Les Entretiens du Roy à S. Germain. — La sanglante dispute arrivée à S. Germain entre le card. Mazarin et l'abbé de la Rivière. — Les articles de la paix proposée à S. Germain en Laye, etc.

2272. — La Vie de la sœur Françoise Bony, fille de la

Charité, décédée supérieure de l'hôpital royal de Saint–
Germain en Laye, le 15 mars 1759, par Ballet. *Paris*,
1761, in-12, basane.

2273. Saint-Maur-les-Fossés. Histoire de Saint-Maur-des–
Fossés, de son abbaye, de sa péninsule, et des commu–
nes des cantons de Charenton, Vincennes et Boissy=
Saint-Léger, par Z. J. Piérart. *Paris, Claudin*, 1876,
2 vol. gr. in-8, fig. et plan, *brochés*.

> On y joint : *Villa Bourières à S. Maur-les-Fossés (par l'abbé Pascal)*.
> *Paris*, 1858, in-8, *broché*.

2274. Saint-Ouen. La Noble-Maison de Saint-Ouen, la
villa Clippiacum et l'ordre de l'étoile, d'après les docu–
ments originaux, par Léopold Pannier. *Paris, A.Franck*,
1872, demi-rel. mar. vert, tête dor.

2275. Sannois, 2 vol.

> Récit véritable de l'attentat fait sur le précieux corps de N. S. Jésus-
> Christ entre les mains du prestre disant la messe le 24 may 1649, com-
> mis en l'Eglise du village de Sannois, à une petite demie-lieue d'Argen-
> teuil, par un grand laquais. *Paris*, 1649, in-4, cart. — Sannois, par
> Lefeuve, 1866, in-8, cart.

2276. Sceaux. 6 vol. et brochures.

> Précis de l'histoire de Sceaux depuis son origine jusqu'à nos jours; par
> M. Sinet. *Sceaux*, 1843, in-8, veau. — Promenade de Seaux-Penthièvre,
> de ses dépendances et de ses environs (par Gaignat de l'Aulnays). *Paris*,
> 1778, in-8, veau. — Les grandes Nuits de Sceaux. Le théatre de la
> duchesse de Maine, par Jullien. *Paris*, 1876, gr. in-8, demi-rel. mar.
> — Harangue à la Reyne pour MM. les curés des bourgs de Sceaux, sur
> les sacrilèges, viols commis dans les lieux saincts. *Paris*, 1649, in-4,
> demi-rel. (2 ex.) — Excursions aux environs de Sceaux, par de Lafaille,
> in-24, *broché*.

2277. — Les Divertissements de Sceaux. *A Trevoux, et
se vendent à Paris, chez Etienne Ganeau*, 1712-1715,
2 vol. in-12, veau.

> Recueil de pièces en prose et en vers par Malézieux, Fontenelle,
> Chaulieu et autres écrivains de la société de la duchesse du Maine. Le
> tome II est intitulé : *Suite des divertissements de Sceaux, contenant des
> chansons, des cantates et autres pièces de poésies, avec la description des
> nuits qui s'y sont données*, etc.

2278. Senlis, Soissy-sur-Seine, Stains et Sucy. 4 vol. en
brochures.

> Recherches historiques sur la ville de Senlis, par J. F. Broisse. *Senlis*
> 1835, in-8, *broché*. — Arrêt du 15 juin 1731 condamnant Claude
> Aubert à être brûlé vif, pour assassinat de son curé en l'église de Soissy
> sur-Seine, in-4, *broché*. — Histoire du martyre de S. Martial, dont le chef
> est dans l'église de Stains. *Paris*, 1723, in-12, basane. — Résumé du

procès et reponses pour les doyens, chanoines et chapitre de l'église de Paris, seigneurs de Sucy, contre MM. de la Live, seigneurs de fiefs à Sucy, 1769, in-4, *broché*.

2279. Suresnes. 7 vol. et brochures.

> Annuaire historique et commercial de Suresnes. *Paris*, 1861, in-12, *broché*. — Notice sur la rosière de Suresnes, par l'abbé Bertaux. *Saint-Cloud*, 1859, in-18, demi-rel. — Mémoire pour les religieux de l'abbaye de S. Germain des Prés, seigneurs fonciers et hauts moyens et bas justiciers de Suresne, contre les habitans du village de Suresne, 1768, in-4, *dérelié*. — Livre d'église ou propre de Surenne, contenant un abrégé de vie de S. Leufroy, patron de la paroisse. *Paris*, 1783, in-12, veau. — Discours sur la mort de Mgr. le duc de Bretagne, dauphin de France, prononcé dans l'église de S. Leufroy de Suresne, le 14 mars 1712, in-4, (2 ex. demi-rel. et *broché*). — Les Vendanges de Suresne, comédie (par Dancourt), représentée en 1695, in-12, *dérelié*.

2280. Taverny, N.-D. du Val, Vanvres, Vaugirard, Vauhallan, Villejuif, Villepreux et Villiers-le-Bel. 10 vol. et brochures.

> Mémoire pour l'abbé de Gourné, prieur de N.-D. de Taverny, contre l'abbé Guyot, 1744, in-12, demi-rel. — Notre-Dame du Val, par Hérard. *Paris*, 1853, in-8, demi-rel. — L'âne, le curé et les notables de Vanvres, (1751), par Bouvet de Cressé. *Paris*, 1825, in-12, fig., *broché*. — Histoire de Vaugirard, ancien et moderne, par L. Gaudreau. *Paris*, 1842, in-8, *broché*. — Pèlerinage historique à l'église de Vauhallan, par l'abbé Geoffroy, 1860, in-12, *broché*. — Le passe-temps de Villejuif, 1649. — La promenade au camp de Villejuifve, 1649. — Arrêt du 14 Mars 1724, condamnant Richon, commis à Villepreux, à l'amende, pour avoir porté 15 exploits sur une feuille volante. *Paris*, 1724, in-4. — Villiers-le-Bel, ancien et moderne, par Boué, 1853, in-8, *broché*. — Cahier du village de Villiers-le-Bel, 1789, in-8, *broché*.

2281. Vaux de Cernay. — Cartulaire de l'abbaye de Notre-Dame dès Vaux de Cernay, de l'ordre de Citaux au diocèse de Paris, composé d'après les chartes originales par Luc. Merlet et Aug. Moutié. *Paris*, 1857-1858, 2 parties en 3 vol. in-4, demi-rel. mar. vert, tête dor., éb.

> On y joint : *L'Abbaye des Vaux-de-Cernay, par Hérard*, 1852, in-8, demi-rel.

2282. Versailles. — Nouvelle description des Châteaux et parcs de Versailles et de Marly : contenant une explication historique de toutes les peintures, tableaux, statues, vases et ornemens, par M. Piganiol de la Force. Sixième édition. *Paris, veuve Delaulne*, 1730, 2 vol. in-12, fig. et plan, veau.

2283. — Collection des Almanachs de Versailles Année 1775- Année 1789. *Versailles, Blaizot*, 1775-1789, 15 vol. in-12, mar. rouge et vert, fil., tr. dor. (*Rel. anc.*)

> Chacun de ces volumes renferme une description de la ville et du

château de Versailles et donne l'état de la famille royale et des maisons
dn Roi, de la Reine, des Princes et Princesses.

Les volumes sont ornés de plans, du portrait de Louis XVI et de
celui de Marie-Antoinette, gravé par *Vidal.*

Chacun des volumes de cette collection porte des armes, 8 sont aux
armes royales, 2 aux armes du comte d'ARTOIS, 3 aux armes du comte
de PROVENCE, 1 aux armes du duc de LA VRILLIÈRE, 1 n'a pas d'armes.

2284. Versailles. — Almanachs de Versailles. Années
1774-1791. *Versailles*, 1774-1791, 14 vol. in-12.

> Années 1774-1775-1780-1781 (2 ex.)-1782-1783-1784-1785 (2 ex.)-
> 1788 (2 ex.)-1789-1791. 4 volumes sont en mar. rouge, 5 en veau et
> 5 *brochés.*

2285. Versailles. 4 vol.

> Tableau descriptif, historique et pittoresque de la ville, du château
> 1828 et du parc de Versailles, par Vaysse de Villiers. *Paris*, in-12, *broché.*
> — Recueil des planches faisant suite au Tableau descriptif de Versailles,
> in-8 oblong, cart. — Nouvelle description des ville, château et parc de
> Versailles et de Trianon, (par L. Prudhomme fils). *Paris*, 1821, in-12,
> fig. et plan, *broché.* — Versailles : seigneurie, château et ville depuis
> le XIe siècle jusqu'à nos jours (par le Mis de Gaucourt). *Versailles*
> 1839. in-8, fig., demi-rel.

2286. — Versailles ancien et moderne par le comte
Alexandre de Laborde. *Paris, Schneider et Legrand,*
1841, gr. in-8, front. et fig., demi-rel.

2287. — Les Fastes de Versailles, son château, son
origine, ses légendes, ses galeries, ses parcs, etc.; par
H. Fortoul. Edition illustrée. *Paris, Krabbe,* 1855, in-8,
front. et fig., demi-rel. chagrin rouge.

2288. — Histoire des Rues de Versailles de ses places et
avenues, depuis l'origine de cette ville jusqu'à nos
jours, par J. A. Leroi. Deuxième édition. *Versailles,*
1861, in-8, armoiries et plan, demi-rel.

> On y a joint : *Des Eaux de Versailles, considérées dans leur rapport
> historique et hygiénique par J. Leroi.* 1847, in-8, *broché.*

2289. — Histoire de Versailles, de ses rues, places et
avenues depuis l'origine de cette ville jusqu'à nos jours
par J. A. Leroi. *Versailles, Paul Oswald, s. d.,* 2 vol.
in-8, fig et plans, demi-rel. mar. brun, tête dor., éb.

2290. — Le Château de Versailles. Histoire et Description par L. Dussieux. *Versailles, L. Bernard,* 1881,
2 vol. gr. in-8, et un album in-fol. de pl., demi-rel.
dos et coins mar. rouge, tête dor., éb. (*Bertrand.*)

> Très-bel exemplaire en GRAND PAPIER.
> Excellent ouvrage, épuisé. En dehors de l'histoire de la construction,

et des changements successifs qu'a subis depuis plus de trois siècles le château de Versailles. cet ouvrage renferme une histoire approfondie de la Cour et des courtisans pendant les règnes de Louis XIV, Louis XV et Louis XVI.

2291. Château de Versailles, 3 vol. in-8, cart.

J. Guiffrey. Le Duc d'Antin et Louis XIV. Rapports sur l'administration des batiments annotés par le Roi. *Paris*, 1869. (Contient quelques détails sur Versailles.) — Dépenses de Louis XIV à Versailles, par Eckard, *Versailles*, 1836. — Dans quelle partie du château l'appartement de Mme de Maintenon se trouvait-il placé par Leroy, 1848, plan. — Fêtes révolutionnaires à Versailles par Gaucourt.

2292. Château de Versailles. 2 vol. in-12, veau.

Explication historique de ce qu'il y a de plus remarquable dans la Maison royale de Versailles, et en celle de Monsieur à Saint-Cloud. Par le sieur Combes. *Paris*, 1681. — Description de la Chapelle du Chasteau de Versailles et de ses ouvrages de sculpture et de peinture. *Paris*, 1711. (Nombreuses vignettes et fig. de *Seb Le Clerc*.)

2293. — Versailles immortalisé par les merveilles parlantes des Bâtimens, Jardins, Bosquets, Parcs, Statues, Tableaux et peintures qui sont dans les châteaux de Versailles, de Trianon, de la Ménagerie et de Marly ; composé en vers libres par le sieur J. B. de Monicart, avec une traduction en prose latine par Romain le Testu. *Paris*, *Et. Ganeau*, 1720, 2 vol. in-4, front et fig., veau.

2294. — Explication des Tableaux de la galerie de Versailles, et de ses deux sallons. 1687. *Versailles, François Muguet*, 1687, in-4, mar. rouge, fil., tr. dor. (*Rel. anc.*)

Exemplaire aux armes de Louis XIV.

2295. — La Grande Galerie de Versailles et les deux salons qui l'accompagnent, peints par Charles Le Brun, dessinés par Jean-Baptiste Massé et gravés sous ses yeux par les meilleurs maîtres du tems. *A Paris, de l'imprimerie royale*, 1752, gr. in-fol., pl., demi-rel. dos et coins mar. rouge, tête dor. (*David.*)

Bel exemplaire.

Magnifique publication ornée de 52 planches, représentant une vue d'ensemble de cette splendide galerie et les peintures de *Le Brun*, gravées par *Wille, Ravenel, Tardieu, Sornique*, etc., d'après les dessins de *Massé*. Ces belles peintures de *Lebrun* furent exécutées de 1679 à 1682, elles se composent de 6 grands tableaux dans le centre, de 2 grands tableaux aux extrémités et de 22 petits tableaux placés entre les grands.

2296. — La Grande Galerie de Versailles, et les deux Salons qui l'accompagnent, peints par Lebrun, dessinés par Jean-Baptiste Massé. *Paris,* 1753, in-12, mar. bleu, armes, tr. dor. (*Petit.*)

2297. Château de Versailles. — Suite de 6 estampes gravées par Surugue d'après les tableaux de P. Mignard de la Gallerie des Petits Appartements du Roy à Versailles. *Paris, Surugue,* 1712, in-4, oblong, cart.

> 6 planches représentant la Peinture, la Musique, la Poésie, les Mathématiques, l'Astronomie et la Sculpture.

2298. Château de Versailles, 2 vol. in-12.

> Le Nouveau Panthéon. Avec les inscriptions latines et françoises pour l'histoire du Roy, pour les Monumens publics, et pour les principales statues du palais de Versailles, par de Vertron. *Paris,* 1686, front. et fig. — Explications des Tableaux de la Galerie de Versailles et de ses deux sallons (par Rainssant.) *Paris,* 1691, front. et fig.

2299. — Le Théâtre à Versailles. 3 vol.

> Ad. Jullien. Histoire du théâtre de Madame de Pompadour di théâtre des petits Cabinets. *Paris,* 1874, gr. in-8, front., demi-rel. mar. — Journal des spectacles de la Cour, à Versailles et à Fontainebleau. Années 1764, 1765, 1770, 1771, 1773, 1774, 1785. — Description des fêtes et spectacles données à Versailles à l'occasion du mariage du Dauphin, 1770, in-8, *dérelié.* (Jolis en-têtes avec portraits de Louis XV et Marie-Antoinette.) — Ad. Jullien. Le théâtre de la Reine à Trianon. *Paris.* 1875, in-8, *broché.*

2300. — Catalogue des livres de Madame Du Barry avec les prix, à Versailles, 1771. Reproduction du Catalogue manuscrit original avec des notes et une préface par P. L. Jacob, bibliophile. *Paris. Fontaine,* 1874, pet. in-12, *broché.*

2301. Château de Versailles, 3 vol.

> Le Musée de Versailles, ses principaux tableaux et statues gravés par Réveil. Vues du parc et du château, etc. *Paris, Audot,* 1837, in-1, fig., demi-rel. mar. vert, éb. — Versailles, Palais et Jardins. *Paris.* 1840, in-8, fig., demi-rel. — La Légende de Versailles, 1682-1870, par Blaze de Bury. *Paris,* 1876, in-18, *broché.*

2302. — Estat genéral a quoy monteront tous les ouvrages de la Chapelle, sallons et sacristie du Château de Versailles, depuis l'année 1689 jusques à l'année 171., que laditte chapelle doit estre acheuée. Ms. in-fol. de 18 ff., mar. Lavallière, dos orné, double rangée de fil. à froid. (*Petit.*)

> Manuscrit original des plus importants pour l'histoire du château de Versailles. Ce devis détaillé des travaux exécutés dans la Chapelle s'élève à 2.217.999 livres 10 s.

2303. — Description de la Chapelle du Chasteau de Vesailles, et des ouvrages de sculpture et de peinture (par Félibien). Avec les figures nécessaires. *A Paris, chez Florentin Delaulne*, 1711, in-12, fig., veau.

Ce volume est orné d'une jolie vignette en-tête, d'un plan et de 4 vues intérieures de la Chapelle. Ces figures, dessinées par *S. Le Clerc*, ont été gravées par *Scotin*.

2304. Château de Versailles — L'Office de Saint-Louis, roy de France, à l'usage de la chapelle du Roy à Versailles. *Paris, Desprez*, 1760, in-12, mar. rouge, dos orné, fil., tr. dor. (*Rel. anc.*)

2305. — Vues des château, jardins, peintures du château de Versailles. *S. d.*, in-fol. cart.

5 plans et 11 vues du château, gravés par *Israël Silvestre* en 1678 et 1684; 2 planches de détails d'architecture de la Ménagerie gravées par *Nolin* et *Lepautre*; 7 planches pour le *Plafond du Grand Escalier de Versailles*, gravées par *Baudet*, d'après *Lebrun*; 3 planches *Tableaux de la voûte de la galerie du petit appartement* gravées par *Audran*, d'après *Mignard*. Ensemble 28 planches.

2306. — Recueil des Statues, groupes, fontaines, termes, vases et autres magnifiques ornemens du château et parc de Versailles. Le tout gravé d'après les originaux par Simon Thomassin, graveur du Roy. Avec les explications en françois, latin, italien et hollandois. *A La Haye*, 1724, in-4, fig., vélin.

218 planches bien gravées.

2307. — Labyrinthe de Versailles. *A Paris, de l'imprimerie Royale*, 1679, in-8, 39 planches de Sébastien le Clerc, veau, fil., armes, tr. dor.

L'explication en prose est de Ch. Perrault et les fables en vers sont de Benserade.
Le *Labyrinthe*, construit de 1667 à 1674, est dû au célèbre *Le Nôtre*. Ce charmant bocage était surtout recommandable par la nouveauté du dessin et par le nombre et la diversité de ses fontaines, pour lesquelles on avait choisi comme sujets une partie des *Fables d'Esope*.

2308. — Labyrinthe de Versailles (par Charles Perrault). *Suivant la copie, à Paris (Amsterdam, Ad. Schoonebeck)*, 1693, in-4 oblong, front. et fig., cart.

Édition rare avec estampes gravées par *Schoonebeck*, qui y a introduit de nombreux personnages en costumes du temps.
Exemplaire Yéméniz (vendu 185 fr. et les frais).

2309. — Mémoire pour prouver le droit du curé de Roquencourt sur les maisons sises au canton de Chèvreloup, dans l'augmentation du Petit Parc de Versailles (1765). Manuscrit in-fol. de 7 pp.

2310. Versailles. — Palais de Trianon, 2 vol.

> Le Palais de Trianon. Histoire, description, catalogue des objets exposés, par M. de Lescure. *Paris, s. d.*, in-18, fig., demi-rel. — Voyage à Trianon, par de Laboïsse. *Paris*, in-8, 1817, *broché.*

2311. — Livres du Boudoir de la reine Marie-Antoinette, catalogue authentique et original publié pour la première fois avec préfaces et notes par Louis Lacour. *Paris, J. Gay,* 1862, pet. in-12, mar. vert, dos orné, dent., tr. dor. (*Capé.*)

2312. — Bibliothèque de la reine Marie - Antoinette au petit Trianon, d'après l'inventaire dressé par ordre de la Convention. Catalogue avec des notes inédites du marquis de Paulmy mis en ordre et publié par Paul Lacroix. *Paris, J. Gay,* 1863, in-12, mar. rouge, dos orné, double rangée de fil., tr. dor.

2313. — Etat des dépenses d'un dîner fait par le roi Louis XIII à Versailles, le 26 octobre 1624, gr. in-fol. sur vélin.

> Pièce autographe. La dépense s'éleva à 968 livres, 7 sols, 2 den.

2314. Versailles. 3 vol.

> Louis XIII et Versailles, par J. A. Leroi. *Versailles*, in-8, fig., *broché.* — Journal historique de tout ce qui s'est passé depuis les premiers jours de la maladie de Louis XIV jusqu'à son service à S. Denis (par Lefebvre de Fontenay). *Paris*, 1715, in-12, basane. — Traits de bienfaisance de notre bon Roi Louis XVI. *Paris*, 1789, in-8, demi-rel. — Balaam à Versailles, par G. Longhaye. *Paris*, 1879, in-18, *broché.*

2315. Versailles, 4 brochures in-4.

> Harangues faites au Roy à Versailles les 14 juillet, 21 juillet 1685, le 26 juillet 1695 et le 3 juin 1725 par Daniel de Cosnac, Nic. Colbert, Fr. de Clermont, au nom des Assemblées du Clergé.

2316. — L'Esprit familier de Trianon ou l'apparition de la duchesse de Fontange, contenant le secret de ses amours, les particularités de son empoisonnement et de sa mort, et plusieurs autres avantures très remarquables. *Paris, Veuve Jean Félix,* 1695, pet. in-12, front., mar. rouge, fil. à froid, tr. dor. (*Duru.*)

> Raccommodage au titre.

2317. — Les Plaisirs de l'Isle enchantée; Course de bague; Collation ornée de machines ; Comédie meslée de danse et de musique ; Ballet du Palais d'Alcine ; feu d'artifice : et austres festes galantes et magnifiques faites par le Roy à Versailles, le VIII May 1664. Et continuées plusieurs autres jours. *A Paris, de l'imprimerie royale*, 1673, in-fol. de 91 pp. et 9 pl. — Les Divertissemens de Versailles donnez par le Roy à toute sa cour au retour de la conqueste de la Franche Comté en l'année 1674. *A Paris, de l'imprimerie Royale*, 1676, in-fol. de 34 pp., 1 f. blanc et 6 pl. En un vol in-fol., veau.

> Le premier volume renferme la comédie-ballet de Molière, la *Princesse d'Elide*, il est illustré de 9 belles planches doubles d'*Israël Silvestre*.
> Pendant les fêtes de 1674, on joua devant la cour le *Malade Imaginaire* de Molière. 6 pl. doubles par *Le Pautre* (5) et *Chauveau* (1) illustrent la relation de ces fêtes, et l'une d'elles représente une des scènes du *Malade-Imaginaire*.
> Aux armes royales. Ces deux volumes sont fort rares.

2318. Chateau de Versailles. — Recueil de descriptions de peintures et d'autres ouvrages faits pour le Roy (par And. Félibien). *Paris, veuve de S. Mabre-Cramoisy,* 1689, in-12. mar. rouge, tr. dor. (*Rel. anc.*)

> Ce curieux volume renferme : Description de l'Arc de la place Dauphine, — Relations de la fête de Versailles (de Juillet 1668), — Description du château de Versailles en 1674, plan du château, description de la grotte, — Divertissements de Versailles de l'année 1674, etc.
> Ce volume se rattache à la collection Moliéresque, le volume renfermant les stances écrites par Molière pour servir d'intermèdes à la pièce de G. Dandin représentée en 1668.

2319. — Les Divertissements de Versailles, donnez par le Roy à toute sa cour, au retour de la conqueste de la Franche-Comté, en l'année 1674. (par A. Félibien). *Paris, Coignard,* 1674, in-12, veau.

> Le titre de départ est surmonté d'une petite vignette donnant une vue minuscule du château de Versailles. Pendant ces grandes fêtes, les dernières de ce genre qui furent données par Louis XIV, on représenta *Alceste* opéra de Quinault et Lulli, l'*Eglogue de Versailles*, intermède des mêmes, le *Malade Imaginaire*, *Iphigénie* et les *Fêtes de l'Amour et de Bacchus*.

2320. — Carrousel de Monseigneur le Dauphin. Fait à Versailles le   de May. *Se vendra à Versailles le jour du Carroussel ; Et se débite à Paris, chez la veuve Blageart,* in-4, demi-rel.

> La première partie de l'ouvrage contient un aperçu sur les principaux Carrousels anciens, le détail des habillements des personnages, etc. La seconde partie comprend un grand nombre de pièces de vers sur chacun des figurants du Carrousel.

La date n'est pas sur le titre, elle devait être remplie à la plume le
jour de la fête. Très-rare volume non cité.

2321. Versailles, 2 feuilles in-4.

Sujet du feu d'artifice tiré à Versailles pour le mariage de Monseigneur
le duc de Bourgogne et Marie-Adelaïde de Savoie, 1696. — Feu d'artifice tiré à Versailles à l'occasion de la Naissance du Dauphin, 1729. (Le
dessin de la décoration avait été fait par *Meissonnier*.)

2322. Versailles. 4 brochures in-4.

Bataillier. Discours sur la cérémonie de la Consécration de l'église
de la paroisse· de Versailles, 1686. — Requeste des Capitaines et
Officiers des Gardes du corps (au sujet de la construction d'un hôtel à
Versailles pour les loger), 1732. — Oraison funèbre de Louis d'Orléans,
prononcée le 14 avril 1752, par M. Le Moine dans l'église de Versailles,
1752. — Procession à l'ouverture des Etats Généraux, 1789.

2323. —— Pratique de dévotion en l'honneur de Saint-Jean
Népomucène, à l'usage de la confrairie royale, érigée
dans l'Eglise des RR. PP. Recollets de Versailles, par
M. l'abbé Clement. *Paris*, *Vve Mazières*, 1744, in-12,
mar. rouge, dent., tr. dor. (*Rel. anc.*)

2324. —— Essais de Mémoires ou lettres sur la Vie, le caractère et les écrits de J.-F. Ducis, par Campenon. *Paris*,
1824, in-8, fig., cart.

Ducis naquit à Versailles en 1733 et y mourut en 1816.

2325. Vincennes. Mémoires intéressans pour servir à
l'histoire de France ou tableau des maisons royales,
châteaux et parcs des rois de France, par Poncet de la
Grave. *Paris*, *Nyon*, 1788, 2 vol. pet. in-8, fig., demi-rel.,
mar. rouge.·

Ces deux volumes, ornés de jolies figures par *Ransonnette*, sont consacrés au château de Vincennes.

2326. —— Histoire du Donjon et château de Vincennes,
depuis leur origine jusqu'à l'époque de la Révolution,
par L. B. (Beauchamp). *Paris*, *Brunot-Labbe*, 1807,
3 vol. in-8, veau gris, tr. jaspée.

2327. Vincennes. 4 vol. demi-rel.

Notice historique sur le château de Vincennes (par. M. Belchamp).
Rouen, 1847, in-8, plan. — Cinq cents personnes déguisées...·et le
détail de la démolition du château de Vincennes, 2 mars 1791, in-8. ——
Lettres de Mai 1769 portant extinction et suppression de deux vicaires
perpétuelles de la Ste-Chapelle de Vincennes, in-4. — Lettre de M. le
trésorier de la Ste Chapelle de Vincennes à l'assemblée du clergé (sur
la suppression des Stes Chapelles), 1788, in-8.

XI. BIBLIOGRAPHIE

2328. Bibliographie historique et topographique de la ville de Paris, par Girault de St-Fargeau. *Paris*, 1847, in-8, cart.

Exemplaire interfolié.

2329. Bibliographie artistique, historique et littéraire de Paris, avant 1789, par l'abbé Valentin Dufour. *Paris, A. Laporte*, 1882, in-8, fig., *broché.*

Un des premiers essais de Bibliographie parisienne.

2330. Bibliothèque historique de la France, contenant le catalogue de tous les ouvrages tant impriméz que manuscrits qui traitént de l'histoire de ce roïaume ou qui y ont rapport, par Jacques le Long. *Paris, Gab. Martin*, 1719, in-fol., veau.

2331. Bibliothèque historique de la France, contenant le catalogue des ouvrages imprimés et manuscrits qui traitent de l'histoire de ce Royaume, ou qui y ont rapport ; avec des notes par feu J. Lelong. Nouvelle édition revue, corrigée et considérablement augmentée, par M. Fevret de Fontette. *Paris, Th. Hérissant*, 1768-1778, 5 vol. in-fol., veau marbré, tr. peigne.

Bel exemplaire de cet excellent ouvrage dont de nombreux chapîtres sont consacrés à l'histoire de Paris et de l'Ile de France.

2332. Méthode pour étudier l'histoire, avec un catalogue des principaux historiens, et des remarques sur la bonté de leurs ouvrages, et sur le choix des meilleures éditions, par M. Lenglet Du Fresnoy. Nouvelle édition augmentée et ornée de cartes géographiques. *A Paris, chez Pierre Gandouin*, 1729, 4 vol. in-4. — Supplément de la méthode pour étudier l'histoire, avec un supplément au catalogue des Historiens et des remarques sur la bonté et le choix de leurs éditions, par M. l'abbé Lenglet Du Fresnoy. *Paris, De Bure*, 1740, 2 vol. in-4. Ensemble 6 vol. in-4, cartes, veau fauve.

Bel exemplaire en GRAND PAPIER aux armes de Jacques-Samuel BERNARD DE RIEUX, *maître des requêtes.*
PREMIÈRE ÉDITION. Une partie du tome IV est consacrée à l'histoire ecclésiastique, civile, universitaire, etc., de Paris.

2333. Bibliographie parisienne. Tableaux de mœurs (1600-1880), par Paul Lacombe, parisien ; avec une préface de M. Jules Cousin. *Paris, Rouquette*, 1887, in-8, *broché*.

> Les notes critiques qui accompagnent chaque volume sont des plus intéressantes et ont été faites après une sérieuse étude de l'ouvrage. La préface de M. J. Cousin présente, entre autres avantages, celui de donner les divisions du catalogue de la bibliothèque de la ville de Paris, résumé qui nous a été d'un précieux concours pour la rédaction de ce catalogue.

2334. Catalogues de bibliothèques contenant des livres relatifs à l'histoire de Paris, 2 vol. in-8, demi-rel. et 3 vol. *brochés*.

> Catalogue Faucheux, 1853, Gilbert, 1858, Bonnardot, 1886, etc.

2335. Catalogues de bibliothèques contenant des livres relatifs à l'histoire de Paris, 5 vol. in-8, *brochés*.

> Catalogue Faucheux, 1853 — Catalogue du baron J. Pichon, 1869. — Catalogue du Comte O. de Béhague, 1880. — Catalogue du Comte de Nadaillac, 1885.

2336. Catalogue des livres rares et précieux composant la bibliothèque de M. Ruggieri. *Paris, Labitte*, 1873, in-8, *broché*.

> Importante série de livres d'entrées, cérémonies, pompes funèbres ayant eu lieu à Paris. Prix manuscrits.

TABLE DES DIVISIONS

LILLE. — IMPRIMERIE L. DANEL.

www.ingramcontent.com/pod-product-compliance
Lightning Source LLC
Chambersburg PA
CBHW071617270326
41928CB00010B/1658